人類行為與社會環境
Understanding Human Behavior and the Social Environment
11th Edition

Charles H. Zastrow · Karen K. Kirst-Ashman · Sarah L. Hessenauer 原著

溫如慧・李易蓁・黃琇櫻
練家姍・溫淑真・吳兆鈺　譯

CENGAGE

Australia • Brazil • Mexico • Singapore • United Kingdom • United States

人類行為與社會環境 ／ Charles H. Zastrow, Karen
K. Kirst-Ashman, Sarah L. Hessenauer 原著；溫如
慧等譯. -- 初版. -- 臺北市：新加坡商聖智學習,
2019.02
　　面；　公分
　譯自：Understanding Human Behavior in the Social
Environment, 11th ed.
　ISBN 978-957-9282-26-0 (平裝)

1. 發展心理學 2. 社會心理學

173.6   107020972

人類行為與社會環境

© 2019 年，新加坡商聖智學習亞洲私人有限公司台灣分公司著作權所有。本書所有內容，未經本公司事前書面授權，不得以任何方式（包括儲存於資料庫或任何存取系統內）作全部或局部之翻印、仿製或轉載。

© 2019 Cengage Learning Asia Pte. Ltd.
Original: Understanding Human Behavior and the Social Environment, 11e
　By Charles H. Zastrow・Karen K. Kirst-Ashman・Sarah L. Hessenauer
　ISBN: 9781337556477
　© 2019 Cengage Learning
　All rights reserved.

1 2 3 4 5 6 7 8 9 2 0 1 9

出 版 商	新加坡商聖智學習亞洲私人有限公司台灣分公司
	10448 臺北市中山區中山北路二段 129 號 3 樓之 1
	http://cengageasia.com
	電話：(02) 2581-6588　　傳眞：(02) 2581-9118
原　　著	Charles H. Zastrow・Karen K. Kirst-Ashman・Sarah L. Hessenauer
譯　　者	溫如慧・李易蓁・黃琇櫻・練家姍・溫淑眞・吳兆鈺
執行編輯	吳曉芳
印務管理	吳東霖
總 經 銷	台灣東華書局股份有限公司
	地址：10045 臺北市中正區重慶南路一段 147 號 3 樓
	http://www.tunghua.com.tw
	郵撥：00064813
	電話：(02) 2311-4027
	傳眞：(02) 2311-6615
出版日期	西元 2019 年 2 月　初版一刷

ISBN 978-957-9282-26-0

(19SMS0)

譯者序

　　本書是美國社會工作教育委員會針對社工系大學部與研究所的「人類行為與社會環境」課程所設計的教科書。對於人類發展與行為相關理論與實務有深刻的描述，本書聚焦於描述人類在發展階段各層面的相關理論並探討與系統之間關連與可能發生的問題，並應用與多元個案與組織上，包括家庭、團體、機構與社區。同時，本書對於社會工作處遇的角色與任務也多所著墨，惟筆者從事研究或是實務工作時極佳的參考工具書，因此將本書引薦至臺灣，有幸能由新加坡商聖智學習亞洲私人有限公司台灣分公司與東華書局應允出版，亦承蒙各界先進愛戴，此次為中文第三次改版。

　　本書的內容包括人類行為與社會環境的相關理論與研究，探討人類生命發展各階段生理、心理、社會層面之因素及其交互關係，並關注弱勢族群、性別取向、種族與文化差異、歧視與社會問題。作者提出相關之社會政策與社會工作處遇方法，並藉由案例，強調增權以改善或解決問題；本書也包含了社會工作實務可能遭遇的倫理兩難議題以及社會工作者所應遵循的倫理守則，皆能增進讀者察覺自身對這些議題的敏感度。更新版本增加了社工人員自我照顧策略，而這些策略是社工人員亦可說服其個案達到正向的改變。

　　本書之原文著作厚達七百多頁，考慮到美國之政策與案例於臺灣社會的適用性，刪除了部分章節，讀者於閱讀本書時，可將臺灣的社會環境與文化因素帶入思考，以彌補本書以美國社會為例之不足。

　　在此非常感謝所有前二版譯者對於本書所付出的努力，也感激社工前輩對於本書的厚愛，使之成為學生修習「人類行為與社會工作」以及準備社會工作師考試時不可或缺的參考書籍。此次改版，亦由前版的譯者挺力相助，新光醫院社服課的琇櫻，藉著她多年的實務經驗，負責修訂占本書篇幅最多的嬰兒期與兒童期；青少年期之章節由嘉藥社工系助理教授易蓁負責；具有心理輔導專長的家姍修訂性別角色與性取向、中年期之章節，筆者則負責第一章、中年期、老年期章節。本書有所疏漏或不足之處，煩請讀者與社工先進能不吝惠予賜正。

　　最後，願將此書獻給恩師，輔仁大學社會工作系張振成老師，執筆本書前兩版的推薦序，感恩一路的提攜與鼓勵，師生情誼，永致不忘。

溫如慧

前　言

　　一個 18 歲的孩子找不到活下去理由，威脅著要自殺。一對結婚二十三年的夫妻突然分居。一對年輕夫妻因為失業被房東趕出去，全家住在帳篷裡過活。美國某個地區的工廠拒絕僱用黑人，即將引發大規模的示威抗議。

　　人們為何要這麼做？本書的主旨就在於評量——藉由本書的討論，我們將協助讀者了解人類各種行為的根本原因，並協助讀者評估他們在生理、心理及社會發展層面的優勢與劣勢。本書將說明有關人類成長與發展的各種理論和研究報告；這些理論涵蓋了影響人類行為的內在變項和外在變項。

　　本書乃是特別針對大學和研究所「人類行為與社會環境」（HBSE）課程所寫的。美國社會工作教育委員會（Council on Social Work Education, CSWE）在 2015 年「教育政策與審核標準」（EPAS）中針對 HBSE 課程提出了以下的指導方針：

> 　　社工人員需了解人類行為與社會環境的各種理論；並審慎將其應用在多元個案與組織上，包括家庭、團體、機構與社區。
> 　　社工人員需將人類行為與社會環境、人在環境中，以及其他跨領域理論架構等知識應用於對個案的評量分析。
> 　　社工人員需將人類行為與社會環境、人在環境中，以及其他跨領域理論架構等知識應用於對個案的處遇。
> 　　社工人員需將人類行為與社會環境、人在環境中，以及其他跨領域理論架構等知識應用於結果的評估。

　　2015 年 EPAS 也要求社工課程必須納入更廣泛的內容。例如，社工專業角色；社工倫理守則；自然環境對人類的影響；人類多元性；人類權利與社會經濟正義；壓迫與歧視的機制；研究導向的實務與實務導向的研究；證據導向的處遇；政策的執行以增進社會經濟福利與輸送社工服務；環境正義；對個人、家庭、團體、組織與社區的關注、評量、處遇與評估。上述所有內容都會在本書中介紹。

　　多年來，相關的社工訓練課程一直努力規劃課程內容以符合 EPAS 的要求，本書也是朝著這個目標努力。本書具有以下特點：

- 本書提出了多項理論和研究報告，詳細說明並解釋人類發展與行為。它深入探討個人在不同規模的系統裡（包括家庭、群體、組織和社區）如何運作。

- 本書針對人類多樣性提出了本質上的說明，包括以下列方式區分的群體：「年齡、階級、膚色、文化、身心障礙、種族、性別、性別認同與表現、移民狀態、婚姻狀況、宗教／靈性、性、性取向以及部落主權地位」。
- 本書以年齡將人的一生分為不同的階段，說明人類的成長與發展。
- 本書探討影響各年齡層發展的生理、心理、社會與靈性因素；也深入討論這些系統的相互作用。而在本書裡介紹的生理—心理—社會理論中，我們也探討了各種價值觀和倫理議題。
- 本書說明了何種策略可促進社會與經濟的公平正義。
- 本書描述每個年齡層在一般發展過程中所碰到的難題和里程碑。
- 本書說明了社會與經濟力對於個人、社會系統和社會有哪些影響。
- 本書提出了社工人員自我照顧策略的本質性訊息。這些策略也是社工人員應要說服其個案所做的正向改變。
- 本書與讀者一起探討如何獲得並維持身心健康與幸福。我們也說明了各種系統以何種方式提升或妨礙一個人的健康與幸福。
- 本書以四個面向（four-faceted）的探討方式評估相關理論，並具體描述如何將不同理論應用在個案的情況裡。

可讀性是本書的重要特色。透過豐富的案例與圖示來探討人類行為中各種引發爭議的問題。採用淺顯易懂的文字，讓讀者輕鬆理解書中所介紹的理論。

簡明目錄

Chapter 1　了解人類行為與社會環境　1

PART I　嬰兒期與兒童期

Chapter 2　嬰兒期與兒童期的生理發展　27

Chapter 3　嬰兒期與兒童期的心理發展　63

Chapter 4　嬰兒期與兒童期的社會發展　103

PART II　青少年期

Chapter 5　青少年期的生理發展　159

Chapter 6　青少年期的心理發展　189

Chapter 7　青少年期的社會發展　223

Chapter 8　性別、性別認同、性別表現與性別歧視　263

PART III 青年期與中年期

Chapter 9 青年期與中年期的生理觀點　303

Chapter 10 青年期與中年期的心理層面　323

Chapter 11 青年期與中年期的社會層面　371

Chapter 12 性取向及性別認同　415

PART IV 老年期

Chapter 13 老年期的生理層面　445

Chapter 14 老年期的心理層面　465

Chapter 15 老年期的社會層面　489

目　錄

譯者序　i
前　言　iii

Chapter 1　了解人類行為與社會環境　1

社會工作基礎知識與評量的重要性　3
本書的架構：生命週期發展　4
人類行為的重要概念　7
探討人類行為與社會環境之理論：生態系統理論　15
人們在社會環境裡所涉及的多重系統　22
社工人員角色　24

PART I　嬰兒期與兒童期

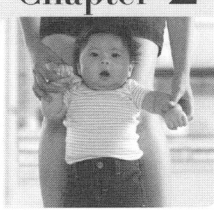

Chapter 2　嬰兒期與兒童期的生理發展　27

人類生殖機能　28
新生兒的早期功能　42
嬰兒期與兒童期典型發展里程　42
4個月到11歲的兒童典型發展概況　44
重要議題與生活事件　49
墮胎爭議：社會與經濟力的影響　49
不孕　56

Chapter 3　嬰兒期與兒童期的心理發展　63

人格發展之心理學理論概述　64

Piaget 認知發展理論　73

認知發展的訊息處理概念　79

Vygotsky 認知發展理論　81

情緒發展　84

自我概念、自尊及增權　88

重要議題與生活事件　90

智力及智力測驗　90

智力失能與增權　92

學習障礙　96

注意力缺損過動症　101

Chapter 4　嬰兒期與兒童期的社會發展　103

社會化的概念　104

家庭環境分析　105

家庭系統理論概念運用　108

家庭生命週期評估　111

學習理論　112

學習理論之實務應用　118

影響兒童的共同生活事件　131

社會環境的相關觀點　134

兒童虐待　142

PART II　青少年期

Chapter 5　青少年期的生理發展　159

定義青少年期　160
青少年期主要的生理變化　160
因生理結構改變引發的心理反應　163
重要議題與生活事件　167
青少年的性活動　167
性教育和增權　170
性傳染病　174
避孕方法　178

Chapter 6　青少年期的心理發展　189

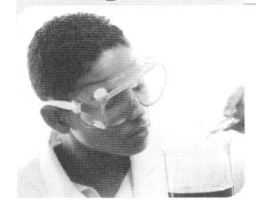

青少年認同形成　190
民族文化、種族和認同發展　199
道德發展　200
Fowler 的信仰發展理論　204
以自我肯定和自我肯定訓練來評估增權　208
青少年自殺議題　213

Chapter 7　青少年期的社會發展　223

青少年的社會發展改變　224
青少年面臨的主要問題：飲食失調　227
青少年面臨的主要問題：情緒和行為問題　235
青少年面臨的主要問題：犯罪和偏差　243
青少年面臨的主要問題：青少年幫派　245
社會團體工作：團體發展和團體領導理論　249

Chapter 8　性別、性別認同、性別表現與性別歧視　263

性別、性別認同、性別表現與性別角色　264
性別的社會建構理論　265
性別、性別認同與性別表現的複雜性　266
生命週期中傳統的性別角色刻板印象　271
男性與女性的不同之處　275
女性一生中的重要議題與事件　277
男性與女性在經濟上的不平等　277
性騷擾　279
性別歧視言論　282
強暴與性攻擊　282
親密關係暴力　292
女性增權的意義　300

PART III　青年期與中年期

Chapter 9　青年期與中年期的生理觀點　303

青年期的生理發展、健康狀態及其他影響健康因素　304
中年期的身體改變　307
女性停經期與男性更年期的中年危機　311
中年的性功能　316
愛滋病（AIDS）　319

Chapter 10　青年期與中年期的心理層面　323

Erikson 之青年期及中年期心理發展理論　324
Peck 之中年期心理發展理論　326
Levinson 成年期生命架構、生命階段及過渡時期之理論　327

Maslow 之需求層次理論　332

情緒智能及社會智能　333

非語言溝通信號　334

Glasser 之人類行為選擇理論　344

Gawain 之直覺理論　349

物質濫用的議題　350

Chapter 11　青年期與中年期的社會層面　371

青年人選擇的生活型態和家庭形式　372

功能主義、衝突理論和互動理論　380

青年人和中年人的社會問題　385

貧窮文化：理論之評估與個案之應用　388

家庭系統的評估與介入　404

Chapter 12　性取向及性別認同　415

性取向與性別認同　416

性取向的概念性架構　425

男女同性戀者的生活型態　431

同性戀者的相關議題與生命事件　432

PART IV　老年期

Chapter 13　老年期的生理層面　445

定義老年期　446

老年期的生理與心理改變　447

導致老化因素的當代理論　455

老年人常見疾病與死亡主因　456

自我照顧為優先考量的重要性　461

Chapter 14　老年期的心理層面　465

老年期的發展任務　466

老年期發展任務的理論概念　468

成功老化的理論　472

影響老年人的重要生活事件　474

老年期正向心理準備的指導方針　479

悲傷管理與死亡教育　480

Chapter 15　老年期的社會層面　489

老年人面臨的問題和原因　490

社會工作與老年人　496

鉅視系統的改變：為老年人尋找社會角色　498

索引　501

CHAPTER 1

了解人類行為與社會環境

基本概念

　　本書的目標是探討人類行為的動態並準備建構社會工作實務技巧的知識基礎。什麼意思呢？確切地來說，是透過人類行為與社會環境，即本書的書名。首先，讓我們分析與定義專有名詞。人類行為涉及人們的行為、表現，與對生活中的反應。當然，個人可證實了人類行為。一群人，從夫妻到家庭、到社區、到國家，也展示人類行為。人們在其環境的背景下行事。環境包含了人們或其他生物的生存或功能的「環境或條件」（Lindberg, 2007, p. 460）。為了其目的，社會環境涉及其他人們的系統，包括經濟、政治、法律、社會、靈性與文化，以及任何在環境中與之互動的個人。

人類行為與社會環境
Understanding Human Behavior and the Social Environment

　　為什麼了解人類行為和社會環境對社工人員與其他專業助人工作者如此地重要？社工人員幫助人們解決問題並取得資源，他們必須認識到人們在社會環境中面臨的條件，以及這些條件如何影響人們的行為和功能。社會環境可能在許多層面上有所不同，它可能是城市或鄉村；可能很富裕擁有許多資源，或是貧窮者僅有少數資源；它可能是自由主義或保守主義。在國際層面，它可能是民主、社會主義，或共產主義。社工人員必須了解社會環境，以幫助人們釐清他們能夠得到的選擇並獲得所需的資源。

　　協助過程的主要步驟之一，為本書的重點，即是評量（assessment），是確認與探究影響人們行為、功能與福祉的不同變項。對社工人員而言，評量需要調查人們的優勢、問題、需求，始能了解如何協助人們並改善其生活。

　　社會工作的獨特性在於強調的範圍遠超出於個人。社會工作的評量著重在案主情況的所有層面。許多時候問題的產生並非是案主的錯，有時是案主以外的因素挑動問題的發生。案主的家庭功能不彰、工作場所並非案主所能掌控、現有的社會福利服務機構無法提供案主所需、資源難以取得、不適當的資源，甚至於資源不存在，或是影響案主的組織政策、法律可能存在著不公平的現象。除了針對個人評量，社工人員需將焦點放在家庭、工作團體與環境、社會機構、組織、鄰里、社區，甚至是地方與中央政府。任何特定問題的處置都可能會與這些有直接的關聯。

學習目標

在本章，我們將會協助學生：

LO 1 解釋社會工作基礎知識與重視評量的重要性

LO 2 檢視本書以生命週期為編排方式

LO 3 描述了解人類行為的重要概念（本書的重點，包括人類的多元性、文化能力、壓迫、處於危機的族群、增權、優勢觀點、復元力、人權，與對於倫理議題之批判性思考）

LO 4 運用概念框架以了解人類行為與社會環境：生態系統理論

LO 5 認識人們在社會環境裡所涉及的多重系統

LO 6 認識社工人員角色

社會工作基礎知識與評量的重要性　　LO 1

為確認基礎知識的重要性，包括本書所呈現的基礎知識，了解社會工作的目的與過程是必要的。社會工作有其主要的三個目的（Baer & Federico, 1978, p. 68）。第一，社工人員可以協助人們解決問題並因應其情境。第二，社工人員可以與系統一起工作，像是社會機構、組織、社區與政府機關，使人們更容易獲取所需的資源與服務。第三，社工人員可以「連結人與系統」（Baer & Federico, 1978, p. 68），使案主可以取得資源與機會。因此社會工作在許多方面涵蓋社會功能。

人們與他人、組織（如社會福利服務機構）、小團體（如家庭、工作場所的同事）互動。社會工作的目標不僅是在於人們的行為舉止，也在於這些系統與人們如何互相影響。

以一個五口之家為例，父母親從事低薪資的工作以維持基本生活。父親在一家小型、未加入工會組織的皮革工廠工作，母親是一家快餐店的服務生。父親無預警地被裁員。這個家庭領取失業津貼已有一段時間，領完津貼時，則面臨了嚴重的財務危機。儘管費盡心力，父親也無法找到其他的工作。絕望之下，他們申請了公共救助，由於申請程序中發生了一些無法得知的狀況，補助費用遲了 2 個月才核發。

在這段期間，這個家庭的飲食狀況不佳，而且無法負擔房租及水電費。電話被切斷、電力也被中斷，房東威脅要將他們趕出去。面對如此強大的壓力，父母親開始爭吵打架。孩子們因飢餓而怨東怨西，這些都強化了父母的挫折感和幻想破滅，由於壓力與挫敗，父母毆打孩子讓他們別再抱怨。

雖未能詳述此案例，但可呈現人們在環境中與其他系統的關聯。

社工人員看待此個案時，會評量環境中家庭與其他系統之間的相互影響。首先，當父親被裁員時，其生活深受職場影響。之後申請失業津貼領取補助，則影響到了失業津貼系統；當津貼終止，這個家庭緊接著被公共救助系統所影響，公共救助系統的延宕補助時程則影響到此家庭。當父母親無法因應壓力時，如此的挫折會影響到所有的家庭成員。所有的情境可被視為人類與環境之間一連串動態的交互作用。

社會工作專業

社會工作專業被認定為具有主要責任以實施社會的要求，提供安全、有建設性和有效的社會服務。因此社會工作有別於其他專業（如心理學和精神病學），因為被賦予提供社會服務的責任和任務。

社工人員需要培訓並專精於各領域以有效地處理來自個人、團體、家庭、組織，和更大的社區的問題。雖然大多數職業越來越專業化（例如，大多數醫師目前專注於一項或兩項領域），社會工作繼續強調一種綜融的（基礎廣泛的）方法（generic approach）。社會工作實務類似於一般的傳統醫學。一般的（或家庭）醫師具備專業教育來處理常見的醫療問題；社工人員具有專業教育來處理多元普遍的社會和個人問題。

社會工作過程：評量的重要性

正確的評量（assessment）為社會工作過程當中一項重要的步驟，需蒐集、分析、詮釋與問題及情境相關的訊息。不論情境為何，謹慎的思考是必要的，以利有效決定執行過程。評量也涉及有關人類行為的基本知識與假設。人類的所作所為總是有所依據的。

舉例來說，社工人員需要特定的訊息以協助有自殺傾向的青少年。社工人員必須去了解人們自殺的原因，才會知道該問什麼、如何因應與處遇，以及要進行何種可供選擇的方式與協助。

除此之外，社工人員必須確認哪些資源是自殺的青少年可以使用的。危機該如何立即處理？純粹只要讓他們活著嗎？哪些支持性的資源可以阻止他們自殺的念頭？社工人員可以將他們轉介至何處以獲得協助？（第六章將會更深入地探討青少年的自殺。）

確認與評估替代行動

案主帶著問題與需求求助於社工人員。社工人員必須了解這些問題與需求以協助案主。對實務工作者而言，主要的任務是協助案主確認可獲取的替代方案。人們通常視野狹隘，因壓力、習慣或缺少經驗而未能了解到許多替代方案已存在著。不僅是要確認，也需評估替代方案。每一個可供替代的方式的好壞結果應須清楚地陳述與衡量。圖1.1呈現了評估替代方案的過程。

```
替代方案          結果
1. ─────────→    正面＋反面 ─┐
2. ─────────→    正面＋反面 ─┼──→ 最後的決定
3. ─────────→    正面＋反面 ─┘
```

圖 1.1　社會工作人員協助案主確認可替代方案與衡量每一個結果

本書的架構：生命週期發展　　LO 2

了解和評估人類行為包含具備人類發展的知識，也包括理解人們在生命中所面臨的多元問題。本書採用依年代順序的觀點，運用前後一致的取向看待生命週期所發生的改變。生命週期可被劃分為四個主要階段：嬰兒期和兒童期（infancy and childhood）、青少年期（adolescence）、青年期和中年期（young and middle adulthood），以及成年

晚期（later adulthood）。每個生命週期階段裡以三個章節呈現生理、心理與社會發展。

生理發展（biological development）和理論關注於人類的身體層面。例如，孩童的生理層面包括開始走路與發展協調。對於青少年，生理發展包括青春期與相對應的身體變化。老年人的生理層面則關注到隨年齡增長身體產生的變化。

心理發展（psychological development）與理論重視的是個人的功能和認知或思維過程。心理層面關注人們如何思考自己、他人，以及周遭的環境。對於兒童，包括漸進地由更具體到更抽象的思考發展，也包括道德感的發展。隨著生活的進步，人們可能對科學發現與藝術表達有偉大的知識貢獻。他們也可能遇到關於心理健康問題，如憂鬱症或飲食失調。

最後，**社會發展**（social development）和理論著重於人類在其社會環境中與周圍的人之互動。兒童住在家庭裡的社交場合。他們發展社交生活，即是當他們與其他兒童互動與遊戲時。隨著人們繼續地過日子，社交面向包括與朋友互動和參與工作團體。他們或許尋找到有意義他人成為伴侶或建立自己的家庭。許多人因政治、社會、娛樂、專業的因素參與組織。某些人成為發起與實施社會改革的偉大領袖。

整體而言，這些層面的發展可能被稱為**生理—心理—社會發展**（bio-psycho-social development）。重點提示 1.1 說明這三個層面的相互影響。由於人類多元的重要及對人類行為的影響，本書的兩個章節將呈現這些議題。內容著重在性別角色和性取向。（請注意，人類多元的不同層面也貫穿在生理、心理和社會發展的每個章節之中。）

共同生命事件

經歷每一個生命階段——嬰兒期與兒童期、青少年期、青年期和中年期，以及成年晚期，人類趨向體驗到共同的生活事件。特定的事件會在生命的某個時間點發生。例如，青少年是人們建構自我認同的時期，青少年爭取獨立並且在社會同儕團體中尋找位置。有時青少年會承受到更多的壓力，可能是被貼上了逃家或是犯罪少年的標籤。

結婚與養育小孩是青年期與中年期的特徵事件。有時，在此時期人們會面臨意外的懷孕與單親的狀況。有些人必須面臨離婚。成年晚期的生活事件包括了退休以及當孩子離家後重新適應婚姻生活，雖然許多老年人依然很投入家庭和社區生活，脫離理論（disengagement theory）卻預測其他老年人會變得更孤單並與社會脫離（Santrock, 2012b）。此外，許多老年人需要因應越來越嚴重的健康問題與疾病。

這些經驗或是生活事件——認同危機、婚姻與小孩、退休與分離——所有的事件可能會在生命的某個特定時期發生。本書的內容將分述在生命的某段時間發生的共同事件。那些被認為典型的經驗可能會是一個大事件。然而，社工人員經常需要協助案主因應某些特定的生活事件。基於社工人員實務所需，我們毅然地選擇這些事件並且將重點放在這些事件的經驗之上。

重點提示 1.1

生理—心理—社會發展層面的相互影響

因為人類是複雜的，社工人員必須將重點放在生理、心理與社會發展層面之間的交互作用。不同的發展層面會同時影響個體全面性的成長與成熟。

仔細思考一個患有憂鬱症青少年的案例。雖然他的心理狀態或是他的憂鬱可能是當前的問題，但是其他系統相互關聯的問題也可能很明顯。心理的憂鬱可能導致他在人際上的退縮而變得孤單，因此其社會性互動亦受到強烈的影響。他可能不吃東西、停止運動，這可能會對其生理系統有極大的影響（第五章將探討生理發展；第六章將更深入探討青少年的心理發展）。

另一個例子是關於患有酒癮的成年人。酒癮影響到她的生理、心理與社會性的發展。在生理上，她的體重下降，也經常出現身體不適像是宿醉引起的劇烈頭痛。她的身體健康影響了心理健康，常有憎恨自己的感覺出現。心理狀態則影響到與周遭親密友人的互動，親友們開始避不見面。因此，她的社會互動與發展受到了影響。社會性的孤立則增強喝酒的心理慾望，並且逃避現實，身體狀況持續惡化（第十章更進一步討論酒癮者的動力與其影響）。

正常發展的里程碑

正常發展的里程碑包括了那些通常會出現在生命週期中的重大生理、心理、情緒、智力與社會性的發展，其重點在於視個人為不同的個體，也提供了何者為正常發展之觀點。主題則包括了運動神經的發展、人格的發展、動機、社會性的發展與學習。

舉例來說，關於嬰兒正常的運動神經發展。大部分 3 到 4 歲的孩童開始可跳躍、單腳跳躍、跑、使用叉子、剪刀（Berk, 2012a）（第二章將闡述孩童正常發展的里程碑）。

或者關於老年人的正常發展，睡眠型態會出現重大的改變，像是要花很長的時間入睡以及晚上睡眠時間縮短（Ancoli-Israel & Alessi, 2005; Kail & Cavanaugh, 2013）（第十三章將會討論到老年人經常經驗到睡眠型態的改變）。

為了區別何者為正常或是病態的發展，我們必須清楚地了解任何年齡層正常發展的里程碑。在此使用**正常**（typical）一詞意味著功能運作的程度符合特定的年齡層。社會工作實務工作者必須要能分辨哪些是需要與哪些是不需要接受處遇的情境。時間與精力會浪費在試著解決那些根本不是問題的問題之上。例如，我們勿需擔心 12 個月大的嬰兒不會走路。然而，如果嬰兒在 24 個月大的時候仍不會走路，則值得調查原因。同樣地，有關老年人的睡眠問題，勿需擔心單純地因老化現象所造成的睡眠逐

漸減少。社工人員可以協助人們適應這些可預料的狀況，使得他們能更理智地看待這些變化。人們可以藉此協助，停止擔心這些正常狀態。另一方面，50歲的人有睡眠狀況，可能需要作進一步的探究，在這樣的年齡，睡眠問題可能來自於壓力或是其他的心理問題。

正常發展的里程碑可作為評量人類行為的基準。當超出所謂正常時，問題或是異常的程度才可以被評量。

人類行為的重要概念　　LO 3

因評估和理解人類行為上具有重要意義，在此我們會用一些篇幅介紹幾個主要概念。這些概念所涉及的議題將貫穿於本書當中。第一群組的概念包括人類的多樣性、文化能力、壓迫（oppression）與高風險人口（population-at-risk），這些皆有所關聯。第二群組包含增權（empowerment）、優勢觀點（strengths perspectives）和復元力（resiliency），這些也互有連結。在此第三個重要面向討論的是有關倫理議題的批判性思考。

人類的多樣性、文化能力、壓迫與高風險人口

社工人員必須察覺人們的差異性及其對人類行為的影響。任何時候人們可以歸屬於不為社會上大多數人所認同的團體，**人類的多樣性**（human diversity）在團體間呈現了很大的差異性，包括了「年齡、階級、膚色、文化、身心障礙、種族、性別、性別認同與表現、移民狀態、婚姻狀況、政治取向、民族、宗教／靈性、性、性取向以及部落主權地位」（Council on Social Work Education [CSWE], 2015）。

任何時候可以將一個人歸類到社會裡某程度上與大多數人不同的團體，這個人會受制於多樣的影響，包括歧視與壓迫。**歧視**（discrimination）是以不同的方式對待人們，因為這些人歸屬於和自己不同價值的團體（如種族或宗教）。壓迫是將不公平與極端的限制強加在某一個特定的團體上。想像一名婦女在男性主導的企業工作，或是一名62歲的老人去應徵百貨公司銷售員的工作，而所有員工都在30歲以下的情況。而**高風險人口**（population-at-risk）是任何「具有某些可辨識特質的群體，處於比一般主流社會更大的社會經濟剝奪與壓迫的風險之下」（Kirst-Ashman, 2007, p. 57）。

特權、權力和讚譽　　根據社會地位和對他人影響力的多寡，任何社會中的個體都可能被置於一個連續體中。有經驗過歧視和壓迫的人可能被置於連續體的一端。擁有特殊的「特權、權力、讚譽」的人們可能位於另一端。**權力**（power）是「有能力實現自己的目標，儘管遭到其他人的反對」，換句話說，權力涉及「有能力做你想做的事，因為沒有人能阻止你」（Leon-Guerrero, 2011, p. 48）。權力可能需要使用「武

力、權威、操縱或勸說」讓別人改變他們的行為（Eitzen, Zinn, & Smith, 2014, p. 45）。

特權（privilege）意味著因社會、政治或經濟地位的提高而享有特殊的權利或福利。特權通常與**聲望**（prestige）有關：「對個人的社會尊重或基於職業地位所賦予個人的地位。我們對需要專門教育或職業的人〔如醫生〕或者賺更多錢的人〔如主要企業的執行長〕賦予更高的聲望」（Leon-Guerrero, 2011, p. 48）。**讚譽**（acclaim）是「熱情的贊同或稱讚」（Nichols, 1999, p. 8）。備受讚譽的人們，如高層政治人物和著名的藝人，持有對他人廣泛的影響力。擁有特權和備受讚譽者有更大的權力去影響並控制他人的命運。

團體成員與價值　任何團體成員提供一定的環境情境。了解任何個人的行為，敏感地察覺到團體的差異是很關鍵的。可由兩個觀點窺見其重要性。首先，特殊團體的價值或取向會影響個人的行為。例如，性取向為同性的人可能選擇有相同性取向的人一起參加社交活動。這些人會避開單身異性聚會的酒吧與夜店，傾向參加協助同性交友的活動或是社團。

團體差異的社會觀點　本段將說明關於敏感地察覺團體差異的第二個觀點。第一個觀點的焦點在於團體成員的感覺以及對於行動的選擇。第二個觀點直接將重點放在社會上其他人們與團體如何看待這個（多元）團體。多元團體可能會成為**偏見**（prejudgments）（未經證實就予以認定）與**刻板印象**（stereotype）（標準的看法，有關於人們隸屬於某些團體，不考慮個人的特質與相異之處）的對象。每個團體成員易於喪失他／她的個別認同，並且接受環境中他人眼中對團體的認同。對這些局外人而言，不論個人是否真的具有這些特質，團體的特質會變成個人的特質。

察覺偏見與刻板印象如何影響人們是很重要的，因為牽涉到社會工作基礎的**專業價值**（professional values）。這些價值包括尊重每個人和個人自決（self-determination）；保密（confidentiality）的重要性；致力於社會公正；倡導、積極的社會變革；欣賞人類多元性；公平處遇與平等機會的權利（CSWE, 2015; Reamer, 2013）。

著重於增權、優勢觀點與復元力

了解人類行為所需的第二重要的群組概念包括增權、優勢觀點、復元力。這些都是在社工實務中持續被關注的議題。

增權　增權（empowerment）是「增強個人、人際間或政治力量之過程，個人可採取行動以改善生活狀況」（Gutierrez, 2001, p. 210）。增權取向為實務觀點提供了「思考與執行實務的方式」（Lee, 2001, p. 32）。透過評量的過程與我們對人類行為的理解，為了促使人們增權，重視、發展、培養優勢與正向的特質是很重要的。增權的目標在於強化權力與控制力，使個人、團體、家庭及社區可以超越命運的擺脫。

我們也認知到有些族群遭受到刻板印象、歧視與壓迫的對待。一般而言，社會工

作的任務即是要增權案主，特別是遭受到壓迫的族群。

Cowger 與 Snively（2002）提出以下的說明：

> 提倡增權意味著相信人們有能力為自己做選擇與決定。人們不僅憑著優勢與潛力去解決自己的生活困境，也藉此增加其優勢並增進社會福祉。社工人員的角色在於培育、鼓勵、協助、促成、支持、激發與解放人們既有的優勢；在人們所處的環境中闡明可運用的優勢，並提升社會所有階層的公平與正義。為了達到這些目標，社工人員協助案主連結其所處的情境本質，確認案主所需，探索實現這些願望的替代方案，之後達成願望。（p. 110）

優勢觀點 將焦點放在優勢，可以提供增權一個良好的基礎。有時稱之為**優勢觀點**（strengths perspective），著重在運用案主的資源、潛力、知識、能力、動機、經驗、智能與其他正向的特質，以解決問題並促成正向的改變。

人類行為的評量建立了解人們問題與事件的基礎，進而協助人們改善其生活。社工人員每天處理人們的問題，確認人們的優勢可成為如何解決問題與改善生活狀況的線索。Saleebey（2013, pp. 17-20）引用了四個優勢觀點原則：

1. 個人、團體、家庭與社區都有優勢。在下一段的 Fernandez 家庭將闡述此一概念。
2. 創傷與虐待、疾病及掙扎可能是有害的，但是也可能成為挑戰與機會的來源。
3. 假設你不知道你成長與改變可達到的最高限度，那就嚴正看待個人、團體與社區的展望。你無法得知自己生命中有哪些機會與選擇的水晶球。重要的是去體會你所擁有的優勢，當機會來臨時，緊抓住它。你不會知道何種機會將降臨到你面前，或是你的生涯將會帶領你到何處。
4. 每個環境皆充滿了資源。資源可以提供很多優勢。社工人員的主要角色之一即是連結案主與其所需的資源，增權案主以改善其生活。

優勢的多重來源：案例 如上述所言，重視優勢的增權可以運用在個人、家庭、團體、組織與社區層面（Saleebey, 2013）。例如，Haulotte 與 Kretzschmar（2001, pp. 30-31）引用某個到社福機構求助的家庭為例，提供了優勢觀點在評量上的協助。

> Fernandez 這個家庭包括了 Carmen（35 歲，妻子、母親）、Juan（36 歲，丈夫、父親）和兩個女兒 Oralia（13 歲）、Mari（14 歲）。他們七年前由墨西哥移民到美國。Carmen 與 Juan 已有小學學歷，相當於美國的六年級教育程度。在美國，他們已經上過英文課，也可以說很流利的英文。兩個女兒念同一所初級中

學，成績不錯。當 Carmen 與 Juan 移居時，他們希望能夠讓自己與女兒有更好的生活。

三個月前，美國移民署發現 Juan 在 Fernandez 家附近的工地工作，認定他的移民資料不合法，將他遣返回墨西哥。

儘管這個家庭經常遭遇經濟困難，但 Juan 離開之後問題變得更嚴重。Carmen 發覺沒有丈夫很難謀生。Juan 在美墨邊境找到一份低薪兼職的工作。他寄一些錢回家，但不多。不僅要養活自己，每個月也得存一點錢，可以讓他自己回到美國。Carmen 在販賣店當驗貨員，且剛找到第二份清潔工的兼差工作。因此每天早上六點半到晚上十一點都在工作，幸運的是從家裡到工作地點都有公車。

目前的危機是昨晚 Carmen 回家時，Oralia 由警察陪同到家。警察發現在她獨自一人在附近的公園遊蕩，此舉違反當地的宵禁規定。很顯然地當時 Oralia 很憤怒，她與 Mari 激烈地爭吵（現在她們已經忘了為了那些事情而吵）。Carmen 告訴警察她已經厭倦了女兒們的爭執，兩手一攤並表明不知該如何是好。她必須長時間地工作來維持此家庭，並期待當她不在時女兒可照顧自己。

這個家庭雖然在社區鄰里中有朋友，但無其他的親戚。Juan 與 Carmen 曾拜訪過附近聖靈降臨教派的教會，但他們還沒決定是否要加入。教友建議女兒們可接受諮商輔導，也轉介此家庭至地方社福機構，提供他們有關移民服務，包括諮商、法律建議，以及協助就業。然而，Carmen 擔心會不會有人去調查他們的移民身分。

Carmen 最後決定接受外來的協助，因這些壓力已導致嚴重頭痛。她考慮去見民俗治療師（curandera，傳統、無證照的治療者，使用藥草與傳統治療方式）。她開始喝洋甘菊茶（香草茶，可安定焦慮、緩和胃痛與腸絞痛）。她也計畫與提供移民服務之社服機構聯繫。

此個案的問題相當明顯，包括 Carmen 與女兒之間的衝突、經濟困難、移民身分、Juan 的離家工作、Carmen 的頭痛問題。然而，將焦點放在 Fernandez 一家的優勢，可以為如何處理這些問題找到一些線索。

個人的優勢（individual strengths）包括 Juan 與 Carmen 已經完成了小學教育並且識字，曾經上過英文課，也都有工作（這也是家庭的優勢，直接影響到此家庭的福祉）；Oralia 與 Mari 在學校的表現相當不錯；以及 Carmen 有意尋求家庭諮商。

家庭的優勢（family strengths）包括強烈的家庭連結、家庭成員為彼方的幸福著想、父母親以女兒為傲並且對其未來賦予很高的期望。

團體的優勢（group strengths）包括家庭成員可從朋友、工作、學校、教會與鄰居中得到的任何協助。**組織的優勢**（organizational strengths）包括了此家庭與提供移民服務機構的連結，願意接受諮商並將此當作一項資源以幫助 Juan 回到美國。另一

個組織優勢是此家庭與教會的連結。

社區的優勢（community strengths）包括了社會福利機構、教會、公車運輸、提供另類療法的民俗治療。〔當重點放在自然的支持網絡像是民俗療法時，需察覺到文化差異的重要性。**自然的支持網絡**（natural support network）或是**協助網絡**（helping network）指的是提供非正式的協助與支持的一群人，包括家庭、朋友、鄰居、同事、組織裡的成員像是教會或其他的社區團體。〕你可以看到此家庭還擁有哪些其他的優勢嗎？

有時某個優勢可能會在兩個或更多的類別之間重複出現。舉例來說，教會精神可能會影響到個人、家庭、團體、組織與社區的優勢。優勢如何被標的並不重要。當嘗試著了解人類行為時，最基本的是考慮到優勢所有可能的類別。

個人的增權　個人的優勢可以包括教育背景、工作經歷、問題解決與決策的技巧、人格特質、物力與財力的資源，以及正向的態度（Jones & Biesecker, 1980; Kirst-Ashman & Hull, 2012b）。本書將探討個人增權的許多面向，案例包括不孕症的諮商（第二章）、家庭中種族與文化優勢的體認（第四章）、性教育（第五章）、靈性的發展（第六章）、女性與性別平等（第八章）、愛滋病病人（第九章）、為男女同性戀提倡最佳福祉（第十二章），以及成功老化的理論（第十四章）。

了解自己可以強化了解別人的能力。其他人與你一樣處理相同的感覺、事件與問題。認清自己的優勢與認清其他人的優勢同等重要。在**重點提示 1.2** 中的問題，你如何回答有關個人的優勢？

透過團體的增權　從團體的優勢觀點來促成人們增權的範例是運用**支持性團體**（support groups）。團體由經歷過相似問題或事件的人所組成，互相提供支持，提供如何因應困難的訊息與資源的建議（Toseland & Rivas, 2012）。像這樣的團體重視確認與運用優勢。Toseland 與 Rivas 所提出了以下的案例：

- 學校中學童所組成的團體，討論離婚對其生活的影響。
- 癌症病人與其家屬的團體，討論疾病的影響及如何因應癌症。
- 近期出院的精神科病人團體，討論社區生活的適應。
- 單親父母的團體分享獨自養育子女的困難。（p. 20）

組織與社區的增權　Kretzmann 與 McKnight（1993）提出增強社區的優勢觀點與社區居民增權的建議。他們強調使用潛在的社區資產，包括民眾的「宗教、文化體育與娛樂協會；私人企業；公共機構，如學校、圖書館、公園、警察與消防局；非營利機構，如醫院與社會福利服務機構」，以改善社區功能與生活品質（pp. 6-8）。

McKnight 與 Block（2010）提出了「豐富社區」（abundant community）概念，意

重點提示 1.2

評量你的優勢

回答以下的問題以評量你個人的優勢？

個人的優勢
- 你最好的特質是什麼？
- 你對你自己感到自傲的是什麼？
- 你有什麼技能（如教育的、工作、領導特質、溝通、社交的、技術的）？

家庭的優勢
- 你可以從你的原生家庭、現在的家庭或是重要他人得到的協助有多少？
- 你如何向你的家人求助？
- 你的家庭最好的特質是什麼？

團體的優勢
- 你的朋友、鄰居、同事或是學生如何協助與支持你？
- 你是任何社群、娛樂或諮商團體的一員嗎？
- 如果是，每個團體如何滿足你的需要？提供協助或是提供機會使你達到自我實現、得到新的經驗或令你感到愉悅？

組織的優勢
- 你現在或是過去曾經參與任何組織嗎？
- 如果是，你接受過哪些福利或是協助？
- 你接受過學校提供的任何特別的建議、協助或是經濟協助？如果有，是什麼？
- 如果你有工作，工作環境具有哪些優勢？

社區的優勢
- 你的社區中有哪些服務與資源？
- 對於你的社區，哪些是你最喜歡的？
- 在你的社區裡，有哪些你喜歡的文化場所？

在你的環境當中，有什麼其他的優勢是與他人互動時可以利用的？協助你追求你的計畫與夢想的是誰、是什麼？協助你度過每一天的是誰、是什麼？並且希望可以充分利用的是什麼？

指具有潛能與優勢的社區（p. 65）。他們描述社區有如獨特的實體，每個社區有其特性與優點，指出「〔一個〕有能力的社區會利用其豐富性」（p. 65）。社區居民會努力認同社區正向的貢獻，並能以創意的方式來改善生活品質。

以下為運用優勢於豐富社區的案例（Kretzmann & McKnight, 1993）：

- 約 60 位青年領袖接受了教導 700 名幼童的青年增權課程訓練。透過各式各樣的非傳統課程發展其自尊，提供青年對於犯罪、幫派、毒品的選擇方式。這個方案由社區大學與鄰里警察管轄區共同贊助。（p. 37）
- 老人組織說服老年部門開設一處營養站以替代關閉的兩站點。（p. 56）
- 一群剛畢業的大學生組成了一個協會，蒐集鄰里中人們可以彼此互相教學（付費或是免費皆可）的訊息。這個團體確認了幾千種社區民眾可以教學的項目，從彈吉他到亞里斯多德的作品。這個社區知識的「圖書館」成為地方學習、討論與娛樂的主要新資源。（p. 136）

復元力：運用優勢對抗逆境　與優勢觀點及增權相關的概念是復元力。**復元力**（resiliency）是個人、家庭、團體、社區或組織從困境中復原，以及當遭遇到重大問題、混亂或是艱難時，回復其功能的能力。此時，「優勢觀點則集中在能力、資產、正向的付出，而不是在問題及病症之上」，復元力強調的是不管困難有多少，運用優勢以因應逆境與求得生存（Greene & Conrad, 2012; Gutheil & Congress, 2000, p. 41）。

以下的情境描繪了復元力的概念：

> 當棒球擊中窗戶，通常玻璃被砸得粉碎。當同一顆球碰到了球棒，球棒幾乎不會受損。當槌子打到陶瓶，通常陶瓶會被打得粉碎。但是當同樣的槌子打到汽車的橡膠輪胎時，輪胎很快地會回到原來的形狀。球棒與汽車輪胎兩者展示了復元力。（Norman, 2000, p. 3）

復元力包含了兩個面向：危險與保護（Greene & Conrad, 2012; Norman, 2000）。**危險**（risk）意味著「生活壓力事件或是有害的環境，使得個人或其他系統的**弱點**（vulnerability）〔無防禦力或是無助〕增多」（p. 3）。另一方面，**保護**（protection）則是涉及到「緩衝、和緩與保護來抑制這些弱點」的因素（p. 3）。

在個人層面，孩童復原的案例像是有個小孩在童年時期從一個寄養家庭轉移到另一個寄養家庭，仍然完成高中學業，進入大學，最後擁有自己健全的家庭。不管他曾經歷過哪些危險，他運用了自身優勢保護自己並克服逆境。這些優勢可能包括正向的自尊與自我價值、擁有不錯的問題解決能力以因應所面臨的困難、正向的思考、有能力同理他人、有幽默感、對自我表現有較高期待，以及有能力與損友、負面事件保持距離（Norman, 2000）。強調復元力的關鍵在於認清並運用案主的優勢去解決問題。

以某一國立大學的預算被刪減好幾百萬為例，來說明在組織層面的復元力。此大學的復原在於減輕損失的程度並維持最重要的功能，並訂定計畫以適應資源的短缺，繼續提供學生優質的教育。復元力意味著重視優勢以維持基本功能。

社區的復元力可由某一位於都會鄰里團體處理日益增加的犯罪與毒品濫用為例。這些問題使得社區處於解組與毀滅的危險之中。社區優勢包含了機構可提供資源、居民對適當與正向的行為之期待，以及「鄰里的年輕人有建設性地參與社區」的機會（Greene & Livingston, 2002, p. 78）。復原社區可促使關心社區的居民組成鄰里組織，來監督及維護社區，與公共服務合作以改善問題，並倡導資源的增加（Homan, 2011）；亦可組成鄰里守護方案（Neighborhood Watch program），居民志工守望相助以預防並打擊犯罪。社區居民可與地方警察、學校合作，提供年輕人毒品教育與防治方案。他們也可以倡導警力的增加，加強巡邏並逮捕毒販。復原社區運用優勢以因應威脅並保護居民。

有關倫理議題批判性思考

　　了解人類行為與社工實務的另一個重要層面是對於倫理議題的批判性思考。**價值**（values）是個人、專業人員與文化對於「什麼是好的與什麼是想要的」，所展現出的觀點與意見（Dolgoff, Harrington, & Loewenberg, 2012, p. 25）。舉例來說，我們的文化重視教育也提供每個人受教育的機會。同樣地，因為你重視大學的價值，否則不會在此就學。**倫理**（ethics）原則基於指引行為及決定「什麼是恰當與正確的」的價值（Dolgoff et al., 2012, p. 25）。價值指的是想法，而倫理則是基於那些想法所表現的適當行為。

　　社工人員必須提醒自己維持其專業價值。全美社會工作人員協會（National Association of Social Workers, NASW, 2008）制定了專業**倫理守則**（code of ethics），明訂了以下指引實務工作者行為的六項基本倫理原則（倫理守則請參閱 http://www.socialworkers.org/pubs/code/code.asp）：

1. 社會工作者的主要目標在於協助處於困境的人並重視社會問題。
2. 社會工作者挑戰社會的不公義。
3. 社會工作者尊重人們與生俱來的尊嚴與價值。
4. 社會工作者認同人群關係核心之重要性。
5. 社會工作者是值得信賴的。
6. 社會工作者依其能力範圍執行工作，並發展與加強其專業知識。

　　社會工作者的職業生涯中，必須面對與重視**倫理兩難**（ethical dilemmas），即倫理原則衝突的情境，以及解決方式存有瑕疵的所有狀況。例如，一名16歲的案主告訴社工人員：她痛恨繼父，計畫要毒死他。社工人員應該是要遵守**保密原則**（confidentiality）（值得被信賴與對訊息保密）。然而，在此情境之下，必須被優先考慮某人的生命危在旦夕。社工人員在此個案的處置是決定打破保密原則以保護個人的生命。

　　批判性思考（critical thinking）為「小心地檢驗及評估信仰與行動」以建構何者為是、何者為非的獨立性決定（Gambrill & Gibbs, 2009, p. 4）。Gibbs 與 Gambrill（1999）解釋批判性思考：

> 批判性思考鼓勵開放的對談與考慮相左的意見，也包含了對其聲明與論點負責。對於發現思考上的錯誤時，則需彈性地在最短的時間內認錯，甚至欣然接受錯誤。批判性思考是獨立性的思考——為你自己思考。批判思考者質疑社會、團體或是他們自己家庭內認為理所當然的價值與態度。（p. 13）

　　不要因他人告知某事是真實的就認為是如此。不要只因你翻了幾頁的書或報紙，

就認為那不是正確的。不要因為成了法規而認為是對的。批判性思考指的是不要看表面的價值，而是由你做正確的決定。

倫理抉擇包含了批判性思考。社工人員必須評量潛在的問題，並符合倫理為依據以做決定。本書並不是要教導你如何執行社會工作，然而本書鼓勵讀者開始以批判性的角度思考倫理議題。本書內文的倫理議題將引導讀者使用批判性思考以決定自己的答案與意見。

探討人類行為與社會環境之理論：生態系統理論　　LO 4

理論（theory）由一致的原則、概念和思想所構成，以解釋所觀察的一些事件或趨勢。理論提供如何看待世界的架構。當試圖理解人們的行為動機時，理論將會轉移你的注意力、指引你該專注的情境。在這本書中，**生態系統理論**（ecosystems theory）結合了系統理論（systems theory）與環境的生態觀點。生態系統理論的定義是「系統理論為描述和分析人類與其他生命系統，以及其互動」（Beckett & Johnson, 1995, p. 1391）。生態系統理論正好符合**人在情境中**（person-in-environment）的概念，其基礎概念在社會工作實務中，且為理解人類行為動力的基礎（Greene, 1999; Sheafor & Horejsi, 2012）。Kirst-Ashman 與 Hull（2012b）解釋：

> 人在情境中注重於人們不斷地與其周遭的多元系統相互作用。這些系統包括家庭、朋友、工作、福利服務、政治、宗教、商品和服務，以及教育系統。人們動態地參與其中。社會工作直接地改善案主與系統之間的互動，而重點則在於改善人在情境中的適應。（p. 12）

以下幾頁我們將解釋生態系統理論的多元概念。首先，先定義系統理論的重要概念。接著我們將討論影響生態系統理論的重要生態觀點，強調人們參與環境中的多個系統。

了解系統理論的關鍵概念

系統理論與社會工作實務的關係中，需要了解數個重要的專有名詞。這些名詞包括了系統、界線、次系統、動態恆定、角色、關係、投入、輸出、回饋、介面、分化、熵作用、負熵作用，以及殊途同歸。

系統（system）為一套有秩序且互為關聯的要素以促成整體的運作。一個國家、公立的社會服務部門與新婚夫妻皆是系統。在此我們將系統歸為社會系統，也就是那些系統是由人們所組成，也影響人們。

界線（boundary）是區分一個實體的邊界或邊緣。例如，你的皮膚是一種界線，

重點提示 1.3

價值與倫理在生理—心理—社會評量的運用

社工人員以社會工作價值與倫理的內涵評量問題並試著了解人類行為。全美社會工作人員協會（NASW, 2008）將重點放在社工人員如何在六個領域當中表現其專業角色。這些包括：(1) 對案主，(2) 對同事，(3) 在實務工作場所，(4) 身為專業人員，(5) 對社會工作專業，以及 (6) 對廣大社會的倫理責任。

社工人員需要時時將案主的權利與福祉放在心上，我們已確立社會工作人員應盡其所能，努力遵守專業倫理守則，尊重他人的權利和需求，並依據專業倫理決定對或錯。這聽起來簡單。

但思考以下的案例，出現在社會工作評量中。

案例：你是位中途之家的社工人員，正評量一位曾在街上乞討的未婚懷孕 15 歲少女。她現已懷有 7 個月的身孕，吸食古柯鹼上癮，懷孕期間也照常吸食（第二章將討論產前影響）。她已經被告知在胎兒期使用古柯鹼所引起的副作用，出生的嬰兒會比沒有吸毒的母親所生的嬰兒更需要被照顧。她堅持要留下嬰兒而且思考在嬰兒出生之後，她如何面對她的毒癮。你很認真地為嬰兒著想。你個人覺得這位年輕的女性應該讓嬰兒接受領養或是至少安置在寄養家庭直到她可以解決自己的問題。在倫理上該如何處置？

此情境描述了倫理兩難。我們已經確定了問題情境的兩難，其可能的解決方法會是有缺陷的並令人失望的，而且在社會工作實務的過程中會遇到很多這樣的兩難。

三個基本的建議將引導你批判性思考的過程。為了提出決定要進行何種處遇的基礎，這些建議是從評量人類行為的內涵而來的：

1. 將你所具備的有關人類行為理論與事實知識基礎發揮作用（本書將提供你這類的基礎）。
2. 確認你自己對這些議題的價值，並且區分你自己的價值與專業倫理。
3. 衡量你與案主對每一個替代方案的優缺點，之後執行你所決定最正向的方法。

這裡沒有完美的答案。以下描述如何運用這些建議於案例之上。

在案例（未婚懷孕、15 歲吸食古柯鹼上癮）中，首先蒐集你所需的資訊。你必須了解古柯鹼對產前發展的影響（描述於第二章）、藥癮的作用（於第十章中討論），以及一般初生嬰兒的需求（將在第二、三、四章中提到）。這些訊息可以提供你一些線索，讓你知道有哪一類的訊息是你需要的，以使用於計畫處遇。

第二個步驟是清楚地釐清你自己個人的價值與偏見。你不應該將你的價值加諸案主身上。做決定時盡可能與專業倫理守則一致。

最後，確認替代方案，衡量每一個方案的優缺點，以你認為最合乎倫理的方案作為抉擇。上述所提及在此領域的人類行為知識可以引導你所需要問的問題，使你與案主一同做有效並符合倫理的決定。這個案例的問題可能包括：
- 案主使用毒品的行為為何？

- 對孩子潛在的影響為何？
- 案主接受藥物治療的動機為何？
- 青少女未婚媽媽可得到藥物治療與其他支持性服務的資源有哪些？
- 如果沒有資源，是否能開發所需的服務？
- 為擴及孩子的福祉，你可以尋求哪些資源？

介於獨立個體的你——活著的系統與外在環境系統之間。

　　界線可能存於父母親與孩子之間。父母親擁有家庭領導地位，提供支持並養育孩子（第四章將更深入地討論此觀點以及其他系統對家庭系統的運用）。界線也可能存在於一個縣市政府的社會福利服務機構，執行保護性服務的工作人員與辦理經濟補助的工作人員之間。這些條理分明且互相關聯的團體以其工作職責與所服務的案主群作為特定的界線。然而，每個團體為一個較大型的社會福利服務機構的一部分。

　　次系統（subsystem）為次要或是附屬的系統，且為較大的系統的一部分。有關次系統顯而易見的例子即為家庭中父母親與手足的次系統。在大型的社會福利服務機構中執行保護性服務的工作人員為一個次系統，辦理經濟補助的工作人員則為另一個次系統。這些次系統被指定的界線所區隔，然而他們也是較大與整體系統的一部分。

　　動態恆定（homeostasis）是系統維持相對穩定的傾向，一種平衡的持續狀態。如果平衡遭到破壞，系統會自行重新調整並回復穩定。動態恆定的家庭系統即是以此方式運行而維持其功能，並凝聚家庭成員。動態恆定的社會福利服務機構則是持續性地經營。然而，家庭或是機構不一定可以運作得很好或是發揮效率。動態恆定只是意味著維持現況。有時現況是毫無效率、效率差或是存在著許多嚴重問題。

　　角色（role）是從文化角度所建構社會行為，引導人們在任何被指定的人際關係中所期待的行為舉止。每個人會認定所牽涉的系統裡的角色。舉例來說，某人是社工人員，其角色會被期待去表現如同專業倫理守則所定義的特定「專業」行為。因涉及了多重系統，社工人員或許要執行許多角色。在家庭系統中也許是配偶與父母親的角色。此外，此人可能在全美社會工作人員協會州分會擔任執行長的角色，也擔任少年棒球聯盟的教練，以及主日學老師的角色。

　　關係（relationship）是情緒交流、溝通與行為互動的模式中所呈現的交互、動態、人際之間的連結。例如，社工人員與案主之間存有專業關係，彼此溝通互動以因應案主的需求。關係可能存於任何大小的系統之間。一名案主可能與機構有關係、一個機構可能與其他機構有關係。

　　投入（input）包含了從其他系統接收到的能量、資訊或是訊息。父母親可能從孩子的小學校長那裡得知孩子的體育成績不佳。公部門可能從州政府得到資金協助。

反之，**輸出**（output）是系統的回應，接收與處理投入之後，會影響環境當中的其他系統。例如，社會福利服務機構為物質濫用的案主們的輸出是 150 小時的個別諮商、40 小時的團體諮商、30 小時的家庭諮商、在地區學校舉辦 10 小時的毒品教育，以及 50 小時與案主相關的其他機構的協同工作（第十章將深入探討物質濫用與其對家庭系統的影響）。

　　需注意的是在社會工作教育裡所使用的**輸出**與**成果**的用詞，其本質上是不同的。輸出通常指的是過程的結果。**成果**（outcome）是評量的目的，是被測量的特定變項。例如，上述所提及的社會福利服務機構的成果，可能包括了案主減少使用成癮物質、接受處遇的家庭成員彼此之間的溝通增加、接受毒品教育的學生減少了毒品的使用與酒量。輸出是完成了某件可能具有價值或者毫無益處的事情。成果則是評量系統過程中的正向作用。

　　本書將持續強調的是評估系統輸出與投入是否等值的重要性。舉例來說，某個機構的成果是否為其所期待的？此機構有效地使用資源嗎？或是提供其他型態的服務（輸出）時，哪些資源可以更妥善地運用？

　　如果案主接受了物質濫用諮商機構所提供的處遇之後，嗑藥與酗酒的機率還是跟以前一樣，這樣的處遇是有效的嗎？處遇是昂貴的，機構的輸出等同於投入嗎？如果在處遇結束之後，案主只能有一點點的進步，我們將會質疑機構的處遇是無效的。機構的處遇過程應該要有所改變以達到更好的成果？或是應該要關閉此機構，這樣可以將資源投資在其他機構或是治療系統上？

　　回饋（feedback）為一種特別形式的投入，是系統接收到與其成果表現相關的訊息。當結果是**負面的回饋**（negative feedback），則意味著運作上出現了問題，系統可以選擇修正任何的誤差或是錯誤，使其回復到動態恆定。例如，社工人員被督導告知填錯了一份重要的機構表單。如此的作法給予社工人員有機會去修正他／她的行為並適切地完成表單。

　　正向的回饋（positive feedback）也是具有價值的，意涵著系統接收到執行正確的動作以維持其系統運作與成功的相關訊息。六年級學生在歷史科目考試上若答對了 97% 的題目，表示已熟讀了大部分的資料。某一機構得到了中央的特別撥款，則表示所發展的計畫值得得到如此的回饋。

　　介面（interface）是指兩個系統（包括個人、家庭、團體、組織或是社區）之間彼此相互聯繫或是溝通的地方。例如，介於領養機構的實習督導與實習學生之間的介面是一紙實習的合約書。學期初，督導與學生會討論學期的計畫與目標。給予學生何種任務？期待學生的表現為何？透過學生的實習聯絡人（學生的大學教授）的協助，合約上會載明了這些期待。合約通常會是人們在目標、程序、技巧、時程與某段時期

的關係上彼此所應負的責任之書面的、口頭的或是默契上的協定。

學生在期中評量時得到了 D。雖然他很震驚，但是還有半學期的時間可以改進。將焦點集中在機構督導與實習學生之間的介面（在此情況為學期初所訂定的合約），合約則提供了學生在實習期間如何改善表現不佳的方向。藉由重新審視合約上的條款，加上學校實習教師的協助，督導與學生能了解問題與期待。學生哪裡錯了？有哪些學生的期待是機構無法提供的？他們可以為學生在下半學期的表現成果訂定新的合約。

這些都取決於學生實習經驗的成功或失敗。然而，介面（合約）提供了因應問題的明確方法。如果機構督導與實習教師含糊地告知學生：你需要「改善你的表現」，那能改進的將少之又少。倒不如確認並運用學生與督導之間合約的介面，可針對解決問題提供特定的方法。介面不止侷限於個人之間的系統，介面可以存在於任何大小系統之間的互動。例如，介面存在於領養機構提供學生實習與大學社工系安排學生實習的方案之間。介面包含了兩個較大型系統各自的職責與期待之具體協定。

分化（differentiation）是系統從較為簡單的實體轉移到較為複雜的實體。關係、情境與互動也會隨著時間而更形複雜。舉例來說，任何家庭型態之生命週期，每天都會增加新的經驗，會蒐集新的訊息，也會探索新的選擇。家庭的生命會變得更為複雜。社會福利服務機構也會隨之發展出更詳盡的政策與方案。

熵作用（entropy）是系統逐漸朝向解組、耗盡與死亡。沒有任何事物是可以維持永久的。人們會老化，最終將會死亡。年輕的家庭成員會變老，孩子離家並開始組成自己的家庭。隨著時間的流逝，舊的機構與系統最後將被新的機構與系統所取代。

負熵作用（negative entropy）為系統邁向成長發展的過程。實際上，負熵作用與熵作用是相反的。個體隨著成長而發展其身體、智力與情緒。社會福利服務機構成長並發展新的方案與案主群。

殊途同歸（equifinality）指的是以許多不同的方法達到相同的結果。不設限於唯一的想法是很重要的。任何的情境中會有替代方案。有些方法會比其他的方法更佳，但是仍然會有其他的選擇。例如，身為一名社工人員，可能會從不同的來源之中，為某一家庭獲取所需的資源。這些可能包括了經濟上的協助、房屋補助、食物券、經費或是私人慈善捐助。你可能需要從不同的機構中選擇可能得到的資源。

了解生態觀點的重要概念

生態系統理論除了使用系統理論的專有名詞，從生態觀點的概念對此理論也有所貢獻。在某些方面，生態觀點可能被視為系統理論的分支或對系統理論的詮釋。以社會工作的觀點來看，生態系統理論提供了更具體的世界觀，傾向將重點擺在個人與獨立的家庭系統於環境中所發揮的功能。生態系統理論有許多專有名詞，如**因應**，在了

解人類行為時，則顯得相當重要。而另一方面，系統理論看重更廣的層面，可用來描述社會福利服務機構內的動力或政府的整體運作。

請注意某些系統理論和生態觀點的專有名詞是重複的，如介面與能量的投入，本質上他們的含義是非常相似，尤其是涉及到人在環境之中。

一些生態觀點的主要專有名詞和定義包括了社會環境、交換、能量、介面、適應、因應、互賴。

社會環境 社會環境（social environment）即為環繞在人類周圍的環境、情境與人類互動。為了生存，人們必須與其環境有效的互動。社會環境包括了社會與文化所提供之實際的物理場所，即為人們所居住的家、所從事的工作、可使用的金錢，以及所依據的法律與社會規則。社會環境也包括了個人、團體、組織與人們所接觸的系統，這些系統包含了家庭、朋友、工作團體與政府。而健康照顧、住宅、社會福利與教育系統也是社會環境的另一個層面。

自然環境 自然環境（natural environment）涵蓋了自然存於在地球上的非人類生活事物與無生命事物，包含了此星球的氣候、天氣、自然資源、植物、動物、微生物、礦物質、岩石與水。人類嚴重地受到像是颶風、龍捲風、暴風雨、乾旱、疾病、動物咬傷、全球氣候暖化、挖礦、工業傷害、土石流、山、沙漠、缺少石油、有毒廢料、鉛中毒、化學廢料、空氣汙染、電廠外洩輻射、酸雨、氯化氫、漏油於大量的水中、森林火災、暴風雪、食物防腐劑所影響，這些天然現象會一直不斷持續影響人類。「環境正義」的概念第一次出現於 2015 年的教育政策與審核標準（2015 Education Policy and Accreditation Standards, EPAS）（Council on Social Work Education, 2015）。社會工作人員有義務去了解天然環境對人類的影響並達到環境正義。**環境正義**（environmental justice）是公平對待與有意義地影響所有人：尊重地去發展與執行環境法律、法規與政策。環境正義是可達成的，當每個人 (a) 可防止健康與環境危害，享有相同程度的保護；(b) 有相同可做決定的管道以居住在健康的環境。

交換 人們在環境中與他人溝通與互動，這些互動如同交換。**交換**（transactions）是主動與動態的，因為某些事物是在交流或是交換，這些交換可能是正向或是負向的。正向交換的案例像是你所愛的人也相對地愛著你。另一個正向交換案例是工作了兩個星期後會拿到薪水。負向交換的案例是當你工作了 15 年之後卻被公司革職。另一個負向交換的案例是易怒的鄰居向警察投訴你家的狗經常亂吠。

能量 能量（energy）是人們與環境之間主動連結的自然力量。能量可以用投入與輸出的形式表現。投入是種能量的形式，進入人們的生命也加在生命之上。例如，當老人健康狀況衰退時，會需要替代性身體的協助與情緒支持的投入，以持續日常所需的任務行為並維持其生命（第十四、十五章探討能量的重要性與從環境而來的投入

以維持健康及生活品質）。另一個有關投入的案例是老師在期中報告上給予學生的回饋。

另一方面，輸出為能量從人們的生命釋放或是被取走的一種形式。例如，父母親可能需要付出很多精力去照顧幼兒。志工為他所支持的政治人物付出時間並努力幫忙競選活動。

介面 生態觀點中的**介面**（interface）與系統理論的介面相似。介面是個人與環境互動之間一個確切的位置。在評量的過程，必須清楚地確認介面，以便於指出為了改變所出現適切的互動。例如，一對夫妻接受婚姻諮商，起初提及了兩人在養育小孩的意見不一致。進一步探索之後，真正的問題被發現，也就是無法再有情感交流。實際的問題為兩人無法交流，即是個人影響其他人的介面。如果這個介面沒能正確地指出，在發現真正的問題前，可能會浪費許多時間跟無用的能量（第十一章將會闡述夫妻與家庭中溝通的重要性）。

然而，生態觀點與系統理論介面的不同之處在於生態觀點較傾向重視個人與小團體之間的介面，如家庭。將生態觀點的介面概念運用在較大系統如社區與組織，會顯得較困難。

適應 **適應**（adaptation）指的是調適周遭環境的能力，暗示著改變之意。人們必須改變或是適應新的情境與環境以有效地持續運作。社工人員經常協助人們適應新的婚姻關係、新的工作或是新的鄰居。通常需要能量以盡力去適應。社工人員經常協助引導人們的能量使其發揮最大的產值。

不僅人們會被環境影響，在適應的過程中，人們也會影響環境。人們改變環境以成功地適應環境。例如，在沒有房屋庇護之下，人們可能無法在蒙大拿度過寒冬。因此住在蒙大拿的人清理土地並建造有暖氣設備的房子以操控環境。為了生存，他們改變了環境。所以，適應通常會是個人與環境兩者雙向的過程。

因應 **因應**（coping）為適應的一種形式，意味著努力奮鬥以克服問題。雖然適應包含了回應新的正向或負向情境，因應則是人們處理他們所遭遇的負面經驗。舉例來說，某人可能要因應父母意外的死亡、家庭主要收入者失業、幫派破壞社區、公共救助明顯地減少。

至少有五種重要的因應技巧是人們需要培養的（Barker, 2003）。第一，人們必須徵求並獲取會使他們發揮良好功能的各類訊息，例如，生病的老人必須去了解如何取得醫療補助。第二，人們需要具備因應技巧以思考與計畫未來，例如，失業的人需要去發展找到另一個工作的計畫。第三，因應技巧包含情緒控制，例如，與配偶的一點意見不合不應該變成大吵一架、尖叫、互相抓傷與毆打。第四，人們需要因應技巧去控制及時享樂的需求，例如，家庭需要限制開支以求三餐溫飽，而非購置新的電視。

最後的因應技巧為確認處理問題情境可供選擇的方式,以及評估每一個方式的優缺點。

社工人員經常協助案主發展因應技巧。協助過程當中的主軸為與案主一起評估替代方案並選擇對案主最佳的方案。

互賴 最後一個生態觀點是**互賴**(interdependence),即個人與其他人互相的信賴。個人在社會環境中與其他人和團體互相依賴或信賴。

人們無法獨立生存。商人需要農夫製造食物、顧客購買商品。農夫需要商人提供金錢以購買種子與其他必備器具。農夫成為商人的顧客。特別在高度工業發展的社會裡,人們是互賴的,需要彼此才能生存。

人們在社會環境裡所涉及的多重系統　　LO 5

我們已經證明了人們與其社會環境頻繁與充滿活力的互動。社會工作的評量試著回答此問題:案主雖欲改善問題,但何種特別的情境會使問題持續存在?生態系統取向提供了評量情境的許多層面之觀點。案主被其他系統所影響,也持續地與其他系統互動,這些系統包括家庭、團體、組織與社區。圖 1.2 描繪出案主在社會環境中與其他系統之交互作用。

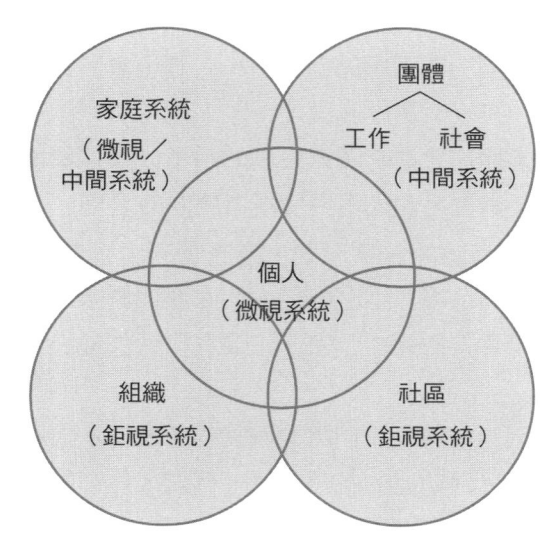

個人處於由家庭、團體、組織、社區所構成的多重系統之中

圖 1.2　多重系統中的人類行為

微視、中間與鉅視系統

系統為一組相互影響的元素並成為具有功能的實體。本書中我們將系統區分為三種基本型態：微視、中間與鉅視系統。對社會工作實務而言，**微視系統**（micro system）牽涉到將焦點放在個人之上。廣義的來說，個人為系統的一種型態，包含了生理、心理與社會系統。所有的系統是互相影響的。微視取向意味著將焦點放在個人的需求、問題與優勢上面，也強調個人如何看待這些議題、引發解決問題的方式、充分發揮其力量、盡可能做出最有效的選擇。微視實務則包含了與個人一起工作並強化其功能。本書將提及微視系統所關注的議題。案例包括了身心發展與成熟的面向（每章皆描述生命週期的生理與心理系統）、受暴婦女的復元力（第八章）、確認同性戀者的身分（第十二章）與悲傷管理（第十四章）。

中間系統（mezzo system）指的是任何的小團體，包括家庭、工作團體與其他的社會團體。在評量上，有時很難去區分微視系統（個人）及牽涉到個人的中間系統（小團體）之間的事件。這是因為個人與身旁較親密的人有著緊密的互動。在許多的狀況下，我們會採取獨斷的方式去分辨微視系統與中間系統之間的事件。本書中有關中間系統的案例包括孩童與同儕遊戲及上學的重要性（第四章）、社會工作透過團體工作增權（第七章）、非語言溝通的功能（第十章），與有關老年人之家庭議題（第十四章）。

鉅視系統（macro system）指的是比小團體更大的系統。鉅視取向將焦點集中於影響全體人類獲取資源與生活品質的社會、政治、經濟條件與政策。社會工作的鉅視實務包含了努力改善人類生活的社會與經濟處境。本書提及有關鉅視系統以及此系統如何影響人們的案例，包括了影響墮胎的政策（第二章）、身心障礙者的立法（第三章）、社區對受暴婦女的回應（第八章），以及現階段的老年人福利服務（第十五章）。

微視系統與中間系統的互動

個別的微視系統也會持續地深受與環境中互動的鉅視系統之影響。兩種主要的鉅視系統影響個別的案主：組織與社區。此兩者彼此相互糾結著。

社區（community）是「一群有共同之處的人以某種方式結合而成並有別於他人。」最普遍的社區型態為人們所居住的鄰里，人們分擔某一項活動的工作或是以其他方式連結其他人，像是「種族的身分認同」（Homan, 2011, p. 8）。

組織（organizations）即為人們組成結構性的團體，為了共同的目標而一起工作，並在不同的單位從事已制定的工作項目。組織通常會清楚地定義成員的身分以確認成員的加入與退出。

我們已經強調案主與許多相關的系統互動之重要性。對實務工作者而言，特別是對那些剛踏入此領域的新手，將焦點集中在微視與中間系統是容易的。假設以「臨床」取向為目標，運用於小團體與家庭以試圖改變個人。

我們也強調了社會工作的獨特性與重要觀點，亦即評估鉅視系統在個別案主的影響。兩個廣義的理論觀點顯然可成為大型系統實務的基礎：那就是組織理論與社區理論。

組織理論（organizational theory）包含了解組織如何運作、何者為改善或是傷害組織以達成宗旨的能力？以及何者可以激勵人們朝向組織的目標？組織理論的某些方法將焦點集中在管理或是領導型態，其他方法為因應結構性的議題像是組織的階層制度、計畫、員工配置及預算。團體可視為組織，包括了每個實質的架構，有員工、政策、程序，其目的是為了要能持續地運作以達成特定目標。例如，學校、社會福利公部門與機構為認知障礙的成年人成立了四個團體家屋，這些皆為組織的型態。

第二個理論架構為**社區理論**（community theory），包含兩個主要的部分。首先，理論涉及了社區的本質。何者構成一個特定的社區？界線如何定義？你也許可以想到社區具有特定的界線，像是德州的 Muleshoe 市、緬因州的 Mattawamkeag 鎮。然而，社區可能也是一群擁有共同想法、興趣、忠誠的人，像是專業社會工作社群、軍人社群、虛擬社群。

社區理論的第二個部分為社區裡的社會工作實務。實務工作者如何改善社區服務與環境？社工人員需要具備何種技能以增強社區裡案主的生活品質？

社工人員角色　　　　　　　　　　　　　　　LO 6

多元的角色

社工人員與個人、團體、家庭、組織與社區一起工作，被期待著須具備多種角色的知識與技巧。選用（理想的）特定角色則視情境與能達到的最佳效果。以下內容確定了社工人員承擔的一些角色，但並非是全部。

使能者（enabler）　在使能者的角色裡，社工人員協助個人或團體說出他們的需求、釐清與確認問題、探索解決問題策略、選擇與執行策略、發展其能力以有效處理問題。此角色模式或許最常使用在個別、團體與家庭諮商，以及運用在社區實務中：主要目的是協助案主去幫助他們自己。（這裡的使能者定義與使用在藥物依賴上的定義是不一樣的。藥物依賴中使能者指的是家庭成員或朋友協助物質濫用者繼續濫用並且順其意願濫用藥物。）

仲介者（broker） 仲介者連結需要協助的個人和團體（以及不知道尋求服務者）與社區服務。例如，妻子受到丈夫的身體虐待可轉介至為受暴婦女服務的婦女庇護中心。人群服務專業人員已特別會察覺社區中所有的服務網絡。

倡導者（advocate） 倡導者的角色是借自法律專業而來。社工人員代表個人或市民團體的一種主動、直接的角色。當案主或市民團體需要協助以及當他們處於不利（或是公開地否定或敵意）的情境，倡導者的角色或許是適當的。倡導者擁有領導能力以蒐集訊息、為案主需求與要求的合法性辯護，以及挑戰機構不提供服務的決定。目的並非是要嘲弄或是譴責特定的機構，而是要修正或改變一個或更多的服務政策。在此角色，倡導者是專屬於所服務的個案或市民團體的擁護者。

增權者（empowerer） 社會工作實務的關鍵目標是增權，協助個人、家庭、團體、組織與社區的過程，是增強其個人、人際間、社會經濟與政治優勢及影響力。社工人員以增權為焦點之實務工作，則是發展案主的能力使其了解環境、做出選擇、為這些選擇負責，並透過組織與倡導影響其生活情況。增權焦點之社會工作人員也會在社會中的不同團體裡尋求更公平的資源與權力分配。如此聚焦於公平與正義是社會工作專業的特點，如同珍‧亞當斯（Jane Addams）與其他早期的鄰里中心（settlement）工作人員所為。

行動者（activist） 行動者追求基本制度上的改變，目標經常是將權力與資源轉移到弱勢團體。行動者關心社會的不正義、不公平與剝奪，所用的策略包含衝突、面質與談判。社會行動是關切改變社會環境以符合個人認可的需求，使用果決與行動取向的方法。社會行動的行動者包含追求事實、社區需求分析、研究、訊息的傳播與詮釋、與人們組織活動，或致力於動員大眾去了解或自己去支持一些既有或已提出的社會方案。社會行動的行動者可適合處理的問題是地方性的、縣市的及國家的範圍。

協商者（mediator） 協商者的角色包含派系之間紛爭之處遇，以幫助他們達成妥協、調解其不同之處、讓雙方達到同意。社工人員運用其價值與獨特且不同形式的協商技巧（例如，正在離婚的夫妻、衝突的鄰居、房東與房客、勞工與管理者，以及兒童監護權的競爭者）。協商者保持中立，不站在任何有爭端的一方。協商者需確認他們了解兩方的立場。協商者協助立場的澄清，確認對於分歧的誤解，並且協助捲入紛爭者澄清現況。

談判者（negotiator） 談判者將處於衝突的人們聚集起來，討價還價與妥協以找到彼此可接受的共識。談判有時會像調解，尋找所有人可以接受的中間立場，並且盡可能地達成共識。然而，不像是處在中立角色的協商者，談判者清楚知道與自己聯盟的一方。

教育者（educator） 教育者的角色指的是給予案主資訊並教導案主運用技巧。要成為一個有效率的教育者，首先社工人員必須是博學的。此外，社工人員也必須是一位好的溝通者，資訊才能清楚地傳達，也能讓案主了解。一位教育者可以教導親職技巧給年輕的父母，指導青少年求職技巧，教導有攻擊傾向個案有關情緒管控技巧。

主動者（initiator） 主動者可使問題或潛在問題引起他人的注意。重要的是去確認有哪些潛在的問題需要被注意。例如，如果有一提案是要翻新低收入住宅，改建為中低收入戶住宅，主動者會關心到若提案通過，低收入戶居民將會淪為街友（因為先有的居民可能無法負擔中低收入住宅）。此角色經常需跟進其他類型的工作，因為不能保證被注意到的問題會得到解決。

協調者（coordinator） 協調是將不同的部分聚在一起並形成一個整體。例如，有多重問題的家庭需要由許多機構得到協助，來滿足其複雜的經濟、情緒、法律、健康、社會、教育、休閒與互動的需求。協調者通常在某個機構服務，且必須是個案管理者的角色以協調不同機構，以避免服務的重疊與服務間的衝突。

研究者（researcher） 有時每位工作者皆為研究員。社會工作實務的研究可包含閱讀有興趣的文獻、評量個人實務上的成果、評估方案的優點與缺失，以及研究社區需求。

團體催化者（group facilitator） 團體催化者在治療團體、教育性團體、自助團體、敏感性團體、家族治療團體或有其他目的的團體扮演領導者的角色，引導團體討論。

大眾演說者（pubic speaker） 社工人員經常與不同團體對話（如高中學校的班級、公共服務或組織、警察人員、其他機構的工作人員），告知他們可得到的服務或者替他們的需求爭取新的服務。近幾年來，許多新的服務已被確認（如愛滋患者的家庭保護方案與服務）。社工人員具有對大眾演說的技巧更可向潛在的案主群與資金提供者說明其服務，且可因這些技巧被長官所讚賞（包括金錢上）。

CHAPTER 2

嬰兒期與兒童期的生理發展

基本概念

正常的發展里程對案主有直接影響,生理、心理及社會發展系統共同影響行為。本章將闡述某些嬰兒期及兒童期的重要觀點,社工人員應了解以便提供案主資訊及對案主行為做適當評估。

學習目標

在本章,我們將會協助學生:

LO 1 描述人類生殖機能,包括受胎、懷孕診斷、胎兒發展、孕期(胎兒期)的影響及評估、懷孕的問題與生產過程

LO 2 說明嬰兒期與兒童期典型發展里程
LO 3 探索墮胎爭議（社會與經濟力的影響）
LO 4 探討不孕（包括不孕原因、心理反應、治療、評估過程、不孕夫婦的替代選擇，以及社會工作人員角色）

人類生殖機能　　LO 1

　　Chuck 與 Christine 對意外懷孕，情緒十分複雜，他們都 30 幾歲，已有一個 4 歲的活潑女兒，名叫 Hope。雖然 Hope 帶給他們歡樂，但卻限制他們的生活方式；他們期望她開始去上學，而 Christine 目前已經開始兼職工作，並計畫在女兒 5 歲時做全職工作。

　　然而，現在一切都變了。複雜的是，擔任大學教授的 Chuck 剛剛得到一個來自香港令人興奮的工作職缺——畢生難得的機會，且他們從以前至今就總夢想到海外生活。

　　但這非預期的懷孕讓 Chuck 與 Christine 相當慌亂，他們應該終止懷孕，前往異國情調的香港過生活？或者到外國生小孩？關於外國的懷孕照護、健康狀況及醫療設備等疑問湧入他們的腦海，拒絕這個大好機會繼續留在美國會不會安全些？Christine 目前 35 歲，已經過了生育年齡，懷一個健康正常孩子的危機風險開始升高，且這也可能是擁有第二個孩子的最後機會。Chuck 與 Christine 慎重思考抉擇。

　　是的，他們將會生下孩子；做了決定後，他們輕鬆及歡樂；同時也決定接受香港的工作，並運用他們有關孕期照顧、生產及嬰兒等知識，盡最大可能來擁有健康嬰兒，這個嬰兒將是祝福，促進他們的生活品質而不是傷害。

　　決定懷孕是一項慎重的選擇，理想上，夫妻應該正視所有可能性，孩子可能是美妙的，為家庭生活帶來歡樂、驕傲及讓生活更豐富；另一方面，孩子也可能導致壓力，孩子需要被關注，也需付出照顧時間、努力，養育費用也可能是昂貴的。關於受孕、懷孕、生產及養育孩子的資訊得以幫助人們做出更好、更有效決定。

受孕

　　當精子遇到卵子，即是受孕了；但實際上並非如此單純，許多夫婦非常渴望有孩子卻很難懷孕，而其他人卻能輕易受孕，可見其中的機會是複雜的。

　　受孕（conception）是指懷孕的行動，精子必須在排卵時進到陰道，而**排卵**（ovulation）是指由卵巢釋放一個成熟的卵子到一側的輸卵管末端，沿著輸卵管壁，

透過極細微**纖毛**（cilia）溫和地移動卵子，受精通常發生在靠近卵巢的輸卵管三分之一處。

假如精子能到那麼遠，就會受孕；在**射精**（ejaculation）後，陰莖射出精液，精子經過輸卵管遇到卵子到達子宮。精子有個尾巴可以急速前後揮動前進，一般正常射精，大約有一匙精液，通常包含 2 至 4 億個精子，然而只有千分之一可以迅速抵達卵子周圍（Rathus, Nevid, & Fichner-Rathus, 2014）。不同於女性僅能產出有限的卵子，男性持續製造新的精子。受精過程十分競爭又危險，大多數的精子無法旅行那麼遠（Hyde & DeLamater, 2017; Rathus et al., 2014）。許多精子會被地心引力吸出陰道，有些會被陰道酸液殺死；有些會往游到錯誤的輸卵管，也就是沒有卵子的那邊。大約有 2,000 個精子游到正確位置，精子抵達卵子所游的距離約自己身長的 3,000 倍，約等同人類游泳超過 3 英里（Hyde & DeLamater, 2017）。

雖然大部分健康的精子在射精後 24 小時都可能使卵子受精，精子可以存活在女性生殖器內約 72 小時；但最易受精的時間是排卵後 8 到 12 小時，某些可以存活 5 天（Greenberg, Bruess, & Oswalt, 2017; Newman & Newman, 2015）。然而受孕的理想性交時間不應超過排卵的前五天或排卵後一天（Yarber & Sayad, 2016）。

在輸卵管裡，卵子表面分泌出一種化學物質以吸引精子，實際受精過程包含精子抵達卵子，分泌酵素，穿透進入卵子；這酵素有助分解卵子外圍的膠質，讓精子得以穿透；當一隻精子穿透障礙後，膠質層會發生物理變化，避免其他精子進入。

精子與卵子結合的時，就完成受精，並形成單細胞叫做**受精卵**（zygote）。

卵子有 X 染色體，精子可能有 X 或是 Y 染色體；卵子與一個有 X 染色體的精子受精會生女性，與一個 Y 染色體的精子結合則是男性。

這個單細胞受精卵開始分裂成 2 個細胞，然後 4 個、8 個等等；經過一週，這些新分裂細胞稱為**囊胚**（blastocyst），在子宮內著床；假如著床不成功，新形成的囊胚就會被排出。從著床到八週內稱為**胚胎**（embryo），八週到出生則稱**胎兒**（fetus），**孕期**（gestation）則指受孕到出生這段期間。

懷孕診斷

懷孕的診斷方式有生化檢查、觀察母親生理症狀，或理學檢查。懷孕早期症狀包含持續三週基礎體溫升高，乳房柔軟，感覺疲勞與噁心（Hyde & DeLamater, 2017）。有些女性因月經沒來而意識到懷孕，不過，女性也可能因為壓力、疾病、擔心懷孕而導致月經不來；許多懷孕婦女在一個月或甚至更久都還有月經；因此，診所醫療機構透過生化檢驗來確認是否懷孕，準確度約 98% 至 99%（Hyde & DeLamater, 2017; Rathus et al., 2014）。

大部分懷孕診斷是藉由檢驗女性的血液或尿液中人類絨毛膜性腺激素（HCG），這種 HCG 是由**胎盤**（placenta）所分泌，生化檢查最早在受孕後 8 天就能檢測出來（Greenberg et al., 2014）。

家用驗孕試劑（HPTs）的使用也十分普遍，如同某些生化檢驗從尿液中檢測 HCG；這些驗孕試劑相當方便，價格也比較便宜，一般認為月經週期的第一天就可以儘早檢驗。然等些時間再檢查當然準確度較高，因為 HCG 隨著孕期進行而增加，驗孕試劑（HPTs）也會更準確。許多驗孕試劑都宣稱在月經沒來的那天就有 99% 準確性，雖然研究認為一般驗孕試劑並非絕對準確，但按照包裝指示在月經週期第一週使用驗孕試劑還是被認為可信的（Mayo Clinic, 2013c）。

儘管家用驗孕試劑有極高準確度，但仍有錯誤的機會，假如未完全按照指示操作，可能產生錯誤；例如，暴露在陽光下、意外震動、蒐集尿液的容器不乾淨等都會造成錯誤診斷。以偽陰性反應（即有懷孕卻呈現未受孕）及偽陽性（當婦女未懷孕卻呈現懷孕）的情形最為普遍，因此建議女性也可在一週後再以其他家用驗孕試劑檢測或生化檢查來確定；重要的是，越早知道懷孕就可早點開始健康照顧或決定是否流產。

懷孕期間的胎兒發展

人類懷孕平均週期為受孕後 266 天（Papalia & Martorell, 2015），然孕婦們的孕期還是有些差異。最簡單的概念是依據月經或每三個月為一期，每一期胎兒發展都有其特徵。

第一期　第一期是最危險的，由於胚胎係快速分裂發展的組織，因此會對母親攝取的有毒物質及健康狀況特別敏感且容易受到傷害。

第一個月後，心臟與消化系統已經發育，大腦和神經系統也開始發育，手和腳也正在成形。一般來說，隨著大腦發展，然後是全身；例如，腳是最後發展。在第一個月，胚胎並不像個嬰兒，因為它的器官才剛要開始分裂。

第二個月胚胎開始更像個人，體內的器官越來越複雜，開始可以辨識臉部的五官包括眼睛、鼻子、嘴巴，兩個月大的胚胎大約一吋長（2.54 公分），三分之一盎司重（約 9.3 公克）。

第三個月包括手臂、手、腳、腿等成形，手指甲、頭髮毛囊、眼皮也成形，雖然這些器官已經現出雛型，但還未發育完全；第三個月末期骨頭取代了軟骨組織，這時期經常可以檢測出胎動。

在第一期，因為體內產生大量荷爾蒙，母親（孕婦）會經歷到不同症狀，如疲倦、乳房膨脹和柔軟、頻尿、愛吃；有些婦女會孕吐，如晨吐。這些症狀常被婦女視為類似第一次服用避孕藥，這些天然或人工荷爾蒙製成的避孕藥，有點像懷孕，欺騙

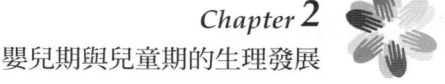

身體誤以為懷孕，抑制排卵；本書將在第五章討論避孕方法。

第 二 期　胚胎持續成長，腳趾頭及手指已經分開，皮膚、指紋、頭髮及眼睛也已發育，出現規律性心跳，此時胎兒睡覺與醒著的時間開始固定，也會把拇指放到嘴巴裡。

對多數母親（孕婦）而言，第一期不舒服的症狀會消失，也會覺得胎動越來越強壯有力；母親的腹部明顯隆起，某些孕婦會有水腫或積水，如手、臉、腳踝、腿等浮腫。

第 三 期　胎兒在第三期成長完成，當皮膚下的脂肪組織形成後，胎兒變得豐滿且更像人類；體內器官也已長成及預備發揮功能，腦部與神經系統的發展完全成熟。

在懷孕第六、七個月最要緊的是**存活能力**（viability），這是指當胎兒提早離開母親的存活率，雖然胎兒在第二期中期已有生存能力，許多 22 到 25 週出生的嬰兒「即使接受加護照護醫療，仍然無法存活；能存活者，也可能面臨慢性或神經系統疾病」（Sigelman & Rider, 2012, p. 100）。

涉及墮胎時，存活率便顯得特別重要，墮胎此問題涉及放棄胎兒的倫理道德，因為藉著外界醫療協助，胎兒可能有機會存活下來；此突顯在懷孕早期，墮胎還是可選擇的行動方案時的重要性。

對母親而言，第三期會相當不舒服，因為子宮擴大，母親的腹部變大及沉重，體重增加經常加重肌肉及骨骼壓力，導致背痛及肌肉抽筋。子宮壓迫其他器官，也會產生不舒服。某些體重增加是來自胎兒本身、羊水及胎盤，其他的正常增加則如子宮血液與乳房，都是懷孕的自然現象。

懷孕手機程式　許多婦女會使用科技方式來取得懷孕及養育知識，有些手機程式（Apps）提供孕期追蹤紀錄、懷孕期待、子宮裡胎兒的樣貌（影像或圖片）、胎兒發展資訊、健康懷孕小提醒、看診時該問醫師什麼問題、產檢時間等等。手機 Apps 確實是資訊來源，但並不能代替醫療專業人員的孕期照顧，特別是高風險懷孕者。

胎兒期的影響

有許多因素都會影響胎兒的健康與發展，包括孕婦的營養、成藥與處方藥、酒精、抽菸習慣、年齡以及其他因素等。

營 養　孕婦的確是一人吃兩人補，過去孕婦常擔心體重增加太多，但一個孕婦通常懷孕期間體重應該增加 25 到 35 磅（約 11 到 16 公斤）（Berk, 2013; Kail & Cavenaugh, 2013; Sigelman & Rider, 2012）。每天需要額外 300 至 500 卡以供應胎兒養分（Rapalia & Martorell, 2015）。最理想的體重增加視個人身高及懷孕前體重而異，例如，懷孕前體重太輕的孕婦需要增加較多體重以維持孕期健康。

孕婦體重太輕或過重都會危及胎兒，因為營養不良造成體重增加太少，會讓胎

兒出生體重太輕，且嬰兒的死亡率較高（Berk, 2013; Newman & Newman, 2015）。孕前或懷孕期間體重過重，可能增加流產或其他孕期與生產併發症的風險（Chu et al., 2008），且易先天缺陷（Stothard, Tenant, Bell, & Rankin, 2009）。

孕婦的飲食，不僅重量也要重質，特別是獲取足夠的蛋白質、鐵、鈣、葉酸（維生素B），以及其他維生素與礦物質（Berk, 2013; Kail & Cavenaugh, 2013）。Hyde與DeLamater（2017）指出，

> 蛋白質有助於組織增生，葉酸對成長十分重要，缺乏時會導致貧血〔紅血球太低〕與疲勞。因為胎兒會從循環到胎盤的血液中吸取鐵質，所以孕婦也比平常需要更多鐵質；而缺乏鈣質會產生抽筋、神經痛、子宮韌帶疼痛、失眠及易怒等症狀。(p. 127)

成藥與處方藥　因為許多藥物對胎兒的影響仍然不明，孕婦常被告知必須謹慎使用藥物；藥物可能經由胎盤流入胎兒血液，所以任何藥物使用都必須先諮詢過醫師；藥物的影響端視其攝取量及藥物使用時的懷孕階段而定。特別在懷孕第一期，胚胎非常脆弱。

畸胎因素（teratogens）是導致胎兒畸形的物質，包含藥物；某些藥物可能產生身體或外觀的畸形，在1960年代早期，俗稱撒利多邁（thalidomide）寶寶即是受藥物影響的悲劇案例，撒利多邁是一種鎮靜劑，被發現會導致胎兒手腳畸形（像蹼一樣）甚或無手無腳。

許多處方藥也被發現會導致寶寶畸形，除非逼不得已，女性在懷孕與哺育母乳期間應避免使用成藥或處方藥。

即便屬非處方藥或隨處可得之類似阿斯匹靈（Aspirin）或咖啡因（caffeine）藥物也應加上警語（Santrock, 2016）。阿斯匹靈可能導致胎兒出血（Steinberg et al., 2011a）。咖啡、茶、可樂與巧克力都含有咖啡因，研究發現咖啡因對胎兒的影響是混合性的（Maslova, Bhattacharya, Lin, & Michels, 2010; Minnes, Lang, & Singer, 2011; Rathus, 2014a），這些研究結果顯示咖啡因對於胎兒低體重有較高風險（Rathus, 2014a; Santrock, 2016）。準媽媽們還是要小心謹慎。

酒精　懷孕期間攝取酒精對胎兒有重大影響，稱為**胎兒酒精症候群**（fetal alcohol syndrome, FAS）；婦女在孕期嚴重酗酒會導致嬰兒「不尋常的臉部特徵〔包括寬眼距、塌鼻子、薄上唇〕、小頭及小身體、先天性心臟缺陷、關節缺陷及智能損傷與行為障礙」（Yarber & Sayad, 2016, p. 370）。這類影響將持續到兒童期甚至到成年期，包括「注意力不集中、過動、智商較低，以及顯著的適應與社會互動困難」（Shaffer & Kipp, 2010）；損傷的嚴重度隨懷孕期間酒精的攝取量而增加（Shaffer &

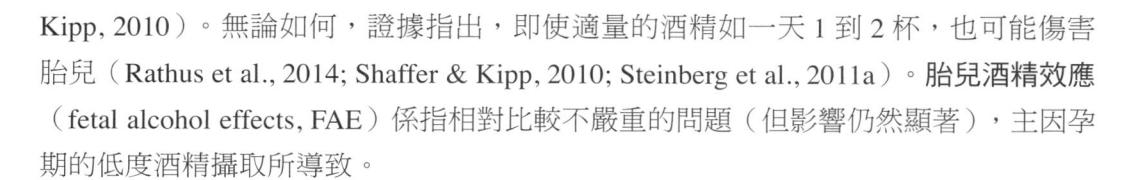

Kipp, 2010)。無論如何,證據指出,即使適量的酒精如一天 1 到 2 杯,也可能傷害胎兒(Rathus et al., 2014; Shaffer & Kipp, 2010; Steinberg et al., 2011a)。**胎兒酒精效應**(fetal alcohol effects, FAE)係指相對比較不嚴重的問題(但影響仍然顯著),主因孕期的低度酒精攝取所導致。

藥物濫用

懷孕期間嗑藥如古柯鹼及使用海洛因可能導致嚴重問題(Newman & Newman, 2015)。這兩種藥物可能造成不孕、胎盤問題影響胎兒無法獲取足夠食物或氧氣、流產、胎死腹中或死產。寶寶也可能早產,或低體重、心臟缺陷、先天缺陷,或感染,如肝炎或愛滋病(AIDS)(March of Dimes, 2013)。當嬰兒出現**新生兒戒斷症候群**(neonatal abstinence syndrome, NAS)是相當嚴重問題。因為媽媽在懷孕期間藥物成癮,故胎兒隨之上癮了,一出生即出現戒斷症狀。這些嬰兒傾向低體重、呼吸問題、睡眠障礙、抽搐等,需較長時間留院治療。新生兒戒斷症候群症狀包括身體顫抖、抽搐、嚎哭、易怒。所有症狀都需要藥物、點滴與高卡洛里營養治療(March of Dimes, 2015)。

懷孕期間使用大麻也會造成問題(Papalia & Martorell, 2015),相關研究使用大麻易導致早產、低體重、死胎機率高、嬰兒戒斷症狀與大腦發展問題(March of Dimes, 2016)。大麻成分也可能透過為母乳傳給嬰兒,因此,建議餵母乳的媽媽們應該戒掉大麻(March of Dimes, 2016)。

然而我們也注意到,因為影響因素太多太複雜(如赤貧環境或母親使用其他潛在有害物質),某些特定藥物的直接影響很難界定。

抽菸 許多研究都顯示抽菸與出生低體重、早產、呼吸困難、胎死腹中、嬰兒猝死有關(Rathus, 2014a; Santrock, 2016; Shaffer & Kipp, 2010; Yarber & Sayad, 2013)。即使是二手菸也被認為會傷害胎兒(Rathus, 2014a)。某些研究發現,母親懷孕期間抽菸與孩子學齡期的行為及情緒問題有關(Papalia & Martorell, 2017; Rathus, 2014a)。相關研究也發現,父親在母親懷孕期抽菸也會影響胎兒的健康(Hyde & DeLamater, 2017)。

年齡 孕婦的年齡對孕婦及孩子都有影響,「16 至 35 歲的婦女子宮比 16 歲以下或 35 歲以上的婦女,較能提供良好的胎兒成長環境,出生併發症的機率也較低」(Newman & Newman, 2015, p. 118)。在美國,超過 35 歲以上的孕婦約占 16%(U.S. Census Bureau, 2011),16 至 34 歲的婦女生出唐氏症寶寶❶的風險較低,一旦孕婦到

---

❶ 唐氏症(Down syndrome)是染色體異常的先天性疾病,特徵是認知障礙及其他身體外觀如眼角厚摺,以致看起來斜眼;身材矮小、頭顱寬扁、手寬而指短、第一與第二腳趾頭間距離較寬(Friend, 2008; Mish, 2008)。最普遍的唐氏症類型是第 21 對染色體多一個。

達 45 歲機率即提升到三十分之一（Yarber & Sayad, 2016）。一般認為唐式症的致病機轉是因為女性的卵子或男性的精子隨年齡而退化（Newman & Newman, 2015）；而 40 歲及以上婦女「發生產婦死亡、早產、剖腹產及低體重嬰兒有略高風險（London, 2004）。如同年齡，高血壓及糖尿病等慢性病婦女在懷孕期間及產程更可能產生併發症」（Yarber & Sayad, 2013, p. 375）。

2014 年美國生產婦女中每 1,000 人約有 24 人是青少女（LOC, 2016），她們的寶寶，比起 20 幾歲婦女所生的寶寶有兩倍高的死亡率（Santrock, 2016），較常出現體重不足、健康問題與失能（Papalia & Martorell, 2015），這是因為她們的生殖系統不成熟、營養不良、很少或沒有產前檢查與貧窮（Santrock, 2016; Smithbattle, 2017）。

母親的壓力　母親的壓力是影響胎兒發展的另一個因素（Kail & Cavenaugh, 2014; Rathus, 2014a），Bjorklund 和 Blasi（2014）指出：

> 懷孕期間處於高壓力的婦女更易早產與生出低體重寶寶（Mulder [et al.], 2002），值得注意的是壓力並非某些幻影效應而是真正的生理影響；造成胎兒的營養、含氧量以及母親的免疫系統降低，致使胎兒更加危險。母親的壓力也可能導致胎盤荷爾蒙失調；此外，高壓力的女性更易於做出傷害胎兒的行為，如抽菸與喝酒。（pp. 108-109）

其他因素　其他影響生產前後發展的因素，例如，低收入及社經地位可能導致胎兒與母親的健康危機（Newman & Newman, 2015），懷孕期間生病也會傷害胎兒的發育；如果孕婦在懷孕前三個月罹患德國麻疹（rubella, German measles），可能導致胎兒生理與智能障礙（Yarber & Sayad, 2016）。雖然可以接種疫苗預防，但因為會傷害到胎兒，不能在懷孕期間接種。

性傳染病（STIs）也會在生產時或產後從母親傳染給子宮裡的新生兒，孕婦都需接受披衣菌（chlamydia）、淋病（gonorrhea）、B 型肝炎（hepatitis B）、愛滋病毒（HIV）、梅毒（syphilis）等檢測（詳見第五章；Yarber & Sayad, 2016, p. 371）。這些傳染都是可預防的，而且嬰兒的治療相當成功；例如，愛滋病是由人類免疫不全病毒（HIV）所傳染，可透過胎盤傳染胎兒或是出生過程接觸到母親的血液而感染。然而，在美國，針對懷孕期母親或在出生後對嬰兒投以 AZT（azidothymidine，治療愛滋病的一種藥物），以及剖腹產等，都可以降低 HIV 傳染率（Santrock, 2016）。

懷孕評估

產前檢查可用來診斷懷孕期間的胎兒發展缺陷，包括**超音波**（ultrasound sonography）、**胎兒核磁共振攝影**（fetal MRI）、**羊膜穿刺**（amniocentesis）、**絨毛採樣**（chorionic villus sampling），與**母體血液檢查**（maternal blood tests）。

Chapter 2
嬰兒期與兒童期的生理發展

「腦部影像技術的發展增加了運用**胎兒核磁共振攝影**（fetal MRI）來診斷先天性畸形」（Schmid et al., 2011），「核磁共振攝影係透過強磁場與無線電波共振轉化出人體器官與結構之清晰影像」（Santrock, 2016, p. 61）。最先最普遍的胎兒產前篩檢是超音波檢查，因為有效又安全；然如果需要更清晰的影像或進一步的診斷治療計畫，就必須使用核磁共振攝影。超音波經常用來診斷潛在的畸形，核磁共振攝影能提供全方位清晰的影像（Mangione et al., 2011）。比起超音波，核磁共振攝影更能檢查出某些胎兒中樞神經系統、胸腔、腸胃、生殖／泌尿系統與胎盤的畸形（Nemec et al., 2011; Triulzi, Managaro, & Volpe, 2011; Amini, Wikstrom, Ahlstrom, & Axelsson, 2011; Santrock, 2016, p. 61）。

羊膜穿刺（amniocentesis）即以針插入腹壁到達子宮抽取羊水，以檢測胎兒的性別或染色體畸形；羊水的成分含有胎兒細胞，可用以分析先天缺陷包含唐氏症、肌肉萎縮症❷、脊柱裂❸；同時也可以檢測胎兒性別。當婦女曾經生育先天缺陷嬰兒，則可能是缺陷基因帶原者，或者是年齡超過 35 歲以上。羊膜穿刺的缺點是，這項檢查通常在懷孕第 16 週或 17 週施行（Charlesworth, 2014），大約兩週後檢查結果出來（Santrock, 2016），假如檢查發現嚴重畸形，通常沒有較多的時間來思考決定是否終止懷孕。另一個危險是有一點點流產的風險（Rathus, 2014; Santrock, 2016）。

絨毛採樣（chorionic villus sampling, CVS）是另一種診斷胎兒異常的方法，以細塑膠管經陰道或用針穿透腹部到子宮來進行採樣，採取絨毛樣本（突出在胎盤周圍絨毛薄膜的微小細長物）以分析潛在基因缺陷（National Institutes of Health [NIH], 2014）。這項檢查通常在懷孕第 10-12 週之間進行，檢查大約需要兩週（NIH, 2014）。絨毛採樣檢查可以比羊膜穿刺更早進行，在懷孕初期，父母親對於有缺陷胎兒是否墮胎或保留，可能有不同想法。就如同羊膜穿刺，絨毛採樣也會有點流產的小風險（Charlesworth, 2014; NIH, 2014; Rathus, 2014a）。

母體血液檢查（maternal blood tests）通常在懷孕 16 週至 18 週之間進行（Santrock, 2016），檢測 α 胎兒蛋白（alpha-fetoprotein, AFP）；AFP 數值高則是大腦與脊椎畸形的預警，α 胎兒蛋白也可用來檢驗唐氏症；超音波、羊膜穿刺也可用來檢查這類先天缺陷。

除了孕婦的行為與狀況之外，大環境中有許多其他變項也會直接影響胎兒狀況，**重點提示** 2.1 將會討論如何協助懷孕婦女取得最佳的孕期照護。

---

❷ **肌肉萎縮症**（muscular dystrophy）是一種遺傳疾病，特徵是肌肉逐漸萎縮。
❸ **脊柱裂**（spina bifida）是指脊柱沒有閉合，因此神經仍暴露在外。

重點提示 2.1

社會工作人員得以協助婦女取得孕期照護：實務的意涵

孕期照護的重要在於「提供社工人員與其他醫療專業人員得以判斷懷孕婦女是否高風險懷孕或生產低體重嬰兒之可能性，進而提供醫療、營養、教育或社會心理干預，促使懷孕結果達到正向」（Perloff & Jeffee, 1999, p. 117）。因為懷孕初期胎兒發展較為脆弱，越早孕期照護更顯得重要。更重要的是，不要設定所有懷孕婦女都具備孕期知識以及同等易於取得孕期照護。

難以取得孕期照護的因素很多，許多婦女為了生存而掙扎（如貧窮、壓力，總有許多事情要忙）。診所與照護服務也不是那麼方便可近，懷孕婦女可能面臨交通、忙於工作與照顧孩子等困難。她們也可能因為先前的不好經驗而不信任鄰近醫療體系，期望尋找其他醫療資源。她們也可能必須面對很長的等候時間、擁擠以及就診時間不方便（Sable & Kelly, 2008）。

社會工作實務意涵：首先，社工能協助婦女掌控複雜的醫療體系，確認她們得以取得有效的保險與醫療給付。其次，促使醫療體系改善其內部環境，提供兒童照顧、雜誌、舒適的家具等，以改變婦女先前不良的就醫經驗。第三，社工人員可以透過規律持續地與案主接觸，幫助懷孕婦女取得有效的醫療資源（如約診、檢查及衛教活動）（Cook, Selig, Wedge, & Baube, 1999, p. 136）。第四，醫療機構能「發展創新的服務輸送體系」，包括藉由初期訪視篩選出高危機者、郵寄或電話提醒服務（p. 136）。外展服務必須挨家挨戶訪視懷孕婦女加速其早期接受孕期照護，服務內容包括分享若未能接受孕期照護的風險、照護的優點與可取得的服務。

懷孕問題

除了實際影響懷孕的因素之外，某些情況也會產生其他問題，包括子宮外孕、妊娠毒血症、Rh 不相容及自發性流產。

子宮外孕 當受精卵在子宮以外地方著床，也就是所謂的**子宮外孕**（ectopic pregnancy）或**輸卵管妊娠**（tubal pregnancy），大部分案例為受精卵在輸卵管著床，極少部分在子宮以外的某處腹腔。

發生子宮外孕的原因主要是輸卵管阻塞，三十年來發生機率激增（Hyde & DeLamater, 2014），有部分原因則是越來越多性病造成疤痕組織（Hyde & DeLamater, 2017）。也有些人認為「使用排卵藥或社會壓力增加」導致子宮外孕（Kelly, 2008）。

發生在輸卵管內的子宮外孕可能「自然流產且掉入腹腔或者胚胎與胎盤持續成長，撐大輸卵管直到破裂」（Hyde & DeLamater, 2017, p. 140），後者必須施行外科手術以挽救母親的性命。

毒血症 毒血症（toxemia）又稱子癇前症（preeclampsia），是一種血液中毒的不正常狀態，Carroll（2013b）指出：

> 在孕期最後 2 至 3 個月，約有 6% 至 7% 懷孕婦女會罹患此症……症狀有快速體重增加、水腫、血壓上升〔高血壓〕、蛋白尿，如果毒血症持續惡化，可能導致子癇症（eclampsia），症狀有痙攣、昏迷，以及約 15% 案例會死亡。整體而言，非裔美國人婦女比白種或西班牙裔婦女風險更高。（p. 319）

Rh 不相容 人類紅血球細胞之表面結構不同，且可用不同方式區辨（Santrock, 2016）。一種是以血型區辨，包括 A 型、B 型、O 型或 AB 型；另一種則是血液細胞 Rh 因子，紅血球細胞帶原 Rh 因子是陽性，沒有帶原是陰性（Santrock, 2016）。假如母親血液是 Rh 陰性，父親是 Rh 陽性，胎兒可能是 Rh 陽性，這就會導致 **Rh 不相容**（Rh incompatibility），因為母親血液會形成抗體排斥胎兒血液，可能導致懷孕問題及胎兒缺陷。因抗體尚未形成，這個問題較多發生在懷孕後期，而非初期，可能對胎兒的傷害是智力失能❹、貧血或死亡。

幸運的是，Rh 不相容問題已可以有效處理，針對母親注射 Rh 免疫球蛋白以預防 Rh 敏感，通常在第一個孩子出生或第一次流產後 72 個小時內施行，如果新生兒或子宮內的胎兒已經有過敏原，就必須輸血。

自發性流產 **自發性流產**（spontaneous abortion）是指在胎兒有能力存活前，因自然因素終止懷孕，自發性流產機率約有 20% 至 25%，而 50% 孕婦在懷孕診斷前即流產（Hyde & DeLamater, 2017）；因此女性可能發生流產卻仍不知道自己懷孕，有時視為經血過多。多數流產發生在懷孕第一期，極少數發生在第二或第三期。

大部分經常自發性流產原因係胎兒缺陷或準媽媽的身體因素，胎兒缺陷或情況不佳會被排出體外，母親的問題則指子宮「太小、太弱或發育不全……母親的壓力、營養不良、缺乏維生素 A、藥物使用或骨盆感染」（Carroll, 2013b, p. 318）。有些研究證實缺陷的精子可能導致流產（Carrell et al., 2003）。

生產產程

生產過程包括三個時期：開口前期與中期、嬰兒產出、產後胎盤排出。

分娩第一期分成三個階段：開口前期、中期與後期。開口前期最長，約持續 8 至 12 小時（American Pregnancy Association, 2015），每隔 5-30 分鐘有一次陣痛，每次持續 30-40 秒（American Pregnancy Association, 2015），開口前期之後陣痛頻率與週

---

❹ 此時我們用**智力失能**（intellectual disability）的稱呼來談先前提及的**智能障礙**（mental retardation）（Hallahan, Kauffman, & Pullen, 2009），這是指一個人的智能低於平均值，伴隨適應功能不足，兩者都發生在 18 歲以前。

期會增加。開口前期,子宮頸開始擴張,同時陣痛,婦女會有血液般黏稠液體排出,以及下背痛,與羊水破了(American Pregnancy Association, 2015)。

當婦女有高血壓或子癇前症等併發症,嬰兒可能有缺氧危險,或者羊水破了但子宮頸不開,可能必須催產打開子宮頸。此時開始使用催產素(oxytocin)與前列腺素(prostaglandin)等藥物;如果羊水沒有破,也需要藉著人為方式破水;或者刺激乳頭分泌催產素以催生(American Pregnancy Association, 2015)。越來越多婦女將催生視為「規劃安排」孕期的方法,然而醫師鼓勵婦女在醫療許可下胎兒應該盡可能待在子宮裡。

此外,有些婦女在開口前期會出現子宮假收縮現象(braxton hicks contractions),如同「假產」(false labor)。通常發生在當子宮收縮週期約 30 秒至 2 分鐘,不同於真正的分娩,子宮假收縮現象並不會持續、更強烈或更密集。所以婦女自訴的收縮型態對醫師的判斷相當重要。

來到第一產期的開口中期持續約 3 至 5 小時,收縮更強烈也持續更久,此時婦女必須前往醫院或跟助產士聯繫。

局部麻醉或硬膜外麻醉(脊椎麻醉)可幫助產婦減少生產過程中的疼痛。一般而言,婦女在產前會先擬定不使用藥物自然產或使用麻醉生產,較少見婦女開始生產時,改變是否使用麻醉之想法。最後階段時,子宮頸會擴張到 8 至 10 公分,此時期最艱難但持續時間較為短暫(從 30 分鐘到 2 小時)。子宮收縮長又強烈且急迫(每 30 秒至 2 分鐘且持續約 60-90 秒)(American Pregnancy Association, 2015)。此外,產婦感覺噁心、熱潮紅或打冷顫,且強烈想要擠出。第二產程可能持續 20 分鐘至 2 小時(American Pregnancy Association, 2015)。在兩次宮縮之間鼓勵產婦用力擠以幫助嬰兒從產道移動,接著子宮頸全開,嬰兒通過陰道產出:嬰兒的頭部先出現,稱為「著冠」,此時可以告訴產婦不需要再用力了。

當嬰兒完全產出時,嬰兒與母親仍然以臍帶連接著,須從嬰兒身體約 3 英寸處夾住,切斷臍帶。因為臍帶末端沒有神經所以並不會傷害嬰兒,當嬰兒逐漸成長,這一小段臍帶會乾掉並脫落。

有時,必須以外陰切開術(切開會陰部)幫助嬰兒產出,這種情形通常是嬰兒頭太大卡在陰道,會陰擴張不足,或是臀位生產或產婦無法控制推擠力道(American Pregnancy Association, 2015)。

最後產程是指產後,透過收縮把胎盤從子宮壁脫離,約需 5 至 30 分鐘(American Pregnancy Association, 2015)。

胎位 大約 95% 的嬰兒出生時最先產出的是頭部,稱為 **頭位生產**(vertex presentation),這是最正常的生產方式,且最不需要儀器協助;各種胎位(birth positions）見圖 2.1。

大約二十五分之一的嬰兒是**臀位生產**（breech presentation）（Santrock, 2016, p. 101），是指嬰兒的屁股與腳先出來而頭部在最後，這種生產方式必須要更小心注意。一般來說會施行**剖腹產**（cesarean section, C-section）（Santrock, 2016），是指從腹部到子宮切開，取出嬰兒的手術過程。

當嬰兒難產如頭太大、胎兒有危險、生產時間太久體力耗竭等都必須施行剖腹產，目前手術危險相當低，但因為母親有切開傷口，所以復原時間較長。

一般而言都會建議剖腹產之後的生產方式也要採行剖腹產，然而許多第一胎以剖腹產生產的婦女，想要探索**剖腹產後自然產**（vaginal birth after cesarean, VBAC）的可行性，醫師則關注剖腹產後自然產的風險，不過由於近來相關研究顯示風險低，許多婦女躍躍欲試（Papalia & Martorell, 2015）。

最後，有 1% 的嬰兒是**橫位生產**（transverse presentation）（Dacey, Travers, & Fiore, 2009），是指嬰兒橫臥在子宮，在生產過程手與腳會先出現在陰道，這種狀況需要非常小心，如果嬰兒不能轉到正常的位置自然生產，就必須施行剖腹產（Santrock, 2016）。

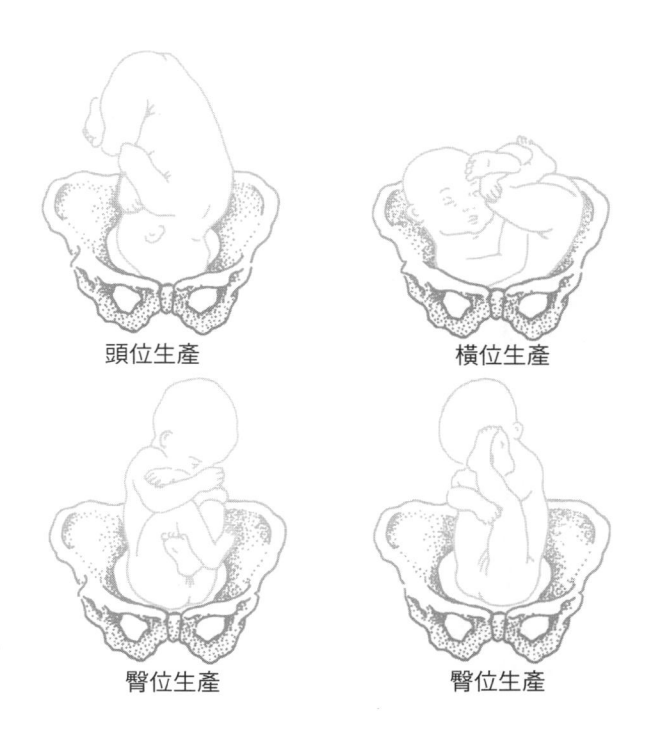

頭位生產　橫位生產
臀位生產　臀位生產

圖 2.1　胎位的類型

家屬也可能選擇僱請一位陪產員，這位陪產員必須受過專業訓練，提供婦女及其伴侶從懷孕到產後整個孕期的情緒及身體支持。陪產員主要角色是提供生產過程的支持，不過，陪產員不是專業醫療人員。研究顯示陪產員的支持與降低疼痛藥物使用、縮短產程以及降低負面生產經驗有相關（MFMER, 2016）。

自然產　自然產（natural childbirth）強調對父母的教育，特別是對母親，目的在盡最大可能讓母親了解生產過程，讓不知名的恐懼降到最小；同時也重視放鬆技術，鼓勵母親調整身體並學習在壓力下有意識地放鬆，教導她們正確呼吸及適當利用便意感幫助生產過程。雖然其他方法也有效，但拉梅茲呼吸法是目前美國最普遍的。這些大部分「強調教育、放鬆與呼吸練習，以及支持」，此外，伴侶角色被視為生產的教練

（Santrock, 2017, p. 107）。

許多女性寧可選擇自然產的原因在於可以經驗及盡可能享受生產,如果正確進行,痛苦會減到最小,通常避免使用麻醉藥,且在整個生產過程讓母親保持清醒。

新生兒評估（newborn assessment） 出生是新生兒的創傷過程,有些很簡單,有些則困難些。評估量表主要在評估嬰兒出生時的狀況,越快關注這些問題,就越有機會擁有正常健康的嬰兒。兩種量表如亞培格（Apgar）與布列茲頓（Brazelton）。

1953 年由 Virginia Apgar 發展的量表,一般人所熟知的亞培格量表（Apgar scale）,如下列五個變數（注意首字母縮略）:

1. **A**ppearance（膚色）：膚色（範圍從淡藍灰色到全身粉紅）。
2. **P**ulse（脈搏）：心跳（範圍從無心跳到每分鐘至少一百次）。
3. **G**rimace（反射）：反射反應（範圍從抽吸過呼吸道之後無反應到有活力的皺臉、拉扭、咳嗽）。
4. **A**ctivity（肌張力）：肌肉張力（範圍從軟弱無力到活力十足）。
5. **R**espiration（呼吸）；呼吸（範圍從無呼吸到正常呼吸與哭聲強健）（Apgar, 1958; Berk, 2013; Steinberg et al., 2011a）。

這五個變項給分從 0 到 2,通常評估兩次,分別在出生後 1 分鐘及 5 分鐘;最高分是 10 分,7 至 10 分之間代表正常健康的嬰兒,4 至 6 分表示應該小心注意觀察嬰兒,4 分及以下表示嬰兒顯然有問題,須緊急處置。

第二種評估新生兒健康的量表是布列茲頓新生兒行為評估量表（Brazelton Neonatal Behavioral Assessment Scale, 1973）,亞培格量表是針對剛出生的嬰兒做立即性粗略的評量,而布列茲頓新生兒行為評估量表評估範圍更遍及嬰兒的中樞神經系統與行為反應,其施行時間通常在出生後 24 至 36 小時,該量表強調行為的細微區別;包括 28 項行為及 18 項反射項目,以評估如動作系統控制、活動層面、吸吮反射、清醒或睡眠的反應、對外界環境的反應等面向（Brazelton Institute, 2005）。極低分顯示腦部損傷或一種腦部狀況,假以時日甚至有可能治癒（Santrock, 2013）。

先天缺陷 先天缺陷（birth defects）意即出生時出現的任何類型缺陷或不正常,先天缺陷胎兒往往容易流產,流產也意味著避免更嚴重缺損或不正常出生;某些先天缺陷很可能極嚴重,而某些缺陷的發生頻率是極高的。

唐氏症（Down syndrome）是染色體的缺陷而造成的不同程度認知障礙,伴隨的生理特徵如寬扁頭部、眼距較寬、眼皮上有皺摺、圓又平的臉、塌鼻子、伸長的舌頭、四肢較短,以及心臟、眼睛及耳朵缺陷。我們已經注意到婦女懷有唐氏症孩子的機率是隨著年齡增高的。

Chapter 2
嬰兒期與兒童期的生理發展

脊柱裂（spina bifida）是指脊柱未能閉合以致神經暴露在外，出生後須立刻作脊柱閉合手術；通常伴隨肌肉無力或麻痺、膀胱及腸道控制困難等症狀。隨著脊柱裂而發生的是腦水腫（hydrocephalus），這是不正常脊椎液堆積在腦部，可能導致頭部增大與腦萎縮，脊柱裂的盛行率是萬分之 3.49（Centers fo Disease Control [CDC], 2011）。

低出生體重與早產兒 對新生兒來說，低出生體重與早產會造成嚴重問題，**低出生體重**（low birth weight）是指 5 磅 8 盎司（約 2,500 公克）或更低，美國新生兒低出生體重比率約莫十二分之一（March of Dimes, 2014）。低出生體重根本原因是早產與胎兒成長遲滯，其他來自母體健康因素也可能導致低出生體重（如高血壓、糖尿病，或者肺部與腎臟疾病），以及某些感染問題（特別是子宮內）、胎盤問題（導致無法提供胎兒足夠的營養）、懷孕期間體重不正常增加，與母親的行為與經驗（抽菸、喝酒、營養不良、缺乏足夠的資源）（March of Dimes, 2014）。

早產（preterm or premature）是指在懷孕 37 週以前出生，早產兒通常低出生體重。

足月產是指懷孕 37 至 42 週之間出生，大部分嬰兒約在 40 週左右出生；美國早產兒比率約 10%（CDC, 2015）。因為沒有足夠成長時間，早產兒體重通常較低；低出生體重與早產使嬰兒面臨一連串高風險狀況（CDC, 2013d; March of Dimes, 2014），雖然大部分低體重嬰兒終究功能正常（Santrock, 2013; Wilson-Costello et al., 2007; Xiong et al., 2007），越早出生及體重越低的嬰兒，發展遲緩與長期障礙的潛在可能越高（CDC, 2015; Santrock, 2016）。

因現代醫療照護技術進步，比起過去低體重嬰兒更可能存活；然他們也可能面臨呼吸、腦出血、心臟功能、腸道問題及視力喪失（March of Dimes, 2014）。某些研究指出低出生體重的學齡期兒童更容易面臨學習與注意力缺損過動症[5]（ADHD）或呼吸問題如氣喘（Anderson et al., 2011; Berk, 2013; Santo, Portuguez, & Nunes, 2009; Santrock, 2016）。更多證據顯示低出生體重嬰兒成年後有更大的社會化問題（Berk, 2013; Moster, Lie, & Markestad, 2008），然而不易區別究竟是低出生體重的直接影響，或者其他變項如貧窮或惡劣環境的影響。

社工人員的角色在於協助孕婦養育健康嬰兒，居中協助婦女取得她們所需的資源，特別是對低收入婦女，而這些資源包括取得良好的營養及孕期照護；特別是貧窮

---

[5] **注意力缺損過動症**（attention deficit hyperactivity disorder, ADHD）是指始於兒童期的學習及行為問題症候群，特徵是持續地顯現出注意力不集中、過動及衝動的行為模式，其中至少有兩項，將在第三章進一步討論。

婦女，社工人員必須協助尋求經濟資源。

新生兒的早期功能

　　足月產新生兒平均體重約是 7.5 磅（約 3,400 公克），身長是 20 吋〔大部分體重自 5.5 到 10 磅（2,500 至 4,500 公克），身長則從 18 至 22 吋（約 45 至 55 公分）〕，女嬰會比男嬰較輕且較矮。許多父母相當驚訝見到他們的新生兒，一點都不像電視廣告那個可愛、矮胖、笑起來嘎嘎響的嬰兒，很可能是個小小的、與身體完全不相稱的皺紋與斜眼的小嬰兒；新生兒需要時間去適應出生的衝擊，同時他們繼續不同的發展里程，他們越來越能控制自己的肌肉，思考與反應能力也與日漸增。

　　首先，新生嬰兒大部分時間通常都在睡覺，當他們越來越大時，睡眠時間也逐漸減少；其次，他們的反應方式也很普遍，既無法明確區別不同的刺激類型，也無法以明確態度控制反應；任何刺激都會產生普遍性的全身性混亂動作。

　　正常新生嬰兒的反射特徵有：第一，**吸吮反射**（sucking reflex），嬰兒飲食的能力；第二，**尋乳反射**（rooting reflex），輕觸正常嬰兒的嘴唇或嘴唇旁的臉頰，會自發性轉動頭部並且嘴巴開始吸吮動作，是屬於刺激的自發性動作；第三，**驚嚇反射**（Moro reflex, startle response），當嬰兒聽到突然巨響，會自發性伸展手腳，展開手指，頭向後轉，這種反射的目的不明，且在幾個月之後會消失。

　　另外有五種反射如**踏步反射**（stepping reflex），是指撐起嬰兒保持直立狀態，輕觸足背，嬰兒會自然舉起一腳，類似要走路的動作；**抓握反射**（grasping reflex）是將物品放到嬰兒的手掌，嬰兒會抓握住物體；**巴氏反射**（Babinski reflex）指嬰兒的腳底被搔癢時，腳指頭向外張開；**游泳反射**（swimming reflex）意指將嬰兒放到水中會做出游泳的動作。最後是**僵直性頸反射**（tonic neck reflex），是指當嬰兒平躺，將他的頭轉向一側，面對臉的那側手腳會伸展，另一側手腳則屈曲。

嬰兒期與兒童期典型發展里程　　LO 2

　　嬰兒的成長與發展有特定模式與規範，人類每一個發展階段，都有其身心能力形成的特定任務類型，**人類發展**（human development）是終其一生持續成長與改變的過程，包括生理的、心理的、情緒的及社會特質；雖然個人特質與經驗存在著不同差異，但皆循著相同基本變化，因此人類發展是可預測的。然而，有許多變數造成個人獨特的屬性與經歷。

　　以下有四個了解人類發展過程的主要概念：(1) 成長是一個持續、有條理的過

程；(2) 不同年齡層有其特定的特徵；(3) 個別差異的重要性；(4) 遺傳與社會環境同樣重要。

成長是一個持續、有條理的過程

人類發展是透過從一個年齡層到另一個年齡，持續、有條理地成長與改變的結果。一方面來說，成長是持續及逐漸進步的，年齡越大時，改變也會持續進行；另一方面，這個過程幾乎是可預測而且循著清楚的次序。例如，嬰兒要學會跑之前要先會站。所有人傾向循著相同的發展模式，例如，所有嬰兒在學習講完整的句子之前要先學會發音。

除了發展是一個有條理的過程，成長則總是從簡單、基本到複雜的模式，在承擔複雜的事情之前必須先熟練簡單的工作。

另一個次要原則，發展過程是從一般到特殊，事物越來越有不同，例如，嬰兒最初區別人類的臉與其他物品如氣球，然後開始去確認不只是人類的臉，也可以辨識出父母的臉；甚至當他們成長到夠大，他們可以辨識出叔叔 Horace、雜貨店老闆 Mr. Schmidt，以及好朋友 Joey，他們的辨識能力從基本逐漸發展到非常特定。

另外有兩項發展原則是**從頭到腳的發展**（cephalocaudal development）原則與**由近至遠的發展**（proximodistal development）原則，前者是指嬰兒開始學習如何使用他們的上半身，如頭部與手在腳之前；後者則是指軀幹發展在先，操控四肢在後（先是手臂然後是手）。

不同年齡層有其特定的特徵

第二個發展原則是每個年齡層都有其特徵，從嬰兒到成年，每個人生階段，正常人都能發展其特定任務；所有人類在任何特定年齡層都有類似的能力，而發展指南提供個人是否正常持續發展的一般概念。

個別差異

第三個發展原則強調人的個別差異，雖然人類能力發展有其特定順序，但個人操控某些技巧可能會有個別差異；某些人會快些，但其他人在學習相同的生理及心理技巧時可能要花多點時間。正因為發展的差異，平均範圍允許較寬廣的差異，只要達到平均範圍內仍可被視為「正常」，即便是在平均範圍的臨界點。

先天與後天的爭論

第四個發展原則是遺傳與環境兩者都會影響人類發展。某種程度而言，個人差異會受環境因素所影響；有些能力是天賦的潛力，也有些是環境所形塑促成或被環境限制。

例如，嬰兒出生即有生理及智力上之潛力，成長發展為正常的成人，這是先天的

潛力，而如果出生在饑荒的發展中國家，環境或營養對於嬰兒發展有重大的影響，嚴重營養不良會限制嬰兒的身心潛能。

因為人類構造的複雜，遺傳與環境影響之間確實的關係仍然不明；與遺傳對發展的影響程度相較，環境對發展的影響程度是難以量化的，這就是**先天與後天的爭論**（nature-nurture controversy）；某些研究指出遺傳最重要，其他人則假設環境影響更重要。

也許你會認為就某種程度而言，每個人所擁有的潛能受到遺傳所影響，然而這潛能或多或少來自他們特定的環境。

與社會工作之相關性

人類發展與發展里程的知識可以直接運用到社會工作實務，了解生命週期，以準確評估人類需求與行為，社工人員必須知道哪些是正常或適當的，並與所觀察到的行為加以比較，以作為處遇決策的方向。

本書將透過生命週期來探討人類發展議題。對實務而言，對每個年齡層的基本認識都很重要，了解兒童正常發展里程，有助兒童發展遲緩或問題的早期評估，可以盡可能減輕或預防將來的困擾。例如，語言問題的早期診斷，可提醒家長與老師提供孩子治療協助，使孩子有改善進步及趕上其他同儕的機會。

4個月到11歲的兒童典型發展概況

孩子成長時會依循一套有次序系統的行為模式來發展，透過研究建立發展的常態指標，例如，當孩子說出第一個字、熟練跑步或是投球，這些發展里程只是反映出典型技巧平均的指標，孩子不一定隨著這些指標曲線發展，人類正常的發展會允許個別差異，假如孩子到13個月（平均12個月）還無法站立，父母也不必太焦慮；然而嚴重發展遲緩或持續更嚴重，就應該注意了。

以下是決定孩子是否需要更完整評估的篩檢指標。每個年齡都包括五項評估類型：動作或生理行為、遊戲活動、適應行為（含自我照顧）、社會反應及語言發展。

4個月

動作：4個月大的嬰兒通常可以仰頭90度，俯臥時會抬起頭及胸部，開始認識自己，經常看自己的手，不停地玩指頭，把物品塞到嘴巴。

適應：嬰兒會認得自己的奶瓶，看見奶瓶會刺激身體活動，雖然平均都在6至7個月長牙，有些較早在此時就開始。

社會的：嬰兒開始認識自己的母親及其他家人的臉，模仿微笑而且經常對家人

做出伸手、微笑、大笑或扭動身體的反應。

語言：4個月大嬰兒聽到聲音的時候會轉頭，語言表達有咯咯聲、咿咿呀呀、咕嚕聲。

8個月

動作：8個月大的嬰兒可以不需扶持自行坐著，他們可以扶著椅子或嬰兒床站立，也會用拇指及其他手指去抓拿物品，此時嬰兒開始滿地匍匐而行。

遊戲：嬰兒會拿兩個玩具相互碰撞，有些會將物品從一隻手傳到另一手，會模仿一些動作，如在浴缸潑水、搖波浪鼓或壓皺紙張。

適應：嬰兒會自己吃碎土司或餅乾，津津有味地嚼東西。

社會的：開始模仿臉部表情及姿態，他們會玩可愛小熊（pat-a-cake）、躲貓貓及揮手再見。

語言：此時期嬰兒的語言更多更複雜，大多數的嬰兒可以模仿他們所聽到的聲音，有些會說幾個單字或聲音，例如，嗎嗎（mama，媽媽）或噠噠（dada，爸爸），但卻不了解這些單字的意義。

1歲

動作：大部分的嬰兒可以爬得很好，雖然走路需要扶助，但是可以不需攙扶任何東西自己站起來；渴望觸摸環境發掘事物，會開抽屜、開門及拔電線。

遊戲：喜歡看及觸摸玩具或物品，會用手去感覺及戳弄轉動物品，一次又一次把物品扔出去再撿起來，把物品放進容器再拿出來，喜歡的玩具有大球、瓶子、明亮的懸吊玩具、曬衣夾與大積木。

適應：因為1歲已經會行動，需要小心注意，很可能常因喜歡發現物品而跌落椅子、拿叉子戳電線插座、吃死昆蟲等，父母應詳細檢查居家安全。

此時嬰兒也能用杯子喝東西，拿湯匙在盤子橫掃或把湯匙放進嘴裡，可以用手指自己拿著東西吃，開始配合穿衣服時維持固定姿態，或伸出一手或一腳放到衣服裡，也開始規律的大小便控制。

社會的：此時期嬰兒更了解周圍的反應，並有不同的行為反應；他們喜歡觀眾，例如，有笑聲，他們會重複行為；也會扭動身體或製造吵鬧聲音以吸引注意。

語言：此時期嬰兒會小心注意他們所聽到的聲音，並且了解簡單指令，例如，他們會依據要求指出恰當的玩具；他們開始會選擇所能接受的食物種類，或者表達是否想睡覺。更多聲音模仿，而且也會有意義地使用一些爸爸媽媽之外的其他單字。

18個月

動作：此時期嬰兒已經能走路，雖然也開始會跑步，但因行動仍然十分笨拙，經常會跌倒；同時只要照顧者牽著他的手，就能夠上樓梯；也會背對著爬下樓梯或者是以坐姿，一階一階移下來。他們也更有力能推動大的物品與玩具。

遊戲：喜歡用蠟筆亂塗鴉及堆積木，大約堆高3或4個積木就有困難，也喜歡把玩具或物品從一處搬到另一處，隨身玩伴是娃娃或填充動物玩偶，他們通常喜歡藉著擁抱這些玩具來表達情感，而且也開始模仿某些大人簡單的動作如翻書。

適應：自己可以吃得更好，能雙手拿杯子喝東西，自己用湯匙吃東西也更順手。

這個年齡孩子能夠配合穿衣服，自己解開拉鍊及脫下襪子或帽子，某些孩子已經建立上廁所規則，當他們尿濕了會向父母表達，有時晚上會醒過來換尿布。

社會的：自己一個人玩，雖然他們知道有別的孩子，也喜歡別的孩子在周圍，但此時期孩子不會跟其他的孩子玩。

語言：孩子會的單字約超過3個但少於50個，這些單字通常與他們所熟悉的人、物品或動作有關，他們經常發出無意義的聲音，就如同大人般喋喋不休地說著，並且能有限度了解語言，例如，他們能夠回應一些指令或問題如「給媽媽親親」，或是「要不要吃餅餅？」

2歲

動作：跑步與走路都不錯，也會單腳平衡及投球，也會一次一腳，然後雙腳站在台階上自己走樓梯，會翻書與用線穿大珠子。

遊戲：2歲的孩子喜歡探索他們的世界，喜歡玩動物玩偶，也能堆高6到7個積木，喜歡玩或推動大一點的物品，例如，推車或者是學步車；也對沙子、水及泥土感到興趣，經常模仿成人每天例行活動，如煮東西、釘木頭或清掃等，喜歡看書也能指出普通的圖片。

適應：能聽懂並且遵循指示，穿衣服時也能主動協助而非只是配合，例如，雖總是不成功，但他們會嘗試扣釦子，也會試著洗手，會單手拿小杯子。

此時孩子相當會用湯匙吃東西，除了偶爾意外，白天通常可以控制小便，晚上雖然有進步，但仍然不能完全控制。

社會的：孩子們可以坐在一起玩，但不是彼此合作的方式；也更了解大人的情緒與反應，開始尋求大人正確行為的肯定，也會表達情緒，例如，喜愛、內疚或可憐，經常喜歡說「不」。

語言：孩子會用2到3個單字組合在一起表達想法，例如，「爸爸走」或「要奶奶」，他們會的字彙超過50個，隨後幾個月會增加到上百個單字；也會辨識五官，例如，眼睛、耳朵、鼻子等，聽懂簡單的指令與要求，他們雖然不會跟別人對話卻經

常自言自語或對著玩具說話；最常聽到他們問「這是什麼？」也喜歡聽簡單的故事，特別是那些耳熟能詳的故事。

3 歲

動作：走路與跑步都相當好，跑步時步伐也很穩定，能夠很快地停下來轉彎而不跌倒；他們能交換步上下樓梯，開始騎腳踏車，也能進行更多體能活動如盪鞦韆、攀爬溜滑梯。

遊戲：3 歲孩子開始發展想像力，他們把書本當成籬笆或街道，把玩具或物品假想成火車或小車子；給他們一些玩具就開始自己的遊戲活動。他們也喜歡模仿別人，特別是大人；會使用剪刀剪東西及用蠟筆著色。

適應：3 歲孩子會幫忙穿衣服，會穿褲子或運動衫，雖然常會穿錯邊或反面；會扣上及解開衣服上的鈕釦；用湯匙吃得很好，只會有一點點灑出來，也開始用叉子；他們也會拿杯子從水龍頭或小水壺倒水，只需要小小幫忙就能自己洗手及洗臉；他們會要大人陪自己去上廁所，只需幫忙擦屁股；夜間偶爾會醒過來。

社會的：此時期孩子會更關注周圍的大人且渴望去討好，不論認同或不認同他們都會遵從指示去回應；開始發展與他人溝通能力，對家人及家人的活動非常感興趣，遊戲仍集中在自己喜歡的活動，但開始去注意別的孩子在做什麼，有些初步的合作形式出現，例如，輪流或口頭爭吵澄清。

語言：孩子能說較長一點及複雜的句子，會使用複數人稱如「我」，會正確使用介系詞，例如，「在上面」。情感與想法表達更好，能講故事，比以前更能聽長一點、複雜一點的故事；可以操控一些基本資訊，例如，他們的姓氏、性別與一點點韻腳。

4 歲

動作：4 歲的孩子體能活動更多，他們喜歡跑步、跳躍、做動作，會跑上跑下樓梯，平衡很好，拿杯子時不會讓東西濺出來。

遊戲：此時孩子更有創造性及想像力，愛用泥土沙子或積木來建造東西，也喜歡用衣服或其他模擬物品，能夠與其他孩子合作遊戲，雖然畫圖很粗略不太精準，卻已經能畫出簡單的圖；也能夠較準確地循著線剪或描繪。

適應：這時期孩子傾向獨斷，他們會自己穿衣服、扣鈕子及拉拉鍊，會穿鞋子綁鞋帶，但仍然綁不好。自己會洗手，與家人一起吃飯時較少要求家人關注，他們會用湯匙與叉子自己進食，甚至可以坐到餐桌旁。他們會告知大人，然後自己去上廁所，有時需要協助擦屁股，夜間睡眠多半可以持續整夜，不會中途醒來。

社會的：4 歲孩子比 3 歲孩子更難教，他們較不容易遵守，對大人的喜好或不喜好較少回應，此時期孩子處於與父母分離階段，開始喜歡大人之外的兒童玩伴，他們

表現得比較社會化與多話，對周圍的世界很感興趣，經常會問「這是什麼」、「為什麼」與「怎麼做」等問題。

語言：4歲孩子的積極性也明顯地表現在語言方面，他們會自吹自擂，普遍能叫出名字，字彙量有很大的成長，但有時會用錯字或文法錯誤。4歲孩子會說很多話，也喜歡與別人長篇大論；他們所說的也很容易了解，仍顯得幼稚；想像力更豐富也會影響說話，因此很愛說故事，經常把事實與想像混合在一起。

5歲

動作：5歲孩子比起4歲時顯得略安靜且不好動，他們的活動更複雜也更目標取向，例如，對攀爬及騎腳踏車更加熟練，也能溜輪鞋、跳繩及做其他複雜的活動；注意力也更集中，他們所畫的圖雖然還是簡單，卻是可辨識的；左右手的操控也更好。

遊戲：他們的遊戲與玩樂活動更精巧複雜，包括捉迷藏、追人遊戲與跳房子；也開始玩團隊遊戲，5歲孩子的假裝遊戲更精巧；喜歡用積木來蓋房子及堡壘、唱歌跳舞及播放DVD音樂。

適應：5歲小孩自行穿脫衣服的能力十分不錯，只有複雜的鈕釦與鞋帶才需要協助，自己能進食及上廁所，甚至自己去拜訪鄰居，只有在過馬路時才需要幫忙。

社會的：5歲孩子通常學習與別人共同行動，且喜歡團體活動，他們知道別人的權利，也能好好回應大人的指導；更清楚規則並喜愛服從，喜歡與家人外出或旅遊。

語言：此時期語言發展更複雜，字彙增加中，句子的構造更複雜及精準，對字義感到興趣，喜歡看書與請別人念給他聽；他們會開始學習寫數字與字母，也開始學習算數與辨認顏色，雖然動作仍不太協調，難以精準掌控。

6到8歲

動作：6到8歲的孩子身體已經獨立，跑跳平衡都相當好；他們持續做一些有益於協調與動作技巧的活動，也常喜歡特別挑戰性的活動，例如，在柵欄上行走。

遊戲：此時期孩子喜歡玩踢球遊戲，他們喜歡做些類似體操等身體驚險動作，對簡單遊戲展現興趣，例如，彈珠遊戲及使小圓片跳進杯子的兒童遊戲與蒐集，喜歡與自己身高相等的玩偶，戲劇表演如扮演動物、騎馬或飛機飛行員。

適應：多數孩子更自主獨立，更善於表達自己，獨自睡覺，晚上睡覺會自己起來上廁所；也開始被信任，可以給予零用錢，能獨自去上學或去朋友家，大致來說他們越來越有興趣獨自做這些事情，也了解社會情境。

社會的：他們的社會技巧逐漸增加，他們關心與同儕團體的遊戲技巧，社會技巧越來越熟練，生活重心圍繞在學校及朋友，對周圍環境也更敏感，特別是父母；如果有人批評他們或有壓力時，孩子們就會產生負面反應，例如，生氣。

語言：語言使用更加嫻熟與精通，發音及文法會因被教導而更好，且學習用語言清楚表達自我感覺與想法，也開始了解更抽象的字彙與語言，如雙關語與笑話，他們也開始發展讀寫及算數技巧。

9 到 11 歲

動作：孩子的協調與動作技巧繼續發展得更精巧，他們的身體尺寸與比例逐漸穩定增加；手的靈巧度、姿態與平衡也在進步中，此時為兒童晚期到青春期的轉換階段。

遊戲：此時期常是兒童遊戲與玩樂的終結期。假如尚未發生，男孩與女孩會各自加入與自己同性別的團體。

適應：孩子對周圍世界更加了解，他們會逐漸認同成人並形成自我認同，變得更獨立；生理與心理也持續成長，喜歡經歷新奇的事情與活動。此時他們著重更細節的學習，以及完成逐漸困難的智能及學業任務。

社會的：他們關注的重心從家庭轉換到同儕團體，朋友是最重要的，並持續發展社會能力。

語言：字彙增加到極度，且使用更嫻熟，在回答問題時更有深度，更了解抽象概念與精準使用字彙，更清楚語言及數學關係。

結論提醒

我們要強調的是，每個人在達成特定發展里程上極其不同；發展里程提供一般性的評估基準及隨後的處遇決定，假如一個孩子經過評估，其遠遠落後於正常的發展里程，就需要立即處遇；假如只是輕微落後，那麼比較適當的方式是密切觀察，如孩子持續落後，再尋求提供協助。

重要議題與生活事件

接下來兩個重要議題與是否生育孩子有關，因為不僅為涉及的人們帶來一連串危機，受影響的人也十分眾多。這兩個議題是墮胎與不孕症。

墮胎爭議：社會與經濟力的影響　　LO 3

任何非計畫性懷孕都有許多特殊情況，個人必須去評估任何選擇的潛藏後果及每一個選擇的正負面後果。

非計畫性懷孕的基本決定就是，是否要這個孩子；假如想留下孩子，而這個母親未婚，必須評估的選擇有二，一是嫁給孩子的父親（或是跟他建立類似的持續關

係）；二是留住孩子成為單親媽媽。過去十年，媒體越來越關注請求監護的父親，也許共同監護是可行的選擇；或者是母親的父母（孩子的外祖父母）或其他親友也能協助照顧，另一個選擇是生下孩子然後出養，每一個抉擇都有正負面的影響。

墮胎（abortion）的定義是指當胚胎或胎兒在子宮外無法獨立存活時，將其從子宮移除，終止懷孕狀態。社工人員在協助案主時可能會發現，墮胎也是一個可能性的立場。

墮胎的概念勢必會引起強烈的感受與情緒，這種情緒可能是正向也可能是負面；反對者基於倫理與道德的立場，認為每個未出生的孩子都有其生存權。而同意墮胎者認為女性有權選擇自己的身體與生活。

關於非計畫性懷孕議題，由於是非預期性，成為我們了解鉅視環境系統如何影響案主選擇的最佳範例。

墮胎議題說明某些案主的次系統和大環境如何發揮功能，例如，也許女性的父母拒絕協助照顧新生兒，或者是孩子的父親逃避參與；在這兩種狀況下，某些女性次系統的選擇已經被排除了。

大環境也影響墮胎，假如墮胎是不合法的，社會機構也不願提供服務；另一個可能性是國家允許的合法墮胎僅在某些有限條件下，例如，因亂倫或強暴造成懷孕，或者懷孕及生產將嚴重危及懷孕女性的生命，則允許墮胎。

即便政府允許墮胎，但懷孕婦女所居住的社區也會嚴重限制她的選擇；例如，一個有聲望的社區發起強烈有組織的反墮胎運動，主張縮減墮胎服務（包括合法行動）。提供墮胎的醫療診所會被包圍抗議、病人被騷擾、診所醫療人員受到威脅，這些強烈的社區情緒可能迫使診所關門。

此外，墮胎議題也是區辨個人與專業人員價值的好機會，我們每個人都有可能面臨墮胎的選擇，大部分的人不是贊成就是反對，實際上個人意見並不重要，然而是專業人員就有關係了。專業人員的職責在協助案主自決，幫助案主評量自己的感受與價值觀，確認可行的抉擇，並以客觀態度評估每個選擇的結果。

全美社會工作人員協會（NASW）對於家庭計畫與生育健康發表宣言，其中也包括對墮胎的立場：

> 「身為社工人員，我們支持每個人都有自我決定的權利，不受脅迫並且依照他們自己的個人信仰與信念，不論他們想成為父母，想要生育或有能力扶養幾名子女，他們自認最適合的生育時機，選擇跟誰一起養育子女……支持自我決策……生育醫療服務必須包含合法墮胎服務，在經濟上與地理位置，對所有具此服務需求的人都是可近的。……排除低所得者取得全面性的避孕、墮胎、節育服務與教育計畫，認為他們永遠會貧窮與福利依賴，是一種階層化……」

接著我們將探討有關墮胎的七項議題,第一是當前鉅視系統法律及政策影響;第二是墮胎發生率及墮胎婦女概述;第三是婦女墮胎的原因;第四是墮胎過程及可行方法;第五是墮胎的心理影響;第六將比較評估反對墮胎之爭議;第七則是墮胎議題中的社會工作角色。

鉅視系統政策對實務與服務取得的影響

人們的價值觀會影響法律,相對的,政策規章制定攸關人們如何決策及行為抉擇,政府及機構政策明確規定服務機構對社區婦女能提供的服務,再者,對大多數懷孕婦女而言,服務是否可近或是受限?

墮胎爭議聚焦在兩個相反的觀點,反對墮胎與贊成墮胎合法化。Carroll(2013b)指出反對墮胎者的信念「人類生命起源從受孕開始,成為胚胎,直到任何發展階段,是一個生命……拿掉胎兒就是謀殺,政府應該將所有墮胎視為違法的」(p. 366)。

另一方面,主張墮胎合法化者則提倡婦女有權選擇是否墮胎,他們深信婦女對自己的身體、生活有掌控權,有權追尋目前與未來的幸福。

限制取得 有許多方式可以立法限制墮胎(Center for Reproductive Right [CRR], 2014)。第一,政府頒布墮胎前的法定等候期,例如,政府規定想墮胎的婦女需等候24小時,墮胎抉擇背後有許多痛苦的原因,等候期間會令人感到相當壓力。批評者認為這種法令目的在阻礙墮胎,企圖打消女性墮胎的念頭。這條墮胎評估法令使農村貧窮婦女墮胎更加困難,因為她們必須長途跋涉,而且幾乎很少或沒有錢可以住宿。

第二種限制方法是要求墮胎婦女閱讀指定的負面墮胎文宣,或接受墮胎前諮商輔導;批評者認為這法令多半包含「不願意、不必要、誤導或不適當醫療」資訊,只是迫使「婦女延緩墮胎過程」(CRR, 2009)。

第三條法令是要求青少年墮胎前,須通知父母之一或者父母雙方,或取得父母之一或父母雙方之同意。在美國有些州政府也允許未成年者取得法院命令則可以免除家長同意。許多少女因為害怕面對父母而可能拖延墮胎決定,而取得法院許可,也可能導致嚴重拖延墮胎。

經濟支持的限制 1973 年起,美國政黨反墮胎派施壓,限制、縮減甚至禁止任何對墮胎的公共經濟補助;影響最大的是貧窮婦女。只有 17 個州提供所有必要性的墮胎醫療經費(Guttmacher Institute, 2016d),1977 年美國國會制定 Hyde 修正案,規定除了已經危及婦女生命之外,均禁止提供聯邦墮胎基金。國會每年重新修訂法令,針對墮胎基金做各種限制;自 1993 年起,墮胎醫療補助金僅限於強暴、亂倫或生命遭受威脅的情況。

另一個經濟限制的趨勢是**差距法則**(gag rule)概念,亦即明令禁止提供聯邦基金給允許工作人員向懷孕婦女提及墮胎選擇的機構,因行政者立場各自不同,對於差

距法則有的支持、有的抵制。

母親的狀況　有些人支持在某些特定狀況下可以接受墮胎的想法；一是攸關母親的健康，假如繼續懷孕直到足月會危及母親生命，應該墮胎嗎？誰的生命比較重要，母親或胎兒？

另一個議題是：強暴或亂倫懷孕的婦女應該被迫懷孕到足月嗎？忍受性侵害夢魘的婦女，往後的人生又必須被迫面對與受侵害的結果（一個非期望中的孩子）共度下半輩子，這樣公平嗎？

胎兒的狀況　胎兒狀況是另一個可被接受的墮胎情況，假如胎兒有嚴重缺陷，母親是否應該繼續懷孕到足月？假設婦女不得不繼續懷孕，能否提供她以及孩子生產前後的照護資源？母親被迫繼續孕育著一個嚴重缺陷兒，也被迫提供龐大的必要資源以扶養這樣的孩子，到底要到什麼程度呢？

倫理議題 2.1

你個人對於墮胎的觀點是什麼？你覺得在何種情況下可以接受墮胎？

對醫療機構的暴力　墮胎爭議充滿了暴力，墮胎醫療機構遭受暴力事件的統計開始於 1977 年（NAF, 2015）。2014 年美國與加拿大共計發生 99 件墮胎醫療機構遭受暴力事件，包括縱火、爆炸未遂、侵略、破壞、非法入侵、炭疽熱病毒威脅、強暴、死亡威脅、搶劫及跟蹤等（持續性跟蹤威脅與騷擾醫療機構的從業人員或病人）（NAF, 2014）。

幹細胞研究　與墮胎相關的爭議不斷，也包含使用胎兒組織（幹細胞）的醫學研究與治療；Kail 和 Cavanaugh 指出：

> 幹細胞是非特定或動物的細胞，在本身複製的同時，能夠製造特定人體成熟細胞……比起其他外來細胞，幹細胞移植入人體所引發免疫系統排斥似乎較低，因此醫學研究對將幹細胞運用到修復或取代受損的人體組織更有興趣。胎兒幹細胞可以形成人體內各類組織，幹細胞實驗用於研製骨髓及心臟、血管、肌肉的造血細胞，以及分泌胰島素之組織（Kail & Cavanaugh, 2014, p. 26）。

幹細胞研究著重在運用於因應脊椎損傷、帕金森氏症[6]、幼年型糖尿病[7]、心臟

---

[6] 帕金森氏症（Parkinson's disease）是一種神經系統進行性疾病，通常發生在晚年，特徵是衰弱、顫抖和拖行的步態。

[7] 幼年型糖尿病（juvenile diabetes）是一種好發在兒童及青少年的嚴重慢性疾病，因身體無法產生足夠的胰島素，導致身體血糖增加，極度口渴、頻尿及逐漸惡化（Berube, 2002）。

病與阿茲海默症 ❽ 的潛力；超過一億以上飽受上述疾病之苦的美國人將會因幹細胞研究而獲益（Kalb & Rosenberg, 2004）。

　　許多人強烈質疑幹細胞研究，主要爭議點為是否利用人類幹細胞意味著消除人類的生命。「宗教保守派質疑使用幹細胞意即先破壞人類胚胎——在他們的眼中無疑等同於墮胎」（Lacayo, 2001, p. 17）。

評論　社會工作者需要了解墮胎相關議題和反對觀點，以便協助案主做出困難的決定；政治上贊成或反對墮胎皆會影響個人生活，國家政策也限制直接取得墮胎服務的可近性。

　　以下章節將論述墮胎原因、墮胎程序及墮胎的正反面理由；最後討論各社會工作角色的相關議題。

墮胎原因

　　非計畫性或意外懷孕有三個基本原因，第一，雙方沒有避孕；第二，避孕無效、不一致或不正確；第三，沒有任何一種避孕方法是完美的，每一種避孕方式都有失敗率（第五章將詳細討論避孕方法）。

　　沒有人希望非預期性懷孕且以墮胎收場，這是困難的選擇，所有抉擇都有負面結果；此顯示方便使用的避孕方法和家庭計畫諮商的重要性，有助避免墮胎這樣困難的抉擇。

墮胎方法

　　因懷孕週期的不同，而有數種不同墮胎方式，主要有服用墮胎藥物（墮胎丸）與到醫療機構墮胎這兩種方式；懷孕初期採用真空吸除術和藥物墮胎；較晚期則使用子宮頸擴張與刮除術（dilation and evacuation），以及完全性子宮頸擴張與刮除術；也會提及不合法墮胎。

藥物墮胎　藥物墮胎（medication abortion）意指服用某些特定藥物的墮胎方式，例如，**美服培酮**（mifepristone，俗稱 RU-486），其作用為會引發子宮內壁破壞（Planned Parenthood, 2016）；美國聯邦食品暨藥物管理局（FDA）在 2000 年時准許作為墮胎藥物，許多歐洲國家則已經使用超過十年。

　　大部分女性服用前列腺素後約 4 至 5 小時後流產，成功率約 97%（Planned Parenthood, 2008a）。潛在副作用包含噁心、嚴重痙攣、噁心嘔吐、腹瀉、腹痛以及輕度發燒或打冷顫〔大部分可以使用 Tylenol 或 ibuprofen（例如，Advil）減輕症狀〕

---

❽ 阿茲海默症（Alzheimer's disease）是一種退化性腦部病變，逐漸造成智力、記憶、認知和身體功能控制能力的退化。

（Planned Parenthood, 2013）。2011 年所有墮胎者中，約有 23% 女性採用藥物流產（Guttmacher Institute, 2016a）。

真空吸引術　真空吸引術〔vacuum aspiration，稱為**真空刮除**（vacuum curettage）或**抽吸刮除**（suction curettage）〕施行時間約最後一次月經沒來至 16 週（Planned Parenthood, 2016），此法係將子宮頸口擴張打開，利用抽吸管將子宮內容物抽離；有時候需再配合**刮除**（curettage，用一個小小像湯匙形狀的器具刮碎）（Planned Parenthood, 2016）。

絕大多數墮胎都在醫療機構執行，實施墮胎之後醫療人員會觀察數小時；一般而言，出現出血與抽筋等基本症狀是正常的。真空吸引術被認為是非常安全的方法，術後合併症也比較少。

子宮頸擴張與刮除術　第二期懷孕的墮胎方式更加複雜及高風險，在懷孕第 4 至 5 個月所使用的墮胎方式是子宮頸擴張與刮除術（D&E）；此法類似吸出子宮胚胎的真空吸除術，用刮匙刮除。因為子宮頸擴張與刮除術多在懷孕較後期實施，所需要取出的胚胎組織較多，需要全身麻醉；潛在併發症跟真空吸除術類似，以及麻醉後遺症。

非法墮胎　當女性無法取得安全合法的墮胎方式，許多人可能轉向不安全的非法墮胎。全世界大約 40% 婦女居住在高度限制或禁止墮胎國家（Cohen, 2009）；當她們陷入絕望，婦女們可能會轉而尋求違反規定或醫療設備不乾淨、不安全的不合格墮胎，或是自己使用一些尖銳物品或是服用某些有害物質；根據統計每年約有 70,000 名婦女死於危險的非法墮胎（Cohen, 2009）。

多元化思考 2.1 探討墮胎對男性與女性的心理影響。

墮胎爭議和反墮胎

墮胎的爭議和抗爭持續在進行著，以下舉出支持墮胎權利的說法：

- 允許婦女有墮胎自我決定權，以及對於她們身體和生活有較大的自由度。
- 假如禁止墮胎，婦女會如同過去一樣選擇不合法墮胎；沒有法律曾經禁止墮胎，也沒有法律能夠如此。在醫療診所或醫院進行墮胎會較安全，但若在不衛生、無經驗或技術不良的環境下進行墮胎，極可能非常危險，甚至危及女性生命。
- 假如禁止墮胎，有些婦女會嘗試可能危及生命的人工方式墮胎，例如，劇烈運動、熱水浴、刺激骨盆和腸子，甚至以尖銳物品如指甲剪及刀子，企圖割破子宮。
- 沒有完全可靠的避孕方法，所有方法都有失敗機率和風險，且所有婦女對避孕

Chapter 2 嬰兒期與兒童期的生理發展

多元化思考 2.1

墮胎對女性與男性的影響

研究指出大部分婦女在墮胎一年後得到正向適應，較少出現長期心理影響（Hyde & DeLamater, 2014; Munk-Olsen et al., 2011），許多婦女「表示感到放鬆，滿意和相對的快樂，並說假如她們需要再次做此抉擇，她們會做相同決定」且很少出現類似「創傷後壓力症候群」的「墮胎後症候群」之症狀＊（Hyde & DeLamater, 2014, p. 181）。

然而，Kelly（2008）提出警告：

> 雖然墮胎後嚴重情緒併發症十分稀少，但有些婦女及她們的男性伴侶會經歷到憂鬱、悲傷、遺憾或失落感，這些反應更有可能在第二次或第三次墮胎出現；因此墮胎後有朋友、家庭成員或專業人員的支持和輔導，

有助於減輕這些悲痛，一般而言幾週後就會消除，假如悲痛並未在合理的時間內減輕，諮商輔導將會有些幫助（p. 324）。

男性對於墮胎後的心理反應經常被忽略，許多男性經歷了「些微罪惡感、悲傷與自責」（Yarber & Sayad, 2013, p. 355），如同其懷孕伴侶之感受，男性對於懷孕與墮胎感到予盾，目前有許多診所提供伴侶墮胎之男性諮商服務（Yarber & Sayad, 2013）。當雙方難以抉擇時應該接受諮商，以調適其所經歷的任何感受。

＊創傷後壓力症候群是指歷經如血腥戰役或性侵害的極度創傷事件之後，個人一再持續感受到當時的情境。

資訊及服務並非都方便取得，特別是青少女、窮人和鄉村婦女。
- 在許多生育率快速升高的國家，墮胎是必需的；避孕可能是不充分、無效或無法負擔；墮胎是人口控制、保障生活品質的必需技術（某些國家的墮胎數可能接近生育數）。

反對墮胎的意見：

- 胎兒有基本生命權，不應被侵犯。
- 墮胎是不道德的，違反某些宗教信仰。
- 選擇墮胎的婦女是自私的，她關注自己的快樂勝過未出生的孩子。
- 有效避孕的社會，不會有非期望的懷孕，也就沒有墮胎的需要。
- 支持墮胎是反家庭的，人們應該為自我行為負責，遏止非婚姻關係的性行為，在家庭中養育孩子。

專業社會工作人員應該對兩方的爭議均有所認知，才能協助案主做正確抉擇。

社會工作者的角色和墮胎：增權婦女

社會工作者在協助非預期懷孕婦女時扮演多重角色：使能者、教育者、仲介者及倡導者；第一，作為**使能者**（enabler），社工人員能協助婦女做決策，包括幫助案主確認可能的選擇及評估正負面影響。Chilman（1987）指出社工人員如何輔導墮胎婦女：

> 最終抉擇……應該由懷孕婦女本身來做，最好是與孩子的父親和家人一起討論；此為夫婦及孩子最佳的決策——理想上，懷孕婦女及孩子的父親需要檢視每項選擇的條件，這些夫婦的技巧、資源、價值觀、目標、情緒、重要人際關係和未來計畫等；諮商者的角色是支持和引導其做出最可行解決懷孕的理性選擇。（p. 6）

社工人員第二個角色是**教育者**（educator），包含提供懷孕婦女有關墮胎過程的確切資訊、胎兒發展以及可做的選擇；教育者的角色還必須提供避孕諮詢，以避免再次非預期的懷孕。

社工人員第三個角色是**仲介者**（broker），不論最後的抉擇為何，懷孕婦女必須了解適當的資源；包含墮胎的醫療機構、產前健康諮商、領養服務；社工人員應告知婦女可用的資源，詳加解釋，並協助其取得資源。

最後，社工人員也可以是**倡導者**（advocate），懷孕婦女想要墮胎，卻住在嚴格限制墮胎的地區，如果她很貧窮，更是困難重重；社工人員可以倡導這些婦女的權益，促使她們得以墮胎或取得墮胎服務經濟補助。另一個倡導形式是促使修訂禁止墮胎政策及法令，使婦女得到需要的服務；假如婦女不想墮胎，社工人員應協助其獲得支持及服務。

不孕　　LO 4

不孕（infertility）係指「儘管努力了一年」仍無法懷孕，或 35 歲以上婦女半年未受孕（CDC, 2016），曾經流產的婦女比較有不孕問題。雖然人們總是認為不避孕就會自動懷孕，但並非總是如此。

統計顯示，美國約有 12% 的 15 至 44 歲女性困擾於不孕症（CDC, 2016），然這統計數字並未將年齡或更多其他因素列入，例如，年齡較長的女性可能較會不孕；「隨著年齡增加女性卵子的品質與數量開始下降，35 歲後排卵率降低，導致卵子數量減少且品質降低，懷孕變得更不容易且流產風險增加」（Mayo Clinic, 2013b）。

其他某些原因也有可能增加不孕（Mayo Clinic, 2013b），抽菸增加了流產與**子宮外孕**的風險。抽菸會降低卵子的成熟度，更難以受孕。體重過重或過輕、酒精或咖啡因重度依賴（例如，一天喝六杯以上的咖啡）會增加不孕的機率，感染性病也可能損

害輸卵管導致受孕困難。

不孕的原因

所有不孕案例中,男性原因占三分之一,女性也占三分之一,另外三分之一係兩者皆有或原因不明(Mayo Clinic, 2013b)。以下將探討男女性不孕的主要原因。

女性不孕 導致女性不孕的主要原因包含排卵困難(CDC, 2016; Mayo Clinic, 2013b)。

是否排卵可藉由婦女每天早上測量基礎體溫得知,這就是基礎體溫表(basal body temperature chart)的用途;女性在排卵前體溫微微下降,排卵後體溫立刻升高些微,假若48小時內體溫轉變至少0.4度顯示排卵了(Fertilityplus, 2010)。

另一個女性不孕的原因是輸卵管阻塞(CDC, 2016)。**骨盆腔發炎**(pelvic inflammatory disease, PID)係指女性生殖系統的感染(特別是輸卵管),造成發炎及結疤組織阻塞輸卵管,常見原因為性接觸感染(STIs),如淋病和披衣菌(第五章將會討論到);此外腫瘤或先天畸形也可能導致輸卵管阻塞。

其他如子宮壁異常與良性纖維瘤等也會導致女性不孕(ASRM, 2012);子宮內膜異位(endometriosis)是指子宮外類似內膜組織增生,常會造成嚴重疼痛問題且造成不孕。

男性不孕 男性不孕最普遍的原因是精子數稀少和精子活動力降低(CDC, 2016),另一個男性常見不孕的原因是精索靜脈曲張(Hyde & DeLamater, 2014; NWHIC, 2009)。男性睪丸因靜脈擴張,產生過多的熱能影響精子數量。尚有許多會影響精子數量的情況,包括:年齡、環境毒素、健康狀況惡化、服用某些藥物、因罹癌而接受放射線及化學治療等(NWHIC, 2009)。

與夫妻相關的不孕原因 有時候不孕出自複雜的狀況以及夫妻互動,包括性生活時間與頻率或特別的性交技巧。不孕通常是女性產生抗體攻擊男性精子的結果(Hyde & DeLamater, 2017)。

不孕的心理反應

某些人會因不孕有嚴重反應,當他們尋求不孕症諮商時,會出現憂鬱、罪惡感、剝奪、挫折或憤怒;他們覺得生活失控。這些感受跟悲傷反應類似,會歷經否認、憤怒、討價還價、憂鬱到最後能接受等(Greenberg et al., 2014; Kübler-Ross, 1969)。

特別是那些渴望孩子的人,不孕意味著自己是失敗者,Van Den Akker(2001)針對105位不孕者的研究,發現有四分之三的人在不孕「診斷」後感到相當震驚(p. 152),64%女性及47%男性指出如果沒有孩子,人生也不會幸福。

即便是最親密伴侶,討論到性生活時,也常感到不自在,更遑論可能的問題,這

個事實使不孕問題更雪上加霜。某些男性認為性能力與生育能力有關，傳統上女性較重視妻子和母親角色；期待未來，隨著現代女性的角色彈性較大，且促進懷孕的技術也比以前更進步，不孕夫婦的選擇更多，可以減輕不孕帶來的負面心理反應。

不孕的治療

不孕症的治療視其特殊性和嚴重度，不必然是簡單或有效的過程，也可能是昂貴的。在為期一年嘗試懷孕後，夫妻應該共同接受醫學檢查以便了解是否為生理的問題；努力嘗試懷孕卻不成功達 6 個月的 35 歲以上女性，或已經呈現某些不孕症狀，未到一年但想要更積極接受治療的夫妻。懷疑不孕的首要之事為把事情公開，人們需要討論他們的想法和感受，然後才能確認各種可能及決定行動計畫；應該討論與懷孕有關的夫妻性生活，以確認他們具備精確與特定資訊。

不孕症評估

通常不孕症評估一開始是先做生理檢查，以評估整體健康狀況，同時檢查是否有影響不孕的潛在的生理問題（ASRM, 2012）；此外，也會詢問夫妻的性行為是有利於受孕（ASRM, 2012）。

典型的不孕症評估包含常規檢查（Greenberg et al., 2014; NWHIC, 2009），男性的必要檢查為評估精子數量、活動力及是否正常；偶爾也做荷爾蒙檢查。

女性不孕評估的第一步通常包含女性是否「每月排卵」，這可藉著監測婦女每天體溫變化，也可在藥妝店購買排卵棒來檢測，或抽血檢查荷爾蒙濃度或卵巢超音波；假如婦女排卵規律，可以注射顯影劑，透過 X 光檢查輸卵管是否通暢及子宮形狀；另外腹腔鏡（laparoscopy）檢查也是可行方式。

不孕夫婦的選擇

不孕夫婦的選擇包含領養、常規治療如手術或藥物、試管受孕，以及其他各種生殖技術，以下將逐一介紹。

領養 領養（adoption）係指讓孩子進入到其他父母家，並正式成為其家庭成員的合法行為，既可以提供什麼都沒有的孩子家庭與家人，對不孕夫婦也是有益的選擇。

手術及助孕藥物 大約 85% 至 90% 不孕個案，最先採用的常規治療方式是手術或藥物（Greenberg et al., 2014）。顯微手術已被用在治療阻塞的輸卵管、切除良性子宮腫瘤（子宮肌瘤）和子宮內膜異位的增生組織，不孕男性施行顯微手術則是輸精管結紮術後接回復原及陰囊和睪丸靜脈曲張的修復治療（Hyde & DeLamater, 2017）。

至於女性排卵問題，則使用藥物（排卵藥）治療，如 Clomid 或 Seraphine（口服），注射藥物如 Repronex 或 Gonal-F 可刺激排卵（Mayo Clinic, 2013b）；然這類「排卵藥物」容易造成多胞胎，可能導致母親、嬰兒許多問題（American Society for

Reproductive Medicine, 2012b）。嬰兒可能早產並罹患呼吸困難、腦血管出血、低體重與其他先天缺陷；母親在孕期可能出現高血壓、糖尿病與貧血。

遺憾的是，男性不孕症的藥物治療沒有太多進展。

人工受精 人工受精（intrauterine insemination, IUI）亦即**人工受孕**（artificial insemination, AI）。是指「將女性伴侶或捐贈者的精子注入女性體內」的過程（Yarber & Sayad, 2016, p. 378），通常用在男性不孕問題輕微或夫妻不孕原因不明（CDC, 2013c）。假如精子難以穿透子宮頸黏液，利用人工受精將精子直接置入子宮，而不經過陰道，提供精子有利的開始。

人類精子可以冷凍貯藏最多十年，解凍後可用來受孕（Carroll, 2013b），精子銀行貯藏及維護費用由捐贈者本身或非捐贈者支付，端看捐贈者的約定。

人工受孕使用的精子可能是丈夫或伴侶的精子，通常用於家庭計畫目的——例如，男性接受結紮手術前，先將精子儲存於銀行，之後再將精子取出供生育使用。高風險工作或罹患嚴重疾病的男性，假設即將面對不孕狀況就可以先做精子貯存。此外精子數量較少的男性，可以在射精後加以蒐集，同時注入子宮或陰道。

第二種人工受孕方式，是來自其他捐贈者，而非丈夫或伴侶，此法至今已數十年，主要用於男性不孕以及伴侶為遺傳性疾病帶原（如血友病❾）的情況。

近年來尋求精子銀行服務的單身女性逐漸增加，女性想要某些基因特質來自孩子的父親，精子銀行就會試著依據捐贈者的資訊配對，這些捐贈者的精子是收費且匿名的。

第三種人工受孕頗受到社會矚目，某些已婚夫妻，當妻子不孕，就會與另一名婦女約定，以丈夫的精子進行人工受孕；在合約規定下付費給代理母親，生下嬰兒後盡速交給這對已婚夫婦。

人工受孕背後有不少倫理及法律問題，許多宗教領袖聲稱此非上帝賦予的人類生殖方式；假如採用其他捐贈者的精子，突顯了丈夫的不孕以及有一個嬰兒卻非其所生，對這對夫妻與婚姻可能產生心理壓力。更廣泛來講，人工受孕引起某些質疑，例如，婚姻或性的目的是什麼？假如一對男女互相沒見過，卻生了孩子，兩性的關係會怎樣？

其他可能會發生的法律問題是，假如沒付費給精子銀行會怎樣？會成為銀行的財產嗎？可以將其拍賣掉嗎？假如女性與捐贈者做人工受孕，之後發現孩子有遺傳性缺陷，父母要向醫師或捐贈者或銀行提起訴訟嗎？假如婦女在捐贈者死亡後才解凍精子

---

❾ 血友病是主要影響的幾種遺傳性疾病中的任何一種因缺陷而血液無法正常凝結的男性凝血因子。血友病患者必須警惕甚至輕微的傷害，因為這些可能會導致出血過多。

受孕，這樣的孩子可以被認定為捐贈者的繼承人嗎？

人工生殖技術 人工生殖技術（assisted reproductive technology, ART）係指處理精子與卵子以促進懷孕的程序（CDC, 2016b），人工受孕並未被視為人工生殖技術，因為並未處理到卵子，人工生殖技術最常見的為試管嬰兒（test-tube babies）。不過這也不是很精確的描述，因為試管嬰兒與試管無關，在拉丁文 *in vitro* 是指「在玻璃容器」（Hyde & DeLamater, 2014）；接下來將討論試管受孕、禮物嬰兒、胚胎輸卵管植入術以及精子直接注入等人工生殖技術。

試管受孕 試管受孕（in vitro fertilization, IVF）是指自女性身體取出卵子，與在培養皿中的精子受精，然後再移植到婦女子宮的過程。在取卵前需先使用排卵藥，刺激重複排卵；這對因輸卵管缺損、阻塞或發育不良導致受孕困難的婦女相當有幫助。

禮物嬰兒 禮物嬰兒（gamete intrafallopian transfer, GIFT）是指將取出的卵子與精子直接置入輸卵管，致使胚胎進入子宮著床。GIFT 與 IVF 不同點在於受精地點，IVF 是在培養皿受精，GIFT 在輸卵管內受精，其他程序則類似，都在子宮內正常著床。進行 GIFT 的個案必須有健康通暢的輸卵管，對於子宮內膜異位或無特定不孕原因的婦女較易成功，不適用於輸卵管阻塞的婦女。

胚胎輸卵管植入術 胚胎輸卵管植入術（zygote intrafallopian transfer, ZIFT）類似 GIFT。步驟是在實驗器皿裡將卵子與精子結合成受精卵，再立即將受精卵置入輸卵管，然後自然在子宮裡著床；其優點是已經確定受精，而接受 GIFT 方式只能期待會受精。

精子直接注入（direct sperm infection） 胞漿內精子注入（intracytoplasmic sperm injection, ICSD）係由醫師使用顯微吸管將單一精子注入一個卵子，受精後將胚胎放到子宮內；這項技術通常用在男性精子數稀少或使用傳統試管受孕失敗的夫婦（Rathus et al., 2014）。

代理孕母 許多個人與夫婦渴望孩子卻因女性不孕或缺乏伴侶以致無法生育者，會尋求代理孕母方式。這是使用丈夫精子的人工受孕方式，以 GIFT 或 ZIFT 過程讓卵子受孕，再植入代理孕母的輸卵管。

當代理孕母生產後就結束她作為母親的權利，孩子將合法地被卵子與或精子的捐贈者收養；然而代理孕母存在許多倫理議題與法庭爭議。

接受沒有子女 對某些不孕夫婦而言，接受沒有孩子也是一個選擇；每個選擇都有其正反面結果，需要予以評估。越來越多人選擇沒有孩子，原因很多，沒有孩子可以擁有更多時間及精力在工作、職業生涯及休閒，夫妻會有更多時間相處並增進彼此關係，孩子是昂貴且花時間的。

另一方面，孩子會帶來許多歡樂及成就感，另一方面也會造成許多問題、壓力和

緊張，不孕夫婦（伴侶）會因仔細評估正反面影響而獲益。

重點提示 2.2 討論鉅視系統對不孕症的影響。

重點提示 2.2

鉅視系統對不孕的影響

不像墮胎的議題已經相當具體且清晰，有關不孕及生殖技術的倫理與價值最近才被討論與定義。一項重要的議題是大部分不孕生殖技術是昂貴的，貧窮者不容易取得且保險也不給付，沒有付費就沒有服務，公平或適合嗎？有錢的不孕者可以享用先進的技術而窮人卻不能？考慮到世界人口爆炸還要進行這些昂貴的發展嗎？牽涉太多哲學與倫理議題，也沒有簡單的答案。

社會工作角色、不孕症及增權

社會工作人員對不孕症案主的增權及協助角色有：使能者、協調者、教育者、仲介者、分析者／評估者及倡導者。使能角色是指協助不孕症者做抉擇，假如夫婦之中基於某些理由意見不一致，社工人員就扮演協調角色，幫助他們達成協議或彼此滿意的決定；教育角色是指提供個案在選擇及過程中所需要的精確資訊；仲介者角色是連結案主與特定資源。

分析評估角色（analyst/evaluator）是指評估相關不同受孕診所，以及符合不孕夫婦共同或個別需求的各項生殖技術的適當性；作為倡導者，假如案主被拒絕服務，或者不孕治療太困難或治療費用昂貴，社會工作者應代表案主發聲。

CHAPTER 3

嬰兒期與兒童期的心理發展

blue jean images/Getty Images

基本概念

心理變項與生理及社會因素交互作用,並影響個人的情況和行為;這些交互作用可能在任何時間會影響個人行為,本章重點在探討影響孩子成長的一些關鍵心理概念,包括四項要點,首先是人格發展的觀點,第二項針對兒童如何思考和學習的基本認識,第三項為情緒,最後談到自我概念。

學習目標

在本章,我們將會協助學生:

LO 1 攸關人格發展之心理學理論概述(包括心理動力、新佛洛伊德心理分析、行為學、現象學及女性主義理論)

LO 2　檢視 Piaget 的認知發展理論	LO 7　探討智力及智力測驗
LO 3　回顧認知發展的訊息處理概念	LO 8　解析智力失能與增權的重要性
LO 4　Vygotsky 認知發展理論之運用	LO 9　檢視學習障礙
LO 5　探討情緒發展（包含氣質與依附）	LO 10　探討注意力缺損過動症
LO 6　檢視自我概念、自尊及增權	

人格發展之心理學理論概述　　LO 1

你聽到多少次這種說法：「她的人格很偉大」，或是「他的人格真齷齪」？**人格**（personality）是心智、情緒與行為的複合體，藉以區辨每個人的獨特性。人格這個詞，可能包含了許多個人特徵的描述，例如，一個人會被描述成積極、支配、聰明或直率；另一個人會被描述成緩慢、被動、膽小或乏味。因為人格包含個人特質的許多面向，解釋人格發展可能是困難的。

本節將回顧一些心理學理論，目的在提供何以個人會發展出此人格的解釋架構。心理學理論相當多，本書選擇一些具有歷史意義、曾被廣泛地使用，以及適用於社會工作評估及實務的理論；包括心理動力、新佛洛伊德心理分析、行為學、現象學及女性主義理論。

心理動力之概念

Sigmund Freud 或許是所有人格理論學者中最出名的，基於他在歷史上的重要性，本章節將詳細討論心理動力理論。Arlow（1995）如此詮釋「一開始是精神官能症的治療方法，後來精神分析已經變成基本的心理學理論；起源於治療個別病人的知識，導入對藝術、宗教、社會組織、兒童發展與教育的深入了解」（p. 15）。

Freud 對心理的認知有兩個面向，如圖 3.1。其中一個面向是由**意識**（conscious）、**前意識**（preconscious）、**潛意識**（unconscious）組成，Freud 認為心智係由思想（意見）、情感、直覺、驅力、衝突及動機所構成，多數這些心理元素被認為位於潛意識或前意識中，前意識的元素比較有機會變成意識，而潛意識的元素就不太有機會提升到意識層面。Freud 的理論認為人們僅能察覺所有思想、驅力、衝突、動機與內心感覺的一小部分，如圖 3.1 頂端所顯示的小小意識區塊。

被壓抑的區域是位於防衛機制下的干擾物質（主要是思想和情感），**壓抑**（repression）是指不能被接受的慾望、記憶和思想，被意識排除後形成潛意識的過程。Freud 認為一旦重要事件被壓抑，就會刺激潛意識，產生不受喜歡的情緒或奇怪

行為,譬如憤怒、惡夢、幻覺或是尿床。

本我、超我與自我 第二個心智面向則由本我、超我與自我組成,這三部分相互關聯,也影響彼此的功能運作。

本我(id)是藏在潛意識中的基本心理力量,是建立其他人格因素的基本需求和動力。本我包含所有人類賴以為生的本能,如飢餓、渴、性及自我保護,本我由享樂主義所掌管,也就是說本我不計後果,本我的本能就是想要積極地表現。Freud 相信這些和本我有關的基本動力和本能是人格發展的主要能源。當本我被剝奪了任何一項需求時,會導致緊張,並激發個人釋放不舒服與滿足需求的動機。本我和自我的關係容許個體理性決定滿足需求的方法。

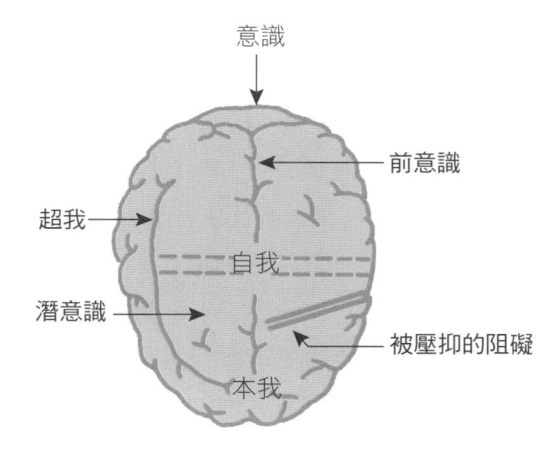

圖 3.1　Freud 的心理認知

自我(ego)是心智中理性的成分,自出生不久就隨經驗開始發展,自我掌控個體的思想與行動,且是人格的協調者。依據實際原則來運作,自我評估結果,並以理性方式決定行動方案。本我指出何者是個體需要的或想要的,自我則有助個體理解如何取得。

心智的第三個組成部分是**超我**(superego)或意識。一般從 3 到 5 歲開始發展,包含了父母向兒童所闡述的傳統價值和社會習俗。超我的功能為決定事情的對錯,當本能的需求出現而超我不同意時,超我就會送出焦慮信號給本我作為警告,以避免本能表現出來。據說罪惡感源於超我,沒有超我提供是非的觀念,個體會變得完全自私;自私係指,個體用自我來理性決定滿足本我需求的手段,卻不管對別人會有何影響。

一個本我、自我與超我共同運作的例子:一個 9 歲女孩在商店裡看著一隻手工雕刻的木馬(她很喜歡並且希望有朝一日能夠擁有);她名下帳戶只有 26.67 元,而這隻她渴望的木馬卻要價 45 元。她享樂原則的本我,促使自己去拿走這隻玩具馬,她的自我推論,她可以把馬藏在外套下,趕快逃到店外,她的自我也鼓勵她環顧四周,看看有沒有人在,特別是令人討厭的店員;正要動手前,超我清楚提醒她偷竊是不對的,超我會提出疑問,像是如果被抓到,父母親會怎麼想,他們一定很失望,也許她會被女童子軍團逐出去。最後女孩看了這隻玩具馬最後一眼,嘆了一口氣,然後走回家,她的自我也開始想,她要打工多久,才能存夠錢來買那隻玩具木馬。

性心理的發展 Freud 了解到許多人有性衝突,他把性當作理論重心,本我生理本

能的動力即是**欲力**（libido），這個動力主要是由性能量產生的。Freud 認為性包含了肉體的愛、情感衝動、自愛、父母和子女的愛以及友誼。

Freud 進一步將人格發展概念化為五個階段，假如沒有在最早的階段解決危機，衝突和困擾會提升，個人將會以某種方式固著於特定發展層次。依據 Freud 的說法，**固著**（fixated）意味著個人的人格發展，大多數不完整地停滯在特定階段；為了要發展最好的心理健康，必須解決這些危機，或是使用一些防衛機制。**防衛機制**（defense mechanism）包含所有調適痛苦情境的潛意識，這些情境可能包含了焦慮、挫折或是罪惡感，個人透過防衛機制保有自尊，減低失敗風暴、損失或罪惡感；某些防衛機制是正面、有幫助的，其他的只會規避正向解決衝突，重點提示 3.1 定義了 Freud 所假設的一般防衛機制。

Freud 的性心理和人格發展階段包括口腔、肛門、性蕾、潛伏及兩性五個時期。

重點提示　3.1

心理分析理論假設之防衛機制定義

補償（compensation）：努力偽裝個人的自卑感或弱點，例如，股票分析師強烈積極的競爭性，也許是因為內心自卑感的補償作用；或者一個從小體弱多病的人，長大後努力健身想要當健美先生，以補償先前的軟弱。

壓抑（repression）：將不被接受的慾望、情感、記憶和想法排除於意識之外，傳送到深層的潛意識。例如，你會把與好朋友打架的這種不愉快事件加以壓抑，阻斷於意識記憶之外。

昇華（sublimation）：將意識上不被接受的本能需求，轉化成可以接受的方式以滿足需求。例如，將攻擊力轉換成體能活動。

否認（denial）：個人藉著潛意識拒絕現實以逃避現實上心理的痛楚，例如，母親持續否認孩子已經過世。

認同（identification）：個人表現出理想化的他人（父母、親戚、大眾英雄等）之態度、行為、人格特質的一種機制。

反向（reaction formation）：阻斷「威脅性的衝動或感覺」，取代以相反的行為；例如，一個憎恨小孩的母親，可能會強調自己有多愛他們，不能沒有他們（Coon, 2002, p. 413）。

退化（regression）：一個人退縮到更早期的發展階段，讓自己比較有安全感；例如，某些成年人生病時，表現出孩子氣及苛求，其潛意識目的在得到周遭他人的關懷和注意。

投射（projection）：將個人潛意識中不被接受的想法或衝動歸咎於他人；例如，一個人想要傷害別人，反而覺得別人要傷害自己。

合理化（rationalization）：個人面臨了挫折或行為受到批評，尋找一連串藉口來掩飾自己；例如，一個學生考試考不好，可能怪罪老師教得太爛或是工作太累，而不承認真正的原因——她前一晚玩得太瘋了。

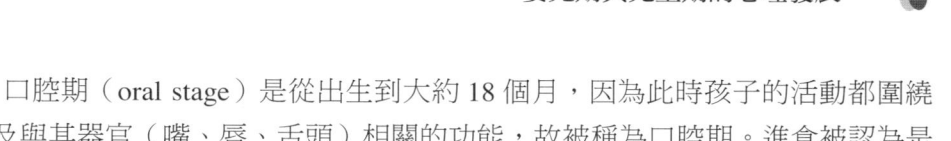

口腔期　口腔期（oral stage）是從出生到大約 18 個月，因為此時孩子的活動都圍繞在進食以及與其器官（嘴、唇、舌頭）相關的功能，故被稱為口腔期。進食被認為是衝突的重要區域，小孩的注意力聚焦在獲得和接受，固著在這時期，個人將會被認為是有嚴重人格困擾，如思覺失調症或憂鬱症。

肛門期　肛門期（anal stage）是在 18 個月到 3 歲之間，小孩的活動主要專注於給予和保有，此與排泄有關；排泄訓練是重要的衝突領域，固著於這個時期，會有混亂、固執或反抗的人格特質，或形成相反的人格特質，譬如過度愛乾淨或過分的守時。

性蕾期　性蕾期（phallic stage）是從 3 歲到 5 歲，小孩的注意力轉移到生殖器，主要活動是尋求生殖器上的刺激，展現自己的身體，或看其他人的身體。小孩的人格在這個階段也變得越來越複雜，雖然很自我中心，但亦想要有愛和被愛，且尋求被讚美。固著於這個時期，人格特質會傾向於驕傲、混亂和不喜歡自己。

　　男生、女生在這個階段會經歷分離情結，男孩會經歷**戀母情結**（Oedipus complex），在這個時期每個兒子都會面臨到兩難，愛上母親，同時敵對父親，將父親視為情感的敵手。隨著這兩種關係升高，兒子會受**閹割焦慮**（castration anxiety）所苦，也就是說，他害怕父親將會發現他與母親的「戀愛事件」，他的生殖器會被閹割掉。透過防衛機制可以成功解決戀母情結，典型的解決方法就是開始**壓抑**（repress）對母親的愛與對父親敵意；然後，兒子會停止對父親的負面看法，並且對父親有正向觀點；最後**認同**（identify）父親，尋求與父親相同的態度、價值觀和行為模式。

　　性蕾期的女孩面臨**戀父情結**（Electra complex）。Freud 認為此時期女孩會愛戀父親，同時把母親當作情敵。因此女孩也會有閹割焦慮，但這種焦慮和男孩不一樣，女孩的閹割焦慮是因為她知道自己沒有陰莖，她認為自己在嬰兒期就被閹割，因此責怪母親。Freud 認為女孩以為自己被閹割而自覺不如男孩子（她們有陰莖羨慕），因此，她們覺得自己的人生，是扮演男人的附屬和支持角色，Freud 並沒有精確指出女生戀父情結的過程。

潛伏期　潛伏期（latency stage）通常開始於戀父／戀母情結已解決到青春期結束，性慾尚未被激起，孩子現在可以社會化、參與教育過程及學習技能。

兩性期　兩性期（genital stage）開始於青春期直到死亡，包含成熟的性。在此時期，個人能夠充分地愛與工作，再次，我們看到 Freud 對**工作倫理**（work ethic）的重視，除了達成個人的生命目標之外，勤奮工作是生命中非常重要的一部分。Freud 有生之年，將工作倫理視為高度價值的；Freud 因此推論，在青春期結束前，絕大部分的人格發展都已經完成了，從此之後很少改變。

精神病理學的發展　Freud 推論導致精神紊亂的來源眾多，其一是個體無法立即解決自我創傷經驗，因此使用如壓抑等防衛機制努力因應。Breuer 與 Freud（1895）

以一位右手有身心性的麻痺，名叫 Anna O. 的婦女為例，Anna O. 坐在她重病父親旁邊打瞌睡的時候，做了一個惡夢，一隻大黑蛇正在攻擊她父親，她害怕地醒來，怕驚動到父親，她慌張地壓抑自己對惡夢的想法和情感。當她睡著的時候，她的右手放置在椅子的後面，變得麻痺了，Freud 推論，和壓抑事件有關的能量占領了手臂的生理控制，因此產生生理麻痺。

除了未處理的創傷事件，Freud 認為內心潛意識的過程也會導致精神紊亂；有一些可能的來源，如未被解決的戀父、戀母情結，會造成畸形的超我，引起個體種種的性問題，如冷感、放蕩、性功能障礙、過度性幻想或有關性愛的噩夢。未處理的內在衝突（如潛意識裡對父母的愛恨），也可能引發敵意與攻擊等行為問題與易怒情緒。早期發展階段的固著，則會阻礙個人後續各時期的發展，衍生不良的人格特質，如髒亂和固執。

如前文提到，性挫折被視為主要焦慮來源，Freud 認為當個體性本能試圖展現卻被自我阻斷，將會產生焦慮，如果此本能未透過防衛機制移轉，性本能的動力就會被轉化成焦慮。

強迫症（obsession）（反覆發生的想法，像一首歌重複在心中唱著）與**強迫行為**（compulsion）（「個人覺得受迫重複一個行為，經常是違反個人意志」，如強迫自己每一步都要踩到人行道的裂痕）也被認為是個人解決有關困擾潛意識物質之能量的機制（Coon, 2002, pp. 448-449）。

潛意識的過程被認為是所有心理障礙的原因，這些潛意識過程，幾乎都與創傷經驗相關，特別是童年時期。

批判性思考：心理動力理論的評價

批判性思考（critical thinking）是「信念和行動的審慎檢視與評價」以建立一個何者為真、何者不是的獨立決定（Gibbs & Gambrill, 1999, p. 3）；必須具備審慎評估假設的效度以及所謂的事實：幾乎任何議題、情況、論述或理論，包括心理動力理論，都能運用批判性思考。

Freud 幾乎是最早重視家庭對人類發展影響的人，也是最早對心理健康持最正面態度的支持者之一。然而，他是屬十九世紀與二十世紀初期，現在他許多想法被嚴重批判。

首先，研究結果未能支持他的理論建構，也不能支持他的治療方法知有效性；這可能是因為他的概念較抽象，即便可能，要精確指出超我的位置與本質，也非常困難。

第二，Freud 的許多想法缺乏明確性。例如，Freud 主張，男孩解決戀母情結，會促使形成超我，他從未明確說出這是如何發生的，他也沒有把女孩如何解決戀父情

結的方法作清楚說明。

戀父情結引發對 Freud 理論的第三種批評。在 Freud 理論中，女性從未獲得一個平等或正向定位；女人只是被擺放在因沒有陰莖而永無休止的傷感與低於男性的不利位置，注定無法解決戀父情結。

新佛洛伊德的心理分析發展

從 Freud 時代開始，其他理論家針對他的理論和想法作修正和擴大，這些理論家，被稱為新佛洛伊德學派，或自我心理分析學者，如 Carl Jung、Erich Fromm、Alfred Adler 與 Harry Stack Sullivan。一般而言，相較於 Freud 關注本能、欲力、性心理階段，他們比較注重自我以及周遭社會環境的關係。

Carl Jung（1875-1961）是一名瑞士心理學家，原本與 Freud 共事，後來發展出自己的心理學方法，稱為**分析心理學**（analytic psychology）；Jung 認為心智只是個人過去經驗的總合，他提出一個傳承的想法「集體潛意識」，每個人的個別經驗會以某種方式合併成集體潛意識，所有人都有這一部分；他推論，這會給人們目標感和未來方向導引。Jung 強調人們潛意識中擁有宗教和神秘的成分，Jung 著迷於人們的夢境及解夢，也將性在情感障礙所扮演的角色降到最低。

Erich Fromm 於 1934 年自德國來到美國，相對於 Freud 立基於生物學觀點分析人類行為，Fromm 傾向於社會面。他假設從社會層面來了解人類最容易，他專注研究人與人之間的互動，個人從與其他人互動中逐漸形成其個性特質。Fromm 利用心理分析作為了解不同社會與歷史過程以及政治領袖行為的工具。

Alfred Adler 早年曾與 Freud 共事，在 1911 年因為反對 Freud 的欲力理論（libidinal theory）而決裂，他發展出個人心理學（individual psychology），強調社會互動。Adler 認為人是具有創造力、負責任的個體，透過在社會環境中與其他人互動，引導自我成長發展（Mosak & Maniacci, 2011）；Adler 推論每個人努力的過程或生活方式「因為自卑感的關係，有時候會自我挫敗。『精神不正常』的個人是沮喪而不是生病，治療的方針是鼓勵他與社會接觸，藉由關係、分析和行動方式，發展出新的生活方式」（Mosak & Maniacci, 2011, p. 67）；這種社會興趣（social interest）和天生特質會引導每個人的行為，也強化與別人合作。

Harry Stack Sullivan（1892-1949）是美國精神科醫師，在所有的新佛洛伊德學派中，他最激進悖離 Freud 理論；他放棄了許多 Freud 基本概念和用語，像 Adler 一樣，Sullivan 強調個體人格發展的基礎來自人際關係，他提出人類有兩種基本需求──安全與滿足；每當兩種需求之間有衝突時，就會產生某種情緒困擾。他強調應該克服改善互動及溝通問題，Sullivan 比 Adler「更重視發展兒童心理學」；也提出從兒童期到青春期晚期的六個發展階段（Mosak, 1995; Mosak & Maniacci, 2011, p. 72）。

新佛洛伊德學派對於我們如何看待自己以及我們看待心理治療有極大的影響力。然他們的假設尚未明確到可以科學驗證。此外，他們大部分是專注在哲學層面的心理治療師及作家，而非演繹研究的科學家，因此，他們的貢獻主要在提供人類行為的意見和方法，而非心理學科學基礎。

行為的概念架構

行為理論（behavioral theory）或**學習理論**（learning theory）不同於其他人格理論，主要強調特定的顯著行為，較不重視內在動機、需求和知覺。

行為理論說明人們行為的學習或養成，這種學習過程遵循某些基本原則，例如，藉著正向增強，可以增加或強化行為。

行為理論包含許多不同的觀點與應用，然而，皆強調行為及如何學習。近來更關注社會情境的複雜本質與人們如何回應（Kazdin, 2008b, 2013; Wilson, 2011），包含人們對不同情境的知覺與區辨差異的能力，以及思考、區辨及決定的能力。此種行為理論的觀點經常被稱為**社會學習**（social learning）或**社會行為理論**（social behavioral theory）。第四章將會深入討論社會學習論以及如何有效運用在親職養育。

女性主義概念架構

女性主義理論（feminist theories）是立基於女性主義概念與其基本思想、定義。女性主義是「倡導女性擁有與男性平等的社會、政治和經濟權利的主義」，以及「獲得這些權利的運動」（Nichols, 1999, p. 483）。在此也包含其他人格發展理論，得以一窺女性整個生命週期的發展與經驗。

Hyde 與 Else-Quest（2013）提及女性主義理論的發展：

> 女性主義理論並非由單一個人所創造的，而是許多學者的理念匯集而成，符合所有女性主義者的期望，避免權力階層與單一個人成為唯一權威。同時也意味著女性主義的觀點……由許多來源共同勾勒出來。（p. 50）

由於女性主義理論的起源多重，且其固有本質持續發展，在此我們以 feminist theories 代替 feminist theory，以下將討論這些論述中之九個原則。

第一，女性主義理論強調應「**排除錯誤的二分法**」（elimination of false dichotomies）（Van Den Bergh & Cooper, 1986, p. 4）。意即人類應該批判性評估文化建構的思想與行為期望，西方文化強調分割人、物、事件為互斥類別，例如，基於生物學將人區分為**男性**（male）或**女性**（female），這種分類是「基於互斥性，如果是某一性別就絕不可能是另一性別。強調區辨性別而非共同特質」（Van Den Bergh & Cooper, 1986, p. 4）。傳統西方社會重視「男女行為特質有別，例如，女性是社會與情緒照顧者，男性則被認為是強壯的、工作與決策者；相反地，女性主義觀點則強調

承認與欣賞不論是男性或女性都一樣會具有這些特質。

第二，女性主義理論**知識的反思**（rethinking knowledge）（Hunter College Women's Studies Collective, 1995, p. 63）。就某方面而言，這與第一個原則有關，因為都包含人類對世界如何看待與思考。知識的反思不只是批判對某事物的想法，更重要的是你想到什麼；理念與想法應該反映出「事實」，且被視為可貴的。

第三，女性主義理論承認在整個生命週期**男女經驗存有性別差異**（differences exist in male and female experiences）（Hyde, 2008; Land, 1995），女性主義者強調性別角色社會化的影響。**性別角色**（gender role）是指文化對某個性別應該如何待人處事的期待（Hyde & DeLamater, 2014, p. 592）。**社會化**（socialization）是指教導成員具適切與符合文化期望的價值及行為模式之發展過程。Hyde 與 Else-Quest（2013）闡述：

> 從最早期，兒童就被社會化成符合這些角色……本質上，性別角色告訴兒童有些事情他們不能做，跟女生說不能當物理學家，跟男生說不能當護理人員。因為性別角色隔絕了個人的潛能與志向，女性主義相信沒有這些角色會更好，至少他們需要盡快修正。（p. 52）

第四，**平等主義**（egalitarianism），無關乎性別人人應該被公平對待（Hyde, 2008）；此與傳統重視權力結構背道而馳，傳統上某些人（男性）擁有較強大的權力與控制權。平等主義的觀點是民主的，強調達成共識、合作與任務分擔（Hyde, 2008）。

第五，**增權**（empowerment）與終結父權有密切關聯（Hyde, 2008; Land, 1995; Netting & O'Connor, 2003），定義為「增進個人、人際間或政治權力，促使個人能夠參與改善生活情境的過程」（Gutierriez, 2001, p. 210）。女性主義強調增權女性的需求，激發她們自我決策及擴展機會的潛能；增權係指自信訓練、提升自尊、改善溝通與問題解決技巧，學習衝突解決與協商技巧（Van Den Bergh & Cooper, 1986）。

第六，**過程與結果同等重要**（valuing process equally with product）（Hyde, 2008; Van Den Bergh & Cooper, 1986, p. 6）。結果固然重要，如何達到的過程也很重要。傳統父權傾向重視最終結果的重要性，女性主義著重於所有人公平參與決策；「擁有超越他人權力」是不恰當的。

第七，**個人即政治**（the personal is political）（Bricker-Jenkins & Lockett, 1995, p. 2531; GlenMaye, 1998; Hyde, 2008）。個人經驗與社會、政治環境糾結在一起；**性別歧視**（sexism）是「基於性別偏見或歧視，特別是對於女性的歧視」，包含「助長性別社會角色刻板印象的行為、情境或態度」（Mish, 2008, p. 1141）。女性主義認為性

別歧視是社會與政治結構的結果,並非單純個人遭到孤立的問題。此外,政治環境可能因個人行動而改變或改善,因此可藉由個人經驗來改變政治環境,再藉此改變後的政治環境來改善個人經驗。

第八,**整體與多元**(unity and diversity)(Bricker-Jenkins & Hooyman, 1986; Bricker-Jenkins & Lockett, 1995; Hyde, 2008)。女性共同努力以達到所有人更佳的生活品質,為了維持整體統一,應該欣賞他人的差異,多元是優勢的來源。

第九,**提倡女性利益的正向改變**(advocating for positive change on women's behalf)(Hyde, 2008),女性主義理論不僅僅分辨文化期望、個人權利與選擇的不平等,而是強調結構與態度改變的重要性,以達到平等與促進每個人的機會。

女性主義之認同發展　人們如何成為女性主義者?一項針對修習女性研究課程(以女性主義為基礎)的學生進行研究。研究結果發現參與此課程的女性與男性的態度與認知都有修正,特別是女性的轉變更明顯。婦女的女性主義認同發展有五個時期(Bargad & Hyde, 1991; Hyde, 2002; Hyde & Else-Quest, 2013, pp. 358-359):

1. 被動接受(passive acceptance)。此時期女性對性別議題或壓迫單純地不作批判性思考,被動地接受她們應該有的思考方式。
2. 揭露(revelation)。此時期的特徵是「啊哈!」的經驗,原來兩性之間真的存在不平等;女性開始正視議題,並更深入思考受到的壓迫。這個階段的普遍反應是對男性激烈的憤怒及怨恨。
3. 深刻記憶(embeddedness)。女性開始與其他女性有情感連結,接受支持與資助,對自己身為女性的特性感受更強烈。
4. 整合(synthesis)。此時女性開始呈現「正向的女性主義特性」,除關注性別角色差異之外,她更加了解自己身為女性,不再怨恨男性;且視自我與男性的關係為獨立個體。
5. 主動承諾(active commitment)。此時期已經堅固建立女性主義特性,能夠自信地倡導不平等、壓迫及女性議題。

社會工作理論的批判性思考

第一章我們將理論(theory)這個字界定為一致的原則、概念與有組織的想法,以解釋某些可觀察的事件或趨勢。實際上,理論提供人們看待世界的方法,有助整理他們所見並賦予意涵;也有助了解事物如何與為何以它們的方式呈現與運作。不同的理論有不同的詮釋。

例如,系統理論與醫學模式對人類行為原因的解釋是不同的。1920 到 1960 年代,社會工作傾向以**醫學模式**(medical model)解釋人類行為,此模式係由 Freud 發

展，傾向將人視為「病患」，社工人員的任務係針對病患問題原因作初步診斷，之後提供治療，而病患的問題被看成患者本身內在的。

醫學模式將情感與行為問題概念化為「心理疾病」，具有這類問題的人們被醫學標籤為**思覺失調症**（schizophrenic）、**精神病**（psychotic）、**雙極性精神疾病**〔俗稱**躁鬱症**（bipolar）〕或**精神錯亂**（insane）。醫學趨勢認為個人心智受到某些內在莫名的干擾，存在個人內在的可能因素包括基因、新陳代謝障礙、內在衝突、潛意識使用防衛機制與早期創傷經驗，導致情感固著阻礙了日後的心理發展。

在 1960 年代，社工人員開始質疑醫學模式的實用性，認為環境因素與案主內在因素對案主問題形成同等重要；同時研究顯示心理分析對治療案主問題可能無效（Stuart, 1970）。社會工作將某些重點轉移到改善方式，如啟蒙計畫❶（Head Start）與工作團隊❷（Job Corps）即是試圖改變系統協助案主。

過去數十年社會工作逐漸強調運用系統觀點來看待案主及其周遭世界，此方式同時整合治療與改變，著重在處理個人與其生理、社會環境之間的功能失調，認為人類與其他周圍社會環境之微視、中視、鉅視各次系統持續互動。

社工人員不再怪罪案主，開始探討案主周遭環境的原因與解決方法；例如，失業者與窮人，社工人員認為系統觀點可用以評估案主在情境中，不僅評估案主的問題與能力，還評估案主與會影響他或她的多重系統的互動。哪種服務可以協助個人發展必需的工作技能？應該提供何種住宅？何種大環境觀點有助降低高失業率與貧窮率？應發展出何種服務以因應這些需求？

相對地，醫學模式工作者傾向治療或「修正」案主，藉著諮商的協助去增強培養出較佳的謀職態度；此模式假設個人微視系統有些許錯誤。

也因此理論有助社工人員決定如何去助人，醫學模式相對於系統理論只是個例子；透過這些內文，發展出更廣泛有關人類發展與行為不同觀點的理論。身為未來社工人員，需學習如何評估這些理論，以便於運用在實務上。

Piaget 認知發展理論　　LO 2

關於人們如何發展思考與理解能力的特定理論已經形成，認知意即汲取資訊、擁有、儲存，最後檢索並且使用；換言之，**認知**（cognition）是學習與思考能力。最有名的認知理論家是 Jean Piaget，Piaget（1952）提出人們從嬰兒到成人會歷經不同學

---

❶ 啟蒙計畫是指為學齡前兒童提供全年「娛樂、教育與健康計畫」之方案。

❷ 工作團隊是一項聯邦法案，針對城市弱勢者與鄉村社區的貧困青年提供工作訓練。

習如何思考階段，他的理論源自觀察自己孩子的成長及發展，個人必須經歷這些階段前進，以發展他們的認知或思考能力。

Piaget 假設實際上所有人都是以相同方式學習如何思考，意即人們皆歷經不同的思考學習階段；嬰兒與兒童早期的思考是非常基本且具體的，隨著成長，思考漸漸進步且更加複雜與抽象。認知發展的每一階段皆有特定的個人思考原則或方式。

以下範例足以說明改變如何發生，Piaget 針對不同年齡層孩子出示兩個裝了液體的玻璃容器，這兩個容器的大小與形狀完全相同，且裝入等量的液體（如圖 3.2），孩子們必然同意每一個容器所裝的液體是等量。然後 Piaget 將一個容器的液體倒到另一個較高較窄的玻璃容器，有趣的是，即便是相同容器的等量液體，他發現 6 歲以下的孩子習以為常地表示較高的容器容量較多；而大約 6 歲或 6 歲以上的孩子，會指出儘管這兩個容器形狀不同，但兩者容量相等。之後針對不同背景與種族的孩子實驗，結果都是相同的。

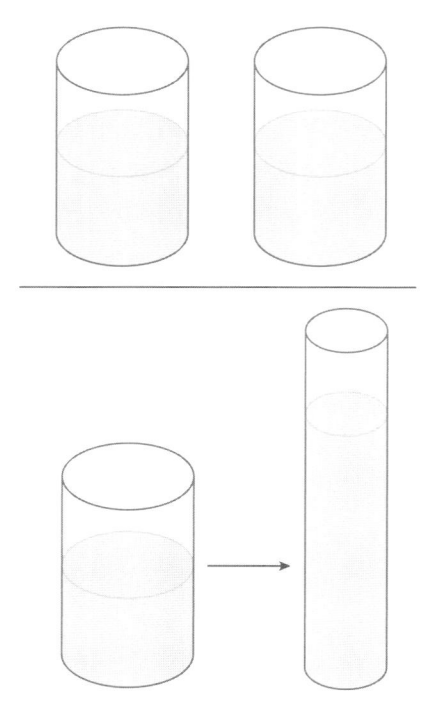

6 歲以下的孩子會表示高的玻璃杯容量較多，即便每一杯的液體量是相同的。

圖 3.2　物質不滅的概念

此例顯示孩子如何在不同的認知階段思考或概念化問題，年幼的孩子傾向直接依賴視覺知覺以決定哪個容器容量較多或較少；然而，較年長的孩子面對問題更能邏輯思考，他們思考液體如何有不同形狀，相同的容量如何因容器而看起來不同。較年長的孩子顯出較高抽象認知發展程度。這個特殊的概念是指物質以某種形式改變（如形狀），仍然以另一種形式繼續保存（如數量），稱為**物質不滅**（conservation）。

這些關於思考的方式與想法、概念的組織視個人認知發展程度而定，稱為**基模**（schema），個人對世界的察覺依照每個發展階段逐漸更加抽象。換句話說，應該特別留意對環境不同的觀點是依據個人認知發展而定。

Piaget 假設所有人經歷的認知階段都有相同次序，每個人的發展都是以持續方式進展；換句話說，孩子不會哪天一早醒來，突然說「啊哈，我現在是發展階段的前操作期！」孩子會平穩持續地從一階段轉移到下一階段，每一個階段都是下個階段的基本或必要條件。此外還有三個重要概念為適應、同化與調適。

適應（adaptation）係指適應周圍環境情況的能力，包括改變自己以融入與生存

Chapter 3
嬰兒期與兒童期的心理發展

於周遭環境的過程，Piaget 認為適應包含兩個過程：同化與調適。

同化（assimilation）是指吸收新的訊息並且整合成為基模或思考架構，換句話說，當個人面對新的情況、事件或片斷訊息，不只是訊息的接收與有意識的思考，同時要整合為思考方式；以此方式儲存這些訊息，以備日後能應用於問題解決情境。

例如，回顧先前幼兒對玻璃容器液體容量的觀察與判斷，6 歲以下幼兒訊息同化程度僅能使用觀察出現在他們眼前的物質，而無法思考物質以其他形式改變或變成其他不同內容，他們無法使用較高層次、用較邏輯性的思考同化這類的訊息。6 歲或更大的兒童已經能夠同化關於裝滿液體容器的資訊。再者，他們能夠以更抽象方式思考物質的改變。他們認為液體不只被裝在某個特定形狀與尺寸的容器，而且也能夠裝在其他形狀與尺寸的容器。

調適（accommodation）是指孩子改變他們的知覺及行動，以便思考更高層次、更抽象知識的過程。孩子同化（吸收）新資訊最後並加以調適，意即他們使用以前的資訊建立基模，然後變成一個新且較複雜的思考方式。6 歲或較大的兒童能調適液體裝滿玻璃容器的訊息，他們能用更抽象方式來思考物質的改變。

Piaget 說明認知發展的四個主要階段：感覺運動期、前運思期、具體運思期、形式運思期。各階段敘述如下。

感覺運動期

感覺運動期（sensorimotor period）是從出生到大約 2 歲，由簡單無思考的反射性反應到對環境的基本了解；感覺運動期有三個重要發展。第一，幼兒透過所接受到的訊息學習到他們可以有不同的感覺，此外，對於環境中相同的物體，他們開始了解能夠接收不同類型的感覺訊息。

例如，最初一個嬰兒可能可以看見與聽見父母爭吵，在華氏 99 度的夏天誰要開空調正常的新福特汽車，誰要開空調壞掉的老福特；即便是她看見以及聽見他們的爭吵，她也無法把這兩者感官資訊連結成她環境中的相同情境，也就是她父母。直到感覺運動期末期，她才了解自己能夠同時聽見與看見父母，透過兩種模式的感官輸入她將會察覺他們的互動。

第二，感覺運動期會表現**目標導向行為**（goal-directed behavior），取代單純的隨機反應，幼兒能夠有目的地展現數種行為以完成簡單目標。例如，幼兒會伸手拿取一片木製拼圖，嘗試放到缺口處；他們想把拼圖放在一起，然而因此時期的思考仍然非常具體，能力仍相當有限。

第三，了解物質是永恆的；即目標物不在視線及聽覺範圍內，但仍永恆存在。**物體不滅**（object permanence）是本時期最重要養成的基模，最初，當孩子沒看到物體時很快就忘記，到 2 歲時，他們就能夠思考了解這個物體的影像。幼兒開始使用**圖像**

（representation），他們會在心理形成視覺影像以解決問題。

例如，2 歲的 Ricky 擁有一條很喜愛的破舊黃色毛毯，Ricky 正玩著他的停車塔玩具，而毛毯就放在他身邊。Ricky 的媽媽不經意地走進他的房間，輕輕地拿起毛毯走向玄關到臥室，當毛毯離開他的視線之時，Ricky 並沒有忘記毛毯，反而立刻站起身積極開始尋找他的毛毯，一直不停地找著。即使他看不到毛毯也不知道他的媽媽把它放在哪兒，Ricky 能夠想到毛毯並且要求尋找它。此外，他滿屋子在各個邊邊角角縫隙裡尋覓，設想毛毯可能會在哪裡。

前運思期

前運思期（preoperational thought period）係 Piaget 認知發展第二階段，約從 2 歲到 7 歲，從一個時期到另一個時期會有些重疊，兒童的思考持續進展更加抽象且富有邏輯。雖然兒童仍試圖連結生理與知覺經驗，他們了解事物與解決問題的能力持續成長。

在前運思期，兒童對環境中的事物，開始使用符號式圖像；他們不再侷限於實際的具體知覺，他們能夠以符號或物體的心智圖像來思考。

符號圖像最好的例子就是文字，藉著使用文字，兒童能夠將物體或情境以文字符號展現，換句話說，即便物體與情境不在當前，他們能夠使用語言來思考。

邏輯思考發展的障礙　儘管兒童的進展朝向更抽象思考，在運思前期有三個邏輯思考的阻礙：自我中心主義、專注與不可逆。

自我中心主義　基於自我中心（egocentrism），兒童無法從他人的角度看事情，他們只能知覺到自己，別人的需要與觀點都是不存在的。

專注　專注（centration）係指兒童傾向專注於物體或情境的一項細節，忽略其他方面。

不可逆　不可逆（irreversibility）係指兒童只能單一思考，沒有反向關係。例如，4 歲的 Gary 可能會被問，「誰是你的表兄弟姊妹？」Gary 可能會回答，「Sherrie、Donna、Lorrie 與 Tanya。」稍後假如問他「誰是 Sherrie 的表兄弟姊妹」，他可能會回說不知道。Gary 可以單向思考，但無法逆向思考。他知道 Sherrie 是他的表姊妹，然而他無法反向去思考這種親屬關係，那就是，他也是 Sherrie 的表兄弟。

認知能力的發展　儘管有邏輯思考的阻礙，許多概念顯示兒童思考能力的進步。關於這些概念的改變主要發生於前運思期，開始達到成人的邏輯思考。兒童的知覺逐漸提升，且能掌握這些概念

分類　分類（classification）係指依照某些特質區分項目的能力，這些特質可能包含形狀、顏色、質地或大小；兒童逐漸發展出區別不同物體的能力，並且加以分類以反映這些差異。

系列化　系列化（seriation）係指依照某些特質有順序地排列物體的能力，這些特質可能包含大小、重量、體積或長度。

依照各種特質運用系列化的能力，隨著不同年齡層而發展；例如，9 歲之前，兒童通常無法依重量來排序物體；依照體積來排序必須要到大約 12 歲。

物質不滅　前面已經討論過物質不滅，係指兒童能夠理解相同物質形式改變（如形狀或位置），仍然以另一種形式存在（如數量或重量）。

兒童了解不滅的能力因著不滅的特質，在不同的年齡發展形成（Papalia & Martorell, 2015），例如，儘管 7 歲或 8 歲兒童通常已經發展出物質不滅的能力，對於重量不滅的能力則要到 9 歲或 10 歲才會達成，至於體積的不滅必須要等到 11 歲或 12 歲方能發展形成。

具體運思期

具體運思期（period of concrete operations）大約從 7 歲到 11 或 12 歲，在此時期，兒童的邏輯思考能力發展處於具體層次；也就是說，顯然的在認知發展早期，兒童必須學會控制邏輯思考的阻礙。

此時期兒童發展出從他人的觀點看事情的能力，理解與同理心也大大提高。

此時期也發展出較複雜思考，會依據許多變項來看待或檢視情況、事件，逐漸不再受限於專注，也不再受限於以單一變項來解決問題；更甚者，他們會考慮更多的變項。從玻璃杯範例，兒童開始從高度、容量、物質與形狀等許多變項來思考。

此時期也發展反向的概念化能力，開始從不同觀點了解親屬關係。回顧先前的例子，此時 Gary 將會了解不只 Sherrie 是他的表兄弟姊妹，他也是 Sherrie 的表兄弟姊妹。

此時期也已經可以掌控分類、系列化與不滅之概念，兒童對於情況與事件的思考也更有彈性，且能夠從許多不同觀點來評價事件。

此外，兒童也能夠使用符號來表示真實世界的事件，算數理解力與語言表達力也逐漸進步；相對地，他們的記憶也變得更敏銳。

儘管在具體運思期，認知發展進步很大，兒童仍有些限制；雖然可以從許多觀點來看待事件，這些觀點仍受限在具體議題。兒童可以思考那些能看見、聽到、聞到或觸摸到的事物，他們的焦點仍在於對*事物*的想法而不是*思想*。

形式運思期

最後的階段是**形式運思期**（period of formal operations），大約開始於 11 或 12 歲到 16 歲；認知發展的特質是處於青春期。嚴格來講，本章旨在討論兒童期而非青春期；然而為了延續性，在此我們也將討論 Piaget 第四階段的認知發展。

在形式運思期，抽象思考能力發展到最高點；孩子能夠把許多變項放入思考，並

且他們已經具備關於事物是如何形成或為什麼是這個樣子的抽象假設。

例如，10 歲的 Meredy 的思考模式仍停留在具體的具體運思期，她知道二次世界大戰末期時有一顆原子彈被丟下廣島，當你問她發生的原因，她可能會說因為美國要保衛國土並且讓戰爭結束。她可以把這些情境概念化，且分析某些方面的變項。在此情況下，變項是美國參戰的事實且需要採取行動贏得戰爭。她的思考能力僅止於此。相同的問題來問 15 歲的 Meredy，可能答案有些不同。她可能會說若考慮到人類生命的巨大成本，這將是個困難的決策；也可能認為轟炸原子子彈只是眾多作戰策略下之一；她也可能詳細說明此事件的政治結果。換句話說，Meredy 多方考量評估想法或事件的能力要等到形式運思期才會大幅改變。

青少年思想主要發展特質有三，首先青少年認同一個情境能夠受到許多變項影響，一項議題往往有許多種觀點；第二，青少年能夠分析變項之間相互影響，亦即假設關係且思考改變的情況；第三，青少年有能力**假設演繹**（hypothetical-deductive）推論。換句話說，青少年能夠有系統與邏輯的評估許多可能關係以得到結論。以「假如一然後」的方式將各種可能性逐一檢視。例如，青少年可能會如此思考：假如某種情況存在，隨後就會出現某結果。

批判性思考：Piaget 理論的評價

不僅 Piaget 的概論受到批判，他的特定概念同時也受到質疑，一般對 Piaget 的批判認為他的推論基礎是觀察自己的孩子所獲得，並未經過實驗室科學驗證。他觀察及與孩子會談的方式、慣用的語言、個別差異等也都引發疑問。

其次，Piaget 著重在「普通」兒童，並未將文化、社會經濟與種族差異列入考量。

第三，只關注人類發展單一面向，除了直接與認知發展有關的特例之外，很少論及人格或情感成長；因此忽略了社會互動的影響。Piaget 只強調兒童如何看待與思考而忽略兒童周圍身邊的人。

Piaget（1972）對於這些批判提出一些回應，第一，個人的社會環境可能影響認知發展；處於被剝奪環境的人們，刺激與支持不足以提升他們的認知程度。第二，個別差異可能必須列入考慮。最後，即使個人已經發展形式運思期的思考能力，這種能力可能不見得適用於所有問題；也就是說，有些人可能無法使用形式運思期去面對某些問題或情境。

Piaget 對某些關於意義與適用年齡層之特定概念也引發爭議（Steinberg, Borstein, Vandell, & Rook, 2011a），他低估兒童各種概念成就的能力。許多研究複製 Piaget 的法則，然而，使用簡化語言與孩子溝通，以及他們所熟悉的字彙與概念，其他學者發現在特定年齡有較高的學習成果。換句話說，有時候當兒童更熟習實驗，他們就更能

了解實驗的期待然後可以表現得更好。

Piaget 對自我中心的檢測也引來許多爭議，自我中心主義亦即兒童除了自己無法從他人的觀點看待事物。有關兒童自我中心的概念可能過度粗糙，許多父母認為他們的孩子會表現真誠不造作的同理能力。

此外，某些證據顯示兒童並非如 Piaget 最初宣稱的徹底自我中心，他們的思考更複雜（Dacey, Travers & Fiore, 2009; Papalia & Martorell, 2015）；孩子是否同理他人有時取決於環境因素。例如，出自鼓勵討論感受的家庭的兒童更嫻熟於認可他人的情緒。

種種研究顯示兒童的認知發展是十分複雜的過程，也許遠超過 Piaget 所能想像。值得注意的有趣現象是，近來研究重點朝向強調什麼是兒童能做的而非什麼是他們不能做的。

儘管有許多不同的質疑，Piaget 被賦予極大的信任；他建立認知發展思考的基礎，對相關領域研究有極大影響。

認知發展的訊息處理概念　　LO 3

訊息處理取向（information processing approach）是認知發展較新的觀點，其概念架構強調運用思考解決問題的過程，亦即將人類的思考與電腦硬體軟體的運作做一個連結。

訊息處理有三個要項，包括注意力、記憶與訊息處理策略（Kail & Cavanaugh, 2016; Rathus, 2014a）。

注意力

注意力（attention）是「一種決定訊息感官加倍接收認知處理的過程」（Kail & Cavanaugh, 2016, p. 131）。當兒童成長後，他們能夠發展出關注更恰當情境或問題的能力以及「過濾掉分散注意力的事」（Rathus, 2014a, p. 385），包含選擇性注意力。最後，兒童能夠同時注意到一個問題的各種面向，因此他們能夠解決更困難的問題以及呈現更複雜的思考層級。Rathus（2014a）舉例說明當兒童較大時的選擇性注意力：

> Strutt 與其同事們（1975）實驗顯示兒童中期之選擇性注意力與忽略分散注意力的能力發展，研究者要求 6 到 12 歲兒童將一副牌依據卡片上圖形盡速排列（好比圓形對正方形），一組每張卡片都是恰當的，另一組發現一張不恰當的（如水平或直線圖形），第三組發現兩張不恰當的（有星星在圖案上面或下面，此外還有水平或直線）……所有年齡群組都受到不恰當的訊息干擾，但年長的兒童比年幼兒童較不受影響。（p. 385）

值得注意的是，選擇性注意力的改善與大腦發展有關（Nelson, Thomas, & DeHaan, 2006），不過，「兒童的環境以及與父母的經驗也很重要……父母溫暖熱情回應家庭的兒童比起那些低支持家庭的兒童，其注意力控制更早發展。為何？原因之一可能是，父母經常與兒童對話將會引導幼童觀察與練習專注與自我調整」（Steinberg, Bornstein, Vandell, & Rook, 2011a, p. 210）。

記憶

記憶（memory）意指「儲存與提取訊息的過程」（Rathus, 2013a, p. 285），記憶具備三種基本型態——知覺的、短期的與長期的（Rathus, 2013, 2014a）。

知覺記憶 知覺記憶（sensory memory）是「從環境提取感官訊息的潛意識過程（視覺、聲音、味道與觸覺），知覺記憶由短暫印象組成，訊息不是忘記了就是轉化為工作記憶（working memory）：個人在特定時間會主動想起的有知覺的表徵」（Steinberg et al., 2011a, p. 211）。個體為了想起知覺記憶，必須集中注意並且與其他想法做連結。Rathus（2013）如此說明：

> 知覺記憶即是當我們注視一個物體然後眨一下眼睛，此物體的視覺印象會持續數秒鐘；然後刺激物的「痕跡」會衰退。知覺記憶的概念同樣運用在各種知覺。例如，當我們被介紹給某人時，名字聲音的痕跡也會衰退，但我們集中注意力就可以記起來。（p. 285）

短期記憶（工作記憶） 短期或工作記憶（short-term memory, working memory）是「痕跡衰退之後可以持續知覺刺激 30 秒的記憶結構」（Rathus, 2013, p. G-13），Steinberg 與其同事們（2011a）指出短期記憶應包含

> 個人在特定時間會主動想起有知覺的表徵，視兒童（或成人）如何以某種方式專注與編碼印象——例如，以已知的詞彙或形象連結。兒童早期約 2 歲半的短期記憶（工作記憶）可以記得 2 個數字，7 歲可記得 5 個數字，成年期約 7 個數字。
>
> 短期記憶進步的部分原因是生理的，有部分則是社會性的……兒童早期〔大腦的一部分〕提供「短期記憶硬體」……逐漸成長發展並且提供支持擴張工作記憶的容量（Nelson et al., 2006）。藉由家庭中父母與幼稚園或托兒中心的溫暖激勵互動，足以促進兒童的工作記憶發展。（p. 211）

長期記憶 長期記憶（long-term memory）是「相對而言資訊較可能長久儲存的記憶結構」（Rathus, 2013, p. G-8）。Rathus（2013）解釋：

> 把長期記憶設想為一個龐大的訊息倉庫包含姓名、日期、地點，Johnny 在二年級時對你做了什麼，當你 12 歲時 Alyssa 說了你什麼，為了某些特定的目的，長期記憶可能持續幾天、幾年，或一輩子。

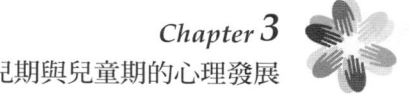

Chapter 3
嬰兒期與兒童期的心理發展

儲存在長期記憶區的訊息數量有多大並不可知，偶爾，我們可能會遺忘或失去長期記憶，例如，小學或中學的同學。多半時候我們找不到正確的線索去喚起，就像某個放品不知放在哪個地方，但我們始終知道這個物品就在屋子裡。（p. 287）

訊息處理策略的發展

隨著兒童的成長，他們處理訊息與解決問題的能力也逐漸增加；他們越來越能夠考慮複雜的變化、思考可能的解決之道、決策，並且努力解決問題。兒童訊息處理策略是「將訊息儲存於永久〔長期記憶〕記憶且之後有需要時再喚起。舉例來說，你如何學習教科書呢？假如你像許多大學生，你可能會綜合以下這些方式：畫重點、每章大綱、記筆記、摘要與自我測驗。這些都是讓你更容易把訊息永久儲存的有效學習策略」（Kail & Cavanaugh, 2016, p. 198）。

還有其他策略包含重複背誦、組織、詳細闡述，以及其他輔助性技術（Kail & Cavanaugh, 2016）。重複背誦是7、8歲兒童較容易使用的學習方法，**重複背誦**（repetition）意即一再重複某些訊息將其深深刻畫在記憶裡。當兒童更年長時，他們開始運用更複雜的學習策略。**組織**（organization）意即「把需要被記憶的訊息結構化，相關的訊息就會放在一起」（Kail & Cavanaugh, 2016, p. 198）。兒童能夠依據共通點把事實或概念分類，例如，藉著依照發生地所屬州或國家予以歸類，就能記住六年級歷史測驗歷史事件的地理位置；同樣的，也可依照事件發生時間排列歸納歷史性訊息。

另一個更進步的訊息處理策略是**詳細闡述**（elaboration），「即將新訊息與熟知的訊息做聯結以增加記憶力」（Rathus, 2013, p. G-4）。例如，老師把新字彙放入句子裡有助於學生記憶（Rathus, 2014a）。

Vygotsky 認知發展理論　　LO 4

Lev Vygotsky 提出有別於 Piaget 的社會文化認知發展理論，Kail 與 Cavanaugh（2016）解釋：

人類發展經常被視為一個將人們帶往不同途徑的旅途，對 Piaget 而言……孩子獨自前行，確實其他人（通常是文化）影響他們的方向，但基本上孩子是單獨冒險者，勇敢穩步前進。Lev Vygotsky（1896-1934）一個蘇俄心理學家，卻提出另類的論點：發展是一種見習，孩子一路走來，透過與他人共同合作而更加進步。Vygotsky（1934/1986）認為當孩子在發展旅途獨行，無法得到較大進步；熟練夥伴同行有助於進步。（p. 138）

不幸地，Vygotsky 在 37 歲時因肺結核病去世，來不及發展他的理論；然而他對認知發展的了解有重大的影響，他強調「孩子成長時，思考受到社會文化所影響」（Kail & Cavanaugh, 2016, p. 16）。

Vygotsky 理論有幾項法則如下（Vander Zanden, Crandell, & Crandell, 2007）：第一，孩子的發展端視其周圍發生的事而定，換句話說，孩子的發展會因社會文化環境及成長期望而不同。第二，孩子的發展是，當他們接觸各種不同社會情境與變遷，就必須去回應。第三，發展是孩子在團體活動的互動。第四，孩子藉著觀察他人及從活動與周遭狀況中學習而有所成長。第五，孩子必須運用類似語言的一種符號基模來處理他們所見的事物並發展新技巧。第六，孩子透過與周遭他人的互動學習文化價值。

依據 Vygotsky 的主張，兒童藉由與他人互動且加以觀察，利用他們能夠想到的語言將這些互動關係塑造進入心裡。然後他們的思考能力逐漸成長並且透過語言學習與了解人際互動。

Vander Zanden 與同事（2007）舉例說明這個過程：

> Vygotsky 認為兒童藉由觀察周遭他人所發生事情然後理解體會並吸收。例如，語言運用，首先，兒童被父母告知「要說請和謝謝」，然後他也看到別人互說請與謝謝，兒童透過大聲說請與謝謝，將這些字與立足社會的概念內化了，當兒童真正了解吸收這些字的意涵，他們自己便可以表現有禮貌的行為舉止。對 Vygotsky 而言發展是一種社會過程，兒童與成人間的互動扮演重要角色（Berk & Winsler, 1995），了解發展的方式就是觀察個人的社會活動。（p. 55）

近側發展區

近側發展區（zone of proximal development）意即「一個學習者能夠獨立完成與接受有技巧同伴的引導激勵方完成之間的差異」（Shaffer & Kipp, 2010, p. 283; Vygotsky, 1978）。換句話說，意即「兒童尚且無法獨力完成但可在他人協助之下……（他人是指那些更能好好完成任務的人）。」

鷹架

兒童近側發展區的學習稱為鷹架過程，簡單來說，鷹架意即支持架構，Vygotsky 定義鷹架（scaffolding）是「成人藉著『鷹架』或支持來幫助孩子學習如何思考，他們試著解決問題或探索原理」的一種過程（Coon & Mitterer, 2009, p. 126; Daniels, 2005）。

自言自語

4 歲的 Timmy 在家畫圖時非常專注對著自己說話，Vygotsky 強調自言自語的重要意涵「並非意指他人而是幫助兒童規則化他們的行為」（Kail & Cavanaugh, 2016, p.

139; Vygotsky, 1934/1986）。

Kail 與 Cavanaugh（2016）說明自言自語（private speech）的意義：

> Vygotsky 指出自言自語是朝向認知技巧自我控制的中間步驟（Fernyhough, 2010），首先，孩子的行為受他人語言所影響，最初孩子控制他們的行為與思考，當周圍沒有人在場時，孩子會大聲的說出來以自我引導，自言自語是孩子自我引導的方式，以確認他們在解決問題時確實執行每個步驟，最後當孩子技巧越豐富時，自言自語變成內在語言（inner speech），也就是 Vygotsky 所謂的思考。（pp. 139-140）

批判性思考：Vygotsky 理論的評價

Piaget 理論假設所有孩子的發展都依循既定相同的方式，相形之下，Vygotsky 的理論強調社會互動及個人在環境脈絡中如何運作，提供社會工作實務基本概念。

Vygotsky 理論至少有兩項重要的正向影響（Newman & Newman, 2015），第一，他考慮到多元文化的重要，不同文化的人有不同的思考模式。他強調應該關注家庭與社會影響力對兒童早期思想的重要性。第二，「在近側發展區，個人藉著與他人互動有助於提升更高層次」（Newman & Newman, 2015, p. 39），因兒童透過與周遭他人的互動得以更加發展熟練。

Vygotsky 的社會文化理論也受到批判，例如，互動「Vygotsky 極度依賴諸如言語指導，但在某些文化並這不是那麼適合或者有效的學習方式。澳洲小男孩學習野外追蹤獵物，或者是東南亞學習莊稼收割，觀察與實地演練都比言語指導與鼓勵更有益處。其他研究者發現同儕合作解決問題也並非總是有效的，假設有能力的合作者缺乏自信或者無法好好地傳達所知給同儕了解，實際上可能逐漸損害任務完成」（Shaffer & Kipp, 2010. p. 291）。

Berk（2012a）提出其他批判：

> Vygotsky 強調文化與社會經驗導致他忽略發展的生物學層面，雖然他承認遺傳與大腦發育的重要性，但他很少探討此二者對認知改變的角色。更甚者，比起其他學者，Vygotsky 重視知識意涵的社會傳遞，很少關注塑造兒童發展的能力。Vygotsky 之追隨者重視兒童自年少時就主動積極參與對話與社會活動。透過這些參與經驗，他們不只學習文化價值，也會加以修正與改善（Nelson, 2007; Rogoff, 2003）。當時的社會文化學者承認個體與社會可取得平衡，相互影響。（p. 25）

比起 Piaget，Vygotsky 似乎受到較少批判；其原因有二，首先，他的論點較適合社會工作強調人在環境中，第二，Vygotsky 在理論發展完備之前就早逝。

情緒發展　　LO 5

　　人格（personality）及**認知**（cognition）的概念，兩者之間的關係是複雜及抽象難懂的；思想如何影響人格或者人格如何影響思考並不清楚，個人差異非常大，即使一個人在不同狀況也有不同反應，試圖整合這些概念其實更困難。

　　個人發展也包含了情緒，使個體人格更加複雜；**情緒**（emotion）是感受及心情的混合，包含了微妙的心理反應，以及所展現的行為特質模式。例如，某日早晨，一個 4 歲男孩的金魚被發現死掉了浮在水面，一聽到這個不愉快的消息，男孩很沮喪；可能他的心跳變快，呼吸急促，最後他可能跑到房間開始大哭。男孩感受到他的情緒，當他變得沮喪時身體也開始回應，最後哭泣的行為明確地顯示出他的情緒狀態。

嬰兒的情緒

　　Bridges（1932）是研究嬰兒情緒的先驅者，他指出嬰兒最初只有展現基本情緒，那就是興奮；Watson（1919）是另一位早期研究者，他認為有三種基本情緒：愛、憤怒與恐懼，依照 Watson 的說法，這些基本情緒是嬰兒對特定刺激的反射性反應表現；假如父母輕輕撫摸及溫和地說話，嬰兒會經驗到愛；假如約束嬰兒的身體，他會感到憤怒；突如其來的響聲會讓嬰兒恐懼。

　　出生之後，嬰兒立即表現一般性的興趣、厭惡及痛苦；約 3 至 4 個月大時，會出現其他情緒如驚訝、憤怒及悲傷；5 至 7 個月大會出現恐懼。情緒反映後將要發展的自我意識，有時會到 1 歲之後才有；**自我意識**（self-awareness）是指體認到個人是單獨的實體，與周圍環境不同，而且能與周遭環境的人事物互動；類似的情緒如害羞、忌妒、驕傲及羞恥。

哭泣　　嬰兒透過哭泣表現他們的情緒，嬰兒至少有三種哭泣型態（Papalia & Martorell, 2015; Santrock, 2016）；第一為**基本哭泣**（basic cry）〔也可說肚子餓的哭泣（hungry cry）〕，是「有節奏的型態，通常由一聲哭泣，然後短暫靜默，然後一聲較短且音階略高於主要哭泣聲所組成，然後在下個哭泣前稍微停頓。某些嬰兒期專家強調飢餓是激起嬰兒基本哭泣的原因之一」（Santrock, 2016, p. 193）。第二類是**憤怒哭泣**（angry cry），是指嬰兒從聲帶擠出一大口空氣所發出極大聲的哭泣。第三類是**痛苦的哭泣**（cry of pain），其特徵是沒有先前的吸氣聲或嗚咽聲的嚎啕大哭。

　　Kail 與 Cavanaugh（2016）解釋哭泣的重要性：

> 哭泣是新生兒與他人溝通的的第一種嘗試，需要去分辨嬰兒哭泣要表達什麼，以及需要立即回應或讓嬰兒自行平靜。（p. 83）

　　Berk（2012a）指出：

Chapter 3 嬰兒期與兒童期的心理發展

雖然父母並非總是能夠正確預測嬰兒哭泣的原因,但隨著經驗增加,準確性也會更好……當嬰兒餵飽也換了尿片卻仍繼續哭泣,有一些方式可讓嬰兒平靜下來,西方的父母會將嬰兒舉到肩膀的位置輕輕搖動或走路,通常是最有效的。(p. 148)

微笑與笑 嬰兒也會藉由微笑與笑(smiling and laughing)表現他們的情緒,嬰兒對父母微笑,而父母也以微笑回應,在孩子與父母之間的養育關係中具有重要意義。

嬰兒微笑有三個基本階段(Martin & Fabes, 2009; Papalia and Martorell, 2015; Santrock, 2012b),最初是無意義的反射式微笑(reflex smiling),通常發生在睡眠中,是中樞神經系統功能的自然發展;幾星期後,嬰兒開始對於「視覺、觸覺、聽覺刺激」有所回應,6 到 8 星期大的嬰兒,出現社會性微笑「嬰兒看見父母的臉或聽見父母的聲音會微笑」(Martin & Fabes, 2009, p. 208)。「約 2 到 6 個月大,嬰兒的社會性微笑相當明顯增加,不論自發性微笑或回應他人的微笑」(Santrock, 2012b, p. 306)。此微笑發展過程反映出嬰兒逐漸適應其他人與社會關係。

第四個月嬰兒開始會笑(Martin & Fabes, 2009; Papalia & Martorell, 2015),「最初的笑是對身體刺激的回應,例如,被呵癢或在父母手臂中飛高高……大約 6 個月大時,嬰兒對於視覺與社會刺激的笑逐漸增加,例如,看到姊姊扮鬼臉」(Martin & Fabes, 2009, p. 208)。

嬰兒與氣質

人格與嬰兒的關聯是很難論及的,人格是過去發展的態度、表達及行為複雜的混合,而且也相當特別個人化的。嬰兒還未有足夠的智識和能力去表現出複雜的內在人格,更甚者,心理學家認為嬰兒的氣質更適宜用來取代人格。氣質(temperament)可以區別個人的心理與情緒本質,以及對他人及周遭環境的回應型態。

下列六項氣質的概念受到研究者的認同:

1.「膽怯、憂鬱,此兒童傾向退縮,面對新情境或環境時會更憂鬱
2. 憤怒/挫折,當兒童的需要或需求未能被滿足時,憤怒與挫折之程度
3. 正向情感,兒童表現出較多正向情緒、愉悅與興奮
4. 活動程度,兒童大動作活動與能量的程度
5. 注意力廣度/持久性,兒童維持專注與興趣的能力
6. 規律性,兒童行為的可預測度」(Martin & Fabes, 2009, pp. 214-215; Putnam, Gartstein, & Rothbart, 2006; Rothbart & Mauro, 1990)。

心理學家以三種基本類型來描述兒童的氣質(Rathus, 2011a; Santrock, 2016;

Sigelman & Rider, 2012; Thomas & Chess, 1977, 1989, 1991)。第一類是**自在型的兒童**（easy children），他們相對來說較可預測、規律的模式；他們經常是高興的而且容易相處，他們可以接受改變，也對新的情境感到興趣。第二類是**困難型兒童**（difficult children），這類孩子經常是易怒的，他們的日常生活模式不規則，很難適應新情境，面對陌生事物則會有較強烈反應。第三種是**適應緩慢的兒童**（slow-to-warm-up children），活動力較低，氣質較溫和，對新的情境與經驗反應適度，他們對於陌生環境最初有點退縮，改變較慢。

然而應注意的是，氣質與適應是非常複雜的，由於相關研究不多，攸關兒童的氣質與適應之間的關係仍受到質疑（Santrock, 2016）。

此外，超過三分之一的兒童並不符合這三個類別（Berk, 2012b），嬰兒的氣質包含情緒、活動與社會性，許多孩童兼具困難型與自在型的綜合特質，然而卻能落在正常的範圍內。舉例來說，睡眠不規律的孩子，面對陌生人卻很快伸出手。同樣的，有的孩童大半時間可能是愉悅、容易相處的，但在某些場合譬如拜訪親友卻極其可怕固執地待不下去。研究雖然提出某些共同趨向，但是每一個嬰兒、兒童、成人都是獨立的個體。

學者們一致贊同嬰兒的氣質源自遺傳與環境（Berk, 2012b; Santrock, 2016; Steinberg et al., 2011a）。某些研究發現同卵雙胞胎比異卵雙胞胎更容易呈現類似的氣質（Buss & Goldsmith, 2007; Santrock, 2016; Steinberg, Vandell, & Bornstein, 2011b），然而原因既不完整也不明確。

為什麼氣質會隨著人們成長而改變？當人們經歷新經驗時會修正他們的行為與態度，一項讓人們全面調整的重要變項就是個人與社會環境之期望的適配度（goodness of fit）（Papalia & Martorell, 2015; Santrock, 2016; Sigelman & Rider, 2012）。舉例而言，父母期待養育一個積極有活力渴望新體驗的孩子，假設他們發現他們的孩子態度溫和、猶豫不決，有時有點害羞，他們可能會很失望，甚至會過度施壓孩子讓他們成為與本質不同的樣子。另一方面，父母維持熱情的家庭氛圍、不規律的日常，與緩慢的改變，一個困難型的孩子也許可以適合這個家庭，家人一點也不覺得孩子屬於困難型，反而認為很正常。

依附

依附（attachment）「是連結個人與一個親密伴侶的強烈情感聯繫，特點是喜愛與維繫親近的渴望」（Sigelman & Rider, 2012, p. G-2）。最早的依附理論是由John Bowlby（1969）所發展出來，為最初的人類關係提出重要觀點。Kail 與 Cavanaugh（2016）談到：

> Bowlby 認為孩子會和一個成人形成一種依附——亦即是一種持久的社會情緒關係——令人更容易生存,這個成人通常是母親,但也不必然是;關鍵在於與一個有回應的照顧者的強烈情感關係。孩子也可能和父親、祖父母或其他人形成依附。(p. 162)

依附理論強調孩子與父母或其他照顧者互動,並產生情感連結的重要性,在依附關係建立過程中,嬰兒被視為扮演主動參與者;這個觀點與 Freud 的口腔期不同,他強調嬰兒對照顧者順從與依賴。

依附階段 依據 Bowlby 的概念架構,依附有四個進行階段,從普遍的喜愛人到依附一個照顧他們的特定對象(Berk, 2012b; Kail & Cavanaugh, 2016; Steinberg et al., 2011a)。包含下列階段:

第一階段:「依附前期」(preattachment)。0 至 2 個月的嬰兒,學習區分人與物的不同,隨後逐漸增加微笑與聲音以回應人們。

第二階段:「依附成形期」(attachment in the making)。自 2 到 8 個月,嬰兒學習區辨主要照顧者與陌生人,對於主要照顧者的回應越來越明確並且當他們與照顧者互動時呈現熱情與興奮,當照顧者離開時他們會表現沮喪。此種複雜的情感依附過程可視為嬰兒與照顧者學習如何相互回應之發展。

第三階段:「真正依附」(true attachment)。自 8 到 18 個月,嬰兒會尋找照顧者並且嘗試留在他們身邊,當爬行與移動增加,嬰兒在探索周遭環境時會時不時地與照顧者眼神接觸,他們開始緊密關注照顧者對其行為的反應,並且經常做出回應。假設照顧者在附近且緊密關注,嬰兒可能會微笑;假如發現照顧者離太遠,嬰兒可能會快速返回。

第四階段:「相互關係」(reciprocal relationship)。自 18 個月開始,對於與照顧者的互動,幼兒的敏感度逐漸提升。當孩童尋求愛、關注與身體接觸時他們也會釋出感情。孩子可能會要求照顧者念床邊故事或擁抱他們,對照顧者的感情與目標的敏感度漸增(Kail & Cavanaugh, 2013, p. 170)。

依附的品質 以下四個因素影響到孩子與照顧者之間的依附(Cassidy, 1999; Colin, 1996; Newman & Newman, 2015):

1. 有意義的共處時間。
2. 察覺孩子的需求並且提供體貼照顧。
3. 照顧者的情緒反應及對孩子保證的深度。
4. 在孩子的生活中是長期隨時可獲得的。

這些變項頗具意義,照顧者表現出更多的照顧、關注及情緒保證的回饋,與孩子

的關係將更親密；這樣的品質也提供孩子更多機會對照顧者表現正向回應。正向的回應能夠增強照顧者與孩子間的人際互動，使依附關係能夠持續。

依附的模式 嬰兒與照顧者有不同的依附程度，藉由關係的親密與品質可區別為以下四種模式：安全依附、逃避焦慮依附、抗拒焦慮依附，以及混亂型依附；大多數的嬰兒會與母親（或其他主要照顧者或照顧者）形成安全依附關係（Thompson, 1998）。Newman 與 Newman（2015）說明：

> 當**安全依附**嬰兒的母親在場時，他們會主動探索環境，並與陌生人互動；歷經與母親分離之後，他們會主動向母親示意或互動；假如嬰兒在分離期間感到憂慮，母親回來之後憂慮減輕，嬰兒會再度恢復對環境的探索……
>
> **逃避焦慮依附**嬰兒在與母親分離之後，避免與母親接觸或對母親的互動加以忽略；他們似乎認為有需要時母親並不會在那裡，當他們獨處時比其他嬰兒較少表現憂慮。這類型嬰兒的母親似乎在抗拒孩子，宛如對他們生氣一般，比起其他母親更少時間擁抱孩子，甚至與孩子不愉快的互動或有害的……
>
> **抗拒焦慮依附**嬰兒對陌生人的出現非常謹慎小心，當照顧者離開時他們的探索行為很明顯中斷；照顧者返回時，嬰兒想要去親近照顧者，但他們仍然很生氣，情緒非常難以安撫。這類型嬰兒的母親回應經常不一致……
>
> **混亂型依附**嬰兒，他們的重聚結果特別明顯，其他三類型嬰兒會採用協調策略處理壓力情境，混亂型依附嬰兒沒有一致的策略，他們的行為矛盾又無可預測，似乎在傳達極度恐懼或徹底迷惘。……某些母親很負面、驚擾的，突然爆發敵意驚嚇到嬰兒；其他的母親表現消極與無助，很少對嬰兒有正向溫暖的行為。（pp. 164-165）

嬰兒與照顧者的特質都會影響依附關係的發展，照顧者敏銳感受到嬰兒的需要有助於依附過程發展（Newman & Newman, 2015; Papalia & Martorell, 2015）；雖然研究顯示在依附過程裡，照顧者給予正向回應且滿足其需要可以克服嬰兒特質，但是易怒嬰兒的依附過程可能更困難一些（Berk, 2016b）。

依附的長期影響 一項回顧性研究檢視 63 篇探討親子依附對孩子之後的同儕社會關係發展的影響（Schneider, Atkinson, & Tardif, 2001）。研究發現孩子與照顧者早期的安全依附關係，會使孩子成長後與同儕有較多正向社會互動及更親密友誼。當兒童學會信任與正向互動，之後他們就會運用這些技巧發展其他的社會關係。

自我概念、自尊及增權　　LO 6

所有個人印象形成都與他們如何看待自己有關，幾乎每個人都會發展出關於他所認為的自己的獨特理論。個人自我「獨特的屬性與特質」、「正向與負向」兩者的個

人印象稱之為**自我概念**（self-concept）（Sigelman & Rider, 2012, p. 348）。人際印象與自我概念有關，稍早在 Carl Rogers 的自我理論已經討論過，還有一個相關見解——**自尊**（self-esteem），自尊與個人對自己價值的判斷有關。

自我概念是心理健康文獻中重要的議題，自我概念改善經常被視為有適應問題者的治療目標及增權方法。正向的自我概念，使人持續工作、生活、努力而且與他人正向互動，對兒童及成人皆然。換句話說，一個人必須覺得自己夠好才能繼續生活及有創造力，兒童亦然。

自我概念是一個抽象的概念，很難確實解釋其內涵，但自我概念卻是個人能力的重要因素；實際上各年齡層的人們，都需要覺得自己不錯，才會有自信並過得快活。

理論學家強調自我概念的社會意涵，並且加以標籤為「個人與社會交集的觀點」（Markus & Nurius, 1984, p. 147），兒童中期是兒童面對社會期望與要求的時期；他們更察覺社會環境的重要性，並且開始評估自己如何適應。

自尊或自我價值（self-worth）議題的探索來自 Harter 的研究（1987, 1988, 1990, 1993, 1998, 1999, 2006），他假設孩子會使用兩種方式發展出**普世的自我價值**（global self-worth），第一，自我價值是基於孩子有多麼滿意他們自己；第二，自尊則視他們從周遭環境接受到多少社會支持而定。大約 5 歲時，孩子會建立正面或負面的自我知覺，但是直到 8 歲前，他們沒辦法描述這種知覺（Papalia & Martorell, 2015）。

為了探討自我價值，Harter 以小學兒童為對象，調查他們對生活周遭五個面向的滿意與自信，第一，學業成就，包括孩子自覺學業表現；第二，運動表現，孩子們自覺運動實力；第三，社會表現，孩子們覺得自己有多受歡迎；第四，行為表現，孩子覺得別人如何看待自己的行為；第五，身體表徵，他們覺得自己有多麼迷人以及具備特別的身體特徵（如身高、體重、髮色或姣好面貌）；此外，Harter 針對孩子們的普世自我價值觀點提出調查。

Harter 研究之重要發現有三點：第一，影響自尊的重要變項是孩子自覺周圍能獲得多少正向的回應，最重要的人是父母與同學，其次是朋友與老師。有趣的是孩子認為同學比朋友重要，也許他們從不親近的同儕感受到較大的社會壓力及痛苦的批判經驗。也很有趣的是，各年級孩子都認為父母的重要性高於其他人；矛盾的是，當孩子逐漸成長，同儕變得更重要而父母卻越來越沒地位。

第二點，年幼的孩子（三至五年級）與稍年長的孩子（六至八年級）最重視身體外表，品行最不重要。

第三點，關於自我價值與情感的關係，孩子持有更正面整體性的自我價值，會更快樂一些；他們對活動參與度也較高、對自己的信念有信心、會表現更高層次的自信、對批評也較能掌控。那些整體自我價值較差的孩子較不快樂、悲傷甚至沮喪；他

們在活動中較退縮，寧可在旁邊觀看，對自己也有較多批評及更易有挫折感。研究顯示強化孩子的自尊相當重要，特別是那些極低自尊者。

重要議題與生活事件

接下來將討論影響兒童的幾項議題及生活事件，選擇這些議題的理由是因為對兒童有重要影響，且在社工人員實務中經常會面臨到，這些議題有：智力測驗，與相關潛在問題及文化偏見；智力失能（智能障礙），學習障礙；以及注意力缺損過動症候群。討論內容著重在特徵及治療。

智力及智力測驗　　LO 7

智力（intelligence）可被界定為了解、學習及處理新的、未知情況的能力，並非指天生智商。試著推敲及澄清其定義，其範圍從最初測量頭圍的**顱相學**（phrenology）到一系列特定的心智能力（如空間關係的理解、速度概念、記憶、言詞流暢、推理、數理能力及口語能力）（Thurstone, 1938）。

Cattell 的變動與具體化智力

Cattell（1971）提出兩種不同的智力模式──變動與具體化智力；**變動智力**（fluid intelligence）是一種個體處理高度概念性問題和其他問題、記憶事實、對眼前事務的專注與數字計算等的天賦，這類智能是與生俱來的；**具體化智力**（crystallized intelligence）則強調口語溝通與透過社會環境中的教育及互動所學習的智力，例如，個人語言學習或字彙增加，個人也可能透過經驗獲取新知與從所學獲益。

Sternberg 的智力三元理論

Sternberg（1984, 1985, 1986, 1987, 1990, 1996, 2000a, 2000b, 2004, 2008, 2009）提出人類智力的三元理論（triarchic theory of human intelligence），強調行為產生的背景；他相信智力包括三要素，這些要素與個人適應行為有關，意即與個體的自我環境有重要關係。

Sternberg 模式強調人們思考內容的重要性，智力的三項元素為成分的、實驗的與脈絡的，**成分**（componential）元素是指人們的思考及處理、分析資訊以解決問題，並且評估結果；這項元素較高的人，智力測驗分數較高，且擅長爭論及有系統的辯論。

Sternberg 第二項智力要素──**實驗性**（experiential）元素，係指個人確實執行任務，是有洞察力的，能夠以創新、創造力的方式結合所有資訊。例如，Einstein 將相

對論加以概念化。

Sternberg 第三項智力要素——**脈絡**（contextual）元素，係指人們如何確實適應環境，在個別情境中，涉及人們所學習的知識以及如何運用這些知識。

智力測驗

目前對於智力並沒有絕對明確的定義。因此以更廣泛的概念來看待智力與智力商數之間的關係是很重要的，目前共同認定的說法為智商（IQ），許多人誤以為智商代表個人所擁有的智力數量，這並非真的，智商其實僅僅代表個人與他人相比較之下，在某個特定的智力測驗表現有多好。智商包含兩方面，其一是個人在特定測驗中所獲得的分數，另一方面是個人在同儕團體中的相較位置。

智力測驗可以採用團體與個別施測，許多學校基於節省經費及時間，多採用團體測驗，然而個別施測較精確且更貼切需求。常用的測驗如斯比測驗及魏氏智力量表。

斯比測驗　斯比測驗（Stanford-Binet Test）是最普遍的智力測驗，1905 年首次使用，此後並繼續修訂；學校經常採取用這項測驗來認定入學、年級編班與潛在性學業成就。

斯比測驗適用施測年齡為 2 歲到成年後期（Coon & Mitterer, 2011; Roid, 2003），測驗內容包含**語文**（語言的使用及了解）與**非語文**（nonverbal，非使用語言的問題解決與思考方式，如畫圖）等部分（Roid, 2003）。

因為過度強調語文能力，過去斯比測驗常遭人批評；對於那些基於某些因素語文能力不足的孩子，無法測出他們真正的智力。新版的修改包括減少語文能力，增加較多的推理，例如，過去語文評估時會要求名詞解釋如**香蕉**（banana）或**鉛筆**（pencil），如今改用複雜繪圖以測試思考能力；並且修訂得更平均以符合廣泛不同地區、種族、性別群體的使用。新近修訂偏重「英文能力有限、聽力障礙或溝通障礙」者的非語文表現（Roid, 2003）。

魏氏智力量表（Wechsler Intelligence Scale）　常用魏氏智力量表分成魏氏成人智力量表第四版與魏氏兒童智力量表第四版（Kalat, 2011）。

特殊需求目標

也許針對特定需求為目標實施智力測驗時，是最有效益的；例如，將智力測驗運用在鑑定資優者與認知失能者（過去稱智能障礙）。

資優者（gifted people）　有許多鑑定資優的方式，依據 No Child Left Behind Act 之觀點，關於資優與有才華孩子是「證實在某些領域具有較高的成就能力，如智力、創造力、創造性、藝術或領導力，或其他特定學術領域，學校應該針對這些才能加以發展」（National Association for Gifted Children [NAGC], 2016a）；大多數資優的

定義顯現出五項特點（Friend, 2011, p. 470; Hardman, Drew, & Egan, 2014; P.L. 95–561, Title IX, [a]; Reis & Housand, 2008, p. 66; Smith & Tyler, 2010, p. 468），如下：

1. 智慧力（intellectual ability）：智慧力是指了解、學習、處理新的未知情況的能力。
2. 特定學術領域（specific academic aptitude）：資優者在某些學術領域優於他人，包括學業如數學、科學、語文表現與社會科學等。
3. 創造性或豐富的思考（creative or productive thinking）：創造性包含「創新、獨創、豐富的、與想像力以及流暢、彈性、仔細、原創之思考能力」（Friend, 2011, p. 471）。豐富的思考係指所提出的想法是非常有效、實際或可應用的。
4. 領導能力（leadership ability）：「領導係指個人影響團體成員達成共同目的的過程」（Northouse, 2013, p. 3）。一個資優者可能額外擅長影響別人。
5. 視覺與表演藝術（visual and performing arts）：資優者也可能擅長藝術，他們可能特別擅長視覺表現如繪圖或雕塑，或者也可能在戲劇表演或體能活動相當傑出。

可以確認的是，資優者的才能或天賦可能是天生的。

關於智商的其他潛在問題

僅憑智力測驗分類人們是有問題的。原因之一是文化差異，另一是智商的定義相當獨斷，智商反映出人們在智力測驗的成績，但無法提供真實世界能力的可靠指標。

另一個與智力測驗有關的問題是，測驗分數會將人們標籤化，成為自我實現的預告；分數低者可能停止發掘潛能，高者可能有不適當的優越感，甚至態度傲慢，值得大家注意。

另一個潛在問題是沒有把動機列入考量，比起那些高智商卻無動機的人，低智商者努力工作，其動機促使他達到較高的成就與成功。單純擁有能力未必意味會去運用。

關於個體人格、社會互動能力與社會適應，並不直接與智商有關，實際上，智商只是一個人的某一面向而已。每個人的人格由各種優勢與弱點組成，每個人都是獨特個體，具有值得被賞識的價值與品格。

智力失能與增權　　　　　　　　　　　　　　　　LO 8

智力失能（intellectual disability）〔過去稱為**智能障礙**（mental retardation）〕是指到成年期時智力明顯低於平均值，伴隨適應功能缺損的狀態（American Psychiatric

Association [APA], 2013a, 2013b），使用智力失能與智能障礙這兩個用語有兩點值得注意，第一，比起智能障礙，智力失能較少負面意涵；第二，智力失能則視人們過去失能之前曾經擁有，例如，智力的、精神的，或者認知改變，我們應尊重他們享有平等的權利與尊嚴。

就某種程度而言，智力失能者無法像他們的同儕一般，在智力上快速掌握概念與功能，智力失能的確實盛行率並不清楚，以下將定義智力失能、重要支持系統。

智力失能定義

DSM-5（APA, 2013a）對**智力失能**（過去稱為智能障礙）的定義有三個部分，第一，個人的智力測驗分數低於平均值，雖然在測定上過去是以智力測驗為準則，現在則尚包含「臨床評估與個別化、標準化的智力測驗」（APA, 2013a, p. 33）。一般而言，智力失能者的智力程度至少落在正常值兩個標準差之下，意即智商約在 70 或更低（APA, 2013b）。

第二，智力失能定義應包含**適應功能**（adaptive functioning）損傷。也就是，個人如何看待自我狀況、與他人互動以及日常生活活動自理（APA, 2013a）。適應功能包含三個層面——概念的、社會的與實踐的（APA, 2013b）。**概念的**（conceptual）層面即思考、記憶、解決問題與完成學業的能力；**社會的**（social）層面包括與他人溝通、建立關係，以及了解他人情緒與其他需要；**實踐的**（practical）層面即必要的日常生活管理，例如，自我照顧與個人衛生、擁有工作、金錢管理、完成其他教育與工作責任。

第三，智力失能定義主要鑑定或診斷「在發展時期」的情況，也就是在成年期之前（APA, 2013b）。在過去意指 18 歲，但目前則有其他因素如適應功能列入考慮（APA, 2013b）。

依照智力測驗分數（APA, 2000, p. 42），傳統上所認定的認知障礙有四類：

輕度	智商 50-55 到 70
中度	智商 35-40 到 50-55
重度	智商 20-25 到 35-40
極重度	智商低於 20 或 25

每一類反映出不同的智力測驗結果，施測時有 5% 誤差率，適應功能也應列入重要考慮（APA, 2000）；例如，智力測驗 40 分卻嚴重適應能力不足的人，可能被歸類「重度」；然而另一個也是 40 分卻有許多適應優點的人，則可能被歸到「中度」類別。

> **倫理議題 3.1**
> 智力失能者有權利生育孩子嗎？

支持系統增權的重要性

除了強調適應技巧外，評估滿足個體需求的支持系統配置與強度——「間歇的」、「有限的」、「廣泛的」或「普遍的」，也相當重要（Hallahan, Kauffman, & Pullen, 2009, p. 148; Kirk, Gallagher, Coleman, & Anastasiow, 2012; Lightfoot, 2009a）。**間歇的支持**（intermittent support）是指當有需求時，只是偶爾提供支持；人們只需間歇性支持即可維持良好功能，他們只是偶爾會需要家人、朋友或社會服務機構給予協助；此種支持較常發生在壓力或生命過渡期（如健康危機或失業）。**有限的支持**（limited support）是指密集協助，或在有限時間內教導特定技巧的訓練，如工作技巧，或重要生命過渡期（如搬離父母家）的協助。**廣泛性的支持**（extensive support）是長期持續的支持，通常是針對每天例行，且會影響家庭及工作的面向。最後是**普遍性的支持**（pervasive support），是持續的、一致性且集中，人們需要普遍性的支持才能繼續生存下去。

當確認需求層級時「必須切記不可限制智力失能者的發展計畫和機會」（Kirt et al., 2012, p. 180）。他們可能在很多方面是有優勢的，應持續探索和運用這些優勢。

支持系統觀點至少在以下四方面符合社工人員的價值（DeWeaver, 1995），第一，不用輕度、中度、重度或極重度認知障礙來標籤人，強調他們只是功能及自我實現都需要他人不同程度支持；要看他們在別人協助下能做什麼，而不是他們不會做什麼。第二，反駁唯獨重視醫學標籤與相關議題，當你能做些什麼來幫助這群人，醫學標籤不必然有用。第三，支持系統觀點強調應該將智商評估轉變為適應技巧的評估。第四，基於強調個人優勢，評估過程應注意種族、文化及語言的差異與特性。

鉅視系統對智力失能者的回應

對智力失能者的有效方案取決於政府財源的支出政策，並且影響社會工作實務。政策決定財政規劃及所提供服務等法規，社工人員僅能在法規體制內提供協助。我們再一次看見政策對社會工作實務的影響。政策規定機構如何使用預算以及提供的服務，社會工作人員必須在體制內運作。

針對智力失能者方案規劃及提供服務時，我們提出兩項重點：去機構化及社區基礎服務。智力雖然是影響日常生活及能力的重要變項，但只是影響人們生活的因素之一；有限的智力會減少某些個人選擇，然而其他的抉擇也可以創造豐富、滿意與自我實現的生活。社工人員的基本任務應該協助確定選擇及衡量每個選擇的不同結果。

去機構化 去機構化（deinstitutionalization）係指針對有重要照護需求者（如智力失能者、身體障礙或精神疾病）從結構式機構重新安置到典型的社區環境。其假設為支持性社區基礎的服務與資源可以取代機構、滿足人們的需求。

有許多支持去機構化的理由（Segal, 2008）。首先，眾多文獻記載機構生活令人壓抑；第二，機構化的生活成本高；第三，研究文獻持續證實全然的機構化經常是無效的；第四，社會價值觀逐漸重視所有公民的權利，包含智力失能者，機構化嚴重約束了公民權利；第五，除了將其安置在大型機構外，已另外發展出其他協助服務政策。

去機構化最令人擔心的是缺乏充裕的資源以提供足夠的服務與機構外的照顧（Hallahan et al., 2012; Segal, 2008）。去機構化若是要達到有效運作，社區國家等鉅視系統必須投入足夠資源以支持人們各樣的需求。

社區基礎服務 假如將智力失能者從機構移出，後續又該將他們安置到社區的「何處」呢？Hallahan 與其同僚（2012）提出**社區住宅設施**（community residential facilities, CRFs），又稱社區基礎的住宅設施（community-based residential facilities, CRBFs）是

> 團體家屋……在「家屋父母」指導下提供小團體住宿（約 3-10 人），此設施可能是永久性，也可能是個人預備獨立生活前的暫時安置。無論如何，比起大型機構，CRF 是更正常的環境，足以提供獨立生活技能之指導。

與社區基礎服務有關的重要概念是**正常化**（normalization），意即智力失能者的環境安排應該盡可能「正常化」，他們的生活應該盡量如同所有的「正常」人。

倫理議題 3.2

智力失能者應回歸主流（整合到常規學校班級）或提供特殊教育以符合其特殊需求？又有哪些利弊？

社會工作角色

針對智力失能者或其他發展障礙者，社會工作角色具有**使能者**功能，協助智力失能者及其家屬做決策及解決問題；社工人員也是**仲介者**，連結案主日常所需資源（如交通、就業、團體家園）；另一個重要角色是**教育者**，智力失能者可能需要就業、人際關係甚至個人衛生等資訊，社工人員也可以是**協調者**，協調管理案主所需的支持性服務。

社工人員也可以扮演鉅視系統的執行角色，作為**一般性管理者**（general managers），在機構中發揮提供案主及家屬服務的行政功能，評估服務效益、案主真正的需求等。最後，社工人員還可以是**主動者、談判者**與**倡導者**，當社區及政府未能提供所需或有效服務時，可以透過與機構、社區和政府等鉅視系統的倡導運作，改變政策使案主取得他們所需。

學習障礙　　　　　　　　　　　　　　　　　　　　　　LO 9

學習障礙（learning disability）普遍定義有二種方式──美國聯邦政府定義與學習障礙聯合會（National Joint Committee on Learning Disabilities, NJCLD）（Friend, 2011; Hallahan et al., 2012）。聯邦政府定義如下：

> 特定學習障礙意味著了解或使用語言的一種或多種基本心理過程障礙……明顯表現在傾聽、思考、說話、閱讀、書寫、拼字或數理計算等能力不完整，包括概念的失能、腦部損傷、輕微腦功能異常、閱讀困難，與發展性失語症……不包含原有視覺或聽覺或動作障礙、精神障礙、情緒困擾或環境、文化、經濟損傷。（Individuals with Disabilities Education Act [IDEA], 20 U.S.C. §1401 [2004], 20 CFR §300.8[c][10]）（U.S. Department of Education, n.d.）

NJCLD 是一個由許多學習障礙學生輔導機構所組成的組織（Hallahan et al., 2012），NJCLD 認為聯邦政府的定義有些不足（Hallahan et al., 2012）。第一，聯邦政府未提及原因，NJCLD 認為原因是「個人的中樞神經系統功能障礙」（p. 187）。第二，沒有提到成年人，事實上學習障礙是終身的狀況。第三，聯邦政府的定義並未指出學習障礙者經常面臨與他們行為相關的困難（包括問題解決）以及社會互動困擾。第四，有些定義很難懂（比如概念化障礙或輕微腦功能異常）。第五，NJCLD 認為拼字的定義被掩蓋在寫作之下。第六，未注意到學習障礙者經常伴隨其他失能（Friend, 2011）。

因此，NJCLD（2010）針對學習障礙定義如下：

> 學習障礙是一般性詞彙，可視為混亂失調的異質性群體，在傾聽、說話、閱讀、推論思考、數學的能力都呈現困難。這些混亂失調是個人本身的，推測原因係中樞神經系統失調，終其一生都有可能發生。學習障礙可能伴隨出現其他障礙（如感覺障礙、精神障礙、嚴重情緒困擾）或者外在影響（如文化差異、不適當的指示）。

此二者的定義都很複雜難懂，Friend（2011）將學習障礙特徵概述如下：

- 學習障礙是個人本身神經生理造成的，某些障礙原因係腦部功能失調而非

經驗不足或教學素質差等外在因素。
- 學習障礙顯現出非預期的學業成績低落。
- 學習障礙並非其他障礙或問題所導致。

學習障礙不同於其他智力失能或情緒困擾。更甚者，學習障礙在處理某些類型的訊息時完全崩潰，既無法理解吸收也不能運用這些訊息去溝通或參與活動。**多元化思考 3.1** 說明其他影響孩子的障礙。

多元化思考　3.1

其他影響孩子的障礙

發展障礙者常處於受壓迫、差別待遇、輕忽、嘲笑與拒絕公平權利的危機。智力失能與學習障礙是眾多影響孩子的其中二項障礙，接下來將要描述其他障礙，包括自閉症、腦性麻痺、聽覺問題、視覺問題與癲癇。

自閉症（autistic spectrum disorders, ASDs）「有顯著社會、溝通與行為的挑戰」（CDC, 2016）。自閉症者腦部的處理訊息方式與別人不同，此障礙從3歲之前出現直到終身。自閉症者的特質是強烈的內在主導與其他症狀（CDC, 2010b），包括社會技巧困難，如溝通問題以及缺乏對他人的正常情緒反應，如依附。他們無法討論自我感覺或察覺他人的感覺；也會避免與他人眼神接觸與身體接觸，經常出現感覺扭曲，就像對疼痛反應不足，對聲音過度反應。他們會表現重複的行為，自我刺激的動作與行為例，如拍手、旋轉身體，或前後搖晃。

腦性麻痺（cerebral palsy, CP）是一種肌肉控制與協調問題的失能，通常源自出生前或者出生時，或者1歲左右時，腦部的肌肉控制區受到損傷所導致。肌肉張力差異可能導致動作僵硬與困難、抽搐、不平衡，或鬆軟下垂。視損傷程度而異，缺乏平衡感、行走困難、震顫、非自主動作、精確動作問題，也可能出現說話或進食的困難。

聽覺問題（hearing problems）係指嚴重聽力損傷或全聾。通常起因於任一側耳朵功能無法正常有效的運作。至少有50%具有聽力問題兒童源自基因問題，25%起因自「母親懷孕期間的感染、出生後併發症，以及頭部創傷」，另外25%則原因不明（CDC, 2015b）。嬰兒期症狀有對聲音無回應，幼童則出現語言遲緩。

視力損傷（vision impairment）「意味著視力不在〔正常〕範圍，其原因通常為喪失視敏度，眼睛無法像一般人清楚看見物體。也可能因為視野缺損，如果不移動眼睛或轉頭就無法看到如平常寬廣的範圍」（CDC, 2015）。

癲癇（epilepsy）因中樞神經系統電流節奏錯亂產生各樣障礙，明顯抽筋發作。症狀程度有可能從無意識類似白日夢到嚴重抽搐。

多重失能（concurrent disabilities）也很常見，例如，智力失能者同時可能有聽力損傷和／或癲癇。

學習障礙的共同問題

雖然「學習障礙者通常擁有平均值或超過平均的智力」，他們卻可能面臨一方面或多方面的弱點；學習障礙可能包含認知、學業，或社會的／情緒的獨特性（Friend, 2011, p. 133）；每個人都是獨特個體，可能經歷某一方面或同時有多方面的困難。

認知獨特性 包括「注意力、知覺（perception）、記憶」（Friend, 2011, p. 133），以及訊息的組織與歸納（Smith & Tyler, 2010）。學習障礙者在注意力上有困難，他們很容易因有人在走道講話或馬路上車輛雜音而轉移注意力；他們難以區辨當下環境中何者是重要何者不是，哪些是他們該注意、哪些可以忽略。

第二項認知的獨特性為知覺困難，「知覺（perception）不僅與學生的看或聽有關，更是大腦在他聽、看後如何詮釋與行動。例如，一個視覺知覺困難的學生可能完全看得見頁面上的字，然而要求他念出來時，他可能會省略掉某些部分」（Friend, 2011, p. 133）；有些情況某些學生可能知覺到項目或符號與實際顛倒相反。

知覺困難也包含空間關係的理解，也可能距離判斷錯誤。感官困難還包括聽覺功能困難，某些孩子難以專注聽取他人所說，問題在於傳遞意義最重要的聲音，有些孩子則無法分辨這個聲音與那個聲音的差別，例如，把 bed 聽成 dead，導致孩子感到混亂，且無法了解他人的指示。另一困難是孩子無法依照正確順序記起他們所聽到的，當他們被告知做某事，卻無法理解正確的次序，他們對於序列記憶感到困難（例如，一年中月份順序）。

第三項知覺困難為記憶與回憶。孩子無法正確回想起他們所看到或聽到的訊息，他們經常拼錯字。

第四項知覺獨特性是對所接收的訊息缺乏組織能力，**組織**（organization）包含重新記憶與歸納所需要的「分類、聯想與順序」（Smith & Tyler, 2010, p. 164）。**普遍化**（generalization）係指將所學習的運用到新的情境裡，例如，假設英文課你已經學會如何組織訊息並且寫一篇文章，你應該也可以將此技巧普遍化，在社會福利政策課程寫一篇文章。

學業獨特性 學習障礙者在學業表現困難更加明顯，出現「閱讀、口語、書寫、數學或綜合任一項」（Friend, 2011, p. 134; Hallahan et al., 2012）。學習障礙者大部分共同問題是學業成就紅字。

某些學生有閱讀困難，他們無法掌握字彙的意義或文法，無法理解所閱讀的文章，也無法回答與文章相關的問題。

另一項學習障礙者的困難是口語（oral language），他們很難「正確發音以造句」（Friend, 2011, p. 134）。他們無法掌握文法、區分類似的字、理解字彙的意義或快速參與對話（Friend, 2011）。他們很難說出想說的話，有時候會忘記他想要說的字

彙，有些人無法有意義地說故事或陳述一個事件讓他人聽懂理解。

書寫（written language）問題如拼字、發音、使用大寫或字彙型態（如所有格與動詞時態）等困難（Friend, 2011）。

另外有些學習障礙者面臨數學困難，如基礎數學、分數、計算、測量、乘法或幾何都無法理解（Friend, 2011; Hallahan et al., 2012）。

學習障礙者也具有**社會情緒獨特性**（social emotional characteristics），這提高了社交與情緒困擾（Friend, 2011; Hallahan et al., 2012; Smith & Tyler, 2010）。「例如，學習障礙孩子有較高危機面臨沮喪、社會排斥、自殺意念與孤寂（Al-Yagon, 2007; Bryan, Burstein, & Ergul, 2004; Daniel et al., 2006; Maag & Reid, 2006; Margalit, 2006）」（Hallahan et al., 2012, p. 149）。

學習障礙的原因

多數學習障礙的原因都是不明的，如同先前討論過的一般認為是神經功能異常（Hallahan et al., 2012）。

潛在因素有三類（Hallahan et al., 2012），第一是基因遺傳因素（Friend, 2011; Smith & Tyler, 2010），似乎在某些家庭裡更常出現學習障礙，可能起因自遺傳或家庭暴露在某些致病媒介環境；第二是**先天畸形**（teratogens）（如藥物導致胎兒畸形）可能造成學習障礙。營養不良或含鉛塗料中毒也可能導致學習障礙（Friend, 2011）；第三，健康狀況如早產或愛滋寶寶，可能直接與學習障礙的發展有關（Hallahan et al., 2012）。

學習障礙對兒童的影響

學習障礙對孩子心理有許多影響，包括習得無助感、低自尊，與缺乏社交能力，**習得無助感**（learned helplessness reaction）是學習障礙者的回應方式之一（Friend, 2011; Hallahan et al., 2012; Smith & Tyler, 2010）。這些情況導致孩子失敗之後不再嘗試學習，他們開始依賴他人的幫忙。換句話說，他們喪失學習動機逕而放棄。孩子可能以此來逃避其他有能力完成的事情，例如，母親要求女兒寫作業，女兒回答「哇，媽，我不知道怎麼做。」女兒有閱讀上的學習障礙，她的家庭作業是算數，跟同儕相比她並非沒能力完成。然而因為學習障礙，在母親的眼裡她被認為沒有能力，因此母親並沒有要求女兒寫作業。

另一格學習障礙者的反應是**低自尊**（low self-esteem）（Friend, 2011; Smith & Tyler, 2010）。這些孩子很可能看到其他孩子做他們不會的事情，或者被他人嚴厲批評，老師與父母可能對孩子的無能力表現出一點兒不耐煩與挫敗，孩子更有可能將失敗內化，覺得自己比別人差，造成低自尊。

研究顯示學習障礙兒童經常受缺乏社交能力所苦（Burden, 2008; Friend, 2011; Gumpel, 2007; Smith & Tyler, 2010）。「**社交能力**（social competence）是一種對社會情境的覺察與詮釋，然後產生適當的社會回應，以及與他人互動的能力」（Smith & Tyler, 2010, p. 166）。我們已經確認某些社會情緒學習障礙與適當地跟他人互動溝通之障礙有關聯，此將影響學習障礙者的社交能力，意即受歡迎度。

　　值得注意的是，並非全部或者大部分的學習障礙者都會經歷這些負面情緒及社會影響，學習障礙者類型廣泛且高度的個別化，許多學習障礙的孩子相當快樂，適應良好，且為大家所喜歡（Meadan & Halle, 2004）。多半係因同學、老師與其他專業人員建立了正向支持性的學校及家庭氛圍。

　　學習障礙的長期影響是什麼？某些學習障礙者可能延續到成人時期，經歷到工作及社會適應問題。然而，他們會如何被對待和接納，主要是根據他們成年後能自我妥善處理和完成相關事務的狀況而定。他們的適應技巧與動機也十分重要，以下是成功過渡到成年時期的最佳預告：

- 「極強的堅韌度
- 為自己訂定目標的能力
- 對於弱點理解接納同時建立其優勢強項
- 獲得朋友與家人之高度社會支持網絡
- 受到即時與長期的教育介入
- 高品質的工作或中學畢業後職業訓練
- 支持性的職場
- 能夠控制自己的生活」（Hallahan et al., 2012, p. 162）

學習障礙的介入

　　學習障礙的處遇有兩方面，一是教育環境與計畫，二是父母、其他家人與其他社會機構的處遇。

　　學習障礙孩子的教育處遇焦點在發展個別化的特殊教育方案，強調孩子的優點及小看他的缺點，例如，視知覺障礙孩子，可能聽覺勝過視力，與其閱讀課本不如聽課本的錄音帶。

　　至於教育內容，個別化教學有認知訓練與直接教導這兩項重要方法（Hallahan et al., 2012, pp. 151-154）；**認知訓練**（cognitive training）是教導學習障礙孩子改變思考模式的方法，強調三項策略：「(1) 改變思考過程；(2) 提供學習策略；(3) 教導自我主動」（p. 151），重點在改變思考模式而不是外顯可見的行為。

　　特殊的認知訓練技巧是**自我教導**（self-instruction），是使「學生應察覺問題解決

任務之各個階段,當他們要執行前應受口語控制才付諸行動」的過程(Hallahan et al., 2012, p. 151)。旨在藉著將問題分解成一連串步驟,使孩子可以仿效,然後小心督導,直到孩子學到整個過程,藉以發展孩子處理問題能力。例如,學習如何解決數學文字問題的五個步驟有「大聲說出問題,找出重要的字並且圈起來,畫圖有助於解釋發生什麼事,寫下數學句子,然後寫下答案」(Hallahan et al., 2012, p. 152)。

第二項個別化教導方式是**直接教導**(direct instruction),通常用於改善數學與閱讀技巧,強調訓練與練習;直接教導的重點「不但要最大量指導更要重視指導品質」(Friend, 2011, p. 152)。透過小團體教學,老師提供孩子清楚特定的課程,以及立即性回饋,糾正錯誤答案與讚美正確答案。

此外,學習障礙孩子也需要家人及其他社會機構協助,這些有助孩子的教學方式也可以應用在社會環境中,例如,對教育及社會環境兩者,建立自尊與正向自我概念都相當重要(Raines, 2006)。首先強調孩子正向的行為,問題很容易被看到,但是好的行為與才藝卻經常被忽視。其次,應該讓孩子感受到被愛,因為他們就是他們,並不是因為他們的行為;第三,交付孩子有能力完成的工作以培養建立他們的信心;第四,避免跟別人比較;第五,清楚的行為準則有助孩子了解何者可被接受、何者不行,將會較少犯錯。

增強學習障礙孩子家庭的社會功能也是一種處遇方式,教育學習障礙孩子與周遭的人去了解他們所無法達成的事,並調整期望,對雙方都有助益。個別與家庭諮商可以改善溝通,促進家庭成員了解他人對於障礙的觀點。

注意力缺損過動症　　　　　　　　　LO 10

對於學齡兒童還有一個重要且普遍的情況值得注意,亦即**注意力缺損過動症**(attention deficit hyperactivity disorder, ADHD),這是一種精神的診斷,12 歲之前發病,出現學習與行為問題之症候群,特徵是持續的不專心、過度的身體活動、在至少兩種以上環境中表現衝動(包括家裡、學校、工作或社會環境)(APA, 2013a)。估計罹患注意力缺損過動症學童比率占 5%,成人約 2.5%(APA, 2013a)。值得注意的是,「注意力缺損過動症經常同時合併其他行為或學習問題,例如,學習障礙或情緒或行為困擾」(Hallahan et al., 2012, p. 182)。罹患注意力缺損過動症之男女兒童比率為 3:1(Barkley, 2006; Kail & Cavanaugh, 2013)。

注意力缺損過動症定義有幾方面,第一,症狀出現在 7 歲之前;第二,多重發生模式,不只是在單一的情境或單一某人,也包含不必然與某個特定背景有相關的不可控制行為。最後,注意力缺損過動症具有三種行為特質。第一是**不專心**

（inattention），行為症狀有做事混亂、漫不經心、經常搶先、容易分心、討厭需要專心與費力的事情、任務與活動組織力非常困難、很難持續溝通。第二是無法控制的**過動**（hyperactivity），「長時間坐或集中的能力缺損」（Smith & Tyler, 2010, p. 203）。幾乎持續地在動、扭動或坐不住、很難專注靜態活動、話說個不停。第三是**衝動**（impulsivity），特徵是極度沒耐性、難以等候輪流、經常打斷與干擾。

注意力缺損過動症的處遇

過去二十多年來使用藥物（如 Ritalin）來治療注意力缺損過動症，用於刺激大腦不正常過動與衝動行為的部位（Kail & Cavanaugh, 2013, p. 227）；然而關於長效藥物之效用引起某些質疑（Hardman et al., 2014; Kail & Cavanaugh, 2013）。常用治療方式有家庭處遇及針對藥物治療搭配特定的治療。

另外，注意力缺損過動症孩子的治療技巧，包括給予高度結構化的學校環境，將分心刺激品減到最少。例如，隔音教室，將孩子隔絕在沒有刺激物的小房間；老師鼓勵學生集中精神，結構式地進行身邊的任務。

行為矯正對於注意力缺損過動症孩子也有幫助（Friend, 2011），強調具體指出與增強好的行為，並且監督與建構每個行為的結果，減少壞行為。

Friend（2011）指出藥物治療前應注意因素如下：

- 「孩童的年齡
- 在其他處遇前使用將會影響孩童行為
- 父母與孩童對於服藥的態度
- 症狀之嚴重度
- 在家庭內成人的監督下使用藥物，確認依照醫囑規律服藥」（p. 182）

社會工作角色

關於注意力缺損過動症與學習障礙案主的社會工作角色類似於智力失能案主之服務角色；社會工作人員作為仲介者，有協助資源連結的功能，倡導者角色是去影響鉅視系統，以正向改變對於那些不符合案主需求的服務。

CHAPTER 4

嬰兒期與兒童期的社會發展

基本概念

　　完成基本社會發展里程碑和重大生活事件，會對個體發展以及個體對環境的因應有深遠影響。家人和同儕的中視系統會深深影響兒童的成長、發展和行為。兒童期的社會互動為成人期時社會人格養成的根基。兒童和父母並不是與世隔絕，鉅視系統環境之社區、政府、機構，可提供必要資源來幫助家庭處理，並解決兒童經常面臨的問題；社會環境中鉅視系統不是協助就是阻礙家庭成員發揮潛能。

人類行為與社會環境
Understanding Human Behavior and the Social Environment

學習目標

在本章，我們將會協助學生：

LO 1　解釋社會化的概念

LO 2　家庭環境分析（包括各類家庭結構、正向家庭功能、追求鉅視系統與社會經濟公平、家庭動力）

LO 3　家庭系統理論概念運用

LO 4　家庭生命週期評估

LO 5　探討學習理論

LO 6　學習理論之實務運用〔包括正增強、處罰、應用學習理論相關議題，與暫停增強（time-out from reinforcement）〕

LO 7　影響兒童的共同生活事件（包括兒童家庭治療、手足次系統與性別角色社會化）

LO 8　評估社會環境的相關觀點（包含與同儕團體相處之社會觀點、霸凌、電視與傳媒之影響，以及學校環境）

LO 9　檢視兒童虐待〔包括發生率、兒童身體虐待、兒童疏忽、心理（精神）虐待、兒童保護系統、兒童虐待與性侵害之處遇方式，以及創傷通報照護〕

社會化的概念　　LO 1

　　社會化（socialization）是兒童取得語言、價值觀、禮儀、規範、行為、社會期待和在特定社會下成長生存之必要複雜資訊過程。

　　雖然社會化終其一生都持續著，但主要發生在兒童期。兒童必須學習如何與他人互動。他們必須學習哪些行為是被社會接受的，哪些不是。例如，兒童應該學習至少大部分時間必須遵守父母的指導，必須學習如何向他人表達所需的飲食和安慰。另一方面，也須學習哪些行為是不合宜的，例如，打破別人的窗戶和對他人的眼睛吐口水是不被容許的。

　　正因為兒童一開始對社會一無所知，最重要的社會化過程便發生在兒童期，此時期正是日後建立態度、信念與行為的主要基礎。

家庭環境分析　　LO 2

因為兒童的生活是以家庭為中心，家庭環境便成為基本的社會化場域。家庭環境包含家庭內的氛圍和社會風氣。因為每個家庭都是由不同生長背景的獨立個體組成，所以每個家庭環境都是獨一無二的。環境的差異有許多方面，例如，社經地位就是一個明顯差異，有些家庭住在有 24 個房間的豪宅，除了休旅車外還擁有賓士（Mercedes）和運動休旅車（SUV），隨時吃得起明蝦前菜。而其他家庭只能住在兩房陋室，為了付 1998 年份雪佛蘭車的貸款而掙扎，每週還只能吃 4 次起司義大利麵。

本節將討論家庭環境的觀點，包括家庭結構的差異、正向的家庭功能、社會政策和社會力對家庭系統的影響，以及家庭系統理論原則的應用。

家庭環境中的成員：家庭結構的差異

當今美國家庭已經不再是由兩個首次結婚父母與他們的 2.5 個孩子幸福的共同生活，傳統核心家庭包括第一次結婚的異性戀父母，以及一個或更多的孩子，現代家庭更可能反映出多元複雜的結構與構造。

現代**家庭**的定義為「兩個或兩個以上的個人因血緣、婚姻、伴侶承諾或領養而共同生活者。」**家族排列**（family constellation）之定義為「描述一個家庭群組包含父母存在與否、人數、手足的間隔與性別，大家庭的其他成員存在與否的各種差異」（Newman & Newman, 2015, p. G-9）。

家庭是一個**初級團體**（primary group），定義為「具親近個人關係的人們，彼此間經常互動，就其群體成員之行為規範有共同期待，亦有同樣持續向前的動力和經驗」（Barker, 2014）。因此，身為初級團體的家庭成員，對彼此都有重要的影響。家庭成員對彼此具承諾和責任；此外，他們互動頻繁，通常住在一起。

家庭組成型態包含：完整雙親有子女或無子女家庭、單親家庭、隔代（祖父母）教養、混合家庭、繼親家庭、多元性別家庭（LGBTQ）、朋友或成年手足為節省生活費共同生活或相互分擔養育子女責任，或其他任何符合定義的家庭。我們針對某些型態定義如下：

單親家庭（single-parent family）是指雙親只有一方跟小孩住在一起，大約 85% 單親家庭由母親承擔家庭責任，大約 7% 孩童與祖父母同住，約 4.4% 與單一父母共同住在祖父母家中（Child Trends, 2015）。

繼親家庭（stepfamilies）是指父母之一或雙方帶著前任婚姻或結合關係的小孩住在一起，家庭成員可能包括了繼父、繼母和任何來自前一段婚姻帶來的孩子。此種家庭成員也可能包括目前婚姻所生的孩子，因半數婚姻會以離婚收場，繼親家庭非常普遍；當夫妻一方或雙方有一次以上婚姻或有不同婚姻關係的孩子，繼親家庭可能會變

得更複雜。

混合家庭（blended family）泛指任何居住在一起，相互承諾且如一般家庭功能運作的非傳統家庭外貌。這種關係可能沒有生物或法律連結，重要的是這類團體的**功能**（function）宛如家庭。

以下是從傳統型態來描述現代家庭生活特色的轉變：

- **晚婚或不婚**。現代的男人和女人結婚時間更晚。
- **未婚同居**。同性與異性戀未婚同居增加（Mooney et al., 2013）。同居意指兩個成年人共同居住且有性關係，沒有合法婚姻關係。
- **夫妻或伴侶未同住**。近來新現象出現已婚夫婦或「在一起」有情感與性關係的伴侶分住兩地。他們可能因工作關係分隔兩處，或有些人為了維繫個人自由，避免太親密相處經常摩擦而做此選擇（Mooney et al., 2013）。
- **單身女性生育率提高**。
- **高離婚率與繼親家庭增加**。
- **更多母親進入職場**（職業婦女增加）。

正向家庭功能

從家庭結構的廣泛性而言，很難去定義一個「健康」的家庭。然而，在評估家庭的效能時，至少有兩個重要概念，包括如何承擔**家庭功能**（family functions），以及家庭成員彼此如何溝通。

家庭功能包括了廣泛的照顧功能，亦即養育和兒童的社會化、提供物質和情感支持，以及家庭成員幸福責任。兒童必須被養育和教導，每個家庭成員都需要足夠的資源成長。另外，每個家庭成員也應在必要的時候互相求援。

「健康」家庭的第二個條件是良好**溝通**（communication）。溝通和自主是密切相關的概念；良好溝通包含即便與其他家人想法不同，也能清楚表達個人想法和感覺。另一方面，良好溝通也包括對家庭成員的需求和感受能敏銳察覺，促進家人間的妥協，也滿足所有家庭成員的重要需求。在促進自主性的家庭，每個人角色的界定和關係都很清楚，所有家庭成員都應對自我行為負責。在此情況下，家庭成員很少覺得有需要去告訴其他人要做什麼或「督促周遭他人」（第七與十一章將有更多關於家庭溝通的討論）。

協調與良好溝通及關係也有明顯相關，面臨決策與危機時，健康的家庭往往動用全體成員尋求共同利益。經由理性討論和妥協解決衝突，而非公開的敵意和衝突。假如一個家庭成員對某個問題很有意見，健康的家庭會以大家滿意的方式進行合宜溝通。不論健康和不健康家庭都會面臨衝突和意見相左，但健康家庭在處理衝突時更加

理性且有效率。

家庭的許多層面與變項被拿來比較評估，兒童依據他們所處家庭環境形塑社會化是最重要的概念，家庭教導孩童哪一類的處理方式最適當，孩童學習如何建立關係、掌握權力、維持人際界線、與他人溝通，以及自覺在整個家庭系統裡是重要的。

鉅視系統、家庭，和追求社會與經濟公義

家庭在兒童發展中提供了最接近與親密的社會環境，然家庭並非與世隔絕，而是持續與許多其他鉅視社會環境系統互動，家庭只能給予照顧和撫育，其他鉅視系統，包括社區和組織則提供家庭支持及增權。

例如，因為經濟不景氣導致失業遽增，如加徵營業稅的政策可能引發經濟衰退。在意識形態上，政府可能認為基於「自由國家」堅毅的個人主義，每個人都有責任去找工作並獲取成就，政策無法提供長期失業津貼或職訓方案以補助勞工。同時，立法者關心上升的失業率和選舉，不願意對企業公司實行越來越多限制如嚴格（更高成本的）的汙染防治法規。因此，自然環境便受到威脅。

當然這個例子過於簡化了，書本是從社會環境中的政治、經濟、環境和意識形態種種觀點所寫成。重點是，沒有評估家庭所處的鉅視社會環境，卻要了解家庭的狀況是不可能的。例如，經濟衰退和失業可能導致父母失業和陷入貧窮；雙親因此較難提供食物、住所、健康醫療和其他兒童成長的家庭必需品。

另一方面，雙薪父母並非普遍享有公設日托服務，日托是當父母親或監護人需要工作或因其他狀況無法照顧時，由一個機構或專案提供兒童教導與照顧。有許多歷史意識形態因素導致日托供給不足，但現在絕大多數育有 6 歲以下兒童的婦女在外工作（U.S. Census Bureau, 2011）。大量證據顯示，雖然大部分有異性關係的婦女在工作，她們仍然承擔巨大照顧兒童和其他家務責任（Kesselman, McNair, & Schniedewind, 2008; Kirk & Okazawa-Ray, 2013; Lorber, 2010; Shaw & Lee, 2012）。我們也注意到雖然大部人都結婚了，但不少人以離婚收場。

簡言之，事實顯示日間托育服務需求。第一，因為經濟需要婦女們外出工作；第二，多數人有當家庭主婦以外的負荷；第三，婦女們沒有其他人可以幫忙她們照顧孩子。

家庭系統動力

從系統觀點來看待家庭有助於了解家庭功能，系統理論運用範圍廣泛，從電腦內部機制、政府福利部門各階層功能，到家庭內人際互動。不論何種情況，了解系統理論的概念有助於了解人們的動力關係。系統理論有助概念化家庭運作，第一章已經介紹過基本系統理論，以下將概略複習並指出家庭系統如何運作。

系統理論幫助我們了解家庭系統如何與其他系統相互糾結,每個家庭成員都會因為發生在其他成員身上的事而受影響。整體來說每個成員與家庭也會受到家庭環境中其他系統的影響。例如,假如 Johnny 代數不及格,家人會與學校系統合作以協助 Johnny 進步;因為 Johnny 得參加暑修課程,家庭可能必須取消暑假旅遊,學校系統直接影響家庭系統。

因為涉及家庭是另一個了解系統理論的重要原因,問題家庭的處遇是社會工作的關注重點;社會工作者或其他家庭治療者利用**家族治療**(family therapy)改善家庭成員的溝通與互動,達到他們期望的改善與目標。家族治療基本信念即是將家庭視為一個系統,尋求解決家庭內的問題,處遇的目標是家庭系統。第十一章將會討論家庭互動。

家庭系統理論概念運用　　　　　LO 3

第一章已經介紹許多基本系統理論概念,在此我們僅簡單再定義並討論家庭情況運用範例。

系統

系統(system)是形成一個有次序、相關性以及整體功能的一組元素,有幾個重要的定義:系統是「一組元素」意味著任何類型、彼此有關聯的事物都可以組成一個系統,也許是人或數學符號。不論如何,這組元素必須有次序的。換句話說,以某種次序或是型態排列而不是隨機出現。這組元素也必須彼此相關聯,還必須有功能。它們聚集後能夠執行某種規律任務、活動或功能以達成目的。最後,這組元素形成一個整體。

家庭是系統。任何特殊的家庭都是由一群個人所組成,家庭內每個人與他人都有獨特關係,正常的配偶彼此擁有特殊的生理與情感關係,一個有七個孩子的家庭,較大的兩個姊姊可能彼此關係不同於跟其他手足,但不論是怎樣的關係,家庭成員共同運作成為家庭系統。這些關係並非總是正向的且有利的,有時是負面或有敵意的。例如,3 歲的女兒可能極度忌妒與仇恨剛出生的弟弟。

動態恆定

動態恆定(homeostasis)意即系統維持相對穩定、持續均衡或平衡狀態的趨勢,一個動態恆定的家庭系統能夠有效運作,家庭系統自我維持相當良好。然動態恆定的家庭系統不必然是完美家庭,母親可能對從不想外出跳舞父親感到氣惱,10 歲的 Bobby 的英文成績總是 D。無論如何,家庭維持日常運作,家庭系統並未受到威脅。

動態恆定對決定是否需要外在治療性干預極其重要。完全絕對防衛是不切實際的,假如家庭的存在備受威脅,系統可能面臨崩裂危機,家庭系統將不再動態恆定。

次系統

次系統（subsystem）意即次要的或第二順位之系統——系統中的系統，最顯著的例子就是父母與手足次系統；母親與家中一名女兒特別親密，這兩者排除其他家庭成員，形成家庭系統內的一個次系統。當家庭系統有較多負面氛圍，就可能存在次系統。例如，家庭內有酒癮老爸就可能出現次系統，母親與孩子可能結盟對抗父親而形成次系統。

界線

界線（boundaries）是指重複發生的行為模式，會鑑定系統內的關係且對該系統特別認同。在家庭系統裡，界線決定誰參與這特殊家庭系統、誰未參與。父母與孩子是家庭系統界線之內，親密的朋友則不是。

界線能夠勾勒出一個系統內的次系統。比方說，界線將家庭內配偶次系統與手足次系統加以區隔，每個次系統擁有特定成員，家庭成員若不在次系統界線內、即為不是。

輸入

輸入（input）意指從其他系統接收到能量、訊息或溝通的流入，家庭並非隔絕、自足的單位；每個家庭系統經常與其周遭環境及其他系統互動。例如，家庭外的父母工作收入就是一種輸入類型，而家庭成員從朋友、鄰居、親戚獲得溝通與支持也是一種輸入型態，學校提供孩子教育也是。

輸出

輸出（output）意指將能量、訊息或溝通從系統釋放到環境或其他系統，任何工作職位、學校體制，或在家，都是一種輸出。經濟輸出是另一種型態，以便購買食物、衣物、住所與其他生活所需。

輸出與輸入的關係相當重要，假如家庭系統輸出勝過輸入，家庭動態恆定將會受到威脅。亦即若家庭系統出去的能量比進來的多，可能導致緊張與損害家庭功能。例如，遭受貧窮、疾病、低教育、隔絕、孤立、犯罪等多重問題的家庭，窮盡所有努力與能量指為了生存下去，同時獲得極少的幫助與支持，將致使家庭功能嚴重受限與缺乏動態恆定。

回饋

回饋（feedback）係指外在資源針對系統自我表現和行為而給予的訊息。回饋可能針對整個家庭系統，或次系統（如已婚配偶），或家庭系統內的個人。

回饋能從外在系統取得訊息。例如，家族治療者提供家庭功能的訊息，個人或家庭系統內的次系統都能提供回饋給其他人。例如，手足次系統與酒癮母親溝通，他們

對她酒癮行為後果感到痛苦。最後，系統、次系統或系統內個人也能對家庭系統外部給予回饋。例如，一個家庭通知他們的房東廚房水槽脫落，直到修好不然都不會收到房租。

回饋可能是正向或負向的。正向回饋是系統做了對的事情時得到的訊息，可藉此自我維持與發展。正向回饋可讓家庭成員知道其自我功能良好。譬如，一名從事電腦程式設計師的母親，工作考核時，主管告訴她，她是全部門最準確紀錄保持者，她會覺這個榮譽非常值得且應該持續。

負面回饋也有其價值，負面回饋提供系統內問題的訊息，系統可以選擇修正偏差或錯誤以回復動態恆定狀態。

社工人員最關心的是如何將回饋應用到家族處遇情境，當某個家庭因特定問題前往求助時，回饋能夠提升他們的意識，有助於修正錯誤，鼓勵持續正向的互動。例如，一對夫妻每當討論家務責任時，他們互相吼叫、指責對方不分擔家務，社工人員給予回饋相互吼叫於事無補，提供這對夫妻較好的解決方式，誰倒垃圾、誰做早餐，以及誰負責把有顏色衣服分開來等建設性建議。

熵作用

熵作用（entropy）是指系統朝向解體、耗竭，大體上而言，死亡是自然傾向；這個理念認為沒有任何東西可以永存，人類的年齡終將面臨死亡，年輕的家人會變老，孩子會長大離家。

動態恆定本身包含改變與調適的動力，家庭從未被時間凍結，家庭成員也是經常改變與回應新情況及挑戰。

負熵作用

負熵作用（negative entropy）是指系統朝向成長與發展的過程，事實上，是熵作用的相對，家族治療的目標包含努力追求情況與互動比過去更好，改善一對爭吵夫妻的關係，阻止兒童虐待。

殊途同歸

殊途同歸（equifinality）係指許多不同方法結果都會一樣，不要只執著於一種思考方式，因為任何特殊情境都有許多解決途徑。一般而言，家庭系統需要協助界定與評量哪些是他們可用的選項。

差異化

差異化（differentiation）是指系統從過於簡化到更複雜的趨勢，換言之，隨著時間、關係、情境與互動傾向更加複雜而非簡化。

例如，熱戀的兩人結婚並且開始共同生活，他們有三個孩子，夫妻倆都是全職工作，為了努力存錢以便擁有自己的舒適住家。時光流逝，隨著孩子與責任，生活越來越複雜，他們的婚姻出現問題、爭吵也增加。因為孩子的疾病、汽車貸款、工作壓力等，最初的簡單生活逐漸模糊。系統理論承認這對夫妻的關係越來越複雜，為了提供協助，必須確認及強調夫妻的感情與承諾。

家庭生命週期評估　　LO 4

數十年前，傳統家庭生命週期概念有六個主要階段（Carter & McGoldrick, 1980）。每個階段聚焦隨著與他人親密關係和個人身分改變而調整的情緒轉變。這些階段包括：

1. 未婚年輕人與原生家庭分離；
2. 結婚成為另一個人的配偶，不再是單身；
3. 生養小孩；
4. 教養正在鬧獨立的青春期孩子，當青春期子女獨立後，再次將重心放在與配偶的婚姻關係上；
5. 將孩子送到另一段新的關係上（孩子結婚），並面對中年危機，同時還得處理年邁逐漸失能的老父母；
6. 學習適應逐漸老化的事實以及本身不可避免的死亡。

現代社會對家庭生命週期的觀點更彈性及多樣化，McGoldrick、Carter 及 Garcia-Preto（2011）提出一個強調彈性及多元化的家庭生命週期架構。每個家庭經歷都是複雜的存在，是大環境中的一個系統，也是個人的集合體，包含著「種族、民族、階級、性別、性取向、宗教、年齡、家庭地位」與「失能」（p. 18）。此外，「當前的或長久以來的社會、政治與經濟議題」直接影響家庭生活與家庭生命週期。例如，「隨機暴力行為、反歧視運動、實際上學校與鄰里隔離、男女同性戀者收養或婚姻、福利改革、墮胎權利、學童教育、對合法與非法移民的歧視、健康照顧與保險、減稅、裁員、〔老人〕……與其他族群之社會服務、不孕治療的成本與效益，以及醫師協助自殺等」（p. 18）。

在談論家庭生命週期的大範圍之下，我們將重心再轉回兒童的社會發展。我們將會把重點放在孩童是如何融入他們的家庭系統，以及兒童如何學習行為（或是學習壞行為）。學習理論有助了解社會化和學習的重要基本概念，因此我們將強調學習理論的理論基礎及親職教養的應用。

學習理論　　LO 5

家庭環境是兒童最早社會化的場所，提供兒童學習的重要社會環境。兒童的社會和情緒發展常是社會工作重點。有時候兒童會有行為問題，讓他們的父母或監護人頭疼。當他們開始上學，這些行為管理問題經常會持續，老師和管理者發現有些孩童的行為難以控制。隨著孩童長大，問題也逐漸惡化。

兒童可以學習如何變得溫柔、體貼、風趣、有責任感。但他們也容易學習變得自私、驕縱、不體貼；後者對家長和監護人以及兒童本身都不是好事，兒童應該學習如何與人合作。他們應該了解如何在社會環境下與人相處，情感更成熟。學習理論概念有助認大人跟小孩的行為方式，特別是應用在行為管理上更有幫助。

批判性思考：理論評價

為了要改變行為，首先須了解行為。**學習理論**（learning theory）是一理論導引，其就行為（事件）及其之前之事件及後續所產生之結果以概念化社會環境。係概念化社會環境下行為的理論，包括先前的事件與之後的結果；學習理論指出行為可被學習，因此，可以不去學習不良行為。學習理論也提出了解行為發展的架構，我們關注行為理論的因素如下：第一，強調人在環境中的社會功能，關注人與環境的互動。這與其他強調個人人格或經歷之理論形成對比。

第二，學習理論強調評估可觀察行為的重要性，也強調使用特定行為名詞定義行為的重要性，這有助更清楚理解特殊行為。

最後，學習理論是正向的；其基本概念為透過學習達到行為發展，不想要的行為可以不學習，學習理論旨在正向的行為改變，並非將個人視為個別經驗和人格缺損的犧牲品，而是充滿活力可以被改變的。

行為矯治（behavior modification）係一種運用學習理論原則的治療法，行為技術對各種人類問題及學習情境的有效性也得到證實（Degangi & Kendall, 2008; Kazdin, 2013; Miltenberger, 2012; Spiegler & Guevremont, 2010; Sundel & Sundel, 2005; Wilson, 2011）。

反應制約

可藉關注刺激及對此刺激的反應來了解行為。**刺激**（stimulus）是「一項物體或事件被某人感受察覺了，因此潛在影響此人」（Miltenberger, 2012, p. 66）。一個特定刺激會引發一個特定的行為反應，這刺激可能是文字、視覺或聲音。

例如，Martha 正進行嚴格的節食，然當她順道拜訪朋友 Evelyn 時，Evelyn 正在準備龍蝦晚餐，且正在烤香噴噴的德國巧克力蛋糕。Martha 一想到這些美食忍不住

開始流口水。Martha 的反應（流口水）是刺激（看到 Evelyn 準備的美味晚餐）所導致的。**圖** 4.1 顯示刺激與反應的關係。

龍蝦與德國巧克力蛋糕（非制約刺激）　→　Martha開始流口水（反應）

圖 4.1　刺激與反應的關係

有許多行為反應是不需要學習的。也就是說，受到刺激後，本能自發性的反應。這種刺激叫做**非制約**（unconditioned）（自然發生）**刺激**。**反應制約**（respondent conditioning）〔又稱做**古典制約**（classical conditioning）或**巴夫洛夫制約**（Pavlovian conditioning）〕是指對新刺激的反應是學習而來，而非自發性本能反應。這個新刺激稱之為**制約**（conditioned）（學習）**刺激**。為了形成制約，這個新刺激和它引發的反應會自然地被配對。個人學習去連結這新刺激和這特殊反應，即便這刺激和反應最初並沒有關聯。

例如，Bartholomew 先生是一位三年級老師。每當學生說話不合時宜，就會被老師用力打手心。因為刺激的結果——打手心，所以學生們都很怕他。藉著聯想到 Bartholomew 打手心，久而久之學生學習到害怕 Bartholomew，儘管當 Bartholomew 沒打人的時候，學生們看到他也怕。因為 Bartholomew 已經和打手心的結果連結在一起形成制約了。**圖** 4.2 解釋了這樣的關係。

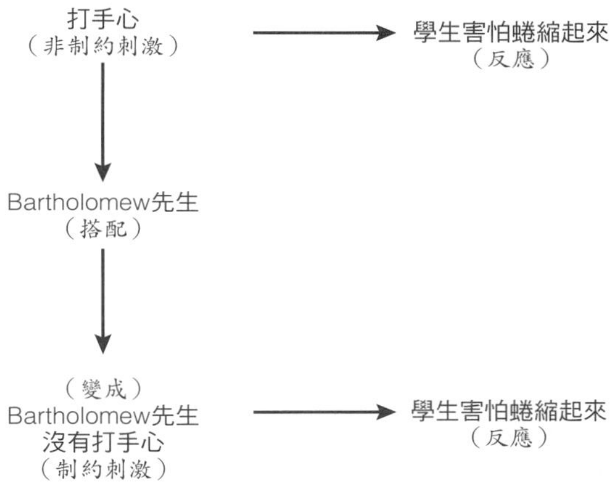

打手心（非制約刺激）　→　學生害怕蜷縮起來（反應）

↓

Bartholomew先生（搭配）

↓

（變成）Bartholomew先生沒有打手心（制約刺激）　→　學生害怕蜷縮起來（反應）

圖 4.2　反應制約

反應制約原則經常被社工人員運用在某些行為技巧，**系統減敏感法**（systematic desensitization）就是一例。這是一種「當恐懼症者在想像引發害怕刺激的感覺時，讓他們練習放鬆」的過程。**恐懼症**（phobia）是指一種讓人害怕到有焦慮、逃避與規避行為，嚴重到擾亂個人生活（Miltenberger, 2012, p. 552）。任何事都可能會導致極度恐懼或焦慮，例如，有人懼怕蛇、密閉空間或學校。

系統減敏感法有兩項使用要點，第一，讓案主漸進式接觸他所恐懼的事物。第二，當案主暴露在他所恐懼的事物時，指導他做出矛盾的反應。這些反應必須是某些絕不會和恐懼焦慮同時發生的事，漸進式放鬆就是最佳範例。

例如，案主首先學習如何控制身體和放鬆，同時讓他暴露在他所懼怕的事物或事件到一定的恐懼程度。一個怕老鼠的人可能讓他先保持一段距離看老鼠照片一下子，同時使用所學到的放鬆反應。在放鬆的狀態下，焦慮和恐懼就不會發生。因為這兩個

反應是矛盾的。

接著再出示一張 8×10 的老鼠照片，再次使用放鬆技術來防止焦慮。案主越來越直接面對老鼠，直到他敢把一隻實驗老鼠握在手中，逐漸學習應用矛盾的放鬆技巧來減輕焦慮情緒，即便老鼠真的出現的時候。

有許多以反應制約為基礎的技巧被用來治療尿床、暴食、吸菸、酗酒、性偏差（Kazdin, 2001, 2008a, 2013; Sundel & Sundel, 2005）。但這些方法並非完美充足，也不像那些以操作制約為基礎之行為技巧般普遍，我們稍後將會討論。

模仿

第二種了解行為與學習的觀點是**模仿**（modeling），行為的學習係藉由觀察他人的行為得來。因為是學習榜樣，學習者本身並不必參與這個行為，只需要觀察榜樣怎麼做，因此模仿也稱為**觀察學習法**（observational learning）。

模仿對子女的教育極為重要，父母可以為孩子示範適當的行為；例如，父親可以示範教導孩子打籃球。父親可以親自示範投球、接球，而兒子只要看就好。

在社會工作處遇上，可以使用模仿以示範適當兒童處置給父母看。例如，5 歲的 Larry 是個有行為問題的孩子，他把社工人員不小心掉在地上的鉛筆撿起來還給社工人員。社工人員可能說：「謝謝你幫我撿起鉛筆，Larry 好乖喔！」為家長示範當孩子有良好的行為時，如何與正向增強。

社會工作實務的另一個模仿範例是**角色扮演**（role playing）。透過演練以預備稍後需要達成目標情境（例如，更了解別人的處境，或學習更有效溝通）。例如，透過角色扮演，社工人員要求一位無法管束兒子的母親扮演兒子，並且模擬其行為。她依照指示扮演她所認為的兒子行為，社工人員示範父母當兒子有這些行為出現時的適當、有效的回應方式。類似的模仿提供父母親學習回應兒子新方法的機會。

模仿也可教導兒童不恰當與無效的行為。例如，一位母親為了一點小事情被激怒，就對其他的家庭成員大發雷霆，甚至刺激其他家庭成員，她可能就在示範一種不良行為，以後她的孩子可能也會藉攻擊別人來表達憤怒。

某些古典研究探討模仿的正負面效果（Bandura, 1965）。研究者讓兒童觀看成人狠狠地踢打一個大型娃娃的影片，這顯然是攻擊行為的示範。之後，孩子們被分成三組，每組兒童都分別觀看不同結果的示範模式。第一組兒童看到有攻擊行為時，成人被處罰；另一組兒童看到有攻擊行為時，成人卻被獎賞；第三組兒童看到有攻擊性行為而被忽視。接著讓這些兒童處於可能出現攻擊行為的情境，那些看見攻擊行為被獎賞和忽視的兒童，會比那些看到攻擊行為被處罰的兒童展現較多攻擊行為。可確定的是，攻擊行為得到獎賞的兒童都確實學到攻擊性行為。結論是，模仿行為受模仿及觀察結果所影響。

其他影響模仿效果或模仿程度的情況，包括「榜樣和觀察者的相似度；榜樣的名聲、地位、專業，以及被觀察的榜樣數量；大致來說，當觀察者和榜樣相似度高、榜樣比觀察者擁有較好的名聲、較高的地位和專業，以及許多的榜樣都有相同行為時，模仿的效果會比較大」（Kazdin, 2008a, pp. 24-25; Miltenberger, 2012; Sundel & Sundel, 2005）。

模仿已廣泛地應用在臨床治療上，包括克制恐懼和發展社會技巧。通常與其他行為技術合併使用。

操作制約

在美國，**操作制約**（operant conditioning）是主要學習方法之一，是了解行為本身最簡單又實際的方法，許多的治療都是應用操作制約的原則。

操作制約是「一種行為受到後來結果所影響的學習方式」（Kazdin, 2008a, p. 458; 2013）。可以塑造新的行為，可以增強弱的行為，也可維持強的行為，削弱或消除不想要的行為，強調行為結果。

行為的 A-B-C 理論

將操作行為概念化的方式之一即是將其區分為先前事件、行為、結果，即**行為的A-B-C 理論**（ABCs of behavior）。

先前事件（antecedents）是指在行為之前所發生的即時事件，這些事件為行為的發生做準備。例如，有些人說除了在社交聚會，他們相信一定能夠戒菸成功。聚會的情境被視為抽菸行為的一個刺激，但其他的環境卻不是。換句話說，聚會情境就是抽菸行為的先前事件。

行為（behavior）是「任何可觀察和測量的反應或動作……有時候行為的定義很廣泛，包含了認知、精神生理反應、感覺，可能無法直接觀察，但可藉不同的評估方式來測量」（Kazdin, 2008, p. 450; Miltenberger, 2012）。重點是，行為「必須是可測量的」。因此，只要可以清楚描述，即便是想法和感覺都可以改變。例如，只要人們傳遞給自己的特定訊息能清楚地定義和測量，就可以改變。一位女士總是對自己說「我太胖了！」訊息可以改變成「我是個有價值的人」。每一次當她告訴自己這個訊息，就可以記下來，然後完整測量頻率。

大部分操作制約的行為都是可觀察的，即使這些行為常伴隨著想法和感覺。例如，6 歲的 Ieasha 被診斷為憂鬱症。沒有任何的憂鬱症念頭在她身上被察覺出來，有的只是她不斷說自己是個壞女孩、她的父母親不喜歡她、她非常難過到想去死。這些言語表達都可以被記錄下來。類似陳述可作為兒童憂鬱症的指標。

Ieasha 的描述也可以被測量，她所陳述的類型和頻率都可以計算與評量。她每天

說 12 次自己是個壞女孩，會說 5 次父母不喜歡她，說 16 次她自己想死掉。當她的憂鬱症開始緩解時，這些言語陳述的頻率與嚴重度也降低。例如，說自己是個壞女孩，從 12 次減少為 4 次；父母不喜歡自己可能也變成每天 1 次而已，自己想死則完全不說了。

除了口語行為、肢體行為或動作也可以被觀察和測量。除語言陳述的憂鬱指標外，Ieasha 很長的時間都坐在角落，吸著大拇指與凝視周遭。這些特定的行為可以被觀察和測量，例如，最初 Ieasha 每天坐在角落 5 個小時，當憂鬱症情緒稍微緩解時，可能她坐在角落的時間只有半小時。

操作制約最後涉及到行為的結果。**結果**（consequence）可能是已經給予或是抽掉或延遲給予的事物，換句話說，某些事情發生是特定行為的直接結果。依據增強或懲罰就是結果的最好說明。

增強

增強（reinforcement）係指使行為頻率持續增加的程序或結果。如果行為發生頻率高，則增強會維持行為的頻率。行為發生在特定前置情況下，如果行為的結果使得這行為發生的頻率增加，或維持原狀，這些結果會被視為增強。增強鞏固了行為，並使得這行為在未來更易於發生。

正增強 增強可分為正增強和負增強。**正增強**（positive reinforcement）係指在正向事件或強化行為結果。換句話說，有些事物加諸到某情形中，並且鼓勵了某特定行為。例如，假如 8 歲的 Herbie 把自己房間整理乾淨，並把髒衣服都丟到洗衣籃，則每週會有 15 美元的零用錢，得到零用錢強化了清理的行為，或說正向增強了 Herbie 的清潔習慣。

負增強 **負增強**（negative reinforcement）表示移除負面事件或結果會增加某一個行為的頻率。這個定義有二項重點，第一，某些東西會從情境中移除。第二，某個特定行為的頻率增加了。因此，正增強和負增強就很類似。兩種功能都有增強的效果，就定義上來說，就是用來增加或維持某種行為的頻率。

最佳的負增強例子為汽車裡的安全帶警報器。車門打開，警報器就會被啟動，警報器聲音尖銳又大聲，直到駕駛座的安全帶繫好才會停。概念上，警報器的功能就是一個負增強，因為它增加了駕駛繫安全帶的次數。警報器本身也許是負面的、令人反感的，但它增加了駕駛繫安全帶，並減少了駕駛任意解開安全帶。

雖然乍看之下覺得顯而易見又簡單，但也容易被正在發生的各種增強類型搞混。在特殊情境下，正增強和負增強可能同時發生；例如，4 歲的 Huey 和媽媽在超市，Huey 對著糖果吵鬧著，最後媽媽塞了一顆糖到 Huey 嘴裡，他馬上不哭了，此即正負向增強同時發生。媽媽給 Huey 糖果可視為一種正增強，Huey 得到了他喜歡的東西。

同時，他學習到藉由在超級市場大吵大鬧，可以從媽媽那裡得到他想要的東西，給他糖果正向增強了他的壞行為，因此未來這類的行為可能更常發生。

同時，此情境也發生負增強。媽媽讓步的行為被增強了，媽媽學習到只要給孩子他想要的糖果，就可以讓孩子不要吵鬧，Huey 的吵鬧行為是負增強，增強了媽媽的妥協行為──好讓孩子安靜下來。

懲罰

懲罰和負增強常常被搞混。或許是因為兩者都牽涉到負面和令人討厭的行為，然而，卻是兩個不一樣的概念。

懲罰（punishment）是嫌惡事件出現或移除正向增強物，導致某特定行為發生頻率的減少。此定義有二個項重要觀點，第一，懲罰的結果是減少某行為發生的次數，此與負增強為增加某一行為恰好相反。

第二，懲罰有兩種不同方式。一是在某個行為發生後立即展現負面、令人嫌惡的事件；負面事件包括打屁股、責罵、電擊、及時增加要求，或是令人困窘的批評。例如，10 歲的 Susie 沒有好好地準備社會學科考試，父母親已經數落過上次成績了。她一直不太在意，直到 McGuilicutte 老師開始發考卷。Susie 仔細看了一遍考卷後，倒吸了一口氣，沒有一題會的。她坐在 Juana 旁邊，那是她認為全班最聰明的學生；她認為偷瞄一下隔壁的考卷，並無傷大雅。但 Susie 錯了，McGuilicutte 老師馬上注意到了 Susie 在偷瞄，老師突然撲到 Susie 那邊，且沒收了她的考卷。在全班同學面前，Susie 被警告作弊，不僅只拿到 F，接下來的兩週，她都必須放學後留在學校。她受到屈辱了。所以她發誓她再也不會作弊了。

Susie 因為作弊得到了非常嚴厲的結果。這個結果包括考試成績被當掉、課後留校兩週，同時在同學面前感到羞辱。她的作弊行為減少為零。

第二種懲罰是移除正增強，以減少某特定行為的頻率。例如，7 歲的 Robbie 認為晚餐時，在餐桌前打嗝很有趣，好幾次父母要求他不可以這麼做。每次 Robbie 會安靜幾分鐘，然後又開始，他的媽媽告訴他說這樣的行為會被認為很粗魯，而且為了懲罰，媽媽說假如再這麼做，他將不能吃香蕉聖代。Robbie 哀嚎求情又保證，但媽媽還是拒絕給他吃。Robbie 愛吃點心，香蕉點心又是他的最愛。因此他再也不會在餐桌前打嗝，至少不會是故意的。移走正面的增強物──香蕉聖代，作為懲罰，立即減少了故意打隔的粗魯行為。

學習理論使用懲罰，並不意味體罰。對某些人而言，懲罰可能僅僅聯想到媽媽把小孩頂在膝蓋上打屁股以示懲罰。懲罰不一定指身體上的，言語訓斥也是；例如，母親逮到女兒跟男友在房間裡偷偷摸摸時，對女兒說她感到非常失望，也是種懲罰。假如可以減少某種行為，訓斥就是一種懲罰。相同的，取消重要活動，例如，不准小

孩去看電影，也可視為一種懲罰，假如可以因此減少或停止某負面行為。

消除

消除（extinction）是一種停止增強的過程，以達到減少發生頻率，也可能根除此行為。只是單純的停止增強，並未積極移除什麼。消除與懲罰是兩個不同的概念。「消除是先前的結果不會在反應後出現。事件或刺激（如金錢和噪音）既非移除，也不再出現。懲罰是在某些嫌惡事件後予以回應（訓斥）或解除某些正向事件（金錢）」（Kazdin, 2008a, p. 58; 2013; emphasis in original）。日常生活中，經常採取的消除方式是去忽略某個先前被關注增強的行為。

有個減少 21 個月大的幼兒鬧脾氣的消除例子如下，當把幼兒一放在床上，她馬上嚎啕大哭，直到父母回到房間安撫她，這樣的行為正面增強孩子的行為。父母被教導要將孩子放在床上，離開房間，並忽略孩子的哭聲。第一個晚上孩子哭了 45 分鐘，然而，第二個晚上當父母離開小孩房間的時候，孩子不哭了。最後，從孩子身上移除注意的正增強抑止了小孩子發脾氣，忽略成為有效的消除法。

在各種日常情境下消除法可能伴隨其他增強，例如，假如在咖啡機投下一塊錢，卻只流出熱開水而沒有杯子，使用那台咖啡機的行為被消除。同樣地，假如你覺得生物課實驗很難，教授講課聽不太懂，而且你也不太確定教授究竟考試會考些什麼（你已經拿了兩個 D+）。你趁著辦公時間去找老師三次，但每次他都不在。最後，你放棄再去找他，尋求老師協助的行為因此被消除。

另一方面值得注意的，當剛開始停止增強時，行為的頻率和強度可能會短暫增加，稱為**消除爆發**（extinction burst）。例如，注意一個吵鬧的幼兒，當注意的增強被移除，孩子的哭鬧行為可能會暫時增加。假如過去孩子的行為得到正增強的關注，因對突然未受到關注感到困惑，孩子可能更加努力使用過去慣用方式以取得注意，這種令人討厭行為的強度，會消耗父母的耐心與容忍。然而，最後孩子會學習到自己發脾氣並沒有得到增強，不值得努力。因此吵鬧的行為就被消除了。

消除、懲罰、正增強以及負增強的關係如圖 4.3。

學習理論之實務應用　　LO 6

當孩子漸漸社會化，他們學習吸收不同行為。因為學習是複雜過程，有時候他們學到的行為，並非父母所喜愛的。對許多父母而言，行為管理是重要的議題。

父母對孩子的行為有不同回應方法。在任何狀況下，個人都可以選擇各種行動方案，每個選擇方案都各有其結果。現在最重要的任務便是評估每個選擇，並選出結果為最有利的。學習理論使父母了解每種選擇及預測可能結果，協助父母管理孩

以下將概述正增強、負增強、懲罰與消除的差異，包括每個行為如何發生與結果的重要差異。

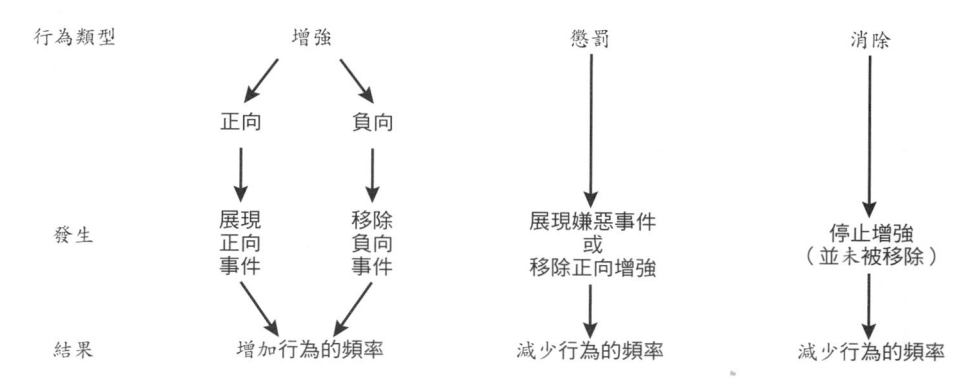

行為類型	增強		懲罰	消除
	正向	負向		
發生	展現正向事件	移除負向事件	展現嫌惡事件或移除正向增強	停止增強（並未被移除）
結果	增加行為的頻率		減少行為的頻率	減少行為的頻率

圖 4.3　正增強、負增強、懲罰與消除

子的行為。

以下例子為父母管教 4 歲的兒子 Tung 的選擇。晚餐桌上，Tung 漫不在乎地隨口冒出不宜的髒話；他的父母嚇壞了。此時 Tung 的父母有不同的反應選擇。他們可以選擇忽略；沒有給予適當的注意，說髒話的行為可能會停止。第二種選擇是平靜地告訴 Tung 這樣的話是不雅的字眼。他們也可以補充說明某些人生氣時會說髒話，但其他人並不想聽到這樣的話。他們也可以要求孩子，再也不可以說髒話。第三個選擇是表達父母親的驚訝與懷疑，大聲罵 Tung 絕不可以再說那樣的話，並且不准吃飯去睡覺。

當這事件真正發生時，父母們大多傾向採取第三種選擇。可憐的小 Tung 並不了解那句話的意思，他只是下午在遊樂場聽到別人說。他很訝異父母的反應及所得到的關注。他的媽媽說接下來的兩年，他持續無意識、經常重複那句髒話。他對牙醫說、對店員說、對警察說，而且甚至對他的奶奶說。母親指出，在那之後，只要孩子不再講那句髒話，如果有效的話，她甚至願意付錢給 Tung。

就 Tung 的情況而言，父母親的高度注意成為強烈的正增強物。假如他們從學習理論的角度去思考阻止，也許他們可以立即控制情況。

正增強的使用

正增強的基本觀念是：行為是被結果控制。如果某特定行為的結果是正面或吸引人的，個人將會傾向那樣表現，換言之，這個行為發生的頻率將會增加。

正增強提供行為控制一個有效的方法，被視為眾多情境下，達到正向行為改變的最適當技巧（Degangi & Kendall, 2008; Kazdin, 2013; Miltenberger, 2012）。正增強有助減少案主連結因處罰負面影響所產生之危機；譬如，因為治療師的緣故，而厭惡治

療。正增強也可以教導人如何改善他們的行為。

在此將討論各種正增強的觀點。首先，我們將檢視可用增強物的類別、正增強和獎勵的差別，最後提供使正增強發揮最大效用的建議。

正增強的類型　增強物可以分成兩大類，主要增強物和次要增強物。主要或非制約增強物（primary or unconditioned reinforcers）係指個人自我獎賞，與其他增強物無關。包括個人自然認定有價值的物體和活動，例如，食物、水、糖果甚至是性，都是**主要增強物**。個人不需學習其價值，自然而然地予以正向回應。

次級增強物（secondary reinforcers）則是透過連結其他增強物的學習，重點是必須透過學習，本身並沒有價值。金錢也許是大家最容易理解的例子，千元大鈔不過是一張質地好、印有符號的一張紙，本身並不具有價值；然而，它被賦予價值相關的意義，可以用來購買真實的物品從鑽石到開心果。金錢之所以具有價值，主要是因為金錢連結了具體的主要增強物所致。

主要增強物和次級增強物可以很容易應用在治療上。例如，發展失能的小孩最初對於口語讚美可能不覺得有意義。他沒有學到讚美和自己本身的行為有什麼關係。社工人員協助孩子學習穿衣服可以如此應用，最初社工人員說：「很好！」對孩子可能沒有意義；然而社工人員說：「很好！」同時給這小孩一支巧克力棒，可以賦予口語讚美某些意義。孩子學習到言語讚美和糖果正向價值的關聯。最後即便沒有糖果，讚美成為增強。這種技巧牽涉了兩部分，主要增強物是巧克力棒，還有次級增強物，即言語讚美。藉著最初糖果的連結，次級增強物變得有意義。

次級增強物的類型　次級增強物有四種主要類型如下：(1) 物質的增強物或其他非食物的消耗品；(2) 活動；(3) 社會增強物；(4) 代幣（Fischer & Gochros, 1975; Kazdin, 2001, 2008a, 2013; Spiegler & Guevremont, 2010）。

物質增強物或其他非食物的消耗品　物質增強物（material reinforcers）係指可以用來獎勵，以增加某行為的特定物體或物質。8 歲的 Herbie 打掃自己房間可以得到零用錢，Herbie 打掃房間的行為因得到零用錢而被強化或增強。

金錢可視為增強某一行為的物體（明確而真實的物品），其他可作為 Herbie 的真實增強物，包括電玩遊戲和玩具。但每一件物品的價值都須經過學習，所以它們被視為次級增強物。

食物早已被認定為主要增強物，不需要經過學習。此外，人也可以賦予非食物消耗品有其價值，如香菸、口香糖、咀嚼菸草。雖然這些東西不是天生被需求的，但喜好是由學習而來的，而且是有形物質，所以歸類為次級增強物。

活動　活動（activities）是真實的事件，其價值也是經由後天學習的。孩子正面的增強活動可能包括了觀賞出租影片、跟其他朋友玩、熬夜、購物、觀看賽車。

Premack（1965）認為人們所喜歡的行為是具有等級的。換句話說，任何一個人如果有選擇時，會想選擇一些行為勝過選擇另一些行為。例如，如果可以選擇，個體可能寧願在花園種花勝過洗衣服。Premack 原則（Premack Principle）指出「從事最高度可能的行為（喜歡的行為）的機會是從事較低可能行為的結果（不喜歡的行為）」，將會「增加較低可能的行為」，但反過來一定會不一樣（Miltenberger, 2012, p. 68）。因此，比較偏好的活動可用來增強較不偏好的活動。想想那個偏好種花勝過洗衣服的人，讓他先洗衣服再去種花如此可以增強讓他洗衣服相關的活動。他可能會想要洗衣服因為想到之後可以去種花。

假如對某些人而言是有價值，並且樂於從事的活動，我們就已經建立了一個有趣的、興奮的活動來當作次級增強物。Premack 原則意味著活動本身並不一定要非常特別或具有高度價值，但只要被喜好即可作為次級增強物。假如週末去拉斯維加斯的選項出現，剛才那個人可能不會做同樣的選擇（種花）。因此，園藝是洗衣的次級增強物；而拉斯維加斯之旅則是洗衣或園藝的次級增強物。

另一個潛在的假設是，個人都有不同的偏好活動等級。例如，Nick 在露營時會有以下特定活動順序，從最喜歡的到最不喜歡的依序是：讀汽車雜誌；做飯；洗碗；讀科幻小說，特別是太空驚悚故事。另一方面，Karen 偏好以下的順序：讀科幻小說，特別是太空驚悚故事；洗碗；做飯；讀汽車雜誌。對 Karen 來說，科幻小說可說是其他三個活動的次級增強物。假如她之後可以讀喜愛的科幻小說，她願意去做這三樣事情的任何一件事。對 Nick 來說，讀科幻小說可不是讓他去做另外三件事的動力，只有讀汽車雜誌才是。

社會增強物　　人類學習賦予價值的，並非只有物質增強物和活動，社會互動下的不同觀點也非常有價值。**社會增強物**（social reinforcers）包括對他人表達關切的文字和手勢。有兩種溝通方式：言語或肢體讚美。言語讚美為以言詞表示對某人某些行為的認同或欣賞，例如，「做得好！」「那件事你表現得很好！」「那真是太棒了！」

有效的言詞讚美是針對特定行為或活動。得到讚美的人應會清楚地意識到這個讚美是有關於什麼的。例如，8 歲的 Linda 在媽媽出城參加專業研討會的那兩天自動幫忙洗碗，媽媽回到家時說：「謝謝妳幫媽媽洗碗，我知道妳是自動自發幫忙的。真感謝妳的幫忙。」媽媽讚美 Linda 並且很明確地說出感激的原因。這類讚美增強 Linda 日後願意幫忙洗碗的意願，可視為正增強。假如 Linda 的母親對她說：「妳真是個好女孩。」這麼一來 Linda 可能也不清楚她自己究竟好在哪裡。這樣的讚美當然是正向關心溝通，自然有其價值，然而 Linda 可能認為母親說她很好，是因為當媽媽不在家的時候她沒有哭，或者她在睡覺時間半小時內就乖乖去睡了。那麼 Linda 可能不知道其實是因為洗碗才被稱讚的，如此她之後可能也不會自動洗碗了。

第二種社會增強是肢體讚美。肢體讚美係指表達欣賞、讚美的手勢或身體姿態，可能只是個點頭或微笑、擁抱、擊掌，甚至眨眨眼，也可以表達讚美之意。

例如，一個微笑可能代表了深切涵義。嬰兒可能一開始並不了解媽媽微笑的涵義，然後小嬰兒可能很快就了解到這個微笑代表了安慰、溫暖和食物。漸漸的，微笑變成了增強，這是一種次級增強物。嬰兒開始懂得微笑的價值，這並不是微笑本身的價值，而是小嬰兒已經學到相關價值。

代幣　代幣（tokens）是一種經過設計的符號物體，顯示特定的價值單位，某人可用來交換想要的生活必需品。代幣包括了撲克牌籌碼、人造硬幣、點數、標誌或金星等。這些東西本質上並不具價值。然它們可以和有價值的東西產生連結，最後可用來交換一些物品和活動。

代幣經濟可以應用在管理兒童上。例如，一台腳踏車可能對某個孩子是一個強烈的正增強。然而，假如每次孩子乖乖整理完房間後都給他一台腳踏車，這樣不是太荒謬了嗎。倒是我們可以設計換取代幣的系統，告訴孩子如果集滿了一定數量的代幣後，就可以換一台腳踏車。代幣成為次級增強物，一堆的代幣可用來交換一台腳踏車，便具有真實價值。

增強物與報酬　增強與報酬是有區別的。報酬並不一定是正增強物，報酬通常是某項服務或達到某種成就的回報，但這不一定會導致某一特定行為的增加。一個士兵可能在退役的時候拿到一個榮譽獎牌，因為他射下了27台敵機；當他是平民時，這種報酬獎賞，並不會增加這位士兵打下飛機的頻率。

增強物的定義是會增加某種行為的頻率。考試得到A被視為用功行為的正增強物，假如A會增加某學生用功準備考試的行為。然而，學生也許不認為成績好的價值很高。優等成績也許並不會刺激學生維持他的用功讀書習慣。學生感覺讀書考試很無聊而成績開始下降，接下來的兩個考試開始拿到C或D的成績，這樣的情況之下，A的成績被視為考試表現的報酬獎勵。然而，成績A便不是正增強了，因為它不會維持或增加用功念書的頻率。

能讓行為增加的才稱之為增強物。正向增強物必須被某人認定為有價值才有效。並非所有東西、活動和社會互動對所有人都是增強。迪士尼樂園的雲霄飛車對一個夢想迪士尼樂園的三年級學生而言，可能是正向增強。然而，對坐上雲霄飛車就不舒服的三年級學生的父親絲毫不是正增強。

使用正增強的建議　使用正增強的四點建議，如下：正增強的品質、立即性、使用頻率，以及運用塑造行為的小步驟。

正增強的品質　能夠讓某行為的頻率增加的事項或事件，才能被稱為增強。我們已經了解某個人的正增強，可能不是別人的正增強。

Chapter 4
嬰兒期與兒童期的社會發展

　　有一個更微妙的議題，是特定增強物的增強價值程度不同。一個特定的正增強物可能以某個方式比另一個方式更能增強。

　　例如，高年級中學生在當地小水管工廠兼差當工廠警衛。年輕的 Jorge 打工是為了要存汽車的頭期款。擁有一部車的想法是很強烈的增強，由於買車需要一大筆錢，Jorge 必須對所有他買得起的東西感到知足。然而，當 Jorge 發現 2005 年的 Mustang 正在特價還附有賽車的設計，他的工作行為變得更加勤奮。他還要求是否可以增加兩倍的工作時間。於是對 Jorge 而言，Mustang 的車勝過老舊二手休旅車成了更強烈的正增強。

正增強的立即性　當某行為發生後立即給予正增強，那麼正增強對行為會有較大的影響力（Miltenberger, 2012; Spiegler & Guevremont, 2010）。行為和正增強發生的立即性很重要。假如行為發生後延遲一段時間才給予正增強，將會失去效用。例如，有一天早上一個 5 歲男孩自動自發刷牙，必須在他刷完牙後，甚至在他正在刷牙的當下讚美他，將對他日後是否自動刷牙影響更大，這比晚上睡覺前的讚美來得有影響力。因為在睡覺時間，他很難去聯想讚美和刷牙的關聯。

正增強的頻率　要增加某種行為最有效的方法便是每次行為發生時就增強它，這就是**持續增強**（continuous reinforcement）。例如，12 歲的 Kaitlyn 每天晚上都要做數學作業，假如 Kaitlyn 的老師每天早上都會收作業且讚揚她，那麼 Kaitlyn 很可能會每天晚上都寫作業。然而，假如 Kaitlyn 的老師每週二才收作業，Kaitlyn 很可能就不會每天晚上都寫。

　　持續增強是塑造某項特定行為最有效的方法。然而，如果因為某些原因停止正增強，那麼行為很可能快速消失。例如，Kaitlyn 的老師連續兩個月每天早上都收作業，突然間老師決定不再收作業了，Kaitlyn 很可能也因此不再寫作業，宛如從未得到讚揚。

　　持續增強的另一個選擇是**間歇性增強**（intermittent reinforcement）。此項增強是指行為之後並沒有每次都增強，但只有偶爾增強。實際上，持續增強是很難執行的，因為一整天隨時隨地觀察個人的行為是不太可能的。有時候，間歇性增強是比較可行的方法。

　　但間歇性增強一開始在塑造行為的效果上並沒有很大，可能需要更長時才有成效，行為發生可能也不會像持續增強般規律。例如，Kaitlyn 可能不會每晚都寫功課，因為她知道明天有可能不會收作業。

　　然間歇性增強比較不會消失。假設 Kaitlyn 的老師只有偶爾才收作業，突然間老師不再收作業了，比起持續性增強，間歇性增強使 Kaitlyn 更可能持續寫作業。假如持續收作業突然停止，Kaitlyn 可能以為老師再也不收作業了，Kaitlyn 可能就不再做

她的作業了。

每類間歇性增強都有不同的增強頻率或次序的執行過程（例如，每三次或是隨機），這些不同的過程即是**增強的時間表**（schedules of reinforcement）。

形塑行為　有時候，正向增強的行為並未發生，強化一個並不存在的行為是不可能的。在這樣的情況下，我們可運用形塑行為的技巧。形塑（shaping）是指漸進式成功的增強，也就是說，一步步地進展，漸漸朝向最終渴望的行為。

舉例來說，7 歲的 Ralph 很怕水，他媽媽認為讓他去學游泳會很有用。然而，因為 Ralph 根本拒絕進入游泳池，很難增強游泳行為。就這個情況而言，有效的辦法就是把某一特定行為分解為更細節、可管理的行為片斷：去海邊且在遠離水的沙灘玩，在離水幾英尺的地方玩，坐在水深一吋的水裡玩，涉水，進入水深及腰的地方玩水，在水中慢慢划動手臂，把頭潛到水裡一下，最後開始練習游泳的划水動作。在每一個階段，Ralph 的行為可以藉由讚美、受到注意，或當參與這些步驟時就給玩具來正增強。最終他的行為就會被形塑，就可以參與與游泳相似的行為了，特定游泳技巧也就可以被啟動和增強。

懲罰的運用

在兒童的行為管理上，懲罰常是最不願意首先使用的手段。懲罰常以維持紀律的名義來執行。懲罰常包括了令人嫌惡事件的出現，或是正向增強物的移除，這兩種方式都可以減少行為的頻率。

潛在的負面結果　在使用懲罰作為行為管理的方式之前，重要的是先思考潛在負面結果。這些負面結果如以下五項（Kazdin, 2001, 2008a, 2013; Miltenberger, 2012; Sundel & Sundel, 2005）。第一，懲罰容易引起負面情緒反應。兒童可能變得討厭學習。舉例來說，假如一個兒童因為作文拼錯幾個字而被懲罰，這個孩子可能再也不想寫，也可能會對執行懲罰的人產生反感。

第二，逃避執行懲罰的人員或懲罰的情境。比如就經常使用肢體懲罰的家庭來說，孩子可能會盡可能想遠離家裡。撒謊則可能是另一種有效逃避懲罰情境的方式（孩童可能會撒謊，當父母把誠實的代價訂得太高時）。

第三，是教導兒童更有攻擊性。另一種說法則是懲罰示範了攻擊行為。兒童學習面對挫折的方式或當不能為所欲為時，就是打人或是尖叫。在與同儕、兄弟姊妹或成人互動時仍可能持續發生。例如，一個被貼上有情緒障礙和行為問題標籤的青少年，當他還是小孩時，家裡經常使用體罰。當他 16 歲並且長高到 6 呎 3 吋高時，出現了另一個問題就是每當意見不一致時，他開始會肢體攻擊母親。這個男孩學習到攻擊性。

Chapter 4
嬰兒期與兒童期的社會發展

　　第四種使用懲罰的潛在問題是造成兒童身體的傷害，特別是體罰。父母可能失去控制或沒注意到力量大小，在沒有注意之下對孩童造成身體傷害。

　　最後，第五種質疑理由是，懲罰僅讓人們知道什麼是**不該做**的，卻沒有明確指出應該怎麼做。責罵孩子在拜訪 Edna 阿姨時不禮貌，並沒有幫助到他學到怎麼做才是合宜的。

　　總之，以上五種是對懲罰結果失控的考慮，懲罰的結果是無法預測的，因此使用上必須特別小心。

懲罰的本質　懲罰有許多特點（Kazdin, 2001, 2008b, 2013; Miltenberger, 2012）。第一，懲罰出現後，與減低某行為發生的頻率有關。假如所謂的懲罰開始之後，行為頻率並沒有馬上減少，很可能表示這懲罰並沒有效；假如幾乎一開始就失效，繼續懲罰並非明智之舉。

　　例如，1 歲的 Tyrone 高興地在廚房地板上爬著，偶然之間他發現電線插座，當媽媽發現他爬離自己的視線時，衝過去打一下他的手，並大聲吼著：「不可以！」他看了媽媽一眼，隨即又注意到那電線插座。差不多這樣四次後，媽媽打得更大力。他開始哭，媽媽就把他移到另一個房間去了。在這個事件中，打罵並沒有很大的效用。相反地，媽媽的注意力反而增強了 Tyrone 想玩電線插座。多次嘗試打罵也沒有發揮效用，這並非是指打罵絕沒有效。平靜分散 Tyrone 的注意力，遠比用責罵來控制他的行為還來得有效。

　　另一個特點是有關於懲罰的效果，雖在當下會有效，但通常無法長久持續。相對地，在受到懲罰後，人們常常又故態復萌。例如，一個司機收到他在限速 55 英里的路段，超速駕駛 87 英里的罰單，有一陣子他小心地在速限內開車；然而，他很快地發現這麼開車，實在會受到侷限和耗費時間，他逐漸地加速到以往的 85 英里甚至到 90 英里。

懲罰的效果　Miltenberger（2012）批評「權威者如政府、警察、教會或父母採用懲罰來抑制不適當行為──也就是避免人們違法或犯錯，懲罰包含刑期、電椅、罰款、威脅下地獄、掌摑或責罵。然而日常懲罰與運用於行為矯治的懲罰極為不同」（p. 104）。

　　日常懲罰的情境強調短期立即的效果，而非未要求長期效果，或立即中止目標行為。總結來說，假設其他治療方法都無效時，運用懲罰以抑制極度自毀或攻擊性行為可能有些效益；應審慎評估問題行為動力以判定懲罰的適當性與潛在效益，認真思考所使用的懲罰方式。

使用懲罰的建議　當決定要使用懲罰的時候，以下三個建議有助使懲罰達到最大效用（Kazdin, 2001, 2008a; Miltenberger, 2012; Spiegler & Guevremount, 2010; Sundel &

Sundel, 2005）。第一，早期介入；亦即該受懲罰的行為發生後，應該盡可能立即執行懲罰。

例如，10歲的Santiago偷DVD片已經長達六個月，有一天他決定在Wal-Mart超市假裝顧客偷DVD，雖然他成功逃到停車場，但他的朋友Maynard就沒有那麼幸運了。當Maynard藏著一片DVD在他的運動衫裡，一位高大的男性店員一把抓住Maynard的手腕。雖然Santiago為朋友被抓而感到難過，他仍感到鬆口氣，因為自己沒有被抓到。

兩週後Santiago的父親接到警察局打來的電話，Maynard在警察逼供和警察答應會從輕發落下，招供了並抖出Santiago。Santiago的懲罰是禁足一個月，雖然Santiago並不太高興他目前陷入的處境，但令他更痛苦的是偷DVD被抓到的這件事情。他對懲罰的自我解讀為——偷東西最好不要被抓到！而懲罰本身對於偷竊DVD的行為並沒有嚇阻作用，他仍然偷DVD，只是偷竊時更加小心了。在這案例中，因為在偷竊後的懲罰並沒有立即實行，所以效果很小。

第二個使用懲罰的建議則是不當行為發生時，每次都要執行懲罰。就Santiago的狀況而言，他僅僅只被懲罰過一次而已，其他多次偷竊因為得到他想要的DVD而受到增強。每次行為發生後都受到懲罰，有助於增強某些特定行為不再出現。

第三個關於使用懲罰的建議是最重要的。使用懲罰的同時，也應提出一個備案來增強其他更適當行為。最有效的懲罰是增強個人同時也能使用更適當的行為。例如，一個智力失能孩子之治療目標就是讓他學習走路而不是用爬的（O'Brien, Azrin, & Bugle, 1974）。爬行的懲罰是限制他5秒鐘之內不准爬，然而，這並不能作為真正的懲罰，因為孩子的爬行行為並沒有減少，更沒有增加走路的行為。最後，我們嘗試用了一個新的方法。當限制孩子爬行時，同時也鼓勵或增強孩子去移動他的身體，有助於學習走路。結果，他走路的行為增加了，而爬行行為便減少了。就這個案例而言，只有同時增強兒童去做另一件合宜的行為時，懲罰才會具有意義和效果。我們也發現懲罰的負面影響，例如，對執行懲罰者表示憤怒、攻擊以及逃避懲罰情境，假如同時選擇使用適當行為增強，負面影響就不會變得那麼強烈（Carey & Bucher, 1986）。

此外，Patterson（1975）對使用懲罰的第四點建議：懲罰時要冷靜。過度注意特殊行為可能成為正向增強物而非懲罰。例如，18個月的Petey發現咖啡桌上有一盒火柴，便坐下開始拿起來玩，當媽媽發現時快速地跑了過去，打了Petey，並拿走了那盒火柴。因為Petey的父母都抽菸，Petey相當可能在房子裡的其他地方找到火柴。事實上，隔天他又找到了一些火柴。而他的母親又有類似的反應。Petey學習到玩火柴以得到母親的注意，結果，他樂於找火柴及玩火柴，雖然母親的注意是負面的，但足以成為正面的增強。於是Petey持續著一有機會就會玩火柴。

Chapter 4
嬰兒期與兒童期的社會發展

倫理議題 4.1

你對懲罰兒童有什麼看法？你懲罰兒童的經驗為何？假如要使用懲罰，你會用什麼方式？懲罰有效嗎？為什麼？

其他議題

除了強調正增強和懲罰外，還有其他三個議題也值得關注。這些議題所涉及的共同要素在實務中都會遭遇到，包括了附帶訓練、使用行為的特定術語、測量改善進度，以及父母注意的重要性。

附帶訓練 到現在為止的討論都在強調計畫性的行為改變。然而，很多時候增強和懲罰對於行為的影響並非有意識的計畫。行為可能在無意間被增強或削弱，欲了解行為的動力時，重要的是去了解所發生的附帶訓練。

負面的注意常是提供附帶訓練的有效方法，即便是怒吼的關注方式，也具有正增強作用。即使常被認為負面，也可能有很強烈的社會增強價值，足以強化行為而非削弱。例如，媽媽責罵正在摘她心愛的牡丹花的 Ethan，那麼 Ethan 便學習到摘那些牡丹花會讓媽媽生氣吼叫。假如他繼續摘牡丹花，那麼媽媽也會繼續大罵，於是吼叫被視為增強 Ethan 摘牡丹花行為。

行為的特定術語 學習理論針對行為概念化之最大優點是強調**明確化**（specificity）。行為定義必須明確且簡要，清楚明確的行為敘述必須顧及到兒童確實了解所有行為本身與問題行為的行為管理。

例如，老師常說 9 歲的 Jessica 太過被動。事實上，「太被動」的涵義難以了解。被動的（passive）字眼有一點抽象，被動的 Jessica 的敘述是模糊的。然而，假如從她的行為來界定 Jessica 的被動，符合學習理論概念化，就會更加清楚；Jessica 的被動行為將用下列方式來描述：

> Jessica 上學時不論上下課時間都獨自安靜坐著，下課休息時間她會跑到距離其他小孩遊戲較遠的角落，避免與同儕社會接觸，上課時她也都不發言。當她被叫到要回答問題時，她總是聳聳肩，一臉不曉得答案的樣子。她總是低著頭看地上避免眼神接觸。不論午餐、休息時間或放學排隊的時候，她總是排在最後一個。當有其他小孩把她推到一邊時，她也不會吭聲地就任憑被欺負。

學習理論有明確的行為描述，以便概念化任何特定行為，為了達到改變行為效果，對於前置事件、行為本身和行為結果都需要有明確的定義。更清楚描述 Jessica 的行為，而非只是「她很被動」的模糊標籤。

測量改善幅度 當行為有明確描述時，行為觀察就變得更容易。接下來，行為改

善也變得明顯可見。例如，要證實 Jessica 是否變得較不被動是很困難的，然而測量 Jessica 上課時主動舉手回答問題的次數卻比較容易。

假如要改善行為，行為必須是可以觀察測量的。換句話說，行為有無發生必須是很清楚的。就 Jessica 的情況，課堂上舉手的次數可視為觀察她的被動行為的標的。假如 Jessica 從不舉手回答問題，可能就被認為是被動的，否則便不會被認為被動。

就這個例子而言，舉手是測量被動性的工具；清楚確定的行為是可計算的。例如，當老師問問題時，只要 Jessica 把手舉超過肩膀的高度時，就可算一次舉手。在真實情況中，Jessica 其他的行為其實也可視為主動行為，包括跟同學說話的次數，或是主動回答老師的問題，將所有次數加總就可以用來衡量她的進步。

第一，我們得選定一個需要改善的標的行為；接下來，分辨最初問題的嚴重性，我們必須得知改善的情況是何時開始發生的。就 Jessica 的例子而言，必須計算舉手次數並建立基準點。**基準點**（baseline）是指行為修正開始前某行為的發生頻率。基準點建立後，更容易去界定某行為發生的頻率。所謂的「改變」表示基準點的行為頻率，與行為矯正方案實施後的行為頻率，這兩者之間的差異。

舉例來說，開始上學的第一個月的每一個上課日，Jessica 舉手回答問題的次數是零。但到第七個月的時候，每天她已經可以平均發言 6 次。假如評量 Jessica 被動性的方式就是由舉手發言的次數而論，那麼可以說，這七個月來 Jessica 的行為已經變得比當初較不被動了。

行為明確化的最後一個重點是最初行為是怎麼計算的——由誰負責記錄行為的頻率與如何做記錄。這可以設計行為清單與圖表來記錄。行為清單是用來在行為發生時可以簡單註記。舉例來說，我們可設計一個二維圖表，在橫軸標上週期，而在左側縱軸標上一天的時間。表 4.1 說明 Jessica 的情況。

表 4.1　行為圖表：Jessica 舉手的次數

	星期一	星期二	星期三	星期四	星期五
上午 8:00-8:59	0	0	0	0	0
上午 9:00-9:59	0	0	0	0	0
上午 10:00-10:59	0	0	0	0	0
上午 11:00-11:59	0	0	0	0	0
下午 12:00-12:59	0	0	0	0	1
下午 1:00-1:59	0	1	1	0	1
下午 2:00-3:00	0	0	1	3	3

當 Jessica 上課時舉手，老師便在行為清單上畫個記號，以便能計算所有的次數，如果行為改善時，就可以清楚地辨識出來。

在此並非強調減輕 Jessica 被動性的某種特定治療類型。事實上，治療計畫包含不同的方式。例如，不管 Jessica 有沒有舉手，其實也可以運用正增強的方式，正增強可以是讚美 Jessica、給她一顆糖果，或零用錢，讓她可以買些自己真正想要的東西。

父母關注的重要性　學習理論受到批判之一，即是對人類行為的死板及有點冷酷的剖析。溫情、關懷、人性關懷並不容易證實的。親子溝通和真誠持續的關懷不應被忽略，學習理論提供行為分析和控制的理論架構，其他人際關係觀點也可以和學習理論並存。

例如，有效的親職強調積極傾聽的重要（Ivey, Ivey, & Zalaquett, 2012, 2014）；**積極傾聽**（active listening）是指受話者對於發話者溝通時所說的話全神貫注，然後再回應所聽見的內容以確認「訊息已被正確了解」之過程（Sheafor & Horejsi, 2006, p. 148）。父母與子女對事物經常有不同的表達方式，每個人都有自己的觀點，積極傾聽鼓勵父母暫緩一下有意識地檢視孩子在說什麼，父母試著從孩子的觀點來看事物，孩子或許表達得不清楚，父母應該將這些感受表達反映給孩子，父母花時間了解孩子，會增進親子間的溫情和關懷。

特定治療情境：暫停增強

我們已經討論許多有關學習理論及其應用的不同觀點。在此，我們選取一個運用這些概念技巧的特定治療情境來加以說明。譬社會工作實務工作者常常會在增強過程中使用暫停。

暫停（time-out）指的是**暫停增強**（time-out from reinforcement），在此過程中，移除先前的增強，以減少某種特定行為的次數。Kazdin（2008a）解釋為什麼暫停被視為一種懲罰而非消除：

>　　暫停的定義是必須有一段時間為基準，且那段時間內無增強。當然，暫停也是一種懲罰的程序；視行為情況而剝奪某些東西（獲得增強）。消除不是懲罰程序，它是指被增強（如微笑讚美）的反應不再被強化。重點是，消除是先前被增強的行為不再被增強。消除的特點是沒有時間間隔，當反應發生時，並無隨之而來的結果。相對地，在暫停階段，當其回應被抑制時，不論引發任何行為都不會有增強物。（pp. 210-211）

有時候我們並不需要用到如體罰等令人討厭的方式來控制行為，我們只需要把兒童帶離有增強的環境即可。如果一個小孩做了某行為後，卻沒有受到應有的任何關注

或正向增強，之後這行為可能就漸漸減少了。

例如，4 歲 Vernite 喜歡玩樂高。然而，Vernite 不喜歡與別的小朋友分享玩具。當別的小朋友拿了一片她的樂高塊時，Vernite 會跑去揍那個小孩，從那小孩手裡搶走那片樂高，跑回去放在她原來的樂高堆上，因此其他小朋友並不喜歡 Vernite。

我們的目標就是減輕 Vernite 自私的行為，自私行為的定義包括打其他小孩和搶走玩具等等一連串行為。可應用暫停增強的方法來控制 Vernite 的自私行為。每當 Vernite 打別的小孩或從別的小孩手裡搶走一片樂高時，她的媽媽就會把她叫去牆角面壁 3 分鐘。時間到的時候，媽媽會把她接過來，再讓她回去玩。對 Vernite 而言，有趣、樂高與撤離其他孩子是正向增強（當然實際上是 Vernite 自己被撤離）。在沒有獲得可以擁有自己玩具的增強下，Vernite 自私的行為應該就會因此逐漸消失。她應該已經學習到這種行為是不恰當的，不值得這樣的結果，於是 Vernite 的自私行為逐漸終絕了。

增進暫停的有效性　以下為運用暫停技巧的幾項建議，可以增進暫停的有效性：

1. 當目標行為一旦發生，應該就馬上使用暫停。
2. 應該持續地使用暫停。每當目標行為一發生就應該使用暫停。
3. 暫停應該實行 1 至 10 分鐘（Miltenberger, 2012）。短暫實行暫停應該會很有效（Kazdin, 2001, 2008a, 2008b, 2013; Sundel & Sundel, 2005）。「然而，假如案主在暫停時限快到時，仍陷在問題行為中，此時可延長暫停時間，通常是 10 秒到 1 分鐘，直到停止問題行為」（Miltenberger, 20012, p. 347）。延長暫停時間並不會增加暫停的有效性（Kazdin, 2001, 2008a, 2008b, 2013）。標的行為和暫停的關係會變得很遠。延長暫停時間 1 小時，可能導致某些嚴重懲罰的潛在負面結果，例如，對執行暫停的人產生憎恨感。
4. 暫停應該在一個很無聊的環境中施行。一個理想的暫停應該是絕對沒有任何正增強的環境；這可能是在牆角放張椅子，或是一個沒有圖畫或任何裝飾的房間。如果施行暫停的環境是令人興奮的或刺激的，反而可能正向增強負面問題行為，而非消滅它。
5. 暫停的執行者通常是父母，執行時應該謹慎避免給予關注形式的正增強。父母可能簡單地對小孩說：「暫停。」將小孩移到暫停地點時，盡可能較少的情緒展露，也不應該產生爭辯。
6. 應先告訴兒童特定行為將導致暫停，並明確告知暫停時間的長度，以協助兒童明白他們做錯什麼，會導致什麼樣的後果。
7. 如果兒童拒絕走向暫停區，那麼就把他帶到暫停區那裡。同時應該盡可能較少

的情緒展露。溫和的禁止孩子所有的活動直到暫停可以啟動。
8. 使用暫停最重要的是，正增強應該是用來增強更為合宜的行為。在暫停之後如果有適當行為應該，盡可能讚美。例如，當 Vernite 回到遊戲區時，應該要讚美 Vernite 玩自己的玩具，而不是搶別人的玩具。她的媽媽可能簡單說：「妳看看現在跟別人分享玩具一起玩多好玩，Vernite 好乖！」

一個發生在超市簡單的前置事件說明了使用暫停的創意和巧妙。一個正在購物的媽媽，把 2 歲的小孩放在購物車裡。突然間小孩子開始無理由地尖叫，讓店員很吃驚的是，媽媽很冷靜地，輕輕把她的雨衣套在小孩的頭上長達 20 秒，不熟暫停技巧的人們可能以為這位媽媽會把小孩子悶死。然而，這位媽媽是輕輕地施行這些技巧，當她把雨衣拿開的時候，小孩子很乖很安靜。這位媽媽所做的是把孩子移到完全沒有正增強的環境中一段時間。小朋友學習到尖叫完全沒有正增強。因此尖叫停止了。

影響兒童的共同生活事件　　LO 7

某些家庭功能的基本面向都已被檢視，包括了家庭系統的概念以及學習理論在親職養育的應用、其他兒童期應受關注的社會觀點。在此將討論家庭會影響兒童生活的日常事件和情境，包括手足次系統的成員和性別角色社會化。也將檢視家庭中種族和文化差異、與同儕相處之社會觀點、電視的影響和學校環境。並且探討兒童身體虐待、疏忽、心理虐待、兒童性侵害等影響與動力；最後闡述兒童虐待和疏忽的處遇。

家庭系統成員

Baumrind 進行一系列有趣的父母親職教養的評估研究（Baumrind, 1971, 1978, 1991a, 1991b, 1993, 1996; Lamanna & Riedmann, 2009; Rathus, 2014b），發現有三種基本的教養類型。第一種是**寬容型**（permissive），鼓勵兒童獨立與自己做決定。寬容型父母是非指導性且避免控制孩子。寬容型父母既不會過度溺愛也拒絕忽略，**寬容放任**（permissive-indulgent）父母隨和且不受約束的，他們的寬容伴隨高度撫養的（溫暖且有回應熱誠）；**寬容拒絕忽視**（permissive rejecting-neglecting）父母迴避或忽略他們的孩子，因此孩子自己照顧自己（Rathus, 2014b, p. 316），這類父母極少表達情感和回應。

第二種教養類型是**獨裁型**（authoritarian）。這類父母對子女應有的行為有特定的想法，毫不猶豫地定下規則，並且告知孩子該做什麼；他們強調控制和服從。

第三種類型是**權威型**（authoritative），此類父母並非寬容也不是獨裁型，而是介於在中間。他們一方面提供控制和持續性的支持，另一方面讓孩子做決定以及鼓勵獨立。

哪一種教養方式比較有效呢？某些證據顯示權威型較好（Lamanna & Riedmann, 2009）。Dacey 與 Travers（2006）描述此種風格：「權威型父母有很高的掌控權（他們對孩子行為有明確標準）、高度坦誠的溝通（孩子很明確地清楚父母親對他們的期待是什麼）、要求孩子高度成熟（他們要孩子表現出符合他們年齡的合適舉止）、高度撫養（一個溫暖的、充滿愛的親子關係）」（pp. 206-207）。

Rathus（2013）指出研究建議父母最好避免過度極端寬容或獨裁的養育趨向，他認為有效父母應該具備

- 「以稱讚微笑與擁抱獎勵好行為。
- 給予清楚簡單理性適合孩子年齡的規定。
- 強化合理結果的規定。
- 忽略吵鬧的行為，例如，哭喊與耍脾氣。
- 前後一致。」（Rathus, 2013, p. 231）

倫理議題 4.2

你認為哪一類型教養方式是最好的，為什麼？你的父母是用哪一種教養方式？有效性如何？為什麼？

對於權威型教養的父母是最佳方式的結論有個潛性問題：可能無法明確反映出其他文化的價值觀和有效的子女養育。

其他許多有關兒童和家庭的議題將在第十一章詳細討論，包括單親家庭、離婚家庭、混合家庭、母親在外工作的家庭、家庭溝通、家庭互動，以及家庭面臨的共同問題。

手足次系統

手足是兒童最親密也是最立即接觸到的同儕團體，兄弟姊妹會影響兒童發展及行為。兄弟姊妹間相互學習如何相處，他們是彼此的模範，也學習如何與彼此爭鬥。

新生兒的出生 想像一下 3 歲半的小女孩耐心地等待媽媽從醫院帶著出新生的小妹妹回家，當媽媽到家時，她看到親愛的媽媽抱著像個小洋娃娃的妹妹時的驚訝。媽媽對著這「洋娃娃」微笑又低聲細語，小女孩對自己說：「這一定是我的小妹妹。」她感到驚奇、好奇、高興和一點點的擔憂，但是她太小了，還無法口語完整表達這樣的感受，她對整個新情勢的感想是「現在是怎樣呢？」

新生兒的出生會改變兒童的家庭環境。兒童對環境改變的反應顯然很多樣化，有些會自我退縮，有些會退化到更幼稚的行為；有些小孩對新生兒會表現出敵意，且建議

把他們退掉;一個 3 歲小男孩手裡正拿著一個安全別針接近他剛出生的弟弟,正想要戳他的眼睛。仍然會有一些小孩高興驕傲地接受家裡的新成員,與新生嬰兒一起玩耍。

因為此議題的複雜度,以及缺乏明確研究,因此很難提出建議如何更容易過渡此時期。Benjamin Spock 博士(Spock, 1976; Spock & Rothenberg, 1985)是著名的小兒科醫師,給父母許多如何養兒育女的建議。

首先,應該預先告知兒童即將面臨的轉變,包括共用房間,或者有一個新生兒將使用他們舊的高椅子;以此方式協助他們減輕驚訝,兒童對於即將發生的事毫不知情會覺得害怕。第二,Spock 建議持續地向較大的孩子強調,他們是被愛和有價值的。最後,應該鼓勵孩子表達他們的感受,也包括負面感受,使父母可以減輕孩子的恐懼和處理所發生的問題。

手足的互動　手足的互動包含許多情緒和行為。手足會打架,但也一起玩耍,一起工作,相互擁抱表示友愛。

Rathus(2011a)說明手足互動:

> 在兒童早期,手足互動有正向(合作、指導、養育)與負向(衝突、控制、競爭)兩方面(Parke & Buriel, 2006);較年長的兄姊傾向更會照顧,也更加控制,年幼的弟妹則更易模仿兄姊並接受他們的指導……若父母偏心手足間會產生較多衝突(Scharf et al., 2005)。(p. 167)

出生順序、家庭人數與家庭空間的影響　因為牽涉太多因素(如教養方式、文化期望、社經地位、同住家庭人數),很難界定出生順序與發展狀況的相關性。然而,某些人格特質似乎與出生順序有關。家庭第一個孩子更成就傾向的(Kail & Cavenaugh, 2010; Latham & Budworth, 2007; Rathus, 2011a),學業成績也比較好(Healy & Ellis, 2007; Rathus, 2011a),「雖然差異極微小,與後出生的孩子相比,最先出生的孩子常被描述為成人導向、助人、遵從、自我控制的」(Santrock, 2016, p. 296)。「就負面而言,第一個出生的孩子……比起排行後面的孩子表現較大焦慮與較少自力更生」(Rathus, 2011a, p. 167)。

Rathus(2014c)指出:

> 出生排行較後的孩子可能學到以攻擊性舉動引起父母與兄姊的關注……比起長子女或獨生子女,他們的自我概念較低,但是從家庭地位之應對學習似乎轉化為更受同儕歡迎的社會技巧……他們也傾向比長子女更加叛逆或自由的(Beck et al., 2006; Zwiegenhaft Von Ammon, 2000)。
>
> 一般而論,父母對待排行後面的子女較放鬆與彈性,認為長子女表現好,後面的弟妹也會跟著好。(p. 161)

至於獨生子女呢？某些研究顯示比起其他有手足的兒童，獨生子女往往更成就導向和具有愉悅性格（Jiao, Ji, & Jing, 1996; Kail & Cavanaugh, 2010; Santrock, 2012b）。請記住，對於孩子未來發展並沒有絕對預測因子，社會環境中有其他因素會影響孩子的發展。

性別角色社會化

嬰兒從出生時刻就因性別而受到不同的對待（Hyde & DeLamater, 2014; Yarber & Sayad, 2013）。幾乎立即就從粉紅色或藍色嬰兒裝所區隔，最基本的問題並沒有解決，男性和女性在遺傳上差異的程度與方式為何？

關於為何人們成為現在的樣子，攸關先天後天的爭議，支持先天者認為天生的基因和先天體質是天賦的。依據環境的觀點，人是環境的產物；也就是說，人從他們出生的那天開始，就被發生在他們身上的事情所影響，他們從環境中學習，並被環境塑造。每一方都各自有證據和研究支持他們的論點，答案也可能就在兩者之中。也許人們出生時天生帶有某些潛力和素質，日後經由環境塑造、增強或抑制。在本章後段將會再度討論性別角色、角色差異，並在第八章有更廣泛討論。

社會環境的相關觀點　　LO 8

家庭不是提供孩子社會化的唯一方法，當他們遊戲時會接觸其他孩子與成人，特別是在學校；透過與同儕及學校成人的相處，直接影響孩子的行為和社會發展。他們學習如何與別人交際，哪些類型的社會化行為是別人所期待的，他們也花很多時間在看電視，以下議題的重點在遊戲的社會觀點、霸凌、電視與其他傳媒的影響以及學校角色，每一項影響都攸關孩子的社會發展。

與同儕遊戲的社會觀點

兒童的遊戲有許多目的，可以促進孩子使用肌肉和身體發展，也會讓孩子想像力更豐富及創造性思考，遊戲也可使孩子學習如何與同儕相處。遊戲提供正式學習如何溝通、競爭以及分享的功能，是主要的社會化途徑。

Garvey（1977）使用以下五項特質來定義遊戲：第一，遊戲必須是單純，為了有趣好玩而非獎賞，或因為已被鄭重考慮過；第二，遊戲沒有其他目的；第三，基於想玩才去玩，而不是被迫；第四，遊戲包含活動性參與，不論是精神上或身體上，只純粹觀看不算是遊戲；第五，遊戲提高社會化及創造力，遊戲提供互動學習及生理與心智技巧。

遊戲和互動　至少有兩種觀察孩子如何遊戲的基本方式，包括社會性遊戲和想像性遊戲：**社會性遊戲**（social play）是指當孩子與其他孩子遊戲時的互動；**想像性遊**

戲（fantasy play）為當孩子遊戲時，他們在想什麼，以及會如何想像他們所玩的遊戲。

社會性遊戲 Parten（1932）概念化孩子如何參與社會性遊戲發展的模式。在 1920 年所進行的研究中，她觀察 2 至 5 歲孩子的活動，指出六項不同層次的遊戲。理論上，透過以下層次，孩子逐漸成長：

1. 無所事事行為（unoccupied behavior）。係指很少或沒有活動，孩子可能安靜地坐著或站著，通常孩子專注地觀察周圍的某些事情。
2. 旁觀遊戲（onlooker play）。係指單純地觀察其他遊戲中孩子的行為，精神上參與其他孩子在做的事情，然而身體上並沒有參與；旁觀遊戲與單獨遊戲的區別在於孩子的注意力著重在遊戲中的同儕，而不是周遭所發生的任何事。
3. 單獨遊戲（solitary play）。係指孩子獨自玩遊戲，不關心其他孩子或他們在做什麼。
4. 平行遊戲（parallel play）。係指孩子單獨玩耍，但是當其他孩子突然靠近時，會出現類似的遊戲態度或玩類似的玩具，雖然沒有任何互動，但基本上是和其他孩子用相同方式在玩。
5. 聯合遊戲（associative play）。孩子們一起玩遊戲，有些互動但是並非有組織性，例如，孩子可能共享玩具或活動、互相交談等；然而他們其實是各玩各的，每個孩子都關注他們自己個別的活動。
6. 合作遊戲（cooperative play）。係指組織性的互動，孩子們一起玩耍以達到類似目標，一起完成某事或生動地表達某個情況；其注意力集中在團體活動，孩子清楚地感覺到自己是團體的一部分，合作是必需的。

Parten 認為不同年齡層的孩子，有不同的遊戲方式；例如，2 歲孩子傾向自己玩，3 歲開始有平行遊戲，4 歲時會有更多孩子參與聯合遊戲，5 歲時大多數的孩子會參與合作遊戲。

Parten 的遊戲層次也引發某些方面的爭議。首先，這模式無法顯示遊戲的複雜度，可以觀察到所有孩子參與所有層次遊戲（Papalia & Feldman, 2012; Rubin, Bukowski, & Parker, 1998）。另一個質疑是，Parten 的遊戲模式如何看待單獨遊戲？單獨遊戲真的比在團體中的遊戲較不成熟嗎？許多孩子的單獨遊戲是具有思考性、教育性、自然創造的，有助孩子發展更進步的認知思考。如畫圖，或堆積木和樂高等單獨遊戲活動適合 Parten 正常遊戲發展概念嗎？

父母們必須了解不同年齡層的正常發展面向，父母與照顧者的期望也必須實事求是，鼓勵孩子與其他孩子一起玩適合他們年齡層的遊戲；不應催促孩子去玩超齡的活

動，父母及照顧者可以協助孩子發展遊戲及互動技巧。

遊戲中的性別差異　在生命早期有兩個與性別相關的行為差異，一是關於遊戲的攻擊行為（Hyde & DeLamater, 2017），男孩比女孩更有攻擊性；另一早期行為差異是對玩具的偏好（Rathus, 2014b）。3、4 歲的女孩開始選擇玩洋娃娃及扮家家酒遊戲，男孩則傾向男子氣概的玩具如卡車和槍，差異的原因並不清楚；也許孩子就是玩那些被給予，和被鼓勵去玩的玩具。女孩的房間擺滿娃娃和家家酒的東西，男孩的房間則是與動作有關的玩具，如汽車、卡車、槍和運動物品。

另一個兒童玩具偏好差異原因，可能是孩子到 3 歲時對性別更清楚（Crooks & Baur, 2014），他們很早就學習到該玩些什麼；透過他們看電視及觀察父母，學習男孩和女孩所做的不同的事情。

女孩的行為比男孩較少攻擊性的合理原因有三點（Lott, 1987），這些理由似乎相互關聯及增強。第一，女孩較少有機會「演練」攻擊行為，如打鬥、破壞或傷害等；第二，女孩的攻擊行為比男孩更少被成人鼓勵。

例如，一群男孩在野外南瓜田裡又踢又叫、猛烈推擠、衝撞及跑步，許多母親在旁觀看，並會驕傲地說「他是不是個真正的男孩啊！」此時在旁觀看的女孩覺得「有趣」，其中一名女孩想參與，她的母親說：「不要，妳會受傷；這些男孩是那麼的粗暴。」

依照 Lott 的說法，第三個原因是女孩展現攻擊比男孩較少有「成功經驗」，比起女孩，成年人更會鼓勵男孩表現攻擊性，對女孩則是增強她們更溫和更淑女。

同儕團體和受歡迎　同儕團體（peer group）是由和孩子同輩的人組成。當孩子年齡越大、更獨立及更有經驗時，同儕團體影響也更大；正面效果是可使孩子認識自己，建立自信並學習與他人互動，負面效果是同儕團體會壓迫孩子去做那些並不是他們想要做的事情。

令人難以置信有些孩子非常容易與同儕相處，有些則是逃避、孤立及退縮；是什麼造成孩子受歡迎？針對高人氣及不受歡迎孩子的研究推論，受歡迎的孩子傾向展現某些特質（Newcomb, Bukowski, & Pattee, 1993; Papalia & Martorell, 2015），他們對待他人比較友善，也更容易與他人互動；他們既不會太有攻擊性，也不會太被動；他們是值得信任，且能回應和支持同儕情緒，經常是開朗及具有創造性，不會有優越感或傲慢。

另一方面，不受歡迎的孩子傾向有著相反的特質，他們的社會力較不成熟，他們有可能太過愛出風頭和苛求，或者非常害羞和退縮；他們不會是孩子裡最開朗的或最迷人的，缺乏傾聽的技巧和同理他人的能力。

社會測量（sociometry）是一項可以檢測孩子互動的普遍技巧，包含詢問孩子

Chapter 4
嬰兒期與兒童期的社會發展

有關自己與他人的關係及感受,可以將孩子的人際關係加以圖示,即是**社會關係圖**(sociogram)。例如,問孩子在同儕團體中最喜歡哪三個人、最不喜歡哪三個人、最敬佩誰、最喜歡跟誰坐,或最怕跟誰坐;將每個孩子寫在圓圈中,然後以箭頭顯示每個問題的答案。

社會關係圖,如圖 4.4。圖中顯示每個問題的結果。以下範例有兩項問題,首先是他們認為團體中最佳的領導者,其次是在團體中他們最喜歡的同儕。

在社會關係圖 A 中清楚顯示,Toby 是團體中最佳領導者,他很開朗、有活力以及非常「有小聰明」。然而在社會關係圖 B 裡,他不是最受歡迎或團體中最受喜愛的,Tom 與 Maria 更出眾,他們兩人比團體中其他成員更成熟;他們能自我肯定且相當自信,但不會強迫他人,他們在團體中是最閃亮的。另一方面,大家對 Toby 的恐懼勝過尊敬,他們欣賞他的老練,但不信任他;他在情感或身體上不願意讓人太親近,他會保持距離。

Vince 的想法與團體中其他人完全不同,多數時間他都獨處,無論何時他常會恍神,他認為 Dean 是最有權威及最被喜歡的領導者,Dean 是一個積極主動的人,總是活動的中心,不過他在行為控制上有點麻煩,他會激怒其他人;也許 Vince 是欽佩 Dean 的專注參與。

以上這兩個社會關係圖示範如何覺察團體互動。雖然僅能描繪團體互動的某些複

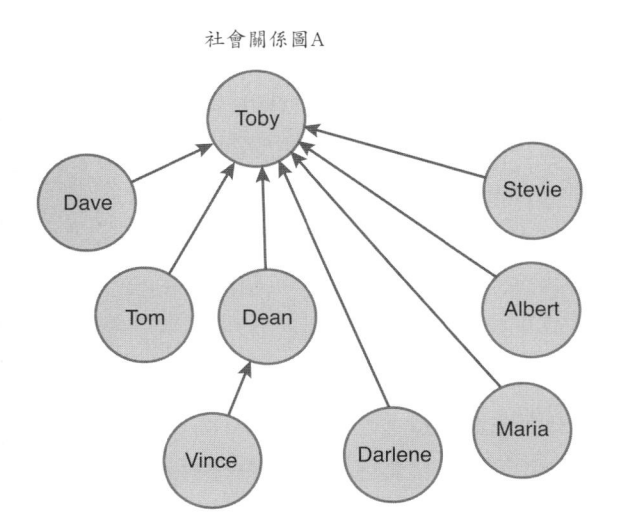

社會關係圖A

學生被問及他們認為誰是團體裡最有權威的領導者,箭頭呈現他們的想法,Toby 顯然有此地位。

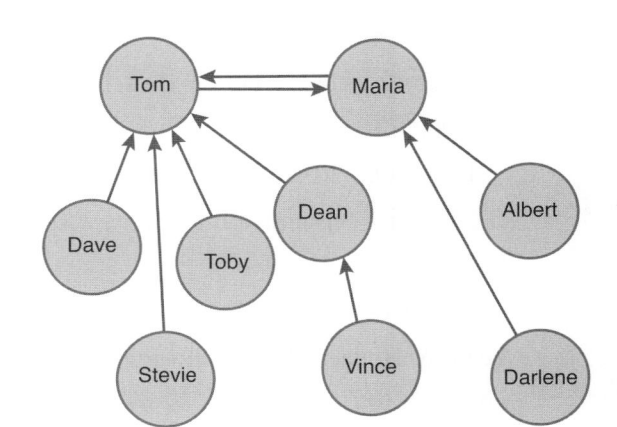

社會關係圖B

學生被問及誰是團體裡他們最喜歡的人,顯示出 Tom 與 Maria 最受歡迎。

圖 4.4　一個特教班的社會關係圖

雜性，但可以提供某些有趣線索。前文已經談過有些孩子受歡迎、有些孩子則不受歡迎。但真實的情況是，大多數的人都介於兩者之間，他們具有某些讓某些人歡迎的特質，但其他人卻不見得喜歡。

社交技巧顯然是高人氣的根本，因為技巧是可以學習的。學習社交技巧能夠增加受歡迎程度；訓練的重點在於教導孩子正向態度，且改善他們與同儕的溝通技巧；好的溝通技巧包含對同儕表現有興趣、適當發問、分享一些其他孩子有興趣的資訊。有時候角色扮演有助孩子更有效反應周遭各種狀況。

霸凌

「9 歲的 Stephanie 不想去上學……她跟 Susan 吵架了，Susan 說如果她再出現在學校，必定會毫不留情痛扁她。Susan 已在大廳推撞 Stephanie，以強調她的警告」（Ramus, 2014c, p. 217）。

在此案例中，Susan 是霸凌者，Stephanie 是霸凌受害者。Steinberg 與同僚（2011b）描述霸凌；

> 霸凌係指某個人重複直接攻擊特定同儕（受害者）……可能是身體上（毆打、踢、衝撞、絆倒）、言語上（奚落、不斷騷擾、謾罵），或社會的（公開羞辱或排擠）。霸凌不同於其他形式的攻擊，通常針對特定同儕，霸凌者與受害者之間權力失衡……高年級霸凌低年級；身材高大的孩子霸凌弱小者；言語自信的孩子作弄害羞安靜的孩子。地位相對等者偶爾打架爭吵並非霸凌，霸凌在使用暴力時傾向更冷漠的。(p. 318)

雖然霸凌者多數是男孩，女生也可能參與攻擊行動（Perren & Alsaker, 2006），「一項針對全國 15,000 名六至十年級孩童的研究結果顯示，每三名學生就有一名表示他們偶爾，或經常捲入霸凌者或受害者事件中（Nansel & other, 2011）」（Santrock, 2016, p. 402; 2012b）。某些研究指出霸凌者與受害者有常態性接觸，約 70% 至 80% 是同班同學（Salmivalli & Peets, 2009），因此對許多兒童而言，這是一個嚴重的問題。

社會環境與有關同儕應該有何行為表現的期待也會影響霸凌的發生（Salmivalli, Peets, & Hodges, 2011; Schwartz, Kelly, Duong, & Badaly, 2010）。發生霸凌事件時，同儕經常知情且在旁觀看，甚至是霸凌者要求同儕在旁觀看，以顯示自己的重要性與耍威風。

霸凌的受害者通常落在兩種類型（Rubin, Bukowski, & Parker, 2006）。「第一類是害羞、焦慮與社會退縮的孩子，極易被盯上，他們通常缺乏朋友的保護；不過有些受害者本身具高度攻擊性，且經常做出惹惱他人的行為導致被攻擊，其他孩子視其為

Chapter 4 嬰兒期與兒童期的社會發展

『自找的』」（Steinberg et al., 2011b, p. 319）。

霸凌會導致什麼結果呢？近代某些研究顯示當霸凌者與受害者進入青少年期時，他們更易於沮喪、產生自殺意念，並且真的自殺（Brunstein Klomek, Marrocco, Kleinman, Schonfeld, & Gould, 2007）。也有些研究指出霸凌者與受害者到青少年時期比起那些沒有經歷霸凌者「有較多健康問題（如頭痛、暈眩、睡眠問題與焦慮）」（Santrock, 2009, p. 458; 2012b; Srabstein, McCarter, Shao, & Huang, 2006）。

網路霸凌是一種新型態霸凌，意即利用電子裝置如電腦或手機，存取社交媒體（臉書）、電子郵件、即時通訊，以文章或影像霸凌、羞辱或傷害某人（stopbullying.gov, 2016）。由於電子裝置取得方便，一天 24 小時，一週七天都可能發生網路霸凌。根據學校犯罪統計六至十二年級學生約有 7% 曾經歷過網路霸凌（stopbullying.gov, 2016）。此外，被傳送到網路的訊息很難追蹤到發訊者或消除，所以此種霸凌幾乎很難擺脫。

針對霸凌可以做什麼呢？Dupper（2013）建議校方應該採取九項步驟以勸阻或遏止學生間的霸凌：

> 首先最重要的是準確評估校園霸凌的範圍與本質……〔可能可以這樣做〕針對學生實施匿名的霸凌問卷調查……根據調查發現激發成人採取行動對抗霸凌，並協助管理者與教育工作者針對學校特定需求制定霸凌預防條例……
> 第二項是取得所有相關人員（如管理者、教師、學生、家長、學校行政人員與社區夥伴）更廣泛支持與重要承諾，認同此問題的重要性並承諾建立預防及干預計畫與政策……
> 第三項是組成學校合作團隊，團隊包括團體代表，有學校管理者、各年級老師、學校非教職組員、學校諮商人員或其他學校心理衛生專業人員（如學校社工人員）、校護與一名家長，共同參與計畫之擬訂、執行、維持與評估……
> 第四項針對教師與校內可能與學生互動的人員提供持續在職訓練……
> 第五項一定要考慮年輕人的語言及需求，對抗霸凌的努力才會成功。……某研究發現許多年輕人實際發生被成年人標籤為「霸凌」的情況，然而他們並不稱為霸凌，好像承認就會被霸凌（或更糟的，他們是霸凌），這使他們自覺懦弱與孩子氣……當青少年承認他們被霸凌時，成年人應提供類似受虐被害者之協助與情緒復原等之協助方案……
> 第六項將霸凌旁觀者納入處遇目標，以改變學校團體規範與動力……〔在某些學校霸凌被視為理所當然，且變成常態，學生應被教育何謂霸凌，並增強他們挺身而出，幫助遏止霸凌行為。〕
> 第七項針對霸凌相關行為，建立與施行簡單明白的懲戒政策……
> 第八項針對學校最常發生霸凌事件的區域，加強成年人之督導〔熱點（hot

spots）〕……當校方確定這些「熱點」後，應主動加強巡視該區，以減少霸凌發生的機會……

　　第九項是在小學進入中學的過渡階段直接預防與努力干預，因為相關紀錄顯示霸凌在青少年早期之就讀中學時期會增加。（pp. 73-81）

電視與其他傳媒的影響

　　電視已經普遍存在於兒童成長環境中。值得一提的是，兒童每週花 20 至 25 小時看電視，假設依循這樣的比率，到中學畢業將會每天 24 小時整整兩年時間在看電視（Kail & Cavanaugh, 2016; Rathus, 2014c）。當然這只是平均值，某些孩子比其他人看更多，某些孩子用電視玩電子遊戲。例如，低社經地位家庭孩子看電視時間會比高社經地位家庭多；「電視已然是便宜的娛樂，低社經地位家庭可能沒錢提供孩子其他娛樂來源」（Lemish, 2007; Martin & Fabes, 2009, p. 332）。同時看電視所花的時間隨年齡而不同。Martin 和 Fabes（2009）說明如下：

　　　　孩子看電視的時間從學齡前平均每天 2.5 小時持續增加到小學（Lemish, 2007），最高峰直到青少年之前大約每天 4 小時，之後競爭性活動降低了看電視的時間（Pecora, Murray, & Wartella, 2007）。如果把電腦、DVD 與電玩遊戲列入計算，孩子平均每天花 5 小時在「影像螢幕」之前（Woodward & Gridina, 2001），其他國家也出現類似情況（Lemish, 2007）。（p. 332）

　　最主要的質疑是，電視是否教導、影響孩子暴力和攻擊性。研究顯示電視的確影響及增加孩子的暴力行為（Berk, 2008a; Newman & Newman, 2015; Rathus, 2011a; Wilson, 2008）；Rathus（2011a）表示：

　　　　電視是攻擊模式的養分來源（Villani, 2011），孩子經常暴露在謀殺、毆打與性侵的電視銀幕前。在小學畢業前，每天看 2 至 4 小時電視的孩子將會看到 8,000 次謀殺與其他 100,000 次暴力行為。（p. 172）

　　即便是兒童卡通節目也出現極為暴力行為，有多少次忍者龜打擊「壞人」使用強大毀滅性、尖銳與危險的武器？思考至此，電視節目對暴力描述數量令人驚心動魄啊。

　　除了電視之外，電玩遊戲不只觀看還實際學習暴力行為，以追求暴力作為活動參與，通常是射擊人或其他圖像；更糟糕的是，當目標被徹底殲滅，透過提供點數而強化暴力行為。

　　孩子觀看電視或電玩遊戲暴力導致攻擊性增加有三個過程（Newman & Newman, 2015），第一，孩子會模仿那些他們所看到的暴力行為；第二，暴力會被激發，因此

孩子更易失控且變得更加暴力；第三，經常暴露在暴力的電視節目下會影響孩子的價值觀和對現實世界的信念。

其他研究證實兒童期觀看暴力電視數量與成年的攻擊性有相關（Huesmann & Miller, 1994; Johnson, Cohen, Smailes, Kasen, & Brook, 2002; Newman & Newman, 2012）。換言之，當孩子看更多暴力電視，可能影響他們長大後出現較多暴力，即便考慮社經地位和父母教育程度，電視暴力與攻擊性仍是有相關（Johnson et al., 2002）；*TIME* 雜誌的調查發現 66% 受訪者相信電視節目呈現太多暴力（Poniewozik, 2005）。玩暴力電玩，與孩童及青少年攻擊性增加、對其他人的關注減低有關（Anderson & Bushman, 2001; Anderson et al., 2003）。當兒童常玩電子遊戲，且認同遊戲中的暴力角色，就會強化暴力（Konijin, Bijvank, & Bushman, 2007）。

然而電視也有另一面。Newman 與 Newman（2012）指出「很多節目可啟發孩童及更廣泛的收視觀眾，可傳遞相關倫理訊息，包括家庭生活價值、為達成重要目標而犧牲和努力、友誼的價值、人際關係中的忠誠與承諾的重要性，以及一些其他文化價值」（p. 261）。

美國小兒科學會（American Academy of Pediatrics, AAP, 2007）建議父母應該觀察他們的孩子觀看電視之後的行為，且他們自己也該看看那些節目；然後去挑選哪些節目適合與否。如果發生暴力行為，也該跟孩子談一談；父母需強調暴力是不好的解決問題方法，且非暴力方法會是比較適當的。最後父母應該挑選較高品質、非暴力內容的電視節目、影片給孩子觀賞。

學校環境

學校是提供社會化的主要場所，學校教導孩子社會習俗、規範及溝通技巧，學校會影響孩子對未來生涯的夢想與抱負。學校有助塑造孩子的思考方式，在此我們將討論的議題包含了老師的影響力、有效能的學校環境等影響。

老師的影響力　　學生經常隨老師的期望程度來表現，就像**自我實現預言**（self-fulfilling prophecy），高期望可能導致高成就。

有些研究顯示，低成就者甚至比高成就者更能符合老師的較高期望（Madom, Jussim, & Eccles, 1997; Martin & Fabes, 2009; Smith, Jussim, & Eccles, 1999），當學生表現不佳時，老師要避免加以歸類，更應該鼓勵他們盡力。

Martin 與 Fabes（2009）指出老師如何影響學生的社會發展（Pianta, 2006）：「這影響可以是十分正向，且增進能力及幸福感。例如，老師已發現以下作法可提升對學生的正向結果：(1) 減少學生之間的比較；(2) 運用合作性互動策略；(3) 提升信念去關注學生的能力而非不足；(4) 增加學生成功的機會；(5) 溫暖、鼓勵及支持（Pianta

& Stuhlman, 2004; Stipek, 1997）」（p. 437）。

有效的學校環境　學校環境應該是溫暖、友好、激勵學習與成就的地方，嚇人可怕的環境會讓人不想待在那裡。大量研究機構證實下列因素與有效學校環境有關（Rathus, 2014b; Shaffer &Kipp, 2010, pp. 624-625）：

- 學校風氣：學生對學校的正面知覺是鼓勵學習的重要因素，包含安全及老師的「支持與鼓勵」（Loukas & Robinson, 2004; Shaffer &Kipp, 2010, p. 624; Taylor & Lopez, 2005a）。假如學生感覺友好及安全，明顯可見他們會有更大自由體驗，且更有精力去努力學業與社會成就（Eccles &Roeser, 2005; Taylor & Lopez, 2005b）。
- 教學重點：教學目標應該明確清楚，家庭作業是必需的，且應該有說明、討論及評量。
- 挑戰性、發展性的適當課程：孩童的學習內容更應該重視他們的族群、文化背景、習俗與歷史，以及他們當前生活所面臨的議題。適當的課程內容可以促進他們在「努力、專注、出席與適當課堂行為」的成就（Jackson & Davis, 2000; Lee & Smith, 2001; Shaffer & Kipp, 2010, p. 624）。
- 教室管理：符合結構期望之有組織、有效的教室能促進健康學習環境。為了準時活動與上課，應該運用時間管理技巧。「有效能的老師會問問題、個別回饋，以及提供學生訓練與練習機會而非僅是直接教學」（Rathus, 2011a, p. 431）。
- 紀律：規則應該明確公布，且違反規則的後也應立即執行。應該避免體罰，因為可能導致失控結果與進一步攻擊行為。「當老師採取批判、嘲弄、威脅或處罰時，學生就會做不好」（Rathus, 2011a, p. 431）；同時，鼓勵服從、合作的兒童自我決策，可強化他們的自信及成就能力（Deci & Ryan, 2000; Grolnick, Gurland, Jacob, & Decourcey, 2002; Ryan & Deci, 2000a, 2000b）。
- 團隊工作：「有效能的學校具備團隊合作能力，共同策畫課程目標，並監督學生的進展，在紀律引導之下提供積極、有活力的領導」（Shaffer & Kipp, 2010, p. 625）。

兒童虐待　　LO 9

　　有天 8 歲的 Ralphie 上學時，手臂上有一大片包紮繃帶，老師問他怎麼了，他回答從樓梯上跌落摔斷手，他似乎不願意多談；追問他為何範圍那麼大，他回答「喔，那是因為我摔傷了兩三個地方。」老師覺很奇怪，簡單的摔倒，卻造成那麼嚴重的

傷。8 歲的孩子通常很快就會恢復精力的。

上述案例顯示了孩子被粗暴地對待，兒童虐待與疏忽的方式很多，統稱兒童虐待。**兒童虐待**（child maltreatment）包括：身體虐待；不適當的照顧及營養；剝奪其所需的醫療照護；對持續上學鼓勵不足；強迫從事太辛苦或長時間工作；「暴露在有害身心或雜亂的環境」；性虐待、情緒虐待和疏忽（Kadushin & Martin, 1988, p. 226）。

許多書本會論述每項虐待的形式，本書將其歸類為兩個標題：兒童虐待（包含身體與性虐待）及兒童疏忽。兒童虐待是社工人員應該了解的重要議題；當兒童虐待發生時，他們需要對線索有足夠敏感度，了解受害兒童與施虐者的動力，以評估並制定處遇計畫。在此我們將討論兒童虐待的影響及發生率、身體虐待的定義、疏忽、精神虐待與性虐待；受害者與施虐者的特質；及一些基本處遇方法。

兒童虐待的發生

兒童虐待及疏忽的實際個案數目難以確定，界定也不同，如何撰寫個案紀錄及資料蒐集也非常戲劇化，可以確定的是：任何被報導呈現出來的個案數都只反映出真實面的一小部分，大部分仍隱藏未知。

兒童身體虐待

身體虐待（physical abuse）一般意指「兒童遭受非意外性的傷害」，通常「來自照顧者、其他成人，或其他較大的孩子」（Crosson-Tower, 2013, p. 180）；某些定義強調疑似施虐者是否有意傷害孩子，有些界定則不管意圖為何，主要強調潛在性或實際上對孩子的傷害。然而身體虐待與管教僅是一線之隔。傳統上，父母有權以他們認為合適的方式來養育子女，包括當他們認為有需要時，採取處罰方式以遏止孩子行為；試想一個父親因為 13 歲女兒數學成績從 A 掉到 C，就以皮帶抽打屁股，這是他的權力或者是兒童虐待？

身體受虐者的特質　身體受虐兒童的線索有身體及行為指標兩方面，身體指標可歸納以下六項：

1. **瘀傷**（bruises）。任何嬰兒身上的瘀傷都應該被懷疑，他們甚至還不能行動，所以不太能弄傷自己；瘀傷的部位或形狀不尋常可能是身體虐待；當瘀傷形狀可辨識為如手印或皮帶時就該注意，最後如果瘀傷顏色深淺不一，可能意味瘀傷已經一段時間了。淺色肌膚的人，皮膚瘀傷的變化為：第一天最初是紅通通的，然後變成藍色到黑紫色，第 6 天會變成墨綠色的印子，5 至 10 天轉為淡綠或黃色。

2. **撕裂傷**（lacerations）。經常發現或無法解釋原因的割傷、擦傷或抓傷，可能是身體的虐待；應該要注意臉部和生殖器的撕裂傷，咬傷也可能是虐待。

3. 骨折（fractures）。骨折和其他骨頭的傷害可能是虐待的指標，特別是奇怪的扭曲變形骨折，和多處骨折更是無可掩飾的症狀；嬰兒骨折原因可能是虐待，其他則為關節脫臼和骨膜受傷——包覆在骨頭外面的薄膜分離等。
4. 燒燙傷（burns）。特別是奇怪部位或型態的燙傷可能是虐待的指標，兒童被香菸燙傷與繩索烙印（被綑綁與監禁），或發生在難以到達的部位，如胃、生殖器或腳底燙傷都是虐待的線索，燙傷的型態也會指出孩子被何種熱容器所傷，手或腳浸入熱液體中會導致囊狀燙傷，假如孩子被浸到非常熱的水盆中，因為孩子的屁股接觸到盆底，屁股將會產生甜甜圈狀燙傷。
5. 頭部受傷（head injuries）。其指標如頭蓋骨折、強烈拉扯之後的掉髮及硬腦膜下血腫、黑眼圈也很可疑，強烈搖晃孩子會造成視網膜剝離或出血。
6. 內出血（internal injuries）。踢打可能造成孩子脾臟、腎臟及腸子的傷害；靜脈破裂及腹膜炎都可能是虐待指標。

當你在評估兒童有否遭受身體虐待的可能性時，應該考慮以下問題：

- 以其年齡層而言，孩子是否太常受傷？
- 孩子是否有多重傷害？
- 傷害的型態、形狀辨識度，或其他先前所描述過的症狀為何？
- 就孩子的發展階段而言，此傷害是一種不可能的傷害嗎？
- 對於傷害的解釋是否有意義？

假如你發現有點不對勁，就要特別注意，極有可能是虐待。

除了身體指標，身體虐待的第二個層面是行為指標。遭受身體虐待的孩子傾向表現出較極端的行為；實際上，幾乎所有孩子都有可能會出現類似極端行為，但受虐兒童出現的頻率和嚴重度格外明顯。種種具體的行為指標至少可分成三類（Crosson-Tower, 2013, 2014; Kolko, 2002; Runyon & Urquiza, 2001）：

1. 極度被動、親切、低姿態的柔順行為；避免與父母潛在衝突，因為這可能會導致被虐待。受虐兒童異常溫和及馴服，以避免任何與施虐父母可能的衝突。假如他們可以隱形，就不會激怒父母。因為過度關注自己，受虐兒童甚至會避免玩樂，這種行為模式有時稱為**過度警戒**（hypervigilance）。
2. 因為需求未被滿足而產生憤怒及挫折，導致對他人有明顯攻擊行為與敵意。有些孩子在初期時會裝出完全相反的過度被動態度。這些孩子拼命地想要被注意，會試著做任何事來得到注意，即使只能從父母處得到負面的注意，這會增強他們的攻擊行為。

3. 發展遲緩（developmental lags）。因為受虐孩子被迫將他們的專注與精神放在適應受虐狀況，經常呈現發展遲緩，如語言遲緩、社會技巧發展不足或動作發展遲緩。

倫理議題 4.3

父母親有權利打孩子嗎？管教何時會變成了虐待？

施虐者的特質　雖然兒童身體虐待背後的動力相當複雜與多元，其共通特徵如下列六個層面（Crosson-Tower, 2013, 2014; Kolko, 2002; Miller-Perrin & Perrin, 2013; Runyon & Urquiza, 2011）；不是每個人都具備全部特徵，可能只會具備某些問題：

人際和撫育的支持　施虐者的基本特質是低自尊，從兒童期開始他們的情感需求就沒被滿足，所以他們也無法滿足孩子的需求；因為對自我能力信心不足，導致抗拒和敵意。他們不知道如何得到支持，一方面覺得不受幫助，一方面極度渴望別人的支持。

社會孤立（social isolation）　加害人的自信可能較低，自認不被喜歡，所以將自己隔絕起來；即使需要他人情感支持，他們也拒絕關心，害怕關心，不想與別人聯繫；結果壓力與日俱增，無人能夠協助。

溝通與人際關係困難　施虐者與家人、重要他人的關係惡劣，溝通困難、有敵意與無效的；低自尊也會影響與伴侶或重要他人的關係，施虐者不知道如何滿足自我需求。會因為不知道如何適當表達感受，而衍生失望及憤怒；即便在婚姻或伴侶關係中，他們還是覺得孤立和孤單。父母無法互相溝通時，可能會遷怒孩子，會把要對伴侶或重要他人表達的暴力跟憤怒，發洩在孩子身上。

親職技巧不足　許多施虐者不知道如何撫育孩子，由於他們的原生家庭經驗可能是敵意和虐待的，因此從未由父母和照顧者身上觀察到養育行為，所以也就無法學習到如何養育子女。

此外，他們對於在各發展階段構成不適當行為的期望可能較缺乏，譬如，他們要求孩子需完全順從，甚至表現完美就是不適當的。親職管教行為不一致、敵意，且缺乏正向互動。

適應技巧不佳　施虐者可能無法適應壓力，故壓力由孩子替代承擔；他們缺乏憤怒管理技巧，也不知道如何滿足自我情緒需求，也可能沒學習到如何區隔感受、情緒與行為，因此當生氣時，他們無法以口語討論，就使用拳頭。

另一項未能學習的技巧為適當的責任劃分。施虐者傾向將自我過錯怪罪他人；例

如，因為孩子太頑皮，是孩子的錯，所以孩子應該被打，並打斷手臂等等。

施虐者可能也缺乏決策或問題解決技巧，因為缺乏自信，也不太信任自己的判斷，很難表達和評估對各種不同選擇的正反面影響，也很優柔寡斷。

此外，施虐者總學不會如何延遲享樂，此時此刻的情況都很重要，要是孩子行為失當，立即一記飛踢。當他們的壓力太大，施虐者需要立即性洩壓。他們專注在當下，很難去看之後的行為後果。

高度外在壓力與生活危機　兒童虐待與低社經地位有關，貧窮導致壓力，施虐者缺乏適應策略，覺得孤立又無力；其他生活壓力如失業、生病、婚姻或家庭爭執，甚至孩子的行為，可能將其逼到邊緣無法適應；他們排除壓力最簡單的策略，隨手可得的目標就是孩子。

兒童疏忽

因為疏忽牽涉到缺乏資源，而非目前某情況是負面的，故很難定義。且每一個社會環境都不盡相同。家庭環境怎樣是適當的、怎樣又是疏忽呢？

兒童疏忽（child neglect）意指照顧者「未能滿足孩子的基本需求」。包括剝奪孩子身體、情緒、醫療、心理衛生或必要教育（Erickson & Egeland, 2011; Shireman, 2003, p. 32）；兒童虐待係指透過行動來傷害兒童，兒童疏忽對兒童的傷害則主要是因沒有做那些必須做的事；當兒童生存及成長需求未被滿足即是疏忽。

最常見的兒童疏忽為生理疏忽及教導不足。**生理疏忽**（physical neglect）係指「未能保障兒童免於受傷或危險及提供兒童基本生理需求，包括適當的住所、食物和衣服」（Erickson & Egeland, 2011, p. 105）。**教導不足**（inadequate supervision）係指「兒童缺乏照顧者或照顧者漫不經心或不適任，使孩子陷於可能傷害自己或他人的危險」（Downs Moore, & McFadden, 2009, p. 209）。兒童需要被教導、照顧以及日常活動、情緒等支持，不適當的教導如精神上的疏忽，稍後將會討論。

有些疏忽與貧窮有關，許多疏忽的父母因為資源不足難以照顧孩子。例如，某位被指控疏忽的婦女，向法庭描述她的生活狀況，她住在三樓一間狹小、沒有供應熱水的房間；她說「那是一個可怕的地方，壁紙已經剝落，地板也破裂，嬰兒總是用手去抓碎片，浴室在上面樓層，且與其他兩個家庭共用，廚房則在一樓，與另一個婦女公用，因為沒地方儲存食物，一次只能購買一餐所需的食物」（Hancock, 1963, p. 5）。

兒童疏忽的特質　每個人都有無數的需求。界定與分類所有維繫生理及心理健康的需求非常困難，這也就是為什麼定義各個家庭情境的疏忽是如此困難。以下將提出 12 項兒童疏忽的指標（Barnett et al., 2011; Crosson-Tower, 2014; Erickson & Egeland, 2011; Miller-Perrin & Perrin, 2013; Zuravin & Taylor, 1987），這至少提供一個兒童疏忽的基本評量指標。值得注意的是，並非所有的特徵都適用於所有兒童疏忽，但任何一

個特徵都可能是疏忽的指標。

1. 生理健康照顧。生病而未被照顧及適當的牙齒健康維護。
2. 心理健康照顧。兒童的心理健康問題不是被疏忽，就是不予理會；有時照顧者對「當孩子被發現有嚴重情緒或行為障礙時，要求其接受矯治或治療之建議」予以拒絕（Erickson & Egeland, 2011, p. 105）
3. 教育疏忽。「父母未能遵守法律讓孩子上學」（Erickson & Egeland, 2011, p. 104），缺乏正當理由的過多曠課和遲到也可能是疏忽的指標。
4. 教導。經常或多半讓兒童獨處，缺乏充分的教導；甚至不照料嬰幼兒；另一個普遍狀況是將較幼小的孩子當成其他孩子的責任，由其教導；第三個情況是當孩子從事可能傷害自己的活動時不加以指導；最後是孩子不準時上學也未能適當教導。
5. 遺棄與替代性照顧。最公然的疏忽形式是遺棄，父母放任孩子獨處不予照顧，父母應該回家的時間卻沒回來，對於受託照顧者置之不理，也不知道他們與孩子之相處狀況。
6. 居家危險物。住所的溫度、空氣及安全設備等不適合，危險物品如將藥品或武器隨意放置在孩子隨手可及之處，電器設備不合格也可能導致危險。
7. 家庭衛生設備。食物可能餿掉了，家裡到處是垃圾或排泄物等。水管不通或堵住了。
8. 個人衛生。衣服老舊、破損不乾淨，頭髮蓬亂骯髒，沒有洗澡身體發出臭味，也可能傳染頭蝨。
9. 營養。孩子經常抱怨飢餓，且到處找東西吃，兒童食物不足導致營養不佳，營養不良造成發展遲緩等都可能是疏忽。
10. 「社會依附困難」（Barnett et al., 2011, p. 96）。兒童與父母有互動問題，無法維持安全依附關係——信任父母、正向回應，且持續與父母互動（Erickson & Egeland, 2011）。兒童對父母可能表現出「被動、退縮」或「父母對孩子低度敏感及參與」（Barnett et al., 2011, p. 96），孩子與同儕關係呈現出「社交行為不足、社會退縮、孤立、較少互惠友誼」等問題（Barnett et al., 2011, p. 96）。
11. 「認知與學習欠佳」（Barnett et al., 2011, p. 96）。兒童可能語言能力不足、學業成就不佳、分數低、智能不足、創造力差、問題解決能力差（Barnett et al., 2011）。某項研究指出疏忽兒童比身體虐待兒童有更多認知與學業問題（Hildyard & Wolfe, 2002）。
12. 「情緒及行為問題」（Barnett et al., 2011, p. 97）。疏忽兒童呈現冷淡、退縮及

孤立、低自尊、身體及口語的攻擊性、注意力不容易集中、焦慮或沮喪等精神症狀（Barnett et al., 2011）。

以下兩種身體狀況可能是重度疏忽所導致：非器質性生長遲緩與身心侏儒症（Crosson-Tower, 2014）；**非器質性生長遲緩**（nonorganic failure-to-thrive syndrome, NFTT）發生在嬰兒，其特徵是「體重與身高低於5%之下」（Crosson-Tower, 2014, p. 70），意即所有其他95%同齡嬰兒的體重更重；且出現明顯的心智動作發展遲緩。

身心侏儒症（psychosocial dwarfism, PSD）影響1歲6個月到16歲的孩子，這些孩子可能因「情感剝奪促使異常低度成長。身心侏儒症孩子體重與身高也低於5%，且顯現骨頭成熟障礙及許多行為問題」（Crosson-Tower, 2014, p. 71）。此外也有語言困難及社會互動問題。

疏忽父母的特質　Crosson-Tower（2013）指出「疏忽的父母經常忽略自己，如同疏忽孩子；對他們而言，這是生活方式的學習，他們的兒童期只有憤怒和漠不關心，因此當他們成年之後也顯現無法滿足那些成長過程中未被滿足的需求」（p. 186）。

疏忽的母親可以分成下列五項基本類型（Crosson-Tower, 2013; Polansky, Chalmers, Buttenwieser, & Williams, 1991; Polansky, Holly, & Polansky, 1975）：

1. 冷漠、毫無生氣的母親被形容為麻木的，她很少或沒有情緒反應，而且對任何事都懶洋洋。
2. 衝動不負責任的母親，對待孩子不一致且經常漫不經心，衝動控制力差且缺乏適應方法。
3. 沮喪的母親以放棄方式反映其不快樂的生活環境。不像冷漠的母親，她們表現出沮喪及悲傷等極度的情緒經驗。
4. 智力遲緩的母親疏忽兒童是因為本身智商不足，且缺少可協助她們承擔責任的有效支持。應注意的是，並非所有智力遲緩的女性都會疏忽子女。
5. 嚴重精神障礙母親，如精神病者，這些母親因為超乎尋常的思考過程、妄想或極度焦慮導致功能失常。

倫理議題 4.4

疏忽的父母應該被懲罰或是治療？如何實行？

精神虐待

以下案例說明精神虐待：

- 一個母親將 3 歲兒子鎖在暗黑衣櫃中作為懲罰方式。
- 晚上時，父親把 7 歲兒子的腳跟床銬在一起避免他反覆下床。
- 母親對女兒說「你是地球上最笨、最懶的孩子，我不相信你是我的孩子，他們一定在醫院把嬰兒掉包了。」
- 父親告訴女兒假如她或她的小狗行為不端就要殺了小狗。
- 母親拒絕看或觸摸她的孩子。
- 父親重複對某個孩子說「我不愛你」。（Barnett et al., 2011, p. 106）

精神（或情緒）虐待（psychological maltreatment）包括精神虐待及精神疏忽。**精神虐待**（psychological abuse）指較積極主動以及負面行為，如「輕視、羞辱、拒絕、傷害孩子的自尊，及未能給孩子正向的環境」（Cohen, 1992, p. 175）；**精神疏忽**（psychological neglect），類似其他的疏忽形式，包含被動未能滿足孩子的需求，「以被動或被動／攻擊之漫不經心回應孩子的情緒、養育或幸福需求」（Brassard, Germaine, & Hart, 1987, p. 267）。這些父母可能剝奪嬰兒擁抱與被關注的需求，或忽略孩子對情感的極度渴望。情緒忽略與虐待兩者皆可能阻礙孩子的心理發展與幸福。

精神虐待至少包括五類基本行為（Barnett et al., 2011; Crosson-Tower, 2014; Downs et al., 2009; Garbarino, Guttmann, & Seeley, 1986），摘要如下：

1. 拒絕（rejection）意指「放任孩子不予理會，使其作為代罪羔羊（如對孩子某些行為不公平的責罰或批判），和語言羞辱」。父母可能在孩子朋友或鄰居面前強調他如何的愚笨。
2. 孤立（isolation）意指「使孩子遠離適當的關係」，包括不允許孩子與同儕一起玩或與其他親屬相見，可能也會將孩子鎖在衣櫥裡數天、數月或數年。
3. 威脅（terrorizing）為「恐嚇及嚇唬孩子」，假如他不洗碗，父母可能威脅孩子要殺死他心愛的寵物。
4. 忽視（ignoring）意指不去回應孩子，或假裝孩子並不在那兒。父母看著電視且無視孩子要求協助功課或吃東西等請求，迫使孩子自己處理。
5. 墮落（corrupting）意指「鼓勵或支持不合法或偏差行為」。如照顧者強迫孩子去商店偷東西或喝啤酒（Winton & Mara, 2001, pp. 90-91）。

受精神虐待孩子的特質　許多研究顯示成人期的種種問題與幼年期遭受精神虐待有關。這些潛在影響包含：低自尊、焦慮、沮喪、負面生活態度、自殺可能性增

加、情緒不穩定、衝動情緒控制困難、物質濫用、飲食障礙、關係困難、暴力、犯罪行為、學校問題，以及智能與成就不足（Hart, Brassard, Binggeli, & Davidson, 2002; Hart et al., 2011）。

施虐者的特質　就像其他虐待或疏忽的父母及照顧者，兒童精神虐待的施虐者本身通常有嚴重的情緒問題或缺損（Crosson-Tower, 2014; Shireman, 2003）。；他們發現自己對婚姻或伴侶關係感到失望或枯燥無味，並尋求一個簡單目標（通常是孩子）作為憤怒及挫折的出口。他們缺乏處理問題及情緒困擾的因應技巧，幼年期的情感需求可能未被滿足，他們自己的父母也缺乏養育技巧，自然也無法教導他們如何成為好父母；他們也可能必須面臨自我個人問題如精神疾病或物質濫用（Barnett et al., 2011）。

鉅視系統對兒童虐待之回應

鉅視系統之回應係指社會如何處理兒童虐待問題。此類回應包括兒童保護服務、社會工作處遇之角色，與法院的處置。

鉅視系統回應：兒童保護服務　受虐待或疏忽兒童通常會被轉介到**兒童保護服務**（child protective services, CPS）單位，兒童保護服務機構係政府單位，其功能為(1) 受理疑似兒童虐待通報；(2) 調查；(3) 評估傷害程度及持續傷害的危機；(4) 判斷家庭環境的安全性，或家外安置的必要性；同時 (5) 提供或安排必要及適切的社會、醫療、法律、安置與其他服務。

雖然地方與全國性的兒童保護服務方案略有差異，以下是通則（Pecora et al., 2010）：

- 安全永久的家是孩子最好的成長之處……
- 有了充分足夠的支持，大部分的家長都希望成為好父母，有能力照顧及保護他們的孩子……
- 需要 CPS 方案協助的家庭，因家庭結構、文化、種族、宗教、經濟地位、信仰、價值與生活方式而有所差異……
- 如果個案主動參與 CPS 的協助方案，成功可能性更高……
- 服務必須個別化與因人而異……
- CPS 服務方案須以家庭為中心。（p. 150）

CPS 的工作者通常受僱於政府公部門，主要任務為保護孩子免於受到傷害。在干預過程，CPS 的工作者會幫助家庭建立處遇計畫以處理問題。當問題沒辦法解決時，CPS 的工作者會試著長期或永久安置孩子，並跟法院合作，宣告孩子要求保護，且尋求安全合適的安置。

身體虐待、疏忽及精神虐待的處遇：社會工作角色　身體虐待、疏忽及精神虐待的處遇遵循以下與其他社會工作領域相似的連續步驟。包含初步轉介、蒐集個案資料、評估情況（包含人身安全、風險與家庭評估），個案計畫如設定目標、提供處遇、評估處遇結果及結案（Pecora et al., 2010）。實務工作者應注意下列事項：

1.「孩子處於何種程度的虐待或疏忽危機？
2. 問題的癥結是什麼？
3. 為緩解問題而提供的服務有何優勢或保護性因子？
4. 家庭環境安全嗎？或者必須安置？」（Crosson-Tower, 2014, p. 216）

特定因素會影響危機（Crosson-Tower, 2014），如下所述：

- *孩子因素*：較年幼、有智力或其他障礙的孩子有較高風險。
- *照顧者因素*：「照顧者最初的合作程度及能力，記住這部分需要考慮到文化脈絡；承認問題之家長比那些顯露敵意或拒絕合作者，預後更好且風險較低。」
- *施虐者因素*：曾有不理性虐待行為與惡意傷害孩子的加害人風險更高。
- *環境因素*：「根據對孩子的未來潛在傷害來衡量事件嚴重度。工作人員需判別永久性傷害的可能性、傷害部位、過去遭受的虐待或疏忽，以及居家物理環境，環境因素常會提供額外的訊息。父母不求助，孩子風險更高。家庭壓力也會影響虐待之可能性，死亡、離婚、父母之一入獄服刑、失業、換工作、搬家以及另一個孩子出生等都可能置孩子於虐待高風險，當然所有因素都必須考慮文化脈絡」（Crosson-Tower, 2014, pp. 220-221）。

一般處遇目標包括停止虐待與強化家庭可共同、有希望的成長；特殊的處遇策略則視家庭與個人需求而定。包括：家族治療、參加支持團體、婚姻諮商，或個別諮商。

父母需要學習辨識自己的情緒與適切表達，他們應該學習如何溝通彼此的需求，建立自我概念，掌握有效教養子女的技巧，以及指導父母如何改善親子關係，提供良好的養育環境。

有時外界資源很有幫助，日托可提供父母喘息及時間；家事服務可提供家庭管理訓練，並支持和教育父母等。這些針對父母的幫助可在家庭發揮效果、形塑父母關係，且示範如何教育子女與有效兒童管理技巧。

身體受虐兒童需要的處遇包含身體傷害所需醫療服務，發展遲緩的孩子需要特殊療育或矯治；透過日托可示範適當的成人角色模範等。

受虐兒童也可能有需要個別或團體諮商。Crosson-Tower（2014）提出應正視受

虐兒三類需求：第一類需求為改善受虐兒與他人的關係，包含同儕與成人；他們固有的行為模式常是防衛、退縮或不適當的攻擊性，因此必須建立有效的社會互動技巧；第二類需求是幫助受虐兒學習表達情緒，有些受虐兒會克制壓抑自我感受以避免衝突，有些受虐兒則未曾學習如何控制自我的攻擊性衝動；第三類需求是關於受虐兒的自信。由上可見受虐兒童自信不足，對自我的能力缺乏信心。

鉅視系統回應：法庭介入　「當孩子有立即性危險、或父母無法或拒絕配合社會服務機構以改善孩子之照顧」時，法庭即會介入兒虐個案；父母因某些原因沒有能力、遺棄子女、孩子重病卻未能給予充分醫療、重傷害孩子的身體，甚至殺害子女，或性侵孩子並且被起訴等情況，法庭也可能介入干預（Crosson-Tower, 2014, p. 248）。法庭介入通常包括三個步驟：申訴、裁決及處分。

性侵害

性侵害（sexual abuse）意指「任何與孩子的性活動，不論孩子是否同意……。包括：強迫或武力威脅之性接觸，不論年齡；以及所有成人與孩子的性接觸，不論是欺騙或孩子是否了解性活動的本質是什麼。假設雙方年齡、發展或大小有明顯差距，年幼者無法知情同意，則年齡較大孩子與年幼孩子的性接觸也是性侵害。性侵害行為可能包含性器插入、性器官觸摸，或非接觸的性行為如暴露或偷窺」（Berliner & Elliott, 2002, p. 55）。亂倫（incest）是一種特別的性侵害，意指「孩子與親屬──父母、繼父母、父母的同居伴侶或愛人、養父母、手足、堂（表）兄弟姊妹、叔叔舅舅、姨姑嬸嬸伯母、祖（外祖）父母等之間的性活動」（McAnulty & Burnette, 2003, p. 486）。「性活動」包含廣泛的性的行為：「色情照片、性姿勢、父母性器官暴露、愛撫、口交、舔陰部、性交以及所有性的接觸」（Crosson-Tower, 2014; Mayer, 1983, p. 4）。

兒童性侵害的動力　應該警告兒童遠離陌生人是一個主要的迷思。兒童被告知當陌生人給他們棒棒糖時，不要進入陌生人的車裡；以及不要跟藏在公園樹叢後面的陌生人說話；事實上，跟孩子親近與信任的人更危險。

兒童容易成為性侵害的受害者，因為他們的生活經驗有限，難以判斷，也容易被誤導及欺騙。與成人相比，孩子顯然弱小且總是被大人指導；對孩子而言，成人就像神一樣的存在，成人告訴他什麼該做，何時該上床睡覺，什麼時候過馬路，以及怎麼樣可以去麥當勞。大部分的孩子傾向服從成人，希望取悅成人，特別是他們被愛、食物、住所及安全感等都受控於成人。

某些資料顯示「絕大多數的加害人都是男性，雖然男孩比女孩更容易被女性侵害（20% 比 5%）」（Berliner, 2011, p. 219）。據推估約有 60% 至 70% 性侵發生在家庭內

（Crosson-Tower, 2013），但並非意味著另外 40% 是遭受陌生人性侵；而是許多家庭外的性侵加害人與家庭十分親近且受兒童信任。只有 5% 至 15% 的性侵加害者是陌生人（Berliner, 2011）。家庭外的性侵加害人常被稱為**戀童癖**（pedophile）（某些人寧可喜歡從孩子獲得性滿足）。

亂倫關係通常屬漸進式。第一次甚至是無知的，例如，成人在孩子面前裸體或脫衣，然後越來越親密。性侵害有五個基本階段（Crosson-Tower, 2014, pp. 114-115）：首先是**約會期**（engagement），加害人會測試能夠與孩子多親近及孩子的反應；第二階段是**性交期**（sexual interaction），不同程度的親密性行為會發生在此階段，此階段持續越久，施虐者與受害人的關係變得越緊密；第三階段是**秘密期**（secrecy），施虐者會使用一些操弄手段，以控制受害者繼續保持在性侵害關係中。例如，加害人會說「不要告訴你媽媽，不然她再也不喜歡你」；或是「因為我很愛你，這是我們之間的秘密」或是「假如你告訴其他人，我會處罰你」，利用威脅和罪惡感來維持秘密；第四個階段是**揭發期**（disclosure），為了某些原因，孩子揭露了侵害事實，如孩子感染了性病或性行為被他人看到，或者是孩子某些暗示行為，受害者也可能再也無法忍耐而告訴別人；最後階段是**壓抑期**（suppression），此階段受害者與家人都呈現高度焦慮，加害人可能否認，受害者有罪惡感與不安全感，其他家庭成員則感到憤怒。

有哪些因素會增加兒童性侵害的風險？與兒童相關的危機因素傾向因資訊來源而有所不同（Berliner, 2011）。某些研究指出女孩似乎比男孩較易成為受害者（Berliner, 2011），然而有些統計資料指出「男孩幾乎相同的易受傷害」（Crosson-Tower, 2014, p. 122; Miller-Perrin & Perrin, 2013）。某些研究指出「受害男孩的平均年齡為 4-6 歲，受害女孩的平均年齡則為 11-14 歲（Berliner, 2011）」（Crosson-Tower, 2014, p. 122）；但其他訊息則表示「男孩成為受害者的年紀較大」（Berliner, 2011, p. 219）。大部分研究顯示失能兒童遭到性虐待的風險更高（Berliner, 2011; Crosson-Tower, 2014），這些孩子更易受傷害，且無力保護自己，因此更容易成為加害人的目標。

與家庭相關的危機因素也不少（Berliner, 2011; Crosson-Tower, 2014; Miller-Perrin & Perrin, 2013），包括下列：

- 原生父母其中一位缺席——可能出現繼父或母親的男友。
- 家庭衝突與溝通問題——溝通不良可能造成角色模糊，例如，丈夫與妻子或伴侶發生衝突，男性可能轉而尋找女童填補其需求。
- 家庭孤立——因為必須保守性侵害的秘密，家庭甚至更強化孤立。
- 母親並非總是隨時在身邊（如生病或在外工作）——假如母女溝通不良，女兒將更難以向母親開口求助。

母親對亂倫不知情的比率並不清楚，原因可能有許多。諸如：婚姻衝突，母親與丈夫、女兒都缺乏溝通；她可能覺得怪怪的，但她工作太累而否認此事；假如亂倫事件爆發，她會失去許多；她可能覺得女兒奪走丈夫的愛而對女兒感到憤怒；她可能覺得是因與丈夫關係失敗才導致丈夫轉向另一個女人，並因而感到罪惡；她極度恐懼家庭撕裂。對母親而言，亂倫的三角關係是十分困難的情況。她不是施虐者，卻沒有讓她可快樂解決的有效抉擇。

就某些方面來說，深陷亂倫三角關係的母親也是受害者，她在父權社會裡成長，被教導要依賴、謙虛及被動，必須照顧家庭及家人的幸福；在這危急情況中，她未被教導為自己或女兒之需求而主動戰鬥的技巧。

網路與性侵害加害者　網路提供戀童症者互動的快速可近方式，確認彼此的想法與行為，以及分享色情視頻（Crooks & Baur, 2014），同時也提供戀童症者尋找受害者以滿足其戀童幻想與需求的豐富場域。他們能夠輕易地漫遊於兒童與青少年的電腦告示板與聊天室，通常他們會遵循下列過程（Crooks & Baur, 2014）。第一，加害者透過網路與潛在受害者線上交談，說服受害者相信他們是真誠的關注其困擾與問題。第二，他們會搜索受害者的電子郵件與住家地址。三，加害者發送色情內容給受害者，告訴他們這類行為是正確、普遍的。第四，加害者試圖安排與潛在受害者見面。

性侵害受害者的特徵　遭受性侵害兒童可能出現一些身體、心理及行為指標，身體的指標包含與性相關的各種身體問題，譬如有性傳染病、喉嚨或口腔問題、排尿困難、陰莖或陰道分泌物，或是生殖器官周圍挫傷。有時候懷孕也是一種指標。

心理的指標包含低自尊、情緒障礙，有時候開始變得有自殺傾向（Berliner, 2011; Berliner & Elliott, 2002; Miller-Perrin & Perrin, 2013）。行為的指標包含與他人關係顯得退縮與同儕互動困難。男女受害者均會經常過度沉溺性活動及不適當的性行為（Berliner, 2011; Faller, 2003; Friedrich et al., 2001）。

奇特的與性關聯的行為也是一種行為指標，這就如同你的「本能反應」（直覺反應）有些事情不對勁了。例如，孩子可能知道性的術語或者做出性動作，讓你直覺這些並不合乎其年齡層，孩子以性姿態撫摸自己或他人；當孩子被觸摸時，體育課脫衣服或沖澡時，與特定性別或特定之人獨處時表現出極度的恐懼。

孩子說出某些讓你覺得奇怪的特別事情也會是性虐待的指標，例如，有時候還會說，「爸爸和我有個小秘密」；「我的保母穿紅色內衣」；或是「我不喜歡去 Aunt Shirley 家，她快搖我」。

性侵害的長期影響　雖然研究指出性虐待受害者可能遭受長期影響，但此議題相當複雜。倖存者的傷害強度、期間與創傷程度可能相當不同，長期影響也因人而異（Rathus et al., 2014）。接受處遇也會協助倖存者處理這些議題和影響。

研究指出與其他未曾遭受性侵害者相比較，受害者更可能有沮喪、關係恐懼、

人際問題、性功能障礙、性的發洩（sexual acting out）及創傷後壓力症候群等情緒問題（Berliner, 2011; Miller-Perrin & Perrin, 2013）。性的發洩包含公然的性行為「針對成人或其他孩子，強迫手淫、過度性好奇、性雜交、早熟的性遊戲與知識」（Miller-Perrin & Perrin, 2013, p. 123）。**創傷後壓力症候群**（posttraumatic stress disorder）是指一個人持續重複經歷重大創傷事件，如鮮血淋漓的戰爭或性攻擊。症狀包含嚴重焦慮、惡夢、入睡困難或失眠、注意力無法集中，以及衝動憤怒等情緒爆發。

值得注意的是，因為性侵害對個人影響相當不同，沒有特定的變項與長期問題有絕對相關（Miller-Perrin & Perrin, 2013）。性侵害雖會衍生某些問題危機，但並不一定會將個人逼入悽慘人生。有許多影響因素，如「侵害揭露後獲得之社會支持，例如，母親的支持或其他成人的支持，可以減輕負面影響與扮演保護角色」（Miller-Perrin & Perrin, 2013, p. 129; Pollio, Deblinger, & Runyon, 2011）。

研究指出，下列五項因素會增加性侵害倖存者成年期更多嚴重問題的危機（Berliner, 2011; Berliner & Elliott, 2002; Crosson-Tower, 2014; Miller-Perrin & Perrin, 2013）：

1. 與加害者關係緊密。遭受家人或其他受害者覺得親密與信任者之性侵害，與成年期的重創有關。
2. 虐待的期間。虐待持續越久，可能負面影響越大。然而，假如發生極度暴力或殘酷行為，即使單一犯罪事件也可能導致嚴重創傷（加害人為了性滿足而對受害者施加痛苦）（Beitchman et al., 1992）。
3. 暴力使用與侵害的強度。使用暴力或造成疼痛會導致毀滅性的影響。陰莖插入也與重大創傷有關。
4. 缺乏父母與其他支持系統。當受害者首次揭露遭到虐待時，缺乏周遭的支持可能導致更嚴重長期問題。假如受到他人批判或責難，受害者心理壓力更大，甚至可能視為「骯髒的秘密」決定予以隱藏進入成年期。**重點提示** 4.1 提供如何與性侵害受害者談話之建議。
5. 倖存者無力因應。有些個體因人格特質促使其得以更有效因應危機與壓力，人類的人格是一個複雜的概念

性侵害受害兒童處遇：社會工作角色　在此將強調亂倫家庭的處遇，處遇過程通常有三階段（Crosson-Tower, 2014, pp. 297-298）：第一階段是**揭露—恐慌期**（disclosure-panic），這時期的危機是家庭強烈的感受，家庭成員會出現憤怒及否認，受害者通常對於之後會怎樣感到恐懼及責怪自己。第二階段是**評估—察覺期**（assessment-awareness），家人確知侵害的發生，而且試圖去處理後果，社會工作人

> **重點提示 4.1**
>
> ## 與性侵害受害孩子的會談建議
>
> - 總是相信孩子。談及此種困難的事情需要極大的勇氣,也極易讓孩子縮口不講。
> - 溫暖與同理。鼓勵孩子自由無拘束的對你述說,真實反映孩子的感覺。
> - 不管孩子說什麼,都不要表現驚訝或噁心,只需要與孩子說他或她才是應被責備的人。
> - 鼓勵孩子分享所有情緒,包含負面情緒。發洩出憤怒情緒有助孩子克服受害者的感覺。提供孩子討論其情緒的機會,讓她或他可以面對處理。
> - 傾聽孩子,不要反對或爭論,只有在你必須了解孩子所說的內容時才能夠打岔。
> - 在隱密場所談話。假如其他人不在身邊孩子會覺得更舒適些。
> - 告訴孩子他或她並非唯一一遭受此經驗者,其他孩子也有。
> - 允許孩子表現出罪惡感,強調這不是他或她的錯,成年的加害者才是有問題需要幫助的人。
> - 以孩子能了解的語言談話,必要時提供確實的訊息,讓孩子複述以確認他或她已了解。
> - 告訴孩子你非常高興他或她跟你說了這件事,強調這是正確的。
> - 詢問孩子是否有任何問題,並誠實回答。
> - 不要在孩子告訴你之後表現不同態度,這會讓孩子感到被責備或做錯事。
> - 假如孩子要求你保密,誠實回答孩子你只想幫助他或她,傷害人的秘密不適合被保密,公開秘密是為了幫助那個傷害他或她的人。
> - 最後,視你的情況而定,不要讓此議題中斷:假如你是相關社工人員,繼續追蹤問題。另外告訴父母和/或適合的管理者讓孩子獲得幫助。

員應對家庭次系統的界線再加以界定及重劃;此階段家庭的特徵是情感衝突,一方面對侵害事件感到憤怒而相互指責,另方面試著重新規劃家人間的關係,以及表示互相愛對方的感情。第三階段是**再建構期**(restructure),家庭恢復健康情緒,家庭成員建立清楚界線及學習運作;透過溝通可以增強家庭功能,父母為他們的行為負起責任,受害者也會對自己感覺好一點。

　　初步治療目標有幾項重要目標,首先是提供受害者安全舒適的談話環境(Pollio et al., 2011),倖存者者必須學習如何確認、表達及分享其感受,即便是負面與震驚的。

　　第二個治療目標是讓倖存者確知侵害事件不是她的錯(Crosson-Tower, 2014; LeVine & Sallee, 1999)。因為對加害人的愛、對於所得到的特殊關愛感到感激,或者擔心事情揭露之後家庭會怎樣等,都會導致倖存者的罪惡感(Crosson-Tower, 2014);停留在不適當、不公平的自責,這只會阻礙復原過程。

第三個治療目標是教導倖存者確認與表達情緒，以及控制問題行為。運用認知—行為治療技術對倖存者相當有幫助（Miller-Perrin & Perrin, 2013; Pollio et al., 2011）。此項治療包括行為理論的概念架構（稍早曾探討之學習理論），並應用教育觀點，認為應提供性侵害與其影響的資訊、強調運用家庭作業、期望案主積極改變問題行為，以及強調治療者的角色（Corey, 2013）。認知—行為技巧是有時間限制、直接、清楚易懂、以證據為基礎、積極的且聚焦改變維持心理問題的因素（Wedding & Corsini, 2014, p. 195）。

第四個治療目標是強化家庭溝通、支持、功能及認識性侵害（Crosson-Tower, 2014），除家庭互動問題之外也需處理個人所關切的事。

創傷知情照護（trauma-informed care） 大約 3,500 萬名 0 至 17 歲孩童曾面臨一種或多種型態之創傷（National Survey of Children's Health, 2011/2012）。孩子可能面臨自我的生命創傷（例如，虐待、家庭暴力、貧窮、與父母分離）或是因目睹暴力、戰爭或天災而遭受創傷。孩子比起成人更容易因這些事件而遭受心理傷害（Papalia & Martorell, 2015）。孩子的反應也因其年齡、本質與創傷嚴重度有所不同（Papalia & Martorell, 2015; Santrock, 2016）。

研究顯示創傷對大腦發展有負面影響，包含小腦容量減少、前額葉皮質區變小、腎上腺皮質素降低，以及腦部電氣活動減少（Child Welfare Information Gateway, 2015）。這些改變可能導致孩子持續性恐懼反應、處於高度亢奮、增加內化症狀、削弱執行功能、延遲發展里程、對於正向回饋的反應弱化，以及社會互動困難（Child Welfare Information Gateway, 2015）。值得注意的是，早期介入有助於腦部從創傷中復原（Child Welfare Information Gateway, 2015）。

社工人員被鼓勵要運用創傷知情觀點及創傷特定處遇以幫助面對創傷（SAMSHA, 2015）。創傷知情觀點

1.「了解創傷之普遍影響與可能的復原方法；
2. 確認案主、家屬、工作人員及其他與系統有關者的創傷訊號與症狀；
3. 充分整合創傷相關訊息以回應政策、程序與實務；以及
4. 積極的抵制再受創傷。」（SAMSHA, 2015）

創傷知情觀點有六項主要原則包含：安全；值得信賴和公開誠實；同儕支持；共同合作；增權、發言與選擇；文化的、歷史的與性別議題（SAMSHA, 2015）。

創傷特定處遇相當多元（SAMSHA, 2015），這些觀點包含不良童年經歷（adverse childhood experiences, ACE）反應、神經序列治療模型（neurosequential model of therapeutic, NMT），以及針對嬰兒與幼童之依附與生物行為補救（attachment and biobehavioral catch-up, ABC)(Child Welfare Information Gateway, 2015; SAMSHA, 2015)。重要的是應考慮案主特殊需求以選擇最適合方法，創傷特定處遇包含尊重、告知與聯結案主；確認創傷與創傷症狀之間的相互關係（如扮演角色、物質使用、心理健康問題），並須與案主、案主家屬及相關機構工作人員共同合作以增權案主與案主系統（SAMSHA, 2015）。神經生物學與創傷對腦部影響的領域持續拓展中，社工人員應及時了解其近期發展。

性侵害預防：鉅視系統回應的需求　性侵害事件的理想處置方式是預防其發生，其關鍵在知識與教育；父母雙方都需要親職教育，以及當確知危機事件時要如何尋求適當協助。所有高中都應該提供親職教育，社區也該有專門方案以協助父母面臨問題時立即可用。

教育孩子有關性侵害　孩子必須接受性侵害相關教育，有三個基本預防途徑：第一，教導孩子身體是屬於自己的隱私，任何人都不能強迫觸摸。

孩子應有權利拒絕，假如他們並不想要這類親近。父母與老師應教導孩子辨識何者是「好的接觸」及「壞的接觸」，當成人以他們不喜歡的方式觸摸，使他們覺得不舒服時，應幫助孩子發展對成人說「不」的自信。

第二種預防方式是一開始就教導孩子正確的性用語，這對父母而言很容易，但有些父母假如自己對性的用語感到不自在，便會用某些好聽的字眼代替。不正確兒童式的措辭方式會使孩子無法具備必要的溝通技巧，假如他們面臨性侵害情況，他們必須能夠指出人們做了什麼，或嘗試要對他們做什麼；這樣照顧者才能保護他們。

第三種預防方式，保持孩子與照顧者之間的溝通管道暢通與開放，孩子需要覺得可以與父母分享那些令他們困擾的事情。當孩子處於可能被虐待的情況，他們必須被鼓勵而且要能夠「告知他人」。

CHAPTER 5

青少年期的生理發展

基本概念

　　第五、六和七章主要探討青少年之生理、心理和社會環境系統，以讓讀者更清楚青少年階段可能面臨的議題與困境。

學習目標

　　在本章，我們將會協助學生：
　　LO 1 定義青少年期
　　LO 2 描繪青少年期主要的生理變化（包括青春期、速長期、目前趨勢，以及第一、第二性徵）

LO 3 解釋青少年因生理結構改變引發的心理反應
LO 4 敘述青少年的性活動
LO 5 評估性教育和增權
LO 6 識別性傳染病
LO 7 解釋主要的避孕方法

定義青少年期　　LO 1

　　青少年期（adolescence）是由兒童轉變為成人的過渡階段，此時會經驗生理成熟和性成熟。即便青少年期多半始於 11 或 12 歲至 20 歲結束，但並沒有一個確切的時間。青少年期和青春期不一樣。**青春期**（puberty）會有一個特定的時間點，青少年則通常是生命中某一個特定階段，有其文化意涵；青春期泛指在生理發展上的特定時間，此時性發展會成熟，且具備生殖能力。

　　某些社會以特定儀式宣示兒童已蛻變為成人，如南太平洋的某些國家（Hyde & DeLamater, 2017; Marshall, 1980）在男生 12、13 歲時實施割禮。我們的社會並沒有明確的成年禮，雖然我們可能會對不需要經歷這樣痛苦的儀式，而覺得鬆了一口氣，但這曖昧不明的過渡期依然存在，稱之為青少年期。青少年應該要有什麼樣的行為並沒有很清楚的指引。他們一方面是孩子，另一方面也是成人。

　　某些事件會象徵個體已蛻變為成人，包括：擁有汽車駕照、高中畢業、大學畢業或結婚。然而並非所有人都是如此，譬如某些人會中輟，許多人不結婚或很晚才結婚。即便已實行過成年禮儀式，但每個人成熟度與承擔責任的能力都不一樣。無論如何，蛻變為成人仍然是很不清楚的概念。

　　這些身體上逐漸、但非主要的變化並沒辦法釐清這議題。青少年必須努力因應外貌與體型的劇烈改變，還有因為荷爾蒙分泌引發的情緒波動。因此，我們必須更清楚這些特定的生理變化，以及此生理改變對人格發展的影響。

青少年期主要的生理變化　　LO 2

　　青少年會有不同範疇的生理變化，包括青春期、速長期、目前趨勢，以及第一、第二性徵。

青春期

　　青春期的特徵為生殖器官和生殖器快速成長，且會發展第二性徵。女孩青春期介於 8 至 12 歲，男孩則較女孩晚 2 年，大約在 10 至 14 歲時進入青春期（Hyde & DeLamater, 2017）。女孩的身高通常會在 16 歲定型，而男孩則會持續長高至 18 至 20 歲（Sigelman & Rider, 2012）。

　　這兩年的差距，會導致兩性所關注的問題不同。女孩會在男孩注意到她們之前，就先對男孩感興趣。女孩會跟較屬中後期青少年階段、年紀略大的男孩約會，這會引發父母很大的焦慮。男孩則可能和身高比自己高的女孩約會。

　　不論男孩或女孩，開始進入青春期的年齡差距頗大，也會有個別差異。雖然一般而言，會差距兩年；但也會有男孩比女孩早 4 年進入青春期。

　　何以青春期會有如此驚人、特別的改變呢？這主要是荷爾蒙分泌增加造成的。**荷爾蒙**（hormones）是內分泌腺所分泌的化學物質，會激發性器官和性特徵成長，每一種荷爾蒙均會激發特定生理發展。譬如，睪丸素會直接影響陰莖和鬍子。女性的雌激素和黃體激素會影響子宮和陰道。變性的（transgender）青少年，可能會在青春期時開始思考到變性手術。這對變性青少年及其家庭而言，都是很困難的決定，他們必須評估任何手術的優缺點、試著決定最佳動手術時間。社工人員必須密切與這類青少年、家庭及醫療專業一起合作，以決定出最佳的行動時間。

速長期

　　突然長高為進入青春期的典型特徵。男女都可能會長高 5 至 15 公分。進入青春期前，男孩通常會比女孩高 2%；但因為女性較早進入青春期，所以在 11 歲至 13 歲期間，女孩通常會比男孩高壯。但在男性在急速成長後，身高又會比女孩高。

　　青春期成長會影響骨骼和肌肉發展。但男孩和女孩的發展層面不同。男孩的肩膀會變得比較寬，腳及手臂會比女孩長一些。女孩則是骨盆和臀部會變得較大，這可增進生育能力。女孩也會因而下半身顯得較為肥胖。雖然之後就會發展出豐滿勻稱的身材，但這些初期的外觀改變會造成青少年的情緒壓力。這時期的心理崩潰與飢餓式節食可能會讓身體健康受損。

　　在青春期成長階段，多數青少年的外型都不太勻稱。雖說最後整個體型均會完整發展。然這不均衡的外型會讓青少年覺得難為情且有些笨拙，大腦也須適應這新的身體，也會有動作不協調的時候。

目前趨勢

　　現代人比前一世紀的人通常長得更高大，也會較快進入性成熟期。這也和現在生活水準、健康照顧與營養較佳有關。尤其是如歐洲及日本等高度工業化國家，**目前趨**

勢（secular trend）發展似乎已達到最高峰。以現在來說，14歲的男孩相較於1880年的同齡男孩長高了約13公分。

第一性徵和第二性徵

青春期最主要特徵為第一性徵和第二性徵發育成熟。

第一性徵（primary sex characteristics）是指性器官和生殖器官的成熟。這扮演了生育後代的直接角色。就女性而言，包含子宮、陰道和卵巢會發展成熟。卵巢是女性最主要的性腺，會製造性荷爾蒙和卵子以準備受精。

就男性來說，主要性徵包含陰莖、前列腺和睪丸的成熟。前列腺位在膀胱下方，主要功能為射精或分泌鹼性物質以製造精液。睪丸是男性最主要的性腺，可製造性荷爾蒙和精子。

第二性徵（secondary sex characteristics）可以區辨不同性別，然與生育能力無關的徵候，這包括：月經、毛髮生長、乳房生長、聲音和皮膚改變及夢遺等等。

青春期的證據　女性進入青春期最主要的指標為第一次月經到來，亦稱之為**初潮**（menarche）。**月經**（menstruation）為每個月未受精卵子由子宮排出的血液和體內組織廢棄物。

> 現代女孩的月經會比三、四十年前的女孩更早來。目前美國月經到來的平均年齡是12歲半。多數的女孩會在七年級結束前就會有第一次月經，有些人會在四或五年級就提早有了，有些則是在八年級或高中時候才來，這些都是正常的。（Greenberg, Bruess, & Oswalt, 2014, p. 417）

年輕女性在會在開始排卵前就會有月經，所以在月經剛來的前兩年或更久，她們可能是沒辦法懷孕的（Hyde & DeLamater, 2017）。青春期女性也會經驗到**陰蒂**（clitoris）充血（位在陰道入口處，對刺激較敏感，可帶來性歡愉）。陰道內壁變厚。且從青春期開始到18歲時，子宮會成長至原來的兩倍大（Hyde & DeLamater, 2017）。

女性初次月經來潮的年齡個別差異極大。目前所記載年紀最小的母親是1939年秘魯一位5歲的女孩剖腹產生下嬰兒。醫生發現這位媽媽性發育成熟，且在一個月大時就已來月經了。而最年輕的父母則是在中國的8歲母親及9歲父親，他們在1910年生下他們的第一個子女（Hyde, 1982）。

相較於女性，男性進入青春期的確切時間點較不明確。就男性而言，平均在14歲前，荷爾蒙會造成睪丸增大，並開始製造精液（Rathus, Nevid, & Fichner-Rathus, 2014）。睪丸素分泌的增加會激發陰莖發育變粗、變長。

毛髮生長　青春期時恥骨周圍會開始生長毛髮。幾個月和數年之後，這些毛髮會變

捲、變粗和變黑。而恥骨生長毛髮之後 2 年，腋窩會開始生長毛髮。但這也有個別差異。男性的嘴唇下方和下巴、臉頰也會開始生長毛髮。胸毛則是在青春期後期才會生長。

乳房發育　乳房發育通常是女孩性成熟的訊號之一。乳頭和乳暈周圍會變黑。原本較像圓錐形的乳房也會變得較圓潤。

有些女人會很在意乳房太大或太小，且認為兩邊乳房大小不一。其實乳房功能為 15 至 20 簇乳腺以分泌乳汁，每一個腺體在乳頭端都有各自的開口。乳腺周圍則被脂肪和纖維組織環繞。乳頭的神經較敏感，這在性愛刺激上扮演重要角色。研究指出乳房的大小與女人的感官歡愉無關（Masters, Johnson, & Kolodny, 1995）。

有些青春期男孩亦會經歷暫時性乳房發育，這會讓他們焦慮並擔心自己不正常。Hyde 與 DeLamater（2017）指出將近 80% 的青春期男孩會出現這種現象。這可能是因為睪丸分泌微量女性荷爾蒙所造成。此情形通常在一年內會消失。

聲音改變　男孩在青春期晚期會注意到自己的聲音變得更低沉，這包括喉頭擴展和喉結生長，男孩要適應新聲音可能需要 2 年或更長時間。

雖然不像男孩那麼明顯，但女孩也會感受到聲音輕微改變。女孩的聲音會變得稍微不那麼高亢。並因為喉頭成長而使音調變得較成熟。

皮膚變化　青少年的皮脂腺分泌會增加，並使皮膚較油，毛孔會比較粗糙和變大，且通常臉上及背部會長出黑頭和面皰，通稱為粉刺，並造成疼痛感。不幸地，在大多數的文化裡，臉色欠佳會被認為較不具吸引力（Hyde & DeLamater, 2014）。粉刺也會讓增加青少年的壓力，且更意識到外貌和身體正在改變。

夜間遺精　將近 90% 的男人和 40% 的女人會有夜間遺精經驗（Yarber & Sayad, 2016）。夜間遺精（nocturnal emissions）亦稱為夢遺（wet dream）。泛指男性是在睡眠中射精。在青春期後期最頻繁時，一個月會有一次夢遺。至 20 歲時會逐漸變少，到 30 歲以後則完全終止。

夜間遺精是釋放性張力的本能反應，有時會伴隨性夢境。重要的是須讓青少年了解這是正常生理反應且他們並未做錯事。

女性也會在睡夢中發生性高潮（Yarber & Sayad, 2013），然頻率比男性的夜間遺精低，且會較男性更晚期才會有此情況。

因生理結構改變引發的心理反應　　LO 3

青少年的特徵是會自我批判、強調生理上的不完美，譬如鼻頭上或後背的痘痘太腫。青少年會想和同儕一致，任何的不完美或太突出之處都會被批判，這或許是因為

這年紀就是會有許多改變，且被強制並努力去適應這些改變。也或許在人格發展健全之前，人們是需要一些可預測性和安全感。

許多研究均聚焦於探討青少年的自我知覺，特別是身體圖像、自我概念、體重標準、體重擔憂和飲食障礙等。

身體圖像和自我概念

特別對青少女而言，自我身體圖像（body image）及吸引力的知覺與其自尊息息相關（Bearman, Presnall, Martinez, & Vaughn, 2006; Moore & Rosenthal, 2006; Newman & Newman, 2015）。覺得自己具吸引力的人會較有自信且滿意自己。

女孩會比男孩更挑剔且不滿意自己的外表（Newman & Newman, 2015）。特別是體重，全國性的調查顯示85%的青少女強調體重控制，男性則只有30%（Newman & Newman, 2009）。這可能是因為文化上較重視女性的外表。譬如說女孩可能會去想「我的大腿太胖、屁股太大，我想穿下7號的牛仔褲，但不能卻連9號也穿不下。我這年紀的女孩的皮膚會有橘皮組織嗎？」在第七章時，會討論到飲食障礙，這問題是直接跟體重控制及自我概念有關。

雖然在青春期前，女孩和男孩的憂鬱程度大致相同；然白人、非裔和西班牙裔的青少女經歷更多的憂鬱情緒（Leadbeater, Kuperminc, Blatt, & Hertzog, 1999; Newman & Newman, 2015）。Newman認為這是因以下四個因素所導致：首先，雌激素分泌的週期會造成情緒變化和低自尊有關。第二，青春期女孩特別會挑剔自己的外貌跟體重，這會造成長期的自我不滿和憂鬱。第三，對於失敗，女性較傾向自責能力不足；男性則較傾向歸因於他人和情境不公平。第四，女孩會比較敏感與心煩跟朋友、父母和其他互動網絡的相處互動，這會讓她們比較容易陷入憂鬱。

男孩的早發育及晚發育

Rathus（2014b）對男孩的早發育及晚發育（maturation）有關之研究摘要如下：

> 研究發現較早發育的男孩混有各式各樣的情況，但有證據顯示這些男孩通常會較為正向（Teunissen et al., 2011）。較晚發育的男孩可能會因為自己跟同儕相較之下，外貌看起來比較像小孩，而覺得自己太明顯了……
>
> 早發育的男孩會比晚發育的男孩受歡迎，且在學校擔任領導者（Graber et al., 2004; Windle et al., 2008）。早發育的男孩也通常比較鎮靜、放鬆跟和善。他們的運動表現較佳且同儕的讚賞會提升他們的自尊……
>
> 負面的影響是，早發育的男孩會有較高攻擊與偏差的危機（Lynn et al., 2007），也會有較多濫用酒精或藥物（Costello et al., 2007; Engels, 2009）。（p. 467）

為什麼較早發育的男孩會以這些負面影響呢？可能是因為較早發育的青少年其

實在情緒及智能上均未真正成熟。且這些男孩外表看起來老成，周遭的人便賦予他們超乎他們年紀所能負擔的問題解決、洞察力及領導能力（Ge, Conger, & Elder, 2001; Newman & Newman, 2015）。也就是說他們在尚未準備好時，就被置入一個他們無法掌握的環境中。也因為他們看起來比較年長，所以就會跟較年長的同儕在一起，並去面對一些並非他們的感情或理智可以處理的事務。他們可能還沒準備好做出與反社會行為有關的負責任的決定。

相較於較早發育的男孩，早期研究指出較晚發育的男孩會因體型較為嬌小與較年幼的外貌而自覺低人一等，這導致較低自尊與較多適應問題（Sigelman & Rider, 2012）。較晚發育的男孩相較之下會比早發育者有較多的負向思考，且自認不受歡迎（Santrock, 2016）。亦會傾向拒絕尊重和關注外觀看起來較成熟的男孩。

然而，有一早期研究發現，當男孩在30歲才成熟，他們會建立比其他同儕更強大堅固的自我認同（Peskin, 1967）。或許這是因為對他們而言，處理壓力會更容易且有彈性。且也會更多時間、機會著重課業發展及後續職業生涯選擇，也或者他們傾向於專注在個人成就及人格特質發展，而非倚賴生理發育。

到成年期時，較早發育與較晚發育的青少年差異會更不明顯（Kail & Cavanaugh, 2014; Santrock, 2012b）。有很多因素會影響個人的發展，包括認知、社交等，很難去預測這些不同面向發育的比率。實務工作者應該繼續去回顧、評估有關長期生涯學習的研究，藉以更理解這對青少年的影響與相關心理動力。

女孩的早發育及晚發育

諸多研究均指出早發育的女孩在許多方面均較不利。Santrock（2016）提出以下解釋：

> 近來許多研究顯示較早發育會讓女孩較脆弱、有諸多問題，包括抽菸、喝酒、憂鬱、有飲食障礙、偏差行為，掙扎於想要脫離父母自我獨立、結交較年長的朋友。且她們的身材比較吸引男性，導致較早有約會、發生性行為。這些較早發育的女孩較少完成高中學歷、較可能同居或早婚。（p. 424）

或許就如同早發育的男孩一樣，她們因缺乏生活經驗、太天真，以及認知發展有限、還沒有準備好，以在面臨「成人」的選擇時會衍生危機。

Sigelman與Rider（2012）如此解釋較晚發育之女孩：

> 較晚發育的女孩可能會覺得焦慮，但她們不會跟晚發育的男孩一樣陷於不利情境。當晚發育的男孩學業表現欠佳時，較晚發育的女孩學校成績較佳（Dubas, Graber, & Petersen, 1991）。這或許是因為當其他女孩投入課外活動時，這些晚發育的女孩則較專注於學科技能方面。（p. 159）

提早或較晚發育的女孩在成年期的差異是較複雜且暫時的（Sigelman & Rider, 2012）。就跟男孩一樣，這是比較複雜的概念，無法只用特定變項來探討。

青少年期的大腦發展

青少年的大腦發展同樣會經歷嶄新荷爾蒙衝擊的生理變化。這些變化會導致行為和情緒後果。

在青少年期男孩的大腦變化會比女孩大（Goldstein et al., 2001; Segovia et al., 2006）。這「可能會增加青少年的攻擊性與易怒」（Martin & Fabes, 2009, p. 448）。

青少年的健康、使用和濫用物質

不論任何年齡層，生活方式均會直接影響個人健康和有效的功能運作。以下將探討酒精和香菸使用。

酒精之使用　許多青少年有飲酒行為，些許酒精有鎮定神經的效果，然而飲酒會因為與其他藥物併用而可能導致死亡及車禍意外等潛在危險。最近研究更顯示，青少年大量使用酒精可能導致往後心智功能損害（Berk, 2012b; Newman & Newman, 2015）。

導致青少年飲酒和濫用物質的四類危機包括：環境因素、同儕壓力、家庭影響、人格特質（McWhirter, McWhirter, McWhirter, & McWhirter, 2012）。**環境**（environmental）因素涵蓋貧窮、缺乏教育、低就業、缺乏正向角色模範、缺乏機會會讓青少年感受到壓力，並藉由使用會改變心智的物質逃避。**同儕壓力**（peer pressure）是第二個影響因素（Lewis, Neighbor, Lindgren, Buckingham, & Hoang, 2010）。如果「每個人都在用」更會被誘惑。**父母因素**（parental factors）包括對孩子較少關注與缺乏監督子女的能力（Dishion, Kavanagh, Schneiger, Nelson, & Kaufman, 2002）。如果父母未能關心和支持、教導子女，則其子女較容易受誘惑濫用藥物。另一個父母因素是父母本身即有飲酒及使用藥物，父母等同是濫用物質的角色模範。青少年的某些**人格特質**（personal characteristics）會增加濫用酒精和其他物質的危機，譬如缺乏因應痛苦情緒的技巧、在學校面臨人際和課業問題，以及渴望尋求刺激和自我滿足。

香菸之使用　青少年很容易因同儕壓力而開始抽菸，且很難戒除。相較於使用酒精跟其他物質，青少年抽菸則是好消息，雖仍然是個嚴重問題，但在 1960 和 1997 年達到最高峰後，使用率已開始下降（Johnston, O'Malley, Bachman, & Schulenberg, 2012）。

抽菸與心臟病有關。香菸中的尼古丁是刺激物，當它進入肺臟後會迅速被肺中的微血管吸收，並且送到身體的各部分，它會增加心跳速度、造成血管壓力，並使心臟負荷過大而受損。

肺癌則是抽菸的另一個後遺症。抽菸會讓肺囊累積微粒子。這會導致肺部的正常

細胞逐漸改變。最後這些被影響的細胞會再製造出與原來細胞不同的嶄新的細胞，最後這些癌細胞會殺掉正常的細胞，演變成惡性腫瘤，且擴散到肺部或其他身體部位。

會造成菸癮的危機因素為缺乏父母的關愛支持、交往抽菸的朋友，以及對學校課業無興趣（Tucker, Ellickson, & Klein, 2003）。

重要議題與生活事件

一些重大經驗和生活事件會形塑青少年與年輕成年人的發展。某些議題會與此階段特別相關，且會衝擊他們的生理健康。因為青少年處於性發展階段，所以性的議題特別受關注，此包括性行為、意外懷孕、青少年父母、懷孕動機、性教育、性病和避孕。

青少年的性活動　　LO 4

在 1950 年代至 1970 年代期間，有性經驗青少年的比率急劇攀升（Crooks & Baur, 2014）。男孩有性經驗的比率高於女孩。目前的情況是 25% 的男性、26% 的女性在 15 歲時會有性關係；69% 的男性、77% 的女性在 19 歲時會有性關係（Kinsey Institute, 2010）。

很多青少年，特別是年輕的男性，會經驗到荷爾蒙急遽上升對身體的衝擊。很多男人跟女人會說，他們會有性行為是因為好奇或只是單純的就是想要，因為愛和感情則是另一個理由。

倫理議題 5.1

你認為人們在幾歲時有從事性行為的權利，理由為何？

意外懷孕

美國青少女懷孕比率是西方國家中最高的之一（Akers, Holland, & Bost, 2011; Crooks & Baur, 2014）。譬如每 1,000 名新生兒當中，會有 42.5 名是青少女媽媽生的；加拿大則是 13 名、德國 10 名、義大利 7 名（Carroll, 2013, p. 194）。每一年，75 萬名青少女，或 20 歲以下的女性中有 7% 會懷孕（Guttmacher Institute, 2013d）。當中大多數都是非預期懷孕（Downs, Moore, & McFadden, 2009; Guttmacher Institute, 2013d）。當中有 26% 懷孕時介於 15-19 歲，且會人工墮胎；59% 會將小孩生下（有些則流產了）（Guttmacher Institute, 2013d）。

大約 5% 的小孩會被領養（Downs et al., 2009）。即便在過去二十年少女懷孕的數據已經開始下降了，但仍然比其他發展中國家高（Office of Adolescent Health, 2016）。數據會下降可能是因為有更多有效、多樣化的避孕器材，且有關強化宣導告誡要避免性傳染病，特別是愛滋病（HIV）（Crosson-Tower, 2009, 2013）。青少女媽媽中有 80% 是單身（Pfeiffer, 2009）。

只有少數嬰兒會被正式領養，大多數嬰兒仍與青少女母親同住。這些年輕母親會面臨比同儕更更艱困的情境。青少年和成年前期的生活應是和朋友社交、約會、受教育、選擇職業。而照顧嬰兒的額外責任會限制年輕母親從事其他活動的時間和自由。此外，她們也還沒準備好要當媽媽。她們通常剛在建構自我認同和學習照顧自己而已。

青少女懷孕有很多負面結果。首先會增加母親和嬰兒罹患生理疾病的危機（Crooks & Baur, 2014; March of Dimes, 2012）。包括：陣痛延長、貧血、毒血症、大量出血、流產；嬰兒則可能會早產或體重過輕（March of Dimes Foundation, 2012）。青少女母親也通常較窮苦、未能接受適當產前照顧（Hyde & DeLamater, 2014; Yarber & Sayad, 2016）。這會導致母親和嬰兒的健康危機。

另外，較長期追蹤的研究顯示當嬰兒出生後，這些對青少女母親的負面影響仍會持續。相較於正常同儕，青少年母親較容易中輟高中學業（Downs et al., 2009）、較貧窮、依賴社會服務（Crooks & Baur, 2014; March of Dimes, 2012）。日後也會較傾向未就業或未充分就業（Crooks & Baur, 2014）。青少年母親亦較缺乏親職技巧（Crooks & Baur, 2011; Klein and the Committee on Adolescence, 2005）。且擔任母親的壓力和責任也會傷害她們，養育子女需要時間、能量和注意力。照顧嬰兒會減少母親上學和休閒時間。這都會衝擊年輕母親的心理健康和日常功能。

對小孩的影響不只是體重過輕，同時亦有較高的死亡率（March of Dimes Foundation, 2012）。長期研究也指出青少女母親對嬰兒有負面影響。相較於成年母親生育的嬰兒，這些嬰兒會較有情緒、智力、生理問題（Crooks & Baur, 2011; Downs et al., 2009; Rathus, Nevid, & Fichner-Rathus, 2011）。

在思考青少年懷孕問題時，必須去強調成為青少年父母的後果，並有現實感。至少青少女必須覺察擔任母親的衝擊，以利做出與自我性行為和避孕有關之切實決定。關注青少年懷孕之後果，也有利協助那些已經懷孕的青少年。必須協助他們評估自我處境、做出好決定，並且提供她們需要的支持性服務。

Klein 和青少年委員會（2005）提出了一個較正向的觀點：

> 研究所認為的長期負面影響並非無可避免。某些長期追蹤研究指出大多數的

青少女母親在生產的二十年之後,並沒有成為福利依賴者,很多人已經完成高中學業、有安全穩定的工作,且沒有生育許多子女。周詳的青少女懷孕方案促成了上述正向結果,家訪方案也促進了孩子的健康。(p.6)

青少年父親

有很多因素會導致容易成為青少年父親,包括住在市中心、學校表現欠佳、貧窮、有違法行為(Klein and the Committee on Adolescence, 2005; Yarber & Sayad, 2016)。Yarber 和 Sayad(2016)指出青少年父親會面臨的情況:

青少年父親仍會因懷孕問題而有生理和心理的影響。至少會持續到生產之後。雖然很多青少年父親仍會在女友懷孕期間陪伴照顧,但他們通常會沒能力養育子女。大部分的青少年父親為低收入、低教育水平,與其說他們是成人不如說他們仍是個孩子。在這期間他們會被排山倒海而來的責任擊垮,也會懷疑自己是否有能力撫養小孩。雖有很多青少年會成為缺席的父親,但更多的是願意去學習怎麼當爸爸。他們的困境被嚴重疏忽。減少青少年父親的政策及干預應該要考慮會影響他們生命週期的諸多因素。(p.171)

為何青少年會懷孕?

有非預期性行為的青少年持續一年未避孕會有九成的懷孕機會(Guttmacher Institute, 2011)。青少年通常沒有避孕意識,也不使用任何避孕措施(Crooks & Baur, 2014; Ramus et al., 2014)。大多數的青少年在他們剛開始的前幾次性行為,未使用任何避孕方法(Crooks & Baur, 2014)。

特別是比較年輕的青少年更是如此(Ramus et al., 2014)。青少年採取避孕措施在過去十年間已經改善了。

1982 年時,只有 48% 的青少女在第一次性行為時會避孕,但到了 2011-2013 年則會有 79% 會採用一些方法,保險套是最常用的(Guttmacher Institute, 2016),然而仍有一定比例的青少年未避免。何以青少年不避孕呢?

某些青少年不好意思找拿或購買避免裝置,或覺得很私密(Crooks & Baur, 2014)。有些則覺得跟父母親討論很不自在或沒自信這樣做。譬如:女孩很難對男友說出口要用保險套或在陰道內裝避孕器。且避免很多青少年缺乏足夠避孕知識(Crooks & Baur, 2014)。

有些人則存有某些迷思(Crooks & Baur, 2011; Ramus et al., 2011)。譬如,認為自己尚未完全發育,所以不會懷孕;第一次性行為不會懷孕、懷孕必須有許多次的性行為、每個月的某些日子是不會懷孕的、體外射精是個有效的避孕方式等。很多女孩

認為只要忽略懷孕的可能性，這件事就不存在；也覺得假如不去想到自己有性行為，就不需擔心懷孕問題。

另一個理由是，他們不喜歡因為避免而中斷性行為，會認為不避孕會較有快感，或擔心父母會發現保險套。她們總認定自己不會懷孕，這只會發生在別人身上，當然也有可能她們很單純的就是想懷孕。

性教育和增權　　LO 5

是否應提供青少年有關性的相關資訊是很大的爭議，有些人擔心這會鼓勵青少年嘗試有性行為。這背後的假設是只要無人提起，青少年就不會聯想到性，也不會對性有興趣。

這有兩個謬誤：首先，它假設若成人未提供青少年與性相關的資訊，就可以限制他們獲得類似的訊息。事實上，青少年表示他們與性有關的資訊最主要來自媒體或朋友（Hyde & DeLamater, 2017）。

顯然，青少年身處在一個複雜、充斥諸多新觀念的環境，而不是被關在無菌的牢籠裡。各式各樣的媒體都在傳遞跟性有關的訊息，電視、網路、雜誌跟書本都可以發現有關性的情節和趣聞。青少年實際上是暴露在與性相關的思想中。

第二，青少年會主動嘗試去做任何他們聽過的事。假如父母告訴青少年說某些人是謀殺犯，這些青少年會因為這樣就跑出去謀殺某人嗎？當然不會。雖然成人，特別是父母，會期待可以控制青少年，但根本沒有辦法。

或許對性教育的關注跟買福特汽車的思考邏輯是一樣的。你是希望在買車之前毫無相關資訊可供參考，還是會希望可以獲得最好的資訊，再做決定。你一定會期待有充分的資訊可以幫助你做出最好的決定。人們，包括青少年，需要足夠的性知識以幫助他們做出有關性行為的負責任決定，且避免無知的錯誤。剝奪他們獲取資訊，且讓他們根據傳聞冒險去行動是非常不合理的。

青少年最主要的性資訊來源是朋友，但朋友對性資訊的了解並不多，所以常常是錯誤的。因為青少年會使用「性」這個用詞，不代表他對性有充分理解。

超過 55% 的七至十二年級的青少年在面臨跟性有關的問題時，都已經曾在網路上研究相關性訊息或者問過朋友了，根據調查這當中有 46% 是提供避孕訊息，35% 則是提供墮胎資訊（Guttmacher Institute, 2012a）。

父母提供之性教育

由父母提供性教育是另一個爭論。有 70% 的青少年、79% 的青少女會跟父母討論性。但是討論的問題比較是以下六類型之一（Guttmacher Institute, 2012a）。包括要

拒絕性、避孕方法、如何拿到避孕裝置、如何使用保險套、性傳染疾病、如何避免感染 HIV。然而，思考一下，這些父母提供的性教育效果如何（Guttmacher Institute, 2012a）。首先，子女可能只問了這當中的一個問題。第二，女孩比男孩更願意跟父母討論性議題。第三，女孩比較關注「對性說不」的方法和避孕措施。第四，父母通常提供不正確或不完整的資訊。

且多數小孩從未在家中獲得性教育（Hyde & DeLamater, 2017）。青少年可能覺得和父母討論如此私密的問題會不自在。父母也會避免談論與性有關之議題。家長可能擔心若談到性相關議題，可能會有鼓勵作用，此謬誤我們已經在先前討論過了。家長也會擔心自己無知，沒辦法回答孩子的問題。這意味著迴避這議題顯得簡單多了。

美國和加拿大的調查都指出多數父母均支持學校要提供性教育（Greenberg et al., 2014; Hyde & DeLamater, 2017）。例如，有 93% 國中生的父母和 91% 的高中生父母指出「在學校提供性教育是很重要的」（Kaiser Family Foundation, 2004; Sex Information and Education Council of the United States [SIECUS], 2007a; Weaver et al., 2002）。只有 4% 國中生的父母和 6% 的高中生父母認為學校不需要有性教育（*Sex Education in America*, 2004; SIECUS, 2007a）。有趣的是，有 83% 父母認為青少年子女不應該有親吻以外更進一步的性親密（SIECUS, 2005i）。你認為這想法正確嗎？

性教育工作者並不想讓父母置身事外，相反地，他們希望青少年得到正確且足夠的性知識。許多父母會對於跟孩子談到性感到不自在。

目前政策與性教育方案

目前的政策趨勢為由學校提供性教育。多數學者均提倡應給予青少年全面性的性資訊，有些學者則主張僅提供禁絕性行為之教育方案即可。

禁絕性行為之教育方案

禁絕性行為（Abstinence-Only-Before-Marriage）之教育方案強調應提倡完全禁制所有的性行為，誇大性議題的負面影響，且未提供性病的防治和避孕相關知識（Carroll, 2013）。支持者引導年輕人相信婚前性行為是不應該的，他們不應該這樣做。

布希政府時代特別倡導「結婚才能有性行為」的方案（Stein, 2010）。在過去三十年政府花費超過 15 億元運作這個方案（Greenberg et al., 2014）。最近的歐巴馬政府也在 2012 年支出 5,500 百萬支持這方案（Kiff, 2012）。川普政府已經指出將推動更保守取向的性教育方案。

禁絕性行為之教育方案有效嗎？多數研究指出效果欠佳。研究顯示此方案並未達到其預期的效果，亦即青少年婚前性行為的比例增加了（Carroll, 2013; Kirby, 2007;

SIECUS, 2007b, 2008; Week, 2008)。此外，研究結果也顯示參與本方案的青少年保有童貞的比例與未參與者是相同的（Rosenbaum, 2009）。且這些參與方案的青少年並沒有比未參加者較晚開始性行為，反倒是染上性病的比例且延遲治療性病的情況比較高（Rosenbaum, 2009）。此外，另一個研究也顯示參與本方案的青少年染上性病的比例與未參與者比例是相同的（Bearman & Bruckner, 2005; SIECUS, 2005m, 2007b）。且研究證實參加此方案對一般性行為沒有顯著影響（Kirby, 2007; Trenholm, Devaney, Fortson, Quay, Wheeler, & Clark, 2007）。

以下為「貞操誓言」：

　　我 ＿＿＿＿＿＿＿。承諾會在新婚之夜前禁絕性行為。我要保留此性自主權，將我的生活和愛給未來的伴侶跟婚姻。我會保持心靈和思想的純淨，珍愛此性的禮物、追求真愛。（*Sex Respect, Parent Guide*, p. 13，引用 SIECUS, 2005d）

美國眾議院對禁絕性行為之教育方案提出以下五項批判（Waxman, 2004）：

1. 禁絕性行為方案提供錯誤避孕資訊，很多課程提供如：「他們並不支持使用保險套可預防性病傳染的論點」、「在異性的性行為中，使用保險套對預防愛滋病有 31% 的失敗率」及「使用保險套會有七分之一的可能性會懷孕」等資訊。歪曲保險套可預防懷孕和性病的效果。（p. i）
2. 禁絕性行為之方案提供錯誤墮胎風險資訊。例如，「墮胎後，有 5% 至 10% 的女性會不孕」、「第一次懷孕即墮胎，若後續再懷孕則新生兒早產及智力遲緩、子宮外孕的機率都會增加」等。事實上，這些危機在墮胎時，多數不會發生。（p. i）
3. 禁絕性行為之方案模糊宗教和科學。很多課程表示已有科學證據證實宗教認為在受胎時即有生命、受胎 43 天的胚胎即可以思考的觀點。（pp. i-ii）
4. 禁絕性行為之教育方案視兩性刻板印象為科學證據。某課程教導「女人需要經濟支持」，「被讚賞」；另一課程則教導「女人的幸福及成功的來源是親密關係」、「男人的幸福來源是事業成就」。（p. ii）
5. 禁絕性行為之方案有諸多科學錯誤資訊。譬如歪曲「汗及眼淚會傳染愛滋病」、「父母各 24 個染色體結合後會製造新生命」。事實上應該是 23 個染色體。（p. ii）

另一批判則是此方案強調須在異性戀婚姻中方可有性行為，這排擠了同性戀者（SIECUS, 2005j, 2008）。同性婚姻仍是高度爭議的問題。同性戀學生處於被恐嚇和騷擾的高危險中。同性戀高中生被用武器恐嚇的比例是異性戀的兩倍（SIECUS,

2005j）。92% 的同性戀學生自陳常聽到惡意汙辱、憎惡同性戀的用詞，譬如木頭（faggot）、搞同性關係（dyke）。且有將近五分之一的學生是從學校教職員口中聽到的（SIECUS, 2005j）。

全面性教育方案

歐巴馬的政府性教育政策與布希政府不同。此方案被稱之為自我負責教育方案（Personal Responsibility Education Program），簡稱 PREP。主要推廣全面性教育、確保提供正確醫療資訊（Greenberg et al., 2014）。但此方案也有一定風險。

全面性教育方案同時教導學生禁絕性行為和自我保護免被傳染性病、愛滋病和意外懷孕的相關資訊（SIECUS, 2005e）。此方案的範疇包括禁絕性行為、有權利對性行為說不、良好溝通、對自我行為負責任的重要性。某些研究發現參與此方案的青少年較願意使用保險套、延遲第一次性行為且與伴侶建立健康關係（Guttmacher Institute, 2012a; Wind, 2012）。

美國性教育諮詢委員會（Sex Information and Education Council of the United States, SIECUS）是提供全面性教育之機構，此方案有以下四個學習目標（SIECUS, 2004, 2011）：

1. 資訊：性教育應提供正確性知識，包括成長與發展、生育下一代、身體結構、自慰、家庭生活、懷孕、生產、親子關係、性伴侶、性傾向、性別認同、避孕、墮胎、性暴力、愛滋病及其他性傳染病。
2. 態度、價值和自覺：性教育提供年輕人提問、探索及評估自我與所處社區對社會、性別以及性的態度。這有助年輕人了解家庭價值、發展自我價值、增進批判性思考、增進自尊和自我效能；並發展對家庭關係、性伴侶及整體社會關係之覺察。同時也讓年輕人了解自己對家庭和社會之義務與責任。
3. 人際關係與互動技巧：協助年輕人發展人際互動技巧，包括：溝通、做決定、自我肯定和拒絕同儕技巧。並教育如何經營互惠、滿意的關係。讓學生了解性的意義及成人角色扮演。這涵蓋協助年輕人有能力去發展相互關心、支持、不強迫與彼此滿意的親密、性關係。
4. 責任：藉由討論禁絕性行為、抗拒過早或非意願之性行為、避孕及其他性健康議題來教導性關係之責任。（2004, p. 19）

研究已證實此方案可延遲第一次性行為年齡、減少性行為頻率、減少性伴侶人數及增加避孕率。有效性教育方案須具備以下七個特徵（Kirby, 2001, 2007; Kirby et al., 1994; SIECUS, 2005c; United Nations Program on HIV/AIDS, 1997）。第一，減少可能懷孕或感染性病的特定危險行為。第二，以社會學習論為基礎，強調行為責任、確認

結果、教導有效自我保護,以及強化運用上述行為之動機。第三,提供關鍵、實際且正確資訊,包括性行為的風險、如何避免風險、避免懷孕和感染性病。第四,引導思考何以大眾媒體多鼓勵年輕人需有性行為,以及幫助年輕人有效因應這類看法。第五,提供溝通、協商和拒絕對方的相關技巧之範例演練(Greenberg et al., 2014, p. 423)。第六,強調延緩性行為和避免危險性行為的價值。第七,強調互動式教學以激發學生的參與且幫助他們內化所學習到資訊,譬如小團體討論、角色扮演等。

倫理議題 5.2

你支持哪一種形式的性教育方案?你認為學校應該及不應該教的議題各是哪些面向?

性傳染病   LO 6

性傳染病(sexually transmitted infections, STIs)和**性病**(sexually transmitted diseases, STDs),是透過性接觸而感染之疾病,但也有其他的感染途徑。

現今年輕人多提早有性經驗。性病防治中心(CDC, 2015)估計每一年會有 2,000 萬的感染性病新案例,當中有一半是介於 15-24 歲。每年並會有 1 億 1,000 萬人感染性病(CDC, 2015)。即便他們很年輕,但讓他們有足夠的資訊以做出能為自己和伴侶負責之決定是很重要的。他們必須了解性傳染病的普及性、感染方式及治癒方法。更重要的是,應如何避免傳染性病。

以下內容將討論一些常見的性傳染病。AIDS 則會在第九章時討論。

披衣菌

披衣菌(chlamydia)是美國最常見的性病感染(CDC, 2015; Crooks & Baur, 2014)。會引發女性**非淋菌性尿道炎**(nongonococcal urethritis, NGU),以及男性的**非特異性尿道炎**(nonspecific urethritis, NSU)。傳染的途徑則包含陰道性交、口交及肛交等。

約有 75% 的女性及 50% 的男性感染後並無明顯症狀(CDC, 2008a; Crooks & Baur, 2014),女性感染後會衍生產道下方或尿道會搔癢或是子宮頸感染,並於排尿時有灼熱感。再者,10% 至 15% 未治療女性可能導致**骨盆腔發炎**(pelvic inflammatory disease, PID)(CDC, 2011b)。這會使子宮、輸卵管及卵巢感染疾病,導致組織結痂等,若未治療或嚴重者亦可能導致不孕。

男性患者除排尿時有灼熱感外,還可能發展為**附睪炎**(epididymitis)(Crooks & Baur, 2014, p. G-3)。不論男女若是被披衣菌感染到喉部或直腸,也可能引發局部的疼痛症狀。

在診斷上,需要做尿液或細胞樣本檢查。治療上則通常需使用抗生素(CDX, 2011b)。披衣菌很容易和伴侶交互感染,因此,感染期間應避免性行為,且其性伴侶亦應一併治療。

淋病

在美國每一年有超過 829,000 人會感染淋病(gonorrhea)(CDC, 2015)。淋病細菌可以在溫暖、潮濕的部位及黏膜處快速生長(CDC, 2011b)。淋病很容易經由性交、口交,甚至接吻而傳染。淋病會感染女性的陰道、子宮和輸卵管;男女性的尿道、嘴巴、喉嚨、眼睛和肛門,導致疼痛、有分泌物及搔癢。

50% 至 70% 的女性和 20% 的男性主因和淋病患者的單次性交就被傳染,男性若與有淋病者發生超過 4 次以上性行為,則感染率會提高到 60% 至 80%(Greenberg et al., 2014)。男性的症狀為陰莖尖端部會分泌淡黃色黏液,排尿時會很痛。但也有 5% 至 10% 的人完全沒有症狀(Greenberg et al., 2014)。一旦被感染,可能最早會在性交後 2 日、或可能晚至一個月後才會出現症狀。

將近 80% 女性的症狀在早期感染時會沒有症狀(Hyde & DeLamater, 2017;Rathus et al., 2014)。這是因為淋病主要侵襲**子宮頸**(cervix),因此不像男性易被注意或覺得痛。不幸地,因為不知道自己已感染,所以女性也較不知道要尋求治療,也因此持續具傳染性。淋病也會擴散至其他性器官,導致子宮頸、子宮、輸卵管、骨盆腔發炎,甚至可能造成不孕,甚至是心臟、大腦和關節病變。淋病的治療需要服用抗生素,但因為淋病的病菌已有抗藥性,導致治療上更為困難(CDC, 2015)。且在痊癒之前,仍具傳染性。

梅毒

每一年在美國會有 63,000 個梅毒(syphilis)感染病例(CDC, 2015)。雖然梅毒不若淋病及披衣菌普遍,然卻更具致命性。梅毒會藉由性交和血液傳染,胎兒也會因被母親垂直傳染而造成死產、發展遲緩、癲癇或出生後即死亡(CDC, 2015)。

梅毒的症狀發展有四階段。首先,此階段疼痛感有限。主要是有些潰瘍、局部會生出硬結,稱之為**下疳**(chancre),之後細菌會擴散至身體,大多在陰莖、陰道及子宮頸等處。也也可能經由割傷等外傷傷口而感染。硬結通常會在 10-90 天內,平均 21 天時會出現,並在 3-6 週內會消失(CDC, 2011a)。

第二階段則始於開始出現病變,全身會出現紅疹。紅疹不會癢也不會痛。這階段

通常在下疳消失的幾個禮拜後出現（CDC, 2015）。此時細菌已擴散至全身了。會有喉嚨痛、掉髮、頭痛、體重減輕、噁心、關節痛、發燒等症狀。這些症狀跟其他疾病的診斷類似，所以很多人沒有尋求治療或被誤診是其他疾病。梅毒的診斷並不容易，很多症狀會在很久以後才出現，也不容易被聯想到是與感染梅毒有關。

第二階段結束後就進入潛伏期。此時不會有任何症狀。細菌主要侵襲大腦、脊髓、骨骼。經過一年的潛伏期後，梅毒即不再具傳染性（Carroll, 2013）。但若懷孕則可能會傳染給嬰兒。

大約有 15% 的感染者未經治療即進入此潛伏期（CDC, 2015）。此時細菌已攻擊其他器官，造成嚴重損害，包括大腦、眼睛、心臟、脊髓、消化器官、肝臟、內分泌腺等，甚至導致死亡。

通常會以下疳檢體或血液檢驗來診斷梅毒，有梅毒者並有較高的危險會感染愛滋病。並以盤尼西林和抗生素治療。長時間感染者會被要求做全面性治療，但是已受損的器官並不能治癒。

陰蝨

陰蝨（pubic lice）主要寄生在毛髮，且由皮膚血管餵食。主要是藉由直接接觸感染，主要症狀是輕微或嚴重發癢，通常可藉由直接在毛髮上觀察到陰蝨或陰蝨卵來診斷。在治療上則是每隔 12 小時使用處方軟膏或洗髮精。因為陰蝨有高度傳染性，所以衣服、毛巾、床單都要煮沸或用熱水洗滌。

疥瘡

疥瘡（scabies）是疥蟲造成的。人們會感染主因直接接觸到此生物。症狀包括皮膚有紅疹且很癢。可以藉由這些紅疹就下診斷，治療方式有多元選擇。且疥瘡跟陰蝨依樣也有很高的傳染性，所有患者曾接觸過的衣服、毛巾和床單都要徹底清潔。

滴蟲炎

美國每一年有 370 萬人會感染滴蟲炎（trichomoniasis）（CDC, 2011）。主因單一細胞的原生動物毛滴蟲所造成的，並經由性行為或接觸生殖器感染的。感染後，女性通常陰道會有黃綠色分泌物、男性則可能沒有症狀或是排尿時會有灼熱感。

診斷時必須藉由實驗室檢查。並服用抗生素或抗感染藥來治療。且會建議感染者的伴侶同時接受治療，在症狀未痊癒前須停止性行為。感染滴蟲炎者會比較容易感染愛滋病（CDC, 2011; Hyde & Delamater, 2017）。

生殖器皰疹

在美國 14 至 49 歲的人口，有 15.5% 感染過生殖器皰疹（genital herpes）（CDC, 2014）。生殖器皰疹是由皰疹單一病毒類型 1（HSV-1）及類型 2（HSV-2）所引發。

大多數的生殖器皰疹為類型 2，它會引發大量的水皰並會產生酸痛感。而類型 1 則通常會在口腔內或周遭引起水皰或潰瘍口瘡，與類型 2 僅有些微基因上的不同。由於口交的普遍，類型 1 常因口部與生殖器的接觸而傳染。不論類型 1 或類型 2 感染均被視為生殖器皰疹，生殖器皰疹也可能因手指接觸到感染區再接觸其他黏膜組織（如口或生殖器）而傳染。過去曾認為只有在身體有潰瘍口時才具傳染性；然而，目前已證實即便症狀不明顯時亦有傳染性。

生殖器皰疹通常在感染後在二週內發病，然有可能感染後數年仍未發病（CDC, 2011b）。其發病期可能維持 2 至 4 週，大多數的患者第一年感染時可能經歷 4 至 5 次的發病，然後發病的頻率可能會逐年地減少（CDC, 2011b）。第一次發病後，症狀也逐漸減輕。除了潰瘍外，其他的症狀與感冒症狀雷同，譬如頭痛、肌肉酸痛、發燒等。感染皰疹最嚴重的後果是藉由胎盤或在分娩時傳染給胎兒，建議感染皰疹的母親採取剖腹產以避免胎兒感染。

臨床診斷以視覺觀察為主，亦可檢測組織檢體及抽血檢測等。因其感染源為病毒，生殖器皰疹無法完全治癒，然而口服抗病毒藥物可縮短病發時程，降低嚴重性並在服藥期間預防復發。某些人也會因壓力導致發病（Carroll, 2013）。

人類乳突病毒

美國大約有 7,900 萬人罹患**人類乳突病毒**（human papillomavirus, HPV），幾乎曾有性行為的人都會感染 HPV，這是最常見的性傳染病（CDC, 2016）。即便已經感染病毒且具傳染性，然而大部分患者都沒有任何症狀。90% 的人類乳突病毒感染者，雖在感染後 2 年內無任何徵候（CDC, 2013f）。某些人會衍生生殖器疣，此即一般俗稱之「菜花」，主要是藉由性接觸而傳染。生殖器疣可以經由雷射手術、電燒、液態氮冷凍治療或外科手術切除（Rathus et al., 2014）。

HPV 會造成子宮頸或其他癌症（CDC, 2016），因此建議女性應該定期接受子宮抹片檢查以早期發現、早期治療。也因為大多數有性行為的人都會感染 HPV，所以疾病管制中心鼓勵人們施打疫苗。

愛滋病 HIV

後天免疫不全症（acquired immunodeficiency syndrome, AIDS）主因 HIV 病毒破壞人體免疫系統，以致容易感染各式疾病。AIDS 病程很慢，目前並沒有治癒方法，且最終一定會死亡。HIV 會藉由性接觸、體液等各種方式傳染。本書第九章會對 HIV 有更完整介紹。在此僅作簡短說明。雖然青少年被警告 AIDS 和危險行為的危機，但他們並不認為自己會受感染，也不會去改變性行為以避免傳染。他們常會有多位性伴侶且未使用保險套（Crooks & Baur, 2014）。且若感染其他的性病，將會相對增加罹

患愛滋病的機會（CDC, 2014）。

預防性傳染病

可預防傳染性病的建議包括使用保險套避免性器官接觸。保險套或口交中防止染上愛滋病所使用的**阻隔膜**（dental dam）都可預防性病。殺精子劑、在性交前清洗生殖器、在性交前後排尿也可以毀掉某些性傳染病。

以下六個建議可預防傳染性病（Carroll, 2013; Crook & Baur, 2014; Hyde & DeLamater, 2017）。第一，人們應該知道性傳染病及其感染途徑。第二，每一個人都應該細心和多注意，且能覺察和觀察性病的症狀，以避免感染。第三，要小心選擇性伴侶；性伴侶較多者和近來有危險性行為者當然會較危險，當然嚴守一夫一妻制可有效防治性病。第四，要誠實，有性傳染病者應誠實告知伴侶；這尚包括若擔心伴侶感染性傳染病，也應該要詢問。第五，負責任，若自認可能已感染性傳染病，應立即接受檢查和治療。第六，應使用保險套，這可以降低感染性病的機會。

避孕方法　　　　　　　　　　　　　　LO 7

任何想要有性行為而又不想有小孩的人，均應了解避孕方法。青少年也是如此，若未具備相關避孕資訊，則將難以做出負責任的決定。這些資訊有助避免非必要的風險。有關青少年非預期懷孕的風險和衝擊被嚴重忽略。將近99%介於15-44歲有性行為的女性會選用至少一種避免方式（Guttmacher Institute, 2015）。

以下將介紹各種避孕方法的效果和優缺點。每個人均應選擇適合自己的最佳避孕方法。

避孕藥

避孕藥是最有效的避孕方法之一。主要有兩種，最常使用的避孕藥為混合**人造雌激素**（estrogen）（一種女性荷爾蒙使月經規則）和黃體激素（progestin）的藥丸（女性荷爾蒙使子宮頸變厚）。此須配合28天月經週期使用。

避孕藥可避免卵巢排卵或排出成熟卵子。也會讓子宮頸變厚，使精子較難進入子宮。藥物也會改變子宮內膜且妨礙卵子受精。黃體激素也會阻礙排卵。

理論上，避孕藥99%會有效，且被認為是最好的方法（Hyde & DeLamater, 2017; Planned Parenthood, 2014）。然實際上，只有91%有效（Planned Parenthood, 2014）。這可能是錯誤使用所造成的。例如，有時會忘了吃，或是也同時採用其他避孕方法。

另一種避孕藥是僅有黃體激素的**避孕小藥丸**（minipill），此藥丸會改變子宮內膜黏液之分泌及輸卵管功能，以致較難以受精。這類藥丸會比混合雌激素跟黃體激素的藥丸避孕效果較差（Hyde & DeLamater, 2017; NIH, 2011）。50%使用此藥丸的婦女

會停止排卵。且讓哺乳中的婦女有避孕的替代選擇，因為使用混合性藥丸會中止哺乳（Hyde & DeLamater, 2017），且對於不能使用雌激素避孕藥的人也可以是替代作法（Greenberg et al., 2014）。

避孕藥應該每天在同一時間規律服用，目前的避孕藥已比三十年前的荷爾蒙劑量降低，以減少負面影響。也因為劑量降低了，所以每天在同一時間規律服用就特別重要，否則就很可能因為藥效減低以致無法成功避孕；混合性藥丸的重點是要維持荷爾蒙的劑量以降低排卵，如果排卵了，就會有懷孕的風險；而當僅有黃體素的避孕藥無法讓子宮環境不利受精，那就有可能會懷孕。

忘記服用避孕藥是難免的。如果忘記了，那就要盡快補救服用，然後下一次仍是在固定時間服用。而若漏掉了很多次，那就要請教醫師，且在中斷服用期間尋求避孕替代作法（Crook & Baur, 2014）。

服用避孕藥的優點很多，例如，有效、方便、簡單、不需在陰道植入任何東西、性行為過程不會被干擾。避孕藥也可減少月經期痙攣、使經期縮短、預防骨盆腔發炎（Planned Parenthood, 2016b）。且避免子宮內膜異位、卵巢癌、卵巢囊腫、缺鐵性貧血、粉刺、**子宮外孕**（ectopic pregnancy）、**良性**（bengin）乳房生長，與減緩經期的不舒服。包括頭痛、憂鬱、更年期陰道乾燥（Planned Parenthood, 2016b）。

服用避孕藥的缺點是會有副作用，譬如：噁心，嘔吐、月經期大量出血、胸部壓痛（Planned Parenthood, 2016b）。這有些會跟還孕前三個月的症狀相似、這是因為荷爾蒙的改變是類似的，且通常會在 2 至 3 個月後消失。換另一廠牌的避孕藥也會有助減少副作用。這些衝擊會因為婦女體質差異而不一樣。另一個缺點是不能預防性病感染。

避孕藥也會和其他藥物交互作用，譬如胰島素、抗凝血劑、鎮靜劑。某些藥物譬如抗生素或鎮靜劑會降低避孕藥的功效。因此在服用期間，婦女應和醫生討論自己同時在服用的其他藥物。

若停用避孕藥，月經可能會晚來一兩個月或更久才會來，且會有 6 個月間較不規則（Planned Parenthood, 2016b）。雖然在停用避孕藥後，婦女在 0 至 26 星期（平均 2 星期）後才會重新排卵。但並沒有發現長期的負面影響（Hatcher & Nelson, 2004）。

因為服用避孕藥而造成嚴重疾病是很罕見的。但亦有可能導致腿部、肺、心臟及大腦血液凝塊，以及心臟病、中風、高血壓、肝腫瘤、膽結石、黃皮膚或眼球（Planned Parenthood, 2016b）。主要是有抽菸、過重、35 歲以上、高血壓、膽固醇過高和糖尿病的婦女機率較高（Planned Parenthood, 2016b）。

在思考服用避孕藥之前，應考慮個人的生活方式。有些人是可以負責任的連續服用避孕藥；有些人則即使有意願，也會覺得嚴格服藥是困難的，一些僅是偶爾有性行

為的婦女很可能不願意每天用避孕藥。

避孕貼片和陰道環

這兩種方法都是在 2003 年問市，且使用與口服避孕藥相同的荷爾蒙，但方法不同。**避孕貼片**（Ortho Evra），會持續釋放 7 天的荷爾蒙，並在使用 3 星期後，先停用 1 星期，再換貼另一片。主要貼在臀部、腹部、前臂、上身的皮膚（Crooks & Baur, 2014, p. 291）。

陰道環（NuvaRing）是「直徑 2 英寸的軟性、透明」有彈性的環狀裝置，主要在月經的第 1 至 5 天安置陰道內，要放 3 個星期（Crooks & Baur, 2014, p. 291）。放置後，陰道內的潮濕環境與體熱會激發荷爾蒙分泌（Carroll, 2013, p. 353）。之後則取出停用 1 星期，再安置新的陰道環。

避孕貼片和陰道環的有效率、優缺點都跟避孕藥類似。但會比較容易使用，只是仍需要記得每 7 天更換避孕貼片、每 3 個星期更換陰道環。且沒辦法預防性病傳染。

避孕貼片的缺點還包括可能會移位，和造成皮膚搔癢。很多使用陰道環的婦女表示「月經週期會較短、規律且輕微」（Planned Parenthood, 2014）。但也會造成「陰道分泌物增加、陰道發癢或感染」（Planned Parenthood, 2014）。

注射劑

注射劑（Depo-Provera）是最常被採用的注射荷爾蒙避孕法，與黃體激素避孕藥是一樣的機制。每 12 個星期注射一次。理論上 99% 會有效，實際上則是 94% 有效（Planned Parenthood, 2014）。其效果較避孕藥、陰道環或貼片均佳，原因可能是因為它將人為的錯誤減致最低。

此方法的優點為避免使用雌激素，故可減少心血管問題、效果佳、便宜、容易使用、降低子宮內膜癌；缺點則是無法預防性傳染病、擾亂月經週期、體重增加、胸部壓痛、頭痛、噁心和憂鬱（Planned Parenthood, 2014）。且在停止注射後，需等到其化學藥物新陳代謝後副作用才會停止，期間約持續 12 至 14 週；另若打算懷孕，則需在停藥後 6 至 10 個月甚至更久（Planned Parenthood, 2014）。

荷爾蒙植入管

荷爾蒙植入管是薄的、有彈性、像火柴大小的塑膠管（Planned Parenthood, 2014）。此方法為將荷爾蒙植入管嵌入前臂皮膚內，在三年內都有效。但並不是每個地方都有可以協助嵌入的醫療體系。這主要是藉由釋放黃體激素來達到避孕效果。成效高達 99%（Planned Parenthood, 2014）。

它有很多優點（Planned Parenthood, 2014），包括容易使用、藥效持續時間長、不需要婦女自己操作，且對於不適用雌激素或需要哺乳的婦女是合適的；且在移除植

入管後,婦女很就適合懷孕;也隨時都可以請醫療體系移除。

當然也有缺點(Planned Parenthood, 2014)。最大的抱怨不規則出血、月經來潮會持續較久,當中可能會血量過多、過少或突然停止。且沒辦法預防性病傳染。少數人會改變性慾、頭痛、噁心、植入處會痛或變色、胸部潰瘍(Planned Parenthood, 2014)。潛在的副作用,例如,在一開始植入時的流血、流膿或胸部腫塊、植入管排出、在月經變規則前會有一段時間停經或不正常出血(Planned Parenthood, 2014)。

緊急避孕

雖然有些爭議,但美國已有一些可採用的緊急避孕方法(NIH, 2011; Planned Parenthood, 2014)。**緊急避孕藥**(emergency contraception, EC)主要是在非計畫和非預期的性交發生時、其他避孕方法失效(如保險套破裂)、忘記服用避孕藥,或遭受性攻擊後使用。通常只在緊急狀態下才會使用,且並非墮胎藥,是性行為後避免懷孕,而非已經懷孕後才使用(NIH, 2011)。

在美國有三種緊急避孕藥,且有不同的取得管道,任何年齡的女性都可以在不需要處方箋的情況下在藥局買到緊急事後避孕藥(Plan B One-Step);但短效避孕藥(Next Choice),則需要處方箋,且適用 16 歲以下。艾伊樂(ELLA)可在非預期性行為後 5 天內服用。

緊急避孕藥可藉延遲排卵來干擾受精,所以這並非是墮胎,因為根本沒有受精。雖然在性行為之後 5 天內服用都可以,但是越早吃,效果越好(NIH, 2011)。在性交之後 72 小時內服用這類藥物,可減少 89% 以上的懷孕率。且雖然可有持續 120 小時的藥效,但效果會隨著時間的流逝而越來越弱(Planned Parenthood, 2016c)。不同類型的緊急避孕藥價錢不同,但通常介於 30 至 65 美元之間(Planned Parenthood, 2014)。

某些婦女在服用之後的下一次經期會有些變化,可能會提造或延後、血量可能較多或變少;還有會頭痛、胸部壓痛、噁心或嘔吐(Planned Parenthood, 2014)。非常不建議將緊急避孕藥做為常態、持續使用的避孕方式,因為這會擾亂月經週期(Planned Parenthood, 2014)。

第三種緊急避孕的方式,在性交後 5 天內嵌入子宮內避孕器(IUD),這需由醫師專業使用,可達到 99.9% 的效果。雖然很昂貴,需要 550 至 990 美元,但這可維持將近 12 年的避孕效果(Planned Parenthood, 2014)。從這個角度看來,是很划算的。稍後的章節會進一步針對此做討論。

陰道精子殺劑

精子殺劑(spermicides)是一種化學避孕藥劑,其主要有兩個功能。第一,以化

學作用殺死精子;第二,阻礙精子進入子宮。市面上的精子殺劑有乳液狀、膏狀或泡沫狀等形式,主要用於直接塗抹或注入於陰道中使用。其他的精子殺劑亦包含栓劑及像面紙一樣薄片殺精劑,這兩者都可直接放進陰道中。保險套也會以殺精子劑當作潤滑劑,詳閱說明書以確定其效果是十分重要的。

殺精子劑的優點為方便使用、容易取得、價錢低,以及在有需要時才使用。然除上述的優點外,當單獨使用時,其理論成效僅有約85%,實際成效則為71%(Planned Parenthood, 2014)。若可同時與其他避孕方法共同使用,如子宮帽避孕隔膜、男性或女性用保險套等,則成效會大幅提升。其他缺點為精子殺劑必須完全依說明書指示使用,否則其效果可能打折扣;此外,有些女性抱怨它們很麻煩(Planned Parenthood, 2014)。其他很重要的是,大多數的精子殺劑中包含了一種作用劑稱為nonoxyno1-9(NIH, 2011; Planned Parenthood, 2014),若使用過於頻繁,可能導致發炎或使該部組織對HIV或其他性感染病(STIs)較脆弱。

男性保險套

保險套(condom)是一個以乳膠或塑膠製成的薄膜以包覆在陰莖外,作為阻礙的避孕物。此意味著該裝置可為一阻隔物使精子不會接觸到卵子。有些保險套由羊腸內膜製成,這類保險套較貴。保險套一開始是環狀,必須展開並套入已勃起的陰莖。在射精之後,精子會被保留在保險套中,所以不會進入陰道。

許多保險套在其前端有一小的突出部以便保留精子。在使用保險套時,應在陰莖頂端預留些空間,以儲放射出的精液。

保險套有許多種形式,大部分的保險套均包括潤滑液,它有不同的材質、顏色及口味。(注意,有些保險套其並沒有避孕的功能,你可以運用你的想像力得知為什麼要這樣做。因此,使用者必須在使用前仔細閱讀其說明以確定得到你所希望獲得的防護功能。)保險套的理論成效為98%,實際使用之成效為82%(Planned Parenthood, 2014);若和殺精子劑同時使用及在射精前即從陰道中抽出,則成效為100%(Planned Parenthood, 2014)。此實際使用成效會降低主因人為使用錯誤。

在男性在陰道射精後,必須在陰莖抽離陰道時將保險套固定在陰莖底端,以確保精液不會洩露於陰道中。此外,保險套不可重複使用。

保險套最重要的優點為可預防性傳染病。這對女性而言尤其重要,因其陰道的構造,使其比男性高出10至20倍的機會感染性病(Planned Parenthood, 2014)。保險套亦在口交時用來預防性傳染疾病。

此外保險套還有下列優點。保險套以非手術方式提供男性擔負避孕之直接責任、便宜、不需生理檢查或處方、容易攜帶、沒有副作用,以及讓某些男性勃起較久,有些人並將之納入前戲中之一環。此外,除了對乳膠過敏的人外,保險套沒有任何副

作用，約為人口的 6% 對乳膠過敏，這些人應使用塑膠保險套（Planned Parenthood, 2014）。

有些配偶認為保險套的缺點為在套用時會暫時中止性行為；有些配偶認為會降低陰莖的敏感度。有些男士在套上保險套時會感到尷尬，或是套上後有無法維持勃起的壓力，理想上，應調整心態在其功能上而非其負向心理因素。

女性保險套

女性保險套（female condom）於 1994 年問市，主要是避免受精。由兩個相連的乳膠環狀物組成，一個環覆蓋在子宮頸上以避免和精液接觸；另一個環則放在陰道外，成袋狀可包覆陰莖，藉以避免陰莖和陰道直接接觸。可以合併用潤滑油或殺精劑，這樣會比較好進入（Planned Parenthood, 2014）。然不可重複使用，且不可和男性保險套同時使用，因為它們會黏著住。它亦可於肛交時使用，只是安裝於肛門中（Planned Parenthood, 2014）。

其理論成效為 95%，但實際使用成效則為 79%（Planned Parenthood, 2014）。此方法的優點為女性可為自我性行為負責並預防性病和避孕，且不會影響女性荷爾蒙的分泌，且不需處方箋即可取得。

缺點為可能會過敏、發炎（Cate & Stewart, 2004; NIH, 2011）及在性交中滑出等（Planned Parenthood, 2014）。

子宮帽和子宮頸帽

是置入阻礙物的避孕形式。在美國必須要有處方箋才可以取得。主要是放入陰道中覆蓋在子宮頸上。這是類似的裝置，所以在此一起討論。

子宮帽（diaphragm）是圓頂狀金屬彈性環，由婦女以手指將子宮帽置入陰道，覆蓋在子宮頸。因為不同婦女的子宮頸尺寸是不一樣的，所以必須採用適合自己的尺寸。

FemCap 子宮頸帽（cervical cap）則是緊貼子宮頸、順著陰道的周圍放入（Planned Parenthood, 2014）。它有三個尺寸，小號的是針對從未懷孕的婦女，中號針對懷孕後墮胎或剖腹產者，大號則針對從子宮頸和陰道自然產的婦女。

在嵌入前都必須在子宮帽底部塗抹殺精子劑。子宮帽可在性交前 6 小時嵌入，但不可超過 24 小時再取出；子宮頸帽則是在性交前 8 小時嵌入，但不可超過 48 小時再取出（Crook & Baur, 2014）。因為這會有感染**中毒性休克症候群**（toxic shock syndrome, TSS）的危險，是會致死的細菌感染。且在性交後，子宮帽尚須留在體內至少 6 小時以上，以確定所有精液均已被處理；在每次性交後也要另外再使用殺精子劑。同時使用前要檢查是否安置妥當。

子宮帽的理論成效為94%，實際使用成效則為88%（Planned Parenthood, 2014）；從未懷孕過的婦女成效是86%，已自然產過的婦女則為71%（Planned Parenthood, 2014）。可藉由合併使用殺精劑和保險套來增加成效，並確保子宮帽有完全覆蓋、緊貼子宮頸（Planned Parenthood, 2014）。Cates 和 Stewart（2004）警告表示：使用成效取決於使用者的特質，最重要的是要正確且堅持使用。

避孕海綿

避孕海綿（contraceptive sponge）是柔軟、像杯狀的海綿。可嵌入陰道內並覆蓋在子宮頸上，並含有殺精子劑以提供額外保護。在嵌入前必須先用水弄濕，可於性交前24小時置入，且在性交後至少需留置於陰道內6小時，但不可留置超過30小時，以避免感染中毒性休克症候群（Planned Parenthood, 2014）。

此避孕海綿可具成效主要是基於三原則。首先就如同障礙物，可避免精子進入子宮頸；第二，殺精子劑可殺死精子；第三，避孕海綿可吸入精子。避孕海綿對未曾生育過的婦女效果較佳。優點是容易使用、需要時再使用即可、不會干擾正常的荷爾蒙分泌、女性置入後幾乎不會感覺到它的存在；缺點為有些女性覺得不易置入，或引起陰道過敏等。

子宮內避孕器

子宮內避孕器（intrauterine device, IUD）為一塑膠避孕製品，有數種不同形狀，主要放置在子宮內，必須由醫師嵌入。目前在世界各國都很普遍（Crooks & Baur, 2014）。主要兩種類型：一種是銅T（ParaGard）安裝後，成效可至少持續達12年之久（Planned Parenthood, 2016d）；第二種是蜜蕊娜或Skyla，這一類會釋放荷爾蒙，成效是6年（Planned Parenthood, 2016d）。

這兩類子宮內避孕器主要有兩種運作模式（Planned Parenthood, 2016d）。首先，它避免卵子受精；第二，它改變子宮和子宮內膜的環境，以不利受精卵著床。

含有荷爾蒙的子宮內避孕器主要是因為含有黃體激素才能發揮效果，這可避免卵巢釋放卵子、子宮頸分泌物變濃稠，以使精子不容易進入子宮。

子宮內避孕器都會有個細線懸掛在子宮外部，婦女需要定期檢查，特別是初次安裝的婦女須定期以手指伸入陰道以確認避孕器還在，因為很容易會滑出體外。

子宮內避孕器為最有效的避孕方法之一，其實際的避孕效果達99%。此外，尚有其他優點（Planned Parenthood, 2016d）。如具長期避孕效果，除了需要定期確認避孕器還在之外，不需要額外的處理；在性交時，不會打擾性致；可以很迅速移出，婦女可以立刻計畫懷孕；不會干擾正常荷爾蒙分泌；可降低月經痙攣，減少90%的月經經血量（Planned Parenthood, 2016d）。

缺點則為會造成經血量不穩定；某些婦女會有嚴重痙攣；銅 T 則可能會增加經血量與痙攣（Planned Parenthood, 2016d）；當然也不能預防性病；極少數的婦女會有骨盆腔發炎或子宮穿孔；且可能在未注意的情況下滑出，特別是未懷孕過的婦女更容易。

體外射精

體外射精（withdrawal），係指陰莖在射精前撤出陰道。雖然這被認為是比較無效的避孕方法，然實際上體外射精的效果和陰道障礙物形式的避孕方法相似。

其理論成效為 96%，實際使用成效為 73%（Planned Parenthood, 2014）。此方法的問題為陰莖在射精前會排出少許精液。尿道可同時排出尿液和精液，尿液是酸性的，這對精子會有不利影響。所以這些精液可先清洗尿道中的酸性物質，反而有利精子存活準備（Crook & Baur, 2014）。只是，射精前排出的精液，有時候仍會進入子宮受孕。

體外射精最主要的優點為不需使用額外裝置或另外花錢。缺點則為男性是否可及時撤出陰莖，某些男性無法精準控制射精。

安全期計算法

安全期計算法（fertility awareness methods）係指週期避孕法（rhythm method），主要監測婦女月經週期，且僅在安全期時才可有性行為。因為這當中有很多變數，所以不容易推算理論成效。若夫妻正確監測排卵週期，並精準確定受孕期，則成效會較佳（Jennings, Arevalo, & Kowal, 2004）。

至少有四種安全期計算方法（Planned Parenthood, 2014）。**經期推算法**（calendar method）是當中最簡單的，其主要是計算月經週期的天數，藉以推估排卵時間，並只在非排卵期時方會有性行為。

第二種方法為**基礎體溫法**（basal body temperature method）。在排卵期間女性的體溫會有些微的變化，因此可藉由體溫預測排卵週期。婦女須在每天早上起床後盡快量體溫。採用此方法的問題為基礎體溫在排卵後才會改變，此時才避孕已經太晚了。

第三種方法為**子宮頸黏液推測法**（cervical mucus method）。婦女必須藉由測在月經週期子宮頸黏液的濃度、數量和清澈度，去推算排卵期。

而同時使用基礎體溫法和子宮頸黏液推測法則稱之為**徵候體溫法**（symptothermal method），這會比使用單一方法來得有效。

上述避孕法實際避孕率約在 76% 左右，若能正確且持續使用則成效會更好（Planned Parenthood, 2014）。

本法之優點為不會影響荷爾蒙的分泌，以及在性行為前、後都不需任何準備措施；缺點為必須每日記錄及蒐集各項相關資訊，且沒辦法預防性病傳染。

結紮

結紮（sterilization）為以手術將輸卵管或輸精管截斷，使之無法受孕（Kelly, 2008, p. 314）。是世界上最常使用的家庭計畫方法，也是美國處在生育年齡的夫妻常採用的方法（Carroll, 2013）。該手術一般視為永久性，然而某些案例亦可藉手術恢復生殖能力。

女性所使用的方法為**輸卵管結紮**（tubal ligation），以使精子無法與卵子會合。男性則採**輸精管結紮**（vasectomy），**輸精管**（vas deferens）的功用為將精子由睪丸輸送到尿道，當切斷輸精管時，精子就無法通過輸精管，所以射出的精液不會有精子。

很多年輕人會懷疑輸精管結紮可能導致不會射精或沒有性高潮。當然不會如此。結紮後仍會射精並有性高潮，只是不會射出精子。男女結紮均不會影響性歡愉。該方法的優點為永久性，手術後不需再使用任何避孕方法；其缺點為有些夫妻日後改變心意又打算懷孕，而結紮後仍是有機會恢復、可懷孕的。另外，結紮也沒辦法預防性病感染。

未來的避孕方法

以下為目前正在被研究的避孕方法：

1. **以荷爾蒙抑制製造精子**。目前研究已在探討對男性注射荷爾蒙以減少精子或抑制精子與卵子受精之生殖力（Greenberg et al., 2014）。男性荷爾蒙植入管則是另一種避孕法（Carroll, 2013）。
2. **男性避孕疫苗**。促使男性免疫系統抑制精子或睪丸素以造成不孕（Carroll, 2013; Crooks & Baur, 2014; Hyde & DeLamater, 2017）。
3. **女性避孕疫苗**。藉由荷爾蒙的改變使女性的子宮不利受精卵著床（Carroll, 2013; Crooks & Baur, 2014）。
4. **殺菌劑**（microbicide）。這是可殺死精子以及性病的細菌與病毒的化學物品（Carroll, 2013; Crooks & Baur, 2014; Hyde & DeLamater, 2017）。可單獨使用，也可以跟保險套或子宮帽一起用（Hyde & DeLamater, 2014）。
5. **噴霧式避孕藥**。將睪丸素或黃體激素每天噴在皮膚上的避孕法正在研究中。它可立即被皮膚吸收，隨後擴散到血液中（Crooks & Baur, 2014; Greenberg et al., 2014; Hyde & DeLamater, 2014）。
6. **新的結紮方式**。比目前的方式更容易回復生育的結紮方式正在研究中（Guha, 2007）。「其中一個方法為注射阻斷通路的凝膠至輸精管中，其回復的方式為該凝膠是可溶解的」（Crooks & Baur, 2014, p. 307; Hyde & DeLamater, 2017）。
7. **新的子宮內避孕器**。目前正在研究不同款式的子宮內避孕器（Crooks & Baur,

2014; Hyde &DeLamater, 2014）。其中有一種預期效果 5 年以上、無邊框且僅藉一條細線與銅管連接（Hyde & DeLamater, 2014）。

8. 新的陰道環。可以釋放不同荷爾蒙以避免懷孕與性傳染疾病的避孕環正在研發中（Greenberg et al., 2014; Hyde & DeLamater, 2017）。

9. 自然因素。某些研究正在探討婦女可以藉由觀察唾液或尿液來測定是否正處排卵期（Carroll, 2013）。

10. 生育能力偵測電腦系統。目前正在研究運用電腦來確認婦女是否有受孕的能力（Carroll, 2013）。

CHAPTER 6

青少年期的心理發展

基本概念

　　本章將探討青少年和青年期的心理特徵與其所面臨的困難。此心理系統涵蓋發展自我認同和道德觀，並與生理系統、社會系統交互作用，進而影響個體行為。

　　前一章已經陳述青少年的生理與心理會相互影響。譬如：發育情況與體重會影響自我身體圖像跟自我概念。了解青少年會正常經歷過的心理上發展階段（psychological milestones）有助全面評估其行為和功能。此外，本章會討論了自我肯定（assertiveness）跟自殺這兩個會影響青少年的爭論議題。

學習目標

在本章，我們將會協助學生：

LO 1 探討青少年如何形成認同，包括 Erikson 的心理發展理論、Marcia 的認同類型以及 Glasser 的理論

LO 2 檢驗民族（race）文化、種族（ethnicity）和認同發展

LO 3 探討道德發展，包括 Kohlberg、Gilligan 的取向和社會學習論觀點（social learning perspective）

LO 4 回顧 Fowler 的信仰發展理論

LO 5 評估藉由自我肯定與自我肯定訓練來增權（empowerment）

LO 6 探討青少年自殺議題

青少年認同形成　　LO 1

個人自我認同會在青少年期發展建構。青少年會依循評估自我經驗和想法來界定自己是個什麼樣的人。也就說人們會在青少年時期了解自己。以下將說明 Erikson 的心理發展理論和 Marcia 的認同類型。

Erikson 的心理發展理論

Erikson（1950, 1968）把個體的心理發展區分為八階段。聚焦於人格如何藉由個體成熟度與社會需求交互作用而發展，強調社會環境因素在人格發展中所扮演的角色。這八階段的發展內涵有些是依據 Freud 的觀點、有些則是 Erikson 研究多元文化的結果。Erikson 認為各個發展階段均有其特定心理需求，此即所謂發展**危機**（crises）。且在每個階段中，個體均需調適源自這些危機的壓力和衝突。青少年的發展危機即為自我認同。

雖然 Erikson 的心理發展理論是涵蓋全部生命週期，然青少年是自我認同形成最重要的時期，因此，該階段須更深的著墨。

每一發展階段均有其特定危機，若因應良好，則有助因應下一發展階段之危機。且這些特定發展危機會雖然是在某一階段比較有關鍵影響，但持續衝擊個體後續的生活。例如，信任與不信任的衝突危機在嬰兒期特別重要，然兒童期和成人期仍會面臨可否信任他人的衝突。

能夠良好解決每一個危機是個理想，但卻不實際。早期危機解除的程度會影響後續化解危機之能力。如果無法在發展階段初期學習到信任，那麼也會很難達到第六發

Chapter 6
青少年期的心理發展

展階段的親密感。

階段一：基礎信任 vs. 基礎不信任　嬰兒出生至 18 個月是學習信任他人最重要的危機。為了發展信任感，個體必須了解某些人和事是可以依賴的，而父母是此階段發展的主要變項。例如，嬰兒若可持續感受溫暖和照顧，則可學習到信任，並於往後的人生中信任朋友、親密伴侶和政府。

階段二：自主 vs. 羞愧與懷疑　自主、羞愧與懷疑在兒童早期即開始發展。18 個月起至 3 歲的兒童努力獨立完成事情，學習自己吃飯、使用廁所。若此時可順利完成各種任務則可感受到自我價值和自信。反之，若被壓迫、限制或處罰，就會自我懷疑。

階段三：主動 vs. 罪惡感　3 歲至 6 歲的兒童主要在發展自發主動性。此時非常活躍並急於探索世界，且擁有自主的豐富想像力及渴望學習。學齡前兒童若被鼓勵要主動探索和學習，在日後較會主動、有自信的去建立關係、追求生涯目標和培養興趣。反之，那些被限制、處罰或嚴厲對待的學齡兒童則會有罪惡感，因為他們不被允許探索世界，所以會對於自己想做很多事的渴望感到罪惡，進而可能會變得被動、順從他人意見，未能有自我想法。

階段四：勤奮 vs. 自卑　6 歲至 12 歲的學齡兒童之危機在於勤奮進取與自卑。本階段的學童需在各項活動中獲得成功的經驗。除了玩耍以外，他們的生活重心在學校，因此精通課業內容和學習技巧很重要。因此，可勤奮進取掌握份內之事，且比得上同儕顯得特別重要。那些學校課業和同儕關係不佳的兒童，會產生自卑感。

階段五：自我認同 vs. 角色混淆　青少年是探索自己是誰和建立自我認同的時期。這是由兒童轉換為成人的過渡期，人們會探索自己所須扮演的不同角色（小孩、手足、學生、天主教徒、美洲原住民、籃球明星）。並藉由統整這些角色來建構自我認同。有些人會因為無法統整各種不同角色，與因應角色衝突而陷入**角色混淆**（role confusion），這些人會感到困惑，不確定自己是誰。

階段六：親密 vs. 孤立　青年期的任務為尋求親密感，這不僅僅是性關係。親密包括有能力分享和給予他人愛，且不擔心會犧牲自我認同。未能與伴侶建立親密感的人會容易感到孤立，這通常是某些早期的發展危機未能妥善解決所致。親密關係有很多形式，在第七章中將更仔細討論人們如何體驗親密關係。

階段七：生產 vs. 停滯　成熟成年期有生產力相對於停滯危機的特點。在此生命階段，人們會變得較關注扶持、完成生命目的、引導下一代等。生產力包括真心思考未來且是超越自我生命軌跡的，且不一定與牽涉到生育自己的小孩。亦期待可藉積極作為來增進全體人類未來發展。缺乏生產力的成人會變得只顧自身利益（self absorbed），只關心自己的需要，不關心其他人，最終結果就是停滯不前，此即為固

著、缺乏進步和生產力。

階段八：自我統整 vs. 絕望　老年期的發展危機為自我統整和絕望。此時人們會回顧自我一生。假若滿意自己的人生和成就，則可**自我統整**（ego integrity）——認同，並平靜、坦然接受生命即將結束。反之，那些認為未能成功因應過往生活危機的人則會覺得絕望。

概念摘要

Erikson 的八大發展階段

階段	發展危機	年齡	重要事件
一	基礎信任 vs. 基礎不信任	0 歲至 18 個月	供給食物
二	自主 vs. 羞愧與懷疑	18 個月至 3 歲	大小便訓練
三	主動 vs. 罪惡感	3 歲至 6 歲	自主活動
四	勤奮 vs. 自卑	6 歲至 12 歲	學校經驗
五	自我認同 vs. 角色混淆	青少年期	同儕關係
六	親密 vs. 孤立	青年期	親密關係
七	生產 vs. 停滯	中年期	子女養育和創造力
八	自我統整 vs. 絕望	老年期	回顧並接納自我人生

青少年認同形成之意涵

　　身體的成長及生殖器官成熟意味著青少年即將成年，他們開始會去思考成人角色的相關問題。此階段最重要任務為發展自我認同，這是指「我是誰」。**重點提示 6.1** 提出一些有助於探討自我認同的問題。在尋求認同過程中，確認生涯選擇也很重要。

　　Erikson 認為此階段主要危機為**認同混淆**（identity confusion）。此混淆會有不同表現形式，包括延緩勝任成人角色、行動前未經審慎考慮及退化為兒童以逃避承擔成人責任。Erikson 認為青少年排他和無法忍受異議的偏執是因應角色混淆的防衛機制。談戀愛則是在嘗試確認自我，藉由與人分享貼心想法和感受，青少年可以建立並找出對自我認同更清楚的認知。藉由觀察伴侶對自己所表達親密想法和感受的反應，可讓青少年檢驗自我價值觀和信念，進而更澄清自我概念。

　　青少年會試驗性扮演各種角色，以發展自我認同。譬如學生會選擇特定課程以檢驗未來生涯興趣，也會嘗試不同兼職工作，以了解職業興趣。亦藉持續約會來試探與異性朋友的關係，他可能會苦惱自我性別認同（sexual identity），約會讓他們可以在每一次新的約會時表現出不同自我。青少年也可能會嘗試使用各種藥品，如酒精、香菸、大麻、古柯鹼等。許多的青少年對自我宗教信念覺得混淆，且藉著各種方法尋求

重點提示 6.1

如何確定自己是誰

在形塑自我認同前須先思考以下問題：(1) 我想要過什麼樣的生活？(2) 我想要做什麼樣的人？(3) 我是誰？

要回答這些問題就必須仔細思考、嘗試和出錯。若希望有滿意的人生，則必須要找到上述問題的答案以引導人生方向。若未能找到解答，人生就只是在被動回應情境問題，進而陷入混亂。

知道自己是誰、目標為何，對個案和實務工作者而言都很重要，以下問題將有助尋求解答：

1. 讓我覺得滿意、有意義和樂在其中的事物為何？（唯有能確認這些答案，你才能去尋求可以滿足上述目標的行為，且避免會導致反效果的行為。）
2. 我的道德標準為何？（可滿足自我需求且做自覺有樂趣的事，但不能採用會剝奪其他人需求的方式。）
3. 我精神上的信念為何？
4. 我的職業目標為何？（應該尋找讓你滿意、有熱情的職業，且是你擅長、可賺取可支應你生活的金錢。）
5. 我的兩性道德觀為何？（所有人都應該要發展可讓彼此自在、協助互相滿足需求、不剝削他人的行為準則。這會因為不同生活模式、價值觀或生活目標不同而有差異，並沒有標準答案。）
6. 我希望可擁有相互承諾的關係嗎？（如果是，希望在什麼時候及和什麼樣的人擁有穩定關係呢？這和其他的人生目標一致嗎？）
7. 我想要有小孩嗎？（如果是，希望幾個、在幾歲時可以有？和其他的人生目標一致嗎？）
8. 我想要住在哪個地方呢？（這有許多變項需要思考，地理位置、住家形式、城市或鄉村、住得離朋友近或遠、鄰近地區要有何特色。）
9. 我希望如何運用休閒時間呢？
10. 我期待別人怎麼看我？（可以想像一下你的穿衣風格、美容習慣、情緒、個性、自我肯定、溝通能力、物質財富、道德觀、身體特徵、聲音模式。你必須誠實地評估自我優缺點，且尋求更進步。）
11. 我喜歡跟什麼樣的人在一起呢？為什麼？
12. 我想要改善自己的生活品質以及和其他人的關係嗎？用什麼方法？希望如何達成這些目標呢？（如果是，用什麼方法、打算怎麼達成這些目標？）
13. 我想要和親戚、朋友、鄰居及初次見面的人維持什麼樣的關係呢？
14. 我對死亡的看法為何？
15. 我希望在五年後、十年後、二十年後從事哪些活動呢？

為了擁有完整的認同，你需要盡量回答最多的問題，但並非全部。很少有人可以理智、堅持回應每一個問題的答案。有最多答案的人，就可以參考自我觀點去思考那些還沒有答案的問題。

誠實、周詳思考這些問題有助了解自己是誰。此外，環境影響會造成改變；且當個人成長時，信念、態度、價值觀也會隨之改變。假如你已對自己有很好的認識，那麼你也會準備好改變自我生活目標，這些目標會持續引導你。你的生活會受你做的決定影響。若缺乏自我認同，你將無法知道對你最好的決定為何。反之，若能自我認同，你將能引導生活朝向自我目標，同時找到生活意義。

宗教及道德上認知。他們也會試著加入不同的社團和組織與各種興趣及嗜好。只要不觸犯法律（且不嚴重影響健康），我們的文化會允許青少年以各式各樣的方式發展自我認同。

Erikson（1959）以**心理社會延期償付**（psychosocial moratorium）描述在達到最終自我認同前的自由試驗期。此延期償付允許青少年有試驗自我信念、價值角色的自由，這樣一來他們才確認可發揮自我優勢的社會角色，並獲得社區正向的認同。

解決自我認同和角色混淆危機的最佳方法為將早期認同、目前價值與未來目標整合為一致性自我概念。因自我認同只有在一連串的質疑、反覆地評估及試驗後方可達成。若僅致力解決自我認同問題，可能使青少年更加情緒化、過度熱心的承諾、自我疏離、反抗行為或耽於嬉戲。

許多青少年是理想主義者，他們看見社會及世界上一些邪惡及負面的事；他們不能理解為何不公平及不完美會存在。他們嚮往自己和其他人可有更好生活，卻不了解提升生活需有資源及辛勤工作。他們是真誠想要改造世界。假若可以適當引導運用他們的能量，那麼青少年可做出有意義的貢獻。不幸地，有些人會在持續遭逢阻礙、挫折後逐漸失去夢想和熱情。

自我認同的重要性　可確認自己是誰、想要過的生活和想變成什麼樣的人，會讓青少年能勇敢面對生活課題。若無法得到上述問題的解答，則會讓青少年無法做出職業選擇；是否該結婚、跟誰、何時；該住哪裡；如何排遣休閒時間等。不幸地，許多人會因而渾渾噩噩地過一生，這些不能回答先前問題的人日後會較消沉、憂鬱和焦慮、優柔寡斷及未能自我實現（請閱讀**重點提示 6.1**）。

自我認同的形成　早期自我認同的形成主要取決於他人對自己的看法。Cooley（1902）以**鏡中之我**（looking-glass self）形容此過程。此即人們會依據他人與自己互動反應來發展自我認同。例如，若某位青少年被鄰居認定是麻煩製造或偏差者，鄰居就會不信任他、控訴且標籤他的行為偏差。這個標籤化的程序，青少年自己也會意識到，且至少導致會在同儕面前顯現出這樣的威勢和身分。不論他是否真的是偏差，青少年在缺乏客觀衡量的情況下，會依他人的認定，接受自己為偏差者，並開始扮演偏差角色。

標籤化（label）對生活有重大衝擊，假若某兒童常被父母罵笨，就會建構低自我概念，並在許多領域（特別是學業成績）表現欠佳，也會放較少心力於學校及與他人競爭，以致最終會失敗。

自我認同發展是一輩子的事。自認失敗的人，仍可能會有正向改變。在自我認同形成過程中，切記我們對未來的希望，比過去經驗來得重要。過去經驗不會改變，但現在和未來卻充滿可變性。可以控制自己的人生，決定未來。

Marcia 的認同類型

James Marcia（1980, 1991, 2002; Marcia & Carpendale, 2004）提出四種人們因應自我認同危機的主要方法：(1) 認同達成；(2) 取消贖回權；(3) 認同迷思；(4) 延期償付。可依據以下三個標準將人們歸類於上述四類型：(1) 自我認同過程中是否面臨危機；(2) 是否可承諾生涯定向；(3) 是否可承諾某些價值或信念。

認同達成 為達到認同達成（identity achievement），人們必須謹慎思考做出各種決定。經由努力後，可發展出自我價值並做出生涯抉擇。這是最佳的認同類型。

取消贖回權 這類型的人從未感受到認同危機，亦未有任何焦慮或麻煩。其自我生涯及價值很早就基於父母的認知而決定了，而非奠基於自我價值觀或想法。例如，一位女性可能想和她母親一樣成為媽媽及兼職服務生，然這並非她有意識地選擇，而是因為她以為這是她的期待。相同地，男性可能想成為修車技師或會計師，因為他父親從事上述工作，而他也認為這似乎是不錯的生活方式。

取消贖回權（foreclosure）字面上的意思是指債務人將資產抵押給債權人後，若債務人無力償還，則債權人得將債務人贖回抵押物的權利取消。取消某人贖回自我認同的權利意指封鎖他人成長和改變的機會。

認同迷思 有認同迷思（identity diffusion）的人痛苦於缺乏人生方向。雖然曾遭逢認同危機，但卻未化解之。他們無法做出明確決定，也不關心自己的想法和生涯抉擇。這些人通常是低自尊和缺乏決心的。譬如，可能會成為流浪漢一樣無法在一地久留，並且拒絕作任何重大承諾。

延期償付 延期償付（moratorium）的人在面臨認同危機時期雖有強烈焦慮，對自我價值或生涯選擇也尚未做出決定。但是會持續且努力的試圖解決相關困境。他們不會逃避做決定，且非常努力持續地在做決定。只是卻對自己應該相信什麼和應該做什麼存有矛盾。例如，在宗教議題上會為了是否真的有神而掙扎。此類型的人通常會有許多關鍵性的議題懸而未決。

批判性思考：評估案主情境之理論與應用

Erikson 和 Marcia 的理論建構對人類行為與環境互動的看法，更有助了解各階段發展「正常」的危機與事件。例如，多數人均認為 2 歲很會惹麻煩（terrible two）；然根據 Erikson 的理論「階段二：自 18 個月至 3 歲」，此階段行為發展著重在發展個人自主權和設法控制情境，因此不該責備這類探索行為，因為這在此階段是正常、必然的。具備此專業知識的社工人員可更適切協助父母對子女有合理期待，並發展教養子女技巧。

Marcia 所強調之因應技巧亦有助增進對個案問題的覺察，進而協助那些屬於取消贖回權、認同迷思或延期償付的人們克服自我認同危機。社工人員可協助個案評估

和規劃替代作法，確認個案的認同危機與心理動力為解決問題的第一步。

Erikson 和 Marcia 均強調形成自我認同的必要性。了解這議題有助社工人員更清楚這些青少年在社會情境中的行為動力。例如，青少年常和父母有衝突，父母會試著保持控制、領導角色，但青少年卻掙扎於想獨立。社工人員若可了解這是正常現象，則可引導個案覺察自我感覺和行為，進而檢驗父母約束子女和青少年反抗行為之意義，也可探討雙方較佳的互動模式。

Erikson 和 Marcia 等傳統發展理論的限制為均以西方國家角度探討人格發展，卻不盡然適用於其他文化，例如，亞洲人及印地安人的文化通常強調相互依賴，而非著個體的獨立發展。後續會在下一個章節會再探討自我認同的與文化背景的多元化思考。**多元化思考** 6.1 則探討男女青少年同性戀者的自我認同發展。

社工人員必須針對個案特殊性，選擇最適切的評估理論，應謹記以下議題：

1. 應如何將理論套用於個案情境？
2. 可支持理論的研究為何？
3. 該理論與社會工作價值和倫理的一致性程度如何？
4. 是否有其他更適當的理論架構或概念可應用於實務工作中？

Glasser 的認同理論

William Glasser 主張每一個都有基本心理需求：需要認同。Glasser 和 Zunin（1979, p. 302）對認同需求的定義如下：

> 需要感受到自己跟生活中的其他人相較之下是獨特且顯著不同的，且不會有人的思考、面貌、行為、談話是跟我們一模一樣的。

雖然可以用不同觀點來看待認同，但 Glasser 相信根據**成功認同者**（success identity）與**失敗認同者**（failure identity）的比較結果是最有用的。

成功認同者藉由愛與價值發展認同。自認成功者必須感受至少有另一個人愛他，且他也愛另一個人。他們必須感受到至少有一個人覺得他有價值，且也覺得自己是有價值的。為了要發展成功認同，人們必須要經驗到愛與價值。Glasser 和 Zunin（1979, p. 312）表示：

> 我們認為價值跟愛是很不一樣的。以「被寵壞」的孩子為例，可能想像他受到熱愛，他的父母無論如何都不希望這孩子遇到挫折和緊張，且當他面臨任務或困難時，父母總是會為他承擔。這孩子總是相信被免除個人責任、覺得自己是被愛的，但並不會覺得自己有價值。價值必須藉由努力去完成和成功地做好這些任務才能感受到。

個體也可藉由完成工作而自認有價值（如成功的生意人），但是卻不覺得被愛，因為他說不出有一個人是「他愛的且也愛他的人」。愛與價值只能擁有其中一類的，會導致失敗認同。

失敗認同者很可能是因孩童時期接受到不適當的愛或自覺無價值，且會有心理疾病、偏差或退縮。失敗認同的人幾乎都是孤獨的。

為什麼會有「心理疾病」呢？Glasser 指出被標籤心理疾病者會否認或歪曲真實，他們在心裡想像改變世界，以尋求被重視、獨特及有意義。某些人以退縮來因應失敗認同的不安，某些人則採取忽略真實情況，即便他們其實已經意識到真實的世界了。Glasser 和 Zunin（1979, p. 313）針對這類型的人有以下描述：

> 那些因為偏差、犯罪、反社會、人格違常而被轉介的人，基本上是忽略真實情況、選擇破壞社會規則的反社會者。

成功認同與失敗認同沒辦法測量，主要取決於個體如何看待自己。很有可能某人自認是失敗的，但其他人覺得他是成功的。失敗認同的形成通常開始於孩童剛進入學校那年。這個年齡（5 或 6 歲）的孩子在發展社交與語言技巧，有思考能力能去定義自己是成功還是失敗。當他們更年長時，接著會傾向去跟其他有相似認同的人連結。失敗認同者會連結失敗認同者、成功認同者則能連結其他成功者。經過幾年之後，這兩個群體的連結會越來越來少。Glasser 和 Zunin（1979, p. 312）說明：

> 例如，確實很少看見成功認同者的親密朋友是罪犯、重犯、海洛因上癮者之類的。

成功認同者傾向去競爭、面對和尋求嶄新挑戰，他們也會強化其他面向的成功。另一方面，失敗認同者發現面對真實的世界是不安、焦慮的，因此選擇退縮、歪曲或忽略真實。

評論 Glasser 的認同理論

青少年需要接受到愛與價值以建立成功認同。事實上，這對成人也很重要。很多父母沒辦法（情緒上或財務上）去對孩子表達愛跟價值。因此，「傾全村之力才能撫育一個孩子」（it takes a village to raise a child.）。有很多方案在協助傳達愛跟價值，每一位老師、成人友伴和親人都可以跟青少年跟兒童互動且傳遞愛與價值給他們。

多元化思考 6.1

男女青少年同性戀者：需要增權

青少年同性戀會比異性戀面臨更大的自我認同問題。或許他們最大的障礙是要面對人們對同性戀的憎惡。**同性戀恐懼**（homophobia）係指對同性戀者有極端不合理的害怕和敵意，這會孤立男女青少年同性戀者。男女青少年同性戀和異性戀一樣需要建立自我認同，但不被鼓勵去表達和建立性別認同。Erikson 和 Marcia 的理論適用這類年輕人嗎？足夠去解釋男女青少年同性戀者會經歷的危機嗎？

男女青少年同性戀者常有孤立感（Miller, 2008; Morrow, 2006, 2008; Papalia & Feldman, 2012; Santrock, 2012b）。**出櫃**（coming out）係指向大眾宣告自己為同性戀者。當男女青少年同性戀者出櫃時，通常會被排斥和輕視；但假若隱藏自己的真實感受和認同，則易衍生憂鬱、逃避（藥物或酒精濫用）或反抗行為（逃家或怠惰）。

社工人員需敏感男女青少年同性戀者的自我認同問題。Barret 與 Logan（2002）提出有助社工人員解決此問題並增權個案的十個建議。

1. 評估自我對同性戀恐懼的態度。努力以同理、不批判的態度來與同性戀個案溝通。助人者須內省自我刻板印象、自我性認同及對與自己不同性別傾向者的感覺。
2. 盡力了解男女青少年同性戀者的需求。
3. 理解青少年正處於探索性認同的時期。「有少數人要到青少年後期才會對自己的性別認同較為明確。且相同性別者的性行為不一定是性傾向。例如，男孩可能會加入自慰團體，去比賽誰可以先達到高潮；女孩彼此之間可能會很親熱，例如，握著對方的手臂一起走，甚至接吻。這並不意味著他們是同性戀」（p. 138）。
4. 面質無禮、攻擊性和輕視的評論。挑戰負面刻板印象。教育大眾了解同性戀，並使其了解同性戀恐懼對同性戀者的傷害。
5. 提供有關性慾、性傾向和安全性行為的正確資訊。
6. 莫假定某人一定是異性戀者。
7. 當男女同性戀者被施暴時，應倡導其權益。
8. 取得與性傾向有關之相關資源，或讓學校擁有此資源。這類資源包括書籍、文章、影片等等。
9. 協助男女同性戀青少年認識與其有相同性傾向者。很多城市有助人、支持性團體、演講和活動可以讓他們參加。
10. 社工人員可協助同性戀者思考出櫃過程。他們需要思考以下多元問題：自己應該出櫃嗎？應該怎麼說呢？應該告訴誰呢？人們的反應會是如何呢？

總之，Erikson 和 Marcia 的理論在解釋男女同性戀青少年的自我認同發展問題上有其限制。此二理論僅指出所有青少年均會面臨發展危機，卻未著重在男女同性戀青少年可能會面臨的特殊議題。

民族文化、種族和認同發展　　LO 2

之前已經提過 Erikson 和 Marcia 的理論是否適用到全世界的質疑，這牽涉到多元不同的民族（race）跟種族（ethnicity）。例如，某些文化強調要尊敬家中長輩，年輕人會被期待要順從，直到他變得夠老和睿智，這某種程度會讓個體在達成自我獨立、獨特人格上面臨掙扎。這特殊行為面向需要再盡量強調嗎？或者應該特別強調對家庭和文化團體的認同？

約有三分之一的美國青少年是屬於少數民族，包括非裔、美洲原住民、西班牙裔、亞裔（Kail & Cavanaugh, 2013）。對這些年輕人而言，建立**種族認同**（ethnic identity）的同時也會建構自我認同（Hendricks, 2005; Kail & Cavanaugh, 2014; Phinney, 2005）。這牽涉到認同自我種族團體、有歸屬感、欣賞自我文化傳統。年長的青少年會比較年輕者更有可能建立種族認同（French, Seidman, Allen, & Aber, 2006）。這部分是因為他們有較多時間去探索自我文化、發展認知能力且思考自己是誰。

Phinney（1989）認為來自不同種族的孩子的認同發展跟 Marcia 的四種因應認同危機的策略是一致的。認同迷失者表示其對自我種族文化傳統較疏離且對文化議題缺乏意識或客觀性；取回贖回權者僅略為探索自我文化背景，然而對文化認識是模糊的，他可能只是聽取父母或親戚的說法，但並沒有太多思考；延期償付者會積極去尋求種族認同；最後達成種族認同，已掙扎於理解這些種族認同對自己的意義與如何跟目前生活整合。Cross 和 Fhagen-Smith（1996）摘要 Phinney 的種族認同發展模式如下：

> 此模式陳述種族認同較貧乏的青少年（認同迷思者）或依據父母說法而去認同者（取回贖回權）。他們可能會面臨認同危機，期間與他們種族的地位有關的衝突跟挑戰需要被解決（延期償付），且應該要一切順利，他們達到正向、較高且明顯的種族認同。(p. III)

社區跟學校可以強化青少年的民族與文化認同發展

能讚揚文化優勢的正向社會環境可以強化正向民族、文化認同與自尊（Delgado, 1998a, 1998b, 2000b, 2007）。學校和社區都可以強調所在社區的文化優勢。學校可以設計整合歷史跟文化內容的課程，聚焦在學習和欣賞文化優勢。「譬如社會研究的老師可以安排學生介紹自我家庭或社區的種族起源的部分課程，以及與此種族有關的生活樣貌」（Delgado, 1998a, p. 210）。學校和娛樂設施可發展相關計畫，以強調文化驕傲及幫助青少年「可用個人或參與者的角色，在與日俱增的多元文化社會中與新發展的（種族及文化）達成認同，並對自我歷史、家庭和文化的保有必要的連結」（Delgado, 1998b, p. 213）。

道德發展

　　青年期對親密關係、職業生涯及人生目標有著熱烈渴求。同時亦須建構自我道德觀。**道德**（morality）係指需考慮事物的是非對錯，許多時候道德並無絕對的對與錯，當中存有灰色地帶。例如，死刑是對或錯？婚前性行為是好或不好？

　　道德的範圍從很重大到每日一些微不足道的決定均包含在內，雖然終其一生人們均會經歷道德發展，然青少年的道德發展最為關鍵。他們開始有權利可獨立做決定，此時所建構的價值觀會引導後續人生發展。

Kohlberg 的道德發展理論

　　Lawrence Kohlberg（1963, 1968, 1969, 1981a, 1981b）建構三層次、六階段之道德發展理論如下：

第一個層次：道德成規前期（preconventional or premoral level）　此時期以自我興趣為優先考量，通常於 4 至 10 歲會經歷此階段，其道德決定是基於外在行為會獲得獎賞或處罰來考慮自我行為。此層次的第一階段為避免處罰，兒童言行主要為避免負向結果。第二階段主要為趨賞避罰，亦即兒童是為了得到獎賞和報酬才做對的事。這有時候會牽涉到交換利益：「我將會幫你抓背。假如你幫我抓背的話。」

第二個層次：道德成規期（conventional level）　此時期之道德想法主要立基於遵循符合社會習俗之角色，10 至 13 歲者屬此階段。此時會有強烈慾望想取悅他人並獲得社會贊同。此時道德標準雖然已逐漸開始內化，但仍以他人要求為主而非個人自我決定。

　　此層次的階段三主要著重他人認同，因此良好人際關係顯得特別重要。階段四「以威權維持道德秩序」（authority-maintaining morality），強調遵循法律和社會規範，較權威者通常亦較受尊敬，法律和秩序被視為維持社會規範所必需。

第三個層次：道德自律期（postconventional level）　此階段已跳脫他人想法，並發展自我好惡觀念，會仔細思考法律和他人期待並決定自己認同的是非對錯標準。並較有自主性、獨立思考。其行為是立基於自身的理念而非法律。此階段的進展已超越自私需求，他人的需求和福祉亦非常重要。此屬真正的道德。本層次的第五階段會遵循法律和社會原則，且認為法律有益於全民福祉層次。然法律易受個人解釋影響和改變。第六階段為最高境界，對他人所提想法和意見可自主思考，其個人道德標準已內化，在思考自我行為時會超越法律規範，主要依據自我好惡觀念做出決定。例如，小馬丁·路德·金恩牧師和甘地是達到此層次的人。

批判性思考：評價 Kohlberg 的理論

　　Kohlberg 理論已受到諸多質疑（Helwig & Turiel, 2011; Killin & Smetana, 2008;

概念摘要

Kohlberg 之三層次、六階段道德發展

層次／階段	描述
層次一：道德成規前期（自身利益）	外在控制，以獲獎賞或處罰來考慮自我行為。
第一階段：避罰服從取向	以避免處罰作為考量行為好壞之標準。
第二階段：工具式快樂主義	為獲獎賞而順應規則，常會更換個人喜好。
層次二：道德成規期（社會順應）	會考量他人的意見，以順應社會期待決定自我行為。
第三階段：好男孩／好女孩	有強烈慾望想被讚賞和被喜歡；認為可討人喜歡的行為，就是好行為。
第四階段：順從法律權威	會遵循法律和社會規範的要求，順應法律權威。認為社會秩序很重要。
層次三：道德自律期（自我接納道德原則）	內在控制，已超越法律要求和自我利益。
第五階段：道德的規範、個人權利及社會法制認同取向	認同法律的必要性，但更能理性思考和解釋，認同社會福祉的重要。
第六階段：個人道德標準和良知	行為會遵循自我內在倫理原則，在做決定時會內省思考什麼是對的，而不是以法律規定為主。

資料來源：Kohlberg (1968, 1981a, 1981b)。

Santrock, 2016；Walker & Frimer, 2011）。第一，Kohlberg 多強調人們的想法，而非實際作法。國王和總統會談論很崇高的道德標準，但實際行為表現卻又是另外一回事。在危機情境中，很多時候必須做出困難的道德決定。假如你和很多人一起受困在失火的大樓中，你會多努力先去救別人，然後再救自己呢？你認為對的事和實際作法之間的矛盾是什麼？

第二個批判是他的理論有文化偏見（Kail & Cavanaugh, 2013; Santrock, 2012a）。Kohlberg 自己承認第六階段可能不適用所有文化、社群或情境。Snarey（1987）研究 27 個國家的道德發展，發現 Kohlberg 的模式未涵蓋某些文化信奉的較高道德想法。譬如「以色列強調集體平等和幸福、新幾內亞關注個人和社區的關係」（Santrock, 2008, p. 361）。

道德發展與女性：Gilligan 的觀點

對 Kohlberg 理論最主要的批判為其主要立基於男性觀點。Gilligan（1982; Gilligan & Attanucci, 1988; Gilligan, Brown, & Rogers, 1990）主張不可用 Kohlberg 的論點來說明女性道德發展，因為女性對道德兩難困境的看法與男性不同。Kohlberg 理論立基於**公平正義**（justice perspective）觀點，強調「個體會獨立做出道德判斷」（Hyde & Else-Quest, 2013；Newman & Newman, 2012; Santrock, 2016, p. 231）。 然

而，Gilligan 認為女性會立基於**關懷立場**（care perspective），即「注重與他人相互關係、人際溝通並關心他人」（Santrock, 2012a, p. 231）。換句話說，女性傾向於依據個人情境來考量道德標準。

女性常無法將以自我觀點為主的道德觀轉換為順應法律及社會秩序。此涉及個人小我觀點的是非對錯（個人道德決定會如何影響自己的生活），相對於普世價值或大我的道德觀（道德對每一個人的影響）。Kohlberg 之所以被批評就在於其未將女性的生活層面和思考傾向納入考量。

Gilligan 和她的同事（Gilligan, 1982, 1996; Gilligan & Attanucci, 1998; Gilligan et al., 1990）認為女性道德發展立基於個人好惡與對重要他人的承諾。這意味著有時需為他人犧牲自我福祉，強調善良和仁慈。此有別於男性著重於獨斷的決定，且較無法變通的道德決定。

Gilligan 訪談 29 位接受懷孕和墮胎諮商的女性對懷孕一事的擔心。發現女性道德觀主要「立基於關懷倫理而非公平正義」（Dacey, Travers, & Fiore, 2009, p. 248）。她主張女性的是非對錯標準強調人際關係及關心重要他人福祉。這相較於 Kohlberg 用較抽象道德觀點來敘述如何決定公正與正確，Gilligan 採用較一般的觀念來闡述。

Gilligan 用以下層次來說明女性道德發展：

層次一：個人生存取向　純粹關注自我利益（self-interest），並未真正關心他人福祉與需求。首要關注個人生存，怎麼做對自己最有利及實際是最重要考量。

過渡期一：由自私轉變為負責任　從只考慮自己轉變為能些許考慮會被影響的人。女性體認到不僅應履行對自己的責任，也需對他人負責，這包括還未出生的人。換句話說，她開始理解到自己的決定會影響其他人。

層次二：視自我犧牲為美德　會將自我需求和期待擱置一旁，他人福祉變得很重要。所謂「好」是意味著自我犧牲以讓其他人獲益。此時會以他人想法為主，但在做決定時常面臨究竟是要為自我行為負責或順應外在壓力的矛盾。

過渡期二：由美德轉變為現實考量　此時女性可更客觀評量自我情境，已不再依照他人意見來決定自我行為，並可同時考慮自己和他人福祉。屬道德層次一的個人生存考量會在此時再被納入思考，但非完全以利己為主。

層次三：非暴力責任之道德　在此層次，女性會思考自我決定和行動的影響，不再只是考量他人看法。且可承擔自我行為決定之責任。她會同步平等考慮自己跟其他人的狀況，衡量自我後續相關行動可能導致的各種不同結果，且自認應該對這些結果負責，此時的重要原則是必須把自己和他人的傷害減至最小。

Gilligan 理論突顯男女兩性觀點不同，這特別有利於強調男女兩性的優勢差異。重視感覺，譬如，關心別人與果斷決定道德判斷的能力同樣重要。

批判性思考：評價 Gilligan 的理論

已有某些研究支持 Gilligan 有關道德理推斷的性別差異主張。例如，有些研究發現女性在面對道德兩難抉擇時，會比男性更關注社會人際關係（Eisenberg & Morris, 2004; Wark & Krebs, 2000）。另一個研究發現，在處理約會困境時，女孩比男孩更會採取 Gilligan 的關懷取向（Weisz & Black, 2002）。然而，有其他研究發現雖然女孩的道德取向中對關懷他人的關注會勝過應用抽象判斷原則，但是若有需要，她們會同時採取這兩個取向（Blakemore, Berenbaum, & Liben, 2009, p. 132；引用 Santrock, 2012a, p. 231）。

其他研究則指出男女道德決策標準僅有些許差異（Blakemore et al., 2009; Glover, 2001; Hyde & Else-Quest, 2013; Walker, 1995; Wilson, 1995）。即使女性會略為傾向採取 Gilligan 的關懷取向道德決策，而非 Kohlberg 的公平正義觀點。這男女青少年的道德差異比成人明顯。但個體會採取關懷取向或是公平正義觀點主要是依據當時情境而有不同考量。例如，男女在面對自我問題時都會採取關懷取向；而在評估全球社會議題時則會採用公平正義觀點。

概念摘要

Gilligan 的女性道德發展觀點

層次一：個人生存取向
　過渡期一：由自私轉變為負責任
層次二：視自我犧牲為美德
　過渡期二：由美德轉變為現實考量
層次三：非暴力責任之道德

應用 Gilligan 理論於個案情境之倫理

全美社會工作人員協會已制定專業倫理守則，這些守則會提供實務工作指導方針，決定何謂正確及錯誤的決定。

Gilligan 強調道德和責任間的關係。當人們逐漸有能力且有意願承擔責任時，道德亦會隨之發展；道德提供做出倫理抉擇的基礎。Gilligan 最高層次道德決策為關懷、敏感他人需求、對他人負責及培育（Rhodes, 1985, p. 101）。這亦是社會工作倫理守則的核心價值。故社工人員可將 Gilligan 理論應用於實務工作中，作為倫理抉擇的指南。且應盡力提高對個案需求的敏感度，有效的協助個案，並滿足個案需求。

道德發展：社會學習論觀點

Albert Bandura 等社會學習論學者（1991, 2002; Bandura, Caprara, Barbaranelli, Pastorelli, & Regalia, 2001）採用許多社會學習論的原則來解釋道德行為。

他們的興趣主要在道德的行為層面——當面對誘惑時，我們會怎麼做。此理

論認為道德行為和其他社會行為一樣都是透過觀察、處罰原則和增強過程學習而來的。他們也認為道德行為深受情境因素影響。例如，教授監考是否會減少作弊機會。（Sigelman & Rider, 2012, p. 428）

社會學習論認為，我們會逐漸學習到如何展現道德行為。幼童因表現好行為被增強，也因表現壞行為而被處罰；同時以父母和其他人為榜樣來學習是非對錯。當年紀漸長，則逐漸能內化這些行為標準和期待。然後當面臨道德抉擇時，會運用這些已內化的價值觀來做決定。此外，社會學習論認為人們同時需回應當下情境和可能招致的潛在後果。

例如，以下將舉例說明社會學習論如何預測霸道的青少年 Waldo 是否將在數學考試中作弊。社會學習論的焦點為：

> Waldo 已經學習到的道德抉擇習慣，會影響他對自己行為後果的期待、他的自我約束能力和最終的行為表現。如果 Waldo 的父母在其表現道德行為時予以增強，在有不當行為時則予以處罰；如果他可接觸到表現道德行為的模範，而非和說謊者、小偷為伍；如果自我約束的調節機制可以使他為行為負責且不脫離道德規範；那麼 Waldo 就較有可能會表現出一般道德可接受的行為，但事實卻非絕對如此。因為 Bandura 和其他社會學習學者相信情境的影響力，進而預測如果 Waldo 看到同學作弊而未被發現或有分數壓力時，Waldo 仍然可能會在數學考試中作弊。（Sigelman & Rider, 2006, pp. 364-365）

Fowler 的信仰發展理論　　LO 4

第三章對**靈性**（spirituality）的定義為「個體之價值、信念、使命、體認、經驗、目標方向及值得努力的大我方向。它可能包括、也可能不包括神靈。**宗教**（religion）指的是宗教機構的一系列信念」（Frame, 2003, p. 3）。

宗教和靈性是兩個不同的概念，Frame（2003）表示：

> 很多宗教的追隨者發現藉由宗教機構、教義、儀式、綱領和社群，可以支持和強化自我靈性成長。同樣的，很多人認為自己是靈性的而非篤信宗教，並發現宗教機構會干擾其靈性成長。因此，宗教和靈性在不同人生活中所扮演的角色不同。例如，某人很關注生活的意義，有自己的目標和方向，且可能會用冥想來滋養靈性，但卻未加入宗教機構。因此，有人可能有靈性，但沒有宗教；另一人則可能是猶太會堂的成員，篤信摩西五經（Torah），但並沒有真正把這些猶太習俗放在心上。總之，對某些人而言，宗教和靈性的意義不同，但對某些人而言，宗教和靈性代表相似意義。（p. 4）

Chapter 6
青少年期的心理發展

靈性是個體差異中很重要的面向。它是許多人生活重心及力量提供的泉源，在後續的章節將解釋、提醒社工人員必須善用靈性來增權個案。

James Fowler（1981）提出七階段信仰發展理論：

> 信仰的形成與發展是整體生命歷程都會經歷的。信仰意味著「我們與自己、他人和世界的終極關聯模式」（1996, p. 21）。終極（utimacy）指的是人們覺得可引導其生活價值、信念和意義的最重要深層意涵。信仰可能是宗教，也可能不是宗教。Flower 認為信仰是更廣泛的，可提供生活的意義和連結與他人的關係、讓人們相互關心支持，提供更寬廣、更有意義的「參考架構」，進而協助人們因應生命中的痛苦和死亡。（Canda & Furman, 2010, p. 256; Fowler, 1981, 1996）

藉由每一階段的進展，個體會更接近更高力量，且更關注其他人的福祉。

Fowler 的七階段信仰發展理論

Fowler 的理論依據是「他在 1972 至 1981 年研究人們如何看待個人史、如何問題解決，以及如何建構道德和宗教承諾。他深度訪談年齡介於兒童早期至 61 歲之 359 位受訪者。多數受訪者為白種人基督徒」（Robbins, Chatterjee, & Canda, 2012, p. 283）。

以下說明七個不同階段：

階段一：原始或無差異信仰（出生至 2 歲） 人們對信仰和世界的看法都是從頭開始的。嬰兒很早就會學習到環境是否安全、是否可信任；是否處於安全的家庭環境中，或正被傷害、忽視及受虐。人們會開始發展語言以表達自我想法，並區分自己和他人的差異。也開始發展人際關係及思考人際關係所代表的意義。

階段二：直覺反射的信仰（2 至 6 歲） 在 2 至 6 歲時會持續發展從所處環境中逐一拾取意義的能力。兒童所處情境的靈性經驗會形塑他們的信仰概念。在此階段，兒童是比較自我中心的。他們對信仰和宗教的看法並未深入概念化，也未結合生活經驗。他們對信仰的看法主要受到所處情境影響。例如，Herman 的父母信奉基督教，會去教會、唱聖歌、和每晚睡前禱告。假如你問 Herman「上帝在哪裡？」他會告訴你「在每個地方」。這是因為父母是這樣告訴他的。

階段三：神話、字面上的信仰（6 至 12 歲） 此時會持續發展概念化思考。故事是激發兒童思考自我生活和人際關係的重要方法。兒童可以被戲劇表現或靈性象徵譬如宗教儀式深深打動。具體運思能力幫助兒童區辨真假，然已經更能深入地思考信仰的各個層面。雖然他們的「信念僅是字面上的意義或單面向的」。Frame（2003）解釋：

> 此時，人們已經有上帝的概念了。上帝被視為宇宙統治者，祂的言行是公正

且互惠的（Flower, 1987）。此階段會相信上帝會酬償善良、處罰邪惡。他們可能會努力展現完美，期待因為這樣的善良可得到酬償；另一方面，他們可能會因為被重要他人虐待、忽略而自我貶低（self-abasing），自認是壞的、將被處罰的。（p. 41）

階段四：合於常規之信仰（12歲以上） 此時會發展概念化能力並以新方法應用資訊。他們藉由社交、學校和媒體，更認識這世界。他們不再像前一階段只是了解字面上的意義，且已開始抽象思考以新的角度看待世界，且努力去遵守規範。此時人們不會批判評估自己的信仰，更確切地說，他們仍堅持在傳統的思想信仰體系中。

階段五：個人反省式信仰（青年期以上） 階段五的特色是會批判思考人生的意義。「對信仰的關注會從與團體一致，轉變為更期待是對自己有意義的」（Duffey, 2005, p. 324）。此時人們會面臨價值衝突，同時努力建立自我個人信念。例如，年輕女性會認真思考自我信念與一般宗教信念是否一致。如果她所信奉的宗教譴責墮胎，她是否支持及認同？若她的教會否定同性戀，她是否支持？在階段五時，人們會反省和批判性評估自我既有的信念，進而建立更清晰的靈性信念體系。

階段六：圓融式信仰（中年和中年以上） 在Fowler的研究中，只有六分之一的受訪者可達到此階段，且均屬30歲以上的受訪者。此階段的核心概念為整合。個體可坦然面對自我觀點與一般常規間的衝突，並接受當中的矛盾。他們已可整合自我信念，且接受生命本來即有許多不同面向。仁慈和邪惡、高興和傷心、優點和缺點均會同時存在。此時所謂靈性信念已是較深層的覺察。Duffey（2005）解釋「個體會對各種不同的宗教和靈性傳統有更開放觀點，譬如即使與自己的法則互相矛盾，也能夠尊重」（p. 324）。Frame（2003）指出人們「發展的公平正義理念已超越種族、階級、文化、國家及宗教團體。這堅定的信仰，已放下自身防禦，且能容忍其他不同的信仰」（pp. 42-43）。

階段七：普世化信仰（中年和中年以上） 此階段特徵為無私奉獻以讓他人可獲公平正義。此時，人們會對抗各種差異及不公平處，並整合自己對世界會如何運作的概念。但仍以自我為主要核心。他們會了解並接受自我弱點，並尋求救助他人的手段。此階段屬較深層的靈性成長，不再僅關心自我個人利益；反之，會更關注整體群眾福祉，包括犧牲自我個人福祉。只有極少數人會達到這種信仰型態，譬如小馬丁‧路德‧金恩、泰瑞莎修女。

批判性思考：評價Fowler的理論

　　Fowler應用Piaget的認知發展概念提出信仰發展理論。認為人們的批判性思考、整合複雜概念之能力均會隨著生活成長與思考而進步，進而在生命歷程中建構出更深層、更堅定的想法和信念。

對此理論的批判至少有三個部分。首先，其訪談的樣本侷限於特定種族和宗教，所以被質疑可否適用於非基督教世界。

第二，未考慮個別差異、壓迫和歧視情形的存在。此理論假定所有人類生而平等。但實際上，有人貧窮、有人富裕，人們所處情境的資源對信仰發展的影響程度如何呢？所有人類均有發展信仰的平等機會嗎？遭受壓迫和歧視會影響靈性和信仰成長嗎？

第三，Fowler 的理論很難應用於鉅視的情境中。源自個人觀點的信仰發展如何才能融入整體社會概念？信仰發展是否會影響組織、社區和政治生態呢？

藉由靈性發展促進社會工作實務與增權

靈性崛起已超越一般俗事如個人財產，並衍生到在意識上超越物質領域。它是「人類文化普世的面向」（Canda, 1989; Cowley & Derezotes, 1994）並涉及「生命發展的意義、目的及道德觀等」（Canda, 1989, p. 39）。它可以支持人們更能承受痛苦，與指引後續人生道路。

鑑定個案的靈性信念和可能隸屬的宗教機構對增權而言，有諸多意義。「宗教和靈性組織可以是支持個案的資源……因為可提供歸屬感、安全感、目標、條理以及給予和接受服務的機會」（Frame, 2003, p. 94）。

Boyle、Hull、Mather、Smith 和 Farley（2009）針對社工人員說明靈性的重要性如下：

> 社工人員和其他助人專業已經認知到這些信念的巨大能量，可能已超越個案所能承受創傷和悲劇事件的能力，此時是最糟時刻。靈性幫助某些人合理化有時候會毫無意義的世界。對其他人而言則是在幫助其嘗試更了解自己和回答問題，「我的目標是什麼？」
>
> 靈性和宗教信念對正在調適絕症、喪親之痛或健康議題等危急事件的個案而言，可扮演關鍵角色。在這類情境中，社工人員應該自在的對個案提出宗教或靈性議題。此外，社工人員已認知到這些議題對很多種族和少數團體的重要性。在這類團體中，教堂與宗教在每日生活中扮演重要角色，且努力促成制度和環境改變。
>
> 社工人員應該敏感到個案可能有重要的宗教或靈性信念、價值，且各種不同宗教的教義有些相似的共通性。至少，當個案確認他們的宗教或其他靈性信念是其因應困境的資源時，實務工作者定要問這議題且仔細傾聽。若未能探討這議題，會讓社工人員無法了解很多個案的主要優勢和有潛力的部分。（pp. 297-298）

然而，與將靈性視為潛在優勢一樣重要的是：社工人員不能將自我價值觀跟靈性信念強加在案主身上。社工人員在個案的靈性議題上可能會面臨各種不同的情況，這

需要很謹慎思考要如何遵守社工倫理。

重要議題與生活事件：自我肯定和自殺

自我肯定和自殺是青少年和年輕成人最需被關注的議題。雖然各個年齡層都會面臨此二議題。但對人生正要開始的青少年而言，自我肯定和自殺最受批判。生活一方面被標籤為溫和柔順的且缺乏自我肯定；另一方面強烈自我攻擊，則會受到傷害且無生產力。年輕即結束生命是悲劇且令人遺憾。

基本上可用心理或社會觀點來探討此二議題。然本章主要著重於討論青少年心理層面問題。

以自我肯定和自我肯定訓練來評估增權　　LO 5

自我肯定（assertiveness）是率直、不具攻擊性的；這行為可能是語言，也可能是非語言的，必須能同時考慮自己和他人的權利。這聽起來很容易，但並不容易做到。例如，坐在你前面看電影的人很大聲交談，你會如何反應？是忽略？大聲地請他們住嘴？或是禮貌地小聲請對方保持安靜呢？

很多時候很難客觀思考這些情境，感情和需求都必須考慮。對於正在建構自我認同的青少年和年輕成人而言，這特別困難，因為他們仍在建立自我認同，又希望能融入社會，擁有良好人際關係和回應他人感情。

自我肯定技巧是可被教導的，此為**自我肯定訓練**（assertiveness training）。青少年和年輕成人會發現自我肯定技巧對因應壓力情境特別有用。例如，青少年可能會困擾於該如何反應與性有關的情境，「我想要怎麼做與父母期待我怎麼做呢？」或會覺得「許多同儕都在用藥，我該如何自處呢？」以下將更深入討論自我肯定與自我肯定訓練的意義。

當人們渴望可更自我肯定時，是很不安的；很多人也曾因無法自我肯定而極度焦慮。

自我肯定的關聯性

本章主要基於以下三個理由而探討自我肯定和自我肯定訓練。第一，青少年需具備適當自我肯定技巧。當可自我肯定時，可同時尊重自己和其他人的權利。自我肯定在建構個人認同與對待他人的道德觀中扮演關鍵角色。

第二，與個案工作過程中，自我肯定是重要的。社工人員必須確認自我專業與和個人權利，以更有效協助個案和勝任工作。也需認同、欣賞和尊重個案的權利與需求。自我肯定會使你同時考量自己及個案的權利（此部分會在**重點提示 6.2** 中討

重點提示 6.2

每一個人都擁有自我肯定權利

自我肯定涉及到相信每個人都是有價值的,可自在評判自我錯誤和不完美,且自在保有個人感受,因為我們都會害怕傷害到別人和被拒絕。有時感受會因為被壓抑太久以至於爆炸了,導致激烈的長篇指責對方。

社會工作相信每一個人都是有價值的,因此也擁有基本權利。以下將列出8點來說明你和個案均擁有的自我肯定權利:

1. 你有權利誠實開放表達自我意見和想法。
2. 你有權利犯錯。每個人都會犯錯。
3. 你有權利引導和決定自己的生活,亦即你有權利自我負責。
4. 你有權利支持自己,摒除不必要的焦慮;且做出對自己最好的選擇。
5. 你有權利不被每一個人喜歡。(你喜歡所認識的每一個人嗎?)
6. 你有權利提出要求和拒絕他人,且不需要覺得有罪惡感。
7. 假如有需要的話,你有權利要求取得相關資訊。
8. 最後,你有權利決定不運用你的自我肯定權利;亦即,你有權利決定不要自我肯定。

資料來源:Most of these rights are adapted from Lynn Z. Bloom, Karen Coburn, and Joan Pearlman, *The New Assertive Woman* (New York: Dell, 1976), and from Kathryn Apgar and Betsy Nicholson Callahan, *Four One-Day Workshops* (Boston: Resource Communications, Inc., and Family Service Association of Greater Boston, 1980).

論)。在行為評估時,必須理解何以此人會有這樣的行為。以自我肯定觀點來觀察個體行為,有助釐清可以和無法滿足自我需求者,各自是誰;並辨別誰正在不合理地逼迫他人,誰是被逼迫的。

第三,自我肯定對個案而言很重要。在社工處遇過程中,社工人員不僅需評估個案行為,也需促成個案正向改變。引導個案以自我肯定觀點覺察自我行為及此行為的影響,對個案會有很大助益。社工人員應扮演教育者角色,教導個案自我肯定原則,以強化其人際互動效能(interpersonal effectiveness)。

缺乏自我肯定、自我肯定及攻擊性溝通

在自我肯定階層表中,可將溝通區分為缺乏自我肯定、自我肯定及攻擊性溝通三個層級。自我肯定溝通涵蓋語言和非語言行為,允許清楚和直接表達自我看法。**自我肯定**(assertive)者會同時考慮自己和對方的價值體系,認為自己及對方的觀點和反應都很重要。

攻擊性(aggressive)溝通係指讓自己有優先發言權,並以放肆、支配性語言和

非語言行為極力勸說自己的想法。攻擊性溝通者認為自我想法是最重要的，並貶低對方看法。攻擊性行為是耗費精力且令人討厭的。

缺乏自我肯定（nonassertive）的溝通和攻擊性溝通則相反。其會貶低自我價值，覺得別人的想法比自己的想法重要。

在特定溝通情境中要如何呈現自我肯定並沒有完美作法。最重要的是，要將自己與對方的權利均納入考慮。以下例子可供大家參考。

情境 一位 16 歲女孩與自己喜歡的男生第一次約會。在看過電影和吃過比薩後，他們開車繞了一下，並把車停在一旁。女孩並不想和這男孩有性關係。她認為這樣太快了。對方會怎麼看她呢？她不確定這男孩真的適合當自己的親密伴侶。她可以怎麼說呢？

缺乏自我肯定回應：她說沒事，並允許男孩有更進一步的親密行為。

攻擊性回應：「把你的髒手拿開，你這個變態。」

自我肯定回應：「我喜歡你，但我不認為我們已經足夠了解對方、且應該有進一步的親密，請你現在載我回家好嗎？」

自我肯定之優點

發展自我肯定技巧的好處很多，包括：更能掌控自己的人際關係、避免和他人有不愉快或敵意、別人會比以前了解你。同時，當可掌控和經營更有效人際溝通時，也會增強自我概念。適當的自我肯定亦可減緩過度緊張及壓力，並減少身心失調反應諸如頭痛或胃痛等；並讓別人更尊敬你和你的優勢，以及欣賞你對其他人的尊重。人們可能會把你當作發展自我肯定行為的角色模範。

自我肯定訓練

自我肯定訓練讓人了解自己有權利去理解、感受和行動且能自由表達。自我肯定回應和攻擊性回應是不同的，如何區分這兩者的差異非常重要。例如，某位婦女的公公很愛挑剔。若該婦女故意做一些事來激怒他或大聲和對方爭吵，就屬於攻擊行為。但當面對批評時，有效的自我肯定說法是「爸爸，你的批評讓我覺得很受傷；我知道你想給我建議，但我感受到的是你在批評我。我是成人了，我有權利自己做決定和犯錯。我希望能和你維持成人對成人的互動，而不是父親對小孩的關係。」

社會工作是重視實務的，因此可運用自我肯定訓練來強化自己和個案的自我肯定。Alberti 和 Emmons（1976a, 1976b, 2001, 2008）設計以下 13 個步驟協助發展自我肯定：

1. 檢驗自我行動。在需要表達自我肯定的場合你是如何因應？在大多數的溝通模式中，你認為自己是傾向缺乏自我肯定、自我肯定或攻擊性溝通呢？

2. 記錄那些自認已可表現更有效自我肯定行為的情境，可能是已較能自我肯定和是可較少攻擊性。
3. 選擇並關注某些能使你有更多自我肯定的例子，詳細回想此經驗；當時你說了什麼？你的感覺如何？
4. 分析你的反應。詳細地檢驗自我的語言和非語言行為。Alberti 與 Emmons（2008, pp. 71-81）提出必須自我監控的行為七大面向：
   a. 眼神接觸：是否有注視對方的眼睛？或當你覺得不自在時，你會迴避和對方眼神接觸？
   b. 身體姿勢：是否站得很直或看起來很懶散？會羞怯地遠離人群嗎？注視對方時，是否有抬頭挺胸？
   c. 姿態：你的手勢運用在此情境適合嗎？你感覺輕鬆嗎？你有輕敲足部或折你的指節？
   d. 臉部表情：你的表情看起來嚴肅認真嗎？是否因為面帶微笑或是不自在地傻笑，而讓人覺得你不夠認真嚴肅呢？
   e. 聲音之音調、抑仰頓錯及音量：你說話的音調正常嗎？你會因膽怯而細聲說話嗎？在緊張時你會提高聲音嗎？
   f. 時間：最好能在事件發生後立刻予以自我肯定回應。也須考慮該情境是否需要表現自我肯定。有時保持沉默是最佳反應。
   g. 內容：自我肯定回應的說話內容很重要。你是否小心地用字遣詞？你的回應內容是否有發揮預期的影響力？為什麼有？為什麼沒有呢？
5. 確認角色模範，並檢驗對方如何處理需要表現自我肯定的情境。發生什麼事了？你的角色模範所採用的字彙中哪一句話最有效？他的哪一個非語言行為有助表現自我肯定。
6. 針對你所面臨的情境，確認是否有其他自我肯定作法。你還可以使用哪些其他字彙？什麼樣的非語言行為會更有效？
7. 想像自己處於某特定問題情境中。閉上眼睛專心想像；逐步想像如何在這情境中表現得更自我肯定。
8. 練習那些你認為可以使你更能自我肯定的方法。可用某個尚未解決的真實情境來做練習。或請朋友、老師幫你用角色扮演的方式練習更有效的回應方式。角色扮演是有效的練習機制。
9. 重新檢視你的嶄新自我肯定回應。強調重點並試著改進缺點。
10. 持續練習步驟 7、8、9，直到你可以自然表現出這新的自我肯定回應為止。
11. 嘗試在真實情境中運用自我肯定。

12. 持續擴展自我肯定行為直到自我肯定成為你人際互動行為模式；你可以回顧前面的步驟並擴展在不同情境運用。
13. 當你變得更能自我肯定時，給自己一些掌聲。要改變長期的行為模式並不容易；突顯出好的感覺有助創造成功經驗。

自我肯定方法在社會工作實務中之應用

應在各種不同情境中幫助個案可更自我肯定。譬如，青少年需要自我肯定技巧以排除同儕壓力。自我肯定訓練幫助人們在不舒服情境中表現出自我肯定。強調不斷練習、嘗試運用以使自我肯定能更輕鬆自然呈現。

害羞、需要要求房東修理公寓以及要接受工作面試的個案也需要自我肯定訓練。社工人員自己也需要發展自我肯定技巧以倡導個案權益。良好溝通技巧和尊重他人都是社會工作實務的必備要素。你可以引導個案運用上述步驟進行自我肯定訓練，以做更有效的溝通。

以下是協助個案更自我肯定的建議：

1. 確認個案需要自我肯定的情境跟人際互動。從你對個案的觀察和認識與獲取此人際互動的資訊，且針對個案認為需要自我肯定的人際互動做更深入討論。你可以要求個案去記錄自己缺乏自我肯定和攻擊性的人際互動模式。
2. 與個案一起發展可更自我肯定的策略。首先應該安排較容易有成功結果的小任務。你們需要大量討論和做準備工作以為真實生活事件做預備。針對在所有人際關係中均屬害羞、內向和缺乏自我肯定的人，可能需要去探討缺乏自我肯定行為與怨恨感受、低自尊間的關聯。此外，針對非常害羞、有某些態度者，譬如在態度上持「不會興風作浪製造麻煩」或「溫柔的人將承受土地」的個案。則可能在發展自我肯定策略前必須先處理這些態度。
3. 在邁向自我肯定時，角色扮演是很重要的技巧。助人者首先可藉扮演害羞的人來示範自我肯定策略。害羞的個案也同時扮演想要更自我肯定的人。然後角色互換；個案也可以自我角色扮演，助人者則扮演另一角色。除了之前已提到的角色模範與練習效益，角色扮演的另一優點是可以減少害羞個案嘗試自我肯定時的焦慮。為了給予回饋建議，如果可能的話，在角色扮演時可以錄音或錄影。
4. 檢驗之前提過的 13 個步驟中，哪些部分可以有助解決個案後續的自我肯定問題。如果可能的話，提供個案書面資料讓他閱讀。

青少年自殺議題　　LO 6

為何人們會決定要結束生命呢？是因為生命是不可承受、痛苦、毫無希望的或是無用的？每個年齡層都可能會自殺。然而，青少年自殺最受批判，在這個可以享受年輕及期待各式各樣令人興奮經驗的年齡，很多年輕人選擇結束生命。

自殺發生率

自殺是美國備受批判的健康議題，思考以下這些令人害怕的事實（Jason foundation, 2016）：

- 自殺是美國 12-18 歲年輕人的第二死因。
- 在美國，青少年因為自殺而死亡的人數超越心臟病、癌症、愛滋病、中風、遺傳缺陷、流行感冒、肺炎、慢性肺病和併發症。
- 五分之四的青少年，在嘗試自殺前都有發出清楚的警訊。
- 美國七至十二年級的青少年，平均每一天有超過 5,400 人嘗試自殺。

有自殺意念和嘗試自殺的青少年人數遠多於真正自殺身亡的人（CDC, 2012, 2014）。在美國一項全國的調查顯示，16% 的高中生在過去一年，曾經認知思考過自殺；13% 已有自殺計畫、8% 會真的嘗試自殺（CDC, 2014）。每一萬名有自殺想法的青少年中會有一位真正結束生命（Kail & Cavanangh, 2013）。

青少年自殺之肇因

至今尚無特定原因可能導致青少年自殺，然主要有三層面問題：壓力上升、家庭議題、心理因素（特別是憂鬱情緒）（Berk, 2012b; CDC, 2014; Sigelman & Rider, 2012; Steinberg, Vandell, & Bornstein, 2011b）。

壓力上升　許多青少年對承受的多方壓力感到不安。這些壓力可能和目前的社會和經濟環境有關。許多家庭破裂，成功的壓力也很大，某些人則被霸凌。許多青少年擔憂畢業後工作何去何從，同儕壓力及遵循社會規範亦使青少年壓力重重，某些人因為自我性別議題而覺被拒絕。自殺青少年也許自認已失去處理問題的力量，所以輕易放棄自己。

某些重大事件可能會讓壓力上升，進而引發自殺想法。例如，意外懷孕或害怕意外懷孕、重要他人過世、離婚、搬家，甚至國家災害（Nairne , 2014; Sigelman & Rider, 2012）。學校成績退步、同儕人際關係亦會造成壓力。

和某些朋友個性不合，就有可能讓青少年自認被討厭或被孤立；被愛情伴侶拋棄後，可能有創傷反應，因為青少年缺乏妥善因應分手的經驗，故在失去愛情伴侶後，

會覺得自己完蛋了。很多青少年尚未體驗且學習到自己其實可以安然度過這些事件，且在歷經情緒波動後仍可繼續生存。

研究顯示自我期許高的青少年壓力更大，也更有可能會自殺（Kurpius, Kerr, & Harkins, 2005; McWhirter, McWhirter, McWhirter, & McWhirter, 2013）。自我期許高的人可能會對自己要求過高，急切要求自己必須滿足父母、學校和朋友的期待（在第十三章時，會更詳細討論壓力與壓力管理）。

家庭議題 家庭風暴和家庭瓦解會導致青少年自殺（Coon & Mitterer, 2014; McWhirter et al., 2013; Sigelman & Rider, 2012）。家中可能有嚴重溝通問題、父母物質濫用、父母有心理健康問題，或有身體或性侵害（McWhirter et al., 2013; National Institute of Mental Health [NIMH], 2010）。缺乏穩定家庭環境會讓男孩和女孩有寂寞和孤立感。

心理因素 心理因素通常和憂鬱有關，這會導致自殺想法。原因之一是低自尊（Coon & Mitterer, 2014; McWhirter et al., 2013）。當自認無能時，人們就會發現自己很難向外尋求支持以克服壓力。

無助感和無望感也可能會導致自殺（Coon & Mitterer, 2014; McWhirter et al., 2013; Sue, Sue, Sue, & Sue, 2013）。那些掙扎於建立自我認同和脫離父母獨立生活的青少年可能會有無助感；他們仍必須遵守父母和學校的規定，且苦惱於須遵奉同儕團體規範的壓力。他們渴望被社會接納並有歸屬感。同時，必須努力建立自我獨特人格，覺得自己是有價值的。有時上述這些掙扎可能會導致無望感。

衝動或未經思考的突發行為亦是導致青少年自殺的另一變項（McWhirter et al., 2013）。困惑、孤立及絕望感會促成衝動決定結束所有的一切。

青少年在過渡為成人的過程中會面臨許多緊張。社會價值不斷地在改變，同儕壓力極大；青少年沒有足夠時間可累積生活經驗，故傾向有衝動行為表現，任何瑣碎小事都可能會變成危機。當某事出錯時，每天都有可能是世界末日。

男女同性戀青少年與自殺

男女同性戀（gay and lesbian）青少年比異性戀同儕更可能自殺（Alderson, 2013; Berk, 2012b; Hunter & Hickerson, 2003; McWhirter et al., 2013）。同性戀者身處異性戀世界，在尋求認同過程中常會導致孤立、低自尊及其他與自殺有關問題。2010年9月有三個男同性戀年輕人分別在被同儕霸凌後自殺了，這件事讓大家很震驚（Dotinga & Mundell, 2010）。這事件反映了「這類青少年在邁向成年過程中特別會因被騷擾而受傷，且未來面對性別議題時會有麻煩」（Dotinga, 2013; Dotinga & Mundell, 2010）。此外，男女同志青少年的自殺與「同志自我認同、出櫃和因而失去朋友」有關（McWhirter et al., 2013, p. 261）。但優勢觀點認為「大多數男女同性戀青年均可適

當因應生活壓力，且並無自殺嘗試行為」（Hunter & Hickerson, 2003, p. 331）。

自殺之徵兆

Patterson 和同事（Patterson, Dohn, Bird, & Patterson, 1983）舉出潛在自殺危機因素。他們提出以 SAD PERSONS 量表作為評估自殺風險的方法。每一個字母的開頭字語均代表一項自殺危機因素。

在此必須強調的是，任何評估自殺風險的指引都只是指引而已。應該相信每一個表示要自殺的人。他們會提到自殺，就表示正在思考這個問題。以下說明有助評估自殺危機程度。

性別 青少女比青少年更有可能自殺（CDC, 2014; Nairne, 2014）。但青少年自殺成功率為青少女的四倍以上（CDC, 2012）。任何性別的青少年都可能會自殺，但青少年的自殺危機程度較高。理由之一是青少年比較傾向採取容易致死的激烈自殺手段，譬如使用槍枝或上吊；相較之下，青少女多是採用過度用藥等較無致命性的方式。但不幸的，女性採用更容易致死手段的方式自殺者，越來越多（Coon & Mitterer, 2014; NIMH, 2010）。

年齡 雖每個年齡的人都可能會嘗試自殺，但某些年齡的自殺危機比較高。統計指出 15 至 24 歲或 65 歲以上的人自殺危機最高（Coon & Mitterer, 2014）。尤其是年老之白種男性特別有自殺危機（Coon & Metterer, 2014）。自殺死亡者中，有 20% 為 14 至 24 歲（CDC, 2012）。但在美國，近年來在中年階段自殺者的比例顯著增加了，這可反映出未來的潛在自殺議題（Jaslow, 2013）。

憂鬱 憂鬱會導致自殺（Coon & Mitterer, 2014; McWhirter et al., 2013; Steinberg et al., 2011b）。所謂憂鬱，嚴格上來說指的是**憂鬱症**（depressive disorder），是一種精神疾病，特徵是會出現沮喪、不開心、對日常活動缺乏興趣、無愉悅感、悲觀主義、與節食無關之體重減輕或體重增加、失眠、體力不濟、無望感和無價值感、做決定能力降低、充斥自殺想法。憂鬱不僅僅只是有負向感覺，尚涵蓋個人特質、感覺和行為三者交互影響與衝擊。

之前曾嘗試自殺 過去曾有自殺嘗試行為的人，比第一次嘗試自殺者更有可能會自殺身亡（Coon & Mitterer, 2014; Nairne, 2014; NIMH, 2010）。

酒精或其他藥物濫用 濫用酒精和藥物的人比未濫用者更可能自殺（CDC, 2014; Coon & Mitterer, 2014; Nevid, 2013; Rathus, 2014d）。會改變心智的物質可能會影響濫用者的邏輯思考能力，並導致憂傷情緒更低落。

喪失理性思考 患有心理和情緒障礙的人，譬如憂鬱、精神疾病者比心理健康的人更可能會自殺（McWhirter et al., 2013; Nairne, 2014; NIMH, 2010）。幻覺、妄想、極端混亂和焦慮均是危險因素。假如未能現實和客觀思考，衝動和情緒化行為則可能

取而代之。

缺乏社會支持　寂寞和孤立感已被證實是自殺的主要原因（Coon & Mitterer, 2014; McWhirter et al., 2013）。覺得不被關心的人可能會自認沒有用且絕望。心愛的人最近過世或被所愛的人拋棄、曾威脅要自殺者，自殺危機會特別高。

有組織的計畫　所採用的自殺計畫越具體、越有組織者，自殺危機較高（Coon & Mitterer, 2013; McWhirter et al., 2013; Sheafor & Horejsi, 2012; Sue et al., 2013）。此外，方法越危險者，危機越高。例如，使用槍枝會提高危機（CDC, 2014; Coon & Mitterer, 2014; NIMH, 2010）。計畫在明晚 7 點用槍自殺相較於找一天服藥自殺是危險得多。在評估危機因素時，需思考以下問題：此計畫的詳細程度如何？有常在思考應如何自殺的詳細計畫嗎？以前曾經想過這個自殺計畫嗎？此自殺方法的危險程度有多高？是否已經準備好施行此計畫或準備好武器呢？是否已選定好要自殺的明確時間呢？

無配偶　成人單身者比已婚者更可能會自殺（Coon & Mitterer, 2014; Sue et al., 2013）。「離婚者的自殺率最高，其次為寡婦、單身未婚者，自殺率最低的是已婚者」（Coon, 2006, p. 521）。一般而言，沒有伴侶的人較容易有寂寞和孤寂感。

罹患疾病　生病的人比身體健康者更容易自殺（Coon & Mitterer, 2014）。對那些長期生病的人而言，更是如此。長期生病會對他們的生活產生諸多限制。在某些案例中，他們可能已無能力因應生病以外的壓力了；生病的痛苦已侵蝕他們所有的因應能力。

其他徵兆　仍有其他自殺警訊，譬如情緒、行為或一般態度的急劇改變亦是自殺危機的指標（Coon & Mitterer, 2013; James & Gilliland, 2013; Kail & Cavanaugh, 2013; McWhirter et al., 2013）。有潛在自殺想法的人可能會突然變得憂鬱和退縮；或長期憂鬱的人突然心情變好也是危機因素。有時，這是因為他們終於下定決心要自殺了，既然已經決定了，就不再矛盾，所以心情較為輕鬆。突然將自己的財產分送給別人也是另一個自殺警訊（Kail & Cavanaugh, 2013; McWhirter et al., 2013; Rauthus, 2014b）。當一旦決定要自殺，把個人所有物分送給挑選出來的朋友亦是完成此決定的方式。這或許是試著想要放下一切了結自己，也或者是要確定所有的事情均已處理妥當。

　　注意其他自殺變項。這包括：家庭自殺史、創傷事件或重要失落，且要找出其他人自殺的原因（CDC, 2014）。

如何使用 SAD PERSONS 量表

　　Patterson 和同事（1983, p. 348）建議使用「SAD PERSONS 量表」來評估自殺風險。**重點提示 6.3** 呈現此量表的意義。

重點提示 6.3

SAD PERSONS 量表

S（Sex）性別；
A（Age）年齡；
D（Depression）憂鬱；
P（Previous Attempt）之前曾嘗試自殺；
E（Ethanol Abuse）濫用酒精；
R（Rational Thinking Loss）喪失理性思考；
S（Social Supports Lacking）缺乏社會支持；
O（Organized Plan）有組織的計畫；
N（No Spouse）無配偶；
S（Sickness）罹患疾病。

資料來源：This article was published in *Psychosomatics* 24(4), W. M. Patterson, H. H. Dohn, J. Bird, and G. A. Patterson, "Evaluation of Suicidal Patients: The SAD PERSONS Scale," pp. 343–349. Copyright Elsevier 1983.

在評估自殺者時，每一個情況均代表 1 分。例如，有憂鬱情緒的人在憂鬱上得到 1 分另外又有酒癮則會累加為 2 分，以此類推。雖然 SAD PERSONS 量表主要在教導醫學院學生如何評估自殺潛在風險，但社工人員同樣也可以採用，這有助評估個案需要接受處遇的需求程度。以下為進行處遇決定的指導方針：

總分	臨床處遇建議
0-2 分	回家後持續追蹤
3-4 分	應考慮住院
5-6 分	強烈考慮住院；視個案能否信守接受追蹤之安排而定
7-10 分	住院或監禁於醫院

0 至 2 分意味著輕度風險，但仍需接受追蹤和治療。另一方面，7 至 10 分顯示有嚴重自殺傾向，這類個案須立即治療，而住院或監禁於醫院是可採取的處理措施。3 至 6 分代表自殺風險的嚴重程度等級，屬於此範圍的個案雖需要幫助和治療，然而其立即性和強度可能會有不同，應針對每一個案進行專業上審慎考量。

協助自殺者之指導方針

針對自殺風險個案所進行之專業干預需涵蓋兩層面。第一，因應立即危機，需立即協助與實際支持威脅要自殺個案保有生命。第二，處理導致其壓力升高的問題。此部分干預可能需要長期處理一些存在已久的問題，而這些問題可能不盡然與自殺危機有直接相關。

例如，一個 15 歲男孩非常苦惱於父母的婚姻問題，此外他的害羞也造成與同儕的關係疏離，這讓他常思考生活是否有價值。針對此個案，第一優先需處理預防自殺

問題，也需解決那些會造成男孩壓力的問題，包括與父母衝突和缺乏朋友，故可能需要長期諮商和治療。

對自殺威脅之回應　你在半夜接到朋友電話，朋友告訴你他不想活了；或者有個案在星期五的下午打電話給你，告訴你他正要射殺自己，你要怎麼做呢？以下是處理有潛在自殺風險個案的建議：

- 保持冷靜和客觀（Kail & Cavanaugh, 2013; Smith, Segal, & Robinson, 2013）。不要讓自己的判斷被別人的憂傷情緒所影響。需協助更理性並客觀思考自我處境。他不需要其他人捲入他的情緒危機中。詢問他是否有致命危險，以及是否已決定自殺計畫。

- 支持（McWhirter et al., 2013; Smith et al., 2013）。Jobes 和同事（2005）建議「藉由細心傾聽、情感撫慰和溫暖可舒緩痛苦；可透過眼神接觸、身體姿勢和非語言訊息表達真誠在乎、關懷和掛念」（p. 407）。他們進一步指出極其重要的是「重視此年輕人所描述的深切痛苦；不應把青少年所自述之極端情緒痛苦和創傷視為誇大言詞。青少年所感受到的痛苦都是真實的，且有可能會威脅其生命。年輕人通常只看得見眼前，亦缺乏人生經驗，故無法忍受此痛苦」（p.408）。

- 確認當前問題（Jobes et al., 2005; Sue et al., 2013）。協助個案儘早確認造成此極度壓力的原因為何，進行調查前須先辨別問題。個案在看待事情時，可能會以較偏激的態度視之。例如，一位 16 歲的女生因為被交往 18 個月的男朋友拋棄了而極度傷心。對她而言，這也讓她的家庭、朋友、喜愛的活動都蒙上陰影，不再有意義了。需要協助她聚焦造成她壓力的真正原因——失去男友。她會覺得失去了一切，但這是對現實的極度扭曲。

- 確認優勢（Jobes et al., 2005; Sue et al., 2013）。確認和強調個案的正向特質會有幫助。例如，個案本身可能是和藹可親的、無私的、努力工作的、誠實的人。想自殺的人常常只看到負向特質，會忘記自己其實擁有許多正向特質。

- 減少孤立（Jobes et al., 2005; McWhirter et al., 2013）。哪些人是自殺者可以求助及提供情緒支持的呢？這些人包含家庭、朋友、宗教領袖、諮商人員及醫師──包括所有自殺者可信任和溝通的人。若屬緊急情況，則會需要依賴緊急救難專業者的支持（警察或醫療人員）。

- 探討以前的因應機制（Jobes et al., 2005; Roberts, 2005）。個案以前遇到難題時，他是怎麼處理的？可強調成功克服過去難題的經驗。自殺者可能會有負面、憂鬱想法；除了眼前危機外，他們對所有的事都視而不見。有時他們正處在情緒最低潮，所以會覺得目前和未來的生活都是如此糟糕（圖 6.1）。自殺者

完全快樂

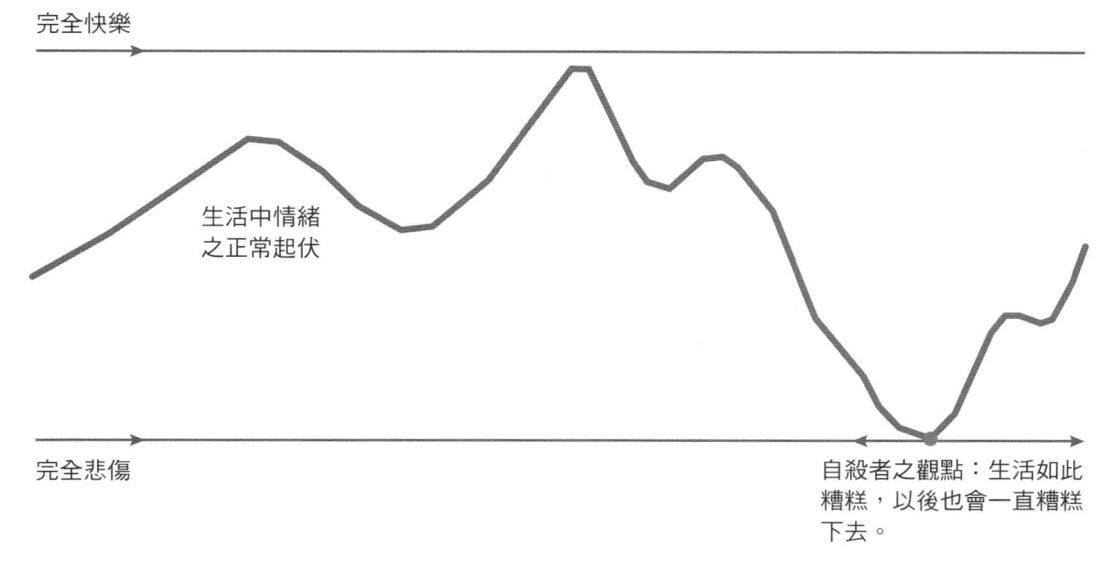

生活中情緒
之正常起伏

完全悲傷　　　　　　　　　　　　　　　　　　　　　　自殺者之觀點：生活如此
糟糕，以後也會一直糟糕
下去。

圖 6.1 生活中的起伏

突顯過去的成功經驗會讓自殺者受益。可能的話，應讓自殺者了解以自殺來因應暫時危機是性命攸關的選擇，這會造成永久遺憾（Sheafor & Horejsi, 2012）。

- 避免陳腔濫調。不要和自殺者爭論生命和死亡的價值（James & Gilliland, 2013; Santrock, 2016）。不要用一些陳腔濫調回應，譬如「生命提供了這麼多美好的事」、「你的人生正要開始」之類的話。這會讓自殺者覺得你並不了解他的感受。揚言要自殺的人是真的想要自我毀滅，並非是在誇大言詞。他們需要客觀的、同理的支持（McWhirter et al., 2013）。

- 檢視其他可行方案（Jobes et al., 2005; Sheafor & Horejsi, 2012）。對自殺者提供可滿足其需求的協助是最有效和最具體的方式之一。因為自殺者通常孤立無援，故可轉介他們接受各種不同資源，包括個人資源和專業資源。緊急狀況下轉介警察或醫院急診室是可行的，後續長期追蹤治療則應由專業精神科醫師執行。

自殺者之專業諮商　Jobes 和同事（2005）建議社工人員和諮商師在處遇自殺個案時，至少須考慮以下五步驟：

1. 建構安全環境。考慮自殺者的方法需徹走或不易取得。直接詢問且根據個案的自殺計畫，移走打算用來自殺的器具；包括拿走藥物或槍枝；也包括必須確定有人持續陪伴支持個案。

2. 「協商安全」。Jobes 和他的同事（2005）作了以下解釋：「具體目標為藉由表

明、要求個案在特定期間內不傷害自己來確保人身安全；對個案的了解越具體越明確越好。通常個案會同意在下次會談前維繫自我安全；而在下次會談時，則可再協商另一約定」（p. 410）。很多諮商師會要求有自殺意念個案簽下契約，承諾會在有進一步自殺行動前，提出來跟諮商師討論。這樣的契約對有自殺意念個案會有重大影響，可延遲他採取行動結束生命。

3. 計畫後續之支持。自殺個案應該持續獲得社會和專業支持。這包括計畫後續會談時間；運用電話後續追蹤關懷個案，以確定個案一切安好；並計畫會面時間讓個案能有所期待。

4. 將寂寞感和孤寂感降至最低。Jobes 和他的同事（2005）指出「不該讓中度自殺危機個案獨處。在此危機期間，朋友和家人持續陪伴是很重要的；動員個案的朋友、家人和鄰居使其意識到持續被關心」（pp. 410-411）。

5. 運用住院提供密集關懷。假若無法穩定個案狀況，並確保其處在於安全環境；那麼必須考慮住院。

建議備忘錄 必須了解自殺預防不盡然都可以成功。你能做的就是盡力幫助自殺者維持生命。而最終決定是否要讓自己活下來的人還是自殺者本身。

社區增權：自殺預防與危機介入

要成功預防自殺，社區資源不可或缺。假若缺乏資源，則無法轉介個案得到適當的服務。因此社工人員必須倡導新方案或擴展服務機構的服務內容。社區可採用很多方式來協助自殺預防，以下將介紹四種方式：預防自殺任務小組、危機專線、以學校為中心之同儕協助方案及社區專業人員訓練方案。

成立預防**自殺任務小組**（suicide prevention task force）可有效評估個案服務需求及提供必要服務內容。此**任務小組**（task force）是基於特定目標籌組，通常附屬於某機構或社區內；此小組規劃要完成既定工作目標，並在目標完成後解散（Kirst-Ashman & Hull, 2012a）。這個任務小組的成員可由各機構中對此議題有興趣的專業人員及社區居民共同組成。進而規劃機構或社區中符合預防自殺需求的最有效服務。在計畫過程中，可思考下列問題：誰是潛在個案？社區是否已具有最有效預防自殺的服務？如果沒有，應該最先建立什麼樣的服務方案？若要發展此方案，須取得哪些資源呢？

事前預防（prevention）係指預防發生自殺危機之措施，包括排除及減輕高危機情境，以增進較佳的生活環境、減少負向社會情境。這些措施可以涵蓋改善媒體報導內容、大眾教育方案（宣導如何察覺有自殺風險之個案、應該怎麼處理及哪裡可提供幫助）、降低自殺工具的致命性和取得性。

Chapter 6 青少年期的心理發展

　　介入（intervention）係指立即管理自殺危機及長期關懷、治療、支持有自殺危機者。這類作為包括：確認可供轉介之潛在資源、危機辨識、危機評估、降低危機強度及治療和支持危機者……。預防自殺小組建議亦應訓練健康照顧專業人員與防治人員，特別是急救的介入，以及針對急性和慢性自殺危機個案提供不同的作業程序等。

　　事後介入（postvention）係指在自殺行為後所採取之行動。其目的有二：其一為對喪親者提供社會支持和諮商，其二為蒐集、解析心理層面資訊以重建與自殺有關之社會、心理因素。（Health Canada, Health Programs and Services Branch, 1994, pp. xi–xiii）

　　針對自殺預防之建議亦關心法律對自殺所抱持的態度（例如，將自殺未遂除罪化）。預防自殺任務小組強調必須研究導致人們自殺的理由、最有效處遇方法，以及評估自殺預防方案之成效。

　　另一個任務小組的例子是兒童生存工作小組（Task Force for Child Survival and Development）。這小組同時關注家庭和國際健康議題。它最初成立的目的是「藉由建立聯盟、建立共識和開發新資源，來協助公私立機構完成它們促進人類健康與發展之任務」（TFCSD, 2004a），以預防自殺。這幾年則將關注的議題擴展為增進社會大眾對自殺的覺察、開發自殺預防方案、提供相關自殺評估與處遇的訓練、促成相關研究（TFCSD, 2004b）。

　　危機專線電話（crisis telephone lines）為自殺防治的方法之一。此危機專線可針對特定危機類型提供服務（如家庭暴力或自殺防治）；亦可針對各類型危機個案進行危機干預或提供資源轉介資訊。其優點為當有自殺想法時，個案即可於最需要的時機匿名打此電話尋求協助。危機專線的工作人員須接受完整自殺預防訓練，也須24小時均編制工作人員接聽電話。試想，一位有自殺意念者打了這個電話，卻聽到「請在嗶一聲後留言，我們將盡快為您服務」，會作何感想。最後，必須廣為宣傳危機專線，人們必須知道如何運用此危機專線。

　　同儕協助方案（peer-helping program）是另一種社區介入模式。在美國亞利桑那州成立的方案 Teen Lifeline（2013）就是這一類。方案的中心精神為「此同儕諮詢24小時全年無休熱線，可使遇到麻煩的年輕人有機會立刻向同儕諮詢者尋求幫助。」這些自願的同儕諮詢者「可以同理和了解打求助專線的人怎麼了，因為他們自己已成功克服類似問題」。此專線每一年會收到 11,000 通求助電話。多數是因為憂鬱或自殺問題而求助。志工必須接受 70 小時訓練，訓練內容包括：「傾聽技巧、溝通技巧、自尊、問題解決及青少年相關議題」。此熱線由具碩士學位的心理衛生臨床工作者擔任督導，亦同時提供學校自殺防治教育及其他相關議題，譬如憂鬱、哀傷、垂死、壓力

／焦慮和物質濫用等等的宣導教育。

社區專業人員及其他照顧者之自殺預防訓練方案（suicide prevention training programs for community professionals and other caregivers）為第四種社區自殺預防模式。照顧者包括任何潛在自殺者可能求助的對象，例如，神職人員、家人、護士、老師和朋友。盡可能訓練多一點的照顧者，如此一來，當潛在自殺者向這些人求助時，可增加其得到適當協助的機會。

CHAPTER 7

青少年期的社會發展

Clayton Sharrard/Photo Edit

基本概念

本章將探討青少年常遭遇的社會改變及問題。從青春期到 19 歲的社會發展涵蓋以下過程：從依賴父母到更加獨立、從調適青春期到性別認同、從開始約會到可能會結婚、從為人子女需要被照顧到有時候要照顧小孩、從擔任臨時保母到有全職工作或上大學、從買棒球手套到買一部車、從買蘇打汽水到喝酒，甚至吸毒。這段時期的壓力使得許多人會面臨各種不同問題。

> **學習目標**
>
> 在本章，我們將會協助學生：
> LO 1 描述青少年經歷之社會發展的改變
> LO 2 描述青少年面臨的主要問題：情緒和行為問題、犯罪和偏差、犯罪幫派、飲食失調
> LO 3 了解引發上述問題的原因及相關處遇理論
> LO 4 提供社會團體工作資料，包括團體發展及團體領導理論

青少年的社會發展改變　　LO 1

青少年期的社會發展變化

此時青少年會由原本的依賴父母親變為更獨立自主，且建立同儕關係和親密伴侶關係。

從依賴到獨立

年輕人常有以下矛盾：不想依賴父母，卻又意識到父母可以滿足自己的需求與慾望：食物、房子、衣物、情感支持、金錢等等。許多年輕人會認為父母親有許多缺點，且認為自己懂得比父母多。但當車子壞掉不知所措時，父母幾乎總是知道該怎麼把車修好。

在追求獨立的過程中，青少年常會對父母的指導反感，且認為父母想法很愚蠢或過時。有時他們會做一些令父母震驚的事，以證明自己的獨立，且有能力過自己的生活。有趣的是，一旦在 20 幾歲經濟獨立之後，他們反倒開始會比較欣賞父母的知識。

若父母能幫助孩子學習自力更生、承擔責任、自我尊重，子女就比較能順利地由依賴父母轉換為成人期的相互依賴。但若父母過度放任或未關心子女，子女在轉換期時就會面臨較大困難，以致缺乏可評估自我行為與決策是否正確的標準和價值觀。而若父母過度保護，孩子的轉變過程也會比較棘手；因為他們沒有學會承擔責任，也不知道要如何做重大決定。

有些父母對子女的成長總是小心翼翼，特別當家裡的「小女兒」開始約會時，會相當焦慮與不安，擔心女兒會有性行為、懷孕。當青少年向父母要求獨立時，家庭系統即開始產生變化。

任何變化都會使家庭關係更緊張。青少年表現在語言上的緊張方式通常是「你不

了解我」、「不要打擾我，可以嗎？」、「我知道自己在做什麼，我已經不是小孩子了」等等。

父母也會因為子女不懂欣賞和感恩而覺得受傷。父母和子女常衝突的部分包括家務、時間使用、對學習的態度、金錢支出、道德觀和態度、朋友選擇、衣服、電話使用、約會和汽車使用等。

父母應該如何與想享受獨立的青少年相處呢？其關鍵就是保持溝通之門永遠暢通。所有青少年都需要協助，雖然他們有時自認不需要，且不會對所受到的幫助感恩。青少年需視父母為可求助的資源。一旦溝通之門關閉了，他們就只好向同儕朋友求助。當然，跟成年人相較之下，同儕的建議及意見會較無建設性，甚至會有破壞性。但保持溝通管道暢通說起來容易，做起來很難。

獨立係指情感、社交及經濟獨立。情感獨立係指從對父母或其他人的情感依賴逐漸自我獨立，但仍能維持原有之親密關係；此包含由父母與子女的關係演變為成人和成人的關係。情感獨立亦是變得能依靠自己（self-reliant），且知道「我可以好好控制情緒、自謀生計，並願意分享自己的感受」。所以，情感獨立包括接受、分享情緒及相互依賴，當中沒有人會被支配和壓迫。

社交獨立係指變得能自我主導，而非被他人主導。許多青少年是**被他人主導**（other-directed）的。這是因為他們強烈希望被社會接納，所以會順從對方的意見。然而**自我主導**（self-directed）者會以自我興趣來思考和做決定；社交獨立並非是自私，而是意識到可藉由參與政治、公民、教育、宗教、社會和社區事務來達成自我最佳利益。

經濟獨立係指賺取可滿足個人財務需求的足夠金錢。大多數青少年並無特殊的技藝，所以得到較高薪的工作以支應其財務需求是很困難的。經濟獨立包括學習在自己的經濟能力範圍內克制自我慾望與需求。為了經濟獨立，個人必須發展符合市場機制的謀生技能。有趣的是，當人們錢賺越多時，他們想要的物質也會越多；在他們改善財務狀況後，他們對物質需求會有一「就是想要有」的想法。

青少年叛逆是迷思嗎？

青少年已被稱為叛逆期。此叛逆包括與父母衝突、疏遠成人社會、從事危險魯莽行為、情緒混亂，以及拒絕成人價值。

少數青少年會有叛逆和這些刻板印象的言行。然而，Margaret Mead（1935）研究南太平洋薩摩亞和其他的南太平洋小島的青少年，發現當文化能提供兒童平緩、寧靜的轉換為成人時，則叛逆就不是典型的。Papalia 和 Martorell（2015）表示在美國（和大多數國家），大多數的青少年覺得跟父母是親近的且重視父母的贊同。雖然相較於其他生命週期，家庭衝突與危險行為在青少年時期特別常見，但是對大多數的家

庭而言，這些困難並沒有擴展延伸。

同儕團體互動

青少年有強烈的**群聚取向**（herd drive）並渴望被同儕接納。同儕對青少年有深遠影響。研究指出對青少年的嚴重偏差而言，同儕比父母的影響力更大（Papalia & Martorell, 2015）。

然而 Patterson、DeBaryshe 與 Ramsey（1989）的研究則指出，父母的監督與管教是最可預測少年犯罪的因素。此研究發現，少年犯罪是因為親子互動欠佳而產生的。兒童的反社會行為通常可得到特定好處，例如，獲得注意力，或藉出狀況而隨心所欲，以及為了不受處罰而說謊或考試作弊。這些反社會行為會干擾學習及同學相處，這些孩子會因而不受歡迎，也達不到期望，因此轉向與其他有反社會行為的同儕交往。之後這些孩子會互相影響，並相互學習到新的問題行為。

青少年會依據以下因素來選擇同儕：如社經地位（大多數青少年是因社會階級而結合）、父母價值觀的影響、鄰近社區、學校特質、特殊天分與能力、自我人格特質。一旦青少年歸屬於某個同儕團體，成員即會相互影響彼此的社交活動、讀書習慣、衣著、性行為、是否使用毒品、職業追求、嗜好等。

並非所有青少年都會加入小團體。有些人比較喜歡獨處，有些則已在追求自我人生目標。有些人在家幫忙照顧弟妹，有些人只喜歡跟一兩位親密朋友在一起，有些人則被排擠在團體之外。

相較於成人及孩童，青少年傾向認同其他青少年。這可能是因為青少年相信彼此價值觀及興趣相近；且他們的價值觀和興趣與成年人不同。跟 40 歲和 50 歲的人相較之下，青少年自認是比較不拜金、比較有理想、有較健康兩性關係，且更懂得友誼與生活中什麼是重要的。

朋友與同儕團體協助依賴父母的青少年轉變為更獨立。朋友相互提供情感支持，也提供信仰、價值觀、態度及能力養成的重要參考指標。許多的例子顯示，青少年期所建立的友誼可持續一生。

增權無家可歸的青少年

貧困年輕人通常會有無力感及絕望感；這對於無家可歸者益發強烈。雖然美國有多少無家可歸的青少年並無正確統計，但青少年無家可歸是重要問題（Mooney, Knox, & Schacht, 2015）。無家可歸的青少年常會面臨許多困難，例如，健康、心智、藥物濫用、其他家庭成員特別是父母失業問題（Mooney, Knox, & Schacht, 2015）。但目前能提供他們的社會資源與協助非常有限。

Rees（1998）提出社工人員可透過四階段的增權歷程來協助無家可歸的青年。這

些階段主要藉由自傳式敘事（biographical storytelling）來引導表達自我和個人經驗。第一階段為「體認到無力感」（p. 137），在社工人員和其他人積極協助前，必須讓青少年能充分表達自己絕望、失望、恐懼及受傷害的心情。他們必須先把自我情緒宣洩出來，才可將重心放在正面的改變。

第二階段為「覺察和相互教育」（p. 138），在表達感受後，要鼓勵無家可歸的青年談論過去的痛楚經驗。清楚表達和分享經驗可幫助青少年統整自我想法及勾勒生命議題。Rees（1998）提議，此階段鼓勵青少年建構自我故事，進而引導思考人生中的不同選擇。通常，他們的故事會重新建構先前的無力感經驗。詳細說明這部分是增權的關鍵重點（p. 139）。

第三階段是「對話及團結」（p. 140）。在訴說個別故事後，透過成員彼此交換訊息與分享，能讓大家有機會相互學習與支持。這些對話可包括：受教育權利、服務、收入、房子及法律扶助等。他們可彼此幫助形成增權計畫與取得所需資源。這可讓無家可歸的青年相互團結，進而在增權過程中彼此支持。

第四階段「行動與法定身分確認」（p. 141）。此涵蓋有自信有能力可持續進步、尋求改變和改善自我生活品質。法定身分確認則指個人有追求生活改善的權利及力量。這有助增進自我概念、更有效溝通技巧、與專業人員及家人有更好關係，以及與資源提供者及司法機構更有效互動。

青少年面臨的主要問題：飲食失調　　LO 2

社會問題

青少年除了會經歷正常社會發展，譬如變得更獨立；也會面臨一些情境或生活危機（或在青少年之後續階段也會）。接下來的章節將介紹特定社會問題：飲食失調、情緒和行為問題、犯罪和偏差、犯罪幫派。犯罪和偏差及犯罪幫派須以鉅視系統觀點（macro-system）來看，因為大系統會涉及計畫和進行犯罪活動，並調查、起訴、預防和抑制犯罪活動。

飲食障礙

飲食障礙雖然存在已久，但近年來快速成長，已成為精神醫學領域上之重要課題。飲食障礙者以女性居多。飲食障礙有三種：神經性厭食症、暴食症及強迫性過度飲食。這三種飲食障礙都將嚴重威脅健康與生命。

神經性厭食症　　神經性厭食症（anorexia nervosa）的意義為「因精神因素而導致喪失食慾」，然這並非完全正確，因為患者在未到病程最後階段之前並未喪失食慾，此

時仍感到飢餓，但卻不想吃東西。神經性厭食症者認為自己不應該吃東西。因為他們極度想追求瘦身，故自願忍受挨餓。其症狀包括：太瘦、極度恐懼體重增加或肥胖、扭曲自我身體意象、自認體重過重、女性停經。

厭食症者拒絕承認已經太瘦的事實。即使有強烈飢餓感，也吃得很少。他們堅持定要瘦更多，且錯誤地認為瘦到皮包骨才是完美身材，且這種超瘦身材將會帶來快樂與成就。但在減重過程中，健康會惡化、憂鬱情緒會加劇。此健康惡化症狀有：心跳變慢、血壓降低、體溫變低、身體水分增加、身體上長了很多細毛、女性經期不順、新陳代謝變化大（Koch, Dotson, Troast, & Curtis, 2006）。而縱使健康已持續惡化，他們仍然固執地相信，控制體重就可以控制生活。

表面上，厭食症者通常會是大家眼中的「模範乖小孩」。她渴望被喜歡、表現良好；是個好學生、與同儕相處愉快、很少求助，且不喜歡自己有任何錯誤行為表現。只是面具背後的她其實是個缺乏安全感、自我批判的完美主義者；會自認不值得被讚賞，十分在乎別人是否喜愛自己。

厭食症會有以下不同階段之病程發展歷程：

1. 開始節食。通常是在經歷一些重要改變之前或之後才開始減重，諸如進入青春期、與男朋友分手或離家進入大學等。
2. 節食讓其產生控制感。因為節食讓她覺得可以成功完成某件事，所以對自己的感覺變得較好。但很快的，食物及害怕變胖會成為她的生活重心。
3. 增加過度的運動。例如，飯前慢跑 15 公里。
4. 健康開始惡化。體重下降及營養失調已經造成身心機能逐漸惡化。雖然自己可能意識到有些問題，但仍然拒絕接受需要吃些東西。厭食症會引內部器官萎縮，包含腦部、心臟及腎臟等。當心臟肌肉削弱後，產生不規律心跳及心肌充血的機會就會增加。其他的併發症包含肌肉疼痛及抽筋、關節腫脹、便秘、排尿困難、注意力無法集中、消化問題、神經及肌腱等問題。此外，由於脂肪及肌肉組織不足會使身體無法保暖，因而容易感到寒冷。身體為了防止體熱散失，會開始在手臂及腳上有不正常的毛髮生長。

他們大多數為了減重，會過量運動；比起團體運動，他們更喜歡單獨活動。在吃飯時間，為了避免因為吃得過少而跟其他人衝突，他們通常會跟朋友說已經吃過了；若被強制需要跟其他人同桌吃飯，他們可能會在桌子下把食物清到容器中。因為他們常處於飢餓狀態，厭食症者常會冥想食物、逛雜貨店、蒐集營養資訊及烹調等。他們也會蒐集烹飪書籍，且熟記卡路里表。

厭食症在溫暖的天氣裡也穿著毛衣、褲裝，除了保暖外還用來掩飾過瘦的外表。

當然，親戚與朋友常會批評其太瘦了。因此，穿多一點可以避免被質問。因為自認保持這樣的身材是正常且有吸引力的，所以厭食症者會否認自己需要接受幫助調整飲食模式。

厭食症會僵化地控制日常生活的各個層面。為了避免非議，他們通常離群索居、不愛交際。也會發展出某些強迫性的生活儀式：如過度運動、整理家務等。最愛的儀式就是每天秤好幾次體重。甚至將已經少得可憐的食物再切成細塊，然後分好幾次食用。他們在紀律與秩序中找到安全感。為了更能控制自我生活，他們會避免社交活動、性關係、聚會與朋友往來。

有些厭食症者偶爾也會屈服於極度痛楚的飢餓感，而開始進食，甚至狂吃。只是在大吃大喝後，又會因為自己未盡力控制飲食而有極度罪惡感。

厭食症者的思維模式傾向二分法：非黑即白。他們對自己或朋友的看法都是絕對的對與錯、成功或失敗、美或醜、胖或瘦。他們無法處理有點複雜及灰色地帶的事情。他們要求生活的每一層面都要完美，包含人際關係、學校、工作及個人表現等。

求助醫療專業對厭食症很重要，包括主治醫師、心理醫生、營養師和社工人員。需要的服務面向則涵蓋出院病人服務、日間處遇方案、團體家庭、住院服務和住宿處遇。

為了避免因飢餓引起死亡，嚴重厭食症患者經常需要住院醫療。研究指出由於會出現各種併發症，厭食症中有5%至18%會有併發症，包括：心臟病、腎臟損壞、肝病、營養不良、挨餓。挨餓會讓免疫系統變差，並導致感染肺炎及其他傳染病。因極度憂鬱與沮喪而自殺也是一項（Lagasse, 2015）。

暴食症 暴食症（bulimia）源自希臘文「像公牛一樣飢餓」。但這狂食—狂瀉（binge-purge）循環並非因生理飢餓而導致，而是因為情緒低落所引起。狂食係指快速並毫無控制地消耗大量食物，這可持續幾分鐘到幾小時。狂瀉則是為了要清除狂食的食物，最常用的方法是自我催吐（self-induced vomiting）。其他清除方法尚有嚴格控制飲食、禁食、劇烈運動、吃減肥藥、濫用利尿劑及瀉藥。有些暴食症者會咀嚼食物以享受美味，然後再吐出來，以控制體脂肪與卡路里。美國高中及大學女性中有4.5%至18%患有暴食症（Lagasse, 2015）。

暴食症疾病進展會遵循以下步驟：

1. 開始節食。想藉減重增加自信心。但節食卻導致更嚴重飢餓感，導致極度想吃甜食及高熱量食物。
2. 過量飲食。並常因生氣、沮喪、寂寞、挫折或無聊而過度飲食。食物不僅消除飢餓感也安撫痛苦情緒。

3. 產生罪惡感。因認為社會流行纖瘦,而對變胖感到罪惡感。
4. 發現清除飲食的方法。發現可用自我催吐或其他方法清除所吃食物。認為如此一來即可狂食且不會變胖。
5. 習慣性狂食—狂瀉。狂食—狂瀉已成解決生活及情緒困擾的習慣及方式。但他們同時很擔心這行為會被發現而被嫌惡。

暴食症者平均會攝取 1,000 至 5,500 卡路里,某些則會一整天攝取超過 50,000 卡路里(美國人一天的平均攝取量是 3,000 卡路里)。他們傾向吃高熱量垃圾食物,如甜點、炸薯條。雖然會對狂食—狂瀉循環感到很羞恥,但仍持續採取此方式來抒發痛苦。

大部分暴食症者的體重仍會維持正常標準。青少年肥胖也可能是造成暴食症的因素之一。暴食症者的雙親通常也是過胖,親戚患有憂鬱症及酗酒的比率也會較高(Lagasse, 2015)。

暴食症通常會在青春期後期或成年早期發病,暴食症者酗酒或藥物濫用情況相當普遍。因為在心理動力學上,引發暴食症與酗酒、藥物濫用的動機非常相似。物質濫用的處遇可能會比暴食症容易,因為物質濫用者可完全禁絕藥物或酒精,但暴食症者為了活命需要持續吃東西(一旦開始吃,就可能引發食慾)。

因暴食症者通常具備一定的生活能力,故此異常行為可能會持續好幾年仍未被朋友或親人發現,但會開始產生併發症。慢性嘔吐會讓牙齦生病和諸多蛀牙,這是因為嘔吐會產生氫氯酸,也會導致食道流血及穿孔、鉀元素缺乏,並引發肌肉疲勞、虛弱、麻痺、心律不整、腎臟損壞,更嚴重還可能會癱瘓甚至死亡等。消化系統問題從胃抽筋、噁心、潰瘍、結腸炎至嚴重的胃穿孔;喉嚨痛也很常見,也可導致糖尿病。

某些情況下也可能出現脫水及電解質不均衡,並造成心律不整甚至死亡。治療精神異常的藥物:如鎮定劑及抗憂鬱藥物,因其會影響身體的新陳代謝,故可能引發其他問題。有些案例的體重會低於正常標準,進而出現厭食症。

暴食及厭食均對健康有嚴重影響,更明確地來說,正常的飲食是維持健康及生存的必要條件。脂肪的合成及累積對於生存是必要的。脂肪酸是能量的主要來源,當脂肪消耗殆盡時,身體自然會取碳水化合物(醣)來補充,當醣的供給下降時,身體的新陳代謝即開始降低,進而導致嗜睡、沒精神、悲觀、沮喪、暈眩及疲勞等。

即便暴食症者偶爾會跟朋友一起狂吃,但他們通常是私底下狂吃。因為狂食會讓他們有罪惡感、焦慮及害怕體重增加;所以清除食物的過程就成為增強作用,因為這象徵著可以控制好自己的胃。但大多數的暴食症患者對於他們自己的狂食—狂瀉循環感到厭惡和羞愧。

暴食者多期待被喜歡、被愛和被注意、認同。與厭食症者不同的是,暴食症者

會積極和朋友、熟人社交。但常自我懷疑（self-doubt）和沒有安全感。雖然渴望有親密人際關係，但又擔心自己的飲食障礙問題會被發現。許多暴食症者的性關係很亂，部分原因在於他們渴望情感但又低自尊。有些暴食症者可能會有偷竊和竊取食物的行為；他們大多自認無法適當控制生活，尤其無法控制食物；他們擔心一旦開始吃東西，就會沒辦法節制暴食。與厭食症者相比，暴食症者較可能因飲食障礙問題而尋求協助。

無節制飲食障礙 無節制飲食障礙（binge eating disorder）係指非因營養因素而有不可抗拒的衝動去吃下過多食物。多數是因為家庭、心理、文化及環境等多重因素交互作用而導致。這會導致越來越胖，通常會體重過重。

超過理想體重 20% 的人會被建議要接受治療（Lagasse, 2015）。體重越重，強迫性過度飲食越嚴重，對健康危害越大。超重會引發許多疾病，如高血壓、膽固醇高、糖尿病、心臟病發作和心臟疾病等。

無節制飲食障礙者與暴食症者有許多相似特徵。主要差別在於暴食症者會有強迫性清除食物行為；而無節制飲食障礙即使有此現象，頻率也很少。無節制飲食障礙者和暴食症者都會為了宣洩情緒或逃避問題而暴飲暴食，無節制飲食障礙者也會對自我飲食習慣與體重感到可恥，並常合併物質濫用及酒癮問題。他們也跟暴食症者一樣，希望被喜歡，渴望他人的注意和支持認同，但又自我懷疑、缺乏安全感。他們發生憂鬱症和低自尊的機率很高。其發病期通常開始於青春期。

無節制飲食障礙者的常見特徵如下：

1. 節食計畫常常失敗。無節制飲食障礙者常會短暫嘗試最新的飲食控制，並相信他們最終的努力可以減肥成功。沒有一種會真正有效，而這重複失敗會導致無希望和自我貶低（self-deprecation）。
2. 迴避健康警訊。體重過重最終將導致糖尿病及高血壓等健康問題，但無節制飲食障礙者常會忽略身體警訊，仍持續暴飲暴食，而未發展較健康的飲食模式。
3. 社會孤立（social isolation）。因對體重過重覺可恥和罪惡，逐漸減少人際互動。在某些個案中，此逃避人際互動會轉換成控制支配的行為模式。
4. 忽略營養。無節制飲食障礙者通常缺乏基本營養知識，並曲解健康及均衡飲食的意義。
5. 選擇性飲食健忘症。較不可能計算所攝取之食物熱量，且不關注自己狂吃的頻率，常常會在一天之內暴飲暴食好幾次。
6. 無節制飲食是對其負向情緒之反應。當無節制飲食障礙者感覺到寂寞、挫折、不安全感、忿怒及沮喪等時，他們常藉由暴飲暴食緩和負向情緒。他們常暫時

忘卻飲食過度的問題，但這方法只在進食當下會短暫有效。吃完後，則不僅原來的痛苦仍在，又再因為狂食而增加了罪惡感與羞恥。

肥胖會對健康造成諸多衝擊，包括增加健康問題、縮短預期壽命、心臟疾病、癌症、睡眠呼吸困難、第二型糖尿病、骨關節炎，且導致成人和兒童死亡率上升。專家認為肥胖是二十一世紀最嚴重的公共衛生問題之一，並警告有三分之二的美國人是肥胖或過重的（Mooney, Knox, & Schacht, 2015）。

飲食、缺乏運動和基因問題是導致肥胖最普遍因素（少數肥胖是因為內分泌失調和特定處方藥導致的，譬如類固醇、抗憂鬱劑和部分癲癇用藥）。

針對肥胖最主要的處遇是節食跟運動，若這兩種方法都無效，減肥藥或許可以抑制食慾和脂肪吸收。嚴重的個案則可能採用縮胃和減短腸子手術，因為這會減少營養吸收能力。

各種飲食障礙之相互關聯性　誠如前文所言，這三種飲食障礙有其差異，但又有其相互關聯性。有些患者同時有厭食及暴食，會被認定是**厭食—暴食**（anorexia bulimia）障礙或飲食障礙，並在兩種症狀中徘徊。此外，某些無節制飲食障礙者也會有清除狂食和厭食症的症狀。Koch 與其同事指出（2006），此三種飲食障礙均處於過瘦至過胖的連續性概念上，須清楚區分：

> 這些飲食障礙存在於連續線上，最左端是瘦到不能再瘦的厭食症，藉由嚴格控制飲食而體重減輕。在中間的是厭食—暴食者，有些會時而厭食、時而暴食，藉由節食和清除食物行為使體重低於正常標準；中間地帶還有正常體重的暴食者，他們雖然會狂食和清除食物，但一般而言並不會過瘦。即便對身形和身體意象斤斤計較，暴食者要維持正常體重並不多見，他們會激烈的狂食和清除食物，並經驗到體重急變化，可能會有 10 磅或更多差距。連續線的另一端，是暴食症者不斷重複吃下過多食物，並由於沒有排除食物而體重增加太多。他們可能會在這連續線上來回移動，並視當時生活狀態而選擇禁食或暴食。（p. 28）

了解引發上述問題的原因及相關處遇理論　LO 3

原因

導致飲食障礙的原因很多，當中會有個別差異。暴食症與無節制飲食障礙可能受到先天基因遺傳因素影響。他們的父母或其他家庭成員有酗酒及憂鬱傾向，飲食障礙者多自認無價值且沒有用。低自尊與對自我要求完美使得他們無法忍受任何瑕疵。他們常跟別人比較，並且經常自認：「我不夠好！」有一定比例的暴食症者跟厭食症者

是性騷擾、強暴或亂倫的受害者（Lagasse, 2015）。

厭食症者與暴食者有許多相似之處。他們很可能都來自中上階層家庭；媽媽過度涉入其生活，爸爸因家庭以外事務而忙碌。他們大部分都是好孩子，會順從他人，並努力得到別人的愛與認同。他們都錯誤地以為自己比別人胖很多，對食物會過度關注。他們的父母過度保護子女，不允許子女獨立與在錯誤中學習。父母仍把他們當成小孩，而非視為青少年或成年人。少數厭食症者與暴食症者來自缺乏支持的家庭，這類家庭要求很多，愛批評及拒絕子女。有些人的父母會強迫性地拒絕和批判子女；這讓孩子陷入雙重束縛（double bind）。孩子一方面想反抗父母，但又因認為父母是如此「關切」自己而有罪惡感。當然，也有些患者來自教養合宜並能適時表達愛意的家庭，這些子女的飲食障礙是導因於其他因素。

暴食症者通常是高度自我期許且在學校想獲得較高學習成就。清除食物過程對暴食症者而言，是自我淨化的儀式，可藉此克服所厭惡的東西。他們常自認沒人愛且無價值的。藉著清除食物，會感覺自我已重生與潔淨。但這些高自我價值的感受很短暫。因為對他人的羞辱與挫折十分敏感，這些都會成為暴飲暴食的藉口。

倫理議題 7.1

你認識有飲食障礙的人嗎？如果有，你會怎麼做或怎麼說來幫助這病人？

社會力量的影響

社會價值觀越來越強調「苗條與纖細」是讓厭食症及暴食症發生率往上攀升的原因之一。為什麼以女性居多呢？Koch 與其同事（2006）指出女性被要求纖瘦的壓力比男性更大。社會化過程亦過分強調女性纖細與苗條的重要性。

過去的六十年，飲食障礙在美國成為一種流行，在那之前，社會容許人們，特別是婦女，體態較圓潤且體重多一些，如瑪麗蓮‧夢露等。曾幾何時，對於迷人的標準已經改變了。

某些專家斷言身材主要是受基因設定的。Koch 及他的同事（2006）說明：

> 研究發現，飲食障礙可能會因為了維持體重或保持身材而長期節食而導致，但這是直接與生物現象相違悖的。在生物學上每個人的體重是先天基因所預設的，也就是說每個人的體型在基因上已大約定型，這從家族體重歷史即可一窺其體重指標的端倪。依據此體型天生定型理論，若人們刻意將自己體重減至標準以下，可能導致食慾增加、嗜睡及新陳代謝趨緩等症狀，這些症狀都是身體為了增加體重的自然反應。(p. 30)

治療方式

　　飲食障礙問題相當複雜與嚴重，所以需要專業干預。飲食障礙的三個治療目標如下：(1) 解決導致飲食障礙的心理和家庭動力問題；(2) 提供醫療服務以治療源自於長期挨餓、暴食、清除食物過程及肥胖所衍生的生理問題；(3) 重建正常體重與健康飲食習慣。

　　許多參與治療的厭食症者與暴食症者，雖想治療不健康的飲食習慣，卻仍想保持纖瘦身材。此二目標是互不相容的。除非患者可確切理解極瘦身材很不健康，否則很容易回復舊的行為模式。就如同飲食障礙是複雜且多面向的，治療也必須是全面性且多元的。應評估每個案例的獨特狀況，並提供特定處遇。

　　應區分門診個案和住院個案的處遇，有些飲食障礙者會需要住院治療。當厭食症患者的體重持續減低，或當一段時間的門診後其體重仍無法增加時，須考慮住院治療。暴食症者則是經過一定時間的門診後，其仍無法停止狂食—狂瀉循環時也需要住院。假如飲食障礙個案有自殺等自我毀滅行為，則應立即住院治療。另外，若身體其他併發症需要密集醫療監控時，也必須考慮住院（如厭食症者有嚴重心臟失功能，或暴食症者有脫水，或電解質不均衡情形時）。無節制飲食障礙者則在有心臟病或糖尿病時才需要住院治療。因為住院會嚴重打亂生活步調，所以只有在必要的時候，才會採住院醫療。

　　個別心理治療是治療飲食障礙者的重要方法之一。個別治療目標包括：建立健康飲食模式、提升自尊、增強對自我生活的控制感、學習抒發負面情緒（如罪惡感及沮喪）和解決內在衝突的有效方法、減少壓力、增進自我肯定、探索人際關係及生涯抉擇。

　　由於家庭動力是導致飲食障礙的因素之一，家族治療也很重要，特別是仍與家人同住者。家庭成員也會被個案混亂生活所影響和傷害。家族治療可讓家人更理解導致飲食障礙的心理動力，支持和協助他們改變。家族治療師應增進家庭功能，促進個案康復。這對那些掙扎於與原生家族分離的個案亦有幫助。

　　團體治療也很重要，其形式包括自助、心理教育、行為治療。經由團體互動，因為看到別人跟他一樣有嚴重問題，他們可以更清楚自己的問題。團體也可讓成員嘗試更恰當的互動模式。藉由互動，成員可分享負面情緒及問題行為，然後更實際思考和尋求問題解決。團體同時提供人際扶持，也是面質成員其飲食模式危害健康的有用方式。這可讓飲食障礙者減少孤立感，分享更有效成功因應共同問題的技巧；並破除飲食障礙的神秘性、充分表達情感、得到其他成員回饋，以及設定較實際目標。

　　接受營養諮詢是不可或缺的。營養師可提供有關適當營養與人體所需養分的資訊。營養師需提供與體重管理及維持生理機能有關之飲食資訊，幫助建立健康飲食習慣。

因為部分飲食障礙者會有憂鬱情緒，此時抗憂鬱藥物會有幫助，這些處方藥必須由精神科和內科醫生開立。若個案與伴侶間有很大關係衝突，則需進行夫妻治療。現在有些中小學和高中已經有衛教飲食障礙的風險，並提供剛開始出現飲食障礙症狀的學生相關處遇服務。

青少年面臨的主要問題：情緒和行為問題　　LO 2

情緒和行為問題

情緒困擾包含沮喪、自卑感或是孤立、罪惡感、害羞、自我概念低落、恐懼症、極度焦慮等。行為困擾則涵蓋虐待狂和自虐、過度活動、不尋常的怪異舉止、過度批判、過度攻擊性、虐待伴侶或小孩、有強迫性行為、性行為偏差、有攻擊性的易怒、嘗試自殺及有復仇心理等。

每個人在不同時期都可能會有情緒或行為問題。嚴重的情緒與行為問題會被助人專業診斷為心理疾病（mental illnesses）。最常用來診斷嚴重情緒困擾和異常行為的方法為**醫療模式**（medical model）與**互動模式**（interactional model）兩種。

醫療模式　　醫療模式視情緒與行為問題為心理疾病，這與生理疾病相類似。醫療模式會採用醫療上的標籤化（思覺失調症、妄想症、精神病、精神錯亂）。支持醫療模式者相信混亂失常是受未知的大腦內部狀況所影響。並因基因遺傳、新陳代謝失調、傳染疾病、內部矛盾衝突、自我防衛機制或因早年創傷，導致情緒固著和干擾心理成長。美國精神醫學學會對關於精神症狀的醫療分類第五版 DSM-5（2013）請看**重點提示** 7.1 說明。

◆ 重點提示　7.1

美國精神醫學學會之主要心疾患分類

神經發展疾患（neurodevelopmental disorders）。包括，但不侷限於智力失能（有時稱為認知失能）、溝通疾患（譬如語言疾患），自閉症譜系疾患（autism spectrum-disorder）、注意力缺失／過動疾患（attentiondeficit/hyperactivity disorder）、特定學習疾患（specific learning disorder）（譬如閱讀障礙）、運動疾患（motor disorders）〔譬如發展性運動協調疾患（developmental coordination disorder）〕、刻板動作疾患（stereotypic movement disorder）、妥瑞氏疾患（Tourette's disorder）。

思覺失調症（schizophrenia）與其他精神疾患。包括，但不侷限於分裂型（人格）疾患、妄想疾患、思覺失調症、分裂情感性疾患及緊張性疾患。

雙極性疾患（bipolar disorders）和相關疾

患。包括，但不侷限於第一型躁鬱症、第二型躁鬱症及循環性失調障礙。

憂鬱疾患（depressive disorders）。包括，但不侷限於暴烈性心情失調疾患（disruptive mood dysregulation disorder）（譬如憂鬱疾患）、持續憂鬱性疾患（persistent depressive disorder）和月經前心情惡劣疾病（premenstrual dysphoric disorder）。

焦慮疾患（anxiety disorders）。包括分離焦慮、特定恐懼（譬如怕打針跟輸血）、社交焦慮疾患、恐慌症、廣場恐怖症。

強迫性及相關障礙（obsessive-compulsive disorders）。包括強迫性疾患、囤積症疾患（hoarding disorder）、拔毛癖和摳皮症。

創傷及壓力相關障礙症（trauma- and stressor-related disorders）。包括反應性依附障礙症（reactive attachment disorder）、創傷後壓力症候群和急性壓力疾患。

解離疾患（dissociative disorders）。包括解離性人格疾疾（dissociative identity disorder）和解離性失憶症（dissociative amnesia）。

身體症狀及相關障礙症（somatic symptom and related disorders）。包括身體症狀疾患、罹病焦慮及人為障礙症（factitious disorder）。人為障礙症再分為本身引起（imposed on self）或是他為（imposed on another）導致。

餵食及飲食性疾患（feeding and eating disorders）。包括亂食症（pica）、反芻疾患（rumination disorder）、選擇性飲食失調、厭食症、暴食症、無節制飲食。

排泄性疾患（elimination disorders）。包括遺糞症（encopresis）及遺尿症（enuresis）。

睡醒疾患（sleep-wake disorders）。包括失眠症、嗜睡症、猝睡症、與呼吸相關的睡眠疾患（譬如中樞性睡眠呼吸中止）、阻塞性睡眠呼吸中止呼吸不足、睡中異常（parasomnia）〔譬如夢遊、夜驚、惡夢、過度眼球運動、睡眠行為疾患、不寧腿症候群（restless legs syndrome）和物質／藥物觸發的睡眠疾患〕。

性功能障礙（sexual dysfunctions）。包括遲洩、勃起疾患、女性器質性疾患、女性性趣／興奮障礙、生殖泌尿系統—骨盆腔疼痛／滲透疾患（genito-pelvic pain/penetration disorder）、男性性慾減退與早洩。

性別焦躁症（gender dysphoria）。包括性別焦躁症。

決裂、衝動控制與行為規範疾患（disruptive, impulse-control, and conduct disorders）。包括對立性違抗症（oppositional defiant disorder）、間歇性暴怒（intermittent explosive disorder）、行為疾患、反社會人格疾患、縱火狂、偷竊癖。

物質相關成癮疾患（substance-related and addictive disorders）。包括酒精相關疾患（酒精濫用、酒精中毒）、咖啡因相關疾患（譬如咖啡中毒）、大麻相關疾患（譬如大麻使用、大麻中毒）、迷幻藥相關疾患、吸入劑相關疾患、鴉片類相關疾患、鎮定和催眠或焦慮相關疾患、興奮劑相關疾患（譬如古柯鹼）、香菸相關疾患，以及其他非物質使用關疾患（譬如賭博）。

認知疾患（neurocognitive disorders）。包括譫妄、重大和輕微認知疾患（譬如老年癡呆症、血管疾病、腦傷、物質／藥物使用、愛滋病毒感染、帕金森症和亨汀頓氏舞蹈症（Huntington's disease）。

性格疾患（personality disorders）。包括妄想型、類思覺失調型、思覺失調型、反

社會、邊緣性、歇斯底里型、自戀型、逃避型、依賴型、強迫型人格疾患。
性倒錯疾患（paraphilia disorders）。包括偷窺疾患、暴露疾患、摩擦癖（譬如慣性藉由觸摸或摩擦陌生異性激發性快感）、性受虐疾患、性施虐疾患、戀物癖、易裝癖者。
其他心理疾患。包括因為其他醫療情況而引發的心理疾病。
藥物誘導疾患與其他藥物副作用。包括精神安定劑誘發的帕金森綜合症、處方藥引起的急性肌張力不全。
其他臨床關注焦點。包括親屬間的問題（譬如親子關係）、虐待和疏忽（譬如兒童虐待和疏忽、兒童性侵害和心理虐待、配偶或伴侶暴力或疏忽、非配偶之成人虐待）、教育和職業問題、居住和經濟問題（譬如無家可歸）、犯罪和與法制系統互動問題、宗教或靈性問題、因恐怖主義或折磨而被害以及曾服務於軍事體系、體重過重或過於肥胖者

資料來源：*Diagnostic and Statistical Manual of Mental Disorders-5*, Fifth Edition by the American Psychiatric Association, 2013, Washington, DC: American Psychiatric Association.

　　過去，情緒困擾被視為受魔鬼附身或發瘋，患者因此而受到責難，如被毒打、上鎖甚至被殺害。醫療模式視這些心理障礙者是需要協助的，並引發探討情緒問題本質的相關研究，且發展出治療方式。研究證據顯示某些心理疾病，譬如思覺失調症為例，可能源自遺傳基因。有大量的雙胞胎遺傳性研究，證據顯示雙胞胎發病的**一致性**（concordance）有 50%（Comer, 2014）。而一般人口群盛行率約為 1%（Comer, 2014）。也就是說，假若雙胞胎中有一個是思覺失調症，則另一個會比一般人有 50 倍可能性也會發病。這意味著基因是有影響的，但這並不是說完全都由基因決定，因為只是 50% 而已，並非百分之百。

互動模式　批評醫療模式者認為，此模式非但無助診斷和治療，且會產生負面標籤。

　　Thomas Szasz（1961a）是第一個提出「心理疾病」是迷思的專家之一。他提出**互動模式**，此模式關注每日的社交互動過程與被標籤化的影響。他認為**心理疾病**（mental illness）意味著「心智上的疾病」；並進一步將所謂的「心理有病」區分為三種情緒障礙，並說明把這些情緒障礙視為精神疾病是不適當的。

1. **個人失能**。諸如極度焦慮、憂鬱、害怕、不勝任感。Szasz 認為可將這類情況視為心理活動狀態，而非是疾病。
2. **反社會行為**。如行徑怪的殺人狂及其他社會偏差行為，同性戀過去也列在本項，於 1974 年已由美國精神醫學學會移除。Szasz 主張反社會行為是社會偏差，而非精神疾病或問題。

3. 與腦功能退化有關之人格改變。此人格改變主要因為大腦損傷所造成，引發因素包含動脈硬化、慢性酒精中毒、一般性麻痺，或因意外而導致腦部受損等。常見的症狀有喪失記憶、無法清楚表列、冷漠及個人自理功能衰退等。Szasz 認為這些是屬於大腦疾病而非精神疾病。

Szasz（1961b）主張視情緒問題為心理疾病的信念，跟把心智混亂視為被魔鬼附身一樣都荒唐至極。

Szasz 和許多人都相信人們會有情緒問題，但沒有心理疾病。他們認為採用以下詞彙會較有用，例如，憂鬱症、焦慮、強迫行為、過度恐慌、幻覺症、害怕失敗。並認為採用醫學名詞，如思覺失調症或精神病等是沒有幫助的，因為這些用詞無法區分個體的症狀。此外，Caplan（1995）也指出不同文化對精神疾病的定義有明顯差異。且醫療模式的有效性也被質疑，因為精神科醫師常對相同個案出現不一致的診斷。

心理學家 David Rosenhan（1973）做了個驚人的研究。他論證了精神科專業人員沒辦法區分精神失常和神智正常病人。他和 7 位正常的同事到 12 家醫院用 5 種不同方式表示自己會聽到聲音。他們 8 位都被認定要住院。等到住院之後，這些假病人表示自己已經沒聽到聲音且表現正常，而醫院沒辦法區辨他們心智正常狀態跟其他病人的精神失常。醫院持續讓這些假病人平均住院 19 天，且出院的診斷為「思覺失調症已緩解」。

醫療標籤化會造成嚴重反效果（Comer, 2014）。被冠上心理疾病者開始相信自己很不幸已罹患無法治癒的疾病（通常，連治療師也都這樣認為）。這標籤讓人有了可不用對自我行為負責的藉口（例如，可在法庭上用以辯護、脫罪）。由於不確定能否痊癒，這些人多是無所事事等待某人可發現治療方法；他們不會被賦予行為責任，思考導致問題的理由且想辦法克服。被貼上標籤後，會產生一些非預期影響，包括失去法定權利、被汙名化是危險、不可預期或不可信任的。因而也會很難找工作或升遷（Comer, 2014）。

判斷精神病是否存在是重要的。為有困擾者貼上不同心理疾病標籤會對如何治療他們、別人如何看他們、他們如何看待自己有重要影響。Cooley 的鏡中自我概念（looking-glass self-concept）（1902）指出，我們會藉由其他人對我們的回應而發展自我概念。假如某人被標籤為有心理疾病，其他人就會把他當成病人來跟他互動，然後這個人就會定義自己是不一樣且瘋狂的，並繼續這樣扮演下去。互動模式者提出關鍵問題：當與有情緒困擾者互動時，若把他們當成有心理疾病的，那麼如何能期待他們能有健康情緒和負責行為呢？

支持互動模式者認為會被貼上心理疾病標籤有兩個理由：他們有強烈有害情緒，

Chapter 7
青少年期的社會發展

或失功能（或偏差）行為。但這標籤化無法告訴我們這些有害情緒及失功能行為是怎麼產生的，也未提供治療方法。接下來本章就會說明立基於理情治療法（rational therapy），是如何確認有害情緒從何而來，並提供改變情緒或行為的策略。

了解引發上述問題的原因及相關處遇理論　　LO 3

評估和處遇有害情緒：立基於案主情境的理論應用

有很多理論架構可以用來評估和處遇有害情緒（unwanted emotions）（Zastrow, 1999 摘要了這些架構）。以下介紹的理情治療是最有效的方式之一，Albert Ellis（1962）是理情治療法的主要創始者。

很多人錯誤地以為情緒主要是因為經驗所導致（也就是說，他們發生了什麼事）。然理情治療認為我們如何解釋導致這些事的原因才是影響情緒的主因，此理論主張所有情緒均會依循以下步驟而顯現：

事件（我們的經驗）
↓
自我對話（我們對自我所遭遇之事的評估及想法）
↓
情緒（可能包括維持冷靜）

這並非新的原則。早在西元前一世紀，禁慾主義哲學家 Epictetus 就曾寫下「人們並非被事情所困擾，而是被他們對自己的觀點所困擾」（引述自 Ellis, 1979, p. 190）。

在這過程中，最重要關鍵為自我對話會決定我們的感受。所以藉由改變自我對話，就可以改變有害情緒。有害情緒的定義為我們想要改變的情緒感受，或令他人嚴重關切的情緒。例如，因伴侶過世，而持續數年極度憂鬱。某些正面情緒也可能是有害情緒。例如，你發現自己在喪禮上感覺很愉悅，你可能會想要改變這情緒。同樣的，某些負面情緒在特定情況下亦可被接受，例如，喪禮中的悲傷。

改變有害情緒　有五種方法可轉換有害情緒，其中三種較具建設性的，包括參與有意義活動、改變負面與非理性思考、改變痛苦的事件。

有意義活動　當參與有意義或有趣活動時，活動本身就會提供滿足感和充實感。因此可將心思從痛苦事件掙脫出來。

實際上，每個人都會遭遇挫折與苦惱，但若在回家後仍反覆想起這些惱人事件，一些沮喪、生氣、挫折、絕望等有害情緒就會隨之出現。

我們可藉著列出一些喜歡從事的事項，避免有害情緒出現。每個人都要發展可跳脫有害情緒的興趣或消遣，例如，散步、打高爾夫、看電影、逛街、訪友、運動等等。當從事自己所喜愛的活動時，苦惱之事就可以被解脫。此時的情緒為替代經驗，可因為正在做喜歡的事而有正面情緒。

鼓勵人們建立有助解脫有害情緒之活動清單，並非是在建議人們逃避改變。而是因為只要可以改變不愉快事件，則所有方法都應該嘗試。雖然我們並無能力可控制和改變不愉快事件，但會有能力可控制及改變自我對話，這對改變有害情緒是有幫助的。

改變自我對話　第二種改變有害情緒的方式為先確認並改變導致有害情緒的負面、非理性思考。Maultsby（1975）發展一稱之為**理性自我分析**（Rational Self-Analysis, RSA）方法。此方法在挑戰並改變非理性思考上非常有助益。RSA 共有六部分，如**重點提示** 7.2 所示。

RSA 之目標在改變有害情緒（生氣、愛、罪惡、沮喪、厭惡等），主要運用書面記錄事件和自我對話。A 部分（事實與事件）簡單陳述所發生的事實與事件。B 部分（自我對話）依序寫下所有你對 A 事件的想法（1、2、3、4……）；並評斷每一想法是屬於好的、壞的、中立的；藉以告訴自己，你對每一想法的觀感。

在 C 部分（情緒反應），寫下因自我對話（B 部分）所衍生的反應和情緒。在完成 A、B、C 三部分後，則進入 D 步驟。D(a) 部分是針對 A 部分進行「拍照檢查」。亦即再瀏覽一次 A，並自問「如果我把寫下的一切拍成活動圖片，這些活動圖片可證實我寫的都是事實嗎？」照片僅記錄事實，不會出現個人信仰與觀感。個人想法或意

◆ **重點提示　7.2**

理性自我分析（RSA）格式

A （事實與事件）	D (a) （以拍照方式檢查 A）
B （自我對話） 1._____ 2._____ 等	D (b) （藉由自我對話來挑戰 B 的對話內容） 1._____ 2._____ 等
C （由 B 部分所引發的情緒反應）	E （對於未來類似情境所設定之情緒和行為目標）

見係屬 B 部分。一個常見把個人意見當作事實的錯誤例子是「當馬蒂在我談論到緊要重點時嘲笑我，這讓我覺得自己看起來像笨蛋」。正確的 D(a) 意見陳述應該是「我正嘗試談論緊要重點，此時馬蒂開始嘲笑我陳述的內容」，然後再增加 B 部分自我對話（這讓我覺得自己看起來像笨蛋）。

D(b) 則在挑戰並轉換負面、非理性想法。將 B 的每一個陳述分開，針對每一個陳述回答以下五個問題，以檢驗該想法是否矛盾或不符合。若有一個以上答案是肯定的，則表示該想法屬於非理性（irrational）。

1. 是否符合事實。例如，當被你的伴侶拋棄後，你告訴自己沒有人愛你；但事實上你還是有許多好朋友及家人，他們仍深愛著你。
2. 阻礙你珍惜自我生命。例如，當你喝得爛醉時是否還要開車回家。
3. 阻礙自己達成長期與短期目標。例如，明天學校有兩個測驗，你希望能有好成績，但你尚未研讀，卻決定去參加朋友的派對。
4. 行為結果會帶給別人極大困擾。例如，你認為當被別人言語侮辱時，有權毆打對方。
5. 讓你感受到一些不想要的情緒。

若該自我對話是是合理的，就註明「這是合理的」。但若自我對話內容符合上述一個或多個非理性原則時，則在 B 陳述後面寫下另一個理性想法來取代原來的 B 陳述；而這個新的理性自我對話思考必須是你可以接受，且可改變不愉快情緒。

在 E 部分，請寫下未來若同樣面臨 A 情境，則你希望可擁有的新情緒為何。寫下這些新情緒的同時，請牢記這些情緒是伴隨 D(b) 自我對話而產生的。這時必須假設將來若再面臨 A 情境，且想達成的新情緒感受，則應採取行動為何。

為了促使理性自我分析產生效果，一旦出現負面想法時，就須藉由理性辯論來挑戰負面及非理性想法。一旦掌握了 RSA 表的技巧，之後不用再寫出來也可應用，且只要能努力與實踐，即可改變有害情緒。這是你擁有的最重要能力之一。

改變令人痛苦之事件　第三種改變有害情緒的方式為改變令人痛苦事件。這可藉由直接面對和採取建設性行動來作改變。譬如，若被解僱了，就再找另一個工作，如此會有更好感覺；或考試成績不佳，可以個別請老師指導並提供建議，若依其建議執行且有效，不好的感覺自然消失。

然而並非所有事件均可改變。譬如，你可能有喜歡的工作，但必須被迫和不喜歡的同事一起工作。如果無法改變對方的行為，則較有建設性的意見為勇敢面對且嘗試適應情境。然而當改變痛苦事件是可行時，仍應尋求適當方法。如果成功了，則會對該事件有更正向的自我對話，進而使感覺更好。

以破壞性方法改變有害情緒 很不幸地,有些人會選擇其他兩種破壞性方法來改變有害情緒。其一為尋求暫時解脫,例如,以喝酒、藥物、毒品、鎮定劑或食物等。但是當藥物作用消失後,問題和有害情緒依然存在,但反覆使用卻可能會變成藥物依賴;而過度飲食的人則會變成肥胖或暴食症等。

其二為自殺,這是改變有害情緒的極端手段。

評估與改變偏差行為:將理論應用於實務 我們的思考會同時決定情緒與行動,如下所述。

事件
↓
自我對話
↓
情緒
↓
行動

請將此原則應用在最近一次令你感到荒唐與不尋常的事件上。自我對話意指在你行動之前,你當下的想法為何。

思考過程會決定行為。異常和失常行為即是受之前的認知思考歷程所操控。以下為因非理性認知而引發失常行為的例子:

認知:17歲男孩看到沒有上鎖的車子,心想:「這真是一輛很棒的車。我要把它開走。」

行為:偷車。

認知:27歲男子與女朋友第二次約會,他想:「她非常性感,我已經約她吃過兩次飯,她應該要投身以報。更何況,她可能和我一樣很想要,我要讓她知道我有多棒,她可能會反抗一下,一旦我們有了性關係,她就會深深地被我吸引。」

行為:約會強暴。

導致每個人失常行為的非理性認知是不同的。譬如,某人偷襯衫行為的非理性認知可能是「這襯衫看起來很適合在我週六要參加的婚禮中穿,我已經買了很多其他物品了,即便我沒付錢,這商店已經有從我這裡賺到利潤了」。另一個人則可能是「這是個挑戰是否我可以偷襯衫而被不察覺,我可以把襯衫拿到試衣間,然後用自己的襯

衫跟外套蓋住，沒有人會察覺我離開商店」。

當評估個體行為時，應先區辨引發有害情緒或失常行為背後的認知過程。步驟如下：

1. 確認個案的有害情緒或失常行為。
2. 確認個案有害情緒或失常行為當下的認知或思考模式。有兩種方法可確認。第一，詢問個案在有害情緒或表現失常行為當下或之前，他們在想什麼？若此方法不可行（也許個案不願意表明他當時的想法），第二個方法則是了解個案當時的生活環境。一旦生活環境確認後，評估者可想像自己身處個案所處環境，並揣摩哪些思考內容可能會引發特定有害情緒或導致失常行為。若希望改變有害情緒和失常行為則必須改變思考模式。譬如，個案為16歲女性，她逃家且失業了，一定程度去確認導致她賣淫的認知是容易的。

青少年面臨的主要問題：犯罪和偏差　　LO 2

鉅視系統的問題：犯罪與偏差行為

青少年與成年早期，常面臨的問題即是犯罪與偏差行為。犯罪是違反法律，事實上每個人或多或少都會觸犯法律。例如，開車時，可能故意或不經意地就超速或違規轉彎等；許多人也曾穿越馬路、酒駕或是把辦公室的文具拿回家等。如果犯罪的定義是違反法律，那麼在廣義上我們每一個人都是罪犯。

那些被逮捕或被監禁的人多是觸犯較嚴重罪行，例如，持槍搶劫、竊盜或強暴。在極少的情形下，有些人雖未犯罪也會被逮捕、指控並宣判有罪，這對一個人的情緒、對司法體系的信任、名譽與經濟都有極負面影響。

當今社會，青少年與成年早期的犯罪行為層出不窮，也是目前被逮捕的人中的最多數（Mooney, Knox, & Schacht, 2015）。青少年與成人觸犯一樣的犯罪行為都會被逮捕。然而有時候他們是因為違反了一些附加的法律條款被逮捕，如**身分違犯行為**（status offense）。也就是說某些行為成人可以做，但若青少年有相同行為則會被認定是違法的。這類違法行為包括逃家、逃學、違反宵禁、性行為、違反作息等。

當被逮捕時，青少年與成人觸法行為之處置並不相同。少年法庭的角色跟父母一樣，都盡量考慮孩子最佳利益。青少年法庭（理論上）是屬**處遇取向**（treatment orientation）。成人犯罪司法審判重點則為指控明確罪刑，並以公開審判來決定其罪刑，若確認有罪，將藉刑罰予以懲戒。相反地，少年法庭主要關注滿足孩子當前生理、情感、心理與教育需求，而非懲罰過去錯誤行為。其目的為促使青少年改過自新

（reform）或接受處遇，即便觸法少年或他的父母可能不同意法庭的決定是符合觸法少年的最佳利益。

當然，並非所有少年法庭或法官均遵循此原則。在實務上，有些少年法官會較著重懲罰，而非協助其改過自新。法庭將少年定罪，會對少年產生標籤化作用，這讓青少年把自己看成違法者，進而繼續做出不良行為。

重點提示 7.3

網路霸凌

網路霸凌（cyber bullying）為新認定的重要議題！網路霸凌指利用電子科技霸凌。包括：利用網路寄送不堪入耳的文字訊息或電子郵件，或藉電郵張貼及散播大量的惡意信件於社群網站上，或寄送令人不堪的圖片（裸照）給受害人或其他人。律師已採取必要手段以防止網路霸凌並保護兒童及青少年。每一種網路霸凌都有些許差異。

網路霸凌引起被害人相當大的情緒及心理創傷，它包含焦慮、害怕、憂鬱、自卑等。一些被害人甚至可能自殺。每一位被害人對網路霸凌所表現出的反應不一。建議家長及老師可使用下列策略因應網路霸凌：

1. 教導學生不要傳送有害、殘暴的訊息或圖片於網路上。
2. 訓練學生刪除可疑的電子郵件且不要嘗試打開它們。
3. 家長必須監督小孩上網的時間。將電腦置於公共區域。
4. 學校必須發展一些政策以遏制網路霸凌。
5. 教導學生如何阻止與網路霸凌溝通。
6. 鼓勵學生堅定的詢問朋友是誰在網路霸凌以終止該事件。
7. 鼓勵家長及老師告知學生，若得知網路霸凌事件必須通報的重要性。
8. 家長及老師必須探查為何學生退縮、憂鬱或拒絕參與學校及社交互動。

重點提示 7.4

非法性交易

人口販運係指在違反個人意願的情況下迫使對方提供性或勞力服務（Polaris, 2016）。性交易是目前全球成長最快的，每年超過 320 億元（Deshpand & Nour, 2013）。有某些人會認為非法性交易（sex trafficking）是發生在其他國家，這種事不會發生美國。然而非法性交易因較具隱蔽性，比較不容易被確認。Polaris（2016）表示 2007 年之後，美國熱線意識到每年有 14,558 件非法性交易事件，且從事性交易者多是較脆弱的青少年，譬如逃家、無家可歸、暴力被害人等，每 6 名逃家的青少年中，會有一人成為性交易受害者（Polaris, 2016）。

> 這人口販運者在街頭、網路、酒吧、社群網站,甚至學校尋找青少年(Polaris, 2016; Shared Hope International, 2016)。非法性交易的負面影響包括:生理疾病譬如性病、出事受傷、心理創傷、社會孤立(Deshpande & Nour, 2013)。社工人員的協助方式包括:確認性交易被害人、在委員會或機構強調此議題之重要性、支持立法對抗非法性交易,以及教育可能陷入此危機者(Malai, 2014)。

了解引發上述問題的原因及相關處遇理論　　LO 3

原因

　　何以有人會違反法律呢?有很多的理論解釋犯罪的原因(對這些理論的回顧,見Mooney, Knox, & Schacht, 2015)。犯罪行為的類型很廣泛,潛藏其後的犯罪動機和原因也很多元。

　　Zastrow 與 Navarre(1979)以自我對話理論來解釋犯罪原因。他們認為,藉由分析觸法者在犯罪行為之前與當下的自我對話,可以發現導致犯罪行為的原因,這在前面段落已經說明過了。觸犯法律的動機即是他們怎麼解釋自己應該犯罪。

　　社會應該怎麼制止觸法者繼續觸犯特定犯行呢?簡而言之,觸法者必須認為犯罪的壞處多於好處。每個社會都有不同策略來讓觸法者認為不再繼續犯罪會比較好,以下將列出部分這些策略:父母、學校和社會可以灌輸孩子和成人,犯罪是錯的道德觀;自助團體(譬如戒賭無名會),可提供指引和支持給觸犯特定犯罪行為者;可運用個別諮商、團體諮商和家庭諮商來勸阻觸法者繼續犯罪;刑事司法系統的懲戒可讓觸法者感受到犯罪的壞處多於好處,這些懲戒措施包括警告、罰款、監禁、賠償被害人、緩刑、監禁後的假釋,以及死刑。

　　哪一種預防犯罪策略最有效呢?這問題很難回答。對某一個觸法者有效的策略,對另一個觸法者可能是無效的。

　　制止觸法者犯罪是極為困難的。多數的犯罪,再犯率都很高。再犯率是以同一觸法者有其他犯罪行為來做估量的——這可用再被逮捕跟監禁為基準線。有 50% 的男性受刑人和 40% 的女性受刑人屬再次被監禁(Cole, Smith, & De Jong, 2013)。

青少年面臨的主要問題:青少年幫派　　LO 2

鉅視系統的問題:青少年幫派

　　青少年幫派已存在數十年。近年來,美國的幫派數量增加,加入幫派的青少年人數亦增加;且通常會涉及藥物使用和暴力行為。暴力、青少年城市幫派活動已經變成

主要社會問題。然我們對青少年幫派犯罪的了解卻非常有限。目前關於幫派的定義，或什麼類型的團體可被歸類為幫派並未有一致性的看法（Regulus, 1995）。此外，官方機構也未系統化蒐集有關幫派犯行的相關資料。對青少年幫派了解程度不足，阻礙了有效干預策略的發展。而對幫派定義缺乏一致性共識，也導致不同調查者會採用不同的幫派分類方法。

四種幫派型式

Morales、Sheafor 和 Scott（2010）將幫派區分為四種類型：犯罪型、衝突型、逃避型和迷信／神祕型。

犯罪型幫派（criminal gangs）的主要目標是藉犯罪活動獲取物資，包括偷竊、勒索、贓物買賣及違法藥物的取得和販賣。運送買賣古柯鹼是犯罪幫派最主要的收入來源。

衝突型幫派（conflict gangs）較屬於地盤勢力取向（turf-oriented），並與侵犯、羞辱或看輕他們的人或對立團體有暴力衝突。「受到尊重」具高度價值且必須被保衛。拉丁裔幫派在衝突幫派中非常具代表性。其幫規要求幫派成員須密切注意鄰里社區，且願為了保護地盤而犧牲自己。

逃避型幫派（retreatist gangs）在意的是為了取得酒精、古柯鹼、大麻或其他藥物而加入幫派。不同於犯罪幫派利用藥物來獲取金錢，逃避型幫派則是想藉使用藥物逃避壓力才結合。

第四種幫派型式為**神祕團體**（cult/occult gangs）。針對此，Moralse 和他的同事（2010）作了以下描述：

> 邪教（cult）是指崇拜魔鬼或邪惡。神祕（occult）則指某些事不為人知、有秘密或有神祕信念、超自然力量。然而並非這類團體都會涉及犯罪活動。這類團體的成員多半為成人。雖然某些青少年會對撒旦和黑魔法有興趣，且會有他們自己的虐待狂、性方面或反社會衝動方式，但他們不像衝突團體會有地盤勢力取向，只是多半會發生在中產階級。他們的團體結構跟行為會有幫派型式，包括塗顏色、刺青、相同穿著跟髮型、取名、使用藥物和犯罪行為（通常屬憎恨犯罪）。（p. 196）

幫派概念之矛盾 青少年幫派的概念存有些許矛盾。幫派多被認為由相同少數族裔之青少年（譬如亞裔）所組成；但有些幫派是由白種青少年組成的。多數幫派成員介於 12 至 18 歲；但證據顯示某些幫派可能是受成人控制（Mooney, Knox, & Schacht, 2015）。一般認為幫派成員多為男性，但某些幫派會有女性，且有少數幫派是以女性成員為主（Regulus, 1995）。多數幫派被認為涉及非法交易違法藥物，但某些幫派會

有其他違法行為,譬如搶劫、強盜、竊盜及非法用藥。雖然幫派多被認為是在都會區活動,但有些幫派活動在鄉下地方也很活躍。(Regulus, 1995)

目前關於幫派的數量、幫派分子的人數以及幫派犯罪活動均缺乏明確統計數字。警察管轄範圍內亦缺乏幫派犯行的一致性定義。

了解引發上述問題的原因及相關處遇理論　　LO 3

社會學理論:關於幫派的理論解釋

關於青少年為何加入幫派及幫派為何從事犯罪活動,已有許多生理、心理、社會學的理論加以說明。然都因為缺乏足夠研究基礎,所以目前在理論上尚無共識。本章將介紹其中的四個理論:差別接觸理論、無規範理論、偏差次文化理論和控制理論。

Edwin Sutherland(Sutherland & Cressey, 1970)擴展其在 1939 年所建構之**差別接觸理論**(differential association theory)。此理論主張犯罪行為是在家庭、鄰里社區、同儕團體學習而來。此理論表示「人們會變成偏差是因為認定違反法律會比守法更有助益」(p. 76)。人們會內化周遭情境的價值;故若其在生活情境中常有機會接觸到犯罪言行,且無機會接觸非犯罪文化,則較傾向發展犯罪。過去和現在從親密團體互動中學習的經驗可界定是否會違反法律;這些決定包括:犯什麼罪、犯罪技巧與態度、合理化犯罪行為。因此,若青少年的偶像為幫派成員,他將會跟對方學習,且幫派成員亦會教導,青少年亦會因犯罪而得到肯定。

Robert Merton(1968)以**無規範理論**(anomie theory)解釋犯罪和偏差。主張偏差行為是因為在達到高社經地位的過程中受到阻礙所導致。認為社會同時存有公認的目標(如擁有財富),以及眾所公認達成此目標的方法(如上大學或有工作)。但當某些特定人士想要達成此目標,卻無足夠、大家認同的管道時,就會導致無規範狀態(**無規範**指的是降低可接受的行為標準);並由於無法以合法方式達到目標,因而尋求以非法方式來滿足需求。Merton 主張被歧視團體的犯罪率較高(他們達成高社經地位時遇到了額外阻礙),包括貧民區及少數民族等。Merton 認為高、低犯罪率的社會的差異為:高犯罪率社會告訴市民他們的目標可以達成,但事實上卻是被限制的。

偏差次文化理論(deviant subcultures theory)主張某些團體會發展支持犯罪行為的態度、價值觀及對犯罪活動的觀點。譬如,Walter Miller(1958)認為美國低社經地位者會比中產階級更容易發展犯罪文化;因為低社經文化蘊涵以下六種價值觀:製造麻煩(trouble)、強硬(toughness)、尋求刺激(excitement)、命運(fate)、詭詐(smartness)、自主自由(autonomy),信奉上述價值觀者較會產生偏差行為。Miller 總結整體低社經階層的次文化是偏差的,所以每一位成長於此環境的男性都會接受這

些價值觀,且幾乎都會違反法律。

Albert Cohen（1955）則擴展出另一個偏差次文化理論。他認為幫派發展的偏差次文化可解決年輕男性之幫派成員的問題。幫派會讓成員有歸屬感、有成就感、發展男子氣概,並和中產階級對抗。特別此偏差次文化可以解決男性勞工階層被中產階級拒絕、貶低身分地位的問題。Cohen 主張身分地位認同為男性勞工階層的主要問題。

控制理論（control theory）（Hirschi, 1969）則質疑,為什麼不會犯罪？此理論主張多數人天生都有犯罪傾向,故必須藉由社會力量抑止和控制以避免違反法律。控制理論學者認為有三個因素可避免犯罪。第一,藉由社會化過程建構個人之內在控制,一般相信發展強烈的善惡觀念及道德感可避免犯罪。第二,對小團體（如家庭）的強烈依附感可避免犯罪,因為人們會擔心被重要他人拒絕和否定。第三,因為擔心被逮捕和被監禁而避免觸法。控制理論假定人性本惡或反社會化,然而此理論尚未被證實。

Hirschi（1969）建議當青少年受社會聯繫（social bonds）控制時,則可降低偏差;此社會聯繫包括情感依附父母、參與學校活動、在校表現優異、高教育和高職業抱負、信奉傳統道德規範。社會聯繫強度越低的青少年,越可能參與幫派。以下情況會導致社會聯繫變弱:父母有犯罪與攻擊行為、酗酒和失業困擾、缺乏支持與監督能力、偏差行為被父母獎勵、未被父母溫暖對待。

社會工作角色與干預方案　已有許多方案嘗試減少幫派活動,包括外展工作方案（detached worker program）,此方案的工作者會加入幫派,並試圖將成員的反社會行為和態度轉換為利社會（prosocial）。另外尚有正式監督幫派成員之少年觀護部門、安置幫派成員於團體之家、居住型機構及少年感化院,或對成癮者予以藥物治療,以及強化家庭支持方案,特別是針對居住在城市的單親家庭予以協助、預防中輟和提供課業支持方案（Goldstein & Huff, 1993）。

但這些干預措施並未達到預期目標。這是因為青少年加入幫派並從事相關活動的原因十分複雜多元。現今幫派活動越來越多,但為何會增加的理由仍然是不清楚的,也不清楚可減少幫派活動的最佳方案為何。

在所有助人專業中,社會工作的知識、價值和技巧是最適合發展干預幫派策略的專業。因為社工處遇同時著重於個人、團體、家庭、組織和社區（即微視、居間、鉅視等層級之干預）。

社工人員會在很多情境與幫派成員進行一對一的干預:擔任少年保護官、團體之家或安置機構諮商師、學校社工、藥癮處遇方案諮商師。在一對一的處遇中,社工人員會扮演的角色如下:*諮商師、教育者、個案管理師及仲介者*。

社工人員主要為運用團體介入模式干預偏差幫派的居間系統。此時社工人員扮

演「外展工作者」(detached worker)或「幫派團體工作者」(gang group worker)。此模式要求社工人員必須花費相當多時間涉入幫派成員平日活動之情境，而非待在機構中工作；因此被稱之為「外展工作者」或「街頭工作者」(street worker)。Spergel（1995）發現大部分幫派都能接受社工人員的介入，且社工人員可協助城市幫派在保有自我決定權益的情況下，將破壞力量轉變為促進社區建設。此時，社工人員扮演團體催化者、教育者、使能者和倡導者以協助幫派獲取所需資源。且當幫派內部或幫派之間有衝突時，也會扮演談判者和調解者。針對居間系統，社工人員會與幫派成員的家人共同合作，以協助家人更有力量約束子女之偏差行為。

　　Spergel（1995）認為，幫派主要發展於社會解組和貧窮的社區中。幫派成員普遍來自缺乏有效親職技巧的家庭、學校較少關注之成績落後學生，以及較常接觸成人犯罪團體者，或是一些無法以合法途徑獲得教育和較佳工作機會的青少年。Spergel（1995）主張青少年會基於許多理由而加入幫派，譬如：安全、權力、金錢、地位、尋求刺激和新經驗；特別當處於被社會剝奪或來自不穩定社區的情況時，更容易加入幫派。Spergel認為應以社會解組概念來了解幫派對青少年的吸引力。

　　青少年幫派發展是因為家庭、鄰里或社區，譬如學校、警政、宗教機構等無法滿足青少年的需求所致。此時，社工人員可分析和評估會造成幫派發展的社區情境；社工人員也可是社會政策改變發起者或倡導者。Spergel（1995）認為減少幫派問題的有效策略包括：減低獲得槍械、改善教育資源、促進休閒育樂、職業訓練、家庭諮商、對吸毒者的康復治療、動員社區團體，以及抑制幫派暴力的組織（譬如社區巡邏隊）。州政府和國家層級的社會政策也需要投入更多資源給城市中心區，且要有資金來改善居民的生活品質，包括青少年。如此一來，青少年就可以藉由參加幫派以外的其他方式來滿足需求，社工人員有義務倡導地區、州政府、國家的社會政策以更貼近青少年。

　　Regulus（1995）認為動員社區是最有效能減少幫派問題的策略。

> 社區動員可以試著整合和協調被幫派控制的社區居民和組織之資源。廣義上來講，社區動員試著聯合社區內的政府機構、學校、警察和刑事司法體系、青少年機構、本土草根組織、教會等等的努力成果。(p. 1052)

社會團體工作：團體發展和團體領導理論　　　LO 4

運用社會團體工作增權

　　現今在各式各樣的情境中都可看到社工人員扮演團體領導者和參與者，藉以協助

解決社會問題和創造改變。增權係指「增進個人、人際間或政治權力的過程，可促使人們採取行動以改善自我生活情境」（Gutierrez, 1990, p. 149）。團體可提供強制力和有效方法以達成上述目的。Johnson 與 Johnson（1997）將**團體**（group）定義為「兩人或兩人以上面對面的互動，每個人均自認是團體一分子，也認為其他人是該團體成員之一；且彼此意識到大家是相互依賴，一起努力達成共同目標」（p. 12）。

因此，團體成員會體認到彼此間有共同目標和目的；並相信大家一起做會比一個人能達到更佳成效及目標。團體的類型很多，可處理的社會問題也很多元。社工人員在一開始時會很驚訝團體類型如此多元，且對團體實務的挑戰覺得很刺激。以下將介紹社會團體工作內涵，包括：團體類型、團體發展理論。

團體類型

以下將介紹社會工作實務常運用之團體有娛樂性團體、休閒技巧團體、教育團體、任務團體、問題解決和決策團體、焦點團體、自助團體、社會化團體、治療性團體、會心團體等。說明如下：

娛樂性團體　娛樂性團體之目的為提供娛樂活動和運動，這類團體通常沒有特定領導者。機構可能會提供活動空間和相關設備，譬如非正式競技遊戲、開放遊戲空間。有些機構亦會提供空間讓青少年在此互動、共同玩樂，藉以避免他們在街頭遊蕩，進而減少偏差行為。

休閒技巧團體　休閒技巧團體之目的為增進樂趣的技巧。與休閒團體的不同處在於，此團體會安排顧問（adviser）、教練或指導者，同時也較任務取向。譬如，高爾夫球、籃球、藝術、雕刻、游泳等活動，也會安排一些競爭性運動和聯賽。通常這類團體是由相關休閒專業人員擔任領導者，而非由社工人員主導。

教育團體　教育團體之目的為協助成員學習更多知識和技巧。領導者通常是特定領域的專家。負責規劃親職教育、自我肯定等主題。教育團體的領導者扮演教導角色，通常由學有專精的社工人員擔任。這類團體類似課程，鼓勵成員互動和彼此討論。

任務團體　任務團體之目的為達成特定目標或任務。社工人員會參與的團體包括：**董事會**（board of directors），此管理團體主要為決定機構的政策。**任務小組**（task force）為特定目的而組成，通常任務達成後即會解散；**機構委員會**（committee），主要在處理機構內的特定任務或事件；**特別委員會**（ad hoc committee），類似任務小組，待團體目標完成後即會解散。

問題解決和決策團體　問題解決和決策團體屬任務團體的次範疇，較關注問題解決與決策。其團體目標包括發展個案處遇計畫、決定如何將資源作更佳分配、如何改善個案服務輸送、如何促成機構決策，以及如何增進與其他機構的協調合作。必須

蒐集資料、研究潛在服務使用者未被滿足的需求，且影響現有機構開發嶄新方案或服務來貼近這些需求。在此類團體中，社工人員不僅是參與者，也同時扮演促進者（stimulators）和組織者（organizers）。

在問題解決和決策團體中，團體的決定可能會影響每位參與成員現有利益的得失。且通常在討論過程會有正式的領導者來領導團體運作。

焦點團體 焦點團體可能會基於許多不同原因而組成。譬如，確認需求和問題、提出問題解決建議等。**焦點團體**（focus group）會邀請對團體主題有興趣的個人、團體或組織進行半結構或結構化討論，並鼓勵參與成員發表自我看法和意見。

代表團體（representative group）是另一種版本的焦點團體。它的優點是可篩選能代表社區發表不同意見的特定成員參加。代表團體的最大優點是可反映出社區的多樣化意見。缺點則是團體成員的選擇可能被特定人士操弄，以致無法達成原定目標。

自助團體 自助團體在現今社會越來越多，且能成功協助解決特定個人或社會問題。Katz 與 Bender（1976）對**自助團體**（self-help groups）提出以下定義：

> 自助團體是小型團體。屬自願性質、相互合作並完成特定目的。通常由同儕組成，並透過相互幫助來滿足彼此共同需求、克服共同生活困境以及所期望的社會或個人改變。這類團體的創設者和成員意識到現有機構並不能滿足他們的需求，故自助團體強調面對面互動，且期待成員承擔個人責任；除物質協助外，他們也提供情感支持。自助團體常是目標導向，並藉傳播意識形態和價值觀來增進成員對團體的認同。(p. 9)

Powell（1987）將自助團體區分為以下幾種形式：

1. 習慣失調組織。這類團體關注特定問題，譬如戒酒無名會、戒菸團體。
2. 一般目的組織。這類團體關注的問題範圍很廣，諸如施虐父母無名會、情緒無名會（有情緒問題者）。與習慣失調組織相較之下，一般目的組織所關注的問題和困境較為廣泛。藉著相互扶助，這類組織可避免有心理困擾者住院治療。
3. 生活方式組織。這類團體支持和倡導與一般大眾生活方式不同者的權益（社會主流團體常會以冷漠或敵意來看待這些差異）。例如，寡婦、單親、同性戀及年老者。
4. 生理殘障組織。這類團體關注慢性疾病者。當中有些人的生理健康較穩定，有些則持續惡化、有些則是疾病末期。譬如由末期病人和家屬組成的「讓每一天有價值」自助團體、中風俱樂部和聽力障礙者等的自助團體。
5. 重要他人組織。這類團體是由有困境或問題者的父母、配偶和親友所組成。通常這些成員都是最後一線的照顧者，且一直在和失功能的行為奮戰。藉由分

享彼此感受，可抒發情緒和學習新的資源和解決辦法。

美國自助團體資訊交流中心（American Self-Help Group Clearinghouse）的網站資料顯示有超過 11,000 個國內外自助團體，範疇涵蓋生理健康、心理健康、成癮、濫用、失能、親職、照顧者關懷和其他生活壓力情況。

自助團體著重以下三層面議題：(1) 成員須承認自我問題；(2) 成員須陳述自己過去處理問題的經驗與未來解決計畫；(3) 支持，亦即當成員有強烈復發衝動時（如酒癮發作或有想打小孩），只要通知其他成員，小組成員即會陪伴在他身邊，直到衝動平息。

自助團體之所以會成功是因為成員對問題有很深刻了解。這不僅幫助別人，也會幫助自己。成員經歷過相同問題，因而有強烈動機找出方法來解決同伴所遭遇的事件。且由此**助人者治療原則**（helper therapy principle）獲益，藉由助人可獲得心理獎賞（Riessman, 1965）。幫助別人會讓人有良好感受且覺自己有價值，並讓助人者發現別人的問題比自己的嚴重。

當自助團體成員相互幫助時，他們感受到被增權；並會發現自己有能力控制生活。而接受外部（如專業人員）的幫助則可能陷入依賴危機，這對增權有負面影響。增權可增加動機、能量、個人成長，且自助助人。

有些自助團體會倡導特定生活方式者的權益，譬如同性戀組織；有些則會募集資金和操作社區方案。求助自助團體，與運用其他社會福利機構並無不同。參加自助團體的另一個優點為只要運用很少的資金，即可發揮成效。目前有很多這類團體，社工人員亦常會轉介個案參與適當的自助團體。

社會化團體 社會化團體的目標為改變成員的態度和行為，以使其更可被社會接納，譬如社交技巧訓練、增加自信或設定未來目標等。譬如可讓虞犯青少年參與團體活動以預防行為偏差；藉活動融合不同族群少年，減低種族間的緊張關係；幫助未婚媽媽之家的懷孕青少女計畫未來等等。此類團體的領導者必須具備一定的技能和專業知識以引導成員成長和改變。社工人員常會擔任此類團體的領導者。

治療性團體 治療性團體的成員通常會有較嚴重情緒和個人問題。類似一對一的治療，團體領導者會引導成員深入探討自我問題，並發展更佳問題解決。

帶領治療性團體必須有相當的技巧、洞察力、人類行為與團體動力知識、團體諮商，以及運用團體促成個人行為改變之能力。團體領導者也需能覺察到在團體成員溝通互動過程，個別成員會如何被影響，且營造和維持團體的建設性氣氛。領導者通常會使用一種或多重治療取向，譬如心理動力取向、現實治療、學習理論、理情治療、人際溝通分析和案主中心治療等等。

相對於個人治療，社會工作越來越常運用團體治療，團體治療比個人治療的優點更多，包括：助人者治療（helper therapy）原則會發揮效果（成員會互換角色，被助者有時會扮演助人者協助解決其他人的問題），團員會在幫助別人時得到心理上的回饋；團體會引導成員將自我問題帶到團體中討論，他們會了解其他人也面臨一樣嚴重問題；有人際互動困擾者也可在團體中嘗試嶄新的互動模式。研究指出團體治療比個別治療在改變個人態度上的成效較佳，且團體壓力有助改變個人信念和態度（Johnson & Johnson, 1997）。此外，團體治療可讓社工人員在同一時間協助較多人，這較有效率。

會心團體　會心團體和敏感度訓練團體（sensitivity-training group），係指藉由團體成員之自我揭露（self-disclosure）和密切互動經驗來增進人際自我覺察。

會心團體可能會進行數小時或較長天數。一旦成員可自我覺察，則態度和行為就會改變。

會心團體的領導者通常只會簡單在團體開始時發言鼓勵成員參與、自我開放、誠實和尊重不同意見。成員則脫下鞋子、手挽著手坐在地上、閉上眼睛讓領導者引導他們去感受、體驗自己的知覺；感覺一下自己正握著的手的大小和觸感。

另外則會設計一些著重此時此刻（here and now）的活動，譬如信任活動（trust walks）。此活動為兩人一組，並輪流由一人閉著眼睛而另一人引導行走。

敏感度訓練團體的目標則為增進個人自我和人際互動覺察，進而發展更有效的人際互動模式。敏感度訓練團體通常不是為了改變特定問題（如酗酒、沮喪、性功能障礙等），它主張藉由增進個人自我和人際互動覺察，即可讓人有更佳因應問題能力。

在我們的社會中，採取敏感度訓練團體的目標非常廣泛。此涵蓋：訓練諮商師可跟個案或其他專業更有效互動且更具敏感度；訓練管理者可營造更有效商業互動；協助有人際問題的個案更覺察到自己會如何影響別人，並發展更有效互動模式；訓練法定公民可更覺察和有效與人互動。

團體發展歷程模式

團體發展會隨著時間而改變。目前有相當多的團體發展歷程模式。以下將介紹Garland、Jones 和 Kolodny 模式。

Garland、Jones 和 Kolodny 模式　Garland、Jones 和 Kolodny（1965）將社會工作團體發展歷程區分為五階段。此模式嘗試描述團體從開始、到後續發展過程中的常見問題，這有助領導者參與且更有效回應團體成員。此模式特別適用於解釋社會化、治療和會心團體。也可應用於自助、問題解決和決策、教育、休閒技巧及任務團體。

親密感（closeness，係指團體成員如何在情感上允許自己成為另一個人）為此模式的關注焦點。且親密感之掙扎反映在團體五個發展歷程中。

第一個階段為**團體初期**（preaffiliation）。此時成員會對是否應參與團體感到矛盾，也存有戒心。成員嘗試藉由接近和逃避的試探行為，來確定自己是否真心想要融入此團體。嶄新情境常是令人害怕的，成員想要保護自己不受傷害和被利用。成員會嘗試保持一定距離，並可在沒有危機的情況下從團體獲得自己想要的。而當意識到參與團體需配合相關要求時，成員可能會覺得挫折和痛苦。另一方面，成員也可能因滿意其他團體的參與經驗而被團體吸引。領導者在團體初期應該增加團體對成員的吸引力，「藉允許保持距離和設計活動邀請成員探討自我生理和心理背景狀況以增進信任感」（Garland & Frey, 1973. p. 3）。當成員感受到安全感、舒適並認為試探性情感承諾是值得的時候，第一階段就結束了。

第二階段為**權力控制階段**（power and control）。此時會開始發展團體特徵、成員溝通模式並出現聯盟（alliance）和次級團體（subgroup）。成員亦開始承擔特定角色和責任，發展有助達成團體任務的規範和方法，且會出現成員問題。團體需要處理上述這些狀況。成員間也會為了要確保自己在團體中的位置和角色而爭鬥。每個成員都渴望權力以自我保護和更能控制團體獲得報償。在這樣的爭鬥中，團體領導者是滿足成員的主要來源，被認為是最能影響團體方向、有權力可以提供或取消情感和物質獎賞。此時，成員會了解團體對他們而言很重要。

第二階段是過渡階段（transitional stage）。此時需解決的基本議題為：主要控制團體事務的人是領導者還是團體？領導者和團體各有何權力限制？領導者的權力可以運用到什麼程度？

上述這些不確定問題會讓成員焦慮，他們會採用許多方法來衡量權力限制範圍，試圖建立領導者和團體的權力界線。此時，反抗狀況很常見，也是最多成員會中途退出的階段。在此爭鬥階段領導者應該：(1) 幫助成員了解權力爭鬥的本質；(2) 提供情緒支持以讓成員能承受住這負面情緒；(3) 幫助成員建立可解決不確定問題的規範。最重要的是成員須信任領導者，如此領導者方可在分享權力和控制的過程中，維持成員的安全感。當互信機制形成後，團體成員即會對參與團體有強烈承諾。

第三階段是**親密期**（intimacy）。親密期會出現若有似無的親密關係。團體就像個家庭，成員彼此類似手足競爭關係，領導者則像父母。成員可更開放表達和討論情感。此時，團體被視為改變和成長的地方；每一成員均可自由省視、努力改變自我態度、擔心和問題。團體任務也可發揮成效，成員會產生凝聚力。此階段的掙扎、混亂促使成員去探討和改變自我生活，並思考「這個團體到底是要做什麼？」

第四個階段是**區辨期**（differentiation）。此時，成員可更自由地試驗新的替代行為模式；且個人的權利、需求會被再認可，且成員彼此間會有更深入溝通。此階段團體已經能更有效運作，領導地位則更可共享，各個角色亦更具功能性。此時權力問題

亦降到最低,並可較客觀且不情緒化地做決定。

Garland 與 Frey（1973）表示:

> 因為團體經驗已有獨特價值且促進個人誠信,故當治療凝聚力已形成時,社工人員應協助團體自己運作,並讓團體有評估自我活動、感覺和行為的機會。(p. 5)

第四個階段的團體就像功能健全的家庭,此家庭內的小孩已經成年,並開始成功地追求自我生活;且關係是平等的,成員也會相互支持;並客觀、理性地經營與他人的關係。

第五個階段是**分離期**（separation）,團體的目的已經達成,成員亦已學習到新行為模式,並可將此經驗運用到其他社會情境中。結束並不容易,成員可能會不願離開且可能會為了想拖延團體結束而有退化行為;成員亦可能會藉由憤怒否認團體結束。Garland 與 Frey（1973）建議領導者應運用以下作法協助分離:

> 為了促進分離,社工人員必須願意放下。聚焦團體和成員的動力、評估其經驗、協助成員表達對分離之矛盾情緒,以及再確認成員主要課題已進步之處。積極引導成員了解即使團體結束,但仍可持續幫助和支持彼此可增進對結束團體的接受度。(p. 6)

任務和維持角色

所有團體都須仰賴成員扮演多元角色。一般都會要求需要有人扮演任務角色和建立團體的角色。**任務角色**（task role）必須完成團體的特定目標,**維持角色**（maintenance role）則須強化團體的社會／情感面向。

Johnson 與 Johnson（1975）歸納任務角色如下:

- 提供訊息和意見者。提供事實、想法、意見、建議等相關訊息以協助團體討論。
- 尋求訊息和意見者。詢問其他成員相關事實、資訊、意見和感受以協助團體討論。
- 創始者。在團體中發起行動並提出目標和任務。
- 提供方向者。發展工作流程計畫,並聚焦於完成任務。
- 總結者。總和相關意見和想法,摘要出討論重點。
- 協調者。呈現各種不同意見之相關性,並協調次團體和成員之活動。
- 診斷者。指出阻礙團體有效運作和難以實現目標之困難所在。
- 激勵者。激勵團體可朝更高品質運作。

- 現實狀況試驗者。檢驗特定想法、評估替代解決辦法,並應用至真實情境以觀察其如何運作。
- 評估者。根據團體目標及標準來評估團體目標完成之情況。

Johnson 與 Johnson(1975)也確認團體維持角色,這類角色可強化團體內部情感:

- 鼓勵參與者。鼓勵參與,認同對團體有貢獻或開放表達其想法之成員;對成員友善並給予回饋。
- 協調者與和解者。勸服成員建設性分析各自不同意見,在衝突中尋求共同點;調解不同意見。
- 舒緩壓力者。藉由笑話、打斷建議來增加樂趣和減少緊張情緒,並提出有趣的團體工作取向。
- 協助溝通者。示範良好溝通技巧,確定每一成員均能了解其他人的意見。
- 評估情緒者。關切成員對團體及其他成員之感受,且鼓勵分享上述感受。
- 團體發展觀察者。觀察團體發展狀況,且藉以檢驗團體成效。
- 制定標準者。說明團體標準與目標,並讓成員了解團體工作方向和達成目標之程序。引導成員接受團體規範及程序。
- 積極傾聽者。傾聽並擔任成員的觀眾,接受他們意見並與成員相處融洽。
- 建立信任感者。接納和支持成員,鼓勵並加強個人承擔團體風險的能力。
- 解決人際問題者。激發成員針對衝突進行公開討論以解決衝突和增進凝聚力。

Hersey 與 Blanchard(1977)建構領導能力情境理論,此理論提出有效領導者應該表現完成任務和維持團體運作,以及同時表現上述二行為的特定時機和情境。主張當成員較不成熟以致難以完成任務時,領導者應該表現高度任務行為和低度維持行為。Hersey 與 Blanchard(1977)稱此情境為講述(telling),因為當由領導者來定位成員角色和告知成員應該如何、何時、何地應完成必要任務時,是最具成效。隨著成員對任務了解和執行經驗增加,成員的成熟度也會隨之增加。針對中度成熟的成員,領導者應該表現高度任務行為和高度維持行為。這樣的行為組合在此稱之行銷(selling);因為領導者不僅分派角色定位和完成任務責任,亦運用維持行為讓成員能在心理上認同執行團體相關決定的必要性。

同時,依 Hersey 和 Blanchard 所言,當成員承諾完成團體任務增加時,即表示成員心理上亦較成熟。當成員已可承諾完成任務,並具備完成任務所需之知識和能力時,領導者應該表現低度任務行為和高度維持行為,此謂之參與(participating)。最後,所有成員會非常樂意且有能力承擔自我責任。此時領導者會表現低度任務行為和

低度維持行為，此被稱之為授權（delegating）。授權允許成員在完成任務過程中有高度自主性。

領導理論

以下將介紹五種領導理論：性格特質、定位、風格、分布式功能和僕人領導。

性格特質取向　亞里斯多德觀察到「當出生的那一刻，某些人就已被標的是征服者、某些人則是控制命令者」（引述自 Johnson & Johnson, 1987, p. 39）。這意味著此領導取向已經存在百年了。**性格特質取向**（trait approach）假設領導者的人格與特質跟追隨者是不同的，且是天生的而非可以塑造、訓練的。這理論也被稱之為**偉人領導理論**（great person theory）。當中個人魅力和馬基雅維利主義這兩個特質很受注目。

個人魅力　Johnson 和 Johnson（1987, p. 43）對個人魅力的定義為「一種不尋常的力量，就像工作魔法」，並將個人魅力型領導者形容為：

> 個人魅力型領導者必須有使命感、有領導社會改變的信念，且信賴其部屬是可被領導去達成預設目標。領導者必須非常有自信，以激勵人們相信這些他所領導的行動不會失敗、可戰勝並降低憂鬱。（p. 44）

有些個人魅力型領導者會激勵追隨者崇拜和承諾會完全臣服於他，有些則是給予希望且承諾會將追隨者從痛苦中拯救出來。

個人魅力和他的構成要素都沒辦法精確定義。不同的領導者個人魅力各有差異。個人魅力取向的困難是，被認為有魅力的領導者常常實質能力有限。第二個困難是很多可扮演好領導角色的領導者被認為沒有個人魅力。譬如說很多被認為沒有個人魅力團體治療師，其實可以有效的帶領團體治療。

馬基雅維利主義　馬基雅維利（1469-1527）是義大利的思想家，他倡導要運用狡詐、詭計、謊言、表裡不一等政治手段去增加權力跟控制。馬基雅維利並不是此取向的創始者，某些更早期的理論家已經定義領導的概念為藉操控增強自己。然而**馬基雅維利主義**（Machiavellianism）已被概念化為政治是不道德的，且只要為了達到政治權力，則任何得不擇手段都可以被接受。馬基雅維利主義領導的基本概念為：(1) 基本上可行、易受騙的、不值得信任和脆弱的；(2) 非個人主題；(3) 為了達到領導者個人目標應該要操弄。

Christie 和 Geis（1970）歸納馬基雅維利主義有四個特徵：

1. 在人際互動上情感涉入極少，因為當視其他人是非個人議題時，情感上就會很容易去操弄他們。
2. 他們不在乎傳統道德與功利（他們可以擺脫掉什麼），而不是以道德角度去看

待與他人的人際互動。
3. 他們可以很精確地察覺到他們的追隨者需要什麼，藉以去操弄他們。
4. 他們在意識形態上的承諾很低，主要關注的是操弄其他人以滿足自我利益，非達成長期理想目標。

雖然僅有少數領導者屬於馬基雅維利主義。但有少數團體是可應用此主義而更有效率的運作。

近年來，特質理論越來越不受歡迎，因為相關研究結果提出了諸多問題。譬如：領導位階不同，則需要的領導特質會有差異。在軍事單位中的正向領導特質，與帶領團體治療需要的特質是不同的。即便高智商、好的調適等人格或許與領導有相關，但很多高智商者並沒有擔任領導者，某些高智商者情緒不穩定。選擇領導者的最佳原則是要具備必要技巧、品質和有動機協助團體達成目標。

定位取向　大型機構會有許多不同層次的領導，譬如總裁、副總裁、經理人、督導者等。**定位取向**（position approach）對領導的定義是「特定地位的權威且關注研究高階領導地位者的行為」。同時也會去檢驗領導者的背景和訓練。

雖已有相關定位取向研究，但研究結果與一般對領導定位的假設有些不一致。有些人擔任領導者，但受的相關訓練很少（譬如家庭企業）；某些人則是花很多時間精進自我技巧。也有某些被認為在某領導位階是很有吸引力的行為，但換了另一個職位，就不再如此受歡迎了。定位取向很難去匯集一致性的領導特質清單。定位取向主張領導行為的形成主要取決於職位的特定要求。

要去定義領導者言行中，哪些行為是屬於領導行為，哪些不是，也很困難。當然也不是所有權威人物的行為都是領導行為。譬如，若沒經驗的人擔任高位時，可能會以很威權的態度來掩飾自己的無能。團體成員即便沒有領導者職位，也會展現領導行為，這種情況也很難用定位取向去解釋，因為定位取向只關注領導者職位的行為。

風格取向　Lewin、Lippitt 和 White（1939）提出**領導風格取向**（leadership style approach）。他們描述三種領導風格：權威、民主和放任。

權威型領導者（authoritarian leaders）會比民主行有更全面性的權力，他們單獨制定目標、政策、命令成員的行動和設定成主要計畫。他們施予獎賞和處罰，且只有他自己知道達成團體目標的成功步驟。相反地，民主型的領導者盡力讓每一位成員都能參與決策過程。他們會分散責任而不是都聚焦在自己身上。

權威型領導通常是高效率和果決的。但這會有一個冒險是，團體成員只會去做被要求必須做的事，只要沒要求，他就不做；因為他們對團體目標的投入很有限。權威型領導者預期部屬都會贊同其目標，會很驚訝地發現在團體中背地裡的毀謗和爭吵是

很常見的。失敗的權威型領導會衍生不同派別、檯面下的爭鬥、職位操縱，並導致缺乏道德。

相較之下，**民主型領導**（democratic）決策過程很慢，有時也會很混亂，但已被證明會比較有成效，因為參與者會在決策過程中強化合作默契。成員互動的敵意、領導者的個別差異、每個人關注的自我利益都是可以討論和作為。這當中的危機是在權威型領導中屬個人隱私、檯面下的抱怨都會變成公開衝突。但當有很高段的溝通技巧可去激勵成員認同團體決定，而不是搞破壞，這些公開衝突是可以解決的。對權威團體的潛在破壞力很大的議題在民主型領導中則成為優勢。

民主型領導者知道某些錯誤是必然且團體會因而受苦。當出現這些情況時，領導者必須保此中立，否則可能會傷害到民主程序、阻礙團體發展做決策的能力。

某些情況下，權威型領導會更有成效；某些情況則是民主型較可發揮效果（Hare, 1962）。當團體成員的行為期待與當下情境是貼近的時候，團體就會更有成效。當團體成員是民主型，且是身處教育、教室或討論情境時，民主型可以領導出最有效的團體。但當團體成員是處在商業或軍事化情境，且被督導強制領導時，比較權威式的領導，會讓團體成效更佳。

在**放任式領導**（laissez-faire）風格中，領導者的參與極少。團體成員在領導者極少協助下被要求自我發揮（或跟蹌前進）。在放任型領導下的團體成員可好好發揮功能的情況極少，包括：當團體成員能承諾投入行動方針、有資源以及領導者對工作成效的影響很有限。

不同領導風格適合的情境不同（即便是同一個團體）。近來相關研究較有興趣鑽研如何替代使用不同風格。

分布式功能取向 此取向對領導的定義是「協助團體達成其目標，維持團體有良好工作次序」（Johnson & Johnson, 1997）。主要探詢在不同情境下有助達成團體目標的必要任務，且針對這些任務應該如何選派合適的成員去完成。

分布式功能取向（distributed functions approach）不贊成偉人特質理論。他們主張每一位成員都可在有助團體功能運作的特定行動中，擔任領導者。所謂領導應該是依據不同情況而定。譬如，當面臨需要舒緩緊張情緒的特定情境時，說笑話可能是有效的領導能力；但若此緊張情緒僅是團體治療中某一位成員的個別感受時，則說笑話就是適得其反。

此取向認定當團體中某位成員可影響其他人去協助完成團體目標時，就已是有領導能力了。有時候所有團體成員都會相互影響，則每一位成員都在發揮領導能力。在多數團體中，被指派的領導者（譬如總裁）與表現領導行為的情況各有差異。此**被指派的領導者**（designated leader）要承擔特定責任，而**領導能力**（leadership）意指某人

有能力影響團體中的其他人協助完成團體目標。

此取向主張領導能力是任何人都可以去學習的技巧。負責可靠的會員跟負責可靠的領導是相同的，都跟如何協助團體維持和達成目標有關。人們可被教導完成團體任務的相關技巧和行為。

團體領導者有義務承擔團體任務和扮演維持角色，也要支持其他人在必要時發揮其角色功能。然而領導者可發揮的貢獻並不侷限於這被預設的特定角色。每一個領導者都可以發揮多樣化功能。不同團體發展階段的需求不同，領導者被要求的角色功能也會不同。以下逐一介紹：

- 行政主管：所有團體活動的最高協調者。
- 政策制定者：建立目標和政策。
- 計畫者：決定達成團體目標的策略。
- 專家：提供有效資訊和技巧。
- 外部團體代表：團體的正式發言人。
- 內部關係控制者：控制團隊中的關係結構。
- 報酬和處罰的提供者：決定升遷或降級以及分派令人喜愛或不喜愛任務。
- 仲裁者和中間人：判斷和調解權力以增進或減少團體中的派別。
- 榜樣：表現出期待成員應該要有的模範行為。
- 思想家：提供成員信念和價值。
- 代罪羔羊：擔任讓成員可宣洩挫折和失望的出口。

僕人領導取向 R. K. Greenleaf（1982）是最早提出此領導取向者。**僕人領導者**（servant leader）會將團體需求視為自我工作重點，且會自問可以如何協助成員解決問題、促進成員個人發展。他會很關注成員，並相信滿足和激勵成員是達到成員目標的最好方式。相對於在專制式領導中，領導者會做最多決定；僕人領導則會讓成員分擔做決定責任。僕人領導的最優先次序是支持、鼓勵和讓成員能開展自我潛力和能量。（稱職的教師可能採用很多僕人領導的概念。）

L. C. Spears 和 M. Lawrence（2004）確認僕人領導者的十個概念，如下所述：

- 傾聽：有動機去傾聽、支持成員意見和確認他們的擔憂。且不只關注成員說出來的擔憂，也會注意那些說不出口的部分。
- 同理：了解和同理成員。會尊重和欣賞成員，藉以促進個人發展。且盡力讓成員發展更好、更成功，變得更有創造性。
- 療癒：協助成員解決個人議題和人際衝突。就如同想鼓勵和支持每一位成員的

個人發展一樣。此「療癒」是假設團體工作情境有其動力、樂趣和害怕失敗的自由。
- 覺察：僕人領導者會有高度自我覺察，且可覺察到成員目前的想法和感受，也會去覺察成員在團體中的人際關係。
- 勸說：不會強制成員去順服領導者的期待，而是去說服成員共同分擔責任，一起做決定。
- 概念化：僕人領導者思考的範疇不只是例行的現狀，而是會去概念化長期目標和達成這些目標的策略。他會把所有團體成員的最佳利益視為個人使命。
- 先見之明：可以預測那些可能實行策略的可能結果（這特質跟概念化相近）。
- 管理方法：不只尋求個人發展和團體創造性，也清楚自己有義務去做對更大社會最好的事。開放和勸服會比控制更有效。
- 承諾促進個人成長：僕人領導者關注滋養成員的專業、個人和精神上成長。他會認可所有成員的想法，並邀請他們一起做決定。
- 建立共同體：不只尋求發展創造性和滿足的團體，也期待建立更強大的共同體。其假設每一個人在這樣的領導風格下，都會成長相當大；這也將促使這些人有能力可增進所居住社區的發展。

僕人領導是終身旅程，涵蓋：自我探索、有意願服務他人以及對團體成員有承諾。僕人領導者是人性化、關懷、夢想家、增權、關聯性、稱職的、好的管理者和共同體建立者。他們把別人放在第一優先順位、有高超溝通能力、慈悲的協調者、系統思考者和有倫理的。與有上下階層之分的風格極端不同，僕人領導強調信任、協調、同理和使用權力時必須合於道德，不要求強化自我權力，且是關注提供他人更好服務。

僕人領導者不只可促進團體成員的個人發展，也試著對更大社會發揮潛在影響力。成員會被此領導風格吸引，且更快樂、更有創造性。僕人領導不只對領導團體會有成效，也很適合運用於督導受僱者。管理者增權和尊敬其部屬，部屬就會以表現更好作為回報。

僕人領導對所有團體類型都會有成效嗎？當然不是。某些特定的情境可能會需要更有強制力的領導——譬如軍隊或監獄。

CHAPTER 8

性別、性別認同、性別表現與性別歧視

基本概念

性別歧視（sexism）是「相信男性與女性在心理、行為和／或智力方面存有先天上的不同，且這樣的不同意味著二個群體間有高低優劣的差別」（Mooney, Knox, & Schacht, 2017, p. 321）。

偏見（prejudice）包含了對特定群體的負面態度或先入為主的觀念。歧視（discrimination）是指針對特定群體以負面或不公平的行為對待之。這些差異直接影響了在社會環境中個人的功能，以及與其他系統的互動。在此將討論性別上的

差異。首先,本章將先介紹性別概念、性別認同及性別表現。其次,由於傳統上在我們的社會中,男性一直掌控絕大部分的權力。因此,本章其他部分將著眼於女性成為性別歧視受害者的狀況與地位。

學習目標

在本章,我們將會協助學生:
LO 1 界定性別、性別認同、性別表現與性別角色
LO 2 討論性別的社會建構理論
LO 3 檢視性別、性別認同與性別表現的複雜性
LO 4 評論生命週期中傳統的性別角色刻板印象
LO 5 檢視男性與女性的不同之處(包括能力及溝通方式)
LO 6 討論男性與女性在經濟上的不平等
LO 7 檢視性騷擾
LO 8 檢視性別歧視相關言論
LO 9 檢視強暴與性攻擊
LO 10 探討親密關係暴力
LO 11 討論女性增權的意義

性別、性別認同、性別表現與性別角色　　LO 1

本章將探討對男性與女性不同的觀點,以及對不同性別的不同對待方式,甚至是歧視。其中,最簡單的觀點便是世上不是男性便是女性。然而,性別的概念卻比你最初想像的更加複雜。首先,我們先界定一些基本名詞。

根據美國心理學會(American Psychological Association, 2011),**性別**(gender)的定義是「與個人生理性別及其所處文化相關聯之態度、感受及行為。符合文化期待的行為被視為性別規範;不符合文化期待的行為則會造成性別上的特立獨行。」

性別成為一個複雜的概念。研究者與教育者試著挑戰性別的二元論(即僅定義男性與女性);也發現到了其他類別的性別,如性別酷兒(genderqueer)或跨性別(intergender)(Mooney, Knox, & Schacht, 2017; Hyde & DeLamater, 2017)。

本章標題包括了性別認同與性別表現。**性別認同**(gender identity)指的是個人內心對自己的概念為男性、女性或二者兼具(Gilbert, 2008)。**性別表現**(gender expression)指個人如何對他人表現出與性別相關的行為或人格。

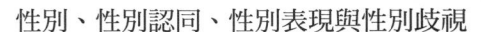

Chapter 8
性別、性別認同、性別表現與性別歧視

性別角色（gender role）「特定文化群體針對個人呈現出或被賦予的性別所設定的態度、行為、權利與責任」（Yaber & Sayad, 2016, p. 124）。

性別角色社會化（gender-role socialization）是指在特定文化下，男性或女性表現出符合其性別的行為與觀念之過程。

在此我們要區辨性別與性。**性**（sex）是指「男性與女性在生理上的不同，通常為生殖器官及基因上的差異」（McCammon & Knox, 2007, p. 606）。因此，性著重在男女生理上的差異；性別則強調社會與心理層面的男性特質與女性特質。接下來將討論性別相關理論及其影響。

性別的社會建構理論　　　LO 2

我們可以由許多層面探討性別概念。其中，與社會工作觀點相符的理論之一為**社會建構**（social constructionist）取向（Bay-Cheng, 2008; Kondrat, 2008）。社會建構是指「人們對現實認知的過程，此一過程主要是藉由對經驗的主觀意義所塑造而成……在這樣的概念下，如此共享的現實很少存在於人們所創造的社會之外。此社會建構下的現實卻影響著人們的信念與行動」（Kendall, 2013, p. 14）。換句話說，人們如何看待與他人互動的情境將成為他們所認知的現實。因此，我們如何看待這個世界自然而然成為事實。然而，社會建構理論亦顯現出「人們會將主觀意義推論至其他存在之人事物以及經驗。換言之，我們的經驗不僅發生在我們身上。我們亦會將好的、壞的、正向或負向等意義推論到現實生活上」（Leon-Guerrero, 2011, p. 9）。

社會建構理論的優勢在於整合了具有差異個體之觀點，這也是社會工作所重視的。人們由與他人的互動中學習到哪些行為表現是受到期待的。人們之所以會有不同的行為表現是因為他們處於不同的情境中。因此，人類的差異性是可被接受與了解的。

Lorber 與 Moore（2011）提到性別是個人「法定狀態下的男性或女性，通常是指出生時的性別，但有時也會改變其法定狀態。性別狀態造成社會對個體在身體、行為、情緒、家庭與工作角色上的期待。性別期待會隨著個體或社會階層不同而有所改變」（p. 5）。上段論述有至少三項重點。第一，性別是指法定狀態，通常在出生時判別，但也可改變。第二，性別狀態是由社會期待所引起。因此，性別的意涵是由個體所生活的社會脈絡所決定。第三，對性別的期待會因周遭的人們對個體之期待不同而有所改變。

性別的社會建構（social construction of gender）理論是指「探討性別在社會秩序中的架構，並將之視為一整體；同時也探討其建構及維持的過程」（Lorber, 2010, p.

244)。這表示傳統性別期待不再是鐵律，而是可被改變的認知與期待。性別是動態的，其概念在持續發展過程中允許極具彈性的角色與行為。更具包容力的觀點是不再將人類二分為男性與女性，而是能將性別表現視為連續性的。根據Kramer（2005）的論述，性別的社會建構強調：

> 男性與女性的差異並不僅限於生理上的不同。例如，在十九世紀，美國富有的白人女性在懷孕後便被期待於家中待產（這段期間稱為待產期）；在產後幾週被視為虛弱需要良好照顧。相反地，受僱為奴隸的女性須一直工作到分娩，且產後不久即必須重返工作。懷孕與生產對女性的影響並不來自於性別差異與生理能力，而是來自社會階層……
>
> 但社會建構……指的是對人類觀點與情境不一致的認知與定義，並強迫將社會信念套用到所觀察到的事物。因此，在女性運動開始之前（始於1960年代末期），職業測驗（作為決定何項職業最為適合之參考）結果依男性與女性兩大類進行分析；即使測驗結果明顯接近另一性別之職業性向，但仍會依據受試者之性別給予建議。
>
> 另一個更具戲劇化的狀況是在社會建構下，一般人都認為將人類分為男性與女性是無庸置疑的。有些人的染色體顯示某一性別，並有主要性徵（生殖器官）、次要性徵（如臉部毛髮）或二者都有〔會於稍後討論〕。但有些人雖有生殖器官，但並無法清楚歸類於社會文化定義下的「男性」或「女性」。這些生理特徵的差異越來越多，已超出文化信念下的定義……
>
> 由於許多社會地位是與性別期待息息相關，人們有時會發現自己在社會生活中無法完全符合其社會角色。這影響個人表現社會角色的方式及人際關係，並影響其是否有能力表現出適宜的社會角色。他們會更努力去展現自己有能力做得與其他相同角色的人一樣好。若一位女性老兵回到部隊中，她或多或少會被邊緣化；男性老兵與女性軍人都會覺得她並不是這類角色中的「正規」成員。如果你讀到最後一段話卻認為時代已經改變了，請你到當地郵局。觀察一下誰會領取徵兵報名表格。男性會報名，女性卻不會。（pp. 3-5）

性別、性別認同與性別表現的複雜性　　LO 3

如前文所述，性別不是一個簡單的概念。看看下面的故事（Colapinto, 2007）。

Frank與Linda皆生長於有宗教信仰的農家，他們在10幾歲時認識，並於20及18歲時結婚。婚後他們搬到城市中，Frank找到了一份被認為很好的工作。不久後他們很高興地發現懷了雙胞胎。在1965年8月22日迎來了他們的同卵雙胞胎John和Kevin。

Chapter 8
性別、性別認同、性別表現與性別歧視

當這對雙胞胎 7 個月大時，Linda 發現這對雙胞胎包皮較為閉鎖，會讓他們排尿困難。小兒科醫師解釋這稱為包莖症，屬於常見症狀，可經由割包皮來治療。Linda 與 Frank 便決定讓雙胞胎接受治療。

但手術後隔天一早，他們被醫院來電吵醒。護士告訴 Linda：「發生了一點問題！醫生必須馬上見你們。」

在兒童病房裡，他們見到了手術醫師。醫師表情冷漠，看起來有點像生意人。他說 John 的陰莖遭到灼燒。Linda 聽到這個消息整個人呆住了……醫師理應向父母解釋整個狀況，但他並沒有多說什麼。事實上，醫師早應在數個月前就先完整說明手術可能發生的所有狀況……那時 Linda 與 Frank 只知道 John 的陰莖是遭到電燒針灼傷，是血管切除後用來電燒血管的工具。當機具故障、人為疏失或二者都發生時，John 的陰莖因此遭到燒傷。Linda 回憶第一眼看到 John 的傷勢時說道：「它都黑了，看起來像一條小繩子，且一直連到他的身體。」幾天後燒壞的組織也壞死脫落。（p. 3）

帶著極度擔心的心情，Frank 與 Linda 看了許多專家。他們都認為雖然可以重建人工陰莖，但也絕無法看起來像原本的陰莖，功能也無法恢復正常，只能作為排尿的用途。Frank 與 Linda 認為 John 的未來黯淡淒涼，因為他一輩子會與眾不同，且永遠無法過著正常的生活。

最後，Frank 與 Linda 聯繫了知名的外科醫師，他開始執行變性手術。要記著，相較於今日能進行的醫療與手術，那個年代對這樣的手術仍是陌生與落後的。這位醫師說服兩位家長盡快讓 John 進行矯正手術，來改變他的性別以成為女性。他強調嬰兒在 30 個月大後，其性別認同將會發展成形而難以改變。僅有小學畢業的 Frank 與 Linda 事後反省自己對一切缺乏了解。他們沒有理解到這樣的手術過去從未在其他正常的嬰兒身上進行過，也就是說手術的確是屬於實驗性質。雖然朋友與家人提出嚴正質疑，但一直面對寶寶可憐的缺陷，他們也只能抱持希望並決定進行手術。

因此，在 1967 年，John 22 個月大時「進行了去勢手術」（p. 10）。醫療紀錄上寫著手術醫師「順著中線劃開了陰囊，取出睪丸，再將組織縫合回去，如此會看起來像陰唇。尿道往下移一些，使之與女性生殖器位置相似。另外還以整型方式製造出陰道裂縫」（p. 10）。

接下來幾年間，Frank 與 Linda 急著讓 John，現在改名為 Joan，舉止像個女孩並發展女性性別認同。這位說服家長進行手術的知名醫師建議他們不要討論或告知 Joan 的真正生理性別。Joan 的父母試著讓她穿上女孩的衣服並完女孩的玩具。但是，Joan 的舉止一直很男孩子氣（tomboy），很明顯地喜歡男孩衣服，行為舉止也受到其兄弟 Kevin 的影響。在幼兒園時，Joan、她的父母及老師都知道她很不同。Joan 雖然不知道到底她哪裡不同，但她知道她並不覺得自己是個女孩。到小學畢業前，她一直有人

際交往的問題。

當 Joan 12 歲時，她開始了女性荷爾蒙治療。當 Joan 14 歲時，「女性荷爾蒙藥物與她體內的男性內分泌系統產生了競爭效應。雖然沒了男性生殖系統，但 Joan 進入了男性青春期。除了走路與身形更像男生，她的聲音也變得更粗更低沉。Joan 的外觀變得奇怪，連陌生人都會盯著她看」(p. 18)。

就在這個時候，Joan 決定要過自己選擇的生活。她穿著男生的衣服，也不再梳理頭髮，甚至還站著上廁所。她「轉到職業學校器械維修科。很快地，她被取了新的綽號，像是『原始女生』(cave-woman) 或『薩斯科奇人』(Sasquatch)；甚至直接被人說『你這個男生！』」(p. 18)。

Joan/John 14 歲時，Frank 終於向她／他解釋事情的經過，以及他出生時是個其實是個男孩。在最初的震驚過後，Joan/John 感到鬆了一口氣，因為這表示過去的痛苦與掙扎是其來有自。

> Joan 馬上決定要再做一次變性手術。她將名字改回 John，施打男性荷爾蒙，並進行手術將女性變回男性。那年秋天，他接受手術去除人工胸部；接下來的夏天，他開始接受陰莖重建，並在 16 歲生日前一個月完成手術。(p. 19)

男性同儕幾乎是馬上就接受了 John。但與女性的關係仍具複雜性。雖然 John 是個相當帥氣的男性且很吸引女性，但缺少具有功能的陰莖對他而言仍是個挑戰，且他也為此感到難為情。

到了 21 歲，John 接受了另一個陰莖手術使其更為仿真。神經移植也讓他能有一些感知。

23 歲時，John 遇到了一位大他 3 歲並已育有三個小孩的女性，他們在 John 25 歲時結婚，他並領養了這三個小孩。

最後 John 挺身而出說出自己童年變性手術的經歷。他分享了手術讓他許多年來都極度不快樂。他希望自己的故事能讓其他無辜的人避免經歷同樣的事。

非常遺憾的是，John 在 2004 年自殺身亡，得年 38 歲。

Money (1987) 指出，性別是個複雜的概念，包括了六項生理變因與兩項心理變因：

1. 性別由染色體決定，XY 為男性，XX 為女性。
2. 分別會有睪丸或卵巢。
3. 性別與大腦發展在胎兒時期便有不同：男性有睪固酮，女性則無。
4. 內部生殖系統不同，女性有子宮、輸卵管與陰道；男性有輸精管與前列腺。
5. 男女的外部生殖器不同。

Chapter 8
性別、性別認同、性別表現與性別歧視

6. 青春期時會分泌不同的荷爾蒙（女性分泌雌性激素與黃體激素，男性分泌睪丸酮）。
7. 性別是出生時被歸類的（「是個男孩！」或「是個女孩！」）。
8. 性別認同，即個人內心的自我概念是男性或女性。

據估計，每 1,500 到 2,000 名初生嬰兒中便有一位具有雙性特徵〔Crooks & Baur, 2014；北美雙性人協會（Intersex Society of North America [ISNA], 2008a）；國家健康局（National Institutes of Health [NIH], 2013a）〕。原因包括了「非典型複合型染色體或先天染色體異常」（Crooks & Baur, 2014, p. 120）。例如，先天性睪丸發育不全症（Klinefelter's syndrome）是一種性染色體異常疾病，男性嬰兒在出生時多了一個 X 染色體，而成為 XXY；「Y 染色體會啟動男性生殖器官的發育，但 X 染色體會阻止男性生殖器官發育的完整性」（Carroll, 2013b, p. 86）。這會造成女性化的身體表現、男性荷爾蒙分泌不足、較小的睪丸，以及不孕的可能性（Lee, Cheng, Ahmed, Shaw, & Hughes, 2007）。治療方式則有男性荷爾蒙治療法。

另一種與生理性別矛盾的例子是，胎兒本來基因上是女性，但懷胎過程中接受了過量的雄性激素（一種男性荷爾蒙），造成有類似男性的外生殖器（Crooks & Baur, 2014）。她的陰蒂過大狀似陰莖；其陰唇（女性存在於陰道口的皺摺組織）可能合在一起而狀似陰囊（男性包覆睪丸的囊狀袋）（Carroll, 2013b; Crooks & Baur, 2014）。若出生時即診斷出異狀，可經由手術使其生殖器官「女性化」。

有許多例子是同時擁有男性與女性生殖系統的部分結構。這類人稱之為「**偽陰陽人**」（pseudohermaphrodite）或「**雙性人**」（intersex）。真的**陰陽人**（hermaphrodite）是「自出生便同時擁有完整的卵巢與睪丸，這個機率是非常非常小的」（Carroll, 2013b, p. 86）。相較之下，雙性人則較為常見。

北美雙性人協會（ISNA, 2008c）及國家健康局（NIH, 2013a）針對父母與醫師是否有權力在未告知兒童並獲得兒童同意前任意進行手術改正其性別，提出嚴正質疑。這類程序理論上是以兒童最佳利益為考量，有時甚至未獲得父母同意（ISNA, 2008b）。ISNA（2008c）也針對如何對待雙性兒童及父母提出幾點建議。第一，要尊重這些兒童與父母；醫護人員應與兒童父母開誠布公且不帶羞恥感地討論醫療狀況與相關議題。第二，有雙性兒童的家庭應轉介至社工或心理專業人員，以討論相關議題與可能的決策。第三，這些家庭應與其他有相似情況的家庭聯繫，以相互支持並做深入討論。第四，在仔細考慮後，要將雙性兒童歸類為「男性或女性應以兒童成長過程中想成為男孩或女孩作為依據」。這樣的歸類應先不進行手術，因為手術會破壞原有組織，而兒童日後可能會希望保有該組織。第五，這些兒童應接受醫療「以維持身

體健康」（例如，「若小孩先天有泌尿系統缺陷，應以手術矯正」）。第六，避免為了「讓小孩看起來正常些」而進行手術；應留待兒童長大後由其自行決定。

多元化思考 8.1 描述了其他不同的性別表現。下一段將討論性別角色，以及傳統與當代性別社會期待；包括了兒童、青少年與成年期性別角色刻板印象，以及男性與女性的差異。

多元化思考 8.1

其他形式的性別表現

人們有許多不同的方式表現其性別。Carroll（2013a）提到：

> 在西方文化中，當嬰兒出生時，是由生殖器官來決定生理性別。若有陰莖，則是男寶寶；若沒有，則是女寶寶。今日我們知道性別一詞遠比這複雜多了。我們的生理、性別認同及性別表現等都交互影響且造就了**性別光譜**（gender spectrum）的多面向性。一個人可以在出生時是女性（有XX染色體），認同上是女性，有女性化的行為舉止，且與男性有性關係；但另一個出生時是女性（XX），認同上是女性，有男性化的行為舉止，且與男性及女性都有過性關係。（p. 79）

有許多不同特性與行為來表現出不同的性別光譜。**跨性別**（transgenderism）包括「人們表現和／或行為與傳統性別角色不一致」（Crooks & Baur, 2014, p. 129），也就是說，「人們生理上的性與性別不一致，便稱為跨性別」（Greenberg, Bruess & Oswalt, 2014, p. 325）。**變性者**（transsexuals）是指人們覺得自己被困在錯誤的性別裡，由於他們的性別概念及自我感受與真正生理上的性不同，他們通常會設法透過手術或荷爾蒙療法讓外觀更趨近於他們的性別概念。許多變性人會希望他人稱他們為**跨性別的人**（transgender people）而非變性人，因為變性的重點在性，但跨性別的重點在性別，這也是他們真正在意的問題。**變女性**（transwoman）「是指從男性變性為女性，表示她們目前是女性，但有男性的過去」；**變男性**（transman）則「是指從女性變為男性，表示他們目前是男性，但有女性的過去」（Carroll, 2013a, p. 80; Rosenthal, 2013）。**跨性別青少年**（transyouth）「是指在性別認同或性別表現等議題上有困惑的青少年」（Carroll, 2013a, p. 80）。

在性別光譜中還包含著其他群體。**異性裝扮者**（transvestites）指的是喜歡在穿著打扮以另一個性別呈現。在我們的社會中，幾乎所有的異性裝扮者是異性戀的男性（Carroll, 2013b; Wheeler, Newring, & Draper, 2008），這可能是因為女性在穿著上有較多的自由與彈性。**男扮女裝的男性**（drag queens）指的是同性戀中男性裝扮成女性；**女扮男裝的女性**（drag kings）指的是女同性戀穿著傳統上較陽剛的服飾。**反串藝人**（female impersonators）指的是男性裝扮成女性，通常是為了達到娛樂效果。他們可能是異性戀者或同性戀者。常見的表演包括模仿知名女星的穿著風格，並以對嘴的方式表演成名曲。

生命週期中傳統的性別角色刻板印象　　　LO 4

人們從出生開始，便以不同的方式養育男嬰與女嬰。女嬰以粉紅色的毛毯裹著，此時父母被告知他們生了個「漂亮的小女孩」。另一方面，男嬰以藍色的毛毯裹著，而父母被告知他們生了個「好動的小男孩」。這樣對性別的刻板印象在童年時期、青少年時期甚至成年時期仍舊持續著。性別刻板印象是指期待人們在其性別中應有的表現。對女性的刻板印象包括「要照顧孩子、支持他人、較為靠直覺、情緒化……需要他人、依賴、柔弱、膽小、脆弱、天真、消極、服從、柔順」；而對男性的刻板印象卻有明顯的對比，包括「權威、具創造力、聰明、明理、獨立、自立更生、強壯、勇敢、具冒險精神、負責任、堅強、權威、成功的」（見 Richardson, 2007; Ruth, 1998, p. 153; Yarber & Sayad, 2016）。這些刻板印象與個人人格、優缺點或喜好沒有關係。然而值得注意的是，在這個文化下的性別刻板印象不一定會適用在其他種族或族群。例如，對非裔美國人的女性而言，傳統的女性角色包括了強壯與獨立（McCammon & Knox, 2007; Yarber & Sayad, 2016）。

以性別為主的刻板印象有一個很大的問題：它限制了人們的選擇性。當人們想遵守這些性別期待時，就會感到壓力。這樣的壓力不但影響了個人，也影響了個人選擇其他的替代方法。

例如，在美國，一直到 1920 年女性才被允許在全國性選舉中投票，然而，她們對政治卻沒有實質的影響力。在此之前，政治大環境（美國政府）是不允許女性投票的。這些性別上的刻板印象也影響了法律，包括：女性不夠聰明，所以不能參與決策過程；女性應屬於家庭，照顧她們的先生及孩子，而不應屬於繁雜的政治環境；女性生來就是高道德的，保有純潔的心及人性的尊嚴（Rothman, 1978）——這樣的本質不應被政治汙染。不論是什麼原因，簡單來說，女性就是沒有投票的權利。

為了了解與評估人類行為，專業人員一定要能夠察覺性別刻板印象所帶來的壓力。社工人員必須了解人類的差異性會影響行為。性別是其中一樣重要的差異。接下來將檢視兒童時期、青少年時期及成年時期在性別上的差異以及性別刻板印象。

兒童時期

我們在第四章中即提到，男性與女性在一出生時即被給予不同的對待。即使父母自認為小心避免將性別刻板印象加諸在孩子身上，然而，他們對待男孩和女孩的方式還是會有所不同（Bernstein, Penner, Clarke-Stewart, & Roy, 2003; Crooks & Baur, 2014）。因此，很難區別這些差異性是與生俱來的還是學習而來的。

在養育男孩時，父母通常較重視他們的體能表現。對男孩和女孩，父母也會有不同的溝通方式（Yarber & Sayad, 2016）。例如，他們傾向對男孩積極的行為以及女孩

輕柔的說話與觸碰做出正向的反應。

男孩較不被鼓勵有過多的情感表達，例如，哭泣（Carroll, 2013b; Yarber & Sayad, 2016）。當 6 歲的 Susie 跌倒了，摔傷了膝蓋哭著跑回家時，她的媽媽可能會說：「可憐的寶貝！會不會痛？沒事了。我來親親妳的膝蓋就不會痛了。」而 6 歲的 Bill 跌倒了，摔傷了膝蓋哭著跑回家時，他的媽媽可能會說：「好了好了，Bill，你是個大男孩了，不用哭，沒事的。我來幫你在膝蓋上貼 OK 繃。」每個小男孩多被鼓勵要堅強、勇敢以及隱藏外顯情緒。這樣的情況帶來了悲劇性的結果：當他們進入成年時期時，依舊維持著這樣的外表。若這些成年男性在愛情與親密關係中被要求要開誠布公地溝通與表達他們的感覺時，通常會產生問題。

孩童在遊戲中便會表現出性別的差異性（Crooks & Baur, 2014; Papalia & Martorell, 2015; Renzetti, Curran, & Maier, 2012）。男孩會比女孩更具侵略性。此外，孩子們多會選擇與性別有關的玩具。男孩會選擇較具陽剛性的玩具，如槍與卡車等；女孩則傾向選擇較為女性化的玩具，如芭比娃娃。

青少年時期

正值變化的青少年時期可能會面臨許多困難。在此階段，生理特徵產生明顯的改變，對性的慾望逐漸強烈，同儕壓力遽增，自我認同在掙扎中成形，和父母之間的衝突也可能變得更為激烈；除此之外，青少年還必須在刻板的性別概念下，面對來自父母、同儕、老師甚至媒體的壓力（Carroll, 2013b; Crooks & Bauer, 2014）。這個過程稱為**性別的強化**（gender intensification），即「對性別角色一致性予以更強的壓力」（Hyde & Else-Quest, 2013, p. 152）。Hyde 與 Else-Quest（2013）認為：

> 對女孩的壓力是在 11、12 歲時，她們必須更為女性化而減少男性化表現。不過，一份針對二十一世紀青少年進行研究，其研究問題是：性別強化是否仍會像過去一樣明顯（Priess et al., 2009）。女孩在 11 到 15 歲，其女性化的分數並沒有提高；事實上女孩在男性化的分數與男孩一樣高。在今日，性別強化的壓力可能不如過去大，或是變得更為微妙，如當代的性別主義。（pp. 152-153）

Carroll（2013b）認為：

> 男性化與女性化代表什麼意義？在不久之前，答案非常明顯：男性自然會有男子氣概，也就是他們會變得強壯、穩定、攻擊、競爭、自力更生與情感內斂；女性則自然會變得女性化，也就是更為直覺、關愛、照顧、情感表達與溫柔。即便在當代，許多人仍同意這樣的特點對不同性別做了不同的描述。然而，隨著文化的改變，這些性別刻板印象較難被接受。**男性化**（masculinity）和**女性化**（femininity）表示在社會中對每個性別特點理想上的分類。（p. 90）

你認為當代理想中的女性化與男性化特徵分別為何？當你在青春期時，你將誰視為典範？為什麼？這些人代表著什麼樣的角色典範？他們的表現如何影響你的行為？你認為對自我的覺察與行為的改進會如何幫助你更了解他人的行為？

成人時期

女性通常都被教導在當了妻子及母親後，必須成為一個真正的女人（Geller, 2004; Shaw & Lee, 2012），在男性方面，一般卻教導他們自我滿足主要來自於工作（Shaw & Lee, 2012）。這些刻板印象所帶來的壓力和期待常造成嚴重的問題。一個全心全意扮演妻子及持家角色的女性必須全然地依賴丈夫；如果丈夫生病、去世或離開，她就會變得非常脆弱。在美國，幾乎二分之一的婚姻都以離婚收場（American Psychological Association, 2014）。

以傳統性別角色社會化，並符合刻板印象的女性，至少面臨了三項劣勢。第一，女性通常會因性別因素造成收入明顯低於男性（Kendall, 2013; U.S. Census Bureau, 2011）。Kendall 認為，「雖然許多人對於美國女性就業狀況感到樂觀，但在勞動市場中，女性的地位、機會與薪資都較男性為低」（p. 86）。本章稍後將會針對此議題進行深入討論。

第二，即使女性在外工作（多數女性是如此），她們還是被期待做大部分的家事及照顧小孩（Hyde & Else-Quest, 2013; Kirk & Okazawa-Rey, 2013）。不管她們的社會地位、職業高低或居住在城市或鄉村，皆為如此。當為家庭及家人付出更多的時間和精力時，就只剩下較少的時間和精力在工作上發展。婦女因此會期待丈夫公平分擔家事與照顧小孩之責，進而帶來婚姻上的壓力；即使丈夫有分擔家務，這些事仍舊是太太的「責任」（Hyde & Else-Quest, 2013; Kirk & Okazawa-Rey, 2013）。

女性因性別角色刻板印象會經歷的第三項劣勢與潛在壓力為她們需要表現出漂亮與吸引力（Yarber & Sayad, 2013）。Bartky（2007）提出解釋：

> 許多女性執著於身體的展現。雖然這樣的執著會因個人自尊或對外表在意的程度而有所不同，但在現代社會中充斥著完美女性的廣告，讓我們自嘆不如，也會去在意誰的鼻子形狀不對，或誰的臀部不完美？……
> 　時尚在我們的社會中，女性有義務要展現最好的自己……盡最大的能力讓自己好看，不僅是整齊乾淨，而要更漂亮與具吸引力。這樣的前提是在於我們自認為不夠完美，且僅要求整齊乾淨是不夠的。這裡，「自卑的論調」很明顯。我們不僅要求自己不斷追求更好的外貌，更說明了我們一開始就覺得自己的身體樣貌是不夠好的。（p. 56）

男性也經驗到了性別角色刻板印象所帶來的不自由及負面結果，其影響至少有三個層面。首先，一般會期待男性是具有競爭力、積極上進、有成就的行動者（Shaw

& Lee, 2012; Yarber & Sayad, 2016），因此，他們會有在事業上必須成功的壓力，可能是工程類、犯罪現場偵查、不動產經紀人、牙醫或其他可以顯示成就的領域。一個較低地位工作的男性，通常也比較容易被瞧不起。

第二個負面影響是情緒表達上的壓抑（Crooks & Baur, 2014; Yarber & Sayad, 2016），男性所學習到的是不可以哭及堅強果決；他們必須壓抑而不顯現出脆弱的情緒，像是憂鬱、害怕或是悲傷（Crooks & Baur, 2014）。相對於女性，男性較不易在親密關係中表達情感，這也許是因為他們社會化的過程造成的。真實表達出親密情感可能代表著脆弱，因此應該盡量避免。

第三個性別角色刻板印象對男性所造成的負面影響是其平均壽命明顯地比女性短；例如，白種女性比白種男性的平均壽命多了五年，非裔美籍人中，女性也比男性多活六年之久（U.S. Department of Health & Human Service, 2015）。

生理因素當然有關，但「傳統男性角色強調成就、競爭與情感的壓抑，三者都會製造出壓力，而壓力本身就會影響健康，遑論壓力所導致的補償行為，如吸菸、喝酒、吸毒或是挑戰危險的事物」（McCammon, Knox, & Schacht, 1993, p. 302）。

性別刻板印象對男性及女性所造成的持續性問題是壓迫他們必須順應要求。他們沒有太大的空間可以發展個人特質或創造力。如果我們能夠更具彈性地思考，打破性別刻板印象，也許人們可以更客觀地檢視自己，而不會被迫成為不適合自己的角色。拋棄掉性別刻板印象，也許能讓我們自由選擇生活方式，對人生有更符合現實的期待。

本章許多部分提及了女性在社會、經濟與社會正義上面臨了不平等的對待；男性亦因為性別刻板印象與性別期待而面臨沉重的壓力。**重點提示 8.1** 深入探討這些議題。

◆ 重點提示　8.1

男性特殊議題與需求

由社會建構的角度而言，Kosberg 與 Adams（2008）強調許多「男性化表現」（masculinities）會依據社會脈絡的不同而有所差異；以下是男性會經驗的一些議題：

1. 社會會試著讓男性順應著性別角色刻板印象進行社會化。男性應該強悍、強壯、充滿活力、可靠及不情緒化；他們應該盡可能不表現出女性化行為。這些要求加諸許多壓力在男性身上，且他們要克制住不表現出情緒。這些會對男性洞察情緒與行為等能力造成負面影響；也阻礙男性溝通能力的發展，甚至是在親密或重要關係中

的溝通能力。這些壓力會讓男性較少尋求他人的支持與愛。
2. 男性較女性更易面臨健康危機；他們的壽命較女性短。他們在十五大疾病的死亡率皆高於女性，除了阿茲海默症以外（Courtenay, 2003）。他們較女性更易遭到謀殺；更易自殺身亡；更會經歷無家可歸；更易死於車禍；更易沉溺於藥酒癮；更會經歷職業傷害。
3. 男性在一生中曾經經歷重大分離事件，如離婚或所愛之人死亡，可能很難尋求他人情緒上的支持與幫助。他們可能不會處理家務事，因為他們從來沒有學習過這些技巧。若無法因應將會傷害其自我概念。若男性從來沒有學習擔任照顧者的角色，照顧小孩或年長伴侶對他們而言將會格外困難。
4. 有色人種的男性會經歷更多困境，因為他們更易經歷貧窮、未受教育以及犯罪遭到監禁。他們也更易面臨健康問題，也比白人男性更早死亡。
5. 男性較會有具傷害性的因應機制，如藥酒癮或否認。由於社會壓力要求他們要堅強及獨立，他們較少使用社區服務資源，尤其是面臨情緒困擾時更少尋求協助。

Blundo（2008）對男性社會工作提出數點建議，尤其是多數社工由女性擔任。第一，實務工作者必須盡力覺察到對男性或對其他團體的性別角色刻板印象及期待。偏見會影響到實務的客觀性及有效性。第二，實務工作者要覺察到男性的個別差異及「男性化表現」的多樣性。了解性別角色刻板印象與期待如何影響男性的行為與情緒是非常重要的，以發展與男性工作時適宜的目標。此外，也要注意有色人種男性可能會面臨的特殊議題。第三，除了如傳統社會工作著重在補足男性化表現的不足外（如協助男性更能表達其情感與尋求協助），也要強調優勢觀點。男性主動解決問題及立即行動等行為應被視為優勢而非劣勢。

男性與女性的不同之處　　　　　　　LO 5

男性和女性確實有一些差異，但我們不確定有多少來自於先天生理因素，又有多少來自於後天環境的影響。有些差異明顯地在能力上及溝通方式可以看得出來。

能力差異

雖然男女在智能或 IQ 上沒有差異，但在語言表達的能力上，多年來有許多爭議。傳統上認為男性有較好的數理能力，而女性則是在語言能力上較為優異。但是之後的研究對差異的程度提出質疑，甚至懷疑差異的存在。

Sigelman 與 Rider（2012）整理當代幾項研究發現：

- 女性在有些領域或某些年紀表現出較佳的語言技巧，但由於差異過小而影響不大（Arden & Plomin, 2006; Galsworthy, Dionne, Dale, & Plomin, 2000; Hyde & Else-Quest, 2013）。

- 男性表現出較佳的空間操作與理解力（例如，排積木或由不同角度辨識出同樣的圖形）（Hyde & Else-Quest, 2013; Sigelman & Rider, 2012, p. 384）。有些差異會在兒童時期便展現出來，有些差異甚至會延續到成人時期（Johnson & Bouchard, 2007; Kaufman, 2007）。值得注意的是，透過訓練，不論是對男性或女性，都可以增進空間操作技巧（Hyde & Else-Quest, 2013）。
- 在過去，男孩在制式的數學測驗中得分較高。但近年男女在數學測驗中表現相當；女孩在數學課中的成績甚至比男孩好（Hyde & Else-Quest, 2013; Kenney-Benson, Pomerantz, Ryan, & Patrick, 2006; Lachance & Mazzocco, 2006; U.S. Department of Education, 2005）。
- 部分研究顯示女性有較佳的記憶力，但也僅限於能夠回憶出東西擺放的位置（Johnson & Bouchard, 2007; Voyer, Postma, Brake, & Imperato-McGinley, 2007）。

所以到底什麼結論是真的？不同的觀點仍持續辯論著，最大的爭議在於先天與後天的影響程度。哪些能力是與生俱來的？哪些差異是來自於男性與女性養育方式不同而造成的？重要的是，不要依性別來判定一個人的能力。

溝通方式

另外一項男女有明顯差異的是他們在語言或非語言的溝通方式（Sapiro, 2003; Shaw & Lee, 2012）。Shaw 與 Lee（2012）解釋如下：

> 女性和男性打斷對話的方式不同，男性較會直接打斷說話者。當聆聽真人說話時，我們發現，雖然在同一性別的對話中，男女打斷對話的次數大致相同（女性打斷女性說話，男性打斷男性說話）；但在男女混合的團體中，男性打斷他人說話的頻率較女性高，且在過程中，男性也較會改變話題。而女性打斷他人說話是為了分享自己的經驗、故事與想法。打斷對話的表現雖然有文化差異，但很明顯地，打斷者和被打斷者與權力議題有關……
>
> 女性談話和男性談話有不同的功能。女性談話有助於關係的維持、創造和諧、避免衝突及促進合作；而男性的談話方式，就另一方面來說，則較能夠吸引及抓住傾聽者的注意、確立權力與主導地位，以及傳遞資訊。（pp. 179-180）

女性在解讀非語言的線索及他人的情緒上，也比男性來得好（Hall, 1998; Hyde & DeLamater, 2017）。一般來說，女性對自己的情緒較了解，也較能體會他人的感覺。

雖然這些溝通方式的差異微小且細膩，但整體的意義卻很大。很多關於女性被不公平的對待或犧牲等嚴重問題都來自於性別歧視。檢視並開始改變這些問題，必須要從了解性別歧視的基礎開始。當這些行為被整體考量且改變，也許就能夠顯著地改變對性別角色的期待以及權力的分配。

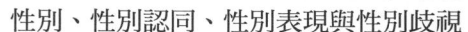

倫理議題 8.1

你認為男女在先天上有哪些不同？有哪些性別相關的行為與特徵是生長環境帶來的影響？

人是獨立的個體

男性和女性相似之處較不同處更多。我們談到的差異，在於對待方式以及學習而來所造成的不同。要重視性別歧視這個議題，因為它是不公平的；它導致人們因為性別而受到不同的對待，但這些不同的對待卻沒有任何客觀的理由。

每個人，不管男性或女性，都有權利做選擇。去除性別刻板印象和性別歧視，可以讓每個獨立的個體獲得更多自由。每個個體會因此更有機會成為他／她更覺得自然、適合的人。基本的概念，就是要去質疑那些基於性別而迫使人們遵守的潛在規則。這樣女性便能堅持自己的想法，而不會被認為是好大喜功；男性也不必總是需要堅強，而可以更自由地表達情感。領導性的任務及責任能夠在雙方的決策協調中得到分攤。這樣每個個體的人格特質，都能獲得最好的培養及發揮。

女性一生中的重要議題與事件

有許多明顯且具體的方式使女性成為性別歧視的受害者。在過去，她們向來擁有較少的權利，且在經濟能力上也顯著較差。她們在一些男性很少遭遇的事件（強暴及家庭暴力）中，也是受害者的角色。

在此提到的議題，是基於它們的廣泛度、嚴重性以及和當前狀況相關的程度，包含了經濟上的不平等、性騷擾、性別歧視言論、性侵害、受暴婦女及提升女性增權等議題。

男性與女性在經濟上的不平等　　LO 6

一般而言，女性收入較男性低是眾所皆知的。一直到今天，全職職業婦女的收入，其薪資所得的中位數（median）是男性所得的 77%（American Association of University Women, 2013; Kirk & Okazawa-Rey, 2013; National Committee on Pay Equity, 2014; Shaw & Lee, 2012）。若加入種族的因素後，男女的薪資差別變得更為嚴重，也就是說，有色人種女性比白種女性更為弱勢。**多元化思考 8.2** 顯示，西班牙裔美國女性薪資較非裔美國女性更低；且這兩個族群的薪資皆低於白種女性。若將所有女性納入考慮，不論是何種教育程度，女性薪資都較男性為低。有大學學歷以上女性的平均

多元化思考 8.2

性別／種族於每週收入中位數之比較

	所有種族	白人	非裔美國人	西班牙	亞洲
女性	$744	$759	$646	$581	$907
男性	$909	$941	$704	$652	$1,147

資料來源：Bureau of Labor Statistics (2016). Usual weekly earnings of wage and salary workers: Second quarter 2016. Retrieved August 11, 2016, from: http://www.bls.gov/news.release/pdf/wkyeng.pdf

收入，為有大專程度男性收入的 64%；同樣地，有高中程度的女性平均年收入，為同等教育程度男性年收入的 74%（Bureau of Labor Statistics, 2016）。

25 歲以上的女性中，約有 60% 都在外工作（U.S. Department of Labor, 2015）。她們的工作是生活所必需，也對她們的自我認知非常重要。之前提到女性所得是男性的 77%；有許多理由解釋薪資為什麼會有性別上的不同。情況之一是女性傾向於從事薪資較低、輔助性的工作。「許多女性或有色人種僅有少樣的工作類別能參與，像是文書工作、服務性工作（如餐廳服務生、家庭幫傭或牙科助手等工作）、護理工作及教師」（NCPE, 2007, p. 185）。男性卻大多從事薪資較高的工作，如醫師、牙醫或律師（U.S. Census Bureau, 2011）。男性在一些專業領域也占多數，像是科學、科技、工程與數學等。

更驚人的發現是，女性在各行各業的薪資都較男性低。普查資料結果更證實了男女在薪資差異的鴻溝（U.S. Census Bureau, 2010）。女性在管理、商界與財經領域其全職薪資中位數僅為男性薪資的 72%；女性從事專業工作其薪資中位數為男性的 70% 以下。在女性醫師中，「大部分皆為小兒科醫師、皮膚科醫師或從事公共衛生工作；較少成為外科專科醫師、整形外科醫師或自行開業……女性醫師薪資比男性醫師薪資少了約 36%……相似地，女性律師較少專精於犯罪法，而多選擇家事法；其薪資約為男性律師薪資的 80%」（Shaw & Lee, 2012, pp. 409-410）。

「即使有同等的工作經驗與技術，從事專業工作的女性卻遠不及男性可以在該行業中爬到頂端或持有股份。她們被無形的藩籬給阻擋，像是男性對資深女性員工抱持負面的態度，對女性的領導能力與風格、她們的動機、訓練與技巧抱持較低的接受度。這樣的藩籬稱之為*玻璃天花板*（glass ceiling）」（第三章已介紹此概念）（Kirk & Okazawa-Rey, 2013, p. 316）。

在社工領域也有薪資不平等的狀況。自 1961 年起的研究反映了在社工領域中持

續有男性與女性薪資不平等的現象（Gibelman, 2003）。近期研究發現，在擁有碩士學位的社工人員中，女性社工員平均薪資較男性社工低了 12,000 美元；即使控制了其他變項，女性社工薪資仍較男性低了 14%（Brandwein, 2008; Center for Workforce Studies, 2006）。另一項由全美社會工作人員協會進行的全國性調查中發現，女性社工的薪資中位數較男性少了 11,000 美元，或是低了 17.2%（Pace, 2010）。

性騷擾　　　　　　　　　　　　　　　　　　　　LO 7

性騷擾是屬於嚴重性歧視的一種；它影響了商業界、工業界、學術界甚至是公共場合。資料顯示，上訴到聯邦公平就業機會委員會（Equal Employment Opportunity Commission, EEOC）的性騷擾案件於 2017 年達到最高，有 30,356 件；在 2015 年則有 26,396 件（EEOC, 2016a）。

對於性騷擾的定義

公平就業機會委員會（EEOC, 2014a）對性騷擾（sexual harassment）的定義如下：「不受歡迎的性接近、性要求或其他具有性意味的言語或肢體動作等，皆構成性騷擾；且這些行為直接或間接影響個人就業或工作表現，或是塑造出威脅、敵意或具攻擊性的工作環境。」

性騷擾的發生是女性員工必須藉由容忍其男性主管經常性地觸碰其手臂、腰、脖子或臀部，以得到較好的考核。性騷擾存在於女性行政助理在男性副總裁施壓下，與其有性關係以留住這份工作。性騷擾也曾經發生在男性大學教授喜歡以半脅迫性方式觸碰年輕男學生，並稱其為「漂亮的男孩」。

性騷擾幾乎與不平等的權力與施壓等元素有關。有些時候受害者在性方面配合與否，會決定受害者得到獎賞或威脅與懲罰。另一些時候，性騷擾者會變得過度涉入被害者的生活，包括分享私密情事或打探被害者私生活。

雖然大部分的受害者是女性，性騷擾在男性及女性的身上都會發生。在 2015 年，上訴到公平就業機會委員會的性騷擾案件中，有 17% 為男性受害者（EEOC, 2016b）。因此，性騷擾可被視為人權的議題。不管是什麼性別都有可能成為性騷擾或是性挑釁行為的受害者。

性騷擾也有可能是語言上的，一些言語上的評論會讓工作或教育場合的氣氛變得令人難受。這些性言論與工作無關，且會影響到效率與表現。例如，女學生可能要忍受男老師評論女性身體部位或是女性能力較弱等言論。或女員工必須強迫自己忍受男上司令人厭惡的行為，包括一直稱女性為「女孩」；當女員工表現出情緒，男上司會說「一定是每個月的那個來了」；聲稱喜歡看「他的女孩們」穿短裙；在公布欄上掛

了裸女照片。這些行為會擾亂正向、有效率的工作環境。

性騷擾的發生地點

並沒有一個精確的數據說明何時、何地、如何及對誰性騷擾。但有一項調查顯示，各個地方的性騷擾是非常普遍的，包括在職場與學校（Rathus, Nevid, & Fichner-Rathus, 2014; Renzetti et al., 2012）。

職場上的性騷擾 數據顯示，有高達 70% 的女性曾在職場上遭遇性騷擾（Shaw & Lee, 2012）。Renzetti 及其同事（2012）提到：

> 各行各業的女性，從採礦業到法律界……都曾在職場上遭遇過性騷擾。部分研究者認為，在男性主導的行業中，不論是白領或是藍領，性騷擾的發生會尤其顯著，因為男性工作者會將性騷擾視為主導與控制女性的工具，不然女性就會與他們平等了……雖然女性可能會為了維持與同事間的和平而保持沉默……

學校裡的性騷擾 美國大學女性協會在一項針對 1,965 位學生所做的調查中發現，有接近一半（48%）的學生在七到十二年級間曾經經歷過性騷擾；這些學生中，多數（87%）表示這對他們有負面的影響（Hill & Kearl, 2011）。Hill 與 Kearl（2011）詳述如下：

> 在國、高中期間，性騷擾已成為每天生活的一部分……言語騷擾（不受歡迎的性評論、笑話或姿態）占了多數，但肢體騷擾也非常普遍。有近三分之一的學生（30%）遭遇過簡訊、電子郵件、臉書或其他網路工具所發布的性騷擾。特別的是，許多遭遇網路性騷擾的學生，也曾經親身經歷過性騷擾。女孩比男孩更常被性騷擾（56% 女孩 vs. 40% 男孩）。
>
> 女孩比男孩更常被性騷擾，不論是親身經歷（52% vs. 35%），或是透過簡訊、電子郵件、臉書或其他網路工具（36% v.s. 24%）。這項發現證實了過去的研究結果，即女孩受到性騷擾的頻率較男孩高……且女孩遭遇到更多的肢體騷擾，且更具侵犯性……被惡意稱為同性戀也是另一種性騷擾；這個部分男女經歷的頻率是一樣的（18%）。
>
> 在學校裡目睹性騷擾也是很普遍。有三分之一的女孩（33%）及四分之一的男孩（24%）表示，他們曾在 2010-2011 學年間中目睹過性騷擾。有超過一半的學生（56%）表示他們在那期間看過不止一次。雖然目睹過性騷擾所帶來的傷害性沒有比親身經歷的傷害來得大，但仍會造成負面的影響，例如，減低學生的安全意識。校園中目睹性騷擾也會讓旁觀者認為這樣的行為是「正常的」。

大專院校學生也經歷過性騷擾。Hill 與 Silva（2005）在一項美國大學女生協會委託研究中，提出：

Chapter 8
性別、性別認同、性別表現與性別歧視

　　在全國的大專院校中,性騷擾很普遍,多數大專生都經歷過。在上大學的第一年,就有超過三分之一的學生遭遇過性騷擾。多數學生經歷到的是非接觸型的性騷擾——從性評論到網路上的性相關信息;有近三分之一的學生經歷過肢體性騷擾,像是被觸碰、抓或一些帶有性暗示的舉止。性騷擾在校園的各個角落都會發生,包括宿舍與教室。無論校園大小,公立或私立大專院校,二年制或四年制的學校中都會發生。在四年制、較大的校園中及私立大專中最為普遍……

　　在校園中,男學生與女學生遭遇性騷擾的頻率差不多。女學生較會成為性笑話、性評論或帶有性暗示的舉止或眼神等的騷擾對象。男學生則較常被惡意稱為同性戀或受到一些恐同言論騷擾。

　　性騷擾是個嚴重的問題。雖然對性騷擾的發生沒有精確的數據,但確實經常發生在大部分的職場與教育環境中。

性騷擾的影響

　　性騷擾造成心理上的負面影響包括「害怕人際關係、害怕不被相信、感到羞愧與侮辱、認為無法改變,以及不敢為性騷擾者帶來麻煩。在許多時候,揭發性騷擾事件的婦女被視為製造麻煩或胡說,並會被他人如此對待」(Renzetti et al., 2012; Stout & McPhail, 1998, p. 196)。受害婦女可能變得「緊張、不理性、憂鬱及表現出其他創傷後症候群症狀」(Renzetti et al., 2012, p. 230)。

　　女性在遭到性騷擾後也會有許多生理反應,包括「慢性頸背疼痛、胃痛、腸炎或其他腸胃道疾病、飲食障礙及睡眠障礙」Renzetti et al., 2012, p. 230)。

　　因此,許多婦女選擇忽視性騷擾的存在。事實上,大多數遭到性騷擾的女性並沒有提出正式訴訟(Kirk & Okazawa-Rey, 2013; Renzetti et al., 2012; Stout & McPhail, 1998)。

　　性騷擾也會帶來財務上的損失。在過去十年,已花費數百萬美元在聯邦政府性騷擾訴訟案(EEOC, 2010b)。聯邦政府額外的支出包括轉換工作的花費,如僱用及訓練新進員工、曠職的損失及健康問題的花費,以及由於精神壓力而降低工作效率的損失。而受害者自己在個人及情緒上所造成的損失更是難以估計。

倫理議題 8.2

　　為什麼要性騷擾他人?

性別歧視言論　　　　　　　　　　　　　　　　　LO 8

　　性騷擾其中一種形式為以口頭言論造成具攻擊性與令人難受的工作或教育環境。這些言論包括有性意涵的笑話，也可能包括針對性別做出對其能力貶抑的言論，例如，男教授可能會對他的學生說：「女孩在這個科目通常表現不是太好。她們通常不像男性聰明。她們最後還是會結婚去！」像這類的言論便是歧視。這位教授做了不是事實且不公平的推測；他沒有依據每位學生的能力來看其表現。

　　許多時候，英文本身即反映了性別歧視與不公平。例如，man（男人）這個詞隨處可見，如 mankind（人類）、chairman（主席）、salesman（銷售員）、congressman（眾議員）、best man for the job（這個工作的最佳人選）。這些語詞雖包含女性在內，但暗指女性較為次等。

　　另一個具性別歧視的例子是英文男性與女性的稱謂。當進入成人期，男性被稱為先生（Mr.），且會用這個稱謂一輩子。這是個尊敬的稱謂，且並不將其個人生活狀況考慮其中。然而，女性一開始會被稱小姐（Miss），在結婚後被稱為夫人（Mrs.）；夫人這個稱謂清楚地表示出其婚姻狀況，代表已經結婚。

強暴與性攻擊　　　　　　　　　　　　　　　　　LO 9

　　強暴是侵犯個人隱私與尊嚴最嚴重的親密關係暴力行為。根據司法統計局（Bureau of Justice Statistics, BJS, 2013）的定義，**強暴**（rape）是「以心理上的恫嚇及肢體上的壓制，強迫進行性交。」「這包括了強迫性的口交、陰道與肛門插入。插入可以是以身體的部位（如陰莖或手指）或是以物體。若有人在不同意的情況下卻被強迫做了上述的事情，就稱為強暴」（Greenberg et al., 2014, p. 551）。「**企圖強暴**（attempted rape）也包括（不僅是身體是企圖如此）言語上威脅要強暴」（BJS, 2013）。

　　性侵害（sexual assault）「會有大範圍的傷害，與強暴或企圖強暴要分開討論。性侵害包括受害者與加害者間非意願的性接觸」（BJS, 2013）。性侵害可能有使用暴力或言語威脅。非意願的「抓或愛撫」也屬於性侵害（BJS, 2013）。

　　女性在她們的一生中都會害怕性侵害與強暴事件的發生。這類型的暴力行為會讓她們覺得既無力掌控又缺少保護。在此提出一些關於性侵害與強暴的觀點，以協助並了解性侵害與強暴對婦女的影響，以及當強暴事件發生時，婦女要如何因應。但值得注意的是，在此我們稱歷經性侵害的人為**倖存者**（survivors），而非**受害者**（victims）。受害者只著重在女性的脆弱，但倖存者強調女性生存的力量。

強暴事件

根據美國聯邦調查局（FBI, 2014），在 2011 年有 83,425 件強暴案件；其中 93% 是強暴完成，7% 是強暴未遂。研究顯示有 20% 的女大學生表示「曾被強迫發生性行為，且多為熟人所為」（Brener, McMahon, Warren, & Douglas, 1999; Kelly, 2008, p. 458）。另一項長期研究發現約有 70% 的女大學生自 14 歲起便曾經歷某種強迫性的性行為（McCammon & Knox, 2007; O'Sullivan, 2005）。另外，有 14% 到 25% 的女性一生中曾被強暴過（Hyde & DeLamater, 2017; Koss, 1993）。據估計，僅有 12% 到 28% 的強暴案件有報案（Crooks & Baur, 2014）。

許多理由讓婦女在遭遇強暴事件後沒有報案。當倖存者的身體被殘酷地暴力對待後，她們非常急於忘掉曾經發生過的恐怖經驗。報案表示她們必須回憶起細節，以及在腦海中一次又一次重複著所發生的事件。有些倖存者則擔心加害者的報復。若讓大眾注意到加害者，他可能會再做一次來懲罰倖存者，但卻沒有警察可以提供全天候的保護。另外一些倖存者認為周遭的人會因為她被強暴了而輕視她。一部分的她們被摧毀了，而這一部分她們情願隱藏起來不讓他人知道。強暴是一件醜陋的危機，需要非常大的勇氣來面對。

關於強暴的理論

至少有三種理論觀點解釋強暴的發生（Albin, 1997; Baron & Straus, 1989; Hyde & DeLamater, 2017; Ward, 1995; Zurbriggen, 2010），包括指責強暴受害者觀點（victim precipitation of rape）、加害者精神病理學論（psychopathology of rapists），以及女性主義觀點（feminist perspective），在此並不是比較哪個理論比較好，僅針對不同強暴理論觀點作介紹。

指責強暴受害者觀點 這個觀點認為強暴倖存者本身應該要受到指責——那個女人是「自找的」，也許是她穿得太暴露或是潛意識中想要被強暴。

以下是一個年輕女學生提供的不幸例子。她為了她的朋友向導師尋求協助。她的朋友，18 歲，在夏初參加了一個地方節慶活動。她與朋友走散了，然後與兩個年約 20 歲的男性聊天調情。由於是非常炎熱的七月天，這位女孩穿著露背背心與牛仔褲。突然間，在她意識到發生什麼事之前，她被強拉到車上載到市區的一間公寓中，整晚強暴她。

第二天早上，那兩位男性載她回節慶活動的入口處。在恐懼與淚水中，她打電話給父親哭訴著事情的經過。父親的回應是：「我告訴過妳不要自找麻煩。妳為什麼要穿成這樣？」女孩崩潰了。

這位父親採取的觀點是指責強暴受害者。他立即假設這是女兒的錯。不幸的是，這位女孩並沒有復原得很好。她需要的是父親的支持與幫助；但她得到的卻是責備。

6個月後，女孩發現她懼怕男人。她的反應非常極端；在紐約的除夕夜裡，她無法忍受看到人們互相親吻祝賀新年快樂，她衝回房間大哭。

導師聽完這個故事後，強烈建議這位強暴倖存者接受諮商協助。她需要處理她的感受，並將所有的責難放在應該受到責難的人身上，也就是加害者。

許多男學生也發現這種指責受害人的觀點太具攻擊性。因為這表示男人只重視肉慾而無法控制自己的衝動。許多男性認為，這種「你知道男人就是這樣」與「你知道女人就是這樣」的分類，都沒有考慮個別差異以及個人的道德與價值。

加害者精神病理學論 第二項理論是討論加害者的精神病理學。這個觀點提出，會加害於人是由於情感受創或是精神不平衡。會強暴是因為他生病了。這個觀點沒有將強暴事件視為社會或社會態度的錯。

對強暴事件的女性主義觀點 女性主義觀點認為，強暴的發生是一種邏輯上的反應，因為男性在社會化的過程中被教導要駕御女性（Rosenthal, 2013）。強暴被視為男性需要在女性面前展現侵略性能力的一種表現。這與性能力沒有太大的關係。性能力只為能力的展現提供工具。但強暴被視為是一種與文化緊密交纏之看待女性的態度所造成的結果。女性主義觀點將強暴視為社會問題，而非個人的問題。

不論是加害者或是倖存者，自小到大都認為性侵犯是正常的（Crooks & Baur, 2014; Herman, 1984）。這造成了倖存者總是責備自己。這樣的論述認為，女性當時應該已預期到會被強暴，所以她當時應該做些準備來預防強暴的發生。

以下是一個類似自我責備的例子。一位婦女在週六下午逛街時，她的皮包被人搶走了。若這位婦人是自我責備的觀念，她會為這樣的意外自責，責罵自己當初不應該帶著皮包出門逛街，也許從現在開始應該在家中看電視購物就好。當然，這樣的舉動不切實際，且這不是她的錯，而是小偷犯了法。小偷才是應該負責的人。

女性主義觀點認為，社會不應該教育人們男性性侵犯女性是正常的。社會教育女性認為自己較脆弱且需要保護也同樣是錯的，這造就了受害心理，即女性就會是受害者。女性主義觀點強調，這些觀念都需要改變，如此才可以遏止強暴這個社會問題的發生。

對強暴的迷思

許多對強暴事件的迷思需要被檢視與改正。女性需要正確的資訊，才能夠做出對的決定。她們需要學習什麼樣的條件與狀況會引發強暴，這樣才能夠避免。

其中一個迷思是強暴事件通常發生在暗巷。雖然搭便車或夜裡獨自行走的確增加了被強暴的機會，但許多強暴事件是在女性的家中（Kirk & Okazawa-Rey, 2013; Yarber & Sayad, 2016）。

在室內尤其在自己家中所發生的強暴案，倖存者極有可能認識加害人。但這是個問題，因為人們與熟識的人一起在家中時會感到安全。認知這樣的事實很重要，因為可以幫助人們提高警覺。

另一個迷思是強暴犯只限於陌生人（Greenberg et al., 2014; Rosenthal, 2013; Yarber & Sayad, 2016）。根據司法統計部門（Bureau of Justice Statistics）的數據，研究顯示，有 57% 的性侵害與強暴案件是熟人所犯；20% 的加害者是親密關係伴侶（Catalano, Smith, Snyder, & Rand, 2009）。熟人強暴（acquaintance rape）或約會強暴（date rape）的發生越來越多，尤其是在大學校園中更為普遍。

值得注意的是，目前有一種稱為約會強暴藥，用來混在女性的飲料中使之失去意識並強暴得逞。其中之一為迷姦藥 Rohypnol（row-HIP-nawl），又稱為 roofie。K他命（ketamine hydrochloride; Special K）也是一種強暴藥（Crooks & Baur, 2014）。另一種迷姦藥 GHB（gamma hydroxybutyrate）的效力更具威脅，因為會使人致命（Crooks & Baur, 2014）。（在第十章中會再進一步討論這些藥物。）因此，女性在點飲料到喝完的過程中一定要非常小心。

「女性自己想要被強暴」也是另一個迷思（Crooks & Baur, 2014, p. 510; Yarber & Sayad, 2016, p. 578）。這樣的迷思也支持了另一個錯誤的觀念，即女性在被強暴時其實是享受的，因為她們沉溺於性；且普遍會認為強暴是性行為，而非暴力事件」（Yarber & Sayad, 2016, p. 578）。

女性永遠有權利說「不」，且也要相信女性說不時就代表「不要」。若你是女性，你會期待被強暴嗎？或你會認為你的母親或姊妹就活該該被強暴嗎？當然不是！這也說明了這些迷思有多麼荒謬。

最後一個強暴的迷思是「女生自找的」，因為她們不當的行為表現或穿著（Yarber & Sayad, 2016, p. 578）。這項迷思認為暴力與攻擊行為的受害者應該負起責任，而非加害者。在我們的文化中，女性面臨非常大的壓力要讓自己具吸引力；因此穿著方面目前著重在展現女性外在特質。女性有權利做任何方式的穿著讓自己更具吸引力。「不管男性或女性都不應該被強暴；不管個人說什麼、穿什麼或做什都不應該造成強暴。事實上，許多強暴都是加害者預謀且事先計畫的。加害者等待機會來決定何時下手」（Yarber & Sayad, 2016, p. 578）。**重點提示** 8.2 提出了數項預防強暴事件的建議。

強暴犯概述

我們並沒有辦法對強暴犯的職業、教育程度、婚姻狀況、犯罪紀錄，以及犯案動機等方面有清楚的定義（Crooks & Baur, 2014; Hyde & DeLamater, 2017）。然

重點提示 8.2

預防強暴之建議

強暴並不是倖存者的錯；婦女並無法控制被他人攻擊。然而，女性可以做一些預防來減少被攻擊的機會。這裡提到的許多建議其實只是簡單的常識。只是很遺憾的，女性必須多些警覺、要事先計畫，以及要些微改變一些行為，而且這些是一定要做的。

下列建議取自婦女強暴防治組織（Women Organized Against Rape, WOAR）所出版的文件（2014）。

1. 對周遭有所警覺。注意身邊的人與車，以及想想妳經常走的路線中有哪些區域是危險的。如果你一定要經過這些地方，先試想若遭到攻擊時可以做些什麼。盡量待在明亮的地方，並走在人行道的中間。若街上車子很少，也可以走在馬路的中間。如果可以，走別條路來到達目的地，尤其是夜間；避免一成不變的模式以免成為攻擊的對象。

2. 要注意自己的行為。注意你的站姿、走路方式以及妳如何出現在他人面前。盡量不要在很晚時自己走在漆黑無人的街上。走路時要有自信與力量；試著不要表現出困惑、纖弱或漫不經心，因為攻擊者通常會找這樣的人下手。另一個選擇是與他人走在一起，或搭乘大眾交通工具會較為安全。

若妳覺得有人在跟蹤妳，不要害怕轉身去看。若妳過了馬路或走別的方向時，仍感覺到有人在跟蹤妳，妳最好趕緊到最近的商店或房子，並打電話給朋友或警察尋求協助。若感覺自己處在危險中，不要不好意思大叫。大叫「失火了」或「警察」通常會比大叫「救命」或「強暴」來得好。

3. 相信自己與直覺。如果你對約會狀況或某些派對不太確定，就立即做改變。你可以離開或去人多的地方。若你被強力要求你不想要的性關係，不要懷疑自己。說不！

4. 對自己的飲料保持警覺，讓它一直在你的視線中，或是帶走它。不要讓可能的加害者有機會對你下藥然後占你便宜。

當你開著自己的車時，也有特別的建議以避免性侵害。首先，車要停在明亮處，且取車前要先把鑰匙準備好。在進車門時，先檢查後座。開車時，把車門鎖上，窗戶也不要搖下來太多。當妳在紅綠燈停下來而有人接近妳時，把手放在喇叭上以隨時準備按喇叭。油箱中至少要有四分之一的油，以避免沒油而讓自己處在危險的情境中。

若車子故障，把車停在路邊，但請待在車內，把門上鎖以及車窗搖上。當沒人在旁邊時，把引擎蓋打開以引起他人的注意。最好等著警察的援救。若有男性自願幫忙，把車窗搖下一點點，請他打電話給警察。雖然願意幫忙的人只是一片好心，但沒有人可以確定這點。

搭便車是非常危險的，應該要避免。要避免在搭便車時遭到性侵害的最好辦法就是根本不要搭便車。

在家中也有維持住家安全的方法。入口處及玄關應該保持明亮。門要用嵌鎖式的鎖，而非鑰匙鎖，因為後者實際上沒什麼保護效果。窗戶也應該上鎖以避免有人進屋。女性若自己獨居或與

> 其他女性一起居住,在信箱上只用名字縮寫,以避免有人盯上。即使是住在大型公寓式住宅中,最好也要認識妳的鄰居。當妳需要的時候,妳應該要知道去哪裡尋求協助。不要讓陌生人進屋。若有男性敲門並宣稱是維修人員,請他由門縫中遞入識別證,或打電話到他的公司確認。
>
> 在遭到攻擊時,有一些原則可以降低被強暴的可能(Crooks & Baur, 2014)。第一個建議便是跑。生氣會比害怕來得更占優勢且立即反應。另外也建議大聲喊叫。
>
> 通常傳統的武器如槍或刀子並不能有效提供保護,因為太容易被攻擊者搶去而反過來威脅受害者。相反地,帶一些平常的小東西如哨子、鑰匙、戒指、雨傘或髮夾等都是有幫助的東西。在反擊回去時,臉是攻擊的重點,包括眼睛、耳朵、鼻子、嘴巴等,因為這些部位對痛覺比較敏感。也可以扯頭髮,以及在耳邊大吼來震聾他。咬或踢也是有效的。朝膝蓋踢會很有用,會讓攻擊者失去平衡,因為他極有可能先保護他的生殖器。

而,有數項因素可以預測男性強暴罪行(Crooks & Baur, 2014; Hall et al., 2005, 2006; Malamuth, 1998; Malamuth, Sockloskie, Koss, & Tanaka, 1991; Rathus et al., 2014)。第一,強暴犯通常來自於充滿敵意、暴力的家庭環境。在他們目睹或經驗到暴力或性侵害後,他們可能學習到以暴力方式來表達憤怒的情緒。

第二,強暴犯很有可能在青少年時期就有犯罪紀錄。可能的強暴犯與青少年罪犯同儕有關。他們強化敵意的態度並合理化攻擊行為以獲得想要的東西。當然,青少年犯罪行為也跟充滿敵意的家庭環境有關。第三個因素是雜亂的性行為。他們可能發現到用暴力讓女性屈服可以增加他們的自尊及地位,尤其是處在憤怒或暴力犯罪同儕團體中時。第四個會造就強暴犯特質的因素是他們對女性充滿敵意,也就是藐視女性化特質,如同情心或照顧他人(Hyde & DeLamater, 2014)。

McCammon 與 Knox(2007)指出,強暴犯相信那些強暴的迷思以合理化強暴行為。McCammon 與 Knox(2007, p. 528)整理了強暴犯的人格特質:

> 強暴犯除了相信那些強暴迷思外,他們也有一些共同的特質:他們無視於個人空間(如控制欲強);酒精或藥物濫用(降低判斷力);喜歡性暗示語言;具攻擊性;死板的相信性別角色;會以威脅來表達生氣情緒;無法控制情緒;冷血殘酷〔藉由傷害他人感到滿足〕;自戀〔強烈認為自己最重要並對他人缺少同情心〕;對他人冷淡且漠不關心(Fouts & Knapp, 2001; Laufersweiler-Dwyer & Dwyer, 2005; Rozee & Koss, 2000)。

強暴犯通常將怒氣發洩在女人身上(Rathus et al., 2014),行為上可能就以暴

力性行為來表現出來。他們通常以冷酷的態度面對女性，並認為她們只是性對象（Crooks & Baur, 2014）。其他研究亦支持強暴犯通常強烈遵循傳統的性別刻板印象（Ben-David & Schneider, 2005; Crooks & Baur, 2014; Rathus et al., 2014）。他們認為「女性就是需男人在性方面的施惠。他們缺少同情心導致忽視受害者痛苦受害的情緒。最後，他們強烈認為自己最重要，所以會以強暴迷思，像是女人自己想要性行為或女人是自找的，來合理化強暴行為」（Crooks & Buar, 2014, p. 513）。

一些研究發展出三項強暴犯基本類型：憤怒型、權力型與殘酷型（McCabe & Wauchope, 2005; Yarber & Sayad, 2013）。正如其名，**憤怒型強暴犯**（anger rapist）的特點就是憤怒；他「以非常外顯的方式表達憤怒，如拿刀、使用暴力、怒不可遏與表現出大男人形象」（McCabe & Wauchope, 2005）。憤怒型強暴犯會以語言攻擊、殘忍的毆打甚至謀殺（雖然謀殺的發生率較少）傷害受害者。這些憤怒行為不一定與性滿足有關，也許只是為了達到性幻想。這些攻擊行為可能是「憤怒情緒的表現；受害者可能代表著加害者所厭惡的人……憤怒也可能是羞辱女性的方式，要她們不要越界」（McCabe & Wauchope, 2005）。

權力型強暴犯（power rapist）雖然有幾個亞型，但多是藉由凌駕受害者來展現權力。他通常有性障礙或明顯的生理缺陷，所以會想要得到補償。加害者藉由「貶低受害者、較不強硬的暴力及閃電式的攻擊」，並以強暴行為來展現權力並控制支配受害者（McCabe & Wauchope, 2005）。

殘酷型強暴犯（sadistic rapist）攻擊的動機是為了滿足性與好鬥的幻想。他藉由監禁、折磨受害者並以女性最脆弱的部分——性，來羞辱受害者以獲得滿足。殘酷型強暴犯與憤怒型強暴犯有類似之處，但仍有三點不同。第一，殘酷型強暴犯考慮更周延；他們精心計畫攻擊行為以滿足其特殊幻想。第二，殘酷型強暴犯藉由折磨受害者獲得滿足。第三，過程中強暴犯不一定會憤怒；強暴犯類型的歸類端看其殘酷程度與攻擊行為中憤怒的程度。

強暴犯仍有個別差異。人的動機與行為是非常複雜的；上述強暴犯的分類常有重疊之處（McCabe & Wauchope, 2005）。

約會強暴

如之前提到的，女性有可能遭到認識的人強暴，甚至在安全的環境中遭到不幸。在大專院校校園中，大約有 80% 的強暴案件是由熟識人所為（Greenberg et al., 2014）。似乎有許多男性認為脅迫女性與其發生性關係是適當的、可預期的，或至少是可以容忍的。約會提供了非常好的機會。不幸的是，大部分的約會強暴事件並未報案。

酒精和／或毒品常常是約會強暴發生的另一個因子……相信強暴迷思的男性也較容易認為女性喝酒代表她們同意性行為」（Yarber & Sayad, 2016, p. 580）。

另一個約會暴力的相關因子是錯誤解讀；他們錯誤的認為雖然女性說了「不要，不要！」，她的眼睛卻是說「要，要！」（Greenberg et al., 2014; Rosenthal, 2013; Yarber & Sayad, 2016）。這也就是迷思之一，認為女性想要被強暴，她們「真的想要。」另一個說法是「她如果還沒準備好要，就不應該開始，或是這麼深入。」這些誤解困住了女人，在這些條件下女性沒辦法贏。一方面，「她需要的是個好──」這個想法意指所有的女人其實會想與「好」男人釋放她們的生物驅性。所以，男人當然會想要試著去釋放被禁錮的性驅力。相對地，女人被期待著要對她們在乎的男人有所回應，並有某種性互動。然而，約會暴力的動力讓男性認為當女性開始與其展開性互動，她就失去說停的選擇與權利。女性若答應開始，就被期待著要進行到最後。

重點並不是在於強暴犯是個無用的人渣。從助人專業的角度出發，他們是內心有問題的人，進而造成他人傷害；他們需要協助。然而，麻煩的是，在許多案例中，強暴行為（為加害者）帶來很大的刺激感及許多正向的行為與結果。

倫理議題 8.3

你認為男人為什麼會強暴？

倖存者對強暴事件的反應

在強暴事件發生後，女性可能會經歷半年或更久的嚴重心理創傷（Burgess & Holstrom, 1974a, 1974b, 1988; Greenberg et al., 2014; Hyde & DeLamater, 2017; Yarber & Sayad, 2016）。他們稱這種情緒改變為**強暴創傷症候群**（rape trauma syndrome），「現在將之視為創傷後壓力障礙中的特別一類」（Greenberg et al., 2014; Menna, 2011）。**創傷後壓力症候群**（posttraumatic stress disorder, PTSD）是「在高度壓力事件（像是戰爭時期的格鬥、身體暴力，或是重大天災）後產生的心理反應，通常的特徵為憂鬱、焦慮、不停的回想、重複的噩夢及避免再提及事件」（Mish, 2008, p. 970）。強暴創傷症候群有兩個基本階段。第一個**急性階段**（acute phase）為強暴後立即的情緒反應，會持續數週以上。倖存者的情緒反應有兩種（Carroll, 2013b; Masters et al., 1995; Rathus et al., 2014）。她可能會哭泣、憤怒或表現出害怕。另一種是她可能會試著控制這些緊張的情緒不讓人看到。在急性期經驗到的情緒範圍從羞愧、罪惡到驚嚇、生氣而想要報復（Lott, 1994）。

此外，在這個階段也會經驗到一些與強暴有直接關係的生理問題，像是生殖器官

的發炎,若是肛交則會造成肛門出血。生理問題還包括了壓力相關的不適,如頭痛、胃痛或失眠。

在急性期中,害怕與自責為兩種主要的情緒經驗。害怕源自於經驗到了暴力。許多強暴倖存者指出,在遭到攻擊時她們以為生命走到了盡頭。她們對加害者的攻擊沒有辦法控制,所以會非常害怕。這樣的害怕會持續存在。許多時候,倖存者害怕強暴事件會再次發生。第二種自責的情緒源自於社會傾向於指責受害者,這部分我們在指責強暴受害者觀點及女性主義觀點中已討論過。

強暴創傷症候群的第二階段是**長期的重整與復原期**(long-term reorganization and recovery phase)(Carroll, 2013b; Yarber & Sayad, 2016)。這個階段的情緒改變及反應可能會持續數年。多數強暴倖存者認為強暴事件在某方面影響了她們的一生。一些反應包括了害怕獨自一人、憂鬱及失眠,更常見的是會對他人產生警覺。其他的長期性改變為避免與男性交往(Greenberg et al. 2014; Masters et al., 1995; Yarber & Sayad, 2016),以及性功能障礙,包括失去性慾、對性接觸產生反感或難以達到高潮(Masters et al., 1995; Yarber & Sayad, 2016)。

對強暴倖存者而言,最重要的是要去處理那些最負面的情緒,並繼續她們的生活。有時候,強暴事件會被拿來與接受所愛的人死去做比較。但事實上,不管是哪一個事件的發生都不可能被改變。倖存者必須學會面對。生命還是繼續著。

對強暴倖存者進行諮商之建議:增權的重點

與強暴倖存者工作時,需要面對下列三項基本議題。首先,她非常有可能正處在情緒激動的狀態;她的自我概念可能嚴重動搖。對於這些處在情緒激動狀態的倖存者,必須提供各種建議以協助她們。第二,強暴倖存者必須決定是否報警並提出告訴。第三,倖存者在遭到性侵害後,必須進行醫療檢查,例如,受傷的狀況及懷孕的可能。

情緒議題　對性侵害倖存者進行諮商時,會經歷三個主要階段(Collier, 1982)。第一階段,諮商人員或社工人員必須給予倖存者立即的溫暖與支持(Hyde & DeLamater, 2014)。倖存者需要感受到安全;她需要感受到她能夠暢所欲言;在她開始處理所有的感受之前,她需要有機會能夠抒發及承認這些感受,這樣才有可能讓倖存者感受到她現在能夠控制的狀況。不論她們是否想要談,都不應該給予壓力;但還是應該多鼓勵她們分享內心的感覺。

讓倖存者能不受拘束的談話是很重要的;不過,不要詢問過度私密與細節的問題也非常重要。如果向警方報案,她們會再次面對這些細節。

通常倖存者會不停提到當時她能夠做什麼,或她應該做什麼。此時,諮商人員若強調她做對了哪些,將會更有幫助。畢竟,她還安全的活著,而且身體也沒有遭到

Chapter 8
性別、性別認同、性別表現與性別歧視

嚴重的傷害；她已經設法從可怕且危險的經驗中生存了。此外，告訴她這些反應是正常的，其他人若處在同樣的狀況也可能會有同樣的反應。這些談話不代表能讓事件的影響減到最小，但卻代表著能夠客觀地討論事件所帶來的創傷及潛在的危機有多大。另一個有幫助的建議是，當與性侵害倖存者工作時，幫助她了解應該遭到譴責的人是誰，也就是加害者。是加害者選擇強暴了她，而這些事情並不是她做的。

諮商第二階段為得到其他人的支持。這些支持可能包括專業資源，像是地區性侵害防治中心；也有可能是來自倖存者身旁感情較好的親朋好友的支持。Doege（2002）提到了 Alice 的故事。她是一位遭到兩個男人殘酷對待的性侵害倖存者。她提到面對朋友負面的反應讓她非常難受：

  Alice 在遭到攻擊後數週提出這樣的疑問：「為什麼我朋友的反應都這麼奇怪？我想要談，但是他們沒辦法。」

  一個很好的男性朋友，他是工作上的同事，在知道事情的發生後，連續狂喝了三天的酒。幾個月後，當他們相處時，他偶爾還是會表現出抑鬱的心情。

  另一位女性朋友──她們事發當晚本來約好要見面的──在隔天聽到強暴事件後，十個月都沒有再與 Alice 說過話。(p. 3L)

有時這些親友需要先接受指導；他們需要了解倖存者需要的是溫暖、支持及感受到愛。他們必須了解到，當倖存者準備好的時候，會需要有人可以與她討論她的感覺。一些會加深情緒與自我責難的問題（像是她為什麼沒有反擊或為什麼穿低胸上衣）必須完全避免。

諮商的第三階段是重建倖存者對自己、對周遭環境及對人際關係的信任。強暴事件讓女人變得脆弱；它摧毀了她對自己及他人的信任。這個階段的諮商必須著重在倖存者對自己及對所處狀況做客觀的評價。她的優勢必須被點出並強化，以幫助她重拾自信。

倖存者也需要客觀地去看她周遭環境。她不可能一輩子都躲在公寓中不出門。這是不切實際且不公平的。她會對再度被強暴的可能性懷有高度警戒，但還是必須繼續過著正常的生活。

最後，倖存者必須客觀檢視其人際關係。雖然她被加害者強暴了，但與她生命中其他的人並沒有關聯。她必須對與他人的關係抱持正向的態度；她不應該因為在一件恐怖的事件裡遭受到可怕駭人的經驗，而扭曲惡化與其他人的關係。她必須知道，強暴事件與其他人際關係的差異性。

遭受到強暴的女性在一開始可能會想與女性談，但是能與男性談也許會有幫助，包括她身旁的男性。要讓倖存者了解到，並非所有男性都是加害者。有時，男性伴侶願意讓倖存者傾訴她的感覺，並給予支持與同理，這對倖存者而言可能是最大的協助。

報警 在遭受到性侵害時第一個反應可能是打電話報警。然而，許多倖存者選擇不這麼做。有許多的理由說明為什麼不報警，包括擔心加害者會報復；擔心事情公諸於世會難堪及遭到責難；覺得報警也沒有用，因為許多加害者至今依然逍遙法外；以及擔心法律程序及遭到質詢（Masters et al., 1995; Rosenthal, 2013）。將一個性侵害事件申告到法庭上是非常昂貴的且令人身心俱疲。事實上，即便堅持到底，受害女性會發現要讓加害者遭到起訴是不容易的。我們已經討論過，在許多情況下，警方會認為證據不足。

雖然舉報強暴案件是困難的，但若倖存者沒有報案，加害者就無法對自己的行為負責。強暴倖存者應針對眼前各種選擇仔細思考，分別評估其正向與負向結果，以做出困難的抉擇。

若倖存者決定要報警，她不能夠先洗澡，因為洗澡會將重要的證據洗除。然而，倖存者通常會感到被玷汙及骯髒，所以她們第一個反應是想要洗淨自己並試著忘掉強暴的發生。因此，在諮商中，向她們強調不要立即洗澡的原因是非常重要的。

性侵害案件的報案必須在 48 小時內。越早報案會蒐集到越多證據，也會有更大的機會讓加害者被判有罪。

受害者的醫療檢查 第三項重要的議題是性侵害倖存者在受害後的醫療狀況。必須在適當時機讓倖存者了解到懷孕的可能性。因此，要在適合的時機，以溫暖的口吻與倖存者討論這個議題。要鼓勵倖存者接受醫療協助，包括檢查懷孕的可能性，以及性病篩檢，包括愛滋病檢測。雖然不要過度強調負面結果，但仍需要在某個時機讓倖存者了解。另外，若有其他身體外傷，也需要立即就醫。

倫理議題 8.4

性侵害加害男性會有什麼後果？

親密關係暴力　　　　　　　　　　　　LO 10

家庭暴力（domestic violence/family violence）、**配偶施暴**（spouse abuse）及**受暴婦女**（battered women）等名詞都是與親密關係暴力相關的用語。**暴力虐待**（battering）一詞包括了最多的暴力行為，不過並不只侷限於身體虐待，包括摑掌、拳打、重擊、掐喉嚨、腳踢、拿東西打、以武器威脅、刺、開槍等，以及精神虐待，包括「造成受害者恐懼、壓迫及控制倖存者」（Barnett, Miller-Perrin, & Perrin, 2005, p. 252）。**受暴婦女症狀**（battered woman syndrome）指的是婦女遭其丈夫或伴侶故意且

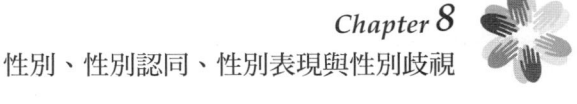

重複的以一種或多種上述行為施暴。

對於受暴婦女有以下幾點迷思（Barnett, Miller-Perrin, & Perrin, 2011）：

- 暴力虐待只是偶發；它們並沒有經常發生。
- 受暴婦女並沒有傷得這麼嚴重。
- 暴力或其他形式的虐待就這麼發生了，而非週期性的發生。
- 「受暴婦女是自找的」（p. 34）。
- 親密關係暴力只發生在低社經家庭中。

在絕大多數異性戀伴侶間施暴案件中為男性虐待女性（Barnett et al., 2011; Hyde & Else-Quest, 2013; Papalia & Martorell, 2015）。雖然有些婦女會對他們的男性伴侶施虐，但這些案件的動力通常不同。由於女性一般而言較男性嬌小且力氣弱，她們比男性有更大的可能會遭到嚴重傷害（Davis, 1995; Gibbs, 1998; Hyde & Else-Quest, 2013; Renzetti et al., 2012）。男性一般而言較女性壯碩且強壯，因此可以有比較大的力氣。親密關係暴力也存在於同性伴侶間。

Renzetti 與其同事（2012）指出，男性與女性施暴的動機不同。男性傾向於以暴力作為控制的手段，或是當他們的權威遭到挑戰時會使用暴力。另一方面，女性傾向以暴力來自我防衛，或用在當她們擔心會遭受到攻擊時（Barnett, Lee, & Thelan, 1997; Dobash, Dobash, Cavanagh, & Lewis, 1998; White et al., 2009）。

親密關係暴力受害者並不喜歡被毆打。在最初，她們經驗到的可能是「驚嚇、懷疑及否認；接下來會感到害怕；之後會試著重建安全感，這個安全感是她們過去覺得存在過的；接著會感到憂鬱，伴隨著間歇性的生氣情緒，以及突然爆發的憤怒感」（Barnett et al., 2011; Harway, 1993, p. 38）。婦女會參加家庭暴力方案，尋求停止暴力與維繫婚姻的協助。

親密關係暴力並不只侷限在貧窮家庭，或特殊種族、族群或文化背景的家庭。不過，低收入或有經濟困難的家庭發生家暴事件的頻率較高（Barnett et al., 2011; Brush, 2000; Kirk & Okazawa-Rey, 2013; Renzetti et al., 2012; Shaw & Lee, 2012; Tolman, 1999）。有色人種的婦女受暴的比例較高，不過，這有可能是因為大多數的有色人種都是較為貧窮的（Barnett et al., 2011; Kirk & Okazawa-Rey, 2013; Renzetti et al., 2012）。

暴力加害者

毆打女性伴侶的男性會有一些特徵。他們會堅信與性別角色有關的刻板印象，亦即要有男子氣概，像是不可向他人表現出情緒或感動，因為他們認為這代表著脆弱（Shaw & Lee, 2012）。加害者認為維持男性在社會上統領的地位及控制女人是非常重要的；「男性向女性施暴仍然普遍被視為正常的、可被接受的及理所當然的」

（Barnett et al., 2011; Sapiro, 1999, p. 191; Shaw & Lee, 2012）。

加害者可能感到不安全或忌妒，這可能讓他們去威脅並孤立其伴侶，而形成惡性循環（Carlson, 2008; Hyde & Else-Quest, 2013）。這樣的結果可能讓其女性伴侶受到重傷甚至死亡（Basile & Black, 2011）。

雖然家暴事件會發生在所有階級及社經地位，失業或貧窮帶來的壓力，或情緒問題如憂鬱症，都有可能會造成暴力事件；甚至一些家庭團聚的節日，像是感恩節與耶誕節，為伴侶帶來很大的壓力而引發暴力事件（Basile & Black, 2011; Hyde & Else-Quest, 2013）。即便是一些家庭節日如感恩節或耶誕節，也有可能因壓力過大而引發暴力事件（Bennett, 1995; Davis, 1995; Sapiro, 1999）。此外，「對一些男性而言，若太太的職業比先生好，也會造成非常大的壓力，因為他們一直以來都認為，先生應該比太太更優秀」（Sapiro, 1999, p. 191）。喝酒也與暴力行為有關（Basile & Black, 2011; Carlson, 2008; Mooney, Knox, & Schacht, 2013; Renzetti et al., 2012; Walker, 2009）。

暴力週期

在親密關係中的暴力行為基本上可分為三個階段（Barnett et al., 2011; Davis, 1995; Walker, 1979, 2009; Women's Resource Center, 2013）。第一個階段是壓力及緊張的升高。女性會試著讓一切沒事而避免反抗。此時可能會有幾次輕微的暴力事件。

暴力週期中的第二階段為爆發期。此時暴力事件發生。這個階段通常是週期中最短的階段，但可能會持續數天。

第三階段為和好期。由於男性已經釋放了緊張的情緒，在此時他會對他的所作所為感到非常抱歉。他會發誓不會再有這樣的事件發生，而受暴婦女也寬容並相信他。他被寬恕了，一切似乎又沒問題了，直到下一次的暴力週期再次發生。

她為什麼留下？

許多理由讓女性會繼續留在暴力環境中。那些尋求庇護中心協助的女性，甚至那些向法院提出離婚訴訟的女性，許多人在最後會回到她們暴力的家且暴力週期持續進行。她們會留下或回去的原因，包括經濟依賴、缺少自信、缺少力量、對施暴者的畏懼、罪惡感、害怕無處可去而感到孤立、擔心子女，以及愛。

經濟依賴 許多受暴婦女會留在加害者身邊是基於經濟方面的理由（Basile & Black, 2011; Hyde & Else-Quest, 2013; Shaw & Lee, 2012）。許多受暴婦女在經濟上必須依賴加害者，因為他們的薪水是婦女及其小孩的經濟來源。雖然親密關係暴力事件發生在各個社經階層，但有較高的機會發生在缺少資源的家庭中。

缺少自信 家庭暴力包括了身體虐待、性虐待及精神虐待（Papalia & Martorell, 2015; Shaw & Lee, 2012）。精神虐待可能是施暴男性時常以嚴厲的批評或貶抑辱罵倖

存者。這樣的精神虐待一點一點地損害了女性的自尊與自信。加害者通常會認為他們的伴侶離開他們將無法生存，久而久之，受害女性也開始相信這樣的言論。在某些部分，精神虐待其實與對戰俘洗腦類似（Davis, 1995）。

受害者需要自主與勇氣來提升自信，才能離開痛苦的狀況以接受未知未來的挑戰。未來的不確定性是會讓人害怕的。所以，家庭暴力倖存者認為，若她留下來，至少她有個地方可以待著。通常，受害者需要嘗試 5 至 7 次才會成功遠離這樣的狀況（Doege, 2002）。

缺少力量　有施暴伴侶的受暴婦女通常會比無暴力傾向伴侶的一般婦女更覺得缺少力量（Kirk & Okazawa-Rey, 2013; Walker, 2009）。受暴婦女認為在這樣的關係中，她完全被其施暴伴侶所支配。施暴者會一直以恐嚇、批評及暴力來讓婦女處在脆弱及困難的處境。然而，雖然在這樣的折磨下，有些女性甚至是每日的折磨，她們仍會運用自己的力量；Burstow（1992）解釋如下：

> 雖然可以預期到且也無須責備受害婦女會屈服，但她們不只是單純的屈服，甚至屈服是個關鍵。她們會做出積極且重要的決定來讓她們度過每一次的磨難。她們決定隱瞞一些事情；她們決定躲開或不躲開；她們也以自己的方式抗拒；她們主動或被動地抗拒每一次的暴力，這樣的抗拒包括了麻木自己以減少痛苦感、想辦法躲開施暴者的憤怒以及學會說不。（p. 153）

對施暴者的畏懼　在這樣的暴力關係中，受害婦女害怕離開加害者是可以理解的（Barnett et al., 2011; Basile & Black, 2011; Hyde & Else-Quest, 2013; Papalia & Martorell, 2015; Shaw & Lee, 2012）。會以肢體暴力方式來降低壓力的男性，當其女性伴侶離開他時，他很有可能會以同樣的方式來減低壓力。受暴婦女甚至會覺得，有一天會死在她發狂的伴侶手中。有些人認為，受暴婦女繼續留在這樣的關係中，是因為她喜歡被打。這是個迷思，且不是事實。我們在此討論她們留下來的理由是為了生存。

以下節錄了小說 *The Women Who Walked into Doors* 的一段，描述在家暴伴侶的拳頭下生活是什麼樣子：

> 過去 17 年來，我沒有一分鐘不害怕，沒有任何一刻不在等待。等待著他離家，等待著他回家，等待著他的拳頭，等待著他的笑容。我被他洗腦了，也心死了。幾小時間我就像行屍走肉，害怕思考，害怕停止，完全的孤獨。我坐在家裡等待著。我擦拭著自己的血。我失去了所有的朋友，也失去了大部分的牙齒。他給我選擇：左或右。我選了左，然後他折斷了我左手的小指。因為我燙壞了他的襯衫。因為我把他的蛋煮硬了。因為馬桶墊是濕的。因為因為因為。他摧毀了我，他消滅了我。（Doyle, 1996, pp. 176-177，引用 Chornesky, 2000, pp. 491-492）

罪惡感 許多親密關係暴力受害者認為,他們遭到毆打是自己的錯(Barnett et al., 2011; Shaw & Lee, 2012)。她們通常相信男人可以決定一切,且在家中是領導者;而女人應該服從。就某方面而言,罪惡感可能是因為她們的先生告訴她們,所有的問題應該怪罪於她們。也由於她們的低自尊,她們很容易就會怪罪自己。傳統的性別角色刻板印象讓她們懷疑自己不是個很會照顧家人的太太。

害怕無處可去而感到孤立 受暴婦女通常會隱瞞她們受暴的事實。她們可能會覺得與朋友及家人疏遠(Papalia & Martorell, 2015; Renzetti et al., 2012; Shaw & Lee, 2012)。通常,施暴者會強烈希望其伴侶不要與朋友或家人往來;他會批評她的朋友與家人,會盡可能地讓伴侶不要與他們談話。漸漸地,伴侶與其他人斷絕往來。當施暴者成了受害者身旁唯一的人,失去他代表著她將失去一切。

擔心子女 受暴婦女通常會擔心小孩的安危。首先,她可能會擔心是否有辦法在經濟方面獨立以支持孩子(Basile & Black, 2011; Hyde & Else-Quest, 2013; Renzetti et al., 2012)。第二,她可能堅守孩子需要一個父親的信仰。她認為,有一個會對太太施暴的父親,總比沒有父親好。第三,她甚至會擔心會失去小孩的監護權,施暴者可能威脅她會把孩子從她身邊帶走。她對複雜的法律一無所知,所以可能就會相信他可以且也會這麼做。

愛 許多親密關係受害者仍然愛著或情感上依附著她們的施暴丈夫(Barnett et al., 2011; Basile & Black, 2011)。許多尋求協助的婦女認為,若停止暴力行為,她們寧願繼續維持這段關係(Chornesky, 2000; Hyde & Elas-Quest, 2013)。Walker(1979)提到了一個老婦人對其丈夫死亡的反應;她的丈夫在他們53年的婚姻中沒有停止過施暴。她說:「我們每一件事都會一起參與……我愛他;即使他凶暴嚴酷……我很難過他死了,雖然我曾經希望他死……他是我最好的朋友……他從一開始就打我,一直到最後……那一段日子是很好的……我真的很想念他。」

值得注意的是,暴力並不一定僅發生在異性戀關係中;同性戀關係也有可能會發生。多元化思考8.3討論了在同性戀關係中的暴力行為。

社區的回應及受暴婦女的增權:她們其他的選擇

雖然處理家庭暴力是不容易的,但仍需要有明確的介入方法,也要連結相關的專業單位包括了警察部門、庇護中心及特殊諮商取向。

警察、社會政策與受暴婦女 警察通常為家暴事件發生時第一個介入的單位。過去,警察會試著不去介入家庭糾紛,覺得人們應該私底下在家處理自己的問題(Barnett et al., 2011);警察通常也對施暴者較為寬容(Erez & Belknap, 1998)。他們認為家庭暴力只是家庭失和(Berk, Fenstermaker, & Newton, 1988; Kirk & Okazawa-

Chapter 8
性別、性別認同、性別表現與性別歧視

多元化思考 8.3

男同性戀與女同性戀關係中的暴力行為

White 與其同事（2009）解釋男女同性戀關係中的暴力行為是如何產生的：

關係暴力並不侷限在異性戀行為中。雖然沒有普查性的研究，但一項以便利抽樣為主的研究顯示，男女同性戀關係中的暴力行為是個顯著的問題。在性暴力方面，男同性戀較女同性戀較少些；但在身體暴力方面，在男同性戀關係中卻較為嚴重。親密關係中的暴力並不單與性別有關。權力與控制等議題在任何關係中都會發生，也因此產生暴力行為。在女同性戀關係與異性戀關係中都會發生與權力／附屬有關的伴侶暴力。對女同性戀與男同性戀而言，若其內化了社會害怕同性戀的態度，將導致對同性伴侶的攻擊行為，並降低通報可能，因為他們受到伴侶威脅要揭露出同性戀的事實。對男同性戀來說，害怕得到愛滋病或照顧患有愛滋病的伴侶等壓力都有可能導致暴力行為。幸運的是，一些庇護所或機構開始慢慢在宣導相關議題。但男同性戀可以使用的資源仍然不多。(pp. 127-128)

值得注意的是，同性戀者較異性戀者經歷更多壓力。社會上害怕同性戀及歧視的態度，以及伴侶威脅要對同事、家人或朋友揭露自己性取向等都會增加同性戀者的壓力（Carlson, 2008）。此外，社會服務通常是以異性戀族群為主；為了得到社會服務而揭露自己非異性戀取向，對個人而言是另一種威脅與壓力（Carlson, 2008）。

Rey, 2013）。對受害者「指責或羞辱的言論像是『這都是妳自己的錯，妳不應該嫁給他』」（Barnett et al., 2005, p. 275），或「妳為什麼不離開？」等批評是絕對不應該出現的。

一些人認為警察應該更重視家暴事件，並執行現行法律（Lemon, 2002）。一群家庭暴力專家建議警察在處理家暴案件時應「遵循四個策略：(a) 找出主要攻擊者；(b) 執行支持逮捕或強制逮捕政策；(c) 現場蒐證作為起訴之用；(d) 申請暫時禁令或保護令」（Barnett et al., 2005, p. 274, 2011; Healey, Smith, & O'Sullivan, 1998）。

Jones（2008）對處理暴力狀況的流程提出批判：

立即有效的保護婦女及小孩、挽救性命並斷絕暴力的方式是視攻擊行為為犯罪，應該逮捕施暴者並將其關在牢中。

然而大部分的狀況並非如此。當前社會裡，多數的施暴者並沒有為其犯罪行為得到應有的社會或法律制裁。雖然多數州警與地方警察具有逮捕施暴者的公權力，但許多警察部門並未執行這條法律；即使警察逮捕施暴者，檢察官通常也不會起訴；即使施暴者認罪，法官通常也會釋放他──更糟的是，法官可能會裁

定施暴者要與其受虐妻子共同接受婚姻諮商。多數施暴男性會被要求接受數週的支持性團體治療，在團體中，他們與其他施暴者閒聊，之後其犯罪紀錄就可被刪除……被警察逮捕的施暴者平均只會被拘留兩小時以下，然後，他就可離開，並嘲笑受害者及警察。(p. 486)

在美國，雖然警察過去不願意處理家暴事件，但目前許多警察部門逐漸重視家庭暴力案件（Barnett et al., 2005; Kirk & Okazawa-Rey, 2013）。由於這個議題的嚴重性，以及有很高的可能造成死亡及傷害，他們意識到應該採取行動。例如，家庭暴力相關議題的訓練課程被列為警察人事訓練之一（Renzetti et al., 2012）。其中一個課程要點便是針對處理家暴狀況時，如何與人互動的相關技巧訓練。部分警察部門做了很明顯的變革，在局內設置處理家庭暴力狀況的專責單位（Barnett et al., 2011, p. 394）。

Kirk 與 Okazawa-Rey（2013）檢視當前美國州政府在政策上的變革：

四十年前，沒有任何一條美國法律著墨於家庭暴力。現在則有越來越多州政府層級的法律條文，包括了保護令，即禁止加害者接近或接觸受害婦女及其小孩。(p. 271)

對政策的改進以及對親密關係受暴婦女的增權仍有幾點建議（Barnett et al., 2005, 2011）。首先，立法機關應要求所有相關的犯罪司法體系人員要接受家庭暴力議題訓練。第二，應該立法禁止加害者攜帶武器。要盡可能讓倖存者覺得安全。第三，社區應該要發展並設立法律服務，要有專精於家庭暴力議題的律師協助倖存者面對繁瑣的法律系統。第四，在可能的暴力與危險狀況下，除了通過禁制令的申請外，更應該嚴格執行以增進倖存者的安全。第五，學校、社區及整個社會應該「改變父權思維的處理模式，因為這會降低女性受害者享有無暴力生活的機會」（Barnett et al., 2005, p. 280）。

倫理議題 8.5

有什麼事能做且應該做以保護 Karen Graves？

受暴婦女庇護中心 當受暴婦女尋求協助以逃離時，她立即需要的便是有地方可以去。基於這個目的，各個地方都有興建庇護中心。1973 年底，美國第一所受暴婦女庇護中心——彩虹庇護所（Rainbow Retreat）成立於亞利桑那州的鳳凰城（Hutchins & Baxter, 1980）。

這些庇護中心及家庭暴力方案提供受暴婦女暫時的安全住所。「受暴婦女在庇護

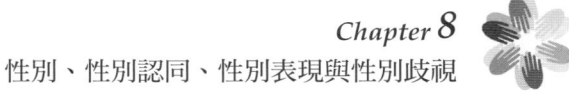

中心最多能住 30 天，但若有需要，多數中心可延長庇護時間」（Sullivan & Gillum, 2001, p. 249）。

家庭暴力庇護中心與相關方案通常會提供庇護保護以外的其他服務（Association for the Prevention of Family Violence [APFV], 2014）。當婦女正經歷家暴或性侵時，**緊急電話**（crisis phone lines）可提供立即性協助。**諮商服務**可提供支持、幫助婦女客觀檢視狀況、建立安全計畫以防下次危機的產生、討論其他可能性，以及幫助婦女做出對自己最好的決定。**倡導**（advocacy）可以「幫助受害者得到外在的服務（如醫療或居住），並與社區中其他機構建立網絡」（APFV, 2014）。**公共教育**（public education）可以教育社區居民關於家暴與性侵的知識。**法律倡導**（legal advocacy）可以幫助家暴倖存者做法律協商、得到保護令、訴請離婚及監護權取得。**兒童服務**（children's services）包括「個別諮商、支持性團體及公共教育」（APFV, 2014）。資源與轉介服務可以讓受暴婦女與其家人得到所需資源。家暴倖存者**支持性團體**（support groups）不僅彼此支持，並為經歷類似狀況的團體成員提供建議。**加害者介入方案**（batterer's intervention programs）是與加害者工作，教育他們家庭暴力的動力、憤怒管理技巧、增進自尊以降低掌控欲，以及建立其他更適宜行為。

家庭暴力防治方案可以提供許多創新的計畫，如「居住轉換計畫是幫助受暴婦女及其小孩由庇護中心轉換到永久住家的計畫。這一類的房子通常是公寓，讓婦女能暫時居住直到她們找到永久住所」（Sullivan & Gillum, 2001, p. 253）。其他創新資源包括「受虐懷孕青少女及其小孩之介入服務；提供學前幼童適宜的活動計畫；為青少年住民提供所需的教育服務……英語／西班牙文雙語服務……就業協助……藥物濫用防治與教育」（Sullivan & Gillum, 2001, p. 253）。

增權的諮商策略　以下幾點建議是匯集了不同的文獻總結而來，提供給面對親密關係暴力倖存者的社工人員或諮商人員作為參考（Burstow, 1992; DePorto, 2003; Petretic-Jackson & Jackson, 1996; Register, 1993; Walker, 2009）。

首次會談　在與社工人員或諮商人員的第一次會談中，親密關係暴力倖存者可能非常焦慮；她可能會擔心該說什麼。諮商人員應該盡可能地讓倖存者感到舒服，並強調她不必說出任何不想說的事。

倖存者可能也會擔心諮商人員會批評她。諮商人員應該要將個人情感放置一旁，且不要給予受暴婦女任何壓力要她採取某個行動。這可能會非常困難，尤其是當諮商人員自己強烈認為倖存者應該離開受暴環境。最基本的原則是，要讓婦女自己選擇做什麼；當倖存者選擇返家，諮商人員也許可以協助她釐清做此決定的原因。

對受暴婦女而言，保密也許是一個讓她擔心的議題。她可能會擔心施暴者會發現她尋求協助以及報復。諮商人員要保證所有的談話內容不經個案的同意是不會告訴任

何人的。有時,倖存者需要一個去處,要告訴她有庇護中心可以讓她居住。

倖存者可能會對自己是「受暴婦女」感到難堪;這樣的標籤會讓她感到不舒服。諮商人員應向婦女強調她是受害事件中的倖存者,且她的狀況與她的人格特質及身為人的價值並無任何關係。

提供支持 受暴婦女在身體及心理上可能都顯得脆弱。她需要他人的同理與關懷。她需要時間坐下,放鬆一下並思考。

鼓勵表達感受 許多受暴婦女會表現出情緒反應,包括無助、恐懼、憤怒、罪惡、羞愧,甚至懷疑自己精神不正常。諮商人員應該鼓勵倖存者坦然說出這些感受。只有先說出自己的感受,才能進一步去面對它。接下來諮商人員可以協助倖存者以各個不同角度,客觀地檢視她所處的狀況,並協助她重新控制自己的生活。

強調優勢 諮商過程中有一部分經常被遺忘,即強調倖存者所擁有的優勢。受暴婦女可能處在低自尊的狀態。她需要他人協助來找出自己正向的特質。

提供資訊 許多倖存者並沒有如何得到協助的相關資訊。提供法律、醫療及社會服務等相關資訊也許可以為她們帶來更多選擇,讓她們更能夠幫助自己。

檢視選擇性 受暴婦女可能會感到被困住了。在受暴環境下,可能不曾有過選擇;但現在過多的選擇可能讓她不知所措。這些選擇包括了繼續維繫婚姻、為自己及伴侶尋求諮商、暫時分開、尋找其他經濟支持及獨立居住的條件,或訴請離婚。

受暴婦女通常會感到不知所措及困惑。最有效的協助即諮商人員幫助她解決不同的問題。倖存者沒有辦法同時做所有的事情。然而,一次處理一件事情,以及一步一步做決定能夠讓她逐漸掌控她的生活。

訂定安全計畫 另一項協助倖存者的諮商技巧為訂定安全行動計畫。她需要清楚了解與釐清她選擇要做什麼。這樣的決定可能包括了訂定主要目標,像是與先生離婚;也有可能是一些小的目標,像是列出日托中心好讓她能夠為孩子找到兒童照顧的各種選擇。

倡議宣導 倡議宣導可以為倖存者找到家庭暴力相關資訊,並鼓勵她們。也可以協助受害者聯繫法律、醫療及社會服務等資源,並克服繁雜的行政過程。除此之外,它們更可以改變法律鉅視系統,如我們之前討論過的。

女性增權的意義　　LO 11

社工人員可以協助婦女重新感受自己的力量並掌控自己的生活。「有些個人特質,像是能夠被明確測量的自尊或是個人心智是男女皆同的。然而,另一些特質,包括了自立的魄力、自我負責及做事有效率則通常會刻板地被視為男性才有的」(Lott,

1987, p. 277）。社工人員可以協助婦女建立自信與自尊，找到並強調正向特質。社工人員可以幫助婦女看到其他選擇性，並評估每一個選擇性的優缺點。可以教導婦女決策及問題解決等技巧。成功地使用這些技巧將會帶來更大的成功。一旦婦女學會了自己做決定的過程以及解決自己的問題，她們可以運用這些技巧來做更多的決定及解決更多的問題。如此可以幫助她們感覺到能夠控制她們的生命。

社工人員可以教導婦女關於自立以及建立自信的技巧。他們可以提供練習的情境，並幫助案主以更有效的方式處理困難或不舒服的狀況。自信的增進將可改進人際關係，並逐漸增進信心。

社工人員也可鼓勵婦女發洩憤怒的情緒，而不是藏在心中。造成憤怒的原因以及生氣的對象是可以被釐清的。一旦找出了原因，社工人員可以「協助案主以語言或非語言溝通、談判、對質、結盟及建立網絡、妥協或不屈服等方式來直接面對憤怒情緒」（Collier, 1982, p. 277）。可以協助婦女發現某些情境會引發她們的憤怒情緒。若婦女對其配偶感到憤怒，可以教導她如何有效地表達她的感覺，如此任何引發憤怒的原因將可以被改變。

最後，社工人員可以鼓勵婦女照顧自己，更加強化她們喜歡自己的部分。婦女可以學到她們有權利給自己一些時間，並去參加一些她們喜歡的活動。

所有的建議都彼此相關，每一個建議都會讓另一個建議更容易成功，更能自立能夠增進對自我的控制；自我控制的提高將會增進自尊；更高的自尊將會提升自信。整體的目的是為了建立自信，有足夠的自我概念是每個人的權利。

CHAPTER 9

青年期與中年期的生理觀點

基本概念

　　青年期是人生中既刺激、又有挑戰性的時期。每個人一生中的成長與衰退都有不同的平衡方式。在青年期，人們會奠定日後人生發展的基礎，此時青年們離開原生家庭，展開職場生涯、結婚，開始建立家庭並且努力貢獻社會。

　　中年期被視為人生的全盛時期。大部分這個年齡層的人們身心健康相當良好，比起其他時期收入更豐富，也因各方面經驗而被認為更有智慧；然而中年時期也有

發展任務與生活危機,本章將檢視青年期與中年期之生理次系統,並且討論其對生活的影響。

學習目標

LO 1　確認青年期的生理發展、健康狀態,以及其他影響健康之因素
LO 2　探討中年期的身體改變,包括身體外觀、感官、體力與反應時間,以及智力功能
LO 3　女性停經與男性更年期的中年危機探討
LO 4　中年的性功能
LO 5　愛滋病(AIDS)──病因與影響;感染途徑;傳染及預防;愛滋歧視

青年期的生理發展、健康狀態及其他影響健康因素　　LO 1

青年期

　　想要精確界定青年期是人生哪個時期是很困難的,並沒有一條切割青年期到成年期的分界線。許多學者試圖界定青年期,Buhler(1933)將年齡 15 至 25 歲的青少年與年輕人聚集為青年。在此時期,人們的發展重點是建立自我認同與很理想化地企圖實現夢想。Buhler 認為青年期之後是成年期,大約 23 歲至 45 或 50 歲;成年期發展重點為達成實際具體目標與建立工作與家庭生活。

　　Levison、Darrow、Llein、Levinson 與 McKee(1974)將青年期分成許多部分,他們相信在人生發展結構過程中,人們會歷經短暫的過渡期,並走向各個穩定的階段。此時期從 17 歲至 22 歲,特徵是離家與獨立;之後則是從 22 歲至 28 歲,走向成年世界的過渡階段。30 歲過渡時期正是如何建構下半輩子的抉擇期;32 歲至 40 歲則是成家安定期。

　　與過去被稱為嬰兒潮的世代,X 世代,與即將來臨的 Z 世代相對照,目前青年期的人們被稱為千禧世代,約有 5,000 萬名千禧世代者,成長於二十一世紀與數位的時代,這些年輕人必須學習日新月異的科技世界,並且面對 2001 年 9 月恐怖攻擊的創傷,與 2008 至 2009 年的經濟大衰退(Tanenhaus, 2014)。

　　我們將青年期界定於 18 歲至 30 歲,此時正是身體成長邁向成人世界的全盛時期,本章對於青年期發展將著重在身體成長、健康狀況與生活方式對健康的影響。

身體成長

青年期正逢身體素質巔峰，25 歲與 30 歲之間，肌力強度到達最高峰，然後開始走下坡；30 歲之後，腿部及背部肌力逐漸下降；有些人手臂肌力也會下降。

就任務完成來說，約在 30 歲時達到最完美，手部操作的敏捷度也達最高程度，30 歲中期之後手與指頭的靈敏度也逐漸遞減。

此時期的視力、聽覺及其他感官功能也最敏銳，視力最銳利時期約在 20 歲，直到 40 或 45 歲開始遠視老花之前，視力都沒有明顯的下降。當遠視老花時，你會看到人們看報紙時拿得老遠的。

聽覺最銳利時期約在 20 歲，之後聽覺靈敏度逐漸下降，特別是高音頻的敏感度，這種聽力缺損就如同老花眼。其他感官——觸覺、嗅覺與味覺呈現穩定狀態直到 45 或 50 歲。

健康狀態

青年期被認為是一生中最健康的時期，青年人比起兒童時更加健康，他們尚未因疾病及中年期的健康衰退所苦（Papalia & Martorell, 2015）。

大部分青年人健康狀況十分良好（Papalia & Martorell, 2015）。然而，此時期意外傷害、殺害與物質濫用達到高峰（Papalia & Martorell, 2015）。

不論社經地位如何，許多人對促進健康的方法相當感興趣，例如，跑步與其他運動方式、健康飲食與體重控制成為風潮。

許多美國年輕人有使用過多輔助性醫學的傾向，包括營養補充劑（健康食品）、瑜伽、脊椎按摩、冥想、針灸、推拿治療與整骨療法。

即便青年期是人生中最健康的時期，但男女間會有性別差異。例如，女性不論任何年齡都比男性有更多疾病（Lefrancois, 1999），然而主要是跟性別有關的健康議題（如月經、懷孕或例行性子宮抹片檢查），而非一般健康問題，也許一般而言，女性會更關切預防性健康照顧議題。

所有青年期的急性或短暫性健康問題約有半數起因為呼吸系統，另外有 20% 因為受傷造成，青年期最常見慢性健康問題是脊椎或背部難題、聽力問題、關節炎與高血壓，這些慢性疾病甚至更常發生於低社經地位家庭（Papalia & Martorell, 2015）。

其他青年期健康議題也在上升中，令人擔心的是美國每年新診斷的 2,000 萬名性傳染病者中有半數為 15 至 24 歲（CDC, 2015）。肥胖比率、壓力、缺乏睡眠、抽菸與酒精等都與青年期有關（Papalia & Martorell, 2015）。

男性與健康　一個 21 歲的男性，鼠蹊部疼痛，此時正該是他一生中最健康之時，由於他是學生運動員，他設想是肌肉拉傷而加以忽略，他認為因為一直持續訓練，導致疼痛未能獲得適當治療。當他前往就醫時已經太晚了，他罹患無法治療的前列腺

癌。第二年，在他過世後幾個月家人代表他在畢業典禮領取畢業證書。

這個案例突顯了男性就醫需求。2014年，根據統計有83.2%成年人就醫，其中大多數為女性（CDC, 2015b）。儘管建議男性應該每兩年看一次家庭醫師（假如有抽菸、高血壓或高膽固醇才建議更多例行檢查）。18至39歲男性幾乎不如女性頻繁就醫，特別是健康檢查（CDC, 2015b）。男性主要死因通常為心臟病、癌症與意外（CDC, 2015c）。最常見導致死亡的癌症是前列腺癌、肺癌與大腸癌（CDC, 2015a）；只有男性才會面臨的健康議題，如前列腺癌或睪固酮過低，都能夠早期成功預防或治療（NIH, 2016b）。鼓勵年輕男性例行健康檢查將是當務之急。

女性與健康　如上所說，雖然女性比起男性較常就醫，女性需求更特殊，例如，懷孕、女性器官與乳房健康都必須接受例行性檢查監測。女性比男性有更高的疾病風險，例如，女性比男性更可能死於心臟病，更可能沮喪憂鬱、受到關節炎所苦，更常有泌尿道疾病（NIH, 2016c）。女性較高致死病因有心臟病、癌症、慢性下呼吸道疾病（CDC, 2016b）。

生活方式與健康

健康並非偶然，與特定狀況及個人生活方式有關；不論有益或有害的健康習慣都在人們年輕時候就開始形成，某些簡單基本的生活習慣會持續終生；全部遵循者傾向比部分遵循者要長壽一些。

正向的健康習慣，包括吃早餐與規律進食其他餐，避免高脂點心與高糖食物，飲食適量以維持正常健康的體重也很重要，抽菸與飲酒過量有害健康應該避免，適度運動及充分的睡眠有益健康。

酒精過量對健康有不良影響。酗酒者係指持續且強迫性的需要酒精，當身體持續依賴酒精就會造成生理依賴，約有四分之三的酗酒者會出現肝功能損傷，8%甚至惡化成肝硬化。肝硬化係指肝組織逐漸惡化直到喪失正常功能，肝功能包括將食物轉化為可用的能量。酒癮者其他影響還有包含癌症、心臟病與心臟衰竭；以及各式各樣的胃腸問題如潰瘍、神經系統損傷與精神疾病。

壓力是另一個影響健康的因素（NIMH, 2016），正面事件（例如，結婚或工作升遷）或負面事件（親友死亡或離婚）都可能導致壓力。有三種不同的壓力類型：出自突發改變常態壓力，或創傷壓力（重大意外或災害）。每個人對於這些壓力源的反應不同，個人持續的壓力可能導致嚴重健康問題，例如，消化問題、體重增加、心臟疾病、高血壓、憂鬱或其他疾病（NIMH, 2016）。

窮人更常面臨因資源貧乏之壓力，他們經常擔心接近月底時沒錢可以扶養孩子，也可能煩惱因為沒繳帳單，而被切斷電話或電力供應。

為了因應這些壓力，適當的健康照顧、向他人求助、常規運動、因任何心理健康

Chapter 9
青年期與中年期的生理觀點

問題尋求諮商、避免使用酒精或藥物作為紓解壓力的方法、正向思考都非常重要。瑜伽及冥想也有助因應壓力（NIMH, 2016）。

節食也可能影響健康。體重超重將會提高罹患心臟病、高血壓，以及其他健康問題的危機。換句話說，平衡飲食、適量食物，避免高鹽與高脂飲食，配合運動，能夠促進健康。例如，限量膽固醇攝取，可以降低心臟病的風險（Seaward, 2012），膽固醇是一種「像脂肪一樣軟的物質，存在於血流之中的脂肪」（American Heart Association, 1984, p. 1），積存於動脈然後阻礙血流；嚴重阻塞將會遏止血液流入心臟，導致嚴重心臟病發。攝取較少或不含膽固醇的食物將會明顯降低這類危機。

健康顯然與死亡發生率有關。

中年期的身體改變　　　　　　　　　　　　　LO 2

中年期
　　中年期沒有明顯的生物性界線，不同學者對於中年期開始年齡定義約從 30 至 40 歲之間，結束年齡從 60 至 70 歲之間。本書將中年期定為 30 至 65 歲，此時期涵蓋年齡層相當廣泛。

中年期的身體改變
身體功能改變　　大部分中年期人們身體強健精力充沛，身體功能僅僅感覺些微衰退，例如，48 歲的 Althea Lawrence，她注意到自己跑步所花的時間稍長了一點，這種身體功能的衰退可能會讓人們覺得自己老了。

　　每個人變老的速率不同，而身體系統功能的退化是漸進的，主要的改變之一是儲備能力降低，儲備能力即當壓力與人體某部分系統功能不正常時作為後備之用。中年期的普遍性生理改變有心臟輸送血液的能力減低；消化道分泌酵素減少，促使便秘與消化不良之機會升高；擴大胸腔的橫膈膜力量減弱，腎功能也降低。某些男性有前列腺肥厚問題，可能產生泌尿與性功能問題。

　　除了精力逐漸衰退，中年人從事體力工作的能量也較低，經過較長時間激烈活動之後的復原期也較久。全職工作與熬到凌晨的社交活動都會更費力，感冒或其他普通病痛之復原期也較久，劇烈運動之後導致關節與肌肉疼痛也持續較久。相較於需要爆發力的工作，中年人在需要耐力的工作上會做得更好。他們需要調適體能活動以彌補這些自我活力狀態的改變。

健康改變　　40 歲初期，新陳代謝開始變慢，此時期不是體重增加，就是補償性的少吃多動。

此時期易開始有健康問題產生。可能有糖尿病的徵兆，膽結石與腎結石機率增加；比起青年人，中年人更易罹患高血壓、心臟病與癌症。背部問題、氣喘、關節炎與風濕病也很常見。因為這些病痛幾乎都可以治療，中年人需要定期健康檢查以早期發現治療。

高血壓是中年期的主要健康問題，血壓不穩定易導致心臟病發作及腦中風；約有40% 美國成人有此困擾，非裔美國人與窮人之盛行率似乎更高（Papalia & Martorell, 2015）。幸好這些疾病都可以透過血壓量測確診，並透過服藥有效控制。

身體外觀改變　外表也逐漸改變。某些人發現外觀改變時，會擔憂，首先開始出現花白頭髮，髮量變少，皺紋也逐漸顯露，皮膚變得乾燥且彈性較差。脂肪組織重新分配之後，男性腰部有一圈「輪胎」（腰圍變粗），女性乳房變小。小病痛可能發展為大病。

某些針對個人外表之研究發現一些有趣的結果。Knapp 和 Hall（2010）針對男性與女性的回溯性研究指出，那些被認為身體外觀引人注目者，也被認為是閃亮的、富裕的，以及社會生活與職涯成功者。

老化的雙重標準　對男性而言，灰白髮、粗糙皮膚與魚尾紋被視為魅力，是卓越、經驗與優勢的象徵；然而相同之外觀改變，女性被認為不迷人，已是「人老珠黃」。作為性愛伴侶而言，社會中有許多男性將年長女性視為低價值，甚至作為同事或員工也是（Knapp & Hall, 2010）。例如，某些中年電視節目女主持人聲稱因為外表改變被視為不迷人而被撤離職位。

如今對於男女性老化的雙重標準已逐漸消退（Papalia et al., 2012），男性也受到年輕人排擠所苦。50 歲以上的男女性在謀職時遭到年齡歧視（雖然不合法）。

在職業發展領域，假若未能獲得職涯或經濟的成功，此時期男性比女性更加感覺老態，社會對男性成就的壓力高於女性。

倫理議題 9.1

假如你是雇主，你願意僱用那些 50 歲以上的員工嗎？

感官改變　中年期的感覺器官逐漸退化。中年人容易發生視力問題，導致於他們不得不戴眼鏡、閱讀用眼鏡或隱形眼鏡。當眼睛晶體隨著年齡增加而失去彈性時，眼睛便無法快速對焦，因此就產生**老花眼**（presbyopia）——意味著變成遠視。對於近處的視覺無法銳利聚焦，因此需要戴眼鏡。戴眼鏡對心理的影響也許微乎其微，但假如此人恐懼老化，那就有點兒嚴重了。

中年時期聽覺神經細胞逐漸退化，最普遍的退化是**老年性耳聾**（presbycusis），對於高音頻聽力降低，男性又比女性更明顯。有時候聽力的喪失必須配戴助聽器彌補。另外，老化也會發生味覺、觸覺與嗅覺的改變，這些改變多半是漸進式的，以至於人們足以調適而不自知。

體能與反應時間的改變　人們的體能與協調性在 20 幾歲時達到高峰，到中年期則逐漸衰退。一般而言，此種衰退微乎其微。體力勞動者與競爭性運動員（拳擊手、足球員、舉重、摔角、滑冰）最容易受到影響。許多受到粉絲讚嘆與崇拜的運動名人，當他們中年時不再具有競爭力，將會面臨認同危機。他們的生活方式與認同都建立在驚讚的運動技能，一旦這些技能褪色，他們必須尋找新的興趣與其他的生計。

人們簡單反應時間約在 25 歲時候達到最佳狀態，並且維持到 60 歲左右，反射逐漸變緩慢。當人們年齡漸長時，由於更多的學習，一般而言中年人某些體能任務會比年輕時更好，這些任務包含開車能力、狩獵、釣魚及高爾夫球。這種進步來自經驗，比起微小的體能衰退更重要。同理可證，技術性工作者生產力高峰約在 40 幾歲到 50 幾歲，就某種程度上是因為他們比年輕人更謹慎小心。中年工作者較少發生嚴重工傷失能──可能是因為他們學習到小心與良好的判斷力；另一個意外比率較低原因是此年齡層較少濫用提神物質。

智力功能改變　與你不能教老狗新把戲概念完全不同的是，心智功能在中年期達到高峰；中年人可以持續學習新技能、新事物，並且可以記住那些已經了解的事物。不幸的是，有些中年人無法充分運用其智力；許多人在工作與家庭生活安定後，就不再像年輕時那樣積極運用他們的智力去上學或學習專業技能。許多中年人陷入他們無法學習新東西的錯誤信念。

假如一個人精神活躍，那麼這個人到成年後期仍會持續學習；實際上，在中年期所有認知能力並沒有值得注意的衰退，具有在 20 多歲已經完成學習的錯誤信念之成年人，易出現智力衰退的情況；古諺說得好「如果你不使用它，你就會失去它」。

關於智力容量有些差異，習慣於運用他們的語言能力（不論工作上或是透過其他心智刺激如閱讀）的中年人，會更進一步發展他們的字彙與口語能力。某些證據顯示中年人對短期記憶的考試較不熟練，但可藉由過去豐富經驗所獲取的智慧彌補（Papalia & Martorell, 2015）。如果中年人精神活躍，他們的智商成績傾向呈現些微提升。

創造性活動最適合中年期。科學家、學者與藝術家的產能，通常約莫 40 歲時達到頂峰──然後生產力在 40 幾歲後期或 50 歲之間呈現平穩狀態（Papalia & Martorell, 2015）。不同類型的創意產品有不同的高峰期。一般而言，獨特性、原創性及發明性的產品，更有可能在 20 幾歲或 30 幾歲時產出。然而因為創意是需要累積發

展的,所以在人生後期更容易出現。

中年人傾向整合性思考。意即他們將所見、所讀或所聽的從個人與心理意涵來詮釋;例如,中年人看到某些事物並不會接受如其所顯示的(年輕人傾向如此),而是透過自己的學習與經驗過濾訊息。此種以整合的方式來詮釋事件有許多益處,因為整合式思考較少天真,它促使個人能夠好好辨認詐騙及「騙局」(con games);它能夠與童年時期曾經深受困擾的事件達成協議;也讓中年人透過符號象徵,將人生真實面轉化為鼓舞人心的傳說與神話,這可成為年輕世代的人生指引。Papalia 和 Martorell(2015)指出,人們成為心靈與道德導師之前傾向需要有整合性思考的能力。

整合性思考也讓人們在四、五十歲時的**實際問題解決能力**(practical problem-solving capacities)達到高峰,此年齡層的人們對於每天面臨的問題與危機之解決能力達到最佳品質,例如,機車發不動問題出在哪裡、如何修理住家石牆破洞,以及何種類型的傷害需要治療。

過去數十年,中年人回歸大學比率漸增,有些人透過學歷文憑尋求升遷,有些人希望透過在職受訓提升工作表現,有些人則想要轉換跑道。有些人利用課程填滿休閒時間,以學習挑戰性的主題;有些人想要在特定的興趣領域拓展知識,例如,攝影或雕刻;有些人想要將興趣延伸為退休後生活準備。專技人員(例如,電腦科學、法律、健康照護、老年社會工作、工程與教學)需要持續進修;實務社會工作者經常需要參加研討會、繼續教育,以便跟上新的處遇技巧、新方案與新的社會福利政策。現代複雜的社會,終生都必須持續學習。

假如個人的智力經常被挑戰與運用,生活將會更有意義;學校更樂見回鍋當學生的中年人,他們不僅可以分享豐富資歷,且通常學習意願濃厚;與那些年輕學生相較,中年人的學習較少傾向只是為了「過得愉快」。

當中年人回歸大學求學,他們需要幾週時間來適應在課堂上做筆記、寫報告與考試。因為忘記多年前所學的基本概念,有些課程例如,數學及代數特別困難。由於 50 歲所學跟他們當年 20 歲時方式相同,大部分人學習表現良好。

大學並非提供中年人學習的唯一之處。職訓中心、企業、勞工聯合會、專業社團、社區組織及政府機構都可能提供訓練課程,終生學習的概念對於學院及大學相當有助益。

中年期僅有些微體能衰退,心智功能幾乎完全沒有任何退化,實際上中年晚期的認知功能甚至更好(Lefrancois, 1999)。令人難過的事實是,許多人不論心智或體能都不夠積極活躍,結果他們的心智或體能實際表現遠遠落後於他們的潛能。

女性停經期與男性更年期的中年危機　　　　　　　　　LO 3

女性停經期

　　停經是每個女人一生中的大事，停經後就不可能生育子女。雖然有些女性 36 歲就面臨停經，平均年齡約在 51 歲，也有些女性較晚約在 50 歲中旬。從二到五年的停經期間，女性的身體面臨停經的生理變化，意即**更年期**（climacteric）。某些證據顯示停經是遺傳的，因為通常女兒大約與母親相同年齡開始停經與結束，停經的樣態也與母親相似。

　　因為雌激素減少製造導致停止排卵，此為停經原因；開始停經的女性月經型態將會有所改變，且因人而異，可能某次月經會跳過沒來而呈現不規律狀態；月經期間經血變少，也可能出血量與時間不規則；經期也會突然中斷。普遍模式是經期跳躍，越來越久才來。

　　停經期間，會有許多生物性的轉變，卵巢變小且不再常規排卵，輸卵管沒有卵子可以傳送，變得更小更短。陰道也失去彈性且變得更短，子宮收縮變硬，尿液中荷爾蒙含量也改變，種種變化都與生殖系統功能停止有關。

　　停經期的主要共通症狀是熱潮紅，約有 50% 停經期女性受到影響（Hyde & DeLamater, 2011）。熱潮紅的發生通常很快，女性上半身一陣溫暖感覺（非常類似臉紅），通常伴隨盜汗、臉紅，有人會頭暈目眩。有些女性不規則出現熱潮紅（一週一次或更少），然而有些女性每隔幾小時就出現。熱潮紅可能輕微持續數秒鐘，也有可能長達 15 分鐘或更久；睡眠時通常會比醒著更多出現熱潮紅，因此容易導致失眠。

　　熱潮紅發生的原因係因位於下視丘的體溫控制機制功能失常（Hyde & DeLamater, 2017），由於雌激素減少導致功能失常，通常數年後熱潮紅就會自然而然地消失。

　　雌激素減少會造成的其他停經期變化。頭髮及外生殖器的毛髮變得較稀薄，陰唇不再堅實，乳房也不再堅實且變小；體重有增加趨勢，身體輪廓改觀，不過有些女性體重減輕。皮膚癢，特別是洗澡之後；頭痛頻率增加，失眠；某些肌肉，特別是上臂與大腿的彈性與強度變差；上唇及嘴巴四周可能會長毛。透過運動可以將這些症狀降到最少。約有四分之一的女性在停經後因雌激素減少，而導致骨質疏鬆（**重點提示 9.1**）。

　　停經期也伴隨許多心理反應，但並非此時期的每一位女性都會歷經心理困擾。停經期之前情緒適應良好的女性，比較不太可能碰到心理困擾（Hyde & DeLamater, 2017）。

　　停經期女性的心理反應有部分取決於她對於生活改變的詮釋，假如女性認為停經

> **重點提示 9.1**
>
> ### 骨質疏鬆症
>
> 骨質疏鬆症係指骨頭變稀鬆及薄弱，由於血液中鈣質流失，骨質流失結果導致骨質疏鬆且易脆。骨質疏鬆症是晚年生活時期造成骨折的重要因素，女性更容易罹患骨質疏鬆症，特別是白種瘦小與抽菸的女性，以及那些運動或鈣質攝取不足者。中年期手術切除卵巢之女性也容易罹患骨質疏鬆症。
>
> 骨質疏鬆症的風險之一是脊椎骨折，導致腰部上端駝背，身高變矮4吋或更多。骨質疏鬆症也常常造成年邁女性髖部骨折。
>
> 骨質疏鬆症是可以預防的，最重要的預防方法包含運動、增加鈣質攝取，與避免抽菸。運動可以刺激新的骨骼成長，應該在年輕時養成日常運動習慣，且維持中等程度持續終生。負重運動（例如，慢跑、有氧舞蹈、走路、騎自行車與跳繩）有益於增加骨密度。
>
> 大部分美國女性對牛奶與含鈣食物攝取太少，建議女性從年輕時開始，每日鈣攝取量至少1,000至1,500毫克（Papalia et al., 2012）。日常飲食需要多鈣，避免高膽固醇的乳製品，建議使用低脂牛奶與低脂優格。其他富含鈣質食物包含沙丁魚及鮭魚罐頭（要連魚骨頭一起吃）、牡蠣與某些蔬菜如青花椰菜、蕪菁與芥菜，同時也建議每日攝取一定量的維生素D，有助於身體吸收鈣質。
>
> 過去曾建議年輕時摘除卵巢的女性使用荷爾蒙補充治療（HRT），以預防骨質疏鬆症；2002年研究發現使用荷爾蒙補充療法無非是種安慰劑，反而更容易罹患腦中風、心臟病、血栓，與乳癌高風險，如今已經很少建議作為預防骨質疏鬆方法（Spake, 2002）。

期是生命理所當然變化的一部分，她就不容易陷入不良的反應。她也許將停經視為正向的事件，她不再受月經所困擾或擔心懷孕。

另一方面，假如女性以負面觀點看待停經期，情緒就會傾向焦慮、憂鬱、低自我價值感與缺乏成就感。某些女性深信停經意味著失去女性魅力，甚至進一步誤以為是性生活的結束。特別當孩子離家或工作屬低薪無趣時，某些女性覺得不再被需要。有些人丈夫死亡，分居或離婚，她們必須精打細算以維持生計。對某些女性而言，此時期正是重新檢視過去人生的時候，假如她的過去是別人所要求，而非自己的希望，她們就會覺得沒有成就感及受騙；甚至覺得已經沒有機會過更好生活而更易陷入沮喪及低自我價值；假如子女不符合她的期望，她們就會自認是失敗者。某些女性會利用酒精尋求放鬆，有些人尋找知心的戀人，有些人則把自己孤立隔絕起來，還有些女性會哭泣不已而陷入沮喪。

停經期的精確結束時間，並沒有足以認定的清楚界線；大部分專家認為月經一年沒來即是更年期結束，通常停止排卵後停經期之生理症狀也會結束。

有些醫師主張某些避孕型態,應自上次月經後持續兩年以避免懷孕,雖然有可能懷孕生下「更年期」寶寶,但這並不常見。中年期懷孕會增加健康風險,孩子先天缺陷機率也較高。例如,年齡較長的父母生下唐氏症的風險最大,25歲母親生下唐氏症的機率是二千分之一,45歲以上女性則是四十分之一(Papalia et al., 2012)。40歲以上女性懷孕後自然流產也很常見,此外,年齡較長女性生產時更常因陰道與子宮頸彈性較差而產程較長。

由於大部分麻煩的停經期生理症狀與雌激素減少的程度有關,有時醫師會開立人工雌激素的荷爾蒙補充治療(HRT)處方,由於單獨使用雌激素會增加子宮的癌症風險,子宮尚在的女性通常合併使用黃體素。荷爾蒙補充治療也被發現會增加腦中風、心臟病、擴散性乳癌及血栓風險,運用爭議更多(Spake, 2002)。醫學專家們尚在研究治療停經期的可行方法。

男性更年期

近年來關於「男性停經期」常被提起討論,就技術面而言措辭並不恰當,停經期(menopause)意味著月經停止,**男性更年期**(male climacteric)似乎較為準確。值得注意的是,更年期的男性仍然保有生殖能力。

由於面臨人生的不確定時期,某些35至60歲男性會面臨「**中年危機**」(midlife crisis),此時期常有較高的離婚危機、婚外情、職涯改變、意外甚至自殺意圖。所有男性或多或少都會經歷一些更好,或更壞的改變。此時正是充滿疑問的時期:「我對我的人生感到滿意與有意義嗎?假如我去度假或轉換職場是否情況會更好?我真的想跟我的伴侶結婚嗎?」

當男性一再重新評估他的婚姻與家庭生活,就是到了男性更年期的時候;此時的特徵是焦慮、性生活減少、沮喪憂鬱、記憶衰退與注意力不集中、性趣缺缺、疲憊、睡眠障礙、易怒、對許多事物沒興趣與缺乏自信、優柔寡斷、麻木與刺痛、恐懼眼前的危險與情緒易激動。其他可能的症狀有頭痛、眩暈、便秘、哭泣、怕冷、上火、發癢、出汗或四肢冰冷。

更年期男性通常面臨某些事件,迫使他檢視自己是誰,或者人生裡想要逃避的事物。在此危機時期,他會回顧成功與失敗、他對他人的依賴程度、他所夢想的結果,並檢視他的能力是否足於面對未來。依據其所見及處理方式的不同,這經驗可能是令人振奮或沮喪的;他會看到年輕與老化,希望與現實之間的差異。

男性更年期的成因包含生物性與心理性的共同因素,當男性逐漸變老,他的頭髮漸漸稀疏且轉灰白,皺紋變多且腹部出現一圈「輪胎」,精力逐漸降低,不再像過去一樣跑很快;心臟、前列腺、性功能與胸廓大小、腎臟、聽力及消化系統都產生變

化。

　　睪丸素分泌逐漸減少。睪丸素是最主要男性荷爾蒙，負責激發男性第二性徵，例如，毛髮與聲音，並且有助預防晚年時性器官退化；男性性腺是年輕男子活力來源，老化時性腺最先退化，有兩項微小的改變（與掉髮、皺紋、血液循環變慢與消化功能不佳相比較）即是射精後精子數量減少與血漿、尿液中的睪丸素降低。睪丸功能不再像年輕時強健，且所分泌的男性荷爾蒙數量減少。較年長男性需要更久時間才能勃起，經過一次性高潮後，需要較長時間才能再度勃起。

　　某些男性在更年期時荷爾蒙變動很大，Hyde 和 DeLamater（2017）研究發現某些男性荷爾蒙每隔 30 天節律變動。

　　生物性變化（性荷爾蒙分泌減少）在男性更年期扮演重要角色，然而也許更重要的是崇拜年輕的文化，才是中年男性的問題。許多攸關男性更年期的問題都與其心理因素有關聯。

　　察覺包括性能力的身心衰退，加強了對老化的恐懼，同時也害怕失敗，不只工作或生活。女性也有部分此方面的害怕。男性可能自認性能力疲弱，然後可能會擔心女性的性能力較好；他擔心性生活失敗，自我懷疑是否會遭到拒絕，對於年齡、體格或髮量的貶低評論都很敏感，且產生人生已過一大半的深度恐懼，凡此種種恐懼有可能更加重對情緒與性功能的影響。

　　男性更年期最重要的象徵是沮喪，這主要是因為害怕老化以及承認性能力變差所導致（Hyde & DeLamater, 2011）。他也了解自己再也無法達到年輕時展望的成功，當沮喪發作時，可能會有自殺意圖。中年危機的沮喪可能會因回首兒時夢想、有待解決的衝突、新的性愛渴望與幻想、喪失機會的悲傷以及價值的新質疑等等而觸發；這些都伴隨著尋求新的生活意義。他明白人生已過了一大半，時光越來越珍貴；他擔心未竟之事，意味著並沒有足夠的時間可以完成每件事；他覺得虛度人生。在例行工作之外仍從事其他活動的男性較不容易沮喪，因為當汲汲營營追逐成就然卻錯失生活樂趣係一不平衡的狀態。重新追尋往日的熱情可能動搖他某些不安的疑問與恐懼，他可能驅使自己更加賣力工作、努力運動，或追求年輕女性。

　　中年男性也傾向對工作不滿，為了付帳單而不得不持續工作，與日俱增的無聊與缺乏成就感讓他感覺虛無。同時，他的個人價值與工作角色深深糾結，工作讓他有機會發展自我認同，與同事關係穩定，並且證明在世界的一席之地。而今他卻質疑那個位置，此時期對職場抱負可能一再轉變，會從以成就來衡量成功，轉變為以經濟安全來衡量；此時職場升遷多半也完成。假如一位男性到 40 或 50 歲尚未達到工作目標，他可能了解自己已經不可能；甚至可能被降級。

中年危機：虛或實？

男性面臨中年期是輕鬆或驚慌，取決於他如何接納自己一生的優勢或劣勢；與家人連結密切者將比那些孤立與事業取向的男性發展更好，優雅的老化是了解自己一生走來已經盡力而為。

許多醫師針對中年男性開立之處方是抗憂鬱治療與諮商，並建議家人與親密友人的支持與了解（Hyde & DeLamater, 2011）。歷經中年危機的男性必須了解人生還有許多值得追求的快樂與滿足，此刻並非終點，還有許多事情等待他們去做。

女性也會經歷類似的心理憂慮（如空巢期症候群），近來研究顯示越來越多女性注重職業生涯，因此受空巢期影響的比率在下降中。不論男女兩性，中年只是讓這群人回顧審視過去人生的時間點，秉持著正確態度，中年期將會成為重新評價、重新許諾，與成長的時機。

不過了解身體逐漸衰弱，以及早期夢想與目前真實狀況之間的差異，對許多人而言有可能是一種危機。

某些醫學報告證實許多人確實面臨中年危機，中年期病人將常被診斷出高血壓、消化性潰瘍與心臟病。首度因酒癮住院治療的中年病人比率高於年輕人（Papalia & Martorell, 2015），統計顯示中年期可能是個壓力與混亂期。

因此，中年是轉換與改變的時期，對某些人是危機，對其他人並不是（Hyde & DeLamater, 2011）。對於某些女性，停經期是觸發中年危機的因子；對其他女性，雖然有不舒服的症狀，但並沒有引起認同危機；對某些男性與女性，孩子離家觸發他們的認同危機；其他的男性女性對子女成長離家則感到快樂，並感到自由，可以到處旅行及追求更多特殊興趣與嗜好。大部分男性與女性期望最小孩子出發離家。

中年危機的男性經歷較長時間的適應問題。Kaluger 和 Kaluger（1984, p. 541）推斷，「與其視為侷限於中年的普世危機，倒不如視為適應不良的青少年及青年成長為適應不良中年之結果」。

階段理論學家（如 Daniel Levinson，詳見第十章）將中年視為一種危機，他們相信中年人在過去與未來之間擺盪，努力適應所有會威脅生活延續的隔閡。實際上成年發展專家一致相信中年危機有點被誇大了（Santrock, 2013），人們在經歷生命的這個階段時，經常會有許多的變數參雜其間。

與階段理論相比，**當代生活事件觀點**（contemporary life events approach）主張類似事件，例如，離婚、再婚、喪偶和失業都會導致不同程度壓力，並對個體的人生發展有不同影響（Lorenz, Wickrama, Conger, & Elder, 2006）。此學派堅信生活事件對個體發展的影響不僅僅是生活事件本身，還有其他考慮因素，包含身體健康狀況、個人因應技巧，以及社會歷史脈絡。（例如，因為現代社會對離婚司空見慣與接納的態

度,也就比 1960 年代離婚者的調適更佳。)

中年的性功能

LO 4

中年的性功能

不論任何年齡層性表達幾乎都是生活中重要的一部分,本節將聚焦探討中年期的性功能——婚姻中、婚姻外、離婚或喪偶,以及未曾結婚者。

婚姻中的性　親密關係的存在介於整體婚姻滿意度與性愛滿意度之間,特別是男性(Hyde & DeLamater, 2017),這兩個因素會相互影響。婚姻滿意度會提升性交的歡愉,滿意的性關係可能增加婚姻的滿意度。擁有快樂婚姻的女性比不快樂婚姻的女性更容易有性高潮(Hyde & DeLamater, 2011)。

一般而言,婚姻中的伴侶說明了婚姻性愛的滿意度;對男性而言,18 至 24 歲滿意度最高,而後隨年齡漸長而降低;對女性而言,35 至 44 歲滿意度最高。這些調查結果與研究一致,發現男性在相對較年輕時性慾達到頂峰,然而女性的高點在 30 歲或 40 歲初(Hyde & DeLamater, 2017)。

表 9.1 顯示各年齡層性交百分比,個體約於 20 與 30 幾歲時的性交頻率最高,然後隨著年齡增長而下降。

Hyde 和 DeLamater(2011)指出女性性交頻率與婚姻性愛滿意度有強烈相關,妻子性需求表達溝通能力,及對丈夫的情感與婚姻性愛品質之間也有強烈相關。

表 9.1　性交百分比

年齡層	完全沒有	每年幾次	每月幾次	每週 2-3 次	每週 4 次以上
男性					
18-24	15	21	24	28	12
25-29	7	15	31	36	11
30-39	8	15	37	23	6
40-49	9	18	40	27	6
50-59	11	22	43	20	3
女性					
18-24	11	16	32	9	12
25-29	5	10	38	37	10
30-39	9	16	6	33	6
40-49	15	16	44	20	5
50-59	30	22	35	12	2

資料來源:Santrock (2016).

在第一個孩子出生後，與沒有孩子的夫婦相比，平均性滿意度較低（Hyde & DeLamater, 2011），子女的出生被視為性關係的絆腳石。與普遍想法相反，無子女的夫婦性交頻率最高。許多適應，壓力與問題似乎都與為人父母有關。

對某些夫婦而言，第一個孩子的出生引起很多困難，尤其是非計畫懷孕。妻子在頭胎子女出生後承受面臨最大壓力，她們傾向於關心身體外表，因責任增加而感到疲勞，有時覺得受到丈夫忽略及社交活動減少，生越多孩子婚姻性愛的滿意度越低。

性交頻率與家庭中子女數呈現負相關（Hyde & DeLamater, 2011），在某種程度上，養育子女成長與對為人父母角色感覺驕傲的喜悅，彌補了為人父母在性生活與性歡愉之降低。現代已婚夫妻比起過去的夫妻更善於運用各式各樣的性技巧，女性在上的性交體位逐漸增加，因為此種方式比起男性在上的體位，賦予女性在陰核刺激上更大的主導權。口交也越來越普遍，比起數十年前的夫妻，現代夫妻花較長時間在做愛，大部分現代夫妻做愛時間約 15 分鐘至一小時（Hyde & DeLamater, 2011）。此種改變反映出已婚男女的體認，意即從容悠閒的性愛會讓女性更能享受性，以及更易達到高潮。

婚姻外的性關係　不同研究發現已婚男女性婚外情的百分比有極大差異：丈夫占 5% 至 26%，妻子占 1% 至 23%（Hyde & DeLamater, 2017）。男性婚外情的頻率隨著年齡增加而減少，女性卻是逐漸上升直到 40 歲左右。性別差異反映出男女性慾高峰不同。在外全職工作的妻子比家庭主婦傾向較易發生婚外情，妻子全職工作意味著有更多機會認識丈夫不知道的各式各樣男性。

倫理議題 9.2

你相信婚外情有時是有理由的嗎？假如你已婚並且你的配偶發生婚外情，你會離婚嗎？

配偶婚外性行為的原因五花八門，有時候是婚姻中的性不滿足；配偶另一方可能長期患病或性功能障礙；或者夫妻已經分居。婚外情可能意味著試圖獲得婚姻中所失去的；有些人尋求婚外情以獲得情愛、滿足好奇心、尋求刺激，或者在性征服清單中增加紀錄。有些人覺得受配偶無情對待，而以婚外情來報復；有些人則透過婚外情來懲罰配偶的冷淡或不知感恩。總之婚外情有各式各樣的原因。

某些研究針對一群已婚夫妻檢視沒有婚外情原因，最常提起的原因是婚外情意味著親密關係中對信任的背叛。有些人說婚外情會傷害婚姻關係，也可能傷害配偶，從中獲得的好處並不值得（Hyde & DeLamater, 2011）。

有時候婚外情並未暴露，有時候配偶很晚才發現，Maier（1984）根據自己婚姻諮商經驗，將婚外情的反應摘要如下：

> 配偶發現婚外情之後最普遍的感受是憤怒、被欺騙與背叛。此外，婚外情常被認為是對配偶的情愛與性能力的羞辱，某些次文化甚至視其為適當的報復或懲罰方式。
>
> 一般而言，偶發的性經驗比長期婚外情對配偶的干擾較低，有時短暫的性外遇被輕描淡寫為性挫折的一時反應，而長期的婚外情被認為對婚姻愛情關係有極大威脅。（p. 322）

新的數位時代，性關係不再需要面對面；透過滑鼠按鍵或電話，個人能夠連結全世界的其他人，發送訊息給前女朋友／男朋友，或與新的有類似嗜好者見面都很容易。流行約會網站（Match.com、eHarmony、Tinder 等）鼓勵單身者將網路會面視為選擇潛在對象的方法之一。然而對已婚夫妻而言，這種模式的互動關係可能產生問題，一開始只是單純認識，而後可能轉變為愛情或性關係，產生網路戀情（Hyde & DeLamater, 2017）。其他則可能是尋求網路性交以滿足某些內在需求或幻想。一項針對 183 名有戀愛關係之成人的研究指出 10% 有網路戀情（Smith, 2011）；有些人辯稱在網路私密愛戀的陳述，並沒有與他人有肉體性關係，因此不等同於性行為。有些人並不認同，認為網路戀情導致已婚者從配偶身邊脫離，有些人甚至減少與配偶間的性生活（AAMFT, 2016）。一旦曝光，網路戀情就會造成缺乏信任、不滿足感，甚至離婚。歷經網路戀情後的婚姻雖能存續，但應該透過婚姻諮商修復婚姻與處理任何可能影響婚姻的問題。

婚外情曝光可能導致離婚，但並非總是如此。有時候婚外情曝光是個危機，並且迫使夫妻承認存在婚姻中的問題（性的或非關性的），然後夫妻共同努力尋求改善。有些配偶對婚外情沉默不願意接受與調適，他們極可能在經濟上依賴對方，或者低自我價值，以及過去受到配偶之情緒虐待。有些則是因為了解離婚是昂貴的、丟臉的，以及寂寞。這樣的婚姻關係只會耗弱彼此生命，配偶彼此之間幾乎少有情感依附。

極少數夫妻會對婚外情逐漸成為默認許可的關係，允許甚至彼此鼓勵對方有婚外性關係，**交換伴侶**（mate swapping）正是如此；兩對以上的夫妻一起交換伴侶，可以在不同地方或同處一室發生性關係，以及伴侶的各種不同組合。

離婚後的性　極大部分的離婚者在離婚後數年變得更熱衷性。年齡相仿的男性，離婚男性之性交頻率比有婚姻男性略高，離婚男性也傾向有眾多伴侶（Hyde & DeLamater, 2017）。離婚女性通常也擁有活躍的性生活，雖然會比結婚時少。她們也比離婚男性之性伴侶數目較少（Hyde & DeLamater, 2017）。比起婚姻中的性生活，

離婚女性的性高潮更多（Hyde & DeLamater, 2011），離婚男性對性關係是滿意的。

上述研究結果並非意味著離婚後的性比婚姻中的性更令人滿足，性關係滿意之夫妻可能較不至於離婚。比起過去，現代離婚者較不會對子女隱藏他們的性關係，現代的離婚者對於性顯然擁有更自由開明的觀點。

喪偶者的性　離婚結束婚姻關係也許是種創傷，但是配偶死亡通常打擊更大。離婚是出自於抉擇，但絕大多數的喪偶者是迫於無奈且希望他們的伴侶仍然活著。他們不僅要適應成為單身，還有摯愛的死亡。

鰥夫似乎比寡婦更易於建立新的性關係，中年中期與後期，單身女性比單身男性多很多，文化對老男人與年輕女人約會的接納度更高；也鼓勵鰥夫建立新的性關係，然而寡婦對已逝伴侶的性忠誠度感到壓力。寡婦試著從朋友家人獲得更多情感支持，以至於她們覺得並沒那麼需要建立新的性關係。

未曾結婚者的性　很少研究探討未曾結婚成人的性生活模式，關於單身樣態的態度落差極大，有些人打算不結婚，有些人想結婚但沒有合適的對象，有些人已有結婚對象，但對方不想結，有些人仍拼命尋找中。

不曾結婚者的生活型態相當多樣，有些人甘於獨身，有些人則高度參與單身場景──住單身公寓、去單身酒吧，並且參加單身俱樂部。有些單身者性伴侶眾多；有些則熱衷於職場或興趣，他們可能偶爾約會，但並不想被婚姻所束縛。某些人固定交往一段時間後，對這段關係覺得厭煩，就離開重新展開另一段。有些人與異性或同性伴侶同居，有些人酒精或藥物成癮，相較之下，花較少時間於戀愛關係。

獨身生活　有一小群人選擇無性生活，特別是宗教領袖（佛教僧侶、羅馬天主教教士及修女）需要維持獨身。有些人不想要糾結於性關係，他們性慾較低，自慰即是性行為的方法。他們害怕傳染性病，或者他們可能已經罹患性病，並且不想傳染給他人。他們與伴侶處在矛盾的關係中，不希望成為性的伴侶。也可能伴侶之性慾較低或無法性交。

雖然有些人認為禁慾很困難，有些人則相當滿意。自我探索與破碎關係修復對獨身者可能是重要的。

愛滋病（AIDS）　LO 5

與愛滋病一起生活：危機族群

愛滋病，後天免疫不全症候群（acquired immune deficiency syndrome, AIDS）是一種破壞性極大的疾病，比起任何疾病，會讓更多人死亡。是一種傳染性、無法治癒的疾病，會攻擊人體免疫系統，以及降低人體對疾病的抵抗力。HIV 病毒（human immunodeficiency virus，人體免疫缺損病毒）與愛滋病最初於 1981 年被發現診斷，並且迅速被認為只會在男同志間傳染的疾病。

愛滋病的致病因子

愛滋病的致病因子係一種人體免疫缺損病毒（HIV），病毒是一組被蛋白質包覆的基因，攻擊健康人體細胞，並改變細胞的正常基因序列，導致細胞複製繁殖病毒。在此過程中，被入侵的細胞通常會被殺死。HIV 病毒屬於一類特殊的病毒，稱為**反轉錄病毒**（retroviruses），之所以被這樣稱呼是因為它們翻轉了被感染的細胞內的正常複製順序。

HIV 對於細胞的攻擊包含人體對疾病的抵抗力，而且製造更多病毒。HIV 破壞抵抗疾病的白血球，因此人體失去防禦力，並可能遭到其他感染。病毒攻擊人體的免疫力、抵抗力或免疫系統，因而導致其他疾病甚至死亡。免疫系統失去功能就無法與細菌戰鬥，受感染者變得容易受到細菌、真菌、惡性腫瘤與其他病毒的威脅，進而罹患致命疾病，例如，癌症、肺炎與腦膜炎。

愛滋病的感染途徑

愛滋病的傳染途徑是透過人體的體液，包括血液、精液、前期精液、直腸／陰道分泌物，以及母奶。HIV 病毒主要經由性交、受感染的血液與針頭所傳播。受感染的女性則經由懷孕生產傳染給她的嬰兒（Hyde & DeLamater, 2017）。極少數案例透過口交、輸血、器官／組織移植、吃了 HIV 感染者預先咀嚼過的食物，兩位皆有口腔潰瘍及牙齦出血的伴侶深吻。HIV 病毒病不會透過唾液傳染（CDC, 2016）。

診斷

有幾種檢驗可以用來檢測一個人是否暴露在愛滋病毒，這些檢驗並不是直接檢驗到病毒，而是檢測人體免疫系統對抗病毒的抗體。HIV 感染者需要 2 至 3 個月製造足以被檢測出來的抗體數。這些檢驗僅能藉由檢測抗體數以顯示暴露病毒中。

HIV 的影響

HIV 感染者的症狀，有可能潛伏數年之後才會出現愛滋病。HIV 感染後約 2-4 週可能就會出現症狀（CDC, 2016）。

初期症狀包括乾咳、腹部不適、頭痛、口腔鵝口瘡、食慾不佳、發燒、盜汗、體重減輕、腹瀉、皮膚疹子、疲倦、淋巴結腫脹，以及缺乏抵抗力以致感染。（許多其他的疾病也有類似症狀，所以如果人們有一些上述的症狀就斷言罹患愛滋病，那就太不理性了。）

愛滋發病時，免疫系統變差並且無力抵抗「機會性」疾病，易受各種癌症、神經系統退化、細菌、寄生蟲及真菌類所侵襲。通常來說，機會性感染對於免疫系統健康

者並無威脅，但對免疫系統功能嚴重損害的愛滋病者卻有致命打擊。

愛滋病的治療與預防

愛滋病是一種症候群，而非某一特定的疾病。愛滋病使受感染者越來越容易同時受到任何疾病摧殘；愛滋病程發展從受感染後，越來越容易罹患毀滅性疾病。

此時，愛滋病無法治癒；面對與疾病之戰鬥，尚有許多障礙等待克服。愛滋病係因病毒感染，但現代醫療技術仍然不知道如何治療病毒。例如，感冒也是病毒感染，儘管耗費數以百萬計金錢從事研究希望尋找一絲有效治療的希望，就像這樣輕微的疾病也仍未發現治療方法。

預防愛滋有兩個重要方式，首先，必須避免染病危機的活動與行為；第二，科學家努力研發防護疾病之疫苗，類似於小兒麻痺症與麻疹疫苗。疫苗能夠阻擋病毒攻擊人體的免疫系統，也能加強免疫系統，使愛滋無法入侵。

倫理議題 9.3

假如你認識某位 HIV 陽性者，與他互動時會感到遲疑嗎？假如你有孩子，你會猶豫讓他們跟 HIV 陽性的孩子們互動嗎？

美國政府與醫療機構針對性行為提出 ABC 法則以降低愛滋感染風險：

- 節制或延後性行為，特別是年輕人。
- 忠誠，特別是已有承諾關係者。
- 進行危險性行為者，使用保險套。

其他建議如下：
- 停止注射毒品，且不要與他人共用針頭；如果你必須使用毒品，你需要使用新的無菌的針頭。
- 假如懷孕或正在母乳哺育，請醫師開立愛滋藥物。
- 假如你的伴侶是 HIV 陽性，去做 PrEP 檢查，服藥降低感染風險。

社會經濟力的影響：愛滋病的歧視與壓迫

HIV 陽性或愛滋病人經常受到歧視，許多美國人對於 HIV 陽性或愛滋病人有種「那群人和我們」之心理狀態，他們不希望與任何具有 HIV 病毒的人接觸，他們誤以為接觸會使自己暴露於風險。因此，愛滋病毒帶原者很容易被家人、配偶、戀人與朋友孤立迴避。在某些社區裡，當孩子有愛滋病毒且為眾人所知時，其他孩子的父母會不許孩子進入同校就學，以及禁止他們的孩子跟 HIV 陽性孩子接觸。

專業價值與愛滋病

美國傳統社會工作對於受壓迫與被剝奪之族群——非裔美國人、西班牙裔、窮人、老人、男女同性戀者與女性予以支持與倡導，社會工作者有道義責任為愛滋所遭受的不公義而奮鬥，愛滋病並非男同志的疾病，或靜脈施打毒品者的疾病，它只是人類的疾病。

CHAPTER 10

青年期與中年期的心理層面

Paul Burns/Blend Images/Getty Images

基本概念

理解他人行為之所以發生的潛在因素,往往會帶來意想不到的收穫。若銷售員了解人們購買某項產品的動機,他／她便可以此發展銷售策略。當社工人員了解父親虐待子女的原因,便能知道從何介入以停止虐待行為。當母親了解有效的子女管教技巧後,較可預防孩子做出不當的行為。在人類行為與社會環境的脈絡下,本章重點在於提供理論架構以幫助讀者觀察與評估人類行為。

專業的社工人員將來必須與他人和組織進行交涉,因此特別需要發展評估的技巧。青年期及中年期是重要的發展階段,可供我們檢視人類行為的心理動態。由於目前針對青年期及中年期的心理學理論並不多,因此本章主要重點在於介紹生命週期中評估人類行為之當代理論及模式。

學習目標

在本章,我們將會協助學生:

LO 1 描述 Erikson 之青年期及中年期心理發展理論
LO 2 描述 Peck 之中年期心理發展理論
LO 3 描述 Levinson 關於成年期生命架構、生命階段以及過渡時期之理論
LO 4 概述 Maslow 之需求層次理論
LO 5 描述情緒智能及社會智能
LO 6 描述非語言溝通信號
LO 7 概述 Glasser 之人類行為選擇理論及人類行為如何受其影響
LO 8 描述 Gawain 的直覺理論,以及人類行為如何受其影響
LO 9 了解物質濫用的議題

Erikson 之青年期及中年期心理發展理論　　LO 1

親密 vs. 孤立

Erikson(1950)所創建的理論認為,在青少年階段發展出認同感(sense of identity)後,接著要面對親密 vs. 孤立(intimacy vs. isolation)的心理危機,通常會發生在青年期(young adulthood)(大約 20 歲左右)。**親密**(intimacy)指的是在與他人關係逐漸密切的過程中,有能力與對方共同體驗不受拘束、溫柔和相互支持的關係而不害怕喪失自我認同感。在這種關係中,伴侶能夠在認知及情緒上了解對方的觀點。親密關係允許個體和伴侶分享個人感受及尚未完全成形的概念和計畫。溝通中具備了對彼此的尊重及共同成長,且經由與對方的互動,每個人都能提升身心健康與幸福感。

親密關係包括能感同身受、付出及接受關係中之歡樂。雖然親密關係往往建立在婚姻關係內,卻並非由婚姻本身所引起。雖然在一些婚姻關係中擁有顯著的親密關係(包括分享及相互尊重),但是在一個空有其名及充滿衝突的婚姻中則未具備親密關

係。其他場合也可能培養出親密關係，例如，工作環境就是其中之一，通常會形成密切的友誼；社交或宗教組織會員關係也可以發展出密切的友誼。

在我們的社會中，傳統的社會化模式會對男性及女性在發展親密關係時會引發不同的問題。許多男孩從小就被教導要抑制個人感受，不要表達心裡的想法；他們也被社會化為具備競爭力及獨立自主的形象。在成長過程中，男性被教育為應在兩性關係中強勢主動，且應「盡可能發展兩性關係」以向其他男性同伴展現男子氣概。這樣的結果造成許多男性無法做好準備，接受與異性的親密關係——在這樣的關係裡，他們需要表達個人情緒、支持另一半而非相互競爭；他們也要能夠做出延續關係的承諾，而非努力增加性對象。

傳統上，女孩被社會化為在情感上比較需要親密關係，也準備得較好。她們從小就被教導要表達個人情感及想法，也要能夠照顧他人。但可能基於傳統性別角色的刻板印象，她們往往對親密關係產生不實際的期待。例如，她們會希望伴侶比現在更強壯或更有辦法。（女權運動已改變了對於男性及女性的性別角色期許及社會化狀態；也希望能藉此減少未來男性及女性在親密關係上所遭遇的困難。）

孤立是青年期危機的另一端。抗拒親密關係的人會在自我及他人之間持續樹立障礙。有人認為親密關係會模糊自我認同的界線，因此不願意捲入親密關係中。有人忙著探索或維持著自我認同感，以致無法在親密關係中與他人分享並表達自我感受。

孤立也可能因情境因素（situational factors）而形成。一位年輕人可能為了考上醫學院而過度用功，導致沒時間與他人形成親密關係。或是一名少女可能因為懷孕、生產、開始撫養小孩，結果缺乏與成年人建立密切關係的機會。

從事不同的活動及興趣也可能造成孤立。Bill 及 Mary Ramsey 夫婦就是在傳統婚姻關係中形成孤立的典型例子。他們喜歡參與共同的活動，交往了 4 年決定結婚，當時兩人才 20 幾歲，而且陶醉在愛河裡。他們都想要傳統婚姻，婚後接連生了 2 個小孩，Mary 對於在家帶小孩感到滿足，空閒時會與附近的婆婆媽媽閒話家常；而 Bill 是保險業務員，閒暇時喜歡與男性友人去打獵、釣魚及從事其他體育活動。隨著時間的過去，Mary 跟 Bill 間的交集越來越少；他們缺乏共識，無法支持另一半的需求及生活目標，形成了婚姻中的孤立。

生產 vs. 停滯

Erikson（1963）認為生涯發展危機的第七個階段為生產與停滯（generativity vs. stagnation）。所謂生產是指養育下一代，關心並指導他們。中年人肩負起改善後代生活條件時就會意識到生產與停滯危機。生產的成就感包括：樂意關懷自己的小孩，重視他們所做的事，也包括保護及改善社會之決心。

達到生產目標對於任何社會的生存及發展都極為重要；也就是成年人願意貢獻能力、資源及創意來改善年輕一代的生活品質。

這種貢獻可能是永垂不朽的，如同小馬丁・路德・金恩及甘地對於平等及人權的貢獻；但多數人的貢獻倒沒有那麼顯著，例如，志工團體所做的努力。成年人可以為學校服務，積極參與家長會，也可以為政府服務或參與教會活動。在上述角色中，成年人都有機會為他人生活品質提供正面影響。就某種程度而言這是一種互惠的狀態——當這些成年人還年輕時，受惠於其他成年人給予類似的服務，而現在則由他們來提供服務。

生產的相反是停滯。停滯表示缺乏心理活動與成長。部分以自我為中心的成年人將自我滿足建築在他人痛苦之上；這種人處於停滯狀態，因為他們無法看透自我需求，或體會因照顧他人而得到的滿足感。有了小孩並不代表一個人處於生產狀態；無法承擔撫養子女責任或維持家計的成年人往往感受到停滯。感到心力交瘁就是停滯的現象之一（Davis, McKay, & Eshelmen, 2000）。

不同的人以不同方式表現停滯狀態。一個外表出眾、整天希望他人為自己服務的自戀者可能活得很自在，直到生理及心理開始顯露老化現象才開始驚慌。當他體認到好看的外貌及其他生理特徵開始消逝時，往往就會面臨自我認同危機。或許他會轉而尋求生活的其他意義，例如，擔任社區球隊教練或是積極投入教會活動等等。

另一方面，感到沮喪的成年人往往會認為自己沒有足夠的能力為社會貢獻。這種人通常缺乏自尊，且悲觀的認為將來改善的機會不大，因此不願意將時間花在自我成長或幫助他人上面。

Peck 之中年期心理發展理論　　　　　　　　　　LO 2

Peck 的心理發展理論

Peck（1968）主張一個人如果要成功的適應中年時期，就必須好好面對以下四項心理成長危機：

1. 人際關係中的社會化 vs. 性別化。Peck 表示若中年人能將生活中的男女關係由性對象重新定義為個體、朋友或伴侶，則其有助於心理健康。
2. 重視智慧 vs. 重視體能。Peck 認為，智慧是指能夠在生活中做出明智抉擇的能力。他表示，調適良好的中年人可以體會他們現在具有的智慧遠超過其所喪失的體力、力量及青春吸引力。
3. 情緒靈活 vs. 情緒疲乏。情緒靈活是指有能力將情緒投注自某活動中轉移至另

一個活動中,或從某人轉至另一人。大多數的人在這段期間內必須面對父母、親朋好友的死亡及子女的成熟獨立,使中年人經歷到人際關係的斷層。同時,他們也會因體能限制,必須改變其所從事的活動。

4. 心智靈活 vs. 心智僵化。多數中年人已完成了學業並經歷過職場的訓練。他們開始接觸關於來世、信仰、政治、娛樂等事物。部分中年人停止接收新知識且變得故步自封。這些人的心智成長較容易受限,往往也認為生活平凡、缺乏滿足感及毫無收穫。但也有人傾向於尋找新的經驗並接收額外學習的機會。他們可以運用舊經驗作為解決新問題的指南;這些人通常認為他們的生活充滿意義、回報及挑戰。

Levinson 成年期生命架構、生命階段及過渡時期之理論　LO 3

Levinson 的生命架構理論、生命階段與男性的過渡時期

Levinson 及其同事(Levinson, Darrow, Klein, Levinson, & McKee, 1974; Levinson & Levinson, 1978)針對 40 位年齡介於 35 到 45 歲的男性做了一項研究,受試者的職業包括企業主管、生物學家、小說家及工廠臨時工。這些人接受訪談及人格測驗,然後 Levinson 根據取得的資料建立了成年期生命轉變的發展理論。

Levinson 的理論強調生命架構的概念。**生命架構**(life structure)的定義為「在特定時間裡,個人生活的潛在模式或藍圖」(Levinson, 1986, p. 6)。一個人的生命架構乃是經由與四周環境互動塑造而成。生命架構的構成要素包括:個人認為最重要的人、事、物、制度、地點等,以及個人的夢想、價值及情感。多數人將生命架構建立於工作及家庭上。生命架構的其他重點還包括:宗教、種族認同、文化傳承、社會事件(如戰爭及經濟蕭條)及嗜好等等。

依據 Levinson 的理論,生命歷程包括幾個不同的階段:從自由的童年到進入學校;從學校到進入職場;從不曾戀愛到墜入情網;從戀愛到分手或結婚;從結婚到離婚等等。Levinson 從這一系列的階段中看出了些許架構。他主張人們在下列 4 個重疊的階段中(每個約 20 至 30 年)塑造了生命架構:

1. **未成年期**(preadulthood)(出生到 22 歲)。未成年期乃是從出生到青春期結束之間的成長期。
2. **成年早期**(early adulthood)(從 17 到 45 歲)。成年早期乃是人們做出生命中重要決定的時期,人們展現出最多的精力及體驗到最多的壓力。
3. **成年中期**(middle adulthood)(從 40 到 65 歲)。成年中期乃是人們生理能力

開始衰退但是社會責任卻增加的時期。

4. 成年晚期（late adulthood）（60 歲及以上）。成年晚期乃是生命的最後階段。

這些時期裡還包括過渡期；不同時期的銜接點會出現大約 5 年的過渡期。**表 10.1** 顯示了過渡期發生的大約年紀。（過渡期並不會涵蓋全部的事件，因為每個過渡期中還包括了穩定階段）。

在這些過渡期間，男人重新檢視他所設定的生命架構，並重新探索如何重新架構生活。根據 Levinson 的說法，成年人有一半時間都生活在過渡期當中。以下就是這些過渡期的說明：

進入成年早期（17 至 22 歲）。在這段過渡期間（可能持續 3 至 5 年），人們由未成年期進入成年期。他們離開家庭，在財務上及感情上開始獨立自主。進入大學或當兵是由孩童成長到成年人的制度轉換。

進入成年早期的生命架構（22 至 28 歲）。這是「邁入成年世界」的階段。在這個階段裡，年輕人邁入成年並開始建立進入成年早期的生命架構。這個階段的層面通常包括：工作並做出職業的選擇；與他人的親密關係並發展為婚姻及為人父母；選擇住所；參與社會和民間團體；以及與家人及朋友的關係。

這個階段的兩個重點在於夢想（dream）及導師（mentor）。處於這個時期的男人通常對未來充滿夢想，尤其在事業方面。成為成功的企業總裁或是名作家的憧憬激發了他們的工作能量。能否尋找到導師對於男人在這個階段（又稱為學徒時期）的成功與否有著重大的影響。導師年紀較長（通常大 8 到 15 歲），他與導師之間的關係屬於成年人的友誼，但導師同時也負擔起如父親般的教導、照顧、批判、協助，也會針對職業及個人事項提供建設性的建議。

表 10.1　Levinson 成人（男性）發展理論之時期及轉換期

時期	轉換期
1. 未成年期（0-22 歲）	進入成年早期（17 至 22 歲）
2. 成年早期（17-45 歲）	進入成年早期的生命架構（22 至 28 歲）
	30 歲過渡期（28 至 33 歲）
	成年早期生命架構之高峰（33 至 40 歲）
	中年過渡期（40 至 45 歲）
3. 成年中期（40-65 歲）	進入成年中期的生命架構（45 至 50 歲）
	50 歲過渡期（50 至 55 歲）
	成年中期生命架構之高峰（55 至 60 歲）
	成年晚期過渡期（60 至 65 歲）
4. 成年晚期（60 歲及以上）	

30 歲過渡期（28 至 33 歲）。在這個階段，男人重新檢視自己的生活。他們會重新檢視之前所定下的承諾是否尚未成熟，也可能考慮做出生命中第一個重要承諾。有些人很順利地度過這個過程，也有人因為對既有生命架構感到難以忍受，但又無法思考出更好方式而感受到危機。婚姻衝突也可能在此階段迸發，以離婚收場是常見的現象。一個人的工作責任可能因為升遷、轉職或工作時間增加而改變。有些男人會尋求諮商協助以澄清自己的人生目標。

　　成年早期生命架構之高峰（33 至 40 歲）。本階段通常伴隨著安頓期一起出現。隨著學徒時期的結束，男人實現了年輕時的夢想。這個時期的男人對家庭、工作及生命中其他重要事物許下了進一步的承諾。他們為自己設立特定目標（例如，收入程度及擁有自己的房子）及時間規劃。他們將生活投入在工作、家庭及社區活動，期望在社會中獲得合適的地位。他們努力讓自己擁有更好的生活、更具創意、加強技能等等。在 35 歲接近 40 歲左右，也就是安頓期的尾端可能會出現 BOOM 時期，男人想要「做自己的主宰」（becoming one's own man, BOOM），他不再依賴導師，也可能開始與妻子、老闆、小孩、朋友、情人或同事發生摩擦。這個階段的男人並不服上位之掌權者而想要擺脫束縛並說出自己的主張；然而，此階段的男人也害怕他所重視的人不再尊敬他。

　　中年過渡期（40 至 45 歲）。在這個階段裡，他已經完成成年早期的工作，同時開始學習成年中期的限制。與其他過渡期一樣，這個時期意味著一個時期的結束及另一個新的開始。這個階段的男人（現在對個人生命的盡頭更為敏感）對生活的每個層面幾乎都充滿了質疑。對許多男人而言，這段時間會經歷中度或嚴重危機。這個階段的人會經歷中年的自我重新評價而導致情緒的混亂。過去的價值觀會被重新檢視；通常這樣的重新檢視是健康的。人們重新檢視年輕時期所做出的抉擇時，往往有機會重新聚焦在過去曾忽略的事情上。成功度過這個過程的人會與過去的夢想達成共識，並對自己有更實際的看法。許多男人此時會面臨中年危機（將於第九章中探討）。

　　中年人開始意識青春消逝，卻又未能接受步入中年的事實。這個年紀的人要在想保有獨立空間的需求與依賴他人的需求間做一番整合。他通常會變成「更具有同情心、更具反思能力、更有見識、較不受內在衝突及外在需求影響，能夠更真心地愛他人及自己」（Levinson, 1986, p. 5）。不能完成此任務的人，生活可能會變得更加停滯及平凡。

　　進入成年中期的生命架構（45 至 50 歲）。在這個過渡期間，45 歲左右的男人面對生命架構時開始有了新的選擇：一個新的妻子或是不同的夫妻關係；新的工作或是重新建構既有的工作。成功人士往往利用這個機會展現性格中的另一面，將中年期當作生命中最具滿足及創意的時光。未能克服中年危機的人往往覺得生活開始受限，

忙碌地過著規律但無法提供滿足感的生活方式。

50 歲過渡期（50 至 55 歲）。這個過渡期對於順利度過中年過渡期的人會顯得格外難熬。多數男人這次將感受到輕微的危機，這是另一個重新開始檢視過去及規劃未來的時期。

成年中期生命架構之高峰（55 至 60 歲）。在這個時期裡男人完成了中年期的生命架構，一般都可以平穩度過。如果他能繼續抱持一顆年輕的心，將有能力繼續充實自己，並在這個階段裡得到滿足。

成年晚期過渡期（60 至 65 歲）。這個時期代表了中年的結束及老年的開始，是重要的轉折點。

由於 Levinson 主要的研究對象為中年男性，因此對於老年所面臨的轉換及調適並無著墨太多。然而 Levinson 另一個重要發現在於生活是一連串穩定與不穩定時期的交替，一輩子不斷地循環。

一些學者應用了 Levinson 的理論於女性生命的研究上，多元化思考 10.1 中有進一步討論。

多元化思考 10.1

Levinson 理論應用在女性上：評估報告

Papalia 與 Olds（1992）檢視了 4 篇未曾出版的論文，內容為應用 Levinson 理論與其研究模式，但以女性為受訪者。這 4 位研究者共訪談了 39 位年紀自 28 歲到 53 歲之女性。這些女性主要為白人，8 位為非洲裔美國人。多數受訪者有工作，但少數沒有。受訪者家庭狀況包括了結婚與未結婚、有小孩與沒有小孩。

整體而言，女性的發展變化大致與男性相似；但仍有一些顯著不同之處。

導師：實際上女性缺少導師的角色。這些女性在 20 歲間會有一個角色模範，但僅有 4 位真的有經歷導師／學徒的關係。若這些受訪女性的模式可推論到所有女性，則女性可能在職場上會因為缺乏導師而面臨瓶頸。

親密關係：Levinson 認為男性想要有一位「特別的女人」以支持他們追求夢想。在這 4 個研究中，39 位受訪者皆表示會尋找「特別的男人」，但她們大多認為自己的角色是要去支持特別男人的夢想，而不是要特別男人來支持自己以達成目標。

夢想：多數受訪者都有夢想（她們希望在一生中達到的目標）。但她們的夢想多模糊、複雜、暫時或短期的；且相較於男性，女性也較少有職涯相關的夢想。多數女性的夢想通常會與成就和關係分開。女性通常會將自己與他人連結在一起，如丈夫、小孩、父母或同事。男人傾向會與原生家庭分開，並追尋自己的興趣；而女性傾向依據關係中的責任與依附來建立自我認同。

男性的夢想是職場上的成就，女性

的夢想則會結合了家庭與工作。雖然多數女性受訪者會協助她們的特別男人去完成其目標，但少數女性受訪者會在 30 歲左右開始大量需要丈夫配合自己在職場、婚姻與養育兒女的興趣與目標。

Levinson 與 Levinson（1996）另一項研究訪談了 45 位、年齡為 35 到 45 歲的女性。這項研究鎖定了 3 個子族群：(1)15 位家庭主婦，由康乃狄克州 New Haven 市居民資料冊中隨機選出；(2)15 位在紐約市大型財務機構工作的女性；(3)15 位在大專院校教書的女性。後 2 組的女性在工作與家庭之間兩頭燒。

這個研究發現女性與男性相似，會經歷可預期、與年齡連結的一連串發展階段；由一個階段經過痛苦混亂的過渡期後，進階到下一階段。Levinson 認為生命週期、階段及各發展階段生命架構為男性與女性提供了研究上的框架。

但 Levinson 也發現男女生命發展中很大的不同之處。這些差異都與**性別分歧**（gender splitting）現象有關，即男性與女性分明的差異。性別分歧包括了幾個面向：傳統男女角色期待的差異；男主外女主內的差異；個人對女性化及男性化人格特質的差異。（Levinson 提到，在過去幾世紀，社會上的男女分歧已經逐漸降低。）

家庭主婦組受試者在年輕時期待過著傳統以家庭為中心的生活。她們也帶著要維持傳統家庭的信念結婚；即扮演傳統妻子角色，當家庭主婦、生兒育女及做大部分家事。她們視丈夫為家庭領導者及提供者的角色，即在外打拚並帶回維持家庭所需的金錢。但接下來的發展則令人震驚。到了中年，15 個家庭主婦中只有一人從未到外面工作過。50% 正式離婚，其他則是精神上已與先生分離。多數女性現在已在工作；那些已正式離婚的也有部分再婚。到了中年，母親的角色已不再是她們生命架構的中心元素。許多 30 到 40 歲的女性變得獨立，並希望可以跟男性並駕齊驅。因此，想要追求傳統以家庭為重的年輕女性，最後都會發展出更為現代的生活模式，Levinson 稱此為「反傳統角色（antitraditional figure）」。Levinson 認為，傳統婚姻模式已經不再可行。

相反地，有事業的女性會在年輕時就修正傳統模式。「傳統家庭主婦角色」與「內心反傳統角色」會在她們的生命中不斷地產生衝突。這些女性掙扎著是否能擁有一切。她們的話語充滿著興奮、歡喜、嬉鬧與挑戰；但也苦惱於經常感到精疲力竭、擔心小孩，以及對先生沒有平均分擔家事與養育小孩責任而感到生氣。

本研究揭露了不論是家庭主婦或職業婦女都有其困境──痛苦、壓力、創傷經驗、婚姻低潮、養育小孩的問題、工作上的問題，以及人際關係上的問題。受試女性所表達的這些困境與痛苦都比 Levinson 早期研究中男性受試者來得多。

Maslow 之需求層次理論

需求層次

Abraham Maslow（1954, 1968, 1971）認為人類擁有極大的發展潛能。他相信，人類本能使得人們對自我感到好奇並努力將其能力發展到極致。他相信人性本善，並將**自我實現**（self-actualization）視為正面過程，因為這會促使人們看到自己的能力，努力開發自我，而且因為自己能為社會盡一份心力而感到高興。然而，Maslow 認為只有少數人確實達到自我實現的境界；大部分的人必須為了滿足自我需求而不斷努力。

Maslow 發現不同的需求層次激發了人類行為。「當人們實現了大部分的基本需求後，便開始為下一個階段努力，直到最高層為止」（Maslow, 1971, p. 27）。

這些需求由下而上的順序為：

1. **生理的需求**：食物、水、氧氣、休息等。
2. **安全的需求**：保障、穩定、免除恐懼、焦慮、威脅及混亂。社會法治架構及限制可以協助滿足這些需求。
3. **歸屬感及愛的需求**：朋友、家人及愛人所給予的親密感與關愛。
4. **自尊的需求**：自我尊重、尊重他人、成就、受到注意及賞識。
5. **自我實現的需求**：感受到個人潛能完全發揮，並執行符合本身能力的工作；這是努力創造及學習的結果。一個完全自我實現的人高度展現以下特徵：接受自我、他人及萬物的本性；尋求公義、真理、秩序、團結及美好事物；具備解決問題的能力；擁有自我目標、懂得欣賞新事物、情感反應豐富；與他人維持良好、可變通的關係；具創意；品德高尚。

Maslow 的需求層次如圖 10.1 所示。當每一階段的需求得到大致滿足後，我們便會開始感受到下一階段需求的重要性。因此，在大致滿足生理需求後，才感覺到安全性需求的重要，以此類推。如果要運用 Maslow 的理論，社工人員應優先滿足案主的基本需求（如生理需求），當基本需求被滿足後，便可以開始處理下一層次的需求。

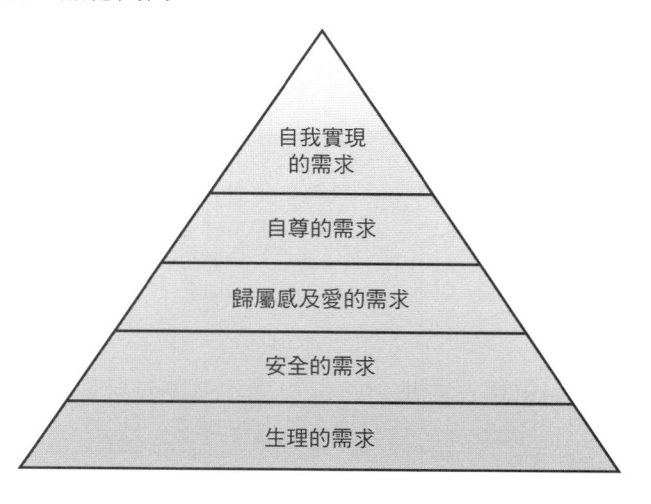

圖 10.1 Maslow 的需求層次理論

Maslow 並沒有依年齡來定義發展階段。邁向自我實現是任何年齡層都可能出現的過程，但不同年齡層會有不同的目標。例如，嬰兒階段特別強調生理需求。隨著一個人的成長，安全的需求便顯得越來越重要，接著是歸屬感及愛，以此類推。由於中年人經歷了許多學習，通常也已經到達收入的高峰，因此有更多機會專心滿足自我實現的需求。但失業、長期疾病及情場失意等狀況都會將重點轉向較低階層的需求。

情緒智能及社會智能　　LO 5

情緒智能

心理學家 Peter Salovey 及 John Mayer 在 1990 年提出**情緒智能**（emotional intelligence, EI）這個名詞（Papalia et al., 2012）。它指的是了解並處理自我及他人感受的能力。Daniel Goleman（1995）將 EI 的概念普及化並擴展到多個層面，包括同理心、動機、社交能力、樂觀的心態以及良心。

Goleman（1995）發展出情緒智能測驗。在分析 500 家企業的員工之後，他發現那些升上企業高層的人通常都有較高的 EI 成績。Goleman（1998, 2001）認為高效率的工作表現與下列素質有著密切關聯：

- 自我察覺（正確的自我評估、自我情緒察覺、自信）
- 自我管理（可信賴、成果導向、自動自發、調適能力、自律）
- 社會意識（同理心、組織意識、服務導向）
- 關係管理（發揮影響力、衝突管理、領導力、溝通、建立聯繫、團體合作、激發改變、開發他人）

Goleman（1998）指出，只要在上述 4 個範圍內至少做好一樣，對於工作都會有相當的幫助。

情緒智能並不是認知智能的相反詞。有些非常聰明的人在 EI 方面分數也很高，有些人的 EI 分數較低。有些人的智力測驗分數低於平均數，但 EI 分數卻很高。

情緒智能並不容易測試。情緒有許多種。我們如何評價那些可以處理恐懼感，但不能處理內疚感的人呢？特定情緒的表現也要視情況而定；例如，在大家都很悲傷的葬禮上表現快樂就是不妥的。

Daniel Goleman（2006）引用了社會神經科學的研究，提出**社會智能**（social intelligence）是由社會覺察（social awareness）（包括社會認知、同理心、社會調適及設身處地思考）及社會能力（social facility）（包括自我表現、影響力、關心及同步性）。

智能有許多種，包括心理能力（intellectual competencies）、情緒智能及社會智能。諮商／心理治療通常會處理的是矯正個人的社會智能，尤其是那些會造成個案社交關係問題的部分。

有些測驗可以測量社會智能（Goleman, 2006）。就像智力測驗般，社會智能測驗與 IQ 測驗類似，是以 100 分為平均分數，多數人的分數落在 85-115 分。分數超過 140 分即非常高；低於 80 分則可能有自閉症。這些人可能會面臨交友及溝通困難。他們可能需要社交技巧訓練。社會智能分數超過 120 分者，則有相當好的社交技巧、適應良好；在直接面對人群及溝通方面的工作游刃有餘。

社會智能

與情緒智能密切相關的是**社會智能**（social intelligence, SI）。專家學者以許多不同方式去定義社會智能。

依據 Edward Thorndike（1920, p. 228）對社會智能最初的定義，為「能理解與應對男人、女人、男孩及女孩的能力，且在人際關係的處理上能表現出智慧」。這個面向的解釋與**人際智能**（interpersonal intelligence）是同樣意涵的。

有些學者會將社會智能的定義侷限在社會情境脈絡中。在這樣的觀點下，社會智能與社會認知（social cognition）或社會行銷智能（social marketing intelligence）是同樣的。

現今對社會智能最普遍的解讀是對複雜的社會關係與環境能有效協商的能力。社會智能高者被認為有好的社交技巧；且通常會做與人直接面對與溝通的工作。社會智能低者則較適合少與客戶端接觸的工作，因為他們通常無法勝任需要運用人際溝通與社交技巧來成功與客戶相處的工作。

非語言溝通信號　　　　　　　　　　　　LO 6

次級互動系統：非語言溝通

為了評估人類行為，了解非語言溝通模式亦很重要。Freud 認為（引自 Knapp & Hall, 1992），「一個人有眼睛可看，有耳朵可聽，所以會相信只要是凡人就無法隱藏秘密。但若一個人雖沒有口頭明說，但透過指尖的動作仍會洩漏許多秘密」（p. 391）。

人們一定需要溝通；無論我們做什麼事，都需要傳遞自己的想法。即使一張面無表情的臉也會傳達許多訊息。當你讀到這裡時，停下來想一想，當有人在旁觀察你時，你傳遞出哪些非語言的訊息？你的眼睛是全部張開或半開著？你的姿勢是放鬆的

還是緊張的？你的臉部表情做了什麼溝通？你偶爾會比出哪些手勢？你會偶爾轉動眼睛嗎？在一旁的觀察者會從這些非語言的線索裡歸納出你此刻的感受為何？

一些非語言的線索（如出汗、結巴、臉紅、皺眉等）表達了我們原想隱藏的感受。認識非語言的溝通，我們可以發展出更好的技巧來覺察到他人的感受，並更有效的與人互動。因為感受來自於想法，非語言的線索，如臉紅，正表達出人們當時的想法。

非語言溝通的功能

非語言溝通與語言溝通是雙向互動的。與語言溝通有關的非語言溝通之功能如下：

1. 非語言訊息能夠**重複**（repeat）語言所表達的意涵。例如，一位丈夫表示他非常期待當爸爸；其快樂的神情與容光煥發的臉部表情都重複說明了這項訊息。
2. 非語言訊息能夠**取代**（substitute）語言訊息。例如，一位摯友在重要的考試中失利，你可以由朋友的臉部表情中完全了解她的想法與感受。
3. 非語言訊息可以**強調**（accent）語言訊息。例如，你約會的對象因為你做了某件事而感到生氣，你可以從他／她揮動的拳頭與指責的手勢更深刻感受到。
4. 非語言訊息可以**控制**（regulate）語言行為。例如，當有人在與你說話時，你卻把頭轉開，這正傳送著你對這段談話沒有興趣的訊息。
5. 非語言訊息與語言訊息相互**矛盾**（contradict）。當一個人漲紅著臉、青筋浮現並緊皺眉頭的大聲咆哮說：「我在生氣？我哪有啊！你怎麼會認為我在生氣？」當非語言訊息與語言訊息互相矛盾時，非語言訊息通常更為正確。當人同時接收了兩個矛盾的語言及非語言訊息，通常會相信非語言訊息（Adler & Towne, 1981, p. 257）。

雖然非語言訊息會顯現出來，但可能無意中造成誤導。回想當有人錯誤解讀你的非語言訊息的狀況：當你剛起床不想說話時，他人可能解讀為你有心事。或是當你在約會時，由於疲倦或正好在想一件最近發生的事而有些安靜，你約會對象是否錯誤解讀你對這段關係感到無趣或不開心？當你針對某事陷入深思時，你的臉部表情是否會讓他人以為你在皺眉？非語言行為通常難以解讀。例如，皺眉，可能代表著多種感覺：感到疲倦或生氣；感覺被拒絕、困惑、不開心、惱怒、嫌惡或無聊；或僅僅是陷入長考。非語言訊息不應被詮釋為事實，僅能視為線索，需以語言確認對方真正的想法與感受。

接下來將檢視一些非語言溝通的例子。許多例子來自於中產階級白人的非語言溝通。非語言溝通與文化背景有強烈相關；也就是說，相似的非語言表現會因為觀察者

不同的文化／族群／種族背景而有不同的詮釋。例如，人與人之間感到舒服的距離，在有些文化中是 6 英寸；但在另一些文化中則是 6 英尺。當與來自不同文化／族群／種族背景的個案溝通時，這樣的覺察才能對個案有真正的了解。當社工要說明事情時，對白人個案而言，直接的眼神接觸是較佳的；但對許多美國原住民而言卻是無禮或具威脅性的。成人男性間的親吻在我們的文化中會被解讀為同性戀關係；但在歐洲國家，這樣的親吻卻表示問候。在我們的文化中成人男性穿裙子是怪異的；但在蘇格蘭地區及英屬蘇格蘭軍隊中，穿著蘇格蘭裙（一種及膝打褶裙）卻很普遍。

姿勢

為了理解姿勢中的非語言線索，我們必須先了解個人的整體姿勢以及姿勢的改變。我們通常會在不具威脅性的情境中表現出放鬆的姿勢，在壓力的情境中表現出緊張的姿勢。有些人從來不曾放輕鬆過，他們僵硬的姿勢便可見一斑。

觀察一個人不同的緊張程度可以幫助推測其身分地位的不同。同時與位居高位及基層的人員互動，會發現位居高位的人較為放鬆，而基層的人則較僵硬與緊張（Knapp & Hall, 2014）。例如，可以觀察在教職員辦公室中談話的教職員與學生其姿勢上的差異。

老師或演講者通常會藉由聽眾的姿勢來判斷演說的狀況：若聽眾是往前傾，表示演說很精彩；若聽眾斜靠在椅子上則表示演說狀況開始不理想。

身體傾向

身體傾向是指我們在與他人互動時，我們的臉、頭、身體與腳靠近或遠離的程度。直接面向他人代表對這段對話開始或持續感到興趣；將臉轉開代表想要結束或避開談話。「turning your back」（轉頭）這個片語清楚的表示了你想轉頭離開某人的訊息。你記得上次他人以轉頭方式表達他／她想結束與你的對話嗎？

肢體動作

許多人會察覺得我們的臉部表情會洩漏出我們的感受；若我們想要隱藏真正的感受，通常會著重在控制我們的臉部表情。但我們較少注意到一些細微的動作也會表現出我們的感受，當我們想隱藏真正的感受時，我們花較少精力去控制這些動作。因此，細微動作通常較能預測我們真正的感受。

人們緊張的時候通常會表現出不安：他們可能會咬手指、輕敲手指、揉眼睛或其他部位、玩弄迴紋針或敲鉛筆；也會不停的將腳交叉與放下、有節奏的搖晃腿，或將腳前後移動。

許多小動作為人們的想法與感受提供線索。緊握的拳頭、發白的關節，以及指責他人的手勢都是生氣的訊號。當人們想表現友善或吸引力，他們會趨前靠近。擁抱代

表了許多不同的感受：生理吸引、很高興看到你、祝你好運，以及友誼。握手則代表著友誼，以及說「嗨」或「再見」。

Albert Scheflen（1974）提到人類在性方面的感受也可透過肢體動作得知；個人精心打扮的行為是為了向對方傳遞他／她是具有吸引力的訊息。打扮行為包括重新整理服裝儀容、梳洗或撫摸頭髮，以及照鏡子。Scheflen 認為部分打扮性的動作是女性才有，如露出或撫摸腿、突顯胸部、將手放於臀部，以及露出手腕或手掌等。當然，這些動作不一定都與性有關；它們也有可能因為其他理由而發生於其他場合。

男性也有希望受到歡迎的打扮行為。當女性在說話，男性可能會熱切地注視著。當對話持續時，他可能會越來越靠近，直到二人間的距離拉近。他會骨盆朝前站著，或是雙腿張開坐著或站著。他可能還會把拇指插在腰帶上，手指朝向骨盆區；或是手插口袋，拇指指向骨盆。男性的打扮行為包括了將夾克或領帶弄正，捲起袖子或袖口，或撫平頭髮。他可能也會模仿女性的姿勢（Renninger, Wade, & Grammar, 2004）。

肢體動作也會因不同目的而與語言訊息同時使用，即重複、取代、強調、矛盾與控制。有些人說話會配合手、手臂與頭的動作。有些人並沒有察覺到自己有肢體動作，直到被錄影才驚訝地發現他們使用許多肢體動作來溝通。

心理學家 Michael Kraus 與 Dacher Keltner（2009）發現，那些社經地位較高的人，當與他人說話時會較無禮。他們的研究發現，身體語言可以顯現個人的社經地位。研究中將大學生兩兩配對，他們互不相識，但安排彼此交談並錄影。研究者檢視每段對話中的其中一分鐘，觀察到一些與對他人感興趣程度的相關姿勢。學生父母若來自較高的社經背景，該生會表現出較多無禮的姿勢，如心不在焉地亂寫、玩弄頭髮、坐立不安等。來自較低社經背景的學生則會有較多「我感興趣」的姿勢，如笑及抬高眉毛。像孔雀尾巴般，較高社經背景學生貌似傲慢的姿勢，正是現代社會「我不需要你」的表現。較低社經背景的人無法承受拒絕他人的後果。他們資源較少，所以更傾向依賴他人。

觸碰

Rene Spitz（1945）提到幼童需要直接的身體接觸，像是擁抱、牽手及撫慰。若缺少直接的身體接觸，幼童的情緒、社交、智能與生理發展將會受到嚴重阻礙。Spitz 發現在十九世紀時，育幼院或其他兒童照顧機構的兒童死亡比例很高。死亡原因與營養或醫療照顧沒有太大關係，而是與幼童缺少父母或護士身體接觸有關。這項研究改變了機構照顧兒童的方法——將小孩抱起，緊緊地抱住他們，與他們玩，以及一天數次抱著小孩散步。在增加了身體接觸後，嬰兒在育幼機構中的死亡率已大幅降低。

Knapp 與 Hall（2014）發現，濕疹、過敏及一些特定疾病部分原因可能是嬰兒時期缺少與父母的身體接觸。身體接觸會刺激與促進孩童在智能、社會、情緒與生理發展。

成人也需要身體接觸；人們需要知道她們是被愛、被認可及被了解的。藉由握手、擁抱或輕拍背的觸碰是溝通的一種，代表著溫暖與關心。可惜的是，除了在性方面的觸碰外，社會化的過程通常會壓抑了身體觸碰。

觸碰他人事實上是表達多種訊息很好的方式，端看當時的情境決定所表達的訊息。在葬禮中的擁抱意味著關心；巧遇某人時的擁抱代表著「很高興見到你！」。親子間的擁抱表示「我愛你」，而約會中的擁抱則有性意涵。許多治療師都認為，藉由伸出手多去觸碰他人，如擁抱、緊握雙手、親吻及拍背都能讓人際關係與溝通模式大幅進步。對孩童而言，身體觸碰會影響其生存與發展；觸碰對成人而言也是同要重要，可以讓人感受到價值與愛。

衣服

衣服可以保暖及遮蔽身體的部位，讓我們不致因暴露而遭到逮捕。衣服還有許多其他的功能。特定的制服讓我們知道對方做什麼，以及我們可以由何處得到所需的服務，如制服警察、消防人員、護士、醫生及服務生。人們會有意無意地藉由服裝來傳遞他／她是什麼的人。服裝能提供的訊息包括職業、人格、喜好、性向、我們所認同的團體、社會哲學、宗教、信仰、身分、價值、心情、年齡、國籍及個人態度。例如，老師想藉由穿著的方式來表達他／她想在課堂上營造什麼樣的氣氛。

服飾配件也有不同的意義。例如，領帶的選擇可能反映了一個人的獨特品味或是標新立異。此外，打領帶的方式（鬆的、緊的、打結、批在肩上、有髒汙或皺摺）也可提供關於個人進一步的訊息。

在商場上，女性通常缺少具代表性的制服。男性可穿一成不變的深色西裝打領帶；女性仍在尋找能表現商場上專業的服飾以給人最好的印象。女性通常只能穿著較像男性、無吸引力及乏味的衣服；色彩較多及較具美的吸引力的衣著在某些場合會讓人覺得不專業。

衣服也會影響自我概念。若我們認為自己在某個情境下的穿著得體，我們會更有自信、感到確定及更外向；若自認為在某情境下穿著不得體，則會較退縮、缺少信心及主見。若我們處在低潮，精心打扮可以讓我們感到好些並提振精神。

錯誤的解讀非語言訊息是很危險的。我們通常以過少的資訊來判斷他人，並過快就做出錯誤解讀，以致產生不好的結果。作者之一提到他一位在矯治所的個案之經歷。這位個案過去 4 年一直過著奢華的上流社會生活，不斷地在歐洲與北美旅行且都住在最高級的飯店。這樣的生活方式來自於他開空頭支票。這位個案說，當他需要錢

Chapter 10
青年期與中年期的心理層面

時，他會精心的穿上昂貴的西裝，如此一來，他毫不費力便可兌現假支票。

個人空間

每個人不論走到哪都會帶著一個隱形的空間。在這個空間內是我們最私密的領域；只有讓我們感到最自在、情感上最親近的人才能夠進入這個最私密的空間。若陌生人或情感上不太親近的人進入了這個空間，我們會感到遭到侵犯。

Edward Hall（1969）發現在我們的日常互動中會表現出四種距離或區域。我們用這個距離來決定要與他人以何種方式互動。如何選擇某個特定區域端視與他人對話的狀況、我們對他人的感覺，以及人際互動的目標為何。這些區域包括親密區、個人區、社交區及公共區。

親密區 親密區（intimate zone）是由皮膚表面開始往外算起約 18 英寸。我們通常只會讓情感非常親密的人進入這個區域，且通常是在私密的狀況下，如安慰、表達關心、做愛、表達愛意及感情。當我們主動地讓他人或想要他人進入本區，代表了我們對該人的信任，也降低了我們的防禦。試想約會的狀況：當對方進入了此區與你／妳並肩而坐，表示你對這段關係感到自在，且可能想要有進一步發展。相反地，若想要維持兩呎以上的安全距離，則代表想要結束這段關係或想保持距離。

若他人在我們不希望的情況下進入了親密區，我們會感到侵略與威脅。此時我們的姿勢會挺直且肌肉會緊繃。我們可能會退後並避免眼神接觸以表達希望保持更多距離的訊號。若我們被迫與陌生人靠近（如在擁擠的公車或電梯內），我們會避免眼神接觸並試著不碰到別人，這可能在表達：「對不起，我被迫進入了你的領域，但我會盡量不打擾你。」

個人區 個人區（personal zone）的範圍是 18 英寸到 4 英尺之間；這個距離是伴侶站在公共場合時的距離。有趣的是，當一位異性在派對中與自己約會的對象或先生／太太的距離有這麼近，我們會懷疑此人的意圖；若自己的男／女朋友或先生／太太在派對中走向異性至個人區距離，我們會感到懷疑或忌妒。

個人區最遠的範圍（約 2.5-4 英尺）代表著我們希望與他人保時一個手臂長的距離；這樣的距離剛好在人無法觸及之處。這樣的距離表示與他人的關係仍屬緊密，只是與親密區相較，關係較不涉及個人私密。有時與他人保持手臂長的距離表示正在測試這段關係在情感上是否能夠更進一步。

社交區 社交區（social zone）的距離為 4 英尺到 12 英尺。生意溝通時通常會保持這個距離。此區較近的部分（4-7 英尺）是同事間的交談，也是業務員與客戶間通常有的距離。

7 到 12 英尺則是非個人與正式情境下的距離。例如，老闆從他的辦公桌後面對我們說話時的距離。但若我們將椅子挪近一點圍繞著老闆的桌子，則會表達出另一種

關係。辦公室內桌椅的陳列也會表現出辦公人員想要表現出什麼樣的關係,例如,在辦公人員與客戶／個案／學生之間隔著張桌子,則表示想要有正式且無關個人的關係;若中間沒有隔著桌子,則表示想要有較溫馨且減少正式互動的氣氛。

公共區 公共區(public zone)的範圍為 12 英尺以上。老師或演講者通常與聽眾保持 12 到 18 英尺的距離;若超過這個距離(超過 25 英尺),則雙向溝通將難以進行。若演講者主動選擇了很長的距離,表示他／她可能不希望有互動。

地盤

地盤(territoriality)是認定一塊區域屬於自己,並對入侵者採取防禦(Knapp & Hall, 2014)。許多動物在認為自己的地盤遭到入侵時,會擊退入侵者,即使入侵者是比自己體型更大的動物。

地盤的概念也會發生在人類;我們甚至會對一些其實不屬於自己的事物覺得有擁有權。學生進到教室會選擇特定的座位。若有人坐了你選定的座位,你會覺得自己的地盤被侵犯了嗎?

我們需要認定一件事物屬於自己,代表著我們的利益與價值。這些我們需要的事物,通常也是話題中的一部分:車子、房子、休閒器材、植栽、衣服等。這些物質也代表著我們的地位。有錢人需要擁有更多的資產。有趣的是,對較高地位的人,我們通常會默許他們擁有更多的個人空間與隱私。例如,當我們敲了老闆的門,我們會等待邀請後才進去;但對與自己相近或較低地位的人,我們通常是直接走進去。

臉部表情

對大多數人而言,臉部表情與眼神通常是非語言溝通的主要來源,因為臉部表情常反射了我們的想法與感受。但以下幾點原因讓臉部表情的辨識更加複雜。第一,臉部表情可以快速變化。藉由慢速攝影會發現,人們可以在五分之一秒內快速地改變臉部表情(Knapp & Hall, 2014)。此外,研究發現眼球與眼瞼有至少 8 種不同的位置;眉毛與額頭有至少 8 種不同的位置;臉的下半部則有至少 10 種不同的表現(Knapp & Hall, 2014)。因此,我們的臉部表情會有數百種的可能性;因此,要藉由臉部表情來作為辨識情緒的指標幾乎是不可能的。

Ekman 與 Friesen(1975)找出 6 個臉部表情所反應的基本情緒:害怕、驚訝、生氣、快樂、厭惡與悲傷。這幾個臉部表情在所有的文化中都可辨識。若讓人藉由看照片來辨識臉部表情,幾乎都可正確辨識這 6 個情緒。因此,雖然臉部表情很複雜,但這 6 個情緒幾乎可以正確地被辨認出(Knapp & Hall, 2010)。

在解讀臉部表情時要小心;因為人們通常會覺察到她們的臉部表情反映出他們的感受與想法,所以會基於幾點理由而戴上假面具。例如,若一個人感到生氣,卻不希

Chapter 10
青年期與中年期的心理層面

望被其他人看到，他／她會以笑容來掩飾生氣情緒。因此，在解讀臉部表情時，我們應該要覺察到人們是否想隱藏其真正的情緒與感受。

眼神通常也是很好的溝通者。當我們想要開始某段對話，我們通常會找尋對方的眼神，直到對方看到我們作為開始對話的訊號。眼神也可作為支配與順從的溝通。當上位者與下位者看到彼此，在下位者通常會先將眼神移開；下垂的眼神代表著順從或讓步。（下垂的眼神也代表著悲傷、無聊或疲勞。）

好的業務員會知道顧客的眼神說明了是否可以進一步交涉。當他／她們知道吸引了我們時，他／她們會開始推銷並維持目光接觸。他／她們清楚社會的規範，像是要求人們要有禮貌地聽完別人的話；因此當我們一旦與業務員有目光接觸並允許其開始說話時，便掉入了社會規範的陷阱而必須聽完他／她們的推銷。商店中好的業務員也會觀察另一種目光。他／她們會先觀察顧客的眼神停留在哪些商品上，然後試著加強推銷該項商品。

眼神表情表現了人們多樣的情緒：張大的眼睛表示好奇、驚恐、真誠或天真；提高上眼皮表示不愉快；不停的凝視表示冷酷；眼球向上轉動表示感到他人的行為是不尋常或奇怪的。

當我們的情緒被挑起，或某件事物吸引了我們的興趣，我們的瞳孔會放大。一些諮商師會藉由技巧性地觀察個案的瞳孔是否放大來判斷某個主題是否吸引個案的注意。

聲調 聲調通常會比說話的字句更具影響力。一段同樣的話可能會有不同的意義；因此，我們用何種方式說這個字便代表了我們賦予這個字的意義。例如，Knapp 與 Hall（2010, p. 367）展示了以下的句子會因為強調不同的字詞而有不同的意義。

1. 他拿這筆錢給 Herbie。（是他這個人給錢，不是別人。）
2. 他拿這筆錢給 Herbie。（他是給錢，不是借錢。）
3. 他拿這筆錢給 Herbie。（是這筆錢，不是其他基金或其他來源的錢。）
4. 他拿這筆錢給 Herbie。（他拿的是錢，不是支票。）
5. 他拿這筆錢給 *Herbie*。（接受錢的人是 Herbie，不是 Eric、Bill 或 Rod。）

當我們提問時，我們會在句尾提高音調；當我們宣布某項聲明，我們會在句尾降低音調。有時我們會刻意控制語調來表達相反的語言訊息。

除了強調句子中的某個字，我們的聲音也可以用許多其他方法來溝通，包括斷句的長度、音調、說話的情感、音量、降低流暢度（如結巴或說「嗯」、「啊」或「哦」）。這些因素我們稱為**副語言**（paralanguage）。副語言是如何表達一些話語，而非字句本身的內容（Knapp & Hall, 2014）。

副語言可以表達出和語言訊息完全相反的意義。你／妳可以練習以轉換語調來表達字面真正的意義，以及挖苦的意義：

「我非常喜歡你。」
「我有個非常美好的時光！」
「你真棒！」

當副語言及語言訊息相互矛盾時，前者會傳遞出更多訊息；當文字與說話方式矛盾時，人們通常會根據說話方式來推測所代表的意涵（Knapp & Hall, 2014）。

想要了解自己說話時的副語言，最好的方式便是錄下一段對話或演說並重複觀看。這樣的過程也可以提供你／妳其他非語言溝通的方式。

外觀

人們通常說內在美最重要，但研究顯示外在美（外在吸引力）對更大層面的人際互動扮演了影響性的角色。相較於較不具吸引力的女大學生而言，男性大學教授傾向給較具吸引力的女學生更高的分數。一項研究顯示，較具吸引力的女性比較不具吸引力的女性更能有效影響男性學生對國家議題的態度。具吸引力的人，不論男女，讓人覺得較可信賴，其各方面的說服力也會逐漸增加，包括推銷、演講及諮商（Knapp & Hall, 2014）。相反地，不具吸引力的犯罪者在法庭中更容易遭到判刑有罪且得到較長的刑期（Knapp & Hall, 2014）。這項證據清楚顯示，相較於不具吸引力的人，我們在一開始（initially）就會對有外在吸引力的人較具好感。吸引力幫人們打開大門並創造更多機會。

在眾多人們嚮往的特質中，具外在吸引力的人勝過較不具吸引力的人，包括人格、受到歡迎、成功、善於社交、說服力、性能力及快樂（Knapp & Hall, 2014）。例如，具吸引力的女性較易得到協助，且較少受到（與性無關的）攻擊行為。

較不具吸引力的人自童年開始便處於劣勢，例如，老師較少與不具吸引力的學生互動（且較少有正向回饋）。在決定與誰約會及結婚時，外在吸引力也是個重要的考慮因素。在許多情況下，不論個人是否具吸引力，且不論是否會被拒絕，都喜歡與最具吸引力的人約會（Knapp & Hall, 2014）。

不具吸引力的男性若與具吸引力的女性在一起，他們在許多方面會比具吸引力的男性得到更高的評價（Bar-Tal & Saxe, 1976）：他們被認為更有錢、事業更成功及更聰明。很明顯地，會產生這般評價是因為人們認為不具吸引力的男性必定在其他方面更成功，才能贏得具吸引力的女性青睞。

外表具吸引力並不代表比不具吸引力的人更聰明、更成功、適應力更好及更快樂。具吸引力的人在一開始可能會獲得較多邁向成功的機會，但機會之門一旦開啟，

結果仍是由個人表現來決定。

一個人的身材會與某些刻板印象有關，但二者之間不盡然都是正確的。體重過重的人被認為年紀較大、較老派、較不強壯、更愛說話、長得較不好看、更隨和、脾氣好、更易相信他人、更依賴他人、更熱心與更具同理心。身材壯碩的人會被認為更強壯、長得更好看、更年輕、更愛冒險、更獨立、行為更成熟，以及更具男子氣概。

身材纖瘦的人被認為更年輕、更易猜忌、更易緊張及焦慮、較不具男子氣概、更悲觀、更安靜、更固執，以及更易向困難屈服。過胖及過瘦的人在求職、買保險、領養小孩及申請大學時更容易遭到歧視。高個子男性在商場站了很大的優勢，但高個子女性並非如此。矮個子的男性在薪水與求職機會方面都屬於劣勢（Knapp & Hall, 2014）。

我們有足夠的能力去改善外在相貌；如吃得好、運動、學習處理壓力、學習決斷力、有充足的睡眠、增進打扮方式，以及改善衣著的選擇等都可以幫助改善相貌。增進外在相貌將會為我們開啟更多機會之門。

環境

許多人都有到下列的經驗：到一個非常潔淨的家中，有著沒有生命力、家具套著塑膠布的房間，以及沒有任何汙漬的桌子。這樣的房子傳遞著下列非語言訊息：不要把我弄髒，不要碰，不要踩上去。在這樣的房子中，我們沒有辦法感到放鬆；主人則納悶為什麼客人沒有辦法放鬆並好好享受。他們沒有覺察到的是，環境也會傳遞訊息，會讓客人覺得不舒服。

辦公室是否具吸引人會影響員工們的溝通、情緒與精力。在一間不吸引人的辦公室中，人們容易感到疲倦及無聊，且會花更長的時間完成交派的工作。當人們在舒適的房間中，他／她們表現出更多工作的驅力，且溝通時會感到更自在、享受與受到重視。員工在吸引人的環境中工作會表現更好，也感覺更好（Knapp & Hall, 2014）。

房間的顏色明顯的會影響心情與工作效率。在一項有關兒童智力測驗的研究中，兒童處在他們認為色彩繽紛的房間中，其智力測驗成績會比兒童處在他們認為難看顏色的房間中高出 12 分（Knapp & Hall, 2014）。漂亮的房間似乎可以刺激靈敏度與創造力。在漂亮的房間中，友善的言語及笑容會增加，敵意與怒氣則會減少。最容易激發人的顏色依序為：紅色、橘色、黃色、紫色、藍色與綠色。柔和的顏色如粉紅、粉藍、桃色等具有使人平靜的功能。一些監獄與拘留所現在多漆上柔和顏色，希望可以讓犯人更為平靜與放鬆。

在商場上也發現可以利用環境設計來控制顧客數量。柔和的燈光、舒適的座椅及控制噪音的程度，可以讓顧客更願意花時間在酒吧或餐廳聊天（Knapp & Hall, 2014）。若目的是希望有更高的顧客流量（如速食餐廳），則可使用明亮燈光、較不

舒適的椅子、高噪音（如使用較差的隔音設備）以增加顧客流動率。椅子可以設計得舒適，或增加背部壓力造成不適感。機場設計了舒適的桌椅與柔和的燈光，以吸引旅客到酒吧或餐廳消費聊天。相反地，機場不希望旅客在等候區坐太久，所以設計了明亮的燈光，以及一長列狹窄、不舒服且肩靠著肩坐的椅子，讓人難以交談與放鬆。

　　拉斯維加斯賭場老闆將其建築設計為沒有窗戶與時鐘，好讓顧客沒有覺察到自己賭了多久，主要的目的是留住賭客越久越好。在沒有窗戶的狀況下，有些客人沒有覺察到自己已經賭到了隔天。

　　建築物的形狀與設計會在多方面影響互動的模式。在公寓建築裡，與住在少有人經過的住戶相較，住得靠近樓梯間與信箱的人較會與鄰居接觸。多與鄰居接觸就能夠增加溝通機會。籬笆、一整排的樹及很長的車道則會增加隱私。

　　稍早提到，辦公室的擺設傳達出雇主想要表達的訊息：希望可以非正式、放鬆的溝通，或是希望正式、重點式的溝通。例如，圓桌表示雇主尋求對等的討論；長桌則是希望表現身分與權力的不同。坐長桌時，身分地位高的人通常坐在桌子的一側；若雙方權力地位相當，則雙方各坐一邊，而非混合而坐。在教室中，若椅子圍成一圈表示教師希望有非正式討論的氛圍；若椅子是一行行排列，表示教師希望有正式、教學式的氛圍。

Glasser 之人類行為選擇理論　　　　LO 7

選擇理論

　　William Glasser（1998）發展出**選擇理論**（choice theory）來解釋人類行為。選擇理論的重點在於人們的腦中同時存有現實及個人期望等兩種情況，Glasser（1984, p. 32）主張，「我們的行為乃是要不斷減少我們的期望（腦中的想法）及我們所擁有（對現實的看法）兩者之間的差異。」

　　我們以一些例子來解釋這個概念。每個人對於理想的交往對象都有著清楚的概念，當我們遇到符合條件的對象時便會試著發展關係。我們心中有一份清單，列出自己喜歡的食物清單；當我們肚子餓時，就會從清單裡選擇一樣東西，並開始尋找以獲得該食物。

　　我們如何發展出可以滿足需求的照片／相簿／概念？依據 Glasser 的說法，我們從早期（甚至可能在出生前）就開始創造這個概念，然後花一輩子的時間繼續擴展。基本上，每當我們得到能滿足需求的事物時，我們便把它的「照片」存放在個人相簿內。Glasser（1984）藉由描述一位飢餓的小孩如何將巧克力餅乾加到其相簿中的過程：

Chapter 10
青年期與中年期的心理層面

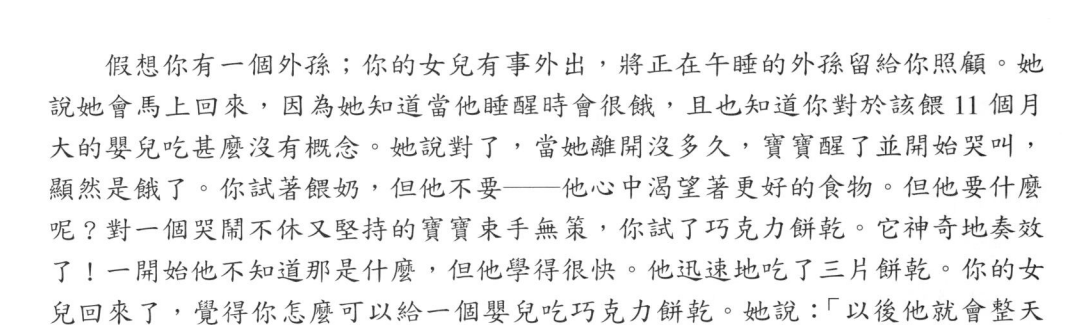

　　假想你有一個外孫；你的女兒有事外出，將正在午睡的外孫留給你照顧。她說她會馬上回來，因為她知道當他睡醒時會很餓，且也知道你對於該餵 11 個月大的嬰兒吃甚麼沒有概念。她說對了，當她離開沒多久，寶寶醒了並開始哭叫，顯然是餓了。你試著餵奶，但他不要——他心中渴望著更好的食物。但他要什麼呢？對一個哭鬧不休又堅持的寶寶束手無策，你試了巧克力餅乾。它神奇地奏效了！一開始他不知道那是什麼，但他學得很快。他迅速地吃了三片餅乾。你的女兒回來了，覺得你怎麼可以給一個嬰兒吃巧克力餅乾。她說：「以後他就會整天吵著要這種餅乾了！」她說對了。就像多數人一樣，這位嬰兒未來一生中都會在心裡想著巧克力餅乾。（p.19）

　　當這個嬰兒學到巧克力餅乾讓他多麼滿足，他就把這種餅乾放在他的個人相簿中。

　　Glasser 認為所謂的**照片**（pictures）就是指我們的視覺、聽覺、觸覺、嗅覺及味覺等五種感官（perceptions）所接收的訊息。個人相簿中的照片不需要合理。厭食症患者的照片中總是有一個過胖的自己，因此以絕食方式讓自己接近心目中那個不合理的苗條形象。強姦犯的照片中認為經由性侵犯可以滿足自己對權力及性的需求。若要改變「照片」，我們必須以其他替代品來合理滿足不適切的需求。無法更換「照片」的人可能一輩子都過得很悲慘。例如，有些受虐婦女一再忍受婚姻中的毒打及侮辱，因為她們無法「想像」自己生活在一個充滿愛的夫妻關係裡。

　　Glasser 指出，當我們看到的「照片」和想要的「照片」出現差距時，由差距所產生的訊號（signal）使得我們努力做出能夠獲得理想照片的行為。我們檢視自己的行為，選擇一或多張渴望的照片以幫助我們減少差距。這些行為不僅包括直接解決問題，也包括了生氣、噘嘴及愧疚感等操縱性策略。不負責任或無能的人無法從自己的行為能力中挑選出負責任的行為，或者是他還不知道什麼是負責任的行為。

　　Glasser 相信我們被五種與生俱來的基本需求所驅使，一旦其中一項獲得滿足，另一項需求（或兩個以上的組合）便接著要求獲得滿足。我們的第一種需求是**生存**（survival），包括呼吸、消化食物、排汗、血壓控制等維持生命的功能，還有滿足飢餓、口渴及性的需求。

　　人類的第二大需求是**愛與歸屬感**（love and belonging）。我們通常經由家庭、朋友、寵物、植栽及物質的擁有來滿足這項需求。

　　第三種需求是**權力**（power）。Glasser 認為這種需求包括了如何讓他人服從自己，並獲得權力所帶來的尊重及認同。我們對權力的渴求有時會與歸屬感發生衝突，在某個關係裡的兩個人可能會爭奪控制權，而不想創造平等關係。

　　我們的第四種需求是**自由**（freedom）。人們想擁有的自由包括：生活方式的選

擇、自我表達、閱讀書寫、交往及宗教上的自由。

第五大需求是快樂（fun）。Glasser 認為學習通常充滿樂趣，因為想追求這種樂趣，我們才會不停地學習。嚴肅及無聊的課程是教育制度最大的敗筆。歡笑及幽默滿足了我們對快樂的需求。快樂對人生來說是多麼的重要，許多人根本無法想像如果沒有快樂，沒有生活的樂趣，那麼活著還有什麼用。

選擇理論是一種**內部控制法**（internal control psychology）。它可以解釋我們為何及如何做出某些重大的選擇，決定了人生的道路。Glasser（1998）我們所做的一切，都是我們自己的選擇。

以下是「選擇理論」之原則：

1. 我們只能控制自己的行為；只要我們能承擔後果（例如，沒做到他人要求我們做的事而受到處罰），沒有任何人能逼我們做不想做的事。當我們在他人嚴重處分的威脅之下，選擇去做他人要我們做的事，通常會以做不好來作為被動抵抗。當我們強迫他人做他不想做的事，他可能選擇不去做，或選擇以做不好的方式作為被動抵抗。

2. 我們唯一能給予他人或從他人取得的只有訊息。如何處理訊息則是我們或他們的選擇。例如，老師可以給予學生閱讀作業，但如果有學生選擇不要讀，那就不是老師所能負責的。老師當然可以選擇後果：讓未完成作業的學生得到較低的分數。

3. 依據 Glasser 的說法，我們從出生到死亡，唯一能做的是「行為表現」。他指出所有行為都是「整體行為」，由行動、思考、感受及生理機能等四個無法分割的要素所構成。每一要素都會影響其他三個要素而且產生相互作用。（所謂的相互作用由以下兩個定律來說明。）

4. 持續的心理問題全都是關係問題。關係問題在某種程度上也是造成其他問題的原因，例如，疲勞、疼痛、衰弱及自身免疫疾病（例如，纖維肌痛及類風濕性關節炎）。當生活中的重要關係不能照我們的意思發展時，我們往往會選擇以情感上的痛苦或生理上的痛苦來應付它。

5. 人腦具備優異的創造力。童年曾遭受性侵害的受害女性往往發展出解離性人格症（dissociative identity disorder, DID），讓自己跳脫受虐的痛苦。依照 Glasser 的主張，醫生無法找出原因的病症在某種程度上都可以說是病人的腦部為應付痛苦所產生的不適。痛苦是刺激腦部創造力的泉源，因而形成 DSM-5（American Psychiatric Association, 2013a）提到的各種症狀、疼痛（如偏頭疼）及生理疾病（如心臟病、癌症、成人氣喘及濕疹）等問題。

Chapter 10
青年期與中年期的心理層面

關於 DSM-5 中提到腦部如何創造出症狀，Glasser（2003）描述了不快樂的心情可能會讓腦部創造出幻覺：

> 你的創造力直接在大腦聽覺皮層創造出具威脅或其他訊息的聲音，而非創造出一些想法。你會聽到真正的聲音；可能是陌生人的聲音，或你可以知道是誰的聲音。你幾乎不可能僅靠聽覺來辨識這是否是真實的聲音。（p. 114）

由於我們可以聽到聲音，我們的大腦就可以在無人的情境中創造出聲音。由於我們可以看到影像，它就可以創造出視覺幻象。由於我們可以感受到疼痛，它就可以創造出疼痛的幻覺，可能還會比真正受傷或生病帶來的疼痛更為嚴重且持續更久。由於我們會感到害怕，大腦就創造出能讓人失能的恐慌症。我們的想法影響著生理功能。

6. 除了絕症和極度貧窮之外，無法令人滿足的關係乃是犯罪、成癮及情感和行為失調的主要原因。

7. 試圖以嘮叨、口頭教訓、處罰或恐嚇的方式控制他人是一項嚴重的錯誤（希望以這些方式獲得正面成效是不合理的期待）。前面提過唯一能有效控制一個人的只有他自己。為了改善人際關係，我們應該放棄試圖以嘮叨、口頭教訓、批評或威脅處罰的方式來控制他人。

8. 無法令人滿足關係（有問題的關係）絕對是目前必須面對的問題。我們至少需要一個能夠讓我們覺得滿足的關係，才能擁有快樂的生活。在良好的兩人關係中，彼此都會努力滿足自己和對方的需求。

9. 在兩人關係中，如果雙方都了解「選擇理論」，他們可以利用調解圈（solving circle）來重新定義彼此的自由，並改善他們的關係；Glasser 提倡夫妻或交往的雙方應該多多利用這種方法。每個人先想像他們的關係是在一個大圈圈裡面（也就是調解圈）。先在地上畫一個假想的圓圈，圓圈裡有兩張椅子，雙方都坐在椅子上。在這個圓圈裡有三件事物：他們兩人以及他們的關係。雙方都同意維持他們的關係比個人需求來得重要。在這個圓圈裡，他們告訴對方為了改善彼此的關係，他（她）願意去做哪些事情，有了共識之後，彼此都做出妥協，化解兩人的衝突。

10. 過去發生的痛苦回憶對於現在的我們有著很大的影響，但是一直停留在痛苦的過去對於我們現在所要做的努力（改善一個重要的關係）則是一點用處都沒有。

11. 要面對現在的問題未必需要了解過去。重溫過去的歡樂時光是件好事，不過把不快樂的過去拋在腦後會更好。

12. 我們只需要滿足現實世界中一張（或幾張）「照片」，就可以滿足基本需求。現實世界是由三種滿足需求的「照片」所組成：人（如父母）、物（例如，車子及衣服）以及信仰（如宗教及政治信仰）。只要能滿足一張（或一張以上）的「照片」，我們就能體會最大的自由。如果我們硬要把某張無法滿足的「照片」放入現實世界，我們就等於放棄了一部分的自由。
13. 如果我們與他人相處有困難，往往是因為我們採取了錯誤的**外部控制法**（external control psychology），試圖以嘮叨、口頭教訓、說教、批評、奚落的方式來強迫或控制他人。
14. 良好的關係是人類之所以快樂的關鍵所在，因此如果我們想要獲得身心健康與幸福，我們就必須努力探索自己與他人的關係，並尋求改善之道（特別是我們最親密的人）。
15. 以動詞來描述行為具有正面的影響。例如，當你經歷低潮或處於沮喪狀態中，你可以肯定地告訴自己：「我選擇了沮喪」或「我自己要心情低落」；而不是認為「我正受憂鬱症所苦」或「我好沮喪」。當我們說「我正感到憂鬱（I am depressing）」，我們立即覺察到是我們選擇了憂鬱，因此必須選擇做點別的事，以改變原有的感覺（例如，「我要去打高爾夫球並享受這一天」）。當我們說「我受憂鬱所苦（I am depressed）」，則會錯誤地相信自己無法控制低落情緒。此外，他們會相信低落情緒是他人造成的。去辨識到我們有力量去選擇低落情緒（或停止生氣或挫折），將會感到非常大的自由度；這樣的自由是那些認為別人掌控了自己情緒的人所無法感受到的。
16. 整體行為（思考、感覺、表現及生理機能）全都是選擇的結果，不過我們只能直接掌控表現及思考部分。我們對於生理機能及感覺的控制乃是經由我們選擇要如何表現及思考；改變行為和想法不是一件簡單的事，但這是我們唯一能做的。當我們成功地提出更令人滿意的行為及想法時，我們同時也獲得更多的個人自由。
17. 每當你覺得在某一段關係裡並未擁有你想要的自由，那是因為你、你的伴侶或你們兩人都不願接受選擇理論的主要原則：**你只能控制自己的行為**（you can only control your own behavior）。只要你和伴侶更了解「選擇理論」，你們的相處就會更融洽。選擇理論支持了聖經中的金科玉律（Golden Rule，即你要別人怎麼待你，就要怎麼待人）。
18. 人們選擇（雖然有些人並未意識到自己的選擇）扮演 DSM-5（APA, 2013）中所述精神疾病的角色。這些人表現出 DSM-5 裡所描述的症狀，但他們並沒有精神疾病（如果精神疾病被定義為心理上的疾病）。這些人並沒有無法治癒的

Chapter 10
青年期與中年期的心理層面

精神疾病；他們可以學習成為一個健康的人，而這些症狀只意味著他們的健康程度還沒到那個程度。（關於這個議題，可以參考第七章中的互動模式。）

19. 一個心理健康的人喜歡與他／她所認識的大多數人共處——特別是重要的人，例如，家人或朋友。心理健康的人喜歡人群，也很樂意幫助不快樂的朋友、同事或家族成員，讓他們覺得好受一些。心理健康的人笑口常開，過著無憂無慮的生活；他／她享受生命，也能接受他人不同之處。他／她不隨便批評他人，也不會拚命想要改變他人；他／她具有創造力。當他／她覺得不快樂時（沒有人可以永遠快樂），心理健康的人會知道自己並不快樂，也會努力改變不快樂的現況。

Glasser 的觀點具有相當的爭議性。一個人內心的想法並非導致生理疾病的唯一因素（如同 Glasser 的主張）。許多原因都會造成生理疾病，例如，番茄、牛奶、巧克力會讓某些人過敏（出現濕疹）。有些疾病〔如舞蹈症（Hungtington's disease）〕乃是基因遺傳所造成的。

Gawain 之直覺理論　　　　　　　　　　　LO 8

直覺

大腦（cerebrum）（腦部處理心智意識的區域）是由兩個大腦半球組成，右半部稱為**右腦**（right brain），左半部稱為**左腦**（left brain）。解剖學上，左右半腦非常相似。但有大量證據顯示，它們的功能不盡相同（Gleitman, 1986）。身體左側的活動是由右腦所控制；身體右側的活動則是由左腦所控制。

左腦一般掌控著語言與說話功能。另外，左腦也與理性思考、邏輯、推論及數學能力有核心關聯。相反地，右腦與創造力、音樂能力、直覺與感受有核心關聯。（要注意，研究對大腦不同位置的不同功能是推測性的；此外，左右半腦也可能會有功能上的重複。）

在第七章提過，常自我對話的人，表示會藉此理性思考，較能學習控制自己的情緒與行為，並對人生有更好的掌控。但是，Gawain（1986）的理論認為，人類也應該要發展並使用直覺。「堅毅的身體／人格並不是因為吃了某些食物、做了某項運動或遵循他人的規則與想法造成的。它是要藉由相信你的直覺並學習讓直覺引導你」(p. 18)。

Gawain 認為，每個人都應該相信自己的直覺。「多數人自小就被教導不要相信自己的感覺；不要太過真實地表達自己。但人存在的本質在於愛、力量與創造力」（1986, p. 69）。Gawain 認為，經由再教育自己去傾聽與相信自己的直覺，我們就會

獲得創造力並更加完整。學習去相信內在的聲音，在一開始可能會有點冒險，因為我們很久沒有安全地運用它；我們僅做我們「應該」做的事去討好他人、服從外部權威，或遵循規則。

若要辨識並跟著自己的直覺，重要的步驟是花時間（也許一天數次）去放鬆並傾聽「內在感受」。內在直覺的聲音會以多種方式顯現出來，包括想像、感受及字語。當你需要做重要決定時，只要放輕鬆，真正的想法就會浮現出來。當你放鬆（也許藉由冥想或其他放鬆技巧），你的直覺會告訴你對你最好的選擇。很快地，你的直覺會告訴你一些過去從未注意到且具創意的選項。

人類的直覺與候鳥指引牠們在秋天飛往南方、春天飛往北方的本能類似（也許完全相同）。也與狗在野外看到熊時，本能性地知道要提高警戒——雖然牠們以前從未看過熊。

你的直覺會幫助你做出許多重大決定，像是是否繼續念書、選擇職業、是否結束一段感情、要買何種車，以及要追求什麼嗜好。你的直覺也會讓你更具創造力、更有生產力、更易滿足與擁有更完整的人生。

物質濫用的議題　　LO 9

化學物質的使用與濫用

本章後段的重點在於對所有人都有某些程度影響的重要議題——化學物質的使用與濫用。幾乎每個人都有酗酒或濫用其他藥物的親友。有些讀者可能曾經面臨這些問題且掙扎過。

藥物已成為我們生活的一部分。我們使用藥物來放鬆、增加快感、壯膽、排除壞情緒、維持清醒及幫助睡眠。幾乎所有美國人都使用某種藥物。人們在早上喝咖啡，白天喝蘇打水（含咖啡因）；晚餐前喝雞尾酒及消除疼痛用的阿斯匹靈。

當英國清教徒航向美國時，他們在船上裝載了 14 噸的水、10,000 加侖的葡萄酒及 42 噸啤酒（Robertson, 1980）。從那時候開始，美國人開始大量使用及濫用藥物。

依據藥理學，藥物是任何可藉化學機制改變生物功能或結構的物質。此定義包括食物、殺蟲劑、空氣汙染物、水汙染物、酸、維他命、有毒化學品、肥皂及汽水。很明顯地，這個名單多到一點用處都沒有。因此，按照內容選擇適當的定義比較有用。例如，在醫學上，藥物是特別為緩和疼痛、治療與預防疾病及其他醫療狀況而製作的任何物質。

本文將採用最適合社會工作者的藥物定義，將重點放在可嚴重影響人類行為及生活的藥物。在這樣的前提下，**藥物**（drug）是任何可直接影響腦部及神經系統的易上

癮物質;它可以影響情緒、感官、身體機能或意識,並由於對使用者具傷害性,因此可能被濫用。

藥物濫用(drug abuse)係指定期或過量使用藥物。藥物濫用會傷害人際關係、個人健康或危害社會整體。先前所敘述的藥物均為化學品種類。藥物濫用也可成為**化學物質濫用**(chemical substance abuse)。所謂濫用係指某人因吸食藥物或化學物質而使心智或身體受損。

無論是如酒精飲料或菸草製品等合法藥物或處方藥物都常被濫用。最常被濫用的處方藥物包括鎮定劑、安定劑、止痛劑及興奮劑。許多處方藥具心理或生理上癮的潛在危機。藥廠花費百萬的廣告費讓消費者認為他們太緊張、易怒、難入眠、需要減重等等,並聲稱藥物可以減輕這些問題。很不幸,許多消費者接受了緩和症狀的簡單方式,忽略可藉改變生活來贏得健康,結果變成依賴藥物。這些改變包括運動、壓力管理技巧、正面思考及健康飲食。

非法藥物如古柯鹼及海洛因等也常遭濫用。人們使用它來扭曲現實;並藉以達到不真實的亢奮或從不愉快的生活中解放。然而,正如我們所見,大量使用藥物導致嚴重生理退化及如奴隸般的心理及生理依賴。

本節將描述種種非處方、處方及非法藥物,檢視各種有關藥物使用及治療議題。最後將提出社工人員之藥物使用知識及評估建議。

特定藥物:種類及用途

了解特定藥物是什麼、其對人體的影響,以及在使用上與藥物濫用的考量都很重要。這裡所討論的特定藥物包括鎮靜劑、興奮劑、麻醉劑、迷幻藥、菸草製品、大麻及合成類固醇。重點提示 10.1 描述了這些藥物的各類資訊。

鎮靜劑 鎮靜劑(depressant drugs)可減緩人體功能及活動。酒精、巴比妥酸鹽、寧神劑及安眠酮皆屬這類藥物。

酒精 酒精(alcohol)存在於啤酒、葡萄酒、白蘭地、威士忌、伏特加、萊姆酒及其他使人酒醉的無色液體中。酒精飲料內的酒精屬於乙醇酒精,也可稱為穀類酒精,因為大多數是由穀類發酵所製成。

誰在喝酒? 美國成年人平均每年會喝掉 21.7 加侖的啤酒、2 加侖的葡萄酒及 1.3 加侖的蒸餾酒(Kornblum & Julian, 2012)。我們社會中大多數的青少年及成年人都喝酒。

一個人是否喝酒及喝的程度與諸多因素有關,包括生物因素、社會經濟因素、性別、年齡、宗教、居住在都市或鄉村及文化影響(Mooney, Knox, & Schacht, 2015):

- **生物因素**。酒癮者近親嗜酒的機會是一般人的四倍,而且此傾向對於一出生便被非飲酒家庭所領養的小孩依然適用。此調查結果顯示喝酒及酗酒受生物因素

重點提示 10.1

常被濫用的藥物：事實與影響

藥物	成癮可能性 生理	成癮可能性 心理	耐受性	成癮時間（小時）	用藥方式	可能產生的影響	過度使用的影響	戒斷症狀
麻醉劑 narcotics								
鴉片 opium	高	高	會	3-6	口服、抽入	愉悅感、嗜睡、呼吸抑制、瞳孔縮小、噁心	呼吸減慢變淺、皮膚濕冷、抽搐、昏迷、可能死亡	流淚、流鼻涕、打哈欠、沒胃口、易怒、震顫、恐慌、發冷且流汗、痙攣、噁心
嗎啡 morphine	高	高	會	3-6	注射、抽入			
海洛因 heroin	高	高	會	3-6	注射、鼻吸入			
鎮靜劑 depressants								
酒精 alcohol	高	高	會	1-12	口服	口齒不清、缺乏定向感、酒醉般行為、失去協調性、反應力變差	呼吸變淺、皮膚濕冷、瞳孔放大、脈搏虛弱且快、昏迷、可能死亡	焦慮、失眠、震顫、譫妄、抽搐、可能死亡
巴比妥酸鹽 barbiturates	高	高	會	1-16	口服、注射			
寧神劑 tranquilizers	中	中	會	4-8	口服			
安眠酮 Quaalude	高	高	會	4-8	口服			
興奮劑 stimulants								
咖啡因 caffeine	高	高	會	2-4	口服	增加警覺性、興奮感、愉悅感、脈搏加快、血壓升高、失眠、沒胃口	興奮、脈搏加快、血壓升高、失眠、沒胃口	
古柯鹼 cocaine	可能會	高	會	2	注射、鼻吸入		興奮、體溫升高、幻覺、抽搐、震顫、可能死亡	冷漠、睡眠時間長、易怒、憂鬱、失去定向感
快克古柯鹼 crack	可能會	高	會	2	抽入			
安非他命 amphetamines	可能會	高	會	2-4	口服、注射			
硝酸丁酯 butyl nitrate	可能會	未知	高度可能	5	吸入	興奮、愉悅感、眩暈、過度開放、具侵略性、妄想、憂鬱、嗜睡、頭痛、噁心	失憶、混亂、走路不穩、心跳脈搏不穩、可能死亡	失眠、胃口變差、憂鬱、易怒、頭痛
亞硝酸戊酯 amyl nitrate	可能會	未知	高度可能	5	吸入			
迷幻藥 hallucinogens								
麥角二乙胺 LSD	無	某種程度	會	不一	口服	妄想與幻覺、時間感與距離感錯亂	幻覺時間更長且症狀更嚴重、可能死亡	未知
梅斯卡靈 mescaline 及 Peyote		未知			口服、注射			
魔菇 psilocybin、裸蓋菇素 psilocin					口服			
天使塵 PCP					口服、注射			
搖頭丸 MDMA, ecstasy					口服、注射、抽入			
大麻類 cannabis								
大麻 marijuana, hashish	程度未知	中	會	2-4	口服、抽入	愉悅感、鬆弛抑制、胃口增加、缺乏定向感行為、心律脈搏增加	疲倦、偏執、可能會精神錯亂、無時間感、活動緩慢	失眠、極度活躍、沒胃口
尼古丁 nicotine, 菸草 tobacco	高	高	會	2-4	抽入、嚼	增加警覺性、興奮感、瞳孔放大、血壓升高、失眠、沒胃口	激動、脈搏與血壓升高、沒胃口、失眠	冷漠、長時間睡眠、易怒、憂鬱
合成類固醇 anabolic steroids	無	高	未知	未知	口服	情緒化、憂鬱、易怒	男性化、浮腫、睪丸萎縮、女乳症、長粉刺、攻擊性行為	可能會憂鬱

影響。部分亞洲族群對酒精有強烈負面反應，因此降低了其酒精成癮的危機。而有些種族（如美國原住民）與其他種族相較之下，對於酒精的耐受度較差，因此較容易酒精成癮。

- 社會經濟因素。較高社會經濟階層之年輕男子最常喝酒，而最少喝酒的則是較低階層的年長女性。
- 性別。男性比女性更具有酗酒傾向。儘管如此，成年女性酗酒率在近數十年來劇增。為什麼？其中一個解釋為大量飲酒對女性不再是文化禁忌。另一個解釋則與女性的社會角色改變有關聯。
- 年齡。年長者比年輕人少飲酒，即使其年輕時也喝酒。男性最普遍大量喝酒年齡介於 21 到 30 歲間，女性則為 31 歲到 50 歲。
- 宗教。非教徒飲酒量比教徒還多。愛喝酒在主教派與天主教徒間為常見的事，而保守派及正統基督教派則通常滴酒不沾或只喝少量的酒。猶太人中愛喝酒的則更少。
- 居住地城市化程度。城市居民比鄉村居民更嗜酒。

在 1980-1990 年間，美國聯邦政府透過財政施壓來促使各州將合法飲酒年齡提高到 21 歲；若州政府未將年齡提高，則其聯邦公路基金將會被扣留。目前所有州已將飲酒年齡提高到 21 歲。許多高中、專科及大學設置酒精意識方案。許多公司與雇主也成立了員工協助方案，為那些酗酒員工提供治療服務。很多州也通過了要更嚴格執行喝酒—開車法律；警察部門與司法部門都將更積極地執行相關法律。一些團體，如抵制酒駕母親團體及抵制酒駕學生團體等都成功地喚起大眾對酒駕的重視。現在有一股新的文化規範展現出來：不喝酒才潮！但即便有了這些正向的轉變，飲酒與酗酒問題在美國仍相當嚴重。

酒精的作用　許多喝酒的人相信酒精為興奮劑，因為它可以紓解壓力，降低對性及侵略感的壓抑，同時似乎對人際關係也有幫助。然而它其實是中樞神經鎮靜劑，會減少此系統的功能性活動。其化學成分及效果與乙醚類似（醫學上作為讓人失去意識的麻醉劑）。

酒精會減緩腦部活動、思考能力、說話能力及肌肉反應；並扭曲意識，讓人說話含糊不清，降低身體協調性，並降低記憶及呼吸功能。劑量增加時，會導致恍惚、昏睡、昏迷甚至死亡。宿醉（hangover，酒精過量的後遺症）症狀包括頭痛、口渴、肌肉疼痛、腸胃不適、腹瀉及噁心。酒精會嚴重影響開車。飲酒過量會對家庭、朋友及工作關係有負面影響。

酒精對身體的影響會因為流向腦部的血液中酒精濃度不同而有所差異。一般而

言，若血液中酒精濃度已達千分之一，其造成的影響是可以觀察得到的。對一位120磅重的人在兩小時內喝下五份酒精（一份酒精定義為一盎司中有43%酒精含量，或12盎司的啤酒，或3盎司的葡萄酒），會造成他血液濃度達到千分之一，已超過美國各州法定酒醉的標準。

酒精對人體健康有長期影響。酒癮者之平均壽命較不喝酒的人少10至12年（Mooney, Knox, & Schacht, 2015）。有幾個造成壽命較短的原因，原因之一為長時間飲酒，會逐漸破壞肝細胞並留下疤痕組織。當疤痕組織過大時，便形成所謂的**肝硬化**（cirrhosis）。若肝硬化者持續喝酒通常會導致死亡。此外，雖然酒精不含營養成分，但卻具高卡路里。因此，酒癮者胃口較差，通常缺乏維他命且較易感染疾病。大量喝酒也導致腎病、心臟疾病、糖尿病和癌症。此外，每年有上千件與大量飲酒有關的自殺案件（Mooney, Knox, & Schacht, 2015）。

基於一些不明因素，輕度及中度飲酒者之壽命高於不喝酒者。這或許是因偶爾小酌可幫助放鬆，因此減少與壓力有關之致死病症發展的可能性。

酒精也嚴重影響性反應，但差別極大。少量酒精可舒緩壓抑及焦慮情緒，因此改善性反應；但大量酒精則會引發鎮靜作用，進而減少性敏感，造成性功能障礙（Hyde & DeLameter, 2014）。大量飲酒之男性酒癮者經常有性功能障礙，包括勃起障礙及性慾較低。喜歡小酌的女性（與完全不喝酒的女性相比）描述她們有更高的性敏感度及更強烈的高潮，雖然到達高潮時間較晚。但在飲用大量酒精情況下（並且接近酒醉狀態），需要更久時間方可達到高潮，且高潮反應較不強烈。雖許多酒精中毒的康復者依然會有某種程度的性功能障礙，然多數與酒精相關的性問題在戒酒後的數月內便會消失。

將酒精與其他藥物混合使用會導致嚴重甚至致死的影響。兩種藥物同時使用會形成**協同作用**（synergistic interaction）——彼此交互作用會產生比單獨使用更大的影響。例如，巴比妥酸鹽及安眠酮等鎮靜劑以酒精服食時，對於中樞神經影響極大，進而會造成昏迷甚至死亡。

其他藥物對酒精則會產生**對抗作用**（antagonistic response），亦即藥物療效會被抵銷。許多醫生警告病人不要在服食處方藥物時喝酒，因為酒精會減少或完全抵銷這些藥物的功效。

藥物會產生協同作用或對抗作用的因素很多，譬如：藥物特性、攝取量、睡眠程度、飲食種類及使用者整體之健康及耐受力。其交互作用可能在第一天很輕微，但隔日便劇增。

當懷孕女性使用酒精時，對於未出生嬰兒可能會造成智能障礙、畸形、發育不良及其他殘缺等嚴重影響。這種影響稱為**胎兒酒精症候群**（fetal alcohol syndrome,

FAS）。

當酒精上癮後，在戒酒時可能會發生震顫性譫妄（delirium tremens, DTs）及其他不舒服的反應。震顫性譫妄症狀包括心跳加速、無法控制之震顫、嚴重噁心及盜汗。

巴比妥酸鹽 巴比妥酸鹽（barbiturates）是另一種鎮靜劑，由巴比妥酸製造而成，作用於抑制中樞神經系統。巴比妥酸鹽是在二十世紀初研發而成，目前已有超過2,500種不同的巴比妥酸鹽，一般用來減輕失眠及焦慮。部分為處方安眠藥，其他則是讓緊張及焦慮病患在白天時使用。同時也用來治療癲癇、高血壓及在手術前後讓病患放鬆。只有經醫師處方的巴比妥酸鹽才合法。

在足夠劑量下，巴比妥酸鹽具備與酒精類似的影響。使用者會感受到壓抑紓解、心情愉快、亢奮、心情變好或感到滿足，但這些情緒可以馬上轉變為憂鬱、不安及侵略性。生理上影響包括講話含糊不清、失去定向感、搖晃欲倒、外表看起來困惑、困倦及降低協調性。

長期大量使用巴比妥酸鹽會導致生理性依賴，並在戒掉時產生類似海洛因上癮症狀。戒斷症狀包括身體震顫、痙攣、焦慮、發燒、噁心、盜汗及幻覺。許多權威都相信巴比妥酸鹽比海洛因上癮更危險，同時也被認為比海洛因上癮更難治療。突然性戒斷（突然並完全停止藥物之使用）會造成致命的抽搐。

巴比妥酸鹽過量可能會導致抽搐、昏迷、中毒甚至有時死亡。巴比妥酸鹽與酒精一併服用時特別危險，因為酒精會產生協同作用並放大巴比妥酸鹽的效力。因過量所導致的意外死亡屢次發生。巴比妥酸鹽也是第一名用於自殺的藥物，許多知名人士都死於巴比妥酸鹽過量。

巴比妥酸鹽通常為口服，雖然部分使用者採靜脈注射。巴比妥酸鹽使用有如酒精一般，也會造成交通意外。

寧神劑 還有一類鎮靜藥物統稱寧神劑（tranquilizers），常見的藥物包括Librium、Miltown、Serax、Tranxene及Valium。此類鎮靜藥物可以降低焦慮、放鬆肌肉及鎮靜止痛等。使用者在心理及生理上可能會有輕度依賴。寧神劑通常是口服，藥效持續4到8小時。副作用包括說話含糊不清、缺乏定向感及過於激動的行為。過量服用會造成發冷、冒冷汗、呼吸急促、瞳孔放大、虛弱及心跳加快、昏迷，甚至死亡。戒斷症狀與酒精和巴比妥鹽的戒斷症狀相似，包括焦慮、身體震顫、抽搐、譫妄甚至死亡。

安眠酮 本藥雖然在化學成分上不相同，卻具備類似酒精及巴比妥酸鹽的效果。安眠酮（Quaalude）被認為是愛情藥丸，使用者在用藥後會增強性慾與性愛歡愉度，因為藥物會降低壓抑感。安眠酮也會降低焦慮並使心情愉快。

使用者會對安眠酮形成生理及心理依賴。過量會造成抽搐、昏迷、精神錯亂，甚至在與酒精共用時死亡，因酒精會促進藥理作用。藥物戒斷症狀很嚴重且非常不舒

服。濫用此藥物也會造成宿醉、疲倦、肝病及暫時性四肢癱瘓。

興奮劑 興奮劑（stimulants）為暫時增加個人活動力和效率之物質，包括咖啡因、安非他命、古柯鹼、快克古柯鹼、亞硝酸戊酯、硝酸丁酯。

咖啡因 咖啡因（caffeine）為中樞神經興奮劑，存在於咖啡、茶、可可及許多飲料中，也以藥丸方式存在（如 No-Doz）。咖啡因被廣泛使用——全部美國人幾乎每日使用。它會降低食慾、疲倦及厭煩，增加警覺性及活動力。許多使用者對其產生耐受性，因此咖啡因似乎會讓人上癮。另一個上癮徵兆是重度使用者（如習慣性咖啡飲者）會經歷中度急躁、頭痛及沮喪等戒斷症狀。

過量咖啡因會造成失眠、心神不寧及腸胃不適。令人驚訝地，過量咖啡因也會造成死亡。

因咖啡因在社會上被定義為「非藥物」，使用者未被標籤為罪犯，因此並無黑市、任何支援此藥物取得及使用之次文化。因為咖啡因合法，因此與其他藥物相較之下價格低廉。使用者無須採用犯罪行為來滿足其嗜好。部分主管機關認為應以對待咖啡因的態度來對待其他更不具傷害性的非法藥物（如大麻）（Kornblum & Julian, 2012）。

安非他命 安非他命（amphetamines）是另一種興奮劑，通常因其刺激興奮作用被稱為"uppers"。當由醫生開藥時，本藥物為合法。部分卡車司機為了保持清醒及於長途車程更具警覺性，而向醫生取得處方。減重者取得處方協助減重，服用後會讓人更具自信心及開朗。包括大專生、運動員、太空人及主管人員均會為了想在短時間內增加警覺性或表現，而服食安非他命。此藥物的其他暱稱，包括「安公子」、「安仔」、「冰糖」、「冰塊」等（speed、ups、pep pills、black beauties 及 bennies）。

安非他命屬合成藥物，類似腎上腺素（由腎上腺所分泌的荷爾蒙，可刺激中樞神經系統）。較出名的安非他命包括 Dexedrine、Benzedrine 及 methedrine。安非他命會造成生理反應的層面很廣，常見的包括增加人體組織內脂肪消耗速度、增加心跳、刺激呼吸、降低食慾及導致失眠。使用者感到心情愉快、強壯，且具備更強的注意力及口頭表達能力。長期使用會導致易怒、重度焦慮、被害妄想而導致突發性暴力行為。

安非他命通常以藥丸、粉末或膠囊方式口服，也可以吸食和注射。靜脈注射可產生最大效果，但同時也帶來最大損傷，過量可能導致昏迷、腦部損傷，甚至在很罕見的情況下造成死亡。注射者可能會產生肝炎、膿瘡、抽搐、幻覺、妄想症及嚴重的情緒不安。另一個危險則是當在街上販賣時，物質內可能混雜了其他有害健康的不純物質。

當服用安非他命的快感消退後，隨即會覺得精神沮喪及疲勞，持續使用會產生心理依賴。由於安非他命戒斷症狀特性與其他藥物並不相同，因此至今仍未確定是否

造成生理上癮。安非他命戒斷症狀包括失眠、缺乏情緒反應、活動量降低、失去定向感、易怒、精疲力竭及沮喪。部分專家認為此類戒斷症狀表示安非他命可能是生理上癮。

特定安非他命的合法用途之一是治療過動兒。**過動**（hyperactivity）的特徵包括注意力缺損、活動過量、坐立不安及情緒起伏，此症狀起因仍不明。隨著孩子逐漸成長，即使在沒有治療的情況下，症狀也會逐漸消失。有趣的是，部分安非他命〔利他林（Ritalin）是很普遍的一種〕對過動兒有安定及鎮靜效果；然而成年人使用的反應則完全相反，須特別注意的是有時安非他命會被濫用來治療無法控制的孩童，有些普通兒童因拒絕順從老師及父母，因此被標籤為麻煩製造者，因而必須每天服用情緒控制藥物；然而其實他們並非是過動兒。

近幾年安非他命改良為甲基安非他命（methamphetamine hydrochloride），更增加了非法使用的程度。一般將其稱為甲安（meth）或冰毒（ice）。在液態狀態下，效果可以更為快速。在實驗情境下，古柯鹼使用者無法區辨出古柯鹼與甲基安非他命。甲安的使用已漸為普遍，因為它可以比使用古柯鹼更快達到藥效高潮，且也更為持久。且此類藥物可以相對容易地在實驗室中製成，且在美國此製作材料是可以合法買賣的。甲基安非他命還被作為治療糖尿病的最後手段，用為降低體重的藥物之一。但此藥作為減重用途有嚴重的副作用：當停止用藥後，使用者的胃口會比用藥前更為增加。

古柯鹼及快克古柯鹼　古柯鹼（cocaine）是由南美洲的古柯葉所萃取。雖然法規認定其為麻醉劑，但並非與其他麻醉劑一樣，是由鴉片劑所製造出。古柯鹼屬強效興奮劑及抗疲勞劑。

在美國，古柯鹼通常為吸食後經由鼻膜吸收。最常見的方法是由吸管或捲起之鈔票吸食，又稱為 snorting，也可採靜脈注射，但南美洲原住民咀嚼古柯葉。也可以少量添加在香菸中。古柯鹼過去在醫療上作為局部麻醉使用，但此用途已被其他藥物取代。

古柯鹼造成血管及組織緊縮，因此可增加肌力及耐力，也有人將它用來增加創造力及智能，其他效果包括心情愉快、興奮、坐立不安及降低疲勞程度。

大量或長期服用古柯鹼，可能會造成幻覺及妄想症。古柯鹼濫用會形成特殊的「蟻走感」（formication）效果，一種彷彿有螞蟻、蛇或蟲在皮膚上爬行的幻覺。有些使用者感受到強烈幻覺，因而開始以抓、拍打及自我傷害的方式試圖殺死這些想像中的生物。古柯鹼所造成的生理影響包括血壓及心跳增高、失眠及喪失食慾。重度使用者會因食慾降低而造成體重減輕及營養不良。對古柯鹼的生理依賴被列為中低風險，且比藥物更具備心理嗜藥性，停止藥物的使用會造成極度沮喪及失去信心，導致

使用者重新服用此藥物。其他的戒斷症狀包括缺乏情緒反應、長期睡眠、極度疲勞、易怒及失去定向感。長期吸食大量古柯鹼會嚴重傷害鼻腔組織，一般使用者可能會形成習慣性吸鼻子，並且有時會造成厭食症，高劑量會導致坐立不安、體溫上升及抽搐。部分過量使用者會因為其呼吸及心臟功能遭受極度壓迫而致死。

快克古柯鹼（crack）也被稱為 rock，是將古柯鹼中雜質去除後與水及氫氧化銨混合而成，之後採快乾溶劑（通常為乙醚）將古柯鹼中水分去除，所形成的混合物外表類似大型水晶，與冰糖類似。快克古柯鹼非常容易上癮，部分主管機關宣稱使用一次便可造成上癮，使用者一般宣稱服用一次後，便迫切需要再次服用。

快克古柯鹼通常是採特殊的玻璃菸管或在香菸中與菸草或大麻混合後，以抽菸方式吸食。其效果與古柯鹼類似，但其快感來得更迅速且增加亢奮程度。

注射比抽菸方式更容易造成快克古柯鹼過量。戒斷症狀包括無法控制藥物需求、缺乏情緒變化、長時間睡眠、易怒、疲勞、沮喪及失去定向感。

共用針頭為愛滋病散布途徑。古柯鹼及快克古柯鹼對於心臟有嚴重影響，血壓升高造成心臟疲勞，干擾心跳律動且增加心跳速度。古柯鹼及快克古柯鹼也可能對肝臟造成傷害。嚴重抽搐會造成腦部損傷、情緒問題甚至死亡。抽快克古柯鹼也可能傷害肺部。

亞硝酸戊酯與硝酸丁酯 亞硝酸戊酯（amyl nitrate，俗稱 poppers），是用於心臟衰竭的處方用藥。它在液態狀態下不穩定，所以以膠囊或小瓶裝販售。當開啟膠囊或容器，其化學成分就揮發（類似汽油）。一旦吸入氣體，血管馬上擴張，心跳也會加速。這個物理變化帶來了心理上的快感及生理上的快感。雖然此類藥物需藥處方箋才能購買，但（如同其他藥物）黑市中仍能非法買到。

硝酸丁酯（butyl nitrate）在美國的部分州內可以直接購買而無須處方箋；其作用類似亞硝酸戊酯。交易市場中通常稱其為 Rush 及 Locker Room。與亞硝酸戊酯相同，硝酸丁酯可以經由氣體吸入。通常會在情趣店或新奇商店購買到。

這兩種藥可作為春藥，以及跳舞時更為興奮。這兩種藥會有短暫不舒服的副作用，包括昏倒、頭痛、頭暈等；例外有幾起過量使用致死的報告。此二種藥物都被歸類為**興奮劑**。

麻醉劑 美國最常使用的麻醉劑（narcotics）為鴉片、海洛因及嗎啡等鴉片劑。麻醉這名詞代表了促使睡眠。實際上，被列為麻醉劑藥物更正確的名稱應該為**止痛劑**（analgesics）或鎮痛劑（painkillers）。麻醉劑類藥物主要效果是產生興奮。

鴉片劑全部是由罌粟花（opium poppy）所提煉出。罌粟花在世界上許多地方繁殖，土耳其、東南亞及哥倫比亞近年來已成為鴉片劑主要來源。鴉片是由花朵枯萎後，豆莢中所分泌出之牛奶狀物質經乾燥後製成。鴉片的使用已有數百年歷史。

嗎啡為鴉片中主要的有效成分，在 1800 年代早期被發現，且廣泛作為鎮痛劑。海洛因是在 1874 年由嗎啡所合成，有一段時間被認為可以治療嗎啡癮，但之後被發現具嗜藥性。海洛因是比嗎啡更強力的藥物。

鴉片雖然可以口服，但通常是抽菸方式使用。嗎啡及海洛因通常以鼻腔吸食或肌肉靜脈注射方式使用，以取得最大藥性。

鴉片劑影響中樞神經系統且產生安寧、困倦或興奮等感受。它們能產生良好感受，使得疼痛、焦慮或沮喪都顯得不重要。Blaze-Gosden（1987）針對鴉片劑提到：

> 曾經被形容為給予短暫但讓人記憶深刻的高潮般快感。在興奮的最高點，使用者會感受到過度誇張的心理及生理舒適、增強放鬆及身體健康感覺，認為自己非常具備能力、自我控制力、能完成任何事及適應任何情況。（p. 95）

過量使用會造成抽搐及昏迷，且在很少的情況下，會因呼吸系統衰竭而死亡。所有鴉片劑都被列為高度嗜藥性。在美國及其他國家，鴉片濫用是嚴重的公共健康問題。近幾年，鴉片濫用已達到流行病的程度。

使用者在經常使用鴉片一段日子後會產生鴉片癮。是否會上癮是依據所使用的藥物種類、劑量、頻率、使用者體質及使用時間。有時只有數週，使用者便很快對藥物產生抵抗力，至最後可能需要使用比初期更高一百倍的劑量（Abadinsky, 2011）。

鴉片戒斷過程非常難熬。症狀包括發冷、抽筋、冒汗、緊張、焦慮、流眼淚及鼻涕、瞳孔放大、肌肉痠痛、血壓增加、嚴重抽搐，有時嚴重噁心及發燒。多數上癮者會持續使用以避免這些嚴重戒斷症狀。

鴉片成癮非常難克服。部分是因為長達數月時間裡，每隔一段時間便會產生強烈的藥物需求。

海洛因是最廣泛被濫用的鴉片劑。除上述影響外，由於海洛因減緩部分腦部運作功能，使用者性慾及食慾變遲鈍。在經過一開始的興奮後，使用者通常變得嗜睡且恍惚。

當海洛因在 1880 年代末期被發現時，一開始是作為鎮痛劑以取代嗎啡的使用，以及許多人服食以體驗興奮。部分人開始上癮，在 1900 年代初期法律通過禁止其販賣、持有及散布。

海洛因濫用被部分美國人認為是最嚴重的藥物問題。妓女也常有海洛因成癮的問題。

未經消毒的海洛因注射可能造成肝炎及其他感染。共用針頭可能散布愛滋病毒。此外，維持海洛因癮的高費用——通常每天超過 100 美元——對於使用者造成巨大財務負擔。

因麻醉性禁藥價格如此昂貴，地下犯罪組織利用此類藥物走私販賣來獲取高額利潤。通常，此類藥物以危險不純的物質加以稀釋，嚴重危害使用者的健康。很不幸地，上癮者通常會藉從事非法活動，來負擔其用藥需求以避免戒斷症狀。一種稱為納洛酮（Naloxone）可以作為治療海洛因或其他如止痛劑等藥物過量的解藥。納洛酮以注射或鼻腔噴劑方式使用。許多第一線人員（如警察）通常會隨身攜帶，並因此救了許多性命。

迷幻藥　迷幻藥（hallucinogens）在 1960 年代末期為普遍的迷幻藥物。這些藥物扭曲使用者的感官，製造了包括影像及聲音等實際上並不存在的感官幻覺。美國最常見的六種迷幻藥，包括梅斯卡靈（mescaline, peyote）、魔菇（psilocybin，一種由墨西哥蕈類提煉出的迷幻藥）、裸蓋茹素（psilocin）、麥角二乙胺（lysergic acid diethylamide, LSD）、天使塵（phencyclidin, PCP）及搖頭丸（ecstasy）。全部都為口服，例如，膠囊、附在糖塊上，或從郵票背後舔食。

其中，搖頭丸（ecstasy）在 1900 年代初期研發並取得專利，為醫療用化學品合成之先驅。就化學性而言，搖頭丸與興奮劑（安非他命）、迷幻藥（梅斯卡靈）類似，因其可以產生興奮及幻覺等雙重效果。雖然藥效維持大約 3 至 6 小時，但有報告指出混亂、沮喪、睡眠問題、焦慮及偏執行為在藥物使用後數週發生。搖頭丸有時會被年輕人在如「狂歡派對」（如 raves）等之舞會中使用，其興奮效果使得使用者可以長時間跳舞。

大量使用搖頭丸是極度危險的，會導致脫水、高血壓及心臟或腎臟衰竭，也會造成顯著體溫上升。長期使用搖頭丸會導致長期或永久性損壞釋放血清素之神經細胞，造成記憶損傷。

菸草　菸草使用已經在美國被認定為最具傷害性的藥物習慣。抽菸可能造成肺氣腫、口腔癌、潰瘍及肺癌，並減短壽命。它很明顯地增加中風及心臟疾病風險，尤其是使用避孕藥的女性。懷孕女性抽菸有時會導致流產、早產及小孩出生時體重過輕。但是，儘管已經有這些廣泛公開的危險，大約 20% 的成年人會持續抽菸（Abadinsky, 2011）。

菸草是頭號殺人藥物，所造成的死亡比其他藥物之總和更多（Kornblum & Julian, 2012）。據估計菸草在美國每年造成超過 400,000 起死亡。這數字超過因酒精死亡人數的兩倍，且比因古柯鹼致死者超過百倍。絕大多數與菸草相關的死亡，是由心臟疾病和肺癌等疾病所造成。然而，每年有超過 2,000 起死亡是因為抽菸疏忽所造成的火災所致（Kornblum & Julian, 2012）。目前也有足夠證據顯示「吸食二手菸」（吸入由他人香菸、雪茄或菸斗的煙）對於健康也有害。其中一個證據來源是吸菸父母的小孩比非吸菸父母的小孩，有更多的肺炎及其他呼吸道疾病病例（Kornblum & Julian,

2012）。

1988 年，美國衛生局局長 C. Everett Koop 宣稱菸草與海洛因及古柯鹼具有同樣的嗜藥性（Rosellini, 1988）。美國人對菸草的態度逐漸轉向負面。在過去二十年內，逐漸將菸草視為危險藥物的一股新活動已展開，而非吸菸者越來越排斥吸菸者。現在有些主管機關預測未來香菸可能在部分國家為非法。

菸草非常易上癮，尼古丁是其主要藥物成分。尼古丁具備優越效果，可作為鎮靜劑、興奮劑或精神安定劑。吸菸者很快便對尼古丁產生抵抗力，因此通常吸食量逐漸增加到每天 1 至 2 包，甚至更多。

目前已有特殊診所及種種其他教育及治療課程協助戒菸。戒菸會使人坐立不安、易怒、憂鬱及強烈抽菸渴求。研究顯示只有少數吸菸者下定決心戒菸且成功（Kornblum & Julian, 2012）。

同時，政府大量宣導藥物的危險性；農業部也補貼菸草農種植。當政府教育人們不要抽菸，菸草公司卻推出抽菸是「酷」且「性感」的廣告，像是男人抽菸會表現出粗獷的男子氣概；女人抽菸則更能表現出社會修養。

大麻　大麻，俗稱 grass 及 pot，植物學名為 *Cannabis sativa*。此種麻類植物生長於世界各地，其纖維合法使用於製造繩子、麻線、紙張及衣服。

如今該植物主要用途則是圍繞著其乾燥之樹葉——大麻葉，以及其乾燥之樹脂——hashish。兩者均可口服使用，但通常是抽菸方式。hashish 之藥效比大麻高出許多倍。

大麻以及 hashish 之藥效如其他藥物一般，隨著使用者之心情、個性、情境及藥物品質而有所差異。其藥效頗為複雜且會導致多種情緒。

大麻所產生的許多藥效是基於其鎮靜作用，讓使用者產生一種無約束的放鬆感。也可能產生輕微幻覺，製造一個讓使用者體驗夢想的夢遊狀態。吸食者變得容易被他人慫恿，且做出平常不可能做的行為（如性交活動）。此藥物會帶來快樂、歡喜及社交性等感受。可能導致多話、文句不連串、漂浮感及大笑，也可能加強對感官的刺激，產生出理解力及創造力加強的感覺、增加個人自信心。使用者可能逐步體驗到上述感受。

大麻之生理依賴威脅性低，但有中度心理依賴威脅性。然戒斷過程可能很難熬，會體驗到失眠、過動及喪失食慾等症狀。

大麻具備輕微的短期生理影響：眼睛發紅、喉嚨及口腔乾燥、心跳輕微加快。已有證據顯示年輕人若持續使用，會導致缺乏情緒波動、缺乏競爭力，以及對學校及其他活動缺乏興趣。

經常性使用者可能會在短期記憶、注意力、判斷能力及定向感上會受負面影響，

可能對閱讀、文字理解力，或以眼神跟隨著移動物體等行為產生困難。使用者在受藥效影響時，可能依然對自己的協調性、反應及覺察力感到自信，在這種情況下，類似駕車的活動，可能會對他們及他人造成無法挽回的後果。

大麻過量會導致恐慌、恐懼、混亂、猜忌、疲勞及有時候具侵略性行為。其中一個最常聽見關於使用大麻的論調是，它會成為使用其他藥物的踏腳石。大約 60% 的大麻使用者會進一步使用其他藥物（Kornblum & Julian, 2009）。然而，其他例如，同儕壓力等因素，可能對於人們進一步選擇哪些改變心智（mind-altering）藥物有更大的決定因素。除此之外，體驗過一種藥物的人，較容易嘗試另一種藥物。

經法律限制大麻使用的作為被認定為「二級管制藥物」（second prohibition），但仍有許多人在違法情況下使用此藥物。將使用大麻入罪所帶來的不幸效果，是將許多一般被認定為守法公民之私人行為判定為非法。此亦助長組織犯罪及禁藥市場之發展。

有關長期使用大麻之害處已爭辯多年。有些研究宣稱它造成腦部傷害、染色體傷害、支氣管及肺部不適、降低男性荷爾蒙等級。這些研究結果尚未被其他研究結果所證實，也因此仍持續爭議。

大麻會造成動作協調能力受損，這對駕車及機械操作技能有嚴重負面影響，不過這個部分的影響是短期且可回復的。此藥物也造成短期記憶損害、學習能力減緩並造成混亂及焦慮。抽大麻對於肺部及呼吸系統之影響與抽菸草相同，也可能是造成支氣管炎及形成癌症變化因素。

大麻可治療青光眼、氣喘、特定癲癇或麻痺狀況，也可控制癌症化療造成嚴重噁心的狀況。1996 年美國加州及亞利桑那州的選民核准了大麻在醫療上的使用，例如，治療愛滋病症狀、癌症及其他疾病。

在撰寫此修訂本之際，有 28 州及哥倫比亞特區將大麻醫療用途合法化。在近幾年，科羅拉多州、華盛頓州、阿拉斯加州、加州、麻州、內華達州及奧勒岡州將大麻買賣合法化。

合成類固醇　合成類固醇（anabolic steroids）是合成男性荷爾蒙，由睪丸酮中萃取出來。雖然在運動競賽中禁止運動員使用類固醇，但依然有部分運動員、健美選手及想讓自己肌肉結實的年輕人使用類固醇。

從小許多男孩被塑造為相信要長得像「環球先生」（Mr. Universe）才是完美男人。許多使用類固醇的青少年想成為運動冠軍。許多利用類固醇來促進肌肉組織忍受艱苦健身訓練的年輕健美選手，習慣性將體內的睪丸酮維持在身體自然產生的百倍以上（Abadinsky, 2011）。多數的類固醇使用者為中等階級的白人。

以類固醇強化體格，付出的代價是危險的。類固醇會造成暫時性粉刺及禿頭，

擾亂荷爾蒙製造，傷害心臟及腎臟。醫生懷疑類固醇甚至可能造成肝癌及動脈硬化（Toufexis, 1989）。從青年期開始，此藥物會加速骨骼成熟，進而妨礙發育。男性類固醇使用者也會經歷睪丸縮小、陽萎、皮膚及眼睛泛黃及發展出類似女性的胸部。對男孩而言，類固醇則會使性器官變大並帶來疼痛。對女性使用者而言，其聲音會永久性低沉、胸部變小、月經不規律、陰蒂腫脹、頭髮減少但臉部及身體開始長毛。

類固醇使用者有喜怒無常及易怒傾向；有些使用者會經歷無法面對壓力。有些男性（在使用類固醇前很好相處）在長期使用後會變得非常不友善，可能以下列方式展現——從令人討厭到持續性與人打架。有些使用者變得極度憂鬱甚至自殺。

類固醇使用者一般在長期使用後會經歷停止使用的困難。其中一個原因是當停止使用類固醇時，膨脹的肌肉也會隨著消失。肌肉減少所帶來的是變得缺乏能力及缺乏男性氣概的心理感受。大多數想戒掉的使用者，最後還是重新開始用藥，很難改變依賴類固醇增加體格所帶來之自我形象。

酒精及其他藥物依賴

依賴（dependence）指的是對藥物的重複使用或有強迫性使用的傾向或渴望（不一定為濫用），為易上癮藥物所導致。這種依賴可能是生理或心理上，也可能兩者皆有。當生理依賴發生時，一旦使用者停止使用藥物，會經歷身體上的戒斷症狀。戒斷症狀可能會有不同型態及嚴重度，由輕微發抖到致死的抽搐。

當心理依賴發生時，使用者會對藥物的停止使用感到心理上的不舒適。他們相信自己將一輩子使用藥物，成為社交或休閒活動的一部分。他們也質問自己是否可在不使用藥物的情況下，達到其想要的情緒狀態，同時非常想要並談論該藥物及與藥物使用相關之活動。

一般而言使用者對部分藥物會產生**耐受性**（tolerance），表示他們每一段時間後就要增加劑量，以達到其效果。耐受性的強弱在某些方面是取決於藥物的種類，因為有些藥物（如阿斯匹靈）不會產生耐受性。

藥物上癮很難定義。廣義來說，上癮代表對特定物質有強烈渴求。但問題是此定義可應用於對許多不同物質的強烈渴求，如醃漬食品、冰淇淋、洋芋片、草莓酥餅等。為避免這個問題，我們將**上癮**（addiction）定義為，經過一段時間的大量使用後，對藥物所發展出的強烈渴求。

為何人們使用及濫用酒精及其他藥物？ 藥物使用的效果非常多，從感受到頭昏眼花到過量而死。藥物濫用會導致健康衰退、關係問題、交通意外、虐待兒童及配偶、失業、失去自信、失去社會地位、財務危機、離婚、逮捕及判刑。

必須明確區分為負責任之藥物使用與藥物濫用。許多藥物在負責任的使用之下

具有益處：阿斯匹靈舒緩疼痛、酒精協助放鬆、鎮靜劑降低焦慮、抗憂鬱藥物緩和沮喪、安非他命提高警覺性、嗎啡為止痛劑，以及大麻對於治療青光眼有效。不負責的藥物使用即為濫用，就如本章先前所定義。

人們濫用藥物的理由不同。製藥商大量宣傳其產品之正面效果。媒體（如電視及電影）美化了其扭曲心智的影響。許多流行歌曲強調喝酒；酒吧已成為社交活動中心。凡此均使美國人接受藥物使用為生活的一部分；這些社交模式導致許多人使用藥物，對部分的人而言，這是濫用藥物的開端。

人們也被鼓勵濫用藥物。例如，有些大學生相信在大考後應該喝醉或嗑藥。前紐約洋基隊投手 Ryne Duren（1985），曾問過這個問題：「雖然我 9 歲時喝了第一杯酒，但自 4 歲即開始酗酒──這怎麼可能？」Duren 接著解釋他從小就被灌輸真正男人是「可在私底下任意喝酒的人」，而樂趣在於飲酒後的興奮。

人們基於諸多原因而濫用藥物。有些人則對藥物產生了耐受性，因而需要增加劑量來取得快感。生理及心理依賴通常導致濫用。當人們有強烈負面情感時（如寂寞、焦慮、不足夠、內疚、憂鬱、不安及怨恨）亦會轉向藥物。對許多濫用者而言，此濫用藥物成為他們最好的朋友，藥物成為他們可以信賴以降低痛苦或給予快感。許多濫用者對藥物依賴度高，故持續使用。儘管藥物已導致身體衰弱、離婚、解僱、交通意外、親子疏離、失去朋友、失去財務資源及上法庭。然而多數藥物濫用者認為自己需要仰賴藥物來支撐度過每一天。

濫用者與藥物產生親密關係。雖然這種關係是不健康的，但該藥物在濫用者的生活中扮演重要角色，主導特定生活方式、滿足心理需求，且通常藥物的地位在家庭、朋友及工作之上。多數藥物濫用者否認自己藥物使用所造成之問題，因為一旦承認自己有藥物問題，即表示須與最好的朋友結束關係，而他們深信需要藥物應付每天事務及壓力。藥物濫用者選擇使用下列防衛機制以持續使用藥物。他們藉扭曲事實來解釋藥物影響之行為後果，**合理化**（rationalize）藥物濫用負面結果（如失去工作）；宣稱藥物濫用帶來的影響很小；用**投射**（projection）方式，把問題怪罪於他人，例如，「如果你有像我一樣的老婆，你也會喝酒。」

有關藥物使用之理論　　有關人們何以使用藥物之理論眾多。**生物理論**（biological theory）聲稱藥物所產生之生理變化，最終會產生無法抗拒用藥渴求。部分生物理論假設有些人的基因具備濫用特定藥物之傾向。例如，有些專家相信基因在某些人的酗酒傾向中扮演一定角色。**行為理論**（behavioral theory）認為人們因藥物帶來快樂而用藥；繼續使用則為避免戒斷症狀。**互動理論**（interactionist theory）認為藥物使用是經文化中與其他人互動而學習的。例如，人們喝酒是因為喝酒被廣泛接受。互動理論聲稱使用大麻或古柯鹼等非法藥物的人，是因為接觸到鼓勵體驗非法藥物的藥物次文

化。

家庭系統互動：藥物濫用的理論取向

Wegscheider（1981）認為化學物質依賴為影響每個家庭成員的家庭疾病。雖然此理論將重點放在酗酒者家庭，但 Wegscheider 提出的許多觀點也通常應用在有其他化學物質濫用的家庭裡。

她總結藥物濫用者家庭的一些特徵。首先，對濫用者而言，喝酒是「家庭生活最重要的事」（Wegscheider, 1981, p. 81）。濫用者首要優先是取得足夠的酒，而家庭首要優先關注的對象為濫用者及其行為，並避免濫用者喝酒。濫用者與其他家庭成員的目標完全相反。

酗酒家庭的第二個特徵是問題並非酒所造成；極力否認是很重要的。第三個家庭特徵是認為濫用者之行為是由酒精所造成的，因此濫用者不需負擔任何責任，永遠可以歸咎於其他人或事。另一個特徵是無論如何大家要共患難，就算家庭已經很悽慘，依然堅持保衛家族現況。其他特徵包括家醜不可外揚，且要避免表達真實感受。Wegscheider（1981）認為這些特徵讓濫用者不用對其行為負責，並延續了酗酒問題。

Wegscheider（1981）接著辨識家庭成員一般所扮演的角色。除了藥物依賴者外，還有個主要領導者、家庭英雄、代罪羔羊、迷失的小孩及吉祥物。

主要領導者之工作在於負擔家庭運作的責任。典型的濫用者會持續失去控制及放棄責任。另一方面，主要領導者接受更多責任並開始做出更多家庭決策。主要領導者通常為濫用者的父母或配偶。

隨著濫用者失控，其家庭狀況通常也持續惡化，此時需要正面影響來抵銷負面影響，家庭英雄通常執行這個角色。家庭英雄通常為做什麼事都成功的人，其盡力使家庭運作看起來比實際上還好。如此一來，家庭英雄可以提供家庭自我價值。

另一個通常出現在藥物依賴者家庭的典型角色為代罪羔羊。雖然酒精濫用是確實存在的問題，但家庭規則認定此真相應該被否定。因此，需將責任歸咎於他人，通常另一個家庭成員遭受指責。代罪羔羊通常做出一些負面事情吸引注意（例如，偷竊被抓、逃跑、變得非常畏縮），且其主要角色在於將注意力由藥物依賴者轉移到其他事物上，且協助家庭避免討論有關化學物質依賴的問題。

通常家庭裡還有個迷失小孩。這個人看似與家族其他成員無關，也不曾造成任何問題。迷失小孩之角色在於減輕家庭所經歷的痛苦。最起碼家裡有個不需要太多注意，也不會造成任何問題的人；迷失小孩就這麼簡單地存在著。

最後，藥物依賴家庭中，通常有人扮演吉祥物的角色。吉祥物可能具備幽默感且不會對事情太認真。無論吉祥物內心經歷何種煎熬，對於家庭提供了些許歡樂。

總之，藥物依賴會影響整個家庭。每個家庭均因而受苦，但每個人都扮演一個角

色，藉以維持家庭現況及協助家庭生存。無論任何情況發生，家族成員被驅策扮演著這些角色，這些角色最終成為左右家庭存亡的重要因素。

對於案主情況的理論應用

對藥物依賴者及其家庭的治療治療首要目標為讓案主對自我行為負責。濫用者在開始解決問題前，必須先承認自己有問題。與家庭一起工作時，有許多的概念是很重要的（Wegscheider, 1981）。家庭成員應首先了解問題的範圍，需認知到物質濫用為其主要問題。此外，家庭成員要學習進行家庭動力評估。他們需評估自我行為，並突破那些促使案主持續物質濫用的角色；尤其是主要領導者，應該開始停止找理由來代替依賴者承擔責任。如果依賴者因為宿醉而第二天無法上課或上學，應該由依賴者自己負責，而不是假手於父母或配偶謊稱生病。

家庭成員最終會學會如何面對藥物依賴者，並誠實告知其行為。例如，家庭成員應將依賴者在昏迷狀態下的所作所為誠實以告。如果依賴者在喝醉時毆打家庭成員，大家必須勇敢面對此真相，且此面質不僅涵蓋情感方面，也應該針對實際行為。

家庭也需要學習有關此病症之發展。我們先前已討論過一些藥物依賴者的特性。典型酗酒者之感受及行為發展歷程：首先只有非經常性喝酒解悶，接著開始固定喝酒。依賴者開始私底下喝酒並感到內疚。開始發生突然性記憶喪失且頻率逐漸增加酒精攝取。依賴者對其喝酒習慣覺得越來越糟，但越來越無法控制。最後，喝酒開始嚴重影響工作、家庭及社交關係。工作可能泡湯或功課全部被當。或許，家庭成員離開和拋棄依賴者。依賴者的思考能力逐漸衰弱。

最後，依賴者跌至人生谷底。除了絕望與失敗之外什麼都沒有，依賴者承認完全的失敗。這時刻依賴者可能面臨兩種抉擇。一是會持續下去直到酗酒而死，或是不顧一切掙扎。通常在這段時間，依賴者會有所改善，但隨後又恢復原狀。酗酒與戒酒的惡性循環非常顯而易見。

最後，依賴者會誠心尋求幫助。在康復療程的依賴者會停止喝酒。與其他酗酒或癮君子碰面也很有幫助。他人的協助在這個康復療程階段尤其重要。

戒酒無名會（Alcoholics Anonymous, AA）對於酗酒者提供很重要的支持、資訊及指引，是協助他們繼續康復的自助組織（self-help organization）。這個全國性組織是由康復中的酗酒者所組成。該組織的成功是建立在幾個原則上。首先，其他成員必須確實了解酗酒狀況而可以給予康復中的酗酒者友誼及溫暖。每個新會員都會分配到一個輔導者，無論何時，每當依賴者覺得沮喪或受誘惑，都有輔導者提供協助。

AA 提供康復中酗酒者新的社交團體及活動。康復中的酗酒者不能再參與喝酒活動。此時通常很難跟有固定喝酒習慣的老朋友繼續聯繫，但有時由於社會壓力會促使

再度飲酒。AA 緩和了此類壓力，並在有需要時提供機會認識新朋友。更多關於 AA 的內容見**重點提示** 10.2。

重點提示 10.2

戒酒無名會之聚會

戒酒無名會（AA）是一個卓越的團體。其支會分布在美國各地及世界多數角落。會員間的關懷與照顧比其他組織都還多。團體會員攜手拯救彼此、重新建立自尊及價值感。AA 協助克服酗酒問題的人比其他各種治療法的總和還多。

AA 之運作均由會員自願性資助所維持。不需付款或費用。每個支會都獨立運作，並不受 AA 紐約總部或其他單位外部控制。支會中並無階級之分。唯一辦公室屬於團體秘書使用。此人挑選出每次聚會的主席，按時聚會，並負責開門、安排座椅及茶水等工作。團體秘書的職位有固定時間限制；每一兩個月便將秘書的責任轉移給另一個會員。

AA 的入會條件是一顆停止喝酒的心。其他條件（如經濟狀況、社會地位、種族及宗教）都不納入考量。在不打擾聚會的情況下，會員甚至可以在酒醉的情況下參加聚會。

AA 聚會在許多不同場所舉辦──教堂、廟宇、私人住宅、辦公室、學校、圖書館，甚至餐廳的宴會廳。地點其實並不重要。

當新人剛加入時，通常會發現人們排列座位、放置菸灰缸、將免費印刷品排列在桌上，或準備咖啡。其他會員則是以小組方式聚會。有人會幫新人介紹給其他會員。若對第一次獨自參加聚會感到不好意思，則可以聯絡 AA，便會有人負責陪同參與聚會並介紹給其他會員。

聚會開始後，大家圍繞著桌子或排坐。秘書或主席及主講者則坐在桌子的一端。

主席首先以短暫的沉默做開場，接著由一組人背誦非宗教性的禱告。主席接著宣讀或簡單介紹 AA，並可能開始讀《戒酒無名會》（*Alcoholics Anonymous*）（一本介紹 AA 規範及提供案例的書）。

接著，主席通常會詢問哪些會員屬首次、第二次或第三次參加。新人會被要求按照下列方式做自我介紹：「嗨！我的名字是〔名字〕，這是我第〔1/2/3〕次參加聚會」。不會對不想做自我介紹的人給予任何壓力。新人在 AA 會員的眼中為 AA 的命脈及聚會中最重要的人。（全部的長期會員，都記得他們第一次參加聚會時有多麼害怕及壓抑。）

如果是小團體，主席通常會要求長期會員做自我介紹並說幾句話。通常每個會員都會說「我的名字是〔名字〕，我是個酗酒者」，接著分享一些感想及感受。（除非願意，否則不一定要說自己是酗酒者。每個會員遲早會開始選擇這樣說，來提醒自己是正在康復中的酗酒者，而酗酒是個一輩子疾病，需要每天與之對抗。）那些自我介紹的人往往會說他們認為對新人最有幫助的話。他們可能談論有關第一次參加聚會，或戒酒的第一週，或一些讓新人覺得比較自在的話題。普遍建議是讓新人在聚會後取得其他會員的電話，因此當有喝酒衝動時，可以打電話給其中一個會員。AA 認為著重幫助是康復過程中不可缺少的。

> 該組織相信會員只有在接受真正關心，且了解面臨掙扎的對象時，才能維持清醒。
>
> AA會員希望新人在有喝酒衝動時來電，無論任何時間，白天或晚上。會員們真誠相信協助他人的同時，也是協助自己維持清醒及成長。會員指出這種來電是新人在其他方法都失敗時，用來對抗第一杯酒的最後王牌。AA會員也提醒新人在寂寞時打電話來聊天，對他們也是好的。

　　AA也協助康復中的病患了解酗酒行為是一種疾病。這意味酗酒者無法自我治療。他再也不需要對於酗酒而感到內疚，需要做的是停止喝酒。AA也鼓勵自我反省，鼓勵會員做深入的自我反省並勇敢面對所發現的問題，且鼓勵會員承認自己有缺陷且永遠不會完美。此觀點往往協助人們停止逃避痛苦與現實，並停止以藥物或酒精逃避。AA協助他們重新定義對自我期許，並取得掌控權。在此情況下，人們往往可以了解自己的能力。他們可以學到確實控制自己的行為，且為自己或他人做出貢獻。

　　也有其他機構對於其他家庭成員提供支持、資訊及建議。Al-Anon（家屬團體）是為酗酒者家庭所成立的組織，而Alateen則是針對這些家庭中的青少年提供協助的組織。同樣的，目前還有與AA類似的自我協助組織，如尼古丁匿名組織（Narcotics Anonymous）等，協助其他類型的化學物質濫用者。

　　現在已有一系列可供物質濫用者採用的治療法，包括社區精神健康中心的住院及門診治療課程、勒戒所、醫療診所、中途之家，以及如Antabuse的藥物治療課程。服用Antabuse後，飲用酒精飲料後會馬上臉紅、脈搏加速，並開始感到噁心，通常到反胃的地步。

　　治療計畫總是不斷提醒濫用者日後須完全斷絕所使用的藥物，因為研究顯示即使僅使用一次也會讓濫用者重新開始藥物濫用。應該注意的是，當濫用者完成了治療課程後，他們應將自己視為「**康復中**」（recovering）而非「已康復」，因為他們必須持續努力禁絕以避免再次使用的誘惑。

　　調整生活方式也很重要。由於濫用者的社交活動幾乎永遠圍繞著所使用的藥物，因此若要成功戒掉，康復中的濫用者需要建立新友誼、無藥物的社交活動及興趣，這種生活方式改變非常困難。許多康復中的上癮者因無法做到這些改變，進而重新開始使用藥物。

　　社工人員在治療上癮者及其家庭時所扮演之角色包括諮商者、團體催化者、仲介者、方案發起人及教育者。

了解與治療共依存關係

有共依存關係（codependent）的人深陷在其所喜愛的人之成癮行為中；在忙著應付每日因對方上癮行為所造成的傷害而喪失自我。共依存關係是在混亂過程中所學習到的不健康行為。有些有共依存關係的人們就如上癮者一般的不正常，有時甚至會更嚴重。與上癮者共同生活會引發過度照顧、壓抑個人需求、低層次的自我價值感及緊張的關係。這些人其生命及自我認同會陷入同住之上癮者其每日生活問題當中。

許多有共依存關係的人是在不健全的家庭中成長，有些為酗酒者的成年子女。他們與酒精和其他藥物濫用者結婚或發生感情。在某些程度上，上癮者滿足了共依存關係者的需求——例如，照顧他人、寂寞及對過度狂歡以尋找刺激等破壞性行為上了癮。共依存關係可被看作在非正常壓力下的一個正常反應。

當上癮者停止使用藥物時，除非其共依存關係者接受治療，否則其不正常行為將會持續。有許多治療共依存關係者的方式——個人心理治療、自助團體〔例如，Al-Anon 以及 Adult Children of Alcoholics（酗酒者之成年子女）〕及共依存關係治療團體。對於許多共依存關係者而言，治療包括使他們了解到自己擁有獨立生活及自我；上癮者要自己為其藥物濫用負責；而共依存關係者與上癮者的生活會因為其關懷及付出行為的終止而取得改善。經治療後，許多共依存關係者重新獲得（或在生命中第一次獲得）自我。所設計的治療是為了消除共依存關係者自我破壞的習慣以致無法獲得快樂的狀況。

社工人員在治療有共依存關係的人所扮演的角色包括：諮商者、教育者（傳遞關於上癮及共依存關係之資訊）；催化者（帶領治療團體）；仲介者（將共依存關係者與自助團體及其他社會服務資源做聯繫）；方案發起人（在缺乏或沒有治療課程的社區中，發展共依存關係者的課程）。

知識與評量之間的關係

物質濫用的問題已經受到了重視。之所以如此，是因為其急迫性及普遍性。社工人員需具備基本知識，來介入及協助他人從物質依賴中康復。社工人員需要知道一些物質依賴者及其家庭之內在動力，也需了解增權的概念。只有如此才能正確評量家庭且知道從何處去介入處遇。有了這些基本知識，才能將技巧使用在協助家庭成員停止放任及維持不正確規範。社工人員亦應鼓勵家庭重新劃分責任，其他家庭成員需將責任回歸藥物依賴者。總之，檢視重大生活事件，可提供社工人員問題評估之起點，進而提供著手處遇之指引。

CHAPTER 11

青年期與中年期的社會層面

基本概念

　　青年人和中年人在社會上所關注的事情顯然有很大的差異，不過他們還是必須面對某些相同的議題：選擇個人的生活型態，也許考慮結婚；確定自己所要從事的職業並安定下來；養兒育女，維持家用；從事某些嗜好或興趣；成為祖父母；在孩子離家獨立後調整自己與配偶、孩子的互動；與朋友維持社交生活。

學習目標

在本章，我們將會協助學生：

LO 1 描述青年人可能選擇的生活型態和家庭形式：結婚、同居、單身、養兒育女，以及無子女的夫妻

LO 2 描述人類行為所發展出來的三大社會學理論：功能主義（functionalism）、衝突理論（conflict theory）和互動理論（interactionism），這三種理論皆屬於鉅視系統理論

LO 3 了解青年人和中年人可能遭遇的三大社會問題：貧窮、空殼婚姻及離婚，也將討論單親家庭、混合家庭，還有職業婦女

LO 4 了解家庭系統的評估與介入

青年人選擇的生活型態和家庭形式　　LO 1

家庭系統裡的互動：選擇個人的生活型態

　　許多人在剛進入青年期的時候就會決定以後要過怎麼樣的成年生活。生活型態的選擇包括：是否結婚或維持單身；要不要生小孩；從事哪種行業；以後要住在什麼地方；要住公寓或獨棟的房子（隨著時間的發展，每個人都有權利改變原本所做的決定）。許多人在選擇生活型態時並不是依照自己的理想來做決定，而是順著人生的機會走下去。換句話說，一個人的財務資源、個人缺點、社會歧視等因素都會阻礙或修正他的自由選擇。此外，生命中的突發事件，例如，意外懷孕、離婚或配偶死亡，都可能改變一個人的生活型態與家庭生活安排。我們先來探討婚姻、同居、單身生活、為人父女或沒有孩子的生活。

婚姻

　　婚姻是指兩個人在法律上和社會功能上結為一體，彼此承擔義務也享有權利。從歷史上看來，無論社會結構簡單或複雜，家庭一直是最基本的生物與社會單位。從過去到現在，人類的社會都以婚姻來約束家庭。Clayton（1975）認為人類之所以結婚的主要原因之一就是為了讓雙方盡情享受性愛，將焦慮和危險降到最低。男人和女人天生的性衝動必須獲得滿足，但也必須加以控制，以預防性病的傳播。因性關係所產生的孩子也需要有人撫養照顧。

根據統計，將近 92% 的成年人會結婚。結婚的夫妻中 90% 以上會生小孩（Papalia & Martorell, 2015）。人們之所以選擇結婚的理由很多，包括：渴望有孩子、獲得經濟上的安全感、確定社會地位、愛、父母親的期望、逃避、懷孕、渴望有人做伴、性的吸引、相同的興趣及冒險精神。其他的結婚理由還有社會期望，或心理上的需求——希望被某人所重視、珍惜、渴求。**重點提示 11.1** 說明了一個人如何選擇另一半。在現代這種疏遠而充滿物質主義的社會裡，婚姻可以讓我們產生歸屬感，因為婚姻提供了情感上的支持和安全感，以及關愛與陪伴。

婚姻成功的指標　許多研究人員針對婚姻能不能幸福做了一些研究，找出了快樂的因素和不快樂的因素（Kail & Cavanaugh, 2010; Kornblum & Julian, 2012; Papalia & Martorell, 2015; Santrock, 2016）。有些因素可以預測兩人結婚後能不能快樂，也有些因素可用來判斷目前的婚姻生活快不快樂。請參見**重點提示 11.2**。

◆ 重點提示　11.1

我們如何選擇另一半的理論

每個人選擇另一半的理由並不相同，可能也很複雜。有些會影響我們在選擇配偶時所做的決定，例如，宗教、年紀、膚色、族群、社會階層、父母壓力等等。此外還有許多理論會影響我們的決定，以下就是人們如何選擇另一半的理論。

- **相近理論**（propinquity theory）：這派理論認為彼此接近是我們選擇另一半的主要原因。例如，許多人都會選擇同學或同事，在住家附近、教會或休閒場所認識的人作為伴侶（Rubin, 1973）。
- **理想配偶理論**（ideal mate theory）：我們所選擇的伴侶可能具備了我們理想中的特質。很多人都聽過這句話：「他／她就是我所要的一切。」
- **一致的價值觀理論**（congruence in values theory）：這一派的理論認為，無論有意或無意，我們的價值觀會引導我們選擇很接近的另一半（Grush & Yahl, 1979）。
- **門當戶對理論**（homogamy theory）：此理論認為我們往往會選擇相同的種族、經濟社會地位相當的配偶。
- **互補需求理論**（complementary needs theory）：此理論認為我們所選擇的配偶通常都具備了我們希望自己所擁有的特點，或者我們覺得對方可以幫助我們成為自己想成為的那種人。
- **彼此相容理論**（compatibility theory）：此理論認為我們所選擇的伴侶可以和我們一起快樂地從事各種活動。我們希望對方可以了解我們、接納我們，我們覺得和他／她溝通很自在，因為對方擁有和我們相似的生活哲學。

重點提示 11.2

婚姻幸福／不幸福的預測指標

婚姻幸福的指標

婚前的幸福指標
- 父母親的婚姻很幸福
- 擁有快樂的童年
- 父母親的管教合理
- 與父母親的關係和諧
- 與異性相處的情況良好
- 認識一年以上才結婚
- 父母親贊成這個婚姻
- 年齡相近
- 滿意對方、喜歡對方
- 愛
- 相同的興趣
- 生性樂觀
- 情緒穩定
- 同意、體諒的態度
- 文化背景相似
- 相容的宗教信仰
- 滿意的職業和工作條件
- 因為喜歡作伴而非一時迷戀所產生的戀愛關係
- 了解自己、接納自己
- 了解對方的需求
- 適應能力良好
- 擁有不錯的人際社交技巧
- 具有正面的自我形象
- 擁有相同的價值觀

婚後的幸福指標
- 良好的溝通技巧
- 平等的關係
- 與雙方父母親維持良好關係
- 希望生小孩
- 擁有相近的興趣
- 展現負責任的愛、尊重與友誼
- 美滿的性關係
- 喜歡共同度過休閒活動
- 喜歡相互作伴、喜歡對方
- 能夠接受也能付出

婚姻不幸福的指標

婚前的不幸福指標
- 父母親離婚
- 父親或母親（或雙親）過世
- 與伴侶的個性不合
- 認識不到一年就結婚
- 因為寂寞而決定結婚
- 因為想逃離原生家庭而結婚
- 年紀很輕就結婚，特別是不滿 20 歲
- 自己或伴侶原本就很不快樂
- 嚴重的個人困擾

婚後的不幸福指標
- 丈夫比較獨斷
- 妻子比較獨斷
- 嫉妒配偶
- 覺得自己比配偶優秀
- 覺得自己比配偶聰明
- 和對方的父母親同住
- 愛發牢騷、經常擺出防禦姿態、固執、一碰到衝突就離開或拒絕和配偶說話
- 家庭暴力

結婚的好處　婚姻是組成家庭的基礎，家庭則是養兒育女的基本單位。婚姻的聯繫使得人口的世代交替井然有序，家庭也是下一代成長與社會互動的主要環境。

　　婚姻也提供了性活動的合法管道與規範。性行為如果缺乏適當的規範，人與人之間可能因為嫉妒與任意妄為而產生衝突。每個社會都有一定的準則以約束家庭單位裡的性行為，例如，禁止近親發生性關係。

　　婚姻也可以滿足我們的情感需求，包括：投注情感、有人陪伴、得到支持、受到鼓勵、有人肯定我們的成就等等。如果情感上的需求沒有獲得滿足，我們在生理、心理、智能和社會方面的成長都會受到阻礙。（居高不下的離婚率顯示這項婚姻理想目標並不容易達成。）無論任何年齡層，已婚者對生活的滿意度都高於單身者、離婚者或喪偶者（Papalia & Martorell, 2015）。不過這項統計結果可能代表兩種不同的意義：也許有很多人在婚姻裡找到快樂，或者說是快樂的人比較容易走入婚姻。

　　婚姻也和良好的健康有關。已婚者的平均壽命較長，尤其是已婚男性（Papalia & Martorell, 2015）；然而我們並不能就此推斷結婚就等於健康的保證。健康的人可能比較想結婚，也會是比較理想的結婚對象，當然也比較容易吸引到結婚對象。此外已婚者可能會過著比單身者更安全、更健康的生活。

　　鰥居和離婚男性的平均壽命低於單身男性；單身男性的平均壽命最接近已婚男性（Santrok, 2016）。或許鰥居和離婚男性覺得這個世界上沒有什麼值得他們活下去，所以平均壽命較短。

　　婚姻關係可以鼓勵我們追求個人成長；夫妻雙方可以分享內心深處的想法。婚姻關係中的兩個人必須做很多決定：丈夫和妻子都該努力在事業上衝刺嗎？要不要生小孩？家務如何分配？婚後要花多少時間和親戚來往？要不要買新車或房子？今年要不要去度假？要去哪裡度假？這些問題都可能發展成婚姻危機，不過如果處理得當也可促成個人成長。順利解決這些問題後，我們往往能夠更了解自己，也更有能力面對將來的危機。但是如果這些問題並沒有獲得解決，雙方的衝突可能持續惡化，導致嚴重的裂痕。

　　重點提示 11.3 列出了建立並維持幸福婚姻的指導方針。（本章主要以傳統婚姻為主，關於同性戀婚姻的情況，請參考第十二章。）

同居

　　同居（cohabitation）是指未婚的情侶公開居住在一起共同生活。根據統計，同居者在同居一段相當短的時間（少於 2 年）後便會決定要結婚或分手（Papalia & Martorell, 2015）。對某些情侶來說，同居是一種試婚行為，但有些人則把同居當作婚姻的替代形式（暫時或永遠）。現在很多年輕人覺得同居差不多等於約會和固定交往。

> **重點提示　11.3**
>
> ### 建立並維持幸福婚姻的準則
>
> 　　一個成功且令人滿意的婚姻需要夫妻雙方不斷地努力。以下是如何建立並維持幸福婚姻的準則：
>
> 1. 讓你的配偶覺得他（她）很特別。我們之所以會陷入情網是因為當我們和對方在一起時，對方讓我們覺得自己很棒。如果愛的感覺消失殆盡，大多是因為對方不再激起我們的這種感覺了。
> 2. 努力為對方追求快樂、個人成長及幸福，將心比心。
> 3. 雙方發生衝突時盡量採雙贏的解決問題技巧，不要爭得你死我活。要忍受並接納對方的小缺點和毛病。
> 4. 盡量不要控制對方、占有對方，讓對方喘不過氣來。此外也要避免把配偶塑造成完全符合自己的價值觀、信仰或個人喜歡的樣子。
> 5. 每個人都有高高低低的情緒起伏。當你的配偶情緒消沉時，盡量體貼並諒解對方。
> 6. 當雙方有爭執時，要維持君子風度。爭論時就事論事，不要挖過去的瘡疤，也不要做人身攻擊。
> 7. 溫柔深情地對待配偶，分享快樂的事情，做一個好朋友和好聽眾。
> 8. 維持溝通管道的暢通。學著容忍小事或不重要的問題。說出你認為很重要的困擾，但表達時避免攻擊對方、責怪對方或威脅對方。

　　先同居再結婚者的婚姻狀況並不會比未同居而結婚者來得好。事實上，有些研究結果顯示曾經同居的人覺得婚姻品質較低，對婚姻的承諾與投入也較不理想，而他們的離婚率也高於未同居而結婚者（Papalia & Martorell, 2015）。

　　一對情侶為什麼選擇同居而不舉行結婚典禮呢？原因尚未完全被釐清。許多人渴望親密關係和頻繁的性生活，卻還沒準備好面對婚姻與承諾。現代社會越來越能接納同居者，所以也有越來越多情侶選擇這樣的安排。就某種程度而言，他們可以享有友誼、同伴和固定的性關係，卻不必承諾長期堅守婚姻。和某個人同居可以幫助年輕人進一步了解自己，也更明白親密關係裡需要哪些東西，然後漸漸成長為負責任的成年人。有些人也會藉著同居想清楚自己究竟想要怎麼樣的配偶和婚姻。

　　同居生活也有它的問題，其中有些問題類似新婚生活：適應全新的親密關係；尋求性關係的和諧；過分依賴對方；失去單身時的享受和樂趣，減少與朋友碰面的機會。此外同居者也會碰到比較特殊的問題，例如，該如何向父母和親戚解釋彼此的關係；對未來充滿不確定感；渴望對方能做出長相廝守的承諾。

　　另外有一種關係很接近同居，那就是男女雙方各有居住的地方，每個月只有幾天住在一起（也許週末才相聚）。這種關係不像試婚，倒比較像預先度蜜月。這種安排的缺點在於如果雙方每個月只有幾天住在一起，往往只會呈現自己最美好的一面，可

能看不到對方的真面目。

單身生活

有些人選擇單身；他們喜歡自己一個人，大部分的時間不希望和別人相處。有的人之所以單身是因為找不到合適的伴侶，有的人則是因為伴侶選擇不結婚。以前的社會大多認為人到了一定的年紀就該結婚，現代人對於要不要結婚、要選擇怎樣的生活型態都抱持著比較開放的態度。

單身者在情感和財務上所受到的約束較少，他們不必考慮自己的行為和決定會不會影響配偶和孩子。無論在經濟、生理或社交層面上都較能夠冒險或接受挑戰。他們可以投入較多時間培養自己的興趣和嗜好。

Papalia 與 Matorell（2015）研究報告中，未婚的受試者列出以下維持單身的好處包括：對於自給自足感到滿意；工作上的發展越來越好；可以維持刺激的生活型態；享有行動自由；隨時都可享受性生活；可隨心所欲地改變；有機會追求各種不同的經驗；有機會扮演不同的角色；有機會結交不同的朋友。單身的缺點則包括：擔心自己如何適應這個多由已婚者所組成的社會；擔心朋友或家人能否接納不婚者；擔心自尊和自我評價會日漸低落。

為人父母

孩子的出生是一項重大事件。照顧嬰兒的重責大任會改變父母親的生活型態，也會改變婚姻狀況。對某些人來說，擁有孩子（幼兒必須完全依賴父母）是一個很麻煩的危機。但對某些人來說，照顧嬰兒可以帶來很大的滿足，讓生命更圓滿。許多夫妻都覺得為人父母有其煩惱，卻也會充實他們的生命。

為人父母必須面對哪些問題呢？嬰兒出生意味著夫妻兩人都已成年，不再是不懂事的孩子。從現在起，不只要對自己負責，更必須 24 小時不眠不休照顧一個新生命。

照顧幼兒和家事大多會落在女性身上。Levinson（1996）發現婚姻中的家務如果從平均分配轉變為男主外女主內的傳統形式，妻子對於婚姻的幸福感就會下降，尤其職業婦女更是困擾。

Thompson 和 Walker（1989）統計發現有三分之一的母親認為養育孩子是一件快樂又有意義的事情，也有三分之一認為這是一件不愉快而且是沒有多大意義的工作，剩餘的三分之一則抱持著矛盾感受。至於身為父親的人大多很珍惜孩子，在情感上也深愛孩子，但覺得照顧孩子很愉快的父親卻比母親來得少。

人們為什麼要生小孩？從歷史觀點看來，在工業尚未展開的農業社會裡，孩子是經濟資產，在農耕和畜牧方面也是很重要的勞力。以前的父母喜歡生很多的孩子來分擔工作，父母年老後孩子也會照顧父母。由於孩子被視為經濟資產，整個社會便逐漸

形成共識，認為夫妻結婚後當然就會想要生小孩。人類的文化也越來越強調母性的光輝。

有些心理學理論主張女性（有趣的是，不是男性）天生就具有照顧看護別人的本能，只有透過生育和養育子女的過程才能滿足這項本能。（但事實上許多學者發現這種本能主要是經社會化過程中學習而來的。）

在今日社會中，子女已不再是資產而是負債。許多國家的社會福利似乎偏重老年人的照顧，而把照顧子女的責任交給父母親。孩子除了帶來喜悅和快樂外，對夫妻的生活型態和婚姻關係也可能造成負面影響。有越來越多已婚者決定不要生太多小孩或根本不生孩子。各種避孕方法可以讓人們控制孩子的數目。

為人父母會帶來許多回饋和喜悅的時刻，包括：擁有可以投注愛意的對象；獲得愛的回報；和孩子玩耍互動的喜悅；幫助孩子成長所帶來的快樂；父母親之間的社交活動等等。

為人父母也帶來相當大的壓力和重擔，包括：管教問題、越來越重的責任、財務上的負擔、無法維持原有的生活型態、必須清理孩子帶來的髒亂、一再被孩子打擾而無法專心做事、總有做不完的瑣事、生活作息都必須配合孩子、忍受孩子的哭鬧、換尿片、休息和睡眠受到嚴重干擾、身心俱疲、擔心外表變得邋遢而失去吸引力等等。

如果夫妻都想要孩子，在養育子女方面也能獲得外來協助，那麼孩子並不會使雙方降低對婚姻的滿意度。有些婚姻在孩子出生後會受到很大的影響，那可能是因為丈夫或妻子（或雙方）的自尊低落，而丈夫往往較不能體諒妻子的辛勞（Belsky & Rovine, 1988）。如果夫妻雙方的年紀較輕、教育程度較低、收入較低、結婚時間較短，那麼婚姻就比較容易受孩子影響而出狀況。

雖然孩子的出生可能會使婚姻滿意度下降，不過養兒育女對於父母親的自我認同和工作上的自我肯定卻有正面的激勵效果。也就是說，養育子女對於個人發展有很大的幫助。

精神醫學促進會（Group for the Advancement of Psychiatry, 1973）將為人父母視為漸進的發展過程，可分為四個階段：

1. **預備**。從妻子懷孕後開始，夫妻雙方會思考要如何養育子女、以後的生活會有哪些改變、成為父母親具有何種意義。有些夫妻面對未來會產生很矛盾的感受。在這個階段裡，夫妻兩人會開始覺得自己不再是父母親所呵護的孩子，而是即將成為一個孩子的父母親。
2. **蜜月期**。從第一個孩子出生後開始，可能會持續好幾個月，新生兒的父母常會覺得很快樂，充滿喜悅之情，這也是一段調適和學習的時期。父母親和子女

3. **高原期**。從孩子的嬰兒期一直持續到孩子成為青少年。父母親必須隨著子女的成長不斷調整養兒育女的方法。
4. **分離**。當子女要脫離家庭，父母親就會面臨分離階段（如孩子決定結婚）。由於孩子即將展開獨立生活，父母親也必須改變自己的行為，學著習慣與孩子分離。彼此的關係從「父母—孩子」轉變為「成人—成人」的關係。

之間產生緊密的聯繫，家庭裡的其他成員也漸漸學習該如何扮演新的角色。

從這四階段可以看出孩子對於父母親有著很大的影響。精神醫學促進會（Group for the Advancement of Psychiatry, 1973）也指出，父母親往往會根據孩子的表現來斷定自己是不是成功的父母。如果孩子符合他們的期望，父母親會肯定自己在為人父母的工作上有所表現。萬一孩子長大後並不符合父母的期望（有些父母的期望很不實際），那麼父母親可能會認為自己是失敗者。為人父母者應該體認一項事實：孩子以後會變成什麼樣的人，並不是父母所能控制的，因為除了家庭外，子女成長過程還受到許多因素的影響。

沒有孩子的夫妻

從法律和宗教的觀點來看，生兒育女就是婚姻的主要目標之一。在我們的社會裡，如果一對夫妻決定不生小孩，大家往往會覺得他們一定有毛病。

不過這種觀念正逐漸改變，由於人口過剩、生養孩子的費用過於昂貴，也許將來大家就越來越能夠接受已婚者不生小孩的決定。

已婚夫妻基於各種理由而決定不生小孩。有些人覺得自己並沒有條件成為稱職的父母；有些人全心投入工作或興趣，不想花精力去養育子女；有些人覺得孩子會成為婚姻關係的入侵者；也有人想要自由自在地旅行，隨心所欲地做事，不想改變原有的生活型態；有的人認為地球已經人口過剩，不生小孩才是正確的決定。

如果孩子並非在父母親期待下所誕生，那麼更會產生負面影響。這些孩子可能會遭到虐待、經常生病、學業成績不理想，也比那些期待下出生的孩子容易出現偏差行為（Santrock, 2016）。從這些結果看來，如果已婚夫妻不想要孩子，那麼最好還是不要生，對他們本身和整個社會都比較好。

功能主義、衝突理論和互動理論　　LO 2

鉅視社會系統理論

人們在社會環境中會和大大小小的系統產生互動，這些互動對於人類行為有著重大的影響。所謂鉅視系統的定義是指比小團體更大的組織，我們認為一個文化、社區、機構和組織都可以視為鉅視系統。如果社工人員想發揮最大的影響力，那麼就必須理解並評估鉅視系統對案主所產生的影響。

在這裡要先說明鉅視系統裡的幾個主要理論。這些理論所探討的是鉅視系統如何運作，同時解釋鉅視系統如何影響人類行為。鉅視系統理論想要釐清一大群人的行為，以及整個社會的運作。社會學的鉅視系統理論有三個主要派別：功能主義、衝突理論和互動理論。（我們所說明的這三種理論適用於各個年齡層，並不限於中年人。）

這些理論各有其優缺點，當我們探討個人在社會環境中所遭遇的特定問題時，這些理論也發揮了不同的特色。了解各種理論之後，當社工人員面對某種人類行為、困擾或重大議題時，我們便可以選擇最適用的理論；我們通常會合併採用不同理論，以徹底了解問題。

功能主義觀點

近年來**功能主義**（functionalism）已成為最具影響力的社會學理論之一，這項理論最早是由法國社會學家 Emile Durkheim 所提出的，之後由 Robert K. Merton、Talcott Parson 及其他學者修正。功能主義認為社會是一個組織結構嚴謹的系統，大多數成員都認同相同的價值觀和道德準則。在社會裡，各個機構、團體和成員角色緊密地配合，形成統一的整體，其中的成員會盡力維持一個穩定的社會，因為他們都接受這個社會的規範及原則。

這派理論將社會視為一個由相互依賴、相互關聯的零件所組成的系統。每一個零件對於整個系統的運作都有所貢獻；不同的零件之間維持著微妙的平衡，其中一個零件出現變化就會影響其他零件。

不妨把整個社會比喻為人體。一個功能正常的身體是由許多器官所組成，每個器官都有特殊功能。我們的心臟負責壓縮血液；肺臟負責把氧氣帶進體內、把二氧化碳排出去；胃負責消化食物、製造能量；肌肉負責移動肢體、執行各種動作；腦部負責協調各部位的活動。這些器官以極為複雜的方式相互配合、相互依賴，每個器官都有其重要功用，少了其中一個，整個身體系統就會崩潰，如同心臟衰竭。

功能主義理論主張社會的組成單位（零件）就像人體器官一樣，有時候也會出現突發狀況而無法順利運作，這種情況稱之為**功能異常**（dysfunctional）。為了矯正

Chapter 11 青年期與中年期的社會層面

某種不平衡現象而引進的社會變動可能會帶來其他的不平衡，即使表面上看來效果不錯。舉例來說，有效而方便的避孕措施可預防意外懷孕，然而這些措施卻也使得婚前性行為及外遇的發生率大增——對某些族群來說這都是嚴重問題。

就功能主義觀點看來，所有的社會系統都會傾向於平衡，維持一種穩定狀態（或特定的平衡狀態），也就是系統裡的每個零件彼此間維持著相同關係。這種理論認為社會系統往往抗拒改變，除非改變發生的步調很慢，否則就會帶來分裂。由於整個社會是由緊密連結的零件所組成，如果某個零件發生變動，其他的零件也會跟著變動。例如，汽車的發明就帶來了劇烈的變動：我們可以通勤，到離家很遠的地方上班；我們也可以到遙遠的地方度假；社會上出現許多新行業，像是服務站和汽車零售業；空氣汙染惡化；交通造成的死亡率急遽升高等等。

社會系統的功能正常及異常現象有時候是很**明顯的**（manifest），例如，增加警察局的設立顯然可以壓低犯罪率；但有些現象卻是**隱性的**（latent）（潛在或出乎意料之外）。近年來社會學家發現當警察抓到犯人後把他們貼上「罪犯」、「不法之徒」的標籤，結果這些人將來繼續犯罪的機率很高，甚至會做出一些原本不會犯下的罪行。所以在扼止犯罪的同時，警察也可能造成了未來犯罪率的提高。

功能主義者認為當社會的某個部分（或零件）解體時就會產生某些問題。一旦發生**社會解組**（social disorganization），大型組織或整個社會就難以達成其目標或維持平衡。當解組發生時，組織則無法掌控這些部分。

發生社會解組的可能原因很多，然而所有原因都可歸因於快速的**社會變遷**（social change），因為變化的發生過於快速而干擾了整個社會的平衡。近年來科技越來越進步（例如，電話、電視、電腦、機器人、心臟移植、網際網路等等），改變的速度是人類歷史前所未見的。這些進步的科技造成社會的基本單位（包括家庭和教育系統等等）面臨了空前劇烈變動。整個社會裡的許多文化層面都跟不上科技進步的速度，於是在科技和社會成員之間出現了**文化落差**（cultural lag），這正是社會解組的最主要原因之一。

社會解組的例子很多。核子武器的發明帶來了摧毀人類文明的潛在危機。公共衛生及醫學方面的進步延長了人類壽命，但也帶來人口爆炸的問題。人工受精技術的進步引發了代理孕母的問題，而我們的社會到目前都還沒決定該如何處理這種情況。墮胎技術可以讓女性安全地終止懷孕，但墮胎是否應合法化也造成社會對立。

批評功能主義的人認為這種理論是一種政治上的保守哲學，因為它主張應保留社會現況，因此忽略了社會上不公平的現象。批評者也認為這種理論乃是價值導向（value-laden），因為某個人的「解組」可能是另一個人的「重組」。舉例來說，大部分的人都覺得離婚不太好，但有些人卻認為離婚具有正面意義，因為它可以合法地

結束一段無法發揮正常功能的關係。

有些學者也批評功能主義只注重社會上特權階級的利益，使得社會上的窮人與受歧視者永無翻身之日。

衝突理論觀點

衝突理論（conflict theory）認為不同的社會族群會爭奪權力。衝突是不可避免的，在許多情況下，衝突其實對整個社會有好處。舉例來說，大部分的美國人都認為參與美國獨立戰爭的「自由鬥士」對美國社會有很大的貢獻（不過英國人卻認為這些人是不知感恩的判亂分子）。

衝突理論觀點有一個重要前提：社會成員非常重視某些事物（如權力、財富、特權等等），而這些大多是珍貴而稀少的資源。正由於資源稀有，衝突理論便假設社會成員（無論個人或團體）會彼此競爭，奪取這些資源。也就是說，這派理論將社會視為一個爭奪稀有資源的競技場。

鬥爭與衝突有許多種形式：比賽、爭吵、法庭辯論、肢體搏鬥、暴力相向，甚至戰爭。如果這些鬥爭經常涉及暴力，那麼幾乎所有的人都會捲入暴力活動，社會便無法運作，因此大家訂出了一些規範，規定社會上允許哪些團體進行哪種型態的衝突。舉例來說，我們的社會允許勞工罷工，也允許個人追求更高的教育、賺取更多金錢，但並不接受強盜、搶劫。

從衝突理論觀點來看，社會變動主要是在各團體間重新分配稀有資源。功能主義將變動視為具有潛在毀滅性的事件，衝突理論卻認為變動對社會有所幫助。衝突可以帶來進步、提升，減少歧視，也會有新團體出現而成為社會主宰力量。如果沒有衝突，整個社會就會停滯而蕭條。

功能主義和衝突理論還有其他方面的差異。支持功能主義的學者認為大多數的人都會遵守法律，因為人們相信法律是公正的。衝突理論學者主張社會秩序是由當權者以武力來維持的，他們認為特權階級掌控了法律的權力，利用法律系統迫使他人服從特權階級的意志；這些學者的結論是，大多數人之所以遵守法律的原因在於如果不遵守就會被逮捕、被監禁，甚至遭到殺害。

功能主義認為社會上大多數成員都抱持著相同價值觀，願意遵守相同規範。相反地，衝突理論派的學者卻認為現代社會乃是由不定團體所組成，各自具有不同的價值觀和規範，因此衝突是在所難免的。墮胎議題就是價值觀衝突最好的證明，反墮胎團體和天主教會相信人類的胚胎在受精後就是有生命的個體，因此墮胎就等於謀殺。但支持墮胎人士卻認為懷孕前幾個月的胚胎並不能算是人，因為它無法在子宮外的環境存活下來；他們也認為如果政府禁止婦女墮胎，那麼政府就侵犯了她的自主權。

並非所有衝突都來自不同價值觀，有些衝突是因為人們抱持著相同價值觀而發生

的。例如，我們的社會高度重視財富及權力，富有的人願意花費可觀的精力和資源來維護他們的地位，而窮人與弱勢團體也積極追求相同的權力，要求財富的公平分配。許多大企業的工會和經營者不斷因為薪資和員工福利持續對抗。政治上不同黨派的人也展開激烈競爭，想要掌控政治權力。

功能主義常被批評為太保守，相較之下衝突理論則常被批評為太激進。批評者認為如果社會上真有這麼多衝突，那麼這個社會早就解體了。另外也有學者批評衝突理論大力鼓吹受壓迫的團體造反、對抗現存的權力結構，而不是在體制內努力尋求解決之道。

互動理論觀點

互動理論（interactionist approach）所探討重點在於個人及人與人間的日常互動，而不是規模較大的社會結構，如教育系統、經濟或宗教。互動理論認為個人的行為乃是社會關係的產物。Cartwright（1951）指出：

> 一個人是否積極進取、是否能夠配合他人、自尊心有多強、擁有多少自信、是否精力充沛、工作效率如何、渴望的目標為何、他愛誰或恨誰、有哪些信念或偏見——這些特點大多是以個人在團體中的身分來決定的。認真說起來，這些特質都是團體與人際關係的產物。（p. 383）

支持互動理論的學者認為人們面對彼此行動時並不只是做出回應，也會詮釋或定義彼此行為。這種詮釋乃是以符號（特別是文字和語言）表達出來。

互動理論的支持者仔細研究個人社會化的過程，因為這個過程會形成人類互動基礎。這套學說主張人是文化和社會關係的產物。Coleman 與 Cressey（1984）簡述了以下的重點：

> 人們從參與符號世界（也就是他們的文化）的過程中發展出對生命的概念。從生命早期就開始與家人或朋友發生互動，逐漸培養出自我概念，學會講話，甚至學會如何思考。互動學者與佛洛伊德學派不同的地方，在於他們相信人的個性在一生中會不斷回應變遷的社會環境而持續改變。

美國哲學家 George Herbert Mead 的著作促成了社會心理學互動理論的興起。Mead 認為人類以符號溝通的能力（特別是採用文字的組合）正是人類與動物最大的差別。一個人會在社會化過程中發展出思考及使用象徵符號的能力。年幼的孩子會盲目模仿父母親的行為，不過到後來他們便學會「扮演」對方的角色，他們會假裝自己是「媽咪」或「爸爸」，從這種角色扮演中孩童開始了解不同角色間的互動關係，也從別人的目光中（他們所推想的）看見自己。Mead 認為孩童到最後會開始扮演一個「**概化的他人**」（generalized other）。在同時他們

便接受了一般人的價值觀及標準,而不只是父母、親友的價值觀與標準。如此一來,除了實際參與的團體外,其行為也會受參考團體影響而逐漸修正。(p. 21)

Cooley(1902)認為我們無法以客觀單位來測量自我概念(例如,一個人有多勇敢、多麼討喜、多麼慷慨、多麼迷人或多麼誠實)。為了確定我們擁有這些人格特質到什麼程度,就必須依賴他人的主觀判斷,而這些人正是我們互動的對象。基本上,我們看到、聽到別人以何種方式回應我們,才知道我們是哪一種人;別人的反應成為一面鏡子,讓我們可以檢視自己所擁有的人格特質(鏡中自我,looking glass)。

這一派理論還有一項重要觀念,所謂的社會現實(social reality)就是某一團體所有成員所認定的現實。社會現實並不是純然客觀的現象。

互動理論認為人類行為乃是一個人獨特的個性與其所參與團體互動(interaction)的結果。團體的確是塑造個性的重要因素,不過團體的特質也會影響個性。

我們所建構的現實會透過符號呈現出來。我們回應的對象是符號所象徵的現實(symbolic reality),而不是實際的物理現實(physical reality)。Sullivan 等人(1980)說明了在形成現實的過程中,符號的重要性:

> 一個人想把心中期望傳達給另一個人時,符號就是最主要的工具;所謂的符號是指代表或取代其他事物的任何物體、文字或事件。符號具備了以下特點。第一,符號意義來自於社會共識——團體成員一致同意某件事物可代表另一件事物。例如,國旗代表對國家的愛或愛國主義;綠燈代表可以通過馬路,而不是停止;皺眉頭代表心中不高興。第二,符號與它所代表的事物彼此間的關係是任意組合的,兩者間並沒有必然關聯。綠燈和安全通行是大家約定的慣例,如果要約定其他顏色也未嘗不可。旗子只不過是一塊布,如果我們約定用其他東西來代表愛國也可以。第三,符號所代表的未必是物理現實。我們可以用符號來代表不具備實體的觀念,如公正、慈悲或上帝,我們也可以用符號代表根本不存在的事物,如獨角獸。

互動理論直接衍生出另一派理論:標籤理論(labeling theory)。此理論主張一個人被貼上標籤後終其一生都會受到強烈的影響;標籤往往成為必然會實現的預言。如果父母親從小就罵孩子「笨蛋」,那麼孩子很可能會產生自尊低落問題,無論做什麼都覺得自己一定會失敗(尤其課業),不願意努力在學業上求進步,碰到競爭性的活動也會很消極,到最後真的成為失敗者。如果某個青少女被貼上「豪放女」的標籤,那麼其他女孩就可能排斥、迴避她,男孩子們則會開一些下流的玩笑,有些男孩甚至喜歡約她,想和她發生性關係。如果有人因為坐牢而被貼上「詐欺犯」的標籤,那麼以後大家都會懷疑他,認為他很危險、不值得信任,而他也很難找到工作(但其實他

也許會是個認真盡職的員工）。Scheff（1966）以標籤理論解釋某些人如何成為精神患者。他認為將人們扣上精神疾病的行為，是讓他們表現得像精神病人的主要決定因素。一旦被標籤，與之互動的人就待他們為精神病患者，導致他們也認為自己患有精神疾病且也融入其角色。

互動理論最常受到批評的地方在於這項理論極為抽象而模糊，外人幾乎無法贊同或不贊同這項理論（Coleman & Cressey, 1984）。

青年人和中年人的社會問題　　LO 3

貧窮：社會與經濟力的影響

以下我們將以功能理論、衝突理論和互動理論的觀點深入探討貧窮的現象，看看這三種理論如何解釋貧窮現象。貧窮是鉅視系統的主要問題，社會福利資源受惠者大多受到這種現象的影響。

富人與窮人

貧窮與財富有著密切關聯。以大部分的國家來說，財富往往集中在少數人手中，而這些少數人口的龐大財產則可能來自於剝削他人。

我們可以透過兩種方式來評估經濟不平等程度。所謂的**收入**（income）是指一個人在某一段時間內所賺得的金錢；所謂的**財富**（wealth）則是一個人的總資產——不動產、現金、股票、債券等等。

在我們的社會中財富與收入的分配極不平等。**社會階層**（social stratification）的存在是不爭的事實，上流階層有最大的能力用金錢換取各種享樂。在世界各地，富人與窮人間的鴻溝正不斷擴大（Mooney, Knox, & Schacht, 2015）。

全世界不斷擴大的貧富差距直接影響美國的窮人。他們的工作機會被「外包」到願意接受任何工資的極端貧困的人口地區。此外，富人和窮人之間的巨大差距是一些國家是導致政治不穩定的主要因素，一些「窮人」為了改善財務狀況而採取恐怖主義和訴諸暴力。

以美國社會為例，最富有的 1% 家庭擁有全國個人財產的三分之一上（Mooney, Knox, & Schacht, 2015）；此外，個人收入的分配也很不平均，最富有的 20% 家庭收入超過全國收入的一半以上，而最貧窮的 20% 則賺取不到全國收入的 5%（Mooney, Knox, & Schacht, 2015）。

由於龐大財富集中在最有錢的 20% 人口手中，如果我們把前五分之一富人所擁有的財富分給最貧窮的五分之一人口，就能掃除貧窮現象。當然在政治上握有權力的

富人是絕不可能接受這種安排。

即使富裕如美國的社會，還是有數百萬窮人經常無法獲得足夠的食物。兒童的腦部在3歲前會生長至成年人的80%，如果在這三年內沒有攝取足夠的蛋白質，腦部就會停止生長，永久受損，這個孩子也會成為智障（Robertson, 1980）。

Coleman與Cressey（1990）說明了無法擁有財富所造成的影響：

> 窮人沒有自由和自主權。他們被困在殘破骯髒、充斥犯罪的生活環境裡，經常面對許多心中渴望卻遙不可及的事物。反過來說，富人享有權力、自由與掌控命運的能力。有錢人可以選擇居住地點，可以做想做的事。窮人沒辦法接受良好的教育，沒有錢旅行，所以視野很少超越他們的居住環境。有錢人可以接受最好的教育，可以到處旅行，可以親眼看看那些窮人甚至從沒聽說過的地方。
>
> 有錢人的小孩能夠獲得整個社會最好的資源，他們的價值與重要性也不斷受到旁人的肯定。窮人小孩往往不能擁有「每個人都應該有」的事物，因此他們很難培養出自信與自我肯定。在這個物質主義抬頭的社會裡，一個人所擁有的東西決定了他的價值，窮人只會越來越自卑，自憐自艾。（p. 161）

貧窮問題

美國有大約15%的人口處於貧窮線以下（Mooney, Knox, & Schacht, 2015），所謂的**貧窮線**（poverty line）是指政治認定足以維持食衣住行基本需求的最低標準。令人憂慮的是，近年來低於貧窮線的人口正不斷增加，此外還有許多人的收入雖然不在貧窮線以下，但生活的狀況卻很接近窮人。

貧窮不只代表生活水準低於平均收入者，它還有著更嚴重的問題。許多窮人只能吃很差的食物，甚至有些美國窮人會吃狗或貓食。窮人的生活環境往往髒亂不堪，不一定有自來水，平常與老鼠蟑螂為伍，沒有冷暖空調，房子隔音不理想，無法阻絕噪音，所以很難好好休息睡覺，破舊的衣服也讓他們覺得難堪。活在貧窮裡意味著他們可能面臨嚴重的情緒困擾和酗酒問題，也處在犯罪率較高的環境裡，窮人的平均壽命也較短。窮人在社會、經濟或教育上能夠往上爬的機會很少。他們的婚姻較不穩定，很難獲得生活中一些小小的享受，如旅行、上館子、看電影或表演、聽音樂會、觀賞運動比賽等等。

窮人階級的嬰兒死亡率幾乎是富人階級的兩倍（Mooney, Knox, & Schacht, 2015）。窮人無法獲得良好的醫療服務，醫護人員為他們提供的服務品質也較差；窮人必須忍受更嚴重的空氣汙染、水汙染和惡劣的衛生環境；他們比較容易發生各種疾病和營養不良的現象。貧窮社區裡的學校教學品質較差，可用資源較少，結果窮人孩子的學業表現往往比較低落，也容易退學。窮人往往比較可能遭到逮捕、定罪、監

禁，法官判刑時也比較可能判較長的刑期；他們比較沒有機會獲得緩刑、保釋或減刑（Mooney, Knox, & Schacht, 2015）。

貧窮往往也會導致絕望和自尊低落，更會阻礙生理、社會、情感和智能方面的成長。除直接影響外，貧窮更會帶來間接傷害，因為窮人覺得自己無法獲得公平機會去獲取經濟資源，認為自己是社會上的二等公民，這種心理傷害影響至深。

也許很多人覺得我們的社會人人平等，大家都有公平的機會，只要夠努力就可以往上爬。但現實卻是殘酷的，許多相關研究都指出貧窮幾乎是一種難以脫離的困境。在貧窮家庭中長大的孩子以後很可能也會活在貧窮裡，大部分的人都會和父母親一樣處於相同的社會地位，實際上成功跳進更高社會階層的例子很少發生，在美國社會亦是如此（Mooney, Knox, & Schacht, 2015）。

哪些人是窮人？

哪些人比較容易淪為貧窮階級？單親家庭、孩童、老年人、大家庭、有色人種、少數族群及無家可歸的流浪漢都有這種可能。教育程度較低也是貧窮的可能因素，一個人即使念完高中也不能保證能賺取足夠工資，不過如果能念完大學就很有機會避免陷入貧窮，因為根據統計數字來看，窮人中擁有大學學歷的比例很低（Mooney, Knox, & Schacht, 2015）。

失業也會導致貧窮。住在城市裡的窮人比住在鄉下的窮人少，鄉下地區的失業率較高，可以找到的工作往往有季節性，工資也較低。不過即使在城市裡，還是有許多窮人聚集在沒落的區域（Mooney, Knox, & Schacht, 2015）。

這種「邊緣化」的概念出現在社會工作教育政策與審核標準中（EPAS）（Council on Social Work Education, 2015）。邊緣化群體指的是「比較無法握有權力的人們，因為基於某些特質如性別、社會經濟階層、教育、文化、種族或宗教團體、族群、黨派，其重要性在主流文化團體僅占了一小部分」。在我們的社會，窮人是比較無影響力的群體，故被邊緣化。

導致貧窮的原因

很多原因會導致貧窮，包括：失業、健康狀況不佳、情緒困擾、毒品藥物成癮、教育程度過低、種族歧視、性別歧視、入不敷出的消費習慣、無法好好理財、智能障礙等等。

以上列出的還不是全部的原因，不過至少說明了三個事實：(1)造成貧窮的原因很多；(2)如果要消除貧窮，需從各方面推行社會福利計畫；(3)貧窮與其他社會問題有著密不可分的關係，例如，情緒困擾、酗酒、失業、種族歧視、性別歧視、醫療問題、犯罪問題、賭博、認知障礙等等。貧窮議題與其他社會問題的關聯極為複雜，這些社

會問題是導致貧窮的原因,但反過來看,貧窮也可能引發這些問題(如情緒困擾、酗酒和失業)。貧窮使得這些社會問題更為惡化,也擴大了這些問題所造成的傷害。

就某種程度而言,貧窮會一代一代地傳遞下去。圖 11.1 顯示出貧窮的惡性循環。

貧窮文化:理論之評估與個案之應用

貧窮為什麼會一代一代傳下去呢? 人類學家 Oscar Lewis(1966)主張「貧窮文化」(culture of poverty)的形成乃是這種傳遞現象的主因。他仔細觀察世界上其他國家的貧民區後做出結論:窮人之所以陷入貧窮困境是因為他們擁有獨特的文化或生活型態。Lewis 對文化解釋的主要因素如下:

在社會階級明顯的資本主義社會裡,經過長期的經濟剝削後便會形成貧窮文化——高失業率和低勞動薪資帶來長期經濟剝削,而長期剝削會讓社會充滿絕望與無助。Lewis(1966)進一步說明了這種絕望無助的心態與價值觀:「在這種文化中成長的人非常認命,懷有強烈的無助、依賴和自卑;他們抱持著今朝有酒今朝醉的態度,比較沒有辦法延宕滿足(defer gratification),為將來做計畫。同時也很能容忍忽視各種心理變態現象」(p. 23)。

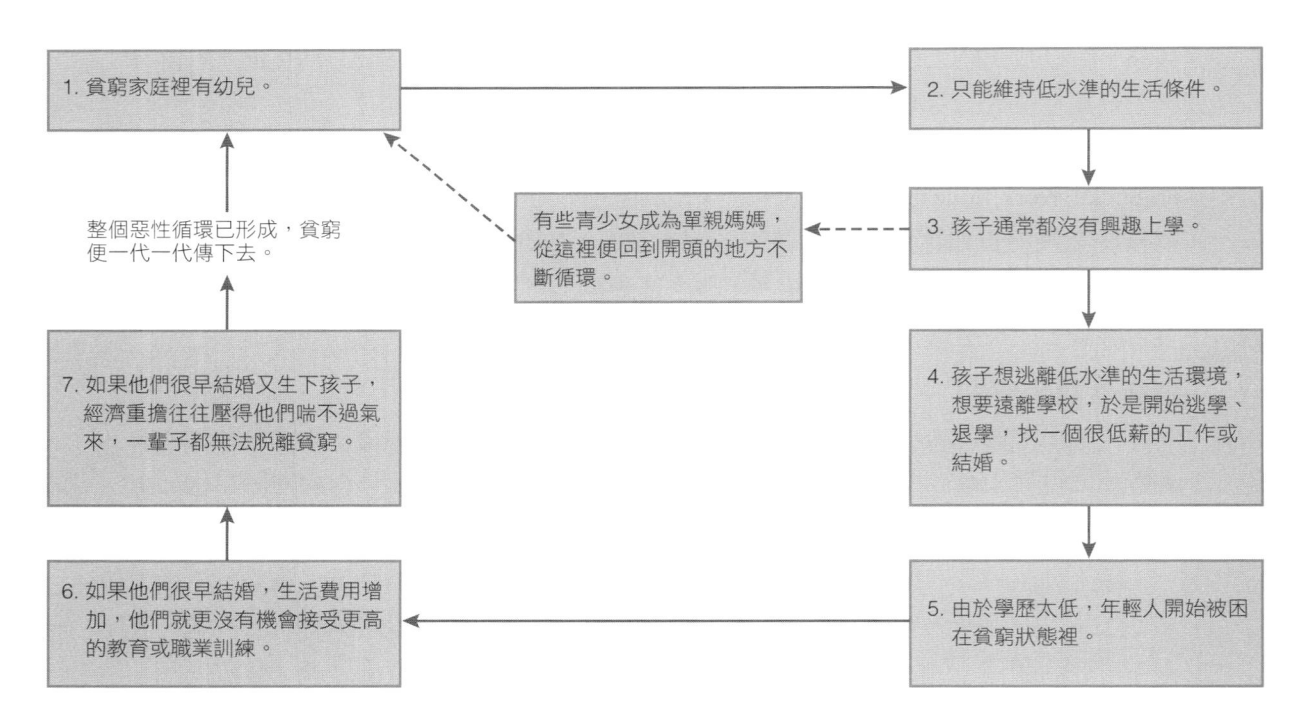

1. 貧窮家庭裡有幼兒。
2. 只能維持低水準的生活條件。
3. 孩子通常都沒有興趣上學。
4. 孩子想逃離低水準的生活環境,想要遠離學校,於是開始逃學、退學,找一個很低薪的工作或結婚。
5. 由於學歷太低,年輕人開始被困在貧窮狀態裡。
6. 如果他們很早結婚,生活費用增加,他們就更沒有機會接受更高的教育或職業訓練。
7. 如果他們很早結婚又生下孩子,經濟重擔往往壓得他們喘不過氣來,一輩子都無法脫離貧窮。

整個惡性循環已形成,貧窮便一代一代傳下去。

有些青少女成為單親媽媽,從這裡便回到開頭的地方不斷循環。

圖 11.1　鉅視系統的問題:貧窮的惡性循環

貧窮文化一旦形成，便會持續存在，就算當初創造出這種文化的經濟因素（如缺乏就業機會）已經消失，這種文化卻不會因此消失。窮人特有的生活態度、各項價值觀與期望限制了他們的發展機會，使他們無法脫離貧窮。他們被困在這種文化裡的主要原因在於他們往往與社會隔絕，因此孤立無援。他們幾乎不和自身文化以外的團體接觸，對於提供協助的機構（社福機構或教育機構）也心懷敵意。窮人之所以抗拒這些機構是因為在其認知裡，這些機構屬於社會權力階級。此外窮人也認為自己的財務困境乃是個人隱私，根本沒有解決的希望，而他們又缺乏政治和組織技巧，所以不能團結起來採取行動解決這些問題。

貧窮文化理論引發極大爭議，也招致各方批評。Leacock（1971）便指出所謂的貧窮文化並非原因而是結果。她同意窮人大多想要立即滿足需求，一有錢就花掉，不過她說這種心態乃是長期處於窮困狀態的結果，而不是導致貧窮的原因；如果一個人對未來感到悲觀，那麼根本沒有理由延後滿足自己的需求。如果一個人抱著樂觀心態，延宕滿足就是一種理性反應，因為我們會忍耐、壓抑消費的衝動，為了將來的幸福而把錢存起來。相關研究報告發現當貧窮社區的居民找到薪水合理、比較穩定的工作後，他們就會像中產階級一樣表現出延宕滿足的價值觀，也會開始儲蓄（Farley, 1992）。由於活在貧困當中，窮人才會被迫放棄中產階級的生活態度和價值觀，因為這些價值觀對於處境完全沒有幫助。

Ryan（1976）提出了更嚴厲的批判，他說所謂的貧窮文化理論正是標準的**責怪受害者**（blaming the victim）。他認為如果社會把貧窮責任推回窮人身上，大家就不必提出各種方案或政策以根絕貧窮。他指出真正的兇手其實是允許貧窮存在的社會制度，窮人並非因為其文化而變成窮人，而是因為沒有足夠的錢才會陷入困境。

關於貧窮文化的論戰會一直持續下去。一個人為什麼會變成窮人有許多外在及內在原因。外在原因包括：高失業率、種族歧視、工業自動化（機器取代人力）、缺乏職業訓練課程、性別歧視、缺乏消除貧窮的社福方案、通貨膨脹等等。形成貧窮的內在原因包括：生理或心理缺陷、酗酒、擁有的職業技能已跟不上時代、很年輕就生小孩、退學、缺乏工作意願等等。

貧窮的功能

很明顯地，貧窮會帶來許多問題，主要影響窮人本身，但富人也無法置身事外。不過如果我們能夠知道貧窮有它的功能，那麼就較容易了解為什麼某些當政者或決策者並不會積極尋求消滅貧窮的方案。以下為 Sullivan 等人（1980, p. 390）所列出窮人對於富人團體來說的 11 項功能：

1. 窮人可以去做那些別人不想做的工作。

2. 透過窮人的勞動讓富人更為方便（例如，窮人拿很低的薪水擔任佣人或管家的工作）。
3. 窮人為這個社會開創了許多就業機會，例如，專門為窮人服務的社工人員。
4. 窮人會購買品質較差的貨物，如果不是他們，這些商品就賣不掉。
5. 社會上大多數成員會以窮人為負面例子，藉此支持整個社會的主流標準。
6. 他們讓社會大眾有機會發揮宗教或博愛精神，幫助比自己更可憐的人。
7. 由於窮人沒有競爭力，無法爭取較好的教育或工作，使得其他人口在社會階層中流動的機會提高了不少。
8. 窮人對文化活動有所貢獻，例如，他們可提供廉價勞力興建紀念碑或藝術工程。
9. 他們創造了富人喜歡接納的獨特文化，例如，爵士或藍調音樂。
10. 他們的存在使得政治上敵對的雙方有了攻擊對手的著力點。
11. 他們往往會吸收整個社會變動所付出的代價，例如，科技進步造成高失業率，而窮人往往首當其衝。

倫理議題 11.1
你認為社會中有一定比例的窮人可以讓社會維持正常運作嗎？

或許因為有上述功能，我們的社會並沒有盡全力想要消除貧窮現象。消滅貧窮意味著富人與窮人的收入必須重新分配，由於富人掌控了政治權力，所以往往極力反對任何消除貧窮的提案，如保障個人年收入等方案。

許多國家其實都有足夠的資源消滅貧窮，但卻沒有意願；各國政府可能不惜代價發動戰爭，卻不願意用這些錢來改善窮人的生活狀況。

功能主義的應用

功能主義學者認為貧窮乃是經濟功能異常所致。這種經濟功能異常的例子很多，像是快速工業化導致經濟系統崩潰。缺乏工作技能的人被迫從事最低工資的勞動工作，當自動化時代來臨，這些勞工便遭到解僱，他們沒有工作、沒有錢，也沒有符合時代需求的工作技能。有些工業產品也會被時代所淘汰，如蒸汽引擎、馬車、裝牛奶的玻璃瓶等等，一旦這些產品被淘汰，許多工人也就跟著失業了。然而許多職業訓練中心卻繼續教授一些跟不上時代進步的技術，讓不少人即使接受過訓練也找不到工作；例如，已不會有就業市場給那些受過修理算術計算機與打字機訓練的人們，直播電話已急遽地讓接線生的人數降低。

支持功能主義的學者也指出,那些想要解決貧窮問題的社會福利系統本身也存在著不少功能異常現象。有些社福方案根本沒有足夠經費,有些規定極不合理,而官僚卻不願意修改規則去幫助真正需要幫助的人,更有些社福方案從一開始就有問題。美國有些州曾經規定只有單親媽媽才能領取社福津貼,結果有些失業的父親不得不離家出走,好讓孩子獲得社會救濟。

社會福利系統還有別的問題,像是資訊流通不足,使得窮人根本不知道能夠享有哪些福利(也有可能因為經辦人員的偏見,而故意不讓他們獲得相關資訊)。政府所提供的職業訓練及教育課程有時候並不符合社會需求,使得受訓者結業後也找不到工作。

根據功能主義學者的主張,要解決貧窮問題最好的方法就是糾正這些功能異常現象。

許多功能主義學者認為經濟上的不平等(也就是貧窮)具有維持社會運作的功能。由於窮人處於社會階級系統的最底層,他們所獲得的物質與社會資源極少,在這樣的情況下,他們會產生努力工作、努力往上爬的動機。根據這些學者的說法,當貧窮不再能夠激勵人們努力貢獻社會時,貧窮才會成為社會問題。此外他們也認為貧窮具有一定的功能,因為如果沒有窮人,那些卑微、艱苦、酬勞極低的工作就沒有人去做了。

衝突理論的應用

衝突理論學者主張現代社會擁有如此龐大的財富,社會上每一個人的基本需求都應該獲得滿足。他們認為貧窮之所以存在是因為當權者希望貧窮存在。這些學者指出,勞動的窮人都受到剝削,只能賺取極低酬勞,而雇主卻獲得豐厚利潤;至於那些失業的窮人則被視為權力結構的受害者——有錢的雇主根本反對政府實施可降低失業率的計畫(如教育課程和職業訓練課程),因為他們不想多付稅金。

有錢人往往抱持著個人主義的意識形態,他們不認為社會不公或某些無力改變的情況會使人陷入絕境,而認為失業與貧窮都是一個人不願意努力的結果。有錢人會忽略貧窮之所以形成的經濟與政治基礎,反而投入援助窮人的慈善工作,讓他們覺得自己做了慈悲的善事。以衝突理論觀點來看,這些慈善活動及政府的社福計畫是要讓貧窮和經濟不平等現象繼續存在,因為這些活動可以平息政治上的抗議示威和社會的騷動不安,以免現況遭到改變。衝突派學者也認為許多窮人到最後認命地接受了整個社會對他們的評價,窮人對自己的期望與自尊也越來越低落。

衝突理論的支持者並不認為貧窮是社會必要之惡,也不認為貧窮具有維持社會運作的功能。他們主張貧窮之所以發生是因為社會上的某些團體從他人的貧窮狀態中獲利。從衝突理論觀點來看,只有當某些團體體認到資源分配不公,應改變現狀時,貧

窮才會成為社會問題。

衝突理論學者相信要解決貧窮問題，最好的方式就是讓窮人產生政治上的自覺，團結起來以組織的力量迫使政府採取行動減少不公平的現象。大部分的衝突理論學者都相信只有透過政治行動爭取到當政者的支持，才能真正減少貧窮現象。

互動理論的應用

支持互動理論的學者強調貧窮的主觀本質。他們認為貧窮是相對的，因為有所比較才會覺得貧窮。

窮人的比較對象通常是他們的窮鄰居，在貧窮區域裡，成功的生活是指一個人知道下一餐在哪裡，而大大的成功則是指一個人能夠在工廠裡找到工作。抱持著這種人生態度的人會被自己的信念困住而無法脫離。此外還有另一項綑綁窮人的價值觀是立即滿足需求，也就是無法延遲需求滿足，以致無法達成長程目標（如上大學）。

支持互動理論的學者認為貧窮可說是社會大眾共有的期望。具有影響力的團體以負面態度批評窮人，而被貼上這種負面標籤的人就像被烙印一樣，開始表現出符合這種標籤的行為。互動理論學者強調貧窮並不只是在經濟上受到剝削，自我認同也深受打擊，對自己絕望。例如，比起另一人以自己的方式擁有大學學歷，第三代的福利受助者容易把自己看得更負面，即使兩者的收入是一樣的。

這些學者認為要解決貧窮問題，當務之急就是要消除貧窮汙名。除非我們能夠讓窮人相信他們並不是一輩子注定都得活在窮困當中，否則我們就不會看到正面的改變。如果政府能夠提出有效的協助計畫，讓窮人可以達到滿足基本需求的生活水準，再加上各種輔導計畫，讓他們有機會向上爬，那麼窮人絕對有希望脫離貧窮的陷阱。

中間系統：家庭問題

本章前半部強調在評估人類行為時必須了解社會的鉅視系統，不過與鉅視系統同樣重要的還有中間系統——也就是較小的單位（如家庭），社工也需要了解案主與中間系統的互動。接下來我們將詳細探討家庭問題和家人的生活安排。

空殼婚姻

在空殼婚姻（empty-shell marriage）裡，配偶彼此間並沒有強烈的情感，外在壓力迫使雙方繼續維持婚姻。所謂的外在壓力包括：工作上的理由（如公職人員必須維持家庭美滿的形象）；投資方面的理由（如丈夫與妻子共有豪華住宅或其他房地產，兩人都不願放棄）；外人的觀感（如夫妻居住在小社區裡，為避免親友的異樣眼光而決定不離婚）。除此之外，夫妻兩人可能覺得一旦結束婚姻會傷害小孩，或認為離婚是一種不道德的行為。

Cuber 與 Harroff（1971）將空殼婚姻分為三大類別。在**無活力關係**（devitalized

relationship)裡，夫妻兩人對配偶或婚姻毫無興趣，也漠不關心；這種婚姻的特色就是無聊和冷漠，很少發生嚴重爭執。

在**習慣衝突關係**（conflict-habituated relationship）裡，夫妻經常私下爭吵。維持這種關係的夫妻或許會在公開場合爭吵，但也可能在外人面前表現得相親相愛；這種婚姻的特色就是不斷衝突，氣氛緊繃，對彼此深感不滿。

在**被動—協調關係**（passive-congenial relationship）裡，夫妻雙方並不快樂，但對生活還算滿意，也覺得彼此的關係差強人意。他們可能有某些相同興趣，但卻不是很重要的興趣。丈夫或妻子都很少令對方覺得真正滿足。這種型態的婚姻關係通常很少發生公開衝突。

我們並不知道究竟有多少婚姻是空殼婚姻——說不定和美滿婚姻一樣多。在空殼婚姻裡沒有多少樂趣或笑聲，夫妻兩人並不分擔煩惱、討論問題，也不會分享心事；彼此間只維持必要的溝通，難得向對方表示愛意或親密，也不會讓對方知道自己的心情。生活在這種家庭裡的孩子往往很渴望得到愛，也不太願意讓朋友來家裡玩，因為他們覺得讓朋友看到父母的互動情形會很沒面子。

空殼婚姻裡的夫妻很少一起從事各種活動，也不喜歡和對方作伴；性生活的頻率很低，通常也不會帶來滿足。到他們家拜訪的客人可能會發現丈夫和妻子（或許也包括小孩）表現出漠不關心、冷淡的樣子。不過在仔細觀察後，外人會發現這一家人其實很了解彼此的弱點和敏感議題，但他們經常故意提起這些敏感話題，傷害對方。

夫妻兩人都必須付出相當的努力，才能避免婚姻逐漸走到這個地步。我們無法明確說出有多少空殼最後會以離婚收場，不過這個數字一定不低。

離婚

我們的社會似乎越來越強調浪漫的愛情。在以前的社會裡（甚至現在的某些地區），婚姻乃是媒妁之言、父母之命，相不相愛並不是選擇配偶的考量因素。以我們的社會來說，浪漫的愛情乃是組成婚姻的關鍵所在。

我們的孩子從小就相信愛情的魔力，也經常可以從雜誌、電影、電視和故事書裡看到王子和公主「從此以後過著幸福快樂的生活」。這些浪漫故事讓我們以為每個人都會和命中注定的另一半墜入情網，攜手走進婚姻，永遠幸福地過下去。可惜在現實生活中，這種結局並不常見。

據估計每兩對結婚的夫妻就有一對會離婚（Mooney, Knox, & Schacht, 2015）。離婚率正逐年升高，在第一次世界大戰前，離婚是相當罕見的現象。

離婚通常都會帶來不小的困擾。第一，決定離婚的雙方必須面對種種情緒上的衝擊，例如，他們可能會覺得自己是失敗者；會擔心自己以後還有沒有能力去愛別人或接受別人的愛；離婚者會寂寞；擔心離婚會帶來負面形象；擔心親友的反應；懷疑自

己是否做了錯誤的決定；煩惱以後能不能自己一個人好好過下去。許多人陷入兩難思考，他們相信自己已經無法再和配偶共同生活下去，但沒有配偶卻也沒有辦法好好活下去。財產分配也是一個很頭痛的問題，常引發衝突或對立。如果他們有孩子，還得擔心離婚對孩子的影響。

此外，還有一些問題需要解決。孩子的監護權應該給誰？共同監護權（joint custody）是近年來的趨勢，所謂的共同監護權是指父母雙方都有權利參與和孩子有關的決定，孩子可以輪流平均和父親或母親共同生活。如果夫妻兩人只有一方獲得監護權，那麼可能會產生一些爭議，例如，探視孩子的權利、應支付多少生活費等等。離婚雙方往往都會碰上困難，例如，尋找新住所、結交新朋友、在以夫妻為主的社交圈內獨自行動、獨力負擔財務支出、開始和異性約會等等。

相關研究報告顯示經歷離婚是一件相當痛苦的事（Papalia & Martorell, 2015）。在這個過程中，不少人無法把工作處理好，也可能被老板開除。離婚者的平均壽命較短，而離婚男性的自殺率較高。

離婚本身並不會造成社會問題。如果婚姻裡原本就充滿了爭執、不滿和各種壓力，離婚或許是一個不錯的解決辦法。對某些人來說，勇敢踏出離婚這一步可以結束不快樂的生活，重新展開更豐富、更令人滿意的人生。越來越多專家也同意離婚對受苦的孩子來說可能也比較好，因為他們不必繼續困在父母親痛苦的婚姻裡承受無比的壓力和不快樂。

離婚率的上升未必表示有越來越多婚姻以失敗收場，它只不過意味著當婚姻變質後，有越來越多人不願繼續過著不快樂的生活而選擇結束空殼婚姻。

離婚的理由　　人們之所以決定離婚，可能並不是因為配偶有某些「缺點」。許多人表示他們之所以選擇離婚，主要是因為對彼此失望；換句話說，婚姻中的兩人就是無法達到配偶的期望。失望加上領悟漸漸讓他們做出離婚的決定。

每個人對配偶的期望不同，被第一任太太認為很可怕的先生卻可能是第二任太太眼中的理想配偶，反之亦然。Nick 就是一個很好的例子。他的第一任太太 Judy 覺得他態度冷淡、難以溝通，她抱怨前夫每天下班回來都不肯和她一起坐在沙發前看看電視，放鬆一下，她甚至說家裡買了躺椅後婚姻從此完蛋，因為夫妻兩人再也不能依偎在一起。不過 Nick 的第二任太太 Karen 卻認為他是一個非常溫柔體貼的丈夫；他的行為模式和前一次婚姻差不多，可是 Karen 很喜歡晚上一個人做自己喜歡的事，也在客廳旁的小房間裝了電視。她喜歡看恐怖電影，Nick 喜歡看《華爾街日報》，這種互不甘擾的休息方式讓她覺得很愉快。

婚姻破裂的原因很多，包括酗酒、失業或其他財務問題所引發的爭吵、雙方興趣有所衝突、外遇、嫉妒、言語或肢體暴力、親戚或朋友的干涉等等。

Chapter 11
青年期與中年期的社會層面

我們在前面提過,許多人之所以結婚是因為他們覺得彼此擁有浪漫的愛情,如果這份浪漫的愛無法成長為理性的愛,那麼婚姻注定要失敗。遺憾的是,在這個社會長大的年輕人大多相信婚姻會帶來持久的浪漫感覺,婚姻可以解決所有問題,婚姻裡的性愛可以維持新鮮感和興奮,婚姻也充滿了刺激冒險,婚後會像談戀愛一樣甜蜜(大多數的年輕人只要看看父母的婚姻就會知道這種浪漫的理想目標是很難達成的)。事實上與另一個人在婚姻裡共同生活也牽涉到現實的一面,例如,每天拿垃圾出去倒、洗碗、洗衣服、下班後筋疲力盡、忍受配偶的不良習慣、換尿片、為了去哪裡度假而爭吵、在性生活方面有不同的喜好等等。想要維持美滿婚姻需要夫妻雙方投注心力,努力加以維護。

導致離婚率升高的另一個原因是有些男性不願意接受女性地位的改變。有些男人還是喜歡傳統婚姻,丈夫是一家之主,太太在一旁支持他(附屬於他),做妻子的只要負責養育孩子、打掃家裡,必要時給予先生情感上支持。許多女性已不願接受這樣的地位,她們要求平等的婚姻,夫妻雙方一起做出重大決定,平均分擔家務,共同養育子女,也一起分擔家計。目前女性的就業率越來越高,因此許多婦女在經濟上不必再依賴先生。那些能夠養活自己的女性如果面對走調的婚姻,往往傾向選擇離婚。

個人主義盛行也造成離婚率升高。所謂的個人主義是指一個人相信自己應該盡全力開發自己的能力,追求自己的興趣,完全滿足自己的需求和渴望。抱持個人主義的人常把自身利益放在家庭利益之前。我們的社會漸漸能接受個人主義也是一種生活方式,但相較之下,生活在比較傳統的社會或在大家庭中長大的人會把團體利益放在前面,而把自身利益排在最後。一個在大家庭裡長大的人往往認定自己是團體的一分子,其次才會覺得自己是一個獨特個體。由於年輕人越來越信仰個人主義,因此如果婚姻讓他們不快樂,很可能就會選擇結束,尋求全新的生活。

我們的社會越來越能夠接納離婚這件事,離婚者不像以前那樣必須面對異樣的眼光,因此在婚姻中不快樂的人就比較有勇氣結束婚姻。

除此之外,現代家庭的功能比傳統家庭來得少;以前的家庭還必須負擔教育、生產食物、提供娛樂及其他功能,現代家庭已經把這些事情交給外在機構來處理。現代人離婚所失去的可能是彼此的陪伴,但以前的人離婚就必須承受更嚴重的損失。以前的男人離婚後必須身兼母職教育子女,農耕工作也少了一個幫手;以前的女人離了婚,家裡就沒有人可以做田裡的工作,也沒有收成可以餵飽孩子。今日的婚姻主要是由情感上的滿足來聯繫,一旦愛意消失,雙方無法達成彼此期望,那麼幾乎就沒有理由繼續維持婚姻了(請參考**重點提示** 11.4 關於離婚的統計數字)。

離婚的結果 離婚雙方(即使是主動提出離婚要求的那一方),都會經歷失去婚姻的悲傷。他們平常習慣的行為模式必須有所改變;即使是負面行為模式消失也會帶來

> **重點提示 11.4**
>
> ### 關於離婚的統計數字
>
> - 配偶的年齡：20幾歲的夫妻最可能離婚。
> - 訂婚時間的長短：訂婚時間越短，離婚的可能性越高。
> - 結婚時的年齡：很年輕就結婚的人（尤其是青少年）比較可能離婚。
> - 結婚年數：大部分的離婚案例發生在婚後3年內。也有越來越多夫妻選擇在孩子長大後離婚——等到孩子已經可以獨立了，再結束不快樂的婚姻。
> - 社會階層：社會經濟階層較低的人比較容易離婚。
> - 教育程度：教育程度越低，離婚的可能性越高。有趣的是，如果太太的學歷比先生高，離婚率也比較高。
> - 居住地區：城市的離婚率高於鄉下。
> - 第二次婚姻：離婚次數越多，下次再離婚的機率越高。
> - 宗教：一個人的信仰越虔誠，就越不可能選擇離婚。夫妻信仰不同，離婚率也會提高。
>
> 資料來源：A. Mooney, D. Knox, and C. Schacht (2015), *Understanding Social Problems* (8th ed.). Belmont, CA: Brooks/Cole.

壓力，因為他們必須建立新的互動方式。人們對於舊有的互動方式會覺得比較自在，或至少是可預期的。許多人對未知都懷有深深的恐懼，因此要改變是很困難的。

離婚後常會產生各種強烈的感受。許多人會感受到憤怒與焦慮，事情的發展並不如計畫，他們可能會覺得受到不公平待遇，婚姻的失敗都該怪罪配偶。也有不少人會自責，充滿罪惡感。

大多數美國的離婚案件中，孩子的監護權會判給母親（Papalia & Martorell, 2015），法院也會命令父親支付孩子的生活費。不過這項強制支付的費用通常不足以應付孩子的需求。也有許多父親在離婚後並沒有依照當初的承諾全額支付生活費，有些甚至不付錢，使得離婚的媽媽帶著孩子，只好掙扎在貧窮的邊緣。政府往往必須把納稅人的錢投入福利系統，支援離婚的媽媽，撫養這些孩子。

共同監護權是目前的趨勢，如果採取這種作法，夫妻雙方都擁有孩子的監護權，也比較容易和孩子維持親密關係。

> **倫理議題 11.2**
>
> 離婚時母親應得到孩子的監護權嗎？這是否為歧視父親呢？

父母親離婚的孩子　美國社會50%的孩子經歷父母親離婚的影響（Mooney Knox, & Schacht, 2015）。這些孩子必須面對許多未知的變動，第一個必須面臨的問題可能

就是搬家，通常會搬到一個條件較差的居住環境。另一個問題是監護權的歸屬。**法定監護權**（legal custody）指的是法律上母親或父親（或雙親）擁有關於孩子的一切權利與責任。

　　正在考慮離婚的夫妻應該問自己一個最基本的問題：怎麼做對孩子會比較好——到底是兩個人繼續維持不快樂的婚姻或是結束婚姻、停止彼此的衝突？在回答這個問題時，雙方必須仔細想想離婚後會過怎麼樣的生活。一般說來，與其讓孩子在雙親不合的家庭中長大，不如讓他在安靜的環境中與母親（或父親）建立良好的親子關係。一個難以親近、冷漠無情或充滿敵意的父親（或母親）比在孩子成長過程中缺席的父親（或母親）還糟（Papalia & Martorell, 2015）。

　　婚姻的破裂不只是父母親的傷痛，也是孩子的傷痛。孩子對於父母親離婚的反應比面對父母親死亡更嚴重；父母親離婚的孩子也比父母親死亡的孩子更容易出現違法的不良行為（Mooney, Knox, & Schacht, 2015）。這些孩子之所以做出違法行為顯然是對造成離婚的家庭狀況不滿，而不是針對父母親的分居和離婚。而來自雙親經常爭吵的家庭的青少年也比較容易闖禍。

　　當父母親結束婚姻時，孩子往往會害怕面對未來，覺得是自己造成父母離婚而充滿罪惡感，同時也對父母充滿憤怒，覺得被搬出去的父親（或母親）遺棄。孩子可能會變得暴躁易怒、較容易發生意外、心情沮喪消沉、言語尖酸刻薄、懷有敵意、有破壞傾向，甚至出現自殺傾向。他們可能會出現各種皮膚問題、無法集中注意力、經常覺得疲倦、喪失胃口、失眠等等。這些孩子可能也會忽略學校課業，沒興趣和朋友來往（Papalia & Martorell, 2015）。

　　一旦婚姻破裂，家庭生活就會出現相當的混亂和變動。父母親必須應付各種壓力，包括：經濟壓力（部分原因是因為現在必須維持兩個家庭支出）；娛樂和社交活動受限（尤其是擁有監護權的那一方，如果沒有工作，情況會更嚴重）；渴望建立新的親密關係等等。親子關係也會出現一些改變。離婚的父母親對孩子的要求較低，管教孩子的態度也較不一致，與孩子的溝通效果比較差，也比較沒有辦法掌控孩子的行為。在剛離婚的第一年內，這些變化最為明顯；對家裡的每個成員來說，離婚後的第一年和第二年內都會感受到沉重的壓力。

　　孩子對於父母親離婚所產生的反應會受到很多因素影響，包括：孩子的性別和當時年齡；父母親在婚姻中嚴重不合的時間長短；父母親分居到正式離婚的時間長短等等。如果父母親能夠好好處理孩子的擔憂、恐懼、疑問和焦慮，那麼離婚對孩子的創傷就會減輕。如果父母親沒有明確地告訴孩子離婚不是孩子的錯，或雙方對簿公堂爭取監護權，那麼離婚對孩子會造成更嚴重的創傷。

　　如果父母親要求孩子站在自己這一邊，對抗另一方，那麼離婚會帶來更大痛苦；

如果大人把憤怒不滿轉移到孩子身上，只會造成更大傷害。孩子面對父母離婚可能會經歷的感受包括：痛苦、困惑、憤怒、恨、強烈失望、挫敗感、自我懷疑等等。

孩子必須克服六大問題才能在情感上做好調適，以正向的態度繼續生活。第一，孩子必須接受父母親的婚姻已經結束的事實，須了解爸爸和媽媽以後不會住在一起了，以後可能沒辦法每天都碰到爸爸或媽媽。第二，孩子必須遠離父母親的戰線，好好過自己的日子，參與平常活動。第三，孩子必須面對所失去的事物，他可能失去的包括：無法再和父親（或母親）密切聯繫、原本舒適的家、家裡的規矩、家裡的例行活動等等。第四，孩子必須看清楚自己對父母的憤怒和自責，然後做出調適。他得慢慢學會原諒，不再追究到底是哪裡出錯，並學著把注意焦點放在現在和未來。第五，孩子必須了解他所碰到的情況是永久的改變，而不是暫時的安排。他得拋開不切實際的夢想，不再期望父母親有一天會復合。第六，孩子必須以實際的態度來看待自己和他人的關係。他要了解就算爸媽彼此的關係已無法維持，那並不表示他和別人的關係也無法維持下去。

雖然離婚後的一段期間內對父母和孩子來說都很傷痛，不過這些負面影響會在兩年後漸漸減輕。最困擾的高峰似乎是離婚後的一年內，過了一年後，新形成的單親家庭好像就能夠做好調整，面對新的社交和財務狀況，重新達成某種平衡。離家的父親也會隨著時間越來越少和孩子聯絡，孩子也終於能夠接受事實，認定母親就是家裡的老大。

夫妻雙方如何處理離婚過程及孩子的感受將是孩子將來能否順利調適的關鍵所在。如果離婚過程拖很久又很火爆，孩子比較容易產生負面反應。如果夫妻雙方把孩子當作出氣筒或衝突的緩衝物，或讓孩子傳遞彼此的憤恨敵意，那麼只會增加孩子的困擾和厭惡。

父母親最好開誠布公地告訴孩子他們的婚姻失敗了，不要讓孩子覺得這是自己的過錯。父母親應該明確承認要分開是大人的決定；同時也必須繼續支持孩子，了解孩子所承受的痛苦和失落。孩子需要有人傾聽心聲，需要表達出內心的憤怒、不快樂和震驚。只有這樣，全家人才能夠開始接受新的狀況，展開新的生活。

社會工作角色：婚姻諮商　提供離婚或是空巢婚姻的個案之主要社會工作服務是婚姻諮商。（這些離婚者可能需要諮商以幫助他們適應問題，像是適應單身生活。一般而言，諮商方式是一對一的，但有時可能包括前任配偶與其子女，需視問題的狀況而定。）

婚姻諮商通常使用問題解決技巧：(1) 確認問題；(2) 產生解決問題的可能方式；(3) 審視這些方式的優缺點；(4) 案主選擇一到二個方式去解決問題；(5) 後續評估問題被所選擇的方式之解決程度。因為配偶「擁有」他們的問題，他們會是問題主要解

決者。

單親家庭

　　這一代的孩子有很高的比例會在單親家庭中長大，形成這種現象的原因很多：父母離婚、父親（或母親）遺棄家庭、父親或母親（或雙親）死亡、婚外生子等等。大約 90% 的單親家庭都是由女性支撐。傳統的家庭型態（家裡有父親和母親，沒上班的母親留在家裡做家事、照顧孩子）已經越來越少見了。

　　在單親家庭中長大對孩子會產生哪些影響呢？單親家庭的一家之主當然必須負起照顧整個家的所有責任，沒有配偶可以替她／他分擔，她／他一個人要做兩個人的工作，除了上班外，她／他也等於是全職的家庭主婦（夫）。Lefrancois 在 1999 年所做的研究報告中指出：在 30 到 50 年前的這段期間，在單親家庭中長大的孩子比在傳統家庭中長大的孩子更容易遭遇行為、社會、情緒或課業方面的困擾。

　　這項研究必須考慮到的是，在那個時期父親缺席的家庭被認為是一種異常現象，今日，以母親為主的單親家庭是很常見的。過去讓孩子產生負面影響，例如，使孩子感覺到與其他孩子不同或對於讓孩子覺得因家庭情況而感到羞恥，現今可能不再有不良影響。

　　貧窮對單親家庭的影響遠較傳統家庭來得明顯。只有母親的單親家庭收入比傳統家庭少得多，以美國社會為例，約有 7% 的雙親家庭處於貧窮狀態，但卻有高達 29% 的單親家庭（母親持家）活在貧窮之中（Mooney Knox & Schacht, 2015）。

混合家庭

　　我們在前面提過，大約每兩對結婚的夫妻就有一對離婚（Papalia & Martorell 2015），許多離婚者都帶著孩子。大多數的離婚者會在幾年內再婚，有些第一次結婚的人也可能未婚生子。有些人與伴侶前次婚姻關係的小孩同住。因此社會上便出現了一種混合家庭的型態。

　　混合家庭的成員必須適應許多不同情況，丈夫或妻子必須教養沒有血緣關係的孩子，孩子也必須和繼父或繼母所生的孩子建立新的手足關係。混合家庭裡的孩子大多經歷過父母親離婚，可能已經走過一段艱苦的路途，而現在必須和繼父或繼母重新培養感情，試著面對和生父或生母的新關係。混合家庭的兩位家長通常也必須和對方的前任配偶建立關係，因為前任配偶通常都有權利探視孩子，也有不小的影響力。如果前任配偶仍然心懷怨懟，他（她）可能會利用孩子來製造問題，引發更嚴重的衝突和混亂。

　　混合家庭的比例越來越高，它的互動與關係比傳統核心家庭更複雜。混合家庭必須背負雙方過去的包袱，承受失落的傷痛和壓力（因為離婚或配偶死亡）。無論大人

或小孩都可能產生失落感，使他們害怕再去愛別人或信任別人。孩子和生父、生母所建立的聯繫說不定會干擾他和繼父、繼母建立良好的新關係。如果孩子必須在新家和舊家之間輪流居住，那麼他和繼父（或繼母）的衝突或許就更嚴重。

　　混合家庭形成後可能產生一些適應上的困難（Lefrancois, 1999），例如，孩子覺得嫉妒，不只是手足間的嫉妒，還有對繼父或繼母的嫉妒。另外孩子也必須適應繼父或繼母，他必須面對新的規矩、價值觀、期望、習慣等等。他也可能必須和別的孩子分享居住空間與東西，這也許是從未有過的經驗。如果夫妻中有一方沒生過孩子，缺乏養育孩子的經驗，那麼家庭成員也得耐心等待她／他學習和適應。

　　人們充滿了想法並基於過往的經驗進入了混合家庭。舊有的關係與做事的方式仍然有所影響。混合家庭與傳統家庭有所不同，因為有更多的人參與其中，例如，前配偶、前姻親和不同的堂兄弟姊妹、叔叔和阿姨。這對新的夫妻可以與這些人有積極和消極的互動。如果先前的婚姻是痛苦地結束，未解決的情緒會影響到現在的關係。

　　夫妻兩人最大的壓力可能來自於孩子的管教問題。孩子的生長環境未必和新家一樣，也許會反抗新規定，質疑繼父或繼母是否有權利管教他，尤其如果孩子想念生父或生母而覺得悲傷，就更不容易建立新的親子關係。如果混合家庭的夫妻兩人對於管教孩子有不同意見，衝突的可能性就會升高。在新的親子關係裡，大人和小孩都必須適應對方的習慣或個性。繼父或繼母不應該急著想建立親密關係，慢慢培養感情會比較容易贏得孩子的信任。Lefrancois（1999）發現，女性較常碰到棘手的問題，因為丈夫的孩子可能和生母比較親近，所以會排斥繼母。

　　關於混合家庭有三大錯誤迷思，值得我們好好思考。第一個迷思是「邪惡的繼母會虐待孩子」。許多人覺得繼母並不關心孩子的幸福，她只在乎自己的事情。由於灰姑娘的故事深入人心，大家也都相信繼母只想讓自己的孩子得到幸福，根本不會去關心丈夫和前妻生的小孩。事實上，只要繼母本身有足夠的自我肯定，能夠得到丈夫的支持，她們往往可以和孩子建立充滿關愛的親子關係（Papalia & Martorell, 2015）。

　　第二個迷思是「在混合家庭裡，繼子或繼女的地位永遠比不上親生孩子」。這種講法忽略了一個事實，人們的確可以學會彼此相愛，也有強烈的動機想讓所有家庭成員緊密結合在一起，組成一個新的幸福家庭。

　　第三個迷思是「混合家庭從形成的那一刻起所有家人就會彼此相愛」。事實上，每一段關係都需要慢慢培養，慢慢成長，馬上就建立愛的聯繫實在是過高的期望。在全新的家庭關係裡，大家都需要時間相互了解，測試彼此的容忍度，漸漸培養出相處的自在感。Kail 與 Cavanaugh（2010）參考了許多研究報告，做出以下結論：

1. 如果前次婚姻以離婚收場、而非因配偶死亡而結束，那麼混合家庭的重新整合

就會比較容易，這可能是因為孩子深切體認父母的前次婚姻並不幸福，所以重新再來。
2. 在混合家庭形成時，無血緣關係的父母和子女都抱有不切實際的期望，以為馬上就能產生親情和家人的感覺。
3. 孩子常會覺得和自己不同性別的繼父或繼母比較偏愛自己的親生子女。
4. 大部分的孩子都會繼續想念、崇拜生父或生母。
5. 男孩子似乎比較容易接納繼父或繼母，尤其很多男孩子都和繼父相處愉快。
6. 年幼的孩子或已經成年的孩子比較願意接納繼父或繼母，青少年較可能出現適應上的困難。

混合家庭要做到成功的整合必須先完成四大任務。第一項任務是大家必須承認每個人都可能懷念舊有關係，因為在原來的家庭關係裡除了痛苦外也可能存有一些美好回憶。這些美好回憶可能引發失落的悲傷和憤怒。Janzen 與 Harris（1986）指出：「在這種情況下，混合家庭的成員可能需要專業協助，讓他們明白自己心裡有哪些感受，找出悲傷和憤怒的根源，學習把新家庭當成人生重新出發的起點，建立有意義的人際關係，同時不必覺得背叛從前的朋友和親戚，也不會破壞過去的美好回憶」（p. 284）。

第二個任務是要創造全新的習慣和家庭傳統。混合家庭不妨以全新的作法來取代舊家庭習慣，也可以利用全家人喜歡的活動來創造新傳統。舉例來說，在混合家庭中，如果有一邊習慣在家裡慶祝除夕，而另一邊喜歡在新年當天慶祝，那麼不妨安排全家人到某個度假中心一起慶祝除夕和新年，開創全新的家庭傳統。

混合家庭的第三個任務是要在新家庭裡建立新的結盟關係。這種緊密的連結不只包括夫妻之間的關係，還包括新的手足之情和親子之情。全家人不妨找時間一起從事某些活動，慢慢培養感情。

第四個任務就是整合，讓所有成員融入新的家庭。父母親必須訂出明確合理的規範，要求孩子遵守。如繼父或繼母想要控制全局，但孩子還沒感受到他／她的支持與關懷，那麼雙方可能會產生摩擦，因此繼父或繼母除了訂定家規、維持紀律外，也要正面地鼓勵孩子、關心照顧孩子，培養出彼此的信任。

在混合家庭中，父母親必須付出極大的心力，才能培養出良好的親子關係。Berman（1981）及 Visher 與 Visher（1983）提出以下的建議：

1. 新家庭的父母親要了解孩子的情緒反應。剛結婚的兩個人可能還沉浸在甜蜜的愛意中，不過他們必須特別注意孩子的恐懼、擔憂和不滿，做出適當的回應和疏導。

2. 不必操之過急。讓繼父或繼母和孩子慢慢培養出親情。大人應該體諒孩子想念生父或生母的心情，還有他對於親生父母離婚可能很不諒解。有些孩子甚至會覺得爸媽離婚錯在自己，也有的孩子會故意找繼父或繼母的麻煩，希望逼走他／她，好讓爸媽復合。身為繼父或繼母的人要了解孩子可能出現這些感受，以體諒的心耐心等待，讓孩子慢慢消除心中的憂慮，培養出新的親情。
3. 在新家庭裡可以建立新傳統，也培養出大家都接受的習慣。有些家庭可能必須考慮搬家，協助孩子適應新的情況。夫妻兩人也要好好安排休閒時間，讓孩子可以單獨和生父或生母相處、單獨和繼父或繼母相處，也有機會和新家庭成員一起從事愉快的活動。此外新家庭也可以採用新作法來慶祝各種節日、生日和紀念日。
4. 尋求社會支持。混合家庭的父母親不妨和處境相似的家長多做交流，說出感受、擔憂、挫折，也分享各種經驗、適應策略和愉快的心得。這種交流可以讓夫妻兩人更實際地面對新處境，也學到別人的寶貴經驗。

母親外出工作

過去幾十年來，職場上最大突破就是已婚婦女大量投入工作，單親媽媽也很可能必須外出工作；而就業的已婚婦女大多是全職工作而非兼職。

如果媽媽是職業婦女（或爸爸獨力撫養小孩又必須上班），對於孩子在社交與情感上的發展究竟會產生哪些影響呢？傳統的育兒觀非常強調孩子需要一個穩定、支持他的照顧者，隨時滿足幼兒的需求。換句話說，媽媽必須待在家裡，負責全家人的照顧和各種活動。不過研究報告卻指出，要維持一個運作良好的家庭，媽媽不一定非得留在家裡不可。

許多研究都發現，即使母親是職業婦女，只要她對工作覺得滿意，托育條件也很理想，那麼母親外出工作對孩子的發展並不會產生不良影響（Papalia & Martorell, 2015）。許多學者也強調母親能夠全職工作對整個家庭來說具有正面貢獻。

有些人會懷疑如果孩子未滿 3 歲，母親身為職業婦女會不會影響孩子？這些人所擔憂的其實是缺乏母愛（maternal deprivation）的問題——如果嬰兒與母親的接觸不足，沒有得到情感滿足，可能會出現許多問題。較早的研究曾指出孤兒院收容的嬰兒常出現某些負面情況，而專家們認為這是因為沒有母親在身邊的結果；不過也有學者質疑，這些負面情況會不會是因為孤兒院的嬰兒根本就缺乏足夠的照顧與關注，未必是母親的緣故。

母親外出工作對孩子有什麼影響到目前為止並沒有定論。孩子們需要持續的照顧、引導和關懷。每個人的家庭情況不盡相同，並不是每位母親都能給孩子足夠的照顧和關注，此外，每位在外工作的母親所面對的工作環境也有很大的差別，有些媽媽

喜歡工作，有些媽媽則因為不得不出來上班而感到痛苦。母親對生活的滿意度一定會影響孩子。

良好托育的指標即是提供孩子持續而一致的關懷和照顧——並不會傷害小孩。然而針對母親為職業婦女的相關研究多數都以大企業為研究對象，而這些企業通常都會提供高品質的托育福利，所以這些報告並未涵蓋所有婦女的處境。許多家長所面臨的最大問題是很難找到良好的托育機構，這是因為必須考慮費用、地點、托育時間、托育型態及幼兒年齡限制等因素。許多單親媽媽必須外出工作（或父母親都必須外出工作），而孩子無法獲得良好的托育或根本沒人可以照顧孩子，就會形成嚴重的社會問題。想要解決這方面的問題，最好的方法就是由政府提供足夠的托育選擇，讓職業婦女即使在外工作，也都能確定她們的孩子受到良好照顧。

如果父親留在家裡，那麼在育兒方面又該扮演什麼樣的角色呢？他能不能承擔照顧幼兒的責任，成為最主要的照顧者？實際上以大多數的家庭來說，無論媽媽有沒有外出工作，育兒的責任大部分還是會落在媽媽身上。有趣的是，**缺乏母愛**（maternal deprivation）一詞經常被使用，而**缺乏父愛**（paternal deprivation）則被忽略。實際上，母親在外工作與否，社會育兒的主要責任依然在母親身上。

養育孩子經常被視為母親的責任。然而職業婦女人數的增加，也許我們可以改變育兒的觀念，鼓勵夫妻雙方共同分擔照顧、養育、管教孩子的責任，這也是促進家庭幸福的妙方。

「三明治」世代

許多中年人就像三明治一樣被夾在兩代間，上一代和下一代都帶給他們很大的壓力。老年人是目前社會中成長最快速的年齡層，越來越多的中年人發現除了照顧孩子外，同時也必須照顧父母。目前也有不少中年人會把父母接過來住，形成三代同堂。夾在兩代之間的中年人相當辛苦，幾乎沒時間和精力滿足本身需求，也無法完全應付孩子、父母和工作。

成年子女覺得自己有責任照顧年老的父母，也必須照顧孩子，可能陷入愛恨糾結的矛盾情緒中，他們愛孩子和父母，但是可能會怨恨照顧父母而失去參加任何更有樂趣活動的機會。

對於三明治世代（sandwich generation）的中年人來說，如果他在外面有全職工作，那麼比較彈性的工作時間或許可以幫助他減輕壓力，讓他兼顧工作和照顧家人的責任。越來越多大企業願意提供彈性休假或其他福利，讓員工能夠好好照顧家人，也提高工作的效率，而這也是社會福利努力的方向。

家庭系統的評估與介入   LO 4

評估並介入家庭系統

家庭最大的特色在於頻繁而持續的互動。當社工人員介入家庭系統時，必須注意許多值得觀察和了解的現象。在這一節裡，我們所要討論的家庭互動層面包括：溝通、家庭規範，以及一般家庭經常面臨的問題。除此之外，我們也會介紹兩套非常重要的家庭評估工具：生態圖和家系圖。

語言溝通和非語言溝通

所謂的溝通是指一個人將訊息傳遞給另一個人。要做到訊息的傳遞，我們就必須採用一套相互約定的符號、標記或動作。我們首先要討論的是語言溝通，也就是透過文字的使用來交換訊息。

語言溝通的第一個階段乃是把思想轉化為文字，發出訊息的人必須知道正確的詞彙，也要明白如何把這些詞彙組合在一起，如此一來對方才能有效地接收訊息。一個人所發出的訊息可能很模糊或不太正確，外在事物的干擾或注意力不集中也可能影響溝通的過程。

訊息接收者必須能夠捕捉到訊息，也就是說，接收者必須同時注意發出訊息的人，以及這個人所使用及所發送的語言文字。接收者必須了解這些文字的意義，在溝通過程的任何一點如果出現問題或不精確的情況，訊息可能就無法順利傳遞給接收者。在溝通的任何階段出現扭曲都會干擾溝通的進行。

每個家庭都有它的語言溝通模式，值得注意的重點包括：誰經常講很多話、誰很少開口說話、誰會跟誰講話、誰又會服從誰。我們也可以從語言溝通的過程中觀察到家庭成員關係裡比較微妙的細節。

發出訊息者除了語言之外也傳送出非語言訊息，所謂的非語言訊息是指：臉部表情、身體姿勢、情緒表露，以及其他小動作等等。在語言溝通和非語言溝通兩者之間還有一些值得注意的特點，如聲調變化、抑揚頓挫和音量大小。這些細節都可以協助接收者明白對方真正的意思，還有具體的訊息內容。有時候非語言溝通所傳遞的東西遠比非語言溝通來得多。

以下就是一個很好的例子。有個 17 歲的男孩子問他爸爸：「老爸，禮拜六晚上車子可不可以借我用一下？」正忙著填寫所得稅申報單的父親（離最後期限還有 2 天）回答他：「不行，Harry。」Harry 把這句回答解釋為：爸爸真是個專制的暴君，根本不放心把車子交給我用。Harry 跺著腳生氣地衝了出去。然而他爸爸想的卻是：他們夫妻星期六晚上可能會用到車子，因為這個週末是他們結婚 20 週年紀念日，他們打算和好朋友 Jameson 夫婦一起出去慶祝。Harry 的爸爸心裡也在考慮或許可以請

Jameson 先生開車，他可以和 Harry 再商量一下車子怎麼分配，無論如何，他心裡真正的意思是：我現在忙著報稅，等一下吃晚飯的時候再商量好了。

這個例子所顯示的就是無效的溝通。父子之間所傳遞的訊息既模糊又不完整，兩人都沒有進一步澄清心裡真正的意思，也沒有向對方提出回饋的意見。家庭裡經常出現這種無效的溝通，社工人員往往可以幫助大家澄清事實，解開誤會，重建有效的溝通模式。

當我們評估訊息時應特別注意這些訊息是否一致。如果兩條訊息或更多訊息彼此的意思很矛盾，那麼溝通的過程就**不一致**；換句話說，彼此所傳遞的訊息都會令對方困惑。存在於家庭裡的矛盾訊息將會干擾家庭的正常運作。

有時候非語言訊息也會和語言訊息產生矛盾的衝突。例如，某位剛失去丈夫的婦女說：「Frank 過世了，我很傷心。」但她臉上卻露出笑容。文字所表達的訊息指出她很悲傷，她的表情卻顯示她其實很高興。在當時的情況下，她所說的話算是很得體，可是整體看來，她似乎鬆了一口氣，終於能夠擺脫這個「老不死的」包袱，而且還拿到了一大筆保險理賠。這位寡婦的語言溝通和非語言溝通反映出雙重訊息，也讓我們看出家庭系統裡可能出現的溝通問題。

家庭規範

所謂的家庭**規範**（norms）是指一套規定，明確指出在家庭裡，哪些行為是可以接受的。在許多情況下，約束力最強的家規都是那些沒有明白說出來的規定，家庭裡每位成員都知道這些規定，卻從不互相討論，大家心知肚明，一向都遵守這樣的規定。每個家庭都必須建立一套規範，讓整個家庭和個別成員能在規範之下有效地運作，並能有所收穫。

每個家庭各有一套不同的規範或規定。以 Myers 家為例，這一家人相信丈夫的責任就是努力工作，養活太太和三個孩子。Myers 先生是公車司機，薪水還可以，每週上班 40 小時，其他時間不是躺在沙發上休息就是去釣魚或打獵。至於他太太的責任則是好好待在家裡照顧孩子，所有家事一手全包。他們決定讓三個孩子在家自學，所以她還得擔任孩子的老師。他們是虔誠的教徒，每週上教堂做禮拜，所以 Myers 太太也遵守教義無怨無悔地支持先生。Myers 太太並未察覺自己每週花在教導孩子和做家事的時間長達 100 多個小時。在他們家裡，孩子只要用功讀書就夠了，不必幫媽媽做家事。結果長期下來 Myers 太太變得身心俱疲、形容枯槁，血壓直線上升。

社工人員在協助家庭時必須幫助他們找出哪些是不合理、無效的家庭規範，同時讓他們了解這些規範是可以改變的。舉例來說，Myers 太太每星期花在教導孩子和家事方面的時間超過 100 小時，根本超過她的負荷能力，如果社工人員要介入，應該先幫助 Myers 太太（可能也包括她的先生）重新審視對她造成負面影響的家庭規範。

一旦找出這些不合理的規範，社工就可以幫助他們全家一起尋求較好的解決方案和改變，協助他們評估怎麼做對大家才是最好的。

家庭系統評估：生態圖

社會工作人員經常透過**生態圖**（ecomap）來評估個案的特殊問題，並規劃介入處遇的方案。所謂的生態圖通常是由社工和案主共同繪製，畫出案主（或家庭）與周圍社會環境的關係。它可以幫助社工和案主從生態的角度完整審視案主的家庭生活，以及整個家庭和群體、組織、機構、其他家庭、個人的關係。生態圖可應用在各種不同的情況，包括：婚姻諮商、家庭諮商、領養孩子、寄養家庭的評估等等。除了傳統的社交背景與個案紀錄之外，生態圖是一項很好的補充資料。它以速記的方式記下基本社交資訊，幫助使用者（案主與社工）看清問題所在，然後進一步思考如何做出建設性的改變。這種方法最初是由 Ann Hartman（1978）設計出來的，它可以像拍立得一樣隨時記錄某一個時間點的重要互動。

在一張典型的生態圖裡，正中央是一個家系表，旁邊有許多圓圈和直線，說明這個家庭所處的社交環境。生態圖的使用者可以自行設計縮寫代號和各種符號（見**圖 11.2**）。

繪製生態圖的原則很簡單。先拿出一張白紙，在正中央畫一個圓圈（代表案主的家庭），見**圖 11.3**。家庭裡的所有成員就畫在家庭圈裡。接著在四周畫一些圓圈，代表案主家庭平常會產生互動的其他系統，包括：群體、其他家庭、個人和機構。

我們以不同的線條來表示家庭成員與其他系統的關係，再以箭頭表示兩者之間的溝通情況，以及資源的接受或付出。我們透過以下的個案來說明如何畫一張生態圖。

生態圖是一種用於描繪的評估工具案主家庭之間的關係以及與社會環境的互動。

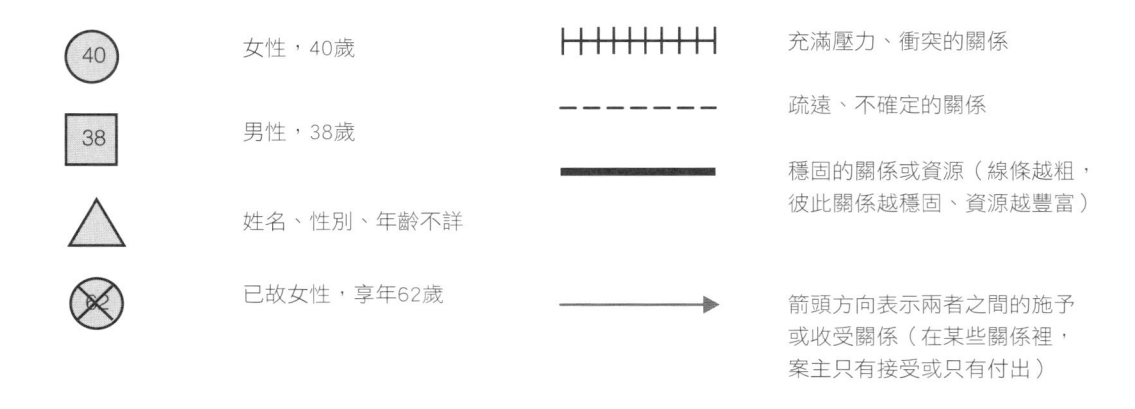

符號	說明	符號	說明
㊵	女性，40歲	┼┼┼┼┼┼┼	充滿壓力、衝突的關係
38	男性，38歲	— — — — —	疏遠、不確定的關係
△	姓名、性別、年齡不詳	━━━━━	穩固的關係或資源（線條越粗，彼此關係越穩固、資源越豐富）
⊗	已故女性，享年62歲	━━━▶	箭頭方向表示兩者之間的施予或收受關係（在某些關係裡，案主只有接受或只有付出）

圖 11.2　生態圖常用的符號

Chapter 11
青年期與中年期的社會層面

生態圖是一項重要的評估工具,可以描繪出案主家庭與其社會環境之間的關係和互動。中間最大的圓圈代表案主的家庭,周圍的大小圓圈代表和他們有關聯的群體、機構、其他家庭和個人,也就是他們所處的社會環境。

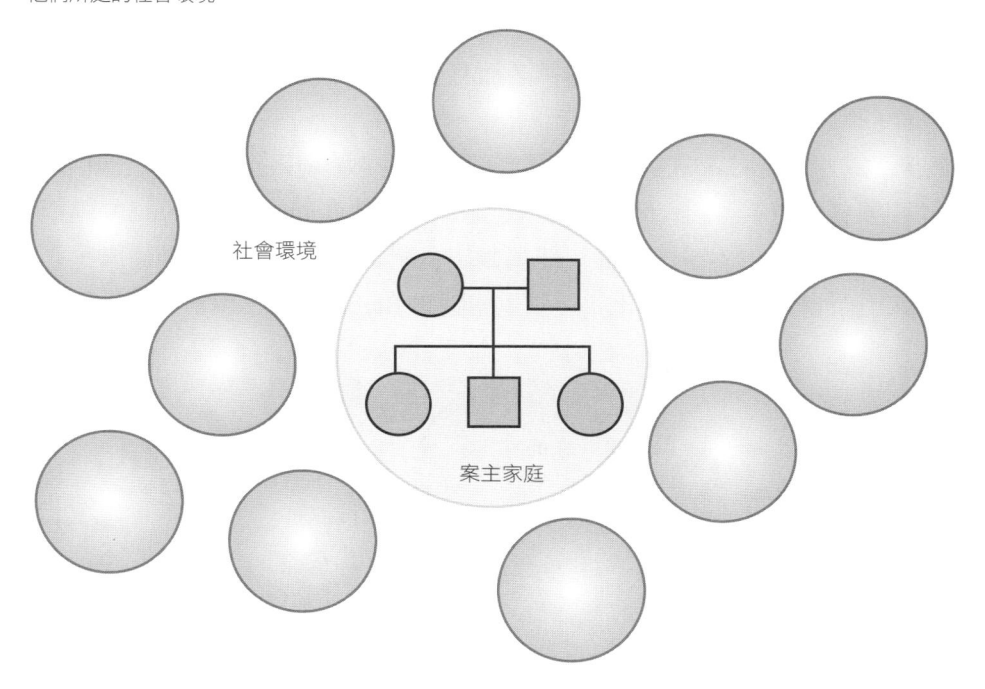

社會環境

案主家庭

圖 11.3　建構生態圖

該中心最大的圓圈描繪了案主家庭。周圍的圓圈代表重要的團體、組織、其他家人,以及組成其個人的家庭社會環境。

　　Barb 和 Mike Haynes 由迪恩醫療中心轉介到政府的社福單位,Mike 的母親 Ruth 在四年前被醫師診斷出罹患老人失智症,一直在這家醫療中心接受治療。過去三年來,Ruth 都和 Haynes 夫婦住在一起,可是她現在已經需要 24 小時的看護照顧。Ruth 每天晚上都睡不著,在屋子裡到處閒晃,覺得困惑迷失的時候就開始尖叫。迪恩醫療中心希望社福單位可以幫助 Haynes 夫婦找出更好的辦法來照顧母親。

　　Haynes 夫婦碰到社工 Garcia 女士,他們告訴 Garcia 女士說他們覺得自己有義務把媽媽留在家庭繼續照顧,因為媽媽這一輩子都盡心照顧子女。他們目前有一個 2 歲大的女兒 Erin,還沒上托兒所。Barb 和 Mike 都離過婚,他們還必須支付 Mike 的長子 Brian 念大學的費用;由於家裡的開銷很大,夫妻兩人都不能辭掉工作。Mike 的大姊 Mary 是單親媽媽,兩個孩子還在念高中,Mary 的視力不太好,不過白天還有能力照顧 Ruth 和 Erin。最近 Mary 告訴 Mike 和 Barb 她實在沒有體力繼續照顧情況越來越糟的 Ruth,他們必須想想其他的辦法。Garcia 女士建議他們白天把 Ruth 送到老人

照顧中心，或許可以改善現況。

Mike 向 Garcia 女士表示他看到母親的情況一直惡化實在很傷心，他說自己左右為難，覺得自己有義務照顧母親，但是這個重擔嚴重干擾了他的家庭生活。這份沉重的壓力導致他和 Barb 的婚姻出現摩擦，而且他們夫妻的脾氣越來越暴躁，對女兒也很不耐煩。

聽到他這樣說，Garcia 女士就建議他們把目前的困境畫出來，於是他們三個人一起畫出了圖 11.4 的生態圖。Mike 一面畫圖，一面問 Garcia 女士 Ruth 的健康情況會不會很快穩定下來。她指出 Ruth 可能偶爾出現穩定狀況，不過長期看來，心智方面的功能和行動能力都會漸漸惡化。這張生態圖讓 Barb 和 Mike 看清他們已經盡了最大

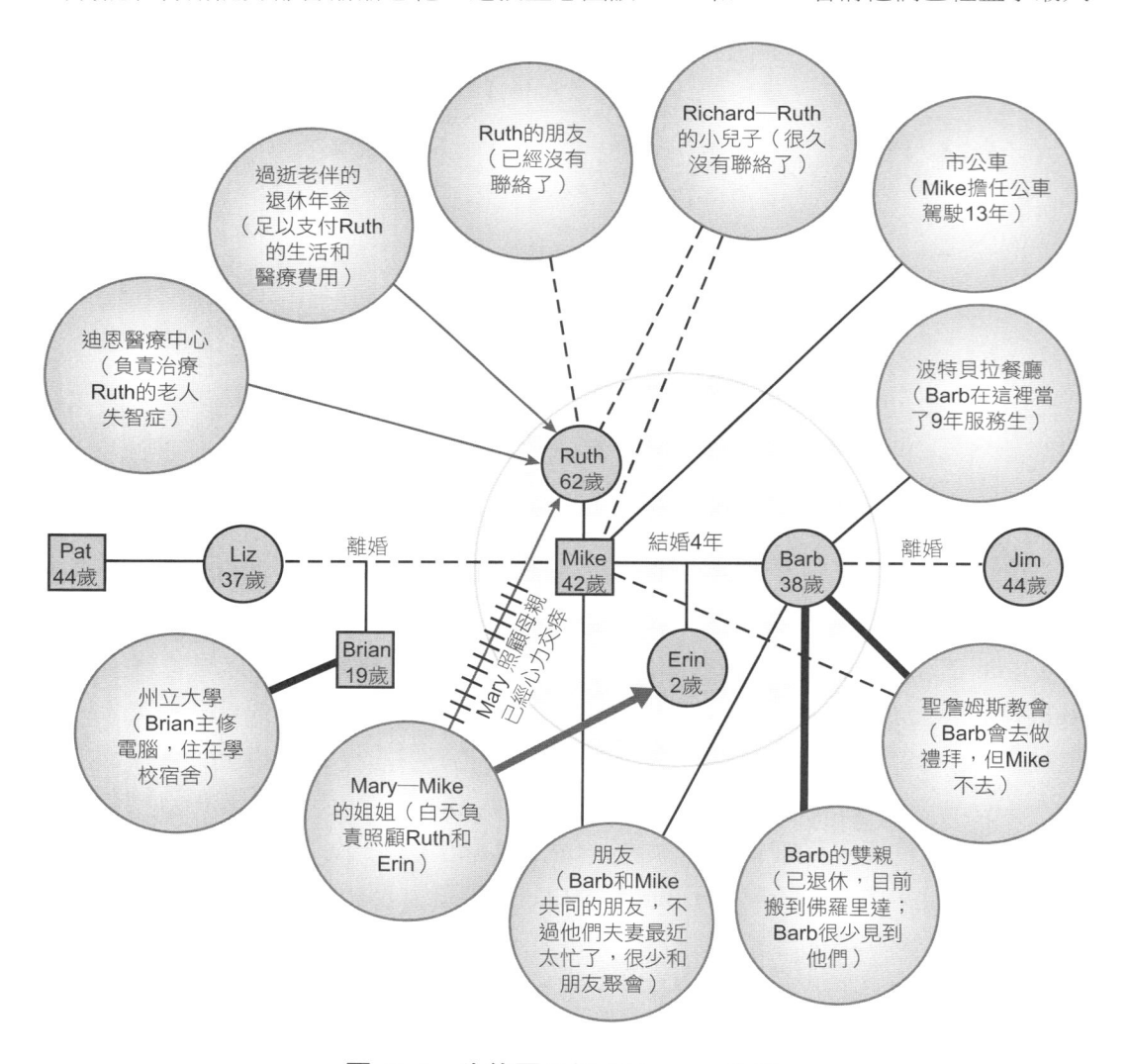

圖 11.4　生態圖示例：Haynes 夫婦

的心力。白天努力工作，下班後所有時間都用來照顧 Erin 和 Ruth，而他們也已經身心俱疲，再也無法承受了。過去三年來，他們幾乎不曾和朋友出去聚會，也沒有時間陪伴 Brian。他們覺得無助而絕望，很想知道除了把媽媽送到安養中心以外，有沒有其他更好的辦法。Ruth 曾經說過好幾次：「我寧可現在就死掉，也不要去養老院。」Garcia 女士告訴他們在他們的社區附近有幾所服務品質很好的安養中心，她把地點寫出來，希望他們自己去看看。

Barb 和 Mike 參觀過這些安養中心之後選定了其中一家，他們告訴 Ruth 先去那裡住個幾天試試看。起先 Ruth 根本不願意去「看看」，不過待了幾天之後她適應得很不錯，很快就告訴大家這是她新買的房子，住在裡面的人都是她僱用的員工（沒有人糾正這種錯誤的講法）。看到 Ruth 的適應情況，Barb 和 Mike 的愧疚感減輕了不少，這樣的安排也讓他們的婚姻關係明顯改善，而他們和 Erin、Brian 及其他朋友的互動也越來越好。

生態圖的主要價值在於它可以讓社工人員和案主從生態互動的觀點有系統地審視案主的家庭。有時候在畫圖過程中，案主和社工都能更進一步看清整個困境的社會根源，Haynes 夫婦的情況就是一個很好的例子。

家庭系統評估：家系圖

家系圖（genogram）乃是以圖畫的形式畫出一個家庭至少三代的家譜，找出案主問題的根源。社工人員通常會和案主共同畫出家系圖，這種圖表基本上就是一份家譜。這套評估方式是由 Murrary Bowen 所設計（Kerr & Bowen, 1988）。它可以讓社工人員和相關家族成員一起從每一代的互動裡檢視有問題的情緒模式和行為模式；在同一個家族裡，相同的模式往往會一再反覆出現，在某一代曾經發生的問題，下一代也可能再度發生。家系圖可以幫助家族成員了解家族裡的互動模式。

圖 11.5 列出了家系圖裡常用的標記，透過這些符號標記，我們可以從圖表裡看出至少三代的家譜，其中涵蓋的資訊包括：家庭成員的姓名、年紀、性別、婚姻狀況、排行順序等等。必要時也可以在圖表裡加上附註，像是情緒障礙、行為問題、宗教歸屬、民族起源、居住地、職業、社會經濟地位以及重大事件等等。以下這個例子可以幫助了解如何應用家系圖來進行家庭系統的評估。

Chris Witt 向社工人員 Kyle Nolan 求助。Chris 心煩意亂到了極點，他說他太太 Karen 帶著兩個孩子躲在受虐婦女的庇護之家；他和太太兩天前「打了一架」，太太臉上有幾塊瘀青，昨天他去上班的時候，太太就帶著孩子離家出走了。他說他太太找了律師，提出離婚的要求。

社工 Nolan 先生仔細詢問他打架的細節。Chris 說那天晚上他喝了一點啤酒才回家，桌上的晚餐已經冷了，他看到太太根本沒打掃家裡，於是嘮叨了幾句，接著兩個

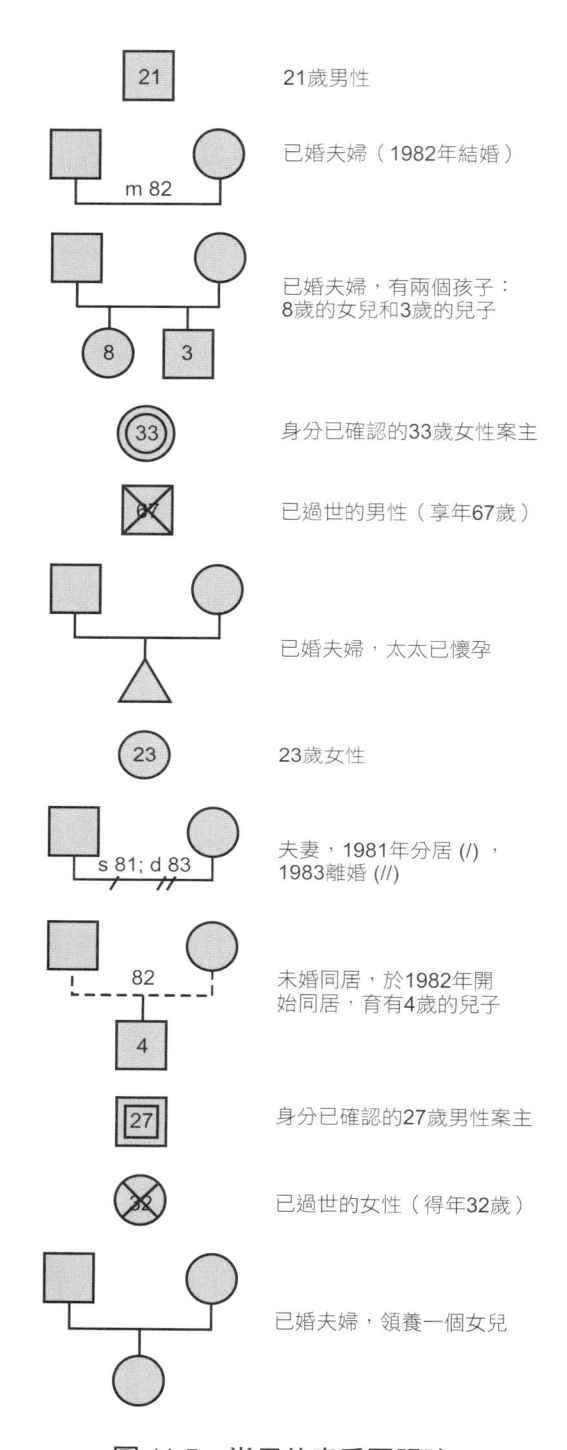

人類行為與社會環境
Understanding Human Behavior and the Social Environment

21	21歲男性
□—○ m 82	已婚夫婦（1982年結婚）
□—○ ／\ 8 3	已婚夫婦，有兩個孩子：8歲的女兒和3歲的兒子
⊙ 33	身分已確認的33歲女性案主
⊠ 67	已過世的男性（享年67歲）
□—○ △	已婚夫婦，太太已懷孕
23	23歲女性
□—○ s 81; d 83	夫妻，1981年分居 (/)，1983離婚 (//)
□----○ 82 □ 4	未婚同居，於1982年開始同居，育有4歲的兒子
▣ 27	身分已確認的27歲男性案主
⊗ 32	已過世的女性（得年32歲）
□—○ ○	已婚夫婦，領養一個女兒

圖 11.5　常用的家系圖記號

人就吵了起來，他忍不住賞她幾個耳光，叫她閉嘴。Nolan 問他這樣的事情以前有沒有發生過，Chris 回答「有幾次」。他坦白承認只有動手修理 Karen 才能讓她「乖乖聽話」。Chris 是一個混凝土承包商，整天在小小的公司裡忙個不停，而太太整天在家裡看連續劇，根本不把分內的事情做好，家裡總是亂七八糟。

Nolan 先生問 Chris 他覺得自己可不可以打太太，Chris 回答：「當然可以。」他說他爸爸一再告訴他，太太和小孩要常常打才會乖。Nolan 又問他小時候爸爸是不是常常毆打他，他點點頭，承認自己到現在還在恨他爸爸老是打他和他媽媽。

接下來 Nolan 先生建議他們一起畫一張家譜（family tree），畫的時候要寫出三件事情：這個人有沒有酗酒的習慣？有沒有動手打人的習慣？以及對於兩性關係的看法。Nolan 先生解釋說兩性關係有傳統的看法和現代的看法，所謂的**傳統性別刻板印象**（traditional gender stereotype）就是認為先生是家裡的主要決策者，太太必須服從先生，而且太太要負責所有家事；所謂的**現代性別刻板印象**（modern gender stereotype）則是指丈夫和太太在家中的地位平等。一開始 Chris 有點猶豫，他並不覺得畫這樣的家譜可以幫他把太太叫回來，不過稍後他同意配合。圖 11.6 就是他們一起畫好的家系圖。

這張家系圖幫助 Chris 看清他和太太來自於價值觀、生活習慣截然不同的家庭。以他們家來看，家裡的男性大多有酗酒的問題，對於婚姻的看法很傳統，而且

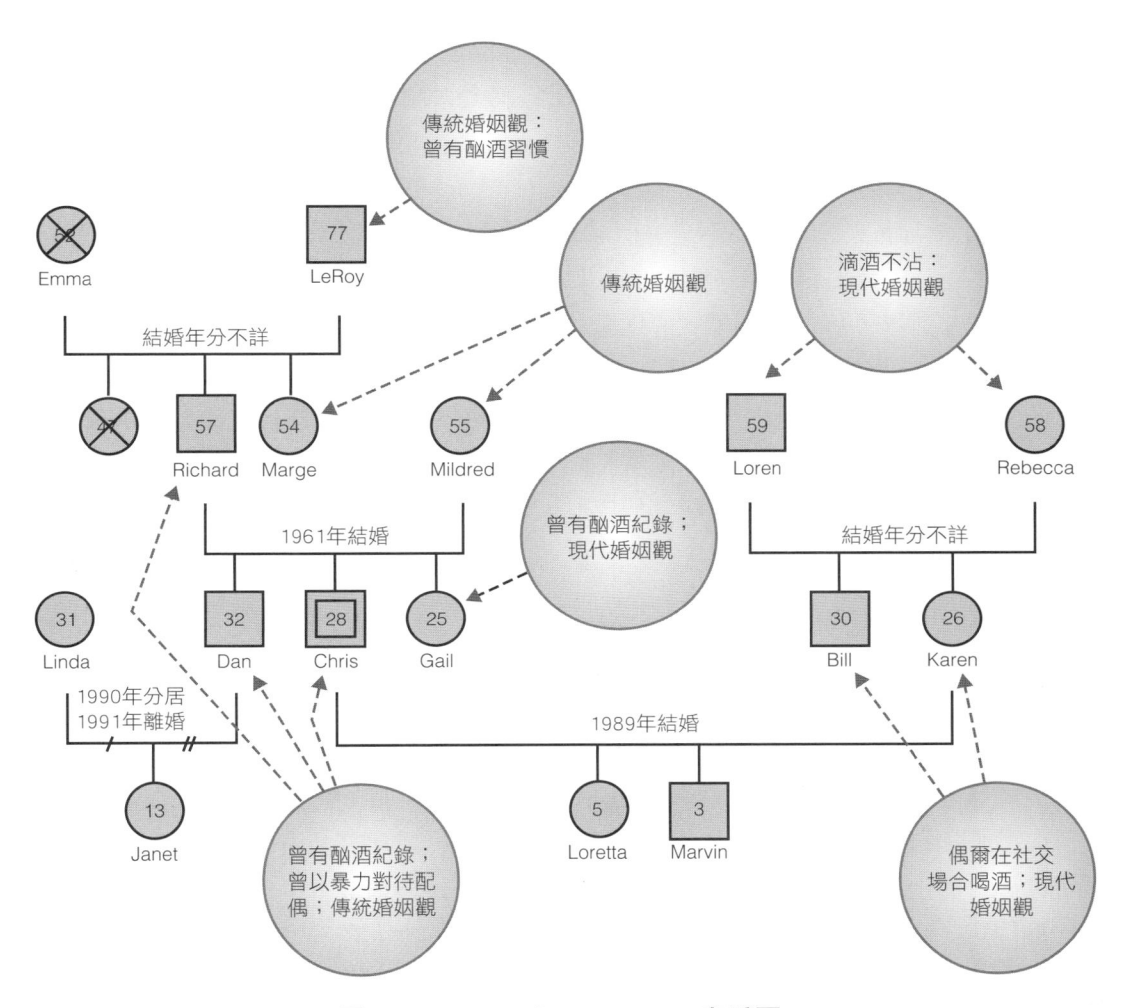

Chapter 11
青年期與中年期的社會層面

圖 11.6　Chris 和 Karen Witt 家系圖

經常動手打太太和小孩。在進一步詢問之下，Chris 承認他有時候也會動手打孩子。Nolan 先生問他既然他恨父親用暴力對待太太和小孩，那麼他現在重複這樣的行為模式，心裡有什麼感受？Chris 的眼睛裡充滿淚水，他簡單地說：「我錯了。」

Nolan 先生接著和 Chris 討論該如何改變家裡的互動情形，然後用什麼樣的方法要求太太和孩子回家。Chris 同意參加戒酒無名會，改掉酗酒的習慣，另外他也願意參加終止家暴的治療小組。在參加這些活動一個月之後，他和太太聯絡，請求太太回家。Karen 說只要 Chris 不再喝酒（大部分的家暴都發生在他喝酒之後），而且也會繼續參加治療小組和戒酒會，那麼她就願意再給他一次機會，帶著孩子回家。但 Karen 的父母親明白地表示反對她回到那個家去。

Karen 回家後的最初幾個月 Chris 表現得非常好，家裡也維持和諧的氣氛。有

一天，Chris 不得不開除公司一個員工，他心情很壞，所以回家前先到小酒館去喝點酒，結果一喝不可收拾。回到家他開始辱罵太太和小孩，接著就動手了。這一次 Karen 終於死心。她帶著孩子回娘家待了幾天，然後租了一間公寓搬進去，她也提出離婚，最後這場婚姻終於結束了。

從許多方面來說，這都不是一個成功的案例。（實際上，許多案例都沒有獲得滿意的結果。）不過這張家系圖對 Chris 來說有很大的幫助，他體認到自己從家庭耳濡目染學來了許多不好的行為模式。遺憾的是他還沒準備好，還不能做出持之以恆的改變；也許將來他會有能力改變自己，不過現在他又開始酗酒了。

生態圖與家系圖有很多相似的地方，我們可以運用這兩種方法深入了解家庭裡的互動情形。這兩套方法採用了某些相同的基本符號，不過它們也有不同的地方。生態圖的關注焦點在於案主家庭與其他族群、資源、機構、組織、家庭和個人的互動情形；家系圖所強調的重點則是一代一代流傳下來的家庭模式，特別是那些引發問題或負面的行為模式。

家庭問題與社會工作的角色

Thorman（1982）指出，雖然每個家庭都是獨特的組織，不過在家庭裡發生的衝突和問題大多可以歸納成四大類。(1) 丈夫和妻子之間的婚姻問題；(2) 父母親和孩子之間的難題；(3) 家庭成員的個人問題；(4) 外在環境施加在整個家庭的壓力。

我們所碰到的家庭問題未必能夠單純地歸於某一類。許多家庭常會經歷不同類別的問題，而上述的分類原則也不是絕對獨立的。在許多情況下，某個問題可能涉及另一個問題，兩者的關係密不可分。舉例來說，某家的太太在一家百貨公司擔任經理，她的收入是全家最主要的收入來源。她在這家公司做了 11 年，可是公司突然無預警宣告破產停止營業。她很努力、積極地找工作，卻無法找到同樣職位和薪水的工作。乍看之下，這個家庭問題乃是因為外在環境的壓力所引起，不過這也是太太的個人問題。由於失去工作，無法順利找到新工作，她的自我肯定深受打擊，變得暴躁易怒、難以相處，外在壓力導致她和先生、孩子的關係惡化，整個家庭系統都受到嚴重的干擾。

從家庭治療的觀點來看，家庭裡的任何問題都應視為家庭整體的問題，而非家庭成員個人的問題（Okun & Rappaport, 1980）。因此社工人員在進行評量時應該觀察問題的各個層面，並注意這個問題對家庭所有成員所造成的影響。

丈夫和太太之間的婚姻問題屬於第一類的家庭問題。雖然配偶之間的問題會影響家裡每一個人，不過介入時應將焦點集中在家庭的次系統（subsystem）──以這個情況來看，也就是婚姻次系統。換句話說，為了解決第一類的問題，社工所輔導的對

象應侷限於夫妻兩人，而不是全家人。當夫妻雙方相處的情形改善之後，對全家都會有正面的影響。

Richard B. Stuart（1983）設計了一份夫妻諮商前問卷（Couple's Pre-Counseling Inventory），可以協助社工人員評量夫妻間的問題。社工人員可以在諮商前請夫妻兩人分別填寫這份問卷，稍後在諮商過程中再一起討論兩人所填寫的回答，然後澄清夫妻對彼此感受的誤解。社工所評量的範圍包括：對於婚姻關係的滿意度；喜歡何種關懷行動；對方是否願意做出你所喜歡的關懷行動；夫妻溝通的情形；雙方如何面對衝突；你如何應付情緒起伏和其他個人問題；性生活；孩子的問題；是否願意為對方改變自己；過去的婚姻紀錄；以及自己想要追求的目標。

這樣的問卷可以幫助社工人員順利進行評量，因為從討論過程中可以清楚看出夫妻雙方的誤解。舉例來說，在性生活方面，問卷上會提出幾個不同的問題，請兩人回答，同時以數字 1 到 5 來表示他們對性生活的滿意度。5 代表「非常滿意」，1 代表「非常不滿意」。其中在滿意度方面有一個問題是關於「前戲的時間長度」，如果一方認為非常滿意，而另一方認為非常不滿意，顯然這就是夫妻雙方需要好好討論的重點。

第二類的家庭問題和親子關係有關，包括父母親難以控制孩子（尤其是青春期的孩子）和溝通問題。

關於孩子的教養和親子溝通技巧方面，各方專家提出了很多寶貴的建議，其中有兩種方法非常有效：學習理論的應用，以及 Thomas Gordon（1970）所設計的父母效能訓練（Parent Effectiveness Training, PET）。社工人員可評估每個家庭不同的狀況，協助父母親增強控制孩子的技巧，並教導父母親一些基本的行為矯正技巧。所謂的行為矯正乃是把學習理論的原則應用在實際狀況裡。此外社工也可以教導父母親採用 PET 技巧，增強親子關係。（學習理論的應用請參考第四章，PET 請參加第七章的說明。）

家庭常見問題的第三類乃是家庭成員的個人問題。以下就是一個典型的例子。John 和 Tara Altman 帶著 12 歲的兒子 Terrell 去找社工進行輔導，因為過去兩年來，Terrell 越來越不想做學校的功課，他的成績大幅退步，除了體育勉強及格之外，其他科目都很糟，學校建議他留級。John 和 Tara 請社工人員協助 Terrell 重新把精神放在學業上，負責輔導他的社工問他為什麼成績會退步，他回答說以前爸爸媽媽都會幫他複習功課，可是後來他們就不管他了。事實上，他爸媽過去兩年半以來彼此好像已經不講話了。

社工人員明白這種情況之後，決定下一次的會談只邀請 John 和 Tara 夫妻參加，討論一下兩人之間的問題。在這一次的會談中，Tara 說出她發現結婚後不久 John 竟

然和她的好友發生婚外情，她沒辦法原諒他。起先她非常憤怒，不過到現在她變得很沮喪，必須服用抗憂鬱劑才能維持日常生活作息。她已經放棄，不想再和 John 交談，而且自從她發現這件事情之後夫妻之間就沒有親密的互動了。John 承認這件事確實發生過，他說他已經盡了一切努力想恢復夫妻間以前的美好關係。擔任電氣技師的 John 說他盡量投入工作，以逃避太太對他的憤怒和怨懟。他也很擔心 Tara 有飲酒過量的問題。Tara 說酒精可以麻痺她的痛苦，她一直在考慮等兒子高中畢業之後就和 John 離婚。

社工人員幫助他們夫妻兩人看清 Terrell 之所以對學業失去興趣，主要是因為父母親很少關心他，他也以這種方式來面對爸媽之間的敵意。社工人員幫助 Tara 認清她有兩個選擇：她可以現在立刻和 John 離婚，不然就是學習放手，不再把全副心力集中在遭到丈夫背叛的痛苦上。經過慎重的考慮之後，Tara 說她想要找到寬恕的方法，放下心中的怨恨。社工帶著她學習每當她想到這件事的時候就告訴自己立刻停止，然後專心想一想 John 的優點、對她和孩子的付出等等。Tara 花了大約 3 個月的時間才學會這項技巧，慢慢放下心中的怨恨。

在這段期間內，Tara 和 John 都把更多注意力放在兒子身上，以正面的態度關心他，Terrell 也重新把精神放在學校功課上，學業表現有了進步，他對自己的生活也越來越滿意。

從上面這個例子可以看出他們所碰到的問題其實是全家的問題。家裡的三個成員在情感上都受到傷害，雖然一開始的案主是 Terrell，不過三位成員都需要做一些改變，才能讓整個家庭恢復正常的運作。

第四類的家庭問題是由外在因素所引起的問題。這類的問題包括：收入不足、失業、居住條件不理想、交通不便、缺乏娛樂場所、缺乏工作機會等等。除此之外，健康狀況不佳、教育程度過低、居住在危險的社區也都會帶來嚴重的家庭問題。

想要幫助案主改善這些問題，社工人員需要擁有卓越的仲介技巧，也就是說，社工人員必須很清楚有哪些服務的資源是案主可以善加利用的，然後努力協助這些有需要的家庭獲得相關的服務。

在許多情況下，案主並無法獲得他所需要的資源，或者我們的社會根本就沒有這樣的協助資源。社工人員必須支持案主，為案主爭取權益，甚至努力開發可提供協助的資源。如果碰到冷漠、不回應的機構，社工人員也應該勇敢地面對他們；在必要情況下可能也必須動用法律上的支援。有些全國性的問題（像是貧窮或醫療設備不足）並不是那麼容易解決的，不過社工人員還是要持續地努力，甚至需要引起政府及政治勢力的關注。這些環境壓力對家庭來說會帶來很嚴重的問題，這是社工人員不應該忽略的。

CHAPTER 12

性取向及性別認同

基本概念

　　本章將從針對性取向與性別認同提供各方面的知識，目的在於敦促讀者檢視自身對同性戀的感覺與反應。為了客觀、專業地實施社會工作，了解不同性取向對於人類行為的影響是非常必要的。而評量自身對於不同性取向的價值反應更是建立專業工作價值的重要步驟。

學習目標

在本章，我們將會協助學生：
LO 1 闡釋性取向與性別認同（包括同性戀、雙性戀與跨性別的基本概念）
LO 2 檢視對於男女同性戀者的刻板印象
LO 3 討論性取向的概念性架構
LO 4 探討男女同性戀者所面臨的歧視問題，以及恐同症的影響
LO 5 描述男女同性戀者的生活型態（包括其社交關係、性行為、同志尊嚴、同志增權，以及同志社群）
LO 6 探討同性戀者的相關議題與生命事件（如法律增權、暴力行為、出櫃、種族、青春期、對子女的養育、老化與愛滋病）

性取向與性別認同　　LO 1

性的各個面向

　　將性視為靜態與二元是錯誤的（及男—女、同性戀—異性戀）。事實上，性是一種流動性的概念，且不同的人會有不同的經驗。為了從這樣的前提來闡釋性，我們將探討性的三個主要面向：生物面向、性取向與性別。

生物面向

　　這個面向是指個人的染色體與生殖系統所呈現的狀態。通常男性有陰莖、男性生殖器官與 XY 染色體。然而，有許多人的外生殖器不明確，染色體也沒有呈現典型對應。這類生理狀況稱為「雙性人」（intersex），即這些人的性徵介於典型男性與女性之間。

性取向面向

　　此面向意指兩個層面：浪漫情愫的吸引，與性的吸引。多數人是異性戀，被異性所吸引。然而，同性戀者被同性所吸引；另外還有雙性戀，被同性與異性所吸引。

　　跨性別者可以被同性、異性或雙性所吸引。另外也有無性戀者（asexual），即對他人（無論同性或異性）都缺少性吸引力的感覺。

　　此外，有部分人對自己是異性戀、同性戀或跨性別感到疑惑。另一部分人則是對自己決定對某種性別吸引感到掙扎，不確定這樣的決定是否「正確」。這些人可能會「嘗試」其他形式的性吸引，直到找到與他們內在感受最一致的形式。

性別面向

第八章已提過性別與個人感覺是「男性」或「女性」有關。通常，有男性生理狀態的人會覺得自己是「男性」，有女性生理狀態的人會覺得自己是「女性」。然而，有一些擁有女性生理狀態的人會覺得自己是「男性」，而有男性生理狀態的人覺得自己是「女性」。一般而言，「跨性別」（transgender）一詞就是適用在這些人上。也有人覺得自己同時是男性與女性〔雙性別（bigender）〕；另外也有一些人覺得自己既非男性也非女性〔無性別（agender）〕。

性的流動性

一個男人在牢獄中與另一個男人發生性關係，算不算是同性戀？一個害羞寂寞、從來沒有和任何男人交往過的女人決定接受另一個女同志友人的追求，那她是不是同性戀？兩個 14 歲的青少年互相以手淫達到高潮，他們是同性戀嗎？和妻子行房的同時經常幻想和其他男人發生性行為，卻從來沒有實際發生過同性性行為，這樣是不是同性戀？

這些問題都不好回答。要把人歸類是一件困難的事，因為同性戀與異性戀之間並沒有一個明確的分際；雖然黑白分明的世界給人一種有秩序的安全感，但真實的情況往往是一連串、無止盡、層次紛雜的灰。通常人們會把他人做兩極劃分：不是異性戀，就是同性戀；如此一來事情就變得可以預測。如果有人被歸類為異性戀者，其他人就會開始設想他的種種狀況。譬如說，如果有個女人被歸類為異性戀者，人們就會開始想她大概就是那種柔順、恬靜、感情豐沛、和男人約會，最後結婚生子、成為家庭主婦的女人。如果是男同性戀者，大概就是髮型設計師。但現實生活上並無法清楚預期所有事物。第八章討論了性別的建構與其複雜性。

這種歸類方式最大的問題就是會造成刻板印象。刻板印象是一種對某群體既定的心理印象，並可應用於這個群體的所有成員。通常這種印象所顯示的特質是武斷的、不考慮個別差異，並且否定個人的價值與整體性。**重點提示 12.1** 中列舉若干對男女同性戀者的刻板印象。

同性戀意味著什麼？

過去許多理論著重在人們如何在經歷數個階段後發展出同性別的性取向。學者提出幾個理論模式，「這些模式多有相似之處，即同性戀者多會經歷一連串相近的過程：一開始會先發現自己受到同性別者吸引且有所感覺；接下來會將自己歸類為男同志、女同志或雙性戀者；接著會更接受自己的新認同並與他人分享；直到最後一個階段會將這樣的認同整合為完整的自己」（Crooks & Baur, 2014; Kelly, 2008, p. 375; Rathus et al., 2014）。

重點提示 12.1

對於男女同性戀者的刻板印象　　LO 2

男女同志不但是恐同症受害者,更常成為侮蔑的標的,淪為偏頗刻板印象的犧牲品。比較普遍的觀念是男女同志會扮演男性或女性的角色及對兒童性騷擾。這些刻板印象都是不正確的。

娘娘腔與男人婆

刻板印象中,男同志多半非常陰柔,而女同志就是非常陽剛。用來形容舉止陰柔的男同志的詞彙有 swish、nellie 與 queen 等(字義皆為女性化的男性或娘娘腔),而形容外型陽剛的女同志詞彙則有 dyke 與 butch(字義皆為男性化的女性或男人婆)。在大部分的狀況中,這些都不是正確的(Johnson, 2014; Nugent, 2014; Rathus, Nevid, & Fichner-Rathus, 2014; Tully, 2001)。每個人都有其個人特質。要以傳統的性別角色來界定男女同志的外顯表現是困難的。

這些關於男女同志外表的刻板印象源自於兩個基本概念的混淆——性別認同與性取向。**性別認同**(gender identity)指的是一個人內在心理對性別的自我認同:個人可能認為自己是男性或是女性。**性取向**(sexual orientation)指的則是「個人偏向於對同性、異性或二者產生性與情感吸引」(Greenberg et al., 2014, p. 370)。

這些概念不能被混淆。舉例來說,一個男人是否偏好與另一個男人發生性關係,無關乎他是否認為自己是男人。大部分男同志認為自己是男人,他們不覺得自己是女人,也不想成為女人;因此男同志不管在外表或行為上都和一般男人無異,唯一的不同只在於他們受男人所吸引。女同志也是同樣的道理。一個女人可以自覺為女人並表現為女人,但還是受女人所吸引。這兩個概念應該要釐清。

男性與女性角色扮演

另一個關於同性戀的誤解是在同性戀關係中,有一個會扮演強勢的「陽剛」角色,而另一個扮演溫馴的「陰柔」角色。其實大部分異性戀關係都並非如此,何況同性戀關係(Johnson, 2014; Morrow, 2006c; Rathus et al., 2014)。任何個人,同性戀也好,異性戀也罷,都會視情緒、活動與互動情境的不同或主導或順從。沒有人是全然地主導,也沒有人是全然地順從。

對兒童性騷擾的迷思

對男女同志還有一個錯誤觀念,就是他們有對兒童性騷擾的傾向(Greenberg et al., 2014; Rathus et al., 2014; Tully, 2001)。這個誤解尤其傷害同性戀教師,甚至讓他們丟了工作。證據顯示多數的兒童性侵害案件都是異性戀男性侵犯女童,尤其是認識及親近的男性(如父親、繼父或兄弟)(McAnulty & Burnette, 2003)。異性戀男性侵害兒童的機率要比男同志高上十一倍(McCammon & Knox, 2007; Moser, 1992)。

然而,這樣的模式可能過於簡化及犯了北美與歐洲種族優越的偏見(ethnocentrically biased)(僅考慮自己的文化價值且認為這些價值優於他人)(Martin, 2008; Messinger & Brooks, 2008; Miller, 2008)。這種同性別性取向的概念可

Chapter 12
性取向及性別認同

能是社會環境與社會期望改變下所建構出的新理念（Martin, 2008）。不同的種族、族群與文化背景會有不同的詮釋,「例如,拉丁美洲移民男性與另一男性發生性行為,並採取主動角色,就不一定就會認為自己是同性戀（Zea, Reisen, & Diaz, 2003）」（Martin, 2008, pp. 247-248）。重要的是個人自己所認同的性取向（Kelly, 2008; Martin, 2008）。

不管「同性戀」的定義為何,最重要的原則是同性戀者是人。在有些異性戀者的眼中,會先注意到同性戀者的性取向,而非他們的人格,使得他們的個體性消失無蹤（見圖 12.1）。

同性戀一詞過於醒目,而讓人無視於同性戀者的人格特質。比較實際的作法是將同性戀放在個體脈絡中。事實上,同性戀僅占個人人格特質派圖中的其中一塊。以這種實際的方式思考將可了解並欣賞個人其他面向的人格特質。

大多數人有**恐同症**（homophobia）,即對「同性戀或雙性戀者有非理性怨恨、恐懼或排斥」。這些感覺扭曲了他們對同性戀者的看法；有些人甚至覺得受到同性別吸引是一種病態（Bieschke, McClanahan, Tozer, Grzegorek, & Park, 2000, p. 311; Greenberg et al., 2014）。

同性戀定義中的另一個要點是,同性戀者**主要**受同性吸引以滿足其性與感情需求。男同性戀者受男性吸引並與之建立親密關係,女同性戀者則傾向與女性建立親密感情。如此定義便排除了在某特定情境下的同性性行為。例如,獄囚與其他體制下

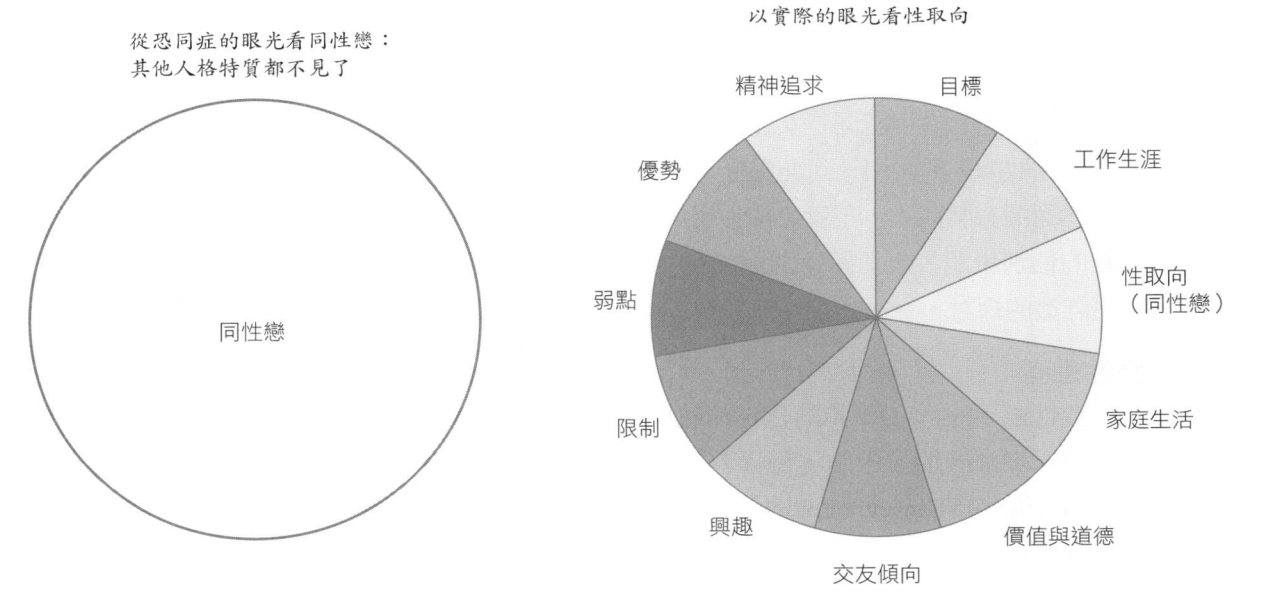

從恐同症的眼光看同性戀：
其他人格特質都不見了

同性戀

以實際的眼光看性取向

精神追求　目標
優勢　　　　工作生涯
弱點　　　　性取向（同性戀）
限制　　　　家庭生活
興趣　　　　價值與道德
　　交友傾向

圖 12.1　人格圖

的個人因為缺乏異性，有可能會與其他同性產生關係；然而一旦離開那種體制，他們多半會回歸異性關係狀態。

同性戀者（homosexual）一詞源自希臘字根 *homo*，意指「同樣的」。這個詞的本身卻一直要到 1800 年代後期才開始盛行（Karlen, 1971）。用來指稱男女同性戀者的詞彙相當混雜，一般說來，只要有同性傾向，無論男女皆被稱為同性戀。男同志比較喜歡用 gay 一詞而非「homosexual」，因為前者比較中性，既不直接隱射，也不帶有後者慣有的負面聯想。

蕾絲邊（lesbian）一詞指的是女性同性戀者。大約在西元前六世紀，有個叫 Sappho 的女人住在愛琴海中一個名為 Lesbos 的希臘島嶼，雖然她已經結了婚，卻因她寫給其他女人的情詩而遠近馳名。

許多非同性戀者用 gay 一詞來通指男女同性戀者。雖然多數女同志認為雖然 gay 是個通稱，但當其他人說起 gay 時，大多指男人而非女人。媒體現在開始使用 gay man 及 lesbians 二詞（Association of Sex Educators, Counselors, and Therapists [AASECT], 2006, p. 17）。

雖然我們已分別為女同志（lesbian）、男同志（gay）與同性戀者下了定義，許多人在用這些詞的時候仍不清楚它們意味的究竟是什麼。這三個詞指的可以是某人對同性有輕微、中等或相當程度的興趣與性經驗；另外，**straight** 通常指的是異性戀者。

需要注意的地方是，雖然性取向與性別認同是兩種定義不同的概念，有時卻會被混淆不清。性別認同（gender identity）指的是個人內在心理對自己是男性、女性或同時包含二者的自我概念。有些人以為男同志想要成為女人，而女同志想要成為男人，這是不對的。男同志的性別認同是男人，他們認為自己是男人也覺得自己就是男人；同理，女同志的性別認同是女性，也認為自己就是女人，只不過在感情的選擇上受同性（即性取向）的吸引，而非異性。

然而還有某些人，不管是同性戀還是異性戀，認為他們的生理性別倒錯。對於此複雜的性別議題，包括跨性別與變性，在第八章有相關討論。多元化思考 12.1 中則有更詳盡的探討。

雙性戀者

雙性戀（bisexual）指的是在情感與性需求上可以為任一性別的人所吸引。前面我們已經提到同性戀不是一個界定清楚的概念，雙性戀更是如此。在當代第一份探討性的研究中，Kinsey、Pomeroy 和 Martin（1948）發現要將人區分為同性戀、雙性戀或異性戀不是一件容易的事。許多人雖然自認為異性戀者，但實際上卻曾發生過同性性經驗。例如，在受訪的 5,300 位男性中，有 37% 在 16 歲之後曾與其他男性發生過至少一次性行為；而在另一項對 5,940 位女性的研究中，Kinsey 與其研究團隊

（1953）發現大概有 8% 至 20% 不等、年齡介於 20 至 35 歲的女性曾有過同性性行為。在這兩組研究對象中，只有相當少數的人是堅定不移的同性戀者。

因 Kinsey 與其研究團隊發現無法將人明確地區分為同性戀者與異性戀者，他們便根據調查到的各種性經驗，發展出一套六分制量表（見圖 12.2）。量表上的 0 表示絕對的異性戀傾向——個人從來沒有發生過任何同性性行為；而 6 則代表絕對的同性戀傾向——個人從來沒有任何異性戀經驗。得 3 分的人則代表他們曾有過相當次數的同性與異性性經驗。

許多新近的研究者依舊無法將個人的性取向做明確的分類。Storms（1980, 1981）認為 Kinsey 量表對個人的性取向仍無法提出準確描述，於是另外發展一套二維量表來反應個人的性取向（見圖 12.2），分別代表同性情慾（homoeroticism，對同性產生性趣，和／或發生性關係）與異性情慾（對異性產生性趣，和／或發生性關係）。

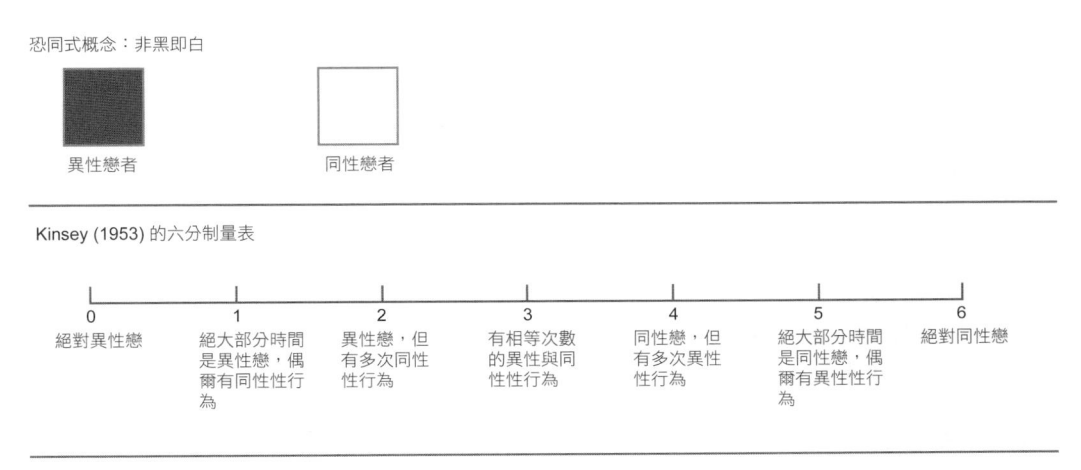

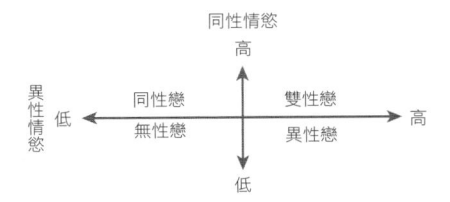

圖 12.2　同性戀與異性戀的概念

資料來源：A. C. Kinsey, W. B. Pomeroy, and C. E. Martin (eds.)(1948). *Sexual Behavior in the Human Male*. Adapted by permission of the Kinsey Institute for Research in Sex, Gender & Reproduction, Inc., Bloomington, IN; Adapted from M. D. Storms, 1980, "Theories of Sexual Orientation," *Journal of Personality and Social Psychology,* 38, 783-792.

Storms 的分類方式多呈現了個人的性趣（sexual interest）。對於兩性都表現出高度性趣的人於是被歸類在右上角，即雙性戀；對兩性都性趣缺缺的人則歸類在左下角，即無性戀。那些主要對同性有性趣的為左上角，即同性戀；對異性有性趣的在右下角，為異性戀。

我們已經討論了性別表現是很複雜的。不同的社群會有著不同的名詞，以及牽涉到不同的議題。女同志、男同志、雙性戀者及跨性別者（lesbian, gay, bisexual and transgender, LGBT）都可能會面臨同樣的問題，如恐同症及歧視。在這樣的狀況下，會應用 LGBT 或 GLBT 這個詞。然而，每個社群有其特殊的狀況與議題，所以有時只會著重某個或多個社群（如跨性別社群，或男／女同志社群）。

值得注意的是，現在有一種新縮寫，LGBTQ〔Q 指酷兒（queer）或仍存有疑惑者（questioning）〕（Carroll, 2013b, p. 270; Rosenthal, 2013, p. 234）。另一詞 LGBTI〔I 指雙性人（intersex）〕。

然而，Alderson（2013）提出警告：

> 當書寫或談論到那些一直以來遭到壓迫或剝奪公民權益的群體時，使用特定名詞是具有爭議的。後現代的作家對於以標籤來描述個人開始非常謹慎⋯⋯
>
> 認同〔以標籤來表示一個群體〕是一個人的其中一個面向。例如，女同性戀不僅是她有著非異性戀的認同──她同時也是別人的女兒、某人的鄰居與某人的朋友。她是一個人的伴侶、某公司的員工及地球的一分子。同樣地，若說一個人是跨性別者，將會讓她／他的存在只限於這個面向⋯⋯
>
> 認同的標籤，是個人自己選擇能代表自己的其中一些面向。因此，這些標籤可以是暫時性的、不精確的或是簡化的。對 LGBT 群體中的人亦同，我們的性與性別所代表的意涵，比我們所給予的標籤大得多。（pp. 2-4）

男／女同志人數

要精確統計男／女同志人數是非常困難的。但若能了解在一段時間之間選擇同性戀為其性取向的人數將很有幫助。

根據 Kinsey 的論述，「許多研究者都設定有 10% 的男性為男同性戀者」（Berger & Kelly, 1995, p. 1066; Mallon, 2008）。Kinsey 發現雖然有三分之一的美國男性在青春期或成年期曾有達到性高潮的同性性經驗，但僅有 10% 的男性在其 16 到 55 歲之間會持續三年選擇作為同性戀者；僅有 4% 終其一生為男同性戀者。

根據推測，男同性戀者會是女同性戀者的兩到三倍。雖然 Kinsey 發現有 19% 的美國女性在其 40 歲以前曾有同性性經驗，但僅有 2% 到 3% 的女性終其一生為女同性戀者。

Kinsey 的研究有一些研究方法上的問題，導致無法將其結果與近年研究結果做

比較。例如，Kinsey 與其同事的研究中納入了為數眾多的監獄犯與來自男同志機構的自願者（Masters, Johnson, & Kolodny, 1995）。他們也將「感受與幻想包含在同性戀定義中；許多近年的研究僅鎖定性行為的調查」（Berger & Kelly, 1995）。

許多男／女同志機構仍認為男／女同志人數占男／女人口的 10%；有一個機構甚至名為「10% 俱樂部」。然而，對男／女同志確切人口數的爭論仍持續不斷（About.com, 2014; Berger & Kelly, 1995; Rogers, 1993; Tully, 1995）；許多研究與調查都呈現出不同的數據。部分研究的數據是男／女同志人口數占男／女人口的 2% 到 10%（Johnson, 2011c; Kelly, 2008; Mallon, 2008）；另一些研究顯示男／女同志占 18 歲以上總人口數的 5% 以上（Mallon, 2008）。也有其他數據顯示，約有 2% 的男性與 1% 的女性有同性戀認同；這個數據與調查同性戀性經驗所呈現的數據是完全不同的。不論男／女同志占了人口數的 1% 或 10%，他／她們是為數不少的弱勢族群。

跨性別者

跨性別者自認或表現出的性別認同與其出生時的生物性別不同。

跨性別（transgender）一詞涵蓋了那些外表及行為表現與社會對其性別所賦予的性別角色不符的各種不同群體：

反穿著者（crossdresser）：喜歡穿與自己性別相反服飾的人，會因此感到放鬆與舒服。

異性裝扮者（transvestite）：喜歡穿與自己性別相反服飾的人，會因此獲得性滿足（要注意，這個詞被視為具有攻擊性的負面名詞）。

女扮男裝／男扮女裝（drag king/drag queen）：穿著與自己性別相反服飾的人，是為了娛樂他人。

雙性別（bigender）：個人的性別認同同時是男性也是女性；其外顯表現會出現兩種性別。

無性別（agender）：沒有任何性別認同的人。

順性別（cisgender）：其性別認同符合其出生的生物性別。

雙性性格（androgyne）：其性別認同介於男性與女性間；個人的外顯表現會出現部分男性與部分女性。

性別酷兒（genderqueer）：其性別認同與男性或女性完全不同。

性別流動（gender fluid）：其性別認同會改變（對多數跨性別者，性別認同不會改變）。

變性者（transsexual）：性別認同與出生時的生物性別完全相反。

變性者一直渴望變為另一個性別，並以另一個性別的狀態活著，如此才能與其性

別認同相符。通常，這樣的渴望來自於個人對當前性別的極度不舒服。由男性變性為女性稱為 MTFs（male-to-female）；女性變性為男性 FTMs（female-to-male）。

變性是個複雜的過程。這整個過程大概有四個步驟。首先他們尋求諮詢，以確認他們對自身的真實感受，並確定其了解各種因變性而來的衍生問題。其次便是「實境模擬」（real-life test）。在實境模擬中，他們必須以異性的身分生活，從事各種活動。第三步則是施打荷爾蒙，以期他們的生理機能與異性相近──這一步是終生都得持續的步驟。舉例來說，女變男跨性別者必須長期施打男性荷爾蒙來促進體毛生長，而男變女跨性別者則施打女性荷爾蒙以軟化身體組織，並重新分配體脂肪。第四步是進行生殖器整形手術，使其在外觀上，而非內在生理機能，更接近異性，因為內部機能重建是不可能的。通常醫師會利用陰部組織在女變男跨性別者身上製造陰莖與陰囊，而在男變女跨性別者身上重製陰道與陰唇。其他需要整形的部分還有隆乳、乳房移除，或是喉結收縮術。

過去在變性案例中由男變女手術比女變男手術較為普遍，但當代女變男手術技術也與時俱進。一般而言，女變男手術比較複雜。除了昂貴的手術費用，手術過程中所必須面臨的痛楚與不適也使得許多跨性別者望而卻步。

跨性別者常受到嚴重歧視。若他們在青少年時期就出櫃，很可能會遭到同儕的迴避、暴力對待及歧視，家庭也會受到另一種挑戰：部分出櫃的青少年得到家庭的接受，但另一些則相當掙扎。跨性別青少年有自殺想法及來自他人的死亡都很高（Dooley, 2017）。跨性別青少年也是離家出走的高風險群。離家的青少年可能會以提供性服務來換取生存，增加了性虐待與身體虐待的危機。

跨性別者還會面臨許多其他挑戰。例如，他們該用男廁還是女廁？醫療衛生單位、部分學校及雇主認為，應該讓跨性別者使用符合他們性別認同的該性別廁所。但這可能會引發他人對跨性別者產生不利的反應，例如，父母可能會強烈反對身為男孩、卻是自己為女孩的跨性別者去使用女廁。若跨性別者遭到逮捕，他們應該安置於男監或女監：符合其生物性別，還是符合其性別認同？當跨性別者進行醫療檢查，他們可能會尷尬地解釋為什麼他們的性別認同異於其生物性別。

有些跨性別者等到中年才出櫃。其他跨性別者則守著這個秘密、不曾出櫃。中年出櫃在許多方面都會變得相當複雜。部分人已經結婚，他們的配偶及小孩的反應可能相當情緒化，從憤怒地反對到逐漸接受。Dooley（2017, p. 241）提到：

> 出櫃可能會影響跨性別者的工作。美國少數州對於跨性別者提供法律保障，使他們免於被解僱。工作上的影響可能讓他們心理上與經濟上都受到傷害。雖然難以檢視跨性別者的社經程度，但一份 Washington D. C. 針對跨性別者的調查顯示，42% 的受訪者是無業的，29% 沒有收入，31% 的收入低於 10,000 美元……

我們可能會思考跨性別者想出櫃的動機，因為出櫃後可能會讓人處在社會上極度邊緣的位置，他們可能會經歷到高度的暴力與歧視。所以跨性別者要出櫃需要很大的勇氣，也需要相當堅強……

但很重要的是，要去了解跨性別者能從這些困境中生存；且以適合的性別活著，他們會快樂許多。

有許多文獻研究年長的跨性別者其經驗，顯示這些年長者在健康照顧、住房與職場上都經驗到相當大程度的偏見與歧視（Dooley, 2017）。

性取向的概念性架構　　LO 3

為何有些人是同性戀？儘管已有各式理論說明人為何會是同性戀（同樣的問題也可以是「人為何是異性戀？」），尚未得到充分證實，證明為何有人是同性戀，有人是異性戀。目前主要論點大致分為生物與心理社會兩個面向。以下即回顧並檢討這兩種理論方向，並討論互動式理論、倫理相關議題及其他研究。

生物理論

生物理論對同性戀的解釋大致依循三種途徑：基因、腦結構，以及荷爾蒙。這些理論的基本概念是同性戀源於先天生理機轉，非後天人為可以控制或改變。

基因因素　基因因素的主要論點為人的性取向是由基因所控制。為驗證此一假設，Bailey 與 Pillard（1991）比對多組同卵雙生、異卵雙生與被收養的兄弟。同卵雙生兄弟源於同一受精卵，因此擁有相同的基因序列；異卵雙生兄弟因源自兩個同時受精的卵子，因而和一般兄弟一樣，有類似但相異的基因序列。被收養的兄弟之間則完全沒有基因關聯，除非他們來自同一家族。研究發現，當其中一人為同性戀時，有 52% 的同卵雙生兄弟亦為同性戀；而兩人皆為同性戀的比例，在異卵雙生組中只占了 22%，在被收養組則是 11%。同性戀取向的基因決定論由此獲得驗證。研究並指出同性戀取向的基因因素占了 30% 至 70% 之間不等。

另一項針對女同性戀者的研究，訪問了 108 位有同卵或異卵雙生姊妹以及 32 位有被收養姊妹的女同性戀者（Bailey et al., 1993）。研究顯示在有同卵姊妹的受試者中，有約一半的同卵姊妹也是同性戀者。而兩人皆為同性戀的比例，在異卵雙生組中只占了 16%，在無血緣關係組則是 6%。這些研究結果進一步支持了基因因素會影響同性戀。隨後的研究採用更精細的研究方法也有相似的發現，證實了這樣的結論（Kendler, Thornton, Gilman, & Kessler, 2000; Kirk et al., 2000）。

「男同志的兄弟為同性戀的比例高於其姊妹，而女同志的姊妹為同性戀的比例高於其兄弟」；Carroll（2010, pp. 283-284）還「在 X 染色體上發現了『男同志』基因，

但卻沒找到『女同志』基因」。

澳洲學者針對 1,538 對雙胞胎進行研究（Bailey, Dunne, & Martin, 2000）。在使用「嚴格的性取向定義」下仍發現「一致性的比例（雙胞胎同為同性戀的比例）：在同卵雙生的男雙胞胎中，二人皆為男同志的比例為 20%；在異卵雙生的男雙胞胎中，二人皆為男同志的比例則為 0%。在同卵雙生及異卵雙生的女雙胞胎中，二人皆為女同志的比例分別為 24% 與 10.5%」（Crooks & Baur, 2011, p. 255）。

「大量的證據證明同性戀取向與家族基因有關」（Bailey et al., 2000; Carroll, 2013b; Dawood, Pillard, Horvath, Revelle, & Bailey, 2000; Greenberg et al., 2014, p. 377; Kendler et al., 2000）。「然而性學專家對於是否有導致同性戀的基因仍然謹慎以對。基於性取向的複雜程度，同性戀的基因關聯或許只占了其中一小部分」（Greenberg et al., 2014, p. 377）。

腦（解剖）因素　LeVay（1991, 1996）研究 41 具人體的腦部結構——19 個為同性戀男性，16 個為異性戀男性，6 個可能為異性戀女性，發現同性戀男性的下視丘（一個如彈珠大小的細胞組織，控制人的食慾、體溫及性慾）只有異性戀男性的一半大。

「近期的研究也發現腦部的差異——特別是異性戀與同性戀男女的大腦半球」（Carroll, 2013b, p. 274）。然而，我們不知道這樣的差異是出生時就有，還是經過一段時間才造成的；此外，也沒有證據證實這樣的差異與性取向有直接相關（Carroll, 2013a; Kinnunen, Moltz, Metz, & Cooper, 2004; Swaab, 2004）。因此，腦部差異與性取向的關聯性在當代沒有得到清楚的證實（Carroll, 2013a; Gooren, 2006）。

荷爾蒙因素　在關於荷爾蒙與異性戀取向的研究中，有些論者以為荷爾蒙種類與分泌量造成同性戀取向。有的著重在成年時期荷爾蒙分泌量的差異，有的則認為同性戀導源於懷孕期間不正常的荷爾蒙分泌（Berger & Kelly, 1995）。

不管是懷孕期還是成年期，至今仍無任何證據顯示荷爾蒙與性取向的關聯（Carroll, 2013b; Hyde & DeLamater, 2017）。然而，荷爾蒙分泌攸關成年期的性趣與性行為。Hyde 與 DeLamater（2014）提到：「一位臨床朋友在回覆一位因同性戀行為尋求睪固酮激素治療的男大生，認為『這樣的治療不會讓你變為異性戀，只會讓你性慾望更為強烈』」（p. 343）。

心理社會理論

心理社會或行為理論強調同性性行為如同其他行為，是學習而來的。在早期生活中，同性性行為或許藉由愉悅的經驗而獲得正向的增強，又或許透過負面的懲罰而遭受壓抑。

例如，若一個孩童與同性有多次正向的性接觸，他有可能因此而受到正增強，進

而尋求更多這類接觸。同樣地,如果一個孩童與同性的關係是負面的,便有可能避免與他們進行此類接觸。

檢視理論:答案究竟是什麼?

「為何人會變成同性戀」這個問題的答案可以從很多方面來檢視。首先生物理論有其重大缺失。以前述針對雙胞胎的研究來說,假設就如同研究人員所推斷,部分同性戀傾向導因於基因,那麼其他沒有成為同性戀的比例人口要如何來解釋?如果同性戀是因為某種(懷孕期)荷爾蒙影響所造成,照理所有的男女同志都應該受此荷爾蒙影響,然而情況並非如此。

另一方面,強調同性戀為習得的心理社會學派也有兩項缺失。一來大環境向來敵視同性取向,孩童從小就知道「玻璃」並不是用來恭維人的好話。在這種非難的情境之下,同性性行為要如何獲得增強並持續即成了一大問題。

再者,學習理論意味著個人首先要有同性性經驗;如果是受到鼓勵或嚐到甜頭,往後便會尋求更多類似的經驗。問題是,難道不是有同性情慾的人一開始便主動尋求同性性經驗?換句話說,難道不是先有同性情慾,才有隨後的性行為?

互動式理論

Storms(1981)根據生理傾向與環境之間的互動提出另一套理論。他認為同性性取向的發展取決於人在前青春期的成熟度。兒童在前青春期通常與同性玩伴遊戲互動。這種與同性的互動大約持續到 12 歲左右,之後才開始與異性發展互動並產生交往關係。與異性的約會大概 15 歲開始。Storms 認為有些人的性驅力比其他人早些發展。如果兒童在與同性交往的階段便已開始性成熟,便可能對同性產生正向的性經驗,發展出趨向於同性的交往模式,並對異性興趣缺缺。這便是環境因素帶來的影響。如果這些性早熟兒童與同性友伴恰好有良好的性關係,他們便有可能維持這種同性性取向;如果他們缺乏這樣的關係,當他們之後開始與異性交往時,便發展出異性取向。

許多專家同意同性性取向或許是生理與心理社會的綜合產物,只是我們還不清楚兩者之間作用為何。關於人為何會變成同性戀,至今仍無確切答案。

倫理相關議題

有些同志對於以生物學闡釋同性戀源起一事憂喜參半。喜的是,有了生物醫學上的理論基礎,其他人或許不會再把同性性取向視為個人的「過錯」,社會或許更能接納他們。Gelman 等人(Gelman, Foote, Barrett, & Talbot, 1992)發現一般人較容易接受同性戀為「天生如此」,而非經過選擇(choosing)或是學習(learning)而來的生活方式。

然而同時令同志擔憂的是，如果同性性取向真是由基因或荷爾蒙所造成，同志們可能會被社會大眾視為有缺陷的一群人。進一步來說，社會大眾甚至有可能藉此要求實施產前「矯正」。這是否就是把人改造成另一種人？如果在懷孕期間確認出胎兒的同性性取向，準父母是否有可能決定墮胎？在現今科技昌明的時代，這些問題仍然無法獲得明確答案。

同性性取向起源的其他研究

Bell 等人（Bell, Weinberg, Martin, & Hammersmith, 1981）透過 Alfred C. Kinsey 性學研究中心實施了一項針對同性戀起源的大型調查。他們訪談了 979 位男女同志，並與 477 位異性戀男女做對照。參與計畫的人都被鉅細靡遺地詢問生活上的點點滴滴，並依照一個叫**路徑分析**（path analysis）的統計學方法找出各個變項的因果關聯，像是產前特徵、家庭關係，以及性取向的發展。

如此全面且嚴謹的研究，結論竟然發現所有前述有關同性性取向的理論都無法獲得支持；許多其他理論所提出的變項與同性性取向並沒有關聯。例如，同性戀與幼時是否受同性引誘沒有關係。雖然沒能獲得確切答案，研究人員倒是發現若干有趣的現象，以下列三項最為顯著。

其一，性取向出現於男女進入青春期之際，對於少有或甚至毫無性經驗的人亦復如是。有些人會開始認知到自己不是異性戀，因為在兒時曾有過不一樣的感受。「有些人在青春期時會發現與異性相處時總缺少了些什麼，但卻覺得同性同儕具性吸引力」（Crooks & Baur, 2014, p. 269）。

其二，與異性戀者相比，男女同志在兒童與青少年時期亦有相似的異性性經驗，唯一的不同在於他們在異性性經驗中並沒有太多愉悅的感覺。

其三，研究發現同性戀者可能在兒童時期及產生「性別不協調」（Bailey & Zucker, 1995; Lippa, 2008; Rathus et al., 2014; Singh, Vidaurri, Zambarano, & Dabbs, 1999）。**性別不協調**（gender nonconformity）指的是孩童偏好於某些遊戲或活動，而一般社會卻認為這些遊戲或活動適合另一個性別的孩童。例如，小女孩通常會玩芭比娃娃以及扮家家酒，而小男孩則喜歡玩金剛戰士與玩具推土機。如果小女孩去玩坦克車、踢足球，或小男孩玩起芭比娃娃，這樣就是性別不協調。性別不協調因素對男同志的影響遠大於對女同志。其他因素如家庭關係則對女同性戀影響較大。

這項研究指出性取向在孩童時期便已開始發展；要成為同性戀或異性戀，並非自己可以決定。就像異性戀者會被異性所吸引，同性戀者亦受同性所吸引；要使同性戀者轉性成異性戀，就如同要求異性戀者尋求同性伴侶一樣，是不可能的。

事實上，許多同性戀者在外顯表現上會以異性戀的角色呈現，這是可以理解的，因為有太多對同性戀的誣衊與排擠。在各種可能因素的考量之下，有些同志或許認為

公開身分的後果遠大於個人所能負荷（如工作、與家人關係、社會活動等等）；然而生活在異性戀的面具之下，無疑是另一種負荷。這種無法表現真我的假面生活，是一種對個人尊嚴與自由的侵害。關於同性戀恐懼與歧視的討論，請見**多元化思考12.1**。

多元化思考 12.1

男女同性戀者面臨的歧視問題及恐同症的影響　LO 4

「你有沒有聽說那個男人婆……」
「Harry 很娘耶！我才不要跟他用同一間更衣室。」
「他們不過是一群變態！」

就如同其他遭受侮蔑與排擠的族群一樣，在我們的日常生活中也充斥著如上述對男女同志的歧視。這些負面的態度與汙辱歧視的行為非但使得男女同志無所遁逃，連帶也影響到他們的生活，而這一切僅因他們的性取向與常人不同。

舉個例子，一個小學三年級的男教師或許惶惶終日，深怕學生家長發現他與另一個男人同居。他喜愛教書，已執了9年教鞭，然而如果學生家長因為他的同性性取向而向學校施壓，他就會被解聘，甚至再也無法謀得教職。

另一個例子是女大學生的經驗。她花了非常大的精力在掩飾自己是同性戀的事實。她去念一所很小、在中西部鄉下的州立大學。她非常寂寞，希望有個人可以走進她的生命中。然而，她不敢跟朋友說自己是同性戀，因為怕會被孤立。她沒有任何人可以談心或一起吃飯，人們是不會了解她的。能夠得到他人的了解則自殺的機率較低。

同性戀者經常淪為同性戀恐懼的犧牲品。恐同症（homophobia）指的是無理性地憎惡、恐懼或厭惡同性戀與雙性戀者。美國軍隊、生理與精神醫學及其他體制與系統教育都不斷地採用反歧視同性戀立場。

有些人認為恐同症一詞過於強烈，因為恐懼（phobia）意味著「對於某物或情境強烈而持續地畏懼」（Barker, 2014, p. 322）。反同性戀（antihomosexual）、反同志（antigay）、歧視（prejudice）或壓迫（discrimination）或許可用來作為替代詞。事實上恐同症可看成是一連續光譜，人們反同性戀的態度或許程度不一。無論這個負面態度的名稱為何，許多人對同性戀者仍懷有負面觀感與敵意（Carroll, 2013b; Kelly, 2008; LeVay & Valente, 2006; Messinger & Brooks, 2008）。

恐同症是如何引發的仍是一個未解之謎。或許是人們下意識排拒自身同性戀情愫的心理反應（Maier, 1984）；越是恐懼同性戀的人，越有可能是在排斥自己的同性戀傾向。不管原因為何，恐同症充斥於日常生活之中。以往同性性取向被視為一種疾病，一直要到1974年，美國精神醫學學會才把同性戀從精神疾病名單中移除。

Crooks 與 Baur（2011）強調恐同症所帶來的傷害：

> 很不幸地，恐同症仍然普遍，且在男同性戀、女同性戀或雙性戀生活中占了很大的部分（Symanski, 2009）……Homophobosphere 及 antigay postings 等部落格都散布及製造仇恨（Doig, 2008）。這樣的網絡散布對

那些普世能接受的異性戀以外的人們帶來每日無窮盡地騷擾與歧視；他們甚至讓這些直接針對同性戀者表達仇恨犯罪的心態予以合法化。仇恨犯罪包括攻擊、搶劫及謀殺；會有這樣的行為是因為受害者屬於特定種族、宗教、族群團體或是特定性取向。（pp. 261-262）

Rathus 及其同事（2014）提到恐同症會以多種形式表現：

- 貶抑的名詞（如 queer、faggot 或 dyke）。
- 說具貶損意味的同性戀笑話。
- 拒絕同性戀者在住房、求職或社交等機會。
- 嘲弄（言語暴力）。
- 攻擊同性戀者（身體暴力，有時甚至具致命性）。（p. 283）

如此敵視同性戀的嚴重後果是負面印象的內化，即同志產生「如果同性戀是不好的，而我是個同性戀，所以我也是不好的」的心理。

社工人員應正視自身的同性戀恐懼傾向，並學習更多同性戀案主的特殊議題。社工人員必須探索並正視自身的恐同症，才能了解並達到同性戀個案及其家庭的需求。如無法辦到，社工是否有遵守社工倫理守則的能力將是個問題（Alderson, 2013; Morales, 1995; Morrow, 2006c）。

社工人員一定要做到以下幾點：
1. 建立 LGBT 相關知識〔包括當今 LGBT 議題及了解 LGBT 社群〕……
2. 挑戰自己對少數性取向者的偏見，以及實務工作上的價值與倫理……
3. 不要假設個案的性取向或性別認同……
4. 在與個案溝通或是討論個案有關的事情時，使用精確與尊重的語言……
5. 避免去假設性取向弱勢團體的人格特質與需求；同性戀、雙性戀與跨性別者與我們都是一樣的……
6. 以生態系統觀點來分析個案〔去認識同性戀者的重要社會環境及對其生命的影響是很重要的。實務工作者要正視政策、法律及社會大眾的態度對同性戀者的壓迫，並倡議改變。社工人員要知道能運用的資源及可能的社會支持。〕……
7. 尊重 LGBT 每個人都是不同的（每個男同志、女同志都是獨特且獨立的個體，如同異性戀的每個個體一般。）
8. 尊重個案決定自我揭露的決定……
9. 尊重個案對性取向與性別認同的隱私權……
10. 倡導對 LGBT 友善的工作環境及機構服務。〔社工應倡導對 LGBT 個案公平且相同的處遇及服務，以符合他們的需求〕（Morrow, 2006c, pp. 13-15）

倫理議題 12.1

為什麼人們會覺得自己是同性戀或雙性戀？到什麼程度你會覺得他人的性取向與你有關？為什麼？

男女同性戀者的生活型態　　　　　　　　　　LO 5

身為同志是什麼樣的感覺？如果你有一天醒來發覺自己是個同性戀，你認為生活會發生什麼變化？你與家人、朋友與同事之間的關係會有什麼改變？

並不是所有男女同志都遵循某一套典型的生活方式。同志們就像所有的異性戀者一樣，生活型態各有不同。住在威斯康辛的男同志與住在舊金山郊區的男同志就有所不同；在猶他州領社會救濟的白人同性戀母親更與波士頓上層階級的非裔同性戀母親天差地別。儘管生活型態各有千秋，男女同志仍表現出些許共同模式，反映在以下幾個方面。

人際關係

如同異性戀者，每個男女同志的人際關係與生活型態各有不同（Longres & Fredriksen, 2000; Mallon 2008; Tully, 2001）。與異性戀者相似，許多同性戀者會與重要的伴侶同住。其他可能是獨居，或與異性伴侶、朋友、孩子或家人同住。此外，許多同性戀者有小孩（Mallon, 2008; Messinger & Brooks, 2008）。同性伴侶與異性伴侶一樣，都面臨許多同樣的議題，並有類似的價值觀（Crooks & Baur, 2014; Holmberg & Blair, 2009）。異性伴侶的多樣性（如社經地位、教育程度、種族與族群背景、溝通模式等）也會出現在同性伴侶上。

Rathus 及其同事檢視了同性戀者的關係（2014）：

> 許多男女同志都與伴侶有緊密的關係，並對他們的關係品質感到滿意。研究顯示，異性戀者與同性戀者對於與伴侶的關係都表現出類似的滿意程度（Henderson et al., 2009; Kurdek, 2005）。此外，男女同志多表示在他們的關係中有高度的愛、依附、緊密連結、關心及親密。
>
> 如同異性戀者，男同志並非對每段關係都感到滿意。二組受訪者都表示，若從關係上得到的回饋超出付出，會有較高的滿意度（Henderson et al., 2009）。另外，與異性戀者相似，男女同志若在其關係中能分享權力並共同做決策，他們會感到更快樂些（pp. 282-283）。

Osanna 詳述如下：

> 對於任何形式的伴侶來說，維持一個親密關係的因素是相同的：回饋要比付出多；要能自在地表現自我；伴侶重視穩定、長久、共同的活動及一體感；能相信彼此；有歧見不代表會分手；相互信賴；能適宜地解決問題與衝突；有共同參與或平等的決策機制；以及適當的社會支持。（p. 277）

社會與法律大多阻礙男女同志發展長期的關係。例如，同性婚姻仍有很大的爭議

（ProCon.org, 2014）。即使男女同志與其伴侶非常相愛，想要共度一生，社會仍會有許多阻撓的聲音出現，像是來自家庭與異性戀朋友的壓力，以致他們無法像異性戀關係般結婚並有小孩。

性互動

許多人難以想像男女同志如何進行性行為，畢竟他們沒有完整的「配套」，如陰莖與陰道。事實上男女同志做的與異性戀者相同，包括擁抱、親吻、愛撫、撫弄生殖器以及口交。

男女同志的生理反應和異性戀者是一模一樣的。他們會被挑逗、進入興奮的高原，直到性高潮，然後是舒緩，直至身體回復興奮前的狀態。無論是男是女，同性戀或異性戀，這整個過程都是一樣的。

同性戀者的相關議題與生命事件　　LO 6

身為與眾不同團體的一分子，同志們經常遭受刻板印象與恐同的誣衊與迫害，社會的排斥更使得他們毫無招架之力。社工人員與其他從事人群服務者應當注意同性戀者所面臨的特殊議題與生活事件，以期協助案主釐清問題、評估可行的因應之道。此節將檢視同志面臨的重要議題與生活事件，並探討社會工作如何處理這些議題。

社會與經濟力的影響：法律增權與社會正義

幾百年來，法律對同性戀是壓制的，也禁止雞姦（sodomy），其定義為同性間或異性間的肛交或口交。Harper-Dorton 與 Lantz（2007）討論這些歷史上的相關法律：

> 法律禁止同性戀行為可追溯到羅馬法。在早期美國殖民歷史上對雞姦者的懲罰包括鞭刑、吊死及監禁一段時間（Robinson, 2003）。這段歷史似乎很古老，然而，近至 2002 年，禁止雞姦法仍在波多黎各及其他 14 州內執行（Robinson, 2005）。美國境內的反同志相關法律，以及美國文化下恐同的普及，讓許多同志不敢揭露自己的性取向。為了自身安全，許多同志仍隱藏自己的性活動。思考是否要出櫃與公開自己性取向的人，都會受到外界的憎恨、職場上受到歧視的經驗，以及機構體制中（如軍隊）被隔離等因素而影響其決定（Reicherzer, 2005; Tully & Nibao, 1979）。(p. 162)

在 2003 年，美國最高法院在勞倫斯訴德州案（Lawrence et al v. Texas），推翻了同性戀者私下接觸的違法性（Crooks & Baur, 2014, p. 265）。法院認為，這類法律悖離了憲法中對個人隱私權的保障。這樣的結果也顛覆了許多州禁止同性間性行為及禁止雞姦的法律（Crooks & Baur, 2014）。

Chapter 12
性取向及性別認同

433

同性戀者在法律下受到不同的對待；這部分有三個議題值得討論：就業、個人關係與經濟，以及親子監護與探視。

就業 LGBT 承受了無處不在的各種歧視，包括就業、住房、公共住宅、教育、醫療照顧，以及每天生活上的大小事。這都是因為他們沒有受到法律的保護（American Civil Liberties Union [ACLU], 2014a; National Gay and Lesbian Task Force, 2008d）。直到 1976 年，美國聯邦政府人事手冊要求在對同性戀者僱用與終止僱用的決定上，禁止帶有任何歧視，除非該公部門能證明同性性行為已影響工作表現（Dale, 1993）。這代表多數聯邦及的公部門不可僅因同性戀者的性取向而帶有偏見與歧視。然而，這條規定並不適用於各州及地區職場。例如，警察機關與公立學校通常會排除同志員工（Dale, 1993）。歧視發生於更大的範圍。一位男同志與另一位男同志結婚。他獲得錄取天主教女子學校供餐服務主管一職，但兩天後當學校發現表格上這位男士填寫的緊急聯絡人是他的先生，學校馬上撤銷了他的錄取資格（Valencia, 2014）。這位男士被告知，學校不能僱用他，因為天主教不認可同性婚姻。

除了聯邦政府內的工作外，其餘私領域職場對同性戀者均無禁止歧視的保護（Human Right Compaign, 2014; NOLO, 2014b）。同性戀者並沒有被視為是一個團體，如少數族群，可以在美國憲法的平等保護傘中得到保障。在撰寫本章之際，美國國會正討論禁止職場歧視法（Employmenr Non-Discrimination Act, ENDA），這法律已獲參議院通過。法律內容基本要禁止職場上對任何性取向或性別認同的歧視。在此之前，有試著通過一個類似的法律，但失敗了。不過這些努力能讓國會議員對這個議題的支持度逐年提高。

一項很大的進步在於，許多美國大型企業已開始執行反歧視政策，但這樣的進步並未反映在小型企業與組織上。多數的前五百大企業中已有反歧視政策，其中包含了對性取向的反歧視；大多數也包含了對性別認同的反歧視。

倫理議題 12.2

若有可能，可以為同性戀者及雙性戀者做些什麼，以保護他們免於受到職場歧視？

個人關係、經濟與同性婚姻 在美國，同性戀者合法結婚的權利一直受到熱烈辯論。在 2013 年 6 月有項重大變革，美國最高法院否決了 1996 年聯邦捍衛婚姻法案（Defense of Marriage Act, DOMA）。在捍衛婚姻法案中定義了婚姻僅限於男女之間（Gacik, 2014）。在 2013 年，法院裁定同性之間的婚姻應被聯邦政府所接受，且婚

姻中的伴侶可以如異性伴侶般獲得聯邦級的福利，這些福利包括「社會安全遺屬福利、移民權利及家庭假」（William & McClam, 2013）；也包含了聯邦稅制福利，像是聯邦級聯合申報退稅。要注意的是，聯邦機關可決定哪些同性婚姻符合福利資格。例如，有些機關，如國家稅務局（IRS）認可所有的同性婚姻；但社會安全管理局（SSA）則會考慮雙方是哪一州的公民，且該州是否認可同性婚姻（NOLO, 2014a）。

在 2013 年的裁定中，最高法院並沒有強制各州自行決定（Williams & McClam, 2013）。（在 2015 年前的幾十年來，美國五十州中多數是禁止同性婚姻的。）

在過去幾十年來，同性戀者是否有權利結婚一直是到爭議。到 2015 年 6 月，美國最高法院歷史性地裁定同性伴侶間有憲法上賦予的結婚權利。這項 5-4 最高法院決議代表了全美五十州都必須執行並認可同志婚姻。

除了美國外，以下幾個國家也准許同性婚姻，包括荷蘭、比利時、加拿大、西班牙、南非、挪威、瑞典、阿根廷、冰島、葡萄牙、丹麥、烏拉圭、紐西蘭、巴西、法國、英格蘭及威爾斯。

倫理議題 12.3

同性戀者是否應被賦予結婚的權利？

親子監護與探視權　在過去，同志父母在爭取親子監護權方面，常因他們的性取向而面臨重重困難。許多法庭拒絕將監護權判給他們，僅因為他們是同志（ACLU, 2014b; Barusch, 2012; Carroll, 2013b; Hunter & Hickerson, 2003; Parks & Humphreys, 2006）。例如，在佛羅里達州，一位同志母親失去了她「11 歲女兒的監護權，卻判給了曾經殺害第一任太太的父親」（CNN, 1996）。更複雜的狀況是，這位女兒與第一任太太都控訴父親曾在女孩青春期時性侵她。另一個例子是，阿拉巴馬法庭拒絕了一位同志母親的監護權；首席法官譴責同性戀是「原罪，且這樣的行為罪孽深重到沒有人能描述」（Kendell, 2003）。還有例子是祖母獲得了孫子的監護權，因為其同志母親與同性伴侶共同居住；維吉尼亞法官裁定該母親「其行為敗壞善良風俗，沒有資格成為合格的母親」（Kendell, 2003）。儘管如此，還是有些法庭認為父母的同性戀傾向不應單方面構成喪失監護權的理由，除非有足夠證據證明同性性取向會危害到兒童（Berger & Kelly, 1995）。

雖然主審監護權官司的法官是以孩童的最佳利益為考量，他們下的判決也有可能過於武斷（Hyde & DeLamater, 2014; Kendell, 2003）。有些法官可能懷有同性戀恐懼的偏差概念，進而影響了他們的判斷。

Chapter 12 性取向及性別認同

◆ 重點提示 12.2

同性婚姻的支持與反對

贊成	反對
1. 同性伴侶間應該要和異性伴侶間一樣，能夠公開讚頌對彼此的承諾。	1. 傳統以來婚姻制度就是定義為男女之間的結婚。
2. 同性伴侶間應該要和異性伴侶間一樣，享有同樣的福利。	2. 若同意同性戀者間結婚，將會進一步削弱婚姻制度。
3. 婚姻要將社會態度也納入考量以重新定義；多數美國人支持同志婚姻。	3. 這可能會造成「滑坡謬誤」（slippery slope），讓其他人，像是一夫多妻、亂倫、殘忍關係及其他屬於非傳統關係的人們都有權利結婚。
4. 在憲法致力於自由與平等前提下，同性婚姻受到保障。	4. 同性婚姻可能會造成更多小孩在同性家庭中長大；這不是一個絕佳的成長環境，因為小孩需要父親與母親。
5. 讓同性婚姻合法化並不會損害異性婚姻或「家庭價值」；社會也會繼續成功地運作。	5. 婚姻不應延伸到同性伴侶，因為他們無法生育小孩。
6. 若結婚的理由僅侷限於傳宗接代，那麼不孕夫妻應該不被允許結婚。	6. 婚姻是一種男性與女性間的宗教儀式。
7. 同性結婚是民事權利。	7. 許多信仰、經書典籍及傳統宗教團體都不容許同性婚姻。

資料來源：Gay Marriage: Pros and Cons, ProCon.org (2014).

　　在美國，同性婚姻沒有強制力的狀況下，同性伴侶間會經歷許多不便。Greenberg 及其同事（2014）提出以下五點：

1. 任何婚姻關係中的所得稅補貼都不適用於未結婚的男女同志伴侶。
2. 同志伴侶若要領養小孩會非常困難。部分州拒絕讓同性伴侶領養小孩。
3. 「在第一個配偶（此為重點）死亡後，婚姻關係中的伴侶不需要付聯邦遺產稅（federal estate taxes）（且也僅需支付有限的州立遺產稅）。州立法律讓（那些沒有立遺囑者）死者的不動產直接移轉給配偶（或依據不同州的法律移轉給配偶及子女）」（Greenberg et al., 2014, p. 393）。但同居卻缺乏婚姻強制力的同性伴侶間，在伴侶死亡後，其親屬可以要求所有的遺產。
4. 同性伴侶間常被公司福利排除在外，如健康或人壽保險。雖然許多大型企業已提供同性伴侶福利，但仍有許多小型公司沒有。
5. 當伴侶嚴重生病或無法自行作決定時，沒有結婚的伴侶並無法自動擁有決定權。同志伴侶間在這些狀況下都沒有法定權利，因為他們不是屬於法定家人。

一般人對同志父母有多種偏見迷思，其一為同志父母會帶出同性戀小孩。至今沒有任何證據，證明生長自同志家庭的孩子會較易成為同性戀（Barusch, 2012; Carroll, 2013b; Hyde & DeLamater, 2014; Morales, 1995）。其二，在同志家庭成長的孩童容易被帶壞。所有證據顯示同志家庭出身的孩童表現得與異性戀家庭出身的小孩同樣出色（Carroll, 2013b; Hyde & DeLamater, 2014）。其三，有些人以為同志無法勝任教養之務，這也是沒有事實根據的（Barusch, 2012; Moses & Hawkins, 1982）。最後，研究顯示，關於同志的小孩會面臨同儕關係困難、不當的社會技巧，或比來自異性戀家庭的孩子較不受歡迎等，都是未獲研究結果支持的（Hyde & DeLamater, 2014）。

　　有趣的是，美國小兒科協會「支持同志父母領養伴侶的孩童」（AASECT, March 2002, p. 10），認為兒童與法定父母同住，是最符合兒童與其人身安全的利益。

同志權益的未來　　雖然目前同志並無獲得法律平等對待，社會對同性戀的接納還是有長足的進步。美國與許多其他國家目前已有同性合法結婚。美國有些州與地方已於住房與就業方面立法保障同志平等權利，同性戀也已不再被視為精神疾病；此外，美國大部分聯邦政府部門也不再對男女同志差別待遇。這些轉變都歸功於同志們的大力倡議與努力。

　　同志平權運動中時有如下標語：「記取石牆！」（Remember Stonewall!）石牆是一家位在紐約格林威治村的同志酒吧，1969年的6月28日遭到警方突襲臨檢。這在當時乃是司空見慣的事，然而同志的反應卻非比尋常：他們不但向警方反擊，還一路打到街頭，持續了數小時之久。

　　同志平權運動的確大幅提升了同志的法律權益。同志群體存在於許多社群中，尤其是都市。他們定期聚會討論、策畫政治活動，並協助解決個人生活難題，像是職場歧視。除此之外，他們還串聯同志與其他同志社群相互交流聯誼。

　　社會工作者需要關注同志權益這個議題。他們不僅要有一個客觀、開放的態度，以及對個人自決權益的信念，更須站在同志的立場為同志發聲：所有在公私機構中對同志的不公平待遇與歧視政策都應挺身反對；所有對同志的歧視行為都應交付社會公論；鼓勵同志權益的政治人物應予以支持。最後，其他如朋友、家人及同事都應被教導同志權利，並鼓勵他們支持同志親友。

社群反應：反同志暴力

　　在2016年6月12日，恐同者Omar Mateen掃射佛州奧蘭多同志夜店，造成49人死亡，53人受傷。Mateen使用AR-15半自動攻擊武器。這是美國歷史上死傷最嚴重的射殺事件。Mateen最後在與特種部隊的槍戰中死亡。

　　「在1998年10月，Matthew Shepard，一位同志大專生，遭到毆打並綑綁丟棄在懷俄明州靠近Laramie的一處籬笆邊長達18小時。4天後他傷勢過重死亡。據了

解，21 歲的 Russell Henderson 及同樣 21 歲的 Aaron McKinney 兩位男子原本是要搶劫，但在知道了 Shepard 的性取向後，轉為暴力對待」（AASECT, 1998, p. 1）。

Carroll（2013b）對於那些 LGBT 的暴力提出幾點脈絡性的描述：

　　仇恨犯罪（hate crimes）指對某些宗教、性、種族、性取向、身心障礙或族群團體等的仇恨而產生犯罪動機。這類也稱為「訊息犯罪」（message crimes）；犯案者要傳遞訊息給受害者的附屬團體（APA, 1998）。通常，仇恨犯罪會有強烈的憤怒感受（Parrott & Peterson, 2008）。(p. 288)

Swigonski（2006）根據 Mason（2002）針對幾個英語系國家所進行的調查，引用了下列數據：

- 70% 至 80% 的同志受訪者曾在公共場合中因為他們的性取向而遭到言語暴力。
- 30% 至 40% 的受訪者曾遭受到暴力威脅。
- 20% 的男同志曾遭受到身體暴力。
- 10% 至 12% 的女同志曾遭受到身體暴力。

Swigonski 做出以下結論：「當人們的性取向或性表現並不符合外界所設下的狹義社會規範中，暴力就很有可能成為他們生活的一部分。這是一個事實，卻是令人無法容忍的事實」（p. 366）。

LGBT 常受的迫害有七種（Wertheimer, 1988），包括最常見的言語騷擾、跟蹤或是恐嚇之類的威脅、造成心理與生理創傷的群體攻擊、與愛滋病相關的侮辱與憎恨、性侵害、警察歧視，甚至謀殺。對同性戀的恐懼似乎成了所有攻擊的主要依據。

有什麼能阻止男女同志繼續遭受迫害？Wertheimer（1988）提出四項建議。第一，LGBT 公民權應盡速立法通過。性取向歧視必須被明定為非法行為，人們必須知道這樣的行為是不被允許的，同時受害者的人身安全必須獲得保障，方能使其安心舉報。

Wertheimer 的第二項建議為通過特別法，嚴禁因對特定群體的仇恨與歧視而犯行。此法不但能保護 LGBT，同時也保障其他因性別、種族、族群、宗教或信仰而受歧視的群體。

第三項建議則是要教育警察及司法人員關於恐同行為、LGBT 迫害，以及 LGBT 需求與權益的知識與資訊，並提升其對 LGBT 的同理心，增進其對 LGBT 處境的敏銳觀察。如此便能使 LGBT 受害者勇於舉報，不必擔心受到高層的騷擾與報復。

最後，Wertheimer 的第四項建議是仿照性侵害與家暴防治中心，為 LGBT 建立危機處理中心。

倫理議題 12.4
要如何停止對同性戀、雙性戀與跨性別者的暴力？

出櫃

出櫃指的是個人從自我認知到公開承認同性戀的過程。鑑於周遭無所不在的恐同言論與刻板印象，這段過程通常極為漫長而艱辛（Crooks & Baur, 2014; Marrow, 2006a; Swigonski, 1995）。

男女同志通常在 20 歲之前便意識到自己的性取向與眾不同（Martin, 2008; Moses & Hawkins, 1982）。一般而言整個出櫃的過程大約是一到兩年，但因個別情況不同，實際過程也各有所異；也就是說，有些人的出櫃之路要比別人長，出櫃的時機也比別人晚。對許多人而言，特別是尚未獨立又逢同儕壓力的青少年，出櫃往往是備極艱困。

出櫃通常要經歷四個階段（Boston Women's Health Book Collective, 1984; Crooks & Baur, 2014）：(1) 自我坦承；(2) 結識圈內人；(3) 向親友坦承；(4) 出櫃，即公開自己的性取向。

第一個階段——自我坦承，即要自我意識到自己是同性戀者而非異性戀者（Crooks & Baur, 2014; Moses & Hawkins, 1982; Rathus, 2014b）。在這段過程中，通常會有一段認同轉變時期，個人會嘗試新的身分標籤，開始設想自己為同志，並思考這個身分對自身生活的意義。

這段過程還意味著接納來自這個社會的各種負面標籤。在認同了同志身分後，有些人會對自我感覺更好，似乎這個身分有助於其自我認同，使其在思想與感覺上更貼近真實的自己，並促使他們更進一步思考與體驗從前所畏懼的一切。

助人專業者可以運用幾個技巧來幫助同志個案度過出櫃時期。首先是要提供案主相關資訊，告訴他們「同志」究竟是怎麼一回事（Morrow, 2006a），因為情況有可能是案主本身受社會同性戀恐懼的影響而排拒同性戀；因此有必要教導同志何為性別認同，以及如何選擇性伴侶。除此之外，同志也該了解同性戀並不是一種疾病。

關於自我概念的建立則應善加輔導。許多時候同志無法區別社會對同性戀的負面印象與自身的自我印象。他們必須要了解到，這些與眾不同的習慣並不會使他們一夜之間變成另一種人；他們還應了解他們有哪些不同的選擇，可以使他們更有做自己的自由。

另一項建議便是審慎務實地評估同志出櫃的可行性（Chernin & Johnson, 2003）。出櫃有其利弊。有利之處在於緩解伴隨假面生活而來的恐懼與焦慮，或是促其參與社

會活動，聯合其他同志共建支援系統。此時轉介地方同志組織將有所助益。

出櫃的弊端則須謹慎以對。這包括了在就業上與其他社會場合對同志的歧視，以及與親友決裂的可能。任何關於出櫃的可能風險都應當仔細斟酌考量。

出櫃的第二階段便是結識圈內人。這個階段的重點在於尋求一個有歸屬感的社群。對同志而言，若要克服自身的恐懼與社會刻板印象的壓力，最好是去尋求其他同志的安慰與鼓勵，因為他們了解出櫃是怎麼一回事，可以讓人放心地訴苦、宣洩壓力。由此可見建立如此一個社會支持體系是多麼重要。

出櫃的第三步是向親友坦承（Crooks & Baur, 2014; Morrow, 2006a）。大部分同志選擇先向朋友出櫃，因為要向家人坦承比較困難（Boston Women's Health Book Collective, 1984）。但另一方面，不向家人坦承也不是一件容易的事。

對親友出櫃有如下建議（Crooks & Baur, 2014; Morrow, 2006a; Moses & Hawkins, 1982）。首先要審慎評估可能的後果。如果後果不堪負荷，向所有親朋好友同事出櫃便不是一件必要之舉。

例如，一位大專新生近期出櫃。他與父親的關係一直不穩定。他們總是溝通不良，也不親近。但他們一起參與家庭活動及在親戚間走動。從兒子有記憶以來，就知道父親常大肆批判詆毀同性戀。在這種情況下，對父親出櫃就沒意義了，因為他們的關係也不會因此而改變；相反地，反而會讓兒子受到更多痛苦的批評，甚至被家人放棄。

第四步便是公開自己的同志身分。就如同向親友出櫃一般，要走這一步必須事先評估利弊得失，即在各個可能的情況下，考慮其同志身分可能帶來的利益或風險。

許多人選擇不出櫃。我們已經討論過同志所面臨的攻訐、排斥與歧視；如果有人選擇不出櫃也是情有可原。或許每個人都應該仔細盤算怎麼做對自己是最好的。對此同志之間也有不同的聲音。有些人認為面對如此不公的社會現實，所有人都有權決定什麼對自己是最好的。這樣的觀點常被認為保守。另外有些人堅信如不將同志身分昭告天下，同志永遠無法真正做自己。

現實取向專業者會考量各個可能的選項，並評估各種方案的利弊得失。此用意在協助案主做出最符合自身利益的決定。

青少年同志

青少年同志不但面臨人生自我認同的發展，其同志認同也同時在異性戀世界中發展，這是因為青少年時期同時也是性意識覺醒的階段。社工人員應當對這個時期的青少年同志給予特別關照。（第六章討論了部分青少年在發展認同的特殊情境下所面臨的問題。）Boes 與 van Wormer（2002）指出，青少年「常被視為（什麼都還不懂

的）未成年人」，然而：

> 青少年同志因為必須在敵視他們的環境下生存（如學校、家庭、教會），累積了許多亟待解決的個人問題，例如：
>
> - 對自己出櫃的認同風暴；認清自己是誰及自己不是誰。
> - 決定該向誰說、何時說、怎麼說。
> - 重建人際關係，並忍受隨真相而來的排拒。
> - 建立新的照顧支持網絡。
> - 對於出櫃者，如何保護自己不受惡意攻擊；對於未出櫃者，如何保護自己不受欺瞞、罪惡感的侵蝕。（p. 621）

比起其他異性戀同伴，青少年同志自殺的機率要高於四倍（Johnson, 2011a）。因此輔導青少年同志的重點是避免忽略或否定少年的認同意識與性取向，並協助他們正視自身的想法與感覺，給予增權，以及提供必要的資訊與支援。

當社工人員在輔導青少年同志時，必須遵循三項原則（Woodman, 1995）。第一，要接受有些甚至是許多青少年是同性戀這個事實；第二，要提高自己與服務單位的覺察力，以提供青少年同志必要的協助；第三，當輔導青少年同志時，避免摻雜反同志及恐同情緒。協助青少年同志的方式，則包括「特別宣傳、同儕支持性團體、娛樂節目，以及任何有助緩解青少年同志孤立與絕望的資源與活動」（Alderson, 2013; Laird, 1995, p. 1611）。

對同志父母的增權

許多同志擁有小孩（Carroll, 2013b; Mallon, 2008; Messinger & Brooks, 2008; Rosenthal, 2013），有多少無法確認，因為沒有確切的統計數字說明同性戀人數。而同志的孩子多半是同志在異性戀婚姻中所生。其他的藉由最新生殖技術，如人工受孕或代理孕母的方式孕育下一代。也有一些男女同志嘗試領養。

當同志父母爭取到監護權時，還是有若干問題需要克服。例如，同志父母必須解決因其性取向而來的「社會不認可與鄙視」。被炒魷魚或被踢出公寓對有小孩的女同志比沒有小孩的女同志其影響大得多，更別說在福利、補助津貼與生活條件方面，同志父母要承受更高的風險。

有幾點建議給社工人員與其他社會服務專業人士，以便幫助同志父母解決問題（Moses & Hawkins, 1982）。第一，社工人員可以協助提醒同志當父母的喜悅。有時候同志會陷在身為同志的苦楚中，忘了最平常不過的天倫之樂。

第二，社工人員可以幫助同志父母向孩子出櫃。他們可以幫助父母尋找合適的方式與孩子溝通說明他們的性取向，並探討各種利弊得失。或許對父母如何向孩子出

櫃而言沒有一套最佳方案（Morales, 1995）。面對孩子，同志父母的手段各有不同。有的不向孩子透露，深怕因此喪失了監護權，或是怕孩子受到影響；有的則要孩子保密，雖然這麼做會造成孩子的壓力（van Wormer et al., 2000）。

還有些同志父母認為應儘早向孩子出櫃。Hunter 與 Hickerson（2003）便建議父母採取開放態度。這麼做有幾個好處，首先是避免了因隱瞞而隨之而來的緊張關係與溝通問題。同志伴侶不用避開孩子，可以大方地表達彼此的愛意，如此生活也輕鬆隨意得多。再者，直接向孩子公開也可避免他們從別人那裡聽到一知半解的傳聞。若孩子不是從父母而是從他人口中得知真相，不但可能受到驚嚇，或許還會埋怨父母，甚至造成他們對同志的負面印象。

然而要切記的是，每一個同志家庭都是獨一無二的。社工人員的角色只在於根據其家庭型態，協助父母決定最適合向孩子出櫃的方式。

第三，社工人員可以協助同志父母解決新伴侶的問題。當同志父母尋得伴侶並決定與其同居時，他們所面臨的問題，就如同異性戀伴侶加入一個家庭會面臨的問題是一樣的。有關子女教養方式需要協調好；花費支出要如何處理、家務如何分攤，甚至在子女面前的行為舉止都要溝通明白。

第四，許多同志父母擔心孩子會因為他們的性取向而受到歧視與偏見。社工人員可以助其找尋因應之道。父母可以學習幫助子女思考自身處境，以決定何時可以透露父母的性取向，何時則否（Laird, 1995）。

Wolf（1979）建議應教導子女隨機應變。這麼做的前提是同志父母對其性取向採取開放的態度，子女便可從中學習如何正面看待同志。與此同時，同志父母還應當教導子女何者為討論性取向的適當場合。例如，如果是親戚朋友來家作客，就可以將母親的同性伴侶介紹給大家；但如果是學校的課堂報告，那還是謹慎一點為好。

學習調適行為舉止是成長的必經過程。教導子女合適概念的一個方法是教他們個別差異（Moses & Hawkins, 1982）。孩子知道每個人都是不同的。每個人都有自己的想法與信念，過的生活也各有千秋，而性取向差異只不過是人類眾多差異中的其中一種。然而就是因為人們對性取向有各式各樣的想法，同志才會被歧視。因此不要隨便講到父母的性取向，才是明智之舉。

Cohen、Padilla 與 Aravena（2006）檢視了社工人員如何提供 LGBT 心理支持：

> 整體而言，心理社會處遇包括了提供家庭正確的性別認同與性取向資訊；協助家庭降低對性別認同與性取向的負面刻板印象；協助不同文化背景的家庭去闡述自己性別認同與性取向的價值與信念，以及捍衛 LGBT 家人的福祉。最後，處遇也要包括提供家庭成員相關資源，包括如何與社區中有提供家庭相關服務的機構聯繫。(p. 169)

當同志遲暮時

「『沒人愛老灰』這句諺語已經被同志改成『沒人愛老 gay』」（Baron & Cramer, 2000, p. 207）。年長同志的負面印象通常是年老色衰；因為老年同志已經風華不再，不但恐同的異性戀唾棄，連同志也瞧不起，因此孤單寂寞、晚景淒涼。

事實情況正好相反。根據年長同志優勢所做的研究，提出兩個發現（Alderson, 2013）。其一，大部分的同志相當適應老年生活（Lee, 1991; Longres & Fredriksen, 2000; Tully, 1992; van Wormer et al., 2000），不但友伴成群（少數為異性戀），還與同志社群和支持性團體保持聯繫，並擁有年紀相當的長期伴侶。其二，無論就適應能力或心理社會需求而言，同性戀者與異性戀者相去無幾。

如果說真有什麼不同，或許是同志比異性戀者在掌握獨立與克服汙名這兩方面更能適應老年生活（Alderson, 2013; Berger, 1985; Fullmer, 2006; Moses & Hawkins, 1982）。同志比異性戀者要能掌握獨立，是因為同志向來過的是獨立生活，而異性戀者大多生活在傳統家庭體系中，較難適應親朋故世的孤寂。就某種程度來說，異性戀者終其一生都有家庭照護，而同性戀者卻必須單打獨鬥、自求多福。因為他們的生活型態不容於傳統異性戀的價值系統，因此總是需要向外尋求奧援、互結朋黨。於是理論上，「老年孤寂」對同志的衝擊不若對異性戀者來得大。

老年同志所占的第二個優勢是克服汙名。這是因為同志向來遭受汙衊與排擠，因此到老時，對老年人所受的侮辱排斥反而比異性戀者更能淡然處之（Longres & Fredrikson, 2000）。年輕時忍受對同性戀的侮蔑，反倒練就了老時面對侮辱時的豁達。

同性戀與異性戀年長者主要關心兩件事：健康與財務。然而，由於女性在一生中通常賺得比男性少；年長女同志「更容易面對財務窘境；男女同志也都比較少在身邊的伴侶或成年小孩可以幫忙照顧他們」（Rosenthal, 2013, p. 248）。此外，同志們還要面對制度規範、法律及情感需求等議題，這些都較不會發生在異性戀者身上。

制度規範通常與津貼與資源獲取有關（National Gay and Lesbian Task Force, 2011）。在近期美國最高法院針對聯邦福利（稍早討論過）的判決，社會安全並不如異性戀配偶般支付同性戀伴侶津貼補助。例如，異性戀配偶可以領遺屬津貼，但同性伴侶就不行。

另一個制度問題是關於進行機構安置或住院。親密朋友或伴侶不被允許決定是否安置或安置於何處，甚至不被允許探視。如同之前討論過的法律議題，傳統上只界定了家人可以接手，拒絕同志伴侶的陪伴。

前面已經談過法律體系如何漠視同志關係。如果遺囑沒有白紙黑字地寫好、見證好、更新好、保管好，未婚的同志伴侶很有可能喪失兩人胼手胝足所累積下來的財富，因為法律上有血緣關係的「家人」才有繼承權。

本章的其中一項主題是社會工作者應倡議以提升 LGBT 個案的政策與服務。對年長的 LGBT 亦如此，社工應關注特定制度與法律議題。這樣的倡議是社工人員應扮演的角色之一。

老年同志的情感需求與異性戀者是相同的。他們都需要社會接觸、人情溫暖，以及自我尊重。然而同志還必須額外承受異性戀世界的壓力。舉例來說，當一個社工人員不懂為何案主不辭辛勞地請假、申請公共救助津貼，只為了照顧一個非常親密的「朋友」，同志還得另外費神解釋他們的關係，甚至要費力去辯護他們的舉止。

McInnis-Dittrich（2014）對社工在長者個人支持系統的關注進行反思：

> 有效地建立支持系統需要社工將家庭帶入⋯⋯這意味著將長者視為複雜跨世代關係中的其中一分子；這個系統可能對長者的一生有深刻的影響，且是互動與支持的重要來源。一生所扮演的家庭角色——像配偶或伴侶、父母、祖父母、阿姨叔叔〔或親密朋友〕——都是長者自我概念的一部分，影響他們思考這些角色的特定功能〔例如，身為父母、養育孩子等〕已經停止。每個人自出生就處在不同的家庭中，在成年時期建立自己類型的家庭，並在年長時轉而思考身為家庭一分子對他們的意義。（p. 315）

因此，檢視同志的家庭組成型態與支持系統是很重要的，但要依據每個人的定義。一輩子的伴侶及其他重要的人都應被納入年長個案的處遇計畫與每個決定中。

同志與愛滋病

愛滋病在第九章有詳細介紹。雖然一開始許多人將愛滋視為同志病，但今日異性戀者患愛滋病的比例已經高過同性戀者。因此在第九章，愛滋病被視為對所有人的共同威脅，包括異性戀與同性戀。由於在美國同志是第一個感染愛滋病的團體，在此我們便要談談愛滋病對同志的影響（愛滋病通常不見於女同志當中，除了高風險的第四級毒品使用者之外）。

在愛滋病還未廣受注意之前，許多人，大部分是男同志，已經被感染了。許多同志目睹友伴一個個飽受病痛折磨、消亡殆盡，心理的衝擊非筆墨可以形容。

一開始愛滋病並沒有受到重視。許多人以為此疾病只會發生在同性戀、嗑藥者等「壞人」身上。或許是異性戀者的恐懼反應，加上愛滋病為壞人「報應」的大眾心態，使得美國政府對愛滋防治並沒有積極作為，任由同志與他們的朋友、親人與伴侶在絕望中受苦。

或許要感謝同志，愛滋病才得以廣泛地受到關注，新的資源才得以挹注於療法與防治研究。同志對於政府的冷漠相當憤怒，擺明了一副得了病是活該的態度，因此同志圈聯合起來向立法者施壓、遊行、為罹病者請命，並要求政府重視。

同志還採取各種措施,發起愛滋病防治運動。他們以一切他們能夠想到的方式散發愛滋病防治訊息,例如,強調安全性行為的宣傳小冊就在同志酒吧流傳。他們以如此方式,減緩了愛滋病在同志社群內的感染。

任何協助輔導同志案主的社工人員都要留心愛滋病對案主的影響與心理衝擊。許多熟悉案主的社工人員或許都處理過與愛滋病相關的經濟與社會問題,不僅包括了疾病本身,還有隨個人資源用罄而來的貧窮、社會孤立、保險與公共救助問題,以及醫療照護問題。

多留意這些問題,可使社工人員更能照顧到案主的需求。**多元化思考 12.2** 便提到如何提升 LGBT 的最佳福祉,而非僅只於愛滋病帶原者。

多元化思考　12.2

LGBT 的社會工作:提升最佳福祉

對於相關 LGBT 的社會工作至少有兩個要點。一是個別工作者的態度與能力,二是提供 LGBT 服務的相關機構。

諮商輔導

NASW National Committee on Lesbian and Gay Issues 的主席 Josephine Steward 為服務 LGBT 的社會工作者提出幾項建言(NASW, 1984)。首先,正視自身的恐同狀況是絕對必要的。最糟的情況是社工人員粗言詆毀 LGBT 案主,並批評他們的性取向,嚴重違反了基本社會工作倫理中尊重案主自決的價值。一個概念偏頗的社工人員有可能在毫無察覺的情況之下,扼殺了案主的自我發展、抹滅了正面的自我形象,並忽略所有有助於 LGBT 生活的另類選擇,甚至排拒 LGBT 社群資源。

其次是要熟悉 LGBT 的生活方式,與 LGBT 社群建立聯絡管道。這是為了要幫助案主確認與評估可行之道,同時認識一兩個可以提供最新消息的圈內人也是有好處的。

服務機構

另一項與 LGBT 相關的社會工作議題是服務機構。社工應該要代表 LGBT 族群,以帶領著機構增進與發展機構政策及各種方案。LGBT 們需要各種不同層面的服務來解決生活上的需求,包括了女同志支持性團體、男同志出櫃支持性團體、同志父母為爭取監護權的法律諮詢,以及伴侶之間的關係諮商。這些相關服務可以由 LGBT 專門機構提供,或是整合到傳統社服機構。

無論 LGBT 服務是否由專門機構執行,重點是這些服務都是個案所需。社工人員必須秉持社會工作價值來服務 LGBT 個案,了解有利個案的資源所在,為其做合適的轉介,並適時教育其他人關於 LGBT 所面臨的難題。最後,社工人員還必須倡導 LGBT 權益;強調性取向只是人性多元的一部分,各種性取向應被尊重而非否定。並支持保護 LGBT 權益的政治人物;抗議歧視 LGBT 的機構並給予教育;並施壓要求公平不偏頗地給予 LGBT 所需服務。

CHAPTER 13

老年期的生理層面

基本概念

老年期通常是補償的年齡（我們對以前的生活模式的回報）。我們所經歷的年輕時期大部分會影響我們如何度過老年期的方式。

學習目標

在本章，我們將會協助學生：
LO 1 定義老年期
LO 2 描述老年期在生理與心理上的改變
LO 3 了解導致老化過程因素的當代理論
LO 4 描述老年人常見的疾病與導致死亡的主因
LO 5 了解自我照顧為優先考量的重要性

定義老年期

何謂老年期？

老年期（later adulthood）是生涯最後的主要部分。65歲通常為區隔中年和老年的年齡（Santrock, 2016）。65歲並沒有存在任何魔法或者與科學上有特殊的關係，皺紋不會突然出現在65歲生日當天，頭髮也不會突然變白或者脫落。在1883年，德國首先以65歲作為世界上第一個現代社會保險制度中訂定老人的標準（Sullivan, Thompson, Wright, Gross, & Spady, 1980）。當美國在1935年通過社會安全法案（Social Security Act）時，美國政府依循德國的模式，也選擇65歲為領取退休金的資格年齡。

老年人是極其不同的族群，跨越超過三十年的範圍。在生理、心理以及社會層面上，都有許多的不同之處，例如，65歲的Sylvia Swanson和她86歲的母親Maureen Methuselah之間有許多的差別。Sylvia經營一家時裝用品店，在巴黎、墨西哥城和舊金山之間往來頻繁地採購商品，而Maureen自從13年前她的丈夫去世之後，一直住在一家安養中心。

gerontologist——專精於老年人醫療照護的**老年醫學專科醫師**，已經試著處理有關年齡的差異，將老年期區分為兩個族群：65歲到74歲的**年輕老人**（young-old）以及75歲以上的**老老人**（old-old）（Santrock, 2016）。

我們的社會傾向於用實際年齡（chronological age）來界定所謂的老年。在原始社會裡，一般來說大多以身體和精神狀況來認定老年，而非以實際年齡來認定。這樣的定義比我們的認定還要準確。每個人在65歲時，不會有相同的精神和身體狀態。老化是一種個別的過程，不同人身上以不同的速度老化，並且社會心理的因素可能會妨礙或是加速生理的變化。

老化的新視野

一個錯誤的觀念是認為老年期是很難避開體力與智力衰退的時期。將老年期當作是「可怕的」人生舞台的刻板印象是錯誤的，而可悲的事實是長者被一些年輕人當作「二等公民」。

整體而言，現在的人們比以前活得更長壽更好。在日本，老年象徵著一定的社會地位。例如，到日本的旅客入住飯店常被詢問其年齡，以確保老年人可以得到適當的尊重（Papalia & Martorell, 2015）。

在美國，老年人是一群越來越健康、人數越來越多、心境又較以往更年輕的人。許多70歲長者的思想、行為和感覺有如50歲的人。在電視螢幕上，老年人很少被描繪為暴躁和無奈的，更多的是受到尊重和擁有智慧。

老年期的生理與心理改變　　LO 2

老化

變老的過程稱之為**老化**（senescence）。隨著年齡增加，老化是身體變化的正常過程。老化以不同的速度影響不同的人們，也影響身體的各部分。身體某些部分的老化會比其他部分慢，本節我們將檢視老年期的老化過程。

外表　在身體狀況方面的變化包括皺紋增加、行動的靈敏度與速度降低、彎腰駝背、手與腳會有不穩定的現象、行動變得困難、頭髮變少，以及出現靜脈曲張。而皺紋的產生是因為彈性纖維和皮膚的脂肪層部分流失。

感覺　感覺的敏感度一般會在老年時退化。由於皮膚會變得乾燥、有皺紋，也變得粗糙，觸覺會隨著年齡而下降。溫度變化會讓皮膚的敏感度增加。由於身體自我調節功能的回應較慢，老年人通常會覺得比較冷。暴露在寒冷中與在不良的生活環境下，可能會引起異常的低體溫，對一些老年人而言這是個嚴重的問題。他們不能像年輕人那樣地適應高溫，因此無法像年輕人能在高溫下有效率的工作。

聽力逐漸惡化。首先受到影響的是聽到高音的能力。聽覺的敏銳程度會慢慢地逐漸降低。當有干擾聲音出現時，像是收音機、電視或是其他人的說話聲音，許多老年人發現很難跟得上與他人的對話。65 歲到 79 歲的老年人，聽力受損程度是 45 歲到 64 歲的人的 5 倍。男性有聽力受損的傾向比女性高（Santrock, 2013b）。聽力受損的人易感受到寂寞與隔離，因為他們無法馬上加入談話。有時聽力受損與被隔離的感覺會使人格轉變，導致與人更難相處，而覺得更寂寞（我們再一次見到身體與社會環境如何影響到情緒發展）。

視力也會衰退。大部分超過 60 歲的人需要戴上眼鏡或隱形眼鏡才能看得清楚。視力的退化通常是因為水晶體、眼角膜、視網膜、虹膜與視覺神經的惡化。老年人的視力可能只有 0.3 或更差，無法擁有像其他人一樣的視力去察覺深度，夜視能力也較差，這個問題讓他們無法在夜晚開車。在美國，有一半全盲的人是年齡超過 65 歲以上的老年人（Papalia & Martorell, 2015）。

許多老年人的眼睛會因為眼窩的脂肪層流失，最後會呈現凹陷狀況。眨眼的反射動作變得更慢，以及因為肌肉的收縮能力降低，眼皮顯得下垂鬆弛。

白內障（cataract）是老年人普遍關心的疾病。白內障是眼球中的水晶體變混濁，阻礙光線透過。白內障影響視力的程度會因發生的位置而有所不同。最常見形成白內障的原因是水晶體變硬。白內障使得光線無法透過而造成視覺模糊或失明。嚴重的可能會造成複視。白內障通常可以用手術予以摘除與植入人工的水晶體。半數的老年人會罹患白內障（Papalia & Martorell, 2015）。幸運的是隨著水晶體矯正的發展與

日益精進的手術摘除與水晶體植入，視力可以完全或部分恢復。

導致老年人失明的一個常見的眼疾是青光眼（glaucoma），青光眼是因眼睛內的壓力升高所致。如果沒有治療，眼內的壓力會傷害眼睛內部。若經過例行的視力檢查而發現青光眼（很少有初期症狀），可以使用眼藥水、藥物、手術或雷射手術加以治療與控制。

視網膜老化性黃斑病變（macular degeneration）是導致老年人機能性失明的主因。視網膜的中心會漸漸失去辨別細部影像的能力，吸菸者比其他人有高於兩倍半的機率罹患此種疾病（Papalia & Martorell, 2015）。

味覺與嗅覺在老化的前幾年就已經降低了。這類的感覺降低與疾病與不良的健康狀況較有關係，並非是因為年齡所造成的感覺器官退化。味覺通常取決於人們可以聞到的味道。超過 80 歲的老年人中有五分之四有嗅覺損傷，其中更有一半的老年人完全失去嗅覺（Papalia & Martorell, 2015）。對那些味覺與嗅覺嚴重喪失的老年人，食物變得沒有味道，食量因此而減少，常會造成營養不良。

維持姿勢與平衡的內耳前庭也會喪失功能，導致老年人比年輕人易於跌倒。老年人也更常受頭暈之苦，增加其跌倒的可能性。

牙齒　當人年紀越來越大，牙齦逐漸地萎縮，牙齒漸漸變黃。牙周病（periodontal disease，牙齦的疾病）變得越來越多。許多老年人的牙齒最後會脫落。低收入戶老年人因為經濟狀況不佳與交通不便使得牙周病更為嚴重（Santrock, 2016）。裝置假牙則需要幾個星期去適應，在這段時期內，常常也會吃不好、睡不好。牙齒不好或使用假牙可能也是種創傷，因為這代表身體的老化。人的性格會受到負面的影響。另一方面，對一些裝假牙的人來說，假牙可以改善外觀，也會改善他們對自己的看法。持續適當地牙齒護理或者透過假牙的使用，可以防止臉部出現許多老化的跡象。

聲音　在老年期，聲音可能會變得不那麼強而有力，而且範圍變得有限。在公共場所演講與唱歌的能力一般來說會比普通的說話技巧更早退化。這些改變是因為喉頭軟骨變硬或彈性逐漸喪失。說話速度變得更慢，停頓時間變得更久、更頻繁。如果腦部發生病變，說話可能會變得含糊不清。

皮膚　許多老年人的皮膚會出現斑點、膚色更蒼白，而且失去彈性。一些皮下肌肉與脂肪消失造成皮膚出現皺折與皺紋。

心理性肌肉運動的技巧　老年人可以做大部分年輕人可以做的事情，但是速度會慢了一些。老年人有很高的意外傷害比例，主要的關鍵在於中樞神經系統傳導訊息過程緩慢（Papalia & Martorell, 2015）。這讓老年人需要更久的時間評估環境，評估之後又需要更久的時間做出決定，然後再做出正確的動作。在老年人許多的日常生活中可以看到這些訊息過程緩慢的現象。他們學習新資訊的速度緩慢，將訊息從記憶中

擷取的速度也會降低。

你曾經因為老年人在你前方龜速開車而覺得煩躁嗎？或許你會按喇叭催促他開快一點。我們應該要記住老年人或許需要這樣的速度來保護他們的安全。

駕駛者的緩慢過程及回應會反映在實際狀況。老年人比中年人有更高的車禍事故比例，但老年人車禍事故的比例跟青少年差不多（Papalia & Martorell, 2015）。然而造成這些高車禍事故的原因是不一樣的。青少年的事故通常是因為他們太魯莽，常冒著風險開車。老年人的事故是因為他們為了避開可能會有的問題，行動變得比較緩慢，以及他們的運動感覺協調能力變差。老年人跟其他人一樣有駕車的需求。能夠開車可以顯現出積極參與社會活動或是面臨生活上孤單的不同之處。老年人可以開慢一點，不要開太遠，和選擇比較好開的路來彌補他們在駕駛上喪失的能力。

老年人的肢體運動與心智活動會降低並喪失，如在速度、力量和耐力方面。規律的運動也可對循環與呼吸系統有所助益，幫助人們更能遠離致命的病痛，如心臟病。

智能 老年人的智商會減退是一個錯誤的概念。智商大部分會維持相當的程度。老年人的智力測驗（IQ test）分數確實是比年輕人低，而且年齡越大，分數越低（Santrock, 2016）。Papaliam 與 Martorell（2015）認為差異在於**表現**（performance）與**能力**（competence）之間。老年人的智力測驗分數較差，但是他們真實的智商可能不會降低。有許多因素造成智力測驗分數較低。隨著老年人的視力與聽力的喪失，在接收指示和執行任務有比較多的困難。他們的協調能力跟敏銳度下降，造成在智力測驗上表現不佳。老年人容易感到疲倦，也阻礙老年人的智能表現。速度是許多智力測驗中的一部分，老年人在速度方面也變得緩慢多了，因為他們需要多一點的時間去理解、評估以及反應（Santrock, 2016）。此外，當老年人察覺到有時間限制時會更緊張，他們了解自己需要比以前花更長的時間去完成事情。像這樣的焦慮確實降低了他們在智力測驗上的表現（Papalia et al., 2012）。

仍然有其他的因素影響老年人智力測驗的表現。智力測驗的項目通常是設計給年輕人使用，老年人可能會對某些項目顯得生疏，所以智力測驗的分數較低。老年人在答題方面比年輕人更加謹慎，這阻礙了他們在智力測驗上的表現，一般而言，智力測驗通常需要冒點風險與速度。老年人容易貶低自己在解決問題上的能力，這樣的態度可能會變成自我實現預言，而反映在智力測驗上面。

老年人在智力測驗上的表現降低，也可能是因為在老年時期持續的智力活動減少所導致。當個人減少使用其智能，似乎智力也會跟著降低。因此，強烈地建議老年人需要維持智能的活動力。

智力在生命末期突然降低或**死前智力大退化**（terminal drop in intelligence），也就是智能表現突然地下降，會發生在老年人因疾病而死亡前的幾個星期或幾個月

（Papalia & Martorell, 2015）。智力突然降低並非只出現在老年人的身上，也曾經出現在臨終的年輕病人身上。

目前對老年期的智能退化很難有確切的結論。智商的確會下降，但是以上的那些理由說明老年人的智能並非衰退。持續的智能活動可以維持智能。**重點提示 13.1** 中有更多關於老年人智能與身體功能的迷思。

身高與關節　人類在青少年晚期或 20 歲左右即生長到最高的身高。在那之後，骨頭的長度只有一點或者不會有任何的改變。老年人會因為脊柱的椎間板嚴重退化而變矮。骨頭的密度也變得較低，骨頭會因化學成分的改變而變得易碎。這些改變使得骨折的風險增高。關節活動也變得更僵硬和更不靈活，與關節相關的疾病（如關節炎）也隨著年齡的增加而出現。老年人需持續活動身體以促使關節運動，如果身體活動少，關節會變得越來越僵硬。

體內平衡　體內平衡（homeostasis）在老年時期變得比較沒有效率。原本穩定的機制變得呆滯，而且人的生理適應性降低。心跳和呼吸速率需要很長的時間來恢復正常。傷口需要很長時間癒合，甲狀腺萎縮使得新陳代謝變慢。胰臟失去產生讓蛋白質和醣代謝所需酵素的部分能力。

肌肉結構　30 歲以後，肌肉收縮的力量與速度逐漸降低，支撐肌肉的能力也會衰退。50 歲以後，活躍的肌肉纖維數量逐漸減少，導致老年人的肌肉變少。75 歲的人的手握緊的強度只有 30 歲的人的 55%（Santrock, 2016）。韌帶會變硬而且收縮，有時會導致駝背。反射能力變得更緩慢而且會造成大小便失禁（腸子或膀胱失去控制）。自主系統的不隨意平滑肌比較不會像其他的肌肉那樣地退化。

重點提示　13.1

價值與老化：衰老的迷思

衰老（senility）可以定義為在老年期間心智與身體方面不可逆的退化現象。許多人誤以為老年人終將會衰老。這並非絕對正確。雖然老年人的身體狀況或多或少會退化，但是老年人的身體仍然可以活動到死亡之前。而且大多數的老年人並沒有心智退化的跡象（Santrock, 2016）。

衰老並不是一個醫學診斷，有關於衰老的症狀通稱有很多，像是：記憶力喪失或失憶、注意力不集中、一般智能理解能力下降、對他人的情緒反應降低。

那些恍神及混亂的老年人有可能已經罹患一種或是數種疾病。有許多的疾病是可以被治療的。感染、腦中血管不明原因的硬化、阿茲海默症、貧血、腦瘤及甲狀腺失調這些疾病，只有少部分的臨床症狀可以讓人有類似衰老的徵兆。

神經系統 雖然隨著年齡的增加，神經系統的功能會有一些變化，神經組織漸漸地被纖維細胞所取代。老年人在反射與反應的時間變得更慢。大腦的總細胞數可能會減少，但是大腦的功能仍會正常運作，除非輸送到大腦的血液被堵塞。一般 75 歲的人類大腦重量與中年人差不多（Santrock, 2016）。有些特殊的醫療症狀（如腦動脈硬化）會使得大腦組織嚴重地惡化。如果情況惡化，這些人會喪失最近或以前的記憶，可能會變得冷淡，身體運動的協調能力降低，失去自理的動力，以及會有一些人格上的改變（如變得比較急躁、混亂和鬱鬱寡歡）。許多老人呈現負責組織感官過程的大腦皮質逐漸地退化。

消化系統 隨著年齡的增加，酵素、胃液、唾液分泌的減少會擾亂消化的過程。老年人們最常抱怨的問題是腸胃不適。因為消化系統容易給老年人帶來的壓力、情緒混亂與焦慮，大多數的腸胃不適可能是來自於這些因素而不是因為年齡的關係。排便的規律性也是老年期的問題之一，也會有腹瀉或便秘的問題。

呼吸 隨著老化，肺部會減小，導致氧的使用率減少。一些空氣囊膜會被纖維組織所取代，因而堵塞肺部氣體的正常交換。75 歲時的最大肺活量和最大的氧氣吸入量大約是 30 歲時的 40% 左右（Santrock, 2016）。在生命過程中，適度的運動是重要的，維持最高的氧氣吸入量和血液流動，可以減緩老化的過程。

心臟 老化所造成最具破壞性的變化是身體的心臟與血管。心臟和動脈是生命中最脆弱的一環，因為大多數的器官如果接收到足夠的血液量，或許會持續運作 150 年（Santrock, 2016）。心臟受到各種老化形式的影響。心臟會縮小，而且心臟內的脂肪比例增加。心肌容易纖維化而變得乾枯。沉澱在心臟細胞中的一種棕色物質會部分地限制血液的流通，並且透過心室干擾氧氣吸收。心瓣膜的彈性降低，並且在心瓣膜裡的膽固醇和鈣的沉澱物也會減低心瓣膜的效率。

老年人的心臟只能運送年輕人 70% 的血流量（Santrock, 2016），心律會變慢且不規則。脂肪開始在心臟周圍累積並影響心臟的功能，血壓也會跟著上升。適當地對待心臟，這些改變不一定是危險的。營養的攝取、適度的運動、適當的睡眠和開朗的心態，對維持心臟的功能有其助益。

在老年期，冠狀動脈容易硬化而且變得狹小，造成部分動脈阻塞。很多心臟病發作的部位在冠狀動脈，情緒與身體的壓力導致病發。冠狀動脈硬化也會造成血壓的上升，並且會降低輸送到身體各部位的血流量。血液循環不良可能導致許多問題，例如，輸送到腦部的血液循環不良時，會造成腦部退化以及人格改變；輸送到腎臟的血液循環不良時，會造成腎臟的問題，甚至導致腎衰竭。

備用能力 一般情況下，人們不會過度使用身體跟器官。一種備用的能力（可以讓身體與器官系統發揮到較大的能力以因應壓力時期）稱之為**備用能力**（reserve capacity）。年輕人會維持 4 倍至 10 倍的最佳備用能力（Papalia & Martorell, 2015）。備用能力可以幫助體內維持平衡。

當人們變老時，備用能力會跟著退化，因此老年人因應壓力的速度無法跟年輕人一樣快。老年人也許以前可以完成除草後就去滑水，現在的他也許在除草時，已經耗盡心臟的備用能力了。年輕人感冒或得了肺炎，通常可以很快地復原，然而這些可能會對老年人的生命造成威脅。因為老年人已經沒有快速的反應能力、強而有力的心臟，以及反射作用靈活的肌肉，所以他們成為某些特定意外事件的高危險群如過馬路時發生的意外交通事故。當備用能力逐漸地削弱，老年人也會失去照顧自己的能力，變得需要依賴他人。

性能力：性反應週期　Masters 與 Johnson（1966）提出男性與女性的性反應週期分為四階段：興奮期、高原期、高潮期、消退期。男性與女性之間在生理的反應上有許多相似之處，這些包括來自於個別的性刺激所造成的兩種主要身體改變——肌強直（myotonia）或肌肉緊張，以及血管收縮或充血。

當處於**興奮期**（excitement）時，血液流至陰莖的勃起組織（充血）而造成勃起。陰囊變得更厚、更多的皺折，睪丸往身體方向向上提起。

高原期（plateau）的特徵是持續的勃起，時間可能很長，也可能很短。睪丸會完全提起並轉向前方，血管充血致使睪丸變大。考伯式腺會分泌一些透明的液體，液體從陰莖的前端流出，這些液體的用途通常是清洗尿道中的尿液，藉此中和精液通過的化學環境。

男性的**高潮期**（orgasm）包括兩個階段。第一個階段是不自主的射精，為性刺激足夠可以導致高潮的短暫時間，射精變成不由自主的。第二階段是射精，有節奏的收縮（肌強直）使精液從尿道射出，同時有愉快的高潮感覺。

最後一個階段是**消退期**（resolution），身體恢復到未興奮狀態。陰莖不再勃起，睪丸不會充血與提起。

女性在**興奮期**（excitement）階段會有許多的變化。陰道的潤滑液開始分泌，與男性的勃起反應相似，因為性刺激而造成身體上血液充血的反應。子宮與子宮頸開始向上提升並遠離陰道，陰蒂跟小陰唇腫脹，大陰唇擴張，乳房稍微變大，乳頭變得堅挺。

在**高原期**階段，子宮繼續收縮提升，陰道增長與擴張，陰道外表的三分之一處會收縮達到快感，陰蒂縮回到陰蒂包皮內，陰蒂像是消失了。

子宮與陰道在**高潮期**經歷波浪似的肌肉收縮。這些反應和男性高潮的經驗是一樣的。

子宮頸與陰道在**消退期**會回復到原位，陰道外表的三分之一處會隨著內部的三分

之二處回復到正常。陰蒂與乳房也會恢復到正常。

男性與女性會出現許多**生殖器以外**（extragenital）的不自主生理反應，這些包括肌肉緊張的反應，例如，臉部表情扭曲、手腳抽搐、骨盆伸展。生殖器以外的血管充血反應包括性紅潮、血壓和心跳加速，以及腳底跟手掌出汗。

價值觀與性能力　一般都誤以為老年人會失去性慾，確實老年人的性趣與性生活會漸漸減少（Hyde & DeLamater, 2014），然而許多老年人仍然擁有性生活。

二十年前推出的威而鋼所引發的對性的改變至今更加明顯（或許如同避孕藥的巨大貢獻）（Kotz, 2008, p. 50）。比起三十年前，現在有更多70多歲的老人能規律地享受性生活；威而鋼上市後的男女擁有性生活比例為：57% 的男性與 52% 的女性，之前則為 40% 的男性、35% 的女性；此外，大約四分之一年約 75 歲至 85 歲的老年人仍性生活活耀（Kotz, 2008, pp. 50-52）。

Kotz（2008, p. 52）指出：

> 透過維持長期活耀的性生活，其優點是顯而易見的：快樂和興奮、接合感以及一系列的健康助益。科學家們已經證明了經常發生性行為可增強免疫系統，釋放荷爾蒙降低壓力，改善睡眠，甚至可能可抑制皺紋；一項蘇格蘭研究發現每隔一天享受性愛的人看起來比同年齡的人年輕 7 到 12 歲。

「如果你沒有使用，它就會消失。」當考慮到性能力時，這句話在老年期時會成為事實。研究發現在年輕與中年時期有較多性生活的人，他們在老年時通常可以維持較久的性趣。

如果性行為次數減少，社交的因素或許會大於生理的因素。最主要降低性生活的因素是因為人老的時候缺少一個伴侶或是厭倦伴侶、沉溺於喝酒或是飲食過量、身體與精神狀況不佳、害怕在性方面表現不佳、對更年期有負面的態度，以及對性產生負面的想法，這些錯誤的觀念會讓老年人覺得性生活是不恰當的（Hyde & DeLamater, 2014）。其他阻礙性生活的因素包括缺少居住空間的隱私性，如安養中心。一些老年人會害怕中風或心臟病而導致死亡，所以拒絕性生活。許多的感覺：罪惡感、焦慮、憂鬱或是敵意，也會阻礙他們的性生活，於是對性感到的興趣會多於性生活（然而這對其他年齡層的人也是個事實）。

如**圖 13.1**，老年男性通常會需要較久的時間勃起與射精，也許需要更多的人為性刺激，也會需要更長的時間才會有下一次的勃起。勃起的陰莖會比較小，硬度變差，射精之後，勃起會更快地消退。也可能會出現勃起功能障礙，特別是那些患有高血壓、心臟疾病及糖尿病的男性老年人（Papalia & Martorell, 2015）。勃起功能障礙通常是可以治療的，例如，威而剛已經廣泛地用來治療男性的勃起功能障礙。

生理過程的速度會變慢但是並不會停止，自然地變慢不是意味著失去興趣，在老年期時，規律的性釋放對維持性反應能力是相當重要的。

生理過程的速度會變慢但是並不會停止，自然地變慢不是意味著失去興趣，在老年期時，規律的性釋放對維持性反應能力是相當重要的。

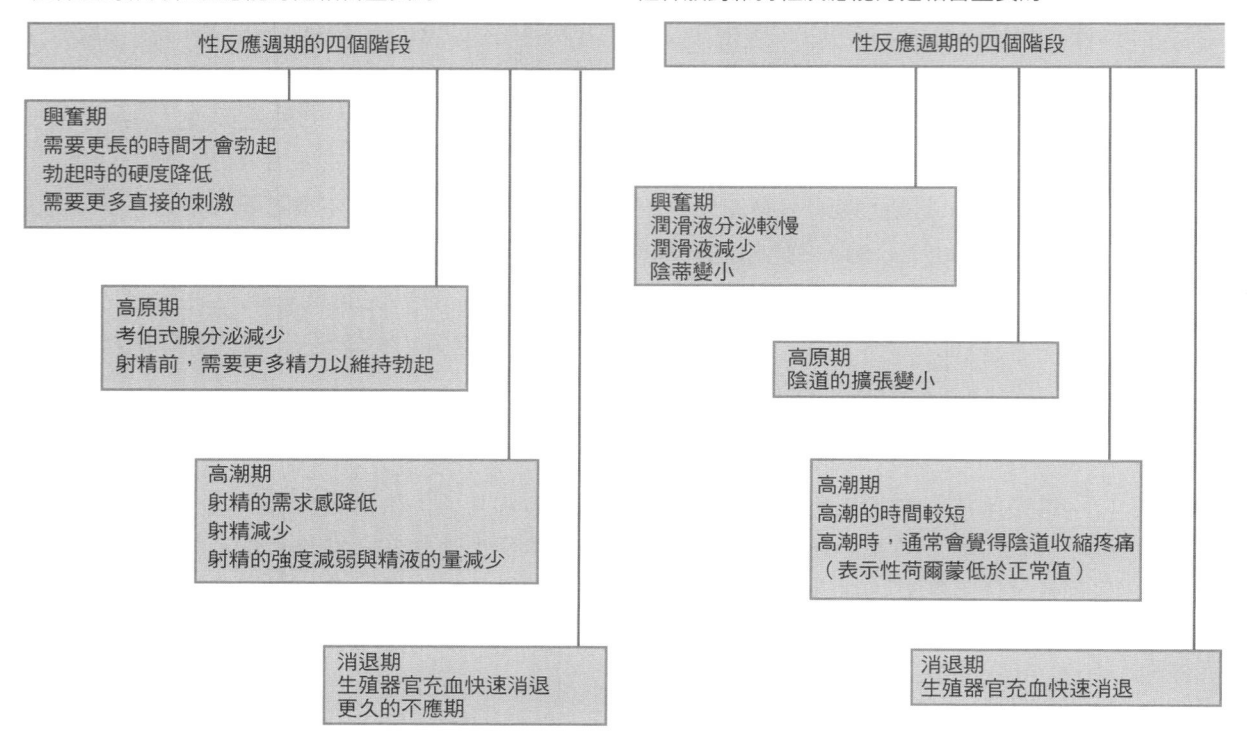

性反應週期的四個階段

興奮期
需要更長的時間才會勃起
勃起時的硬度降低
需要更多直接的刺激

高原期
考伯式腺分泌減少
射精前，需要更多精力以維持勃起

高潮期
射精的需求感降低
射精減少
射精的強度減弱與精液的量減少

消退期
生殖器官充血快速消退
更久的不應期

性反應週期的四個階段

興奮期
潤滑液分泌較慢
潤滑液減少
陰蒂變小

高原期
陰道的擴張變小

高潮期
高潮的時間較短
高潮時，通常會覺得陰道收縮疼痛（表示性荷爾蒙低於正常值）

消退期
生殖器官充血快速消退

圖 13.1　老化對男性性反應的影響

圖 13.2　老化對女性性反應的影響

　　年輕人對於老年人適當性行為的態度，常常會引起一些問題。許多年輕人認為未婚的老年人愛戀他人是不恰當的。喪偶者再婚可能會面臨家庭成員的強烈反對。當老年人與比他年輕許多的人交往，而這個人可能成為其死後的繼承人時，負面的批評將會是最強烈的。

　　老年人不容易感覺到性緊張，較少感受到強烈的生理反應，而且較少有性關係；雖仍會出現肌肉緊張與性紅潮，但是程度減弱。在我們社會裡的年輕人與老年人都需要去理解老年人的性表達（sexual expression）是正常與健康的，老年人無須覺得害羞，接受自己的性能力，年輕人則應該避免嘲笑擁有健康性能力的老年人。

　　如同其他年齡層的人，只要不傷害他人，老年人有權利表達其性趣。想想你會有多生氣，如果有人想要控制你的性生活。控制中年人的性表達是很少見的，荒謬的是，當人們從中年邁入老年，社會卻加以限制。每個人在不同年齡都需要被愛撫與接受情感，以提升自我價值和個人的滿意度。

　　許多現有的老年人居住安排〔團體家屋（group homes）、支援性住宅（assisted

living facilities)、安養中心（nursing homes）及寄養家庭（foster homes）〕都忽略了隱私的需求性。例如，在安養中心，通常會將兩位女性或兩位男性安置在一個小房間。居住的安排應該給予老年人有足夠的隱私以利社交。除非必要，醫生應該避免使用影響性功能的處方藥；當這些處方藥是必要時，應該告知病人相關副作用。社工人員和其他醫護人員應該根據老年人的現況，與其討論性生活。例如，心臟有問題的人可能會覺得不好意思去提到性生活會危害到健康的問題，社工人員可以先從這個人感到害怕的地方談起。

導致老化因素的當代理論　　LO 3

導致老化的因素

每個人到了老年期時都會經歷一些心理上的變化（之前的段落已經討論過）。什麼樣的因素會導致這些改變？沒有人能知道所有的理由。有一些理論曾論述生理的、社會的、心理的因素，而大多數的理論是與生理因素有關。

遺傳基因理論　遺傳基因理論（genetic theories）假設老化是因為細胞蛋白質形成時的遺傳基因訊息遭到破壞或改變所造成。這些改變會讓細胞壞死而導致老化。以下的理論被歸類為遺傳基因的理論。

舉例來說，其中的一項理論為**程式耗盡理論**（running-out-of-program theory），聲稱在每個細胞中有定量的基本遺傳物質（DNA 分子）。當細胞變老，DNA 被用盡，細胞則死亡。Gerhard 與 Cristofalo（1992）的研究支持了這個理論。他們發現人類的細胞只會分裂有限的次數，通常約 50 次。這樣的限制控制了生命週期，他們估計人類的生命約 110 年。

非遺傳基因細胞理論　這類的理論假設改變發生在細胞蛋白質形成之後。這些改變讓細胞死亡，因而導致老化。以下的理論被歸類在非遺傳基因細胞理論（nongenetic cellular theories）。

這些理論的其中之一是**堆積理論**（accumulation theory），認為老化來自於有機體的細胞中有害物質的堆積，當有害物質變多時，細胞則開始死亡。這些特殊的物質到目前為止仍無法被確定是什麼。

生理的理論　這些理論認為老化是因為器官系統的衰竭或是生理的控制機制損傷，以下的理論被歸類在生理理論。此類理論如**壓力理論**（stress theory），認為老化是因生活壓力的累積所造成的。每當遇到壓力時，都會有一小部分累積在人體系統中。這個理論與一些陳腔濫調一樣，認為壓力事件會讓人的頭髮變白或是讓頭髮掉落。

對老化理論的評論　每個人都會變老，很明顯地大自然已經建立了一個老化的機制。我們仍然不清楚那些機制是什麼。到目前為止，也沒有足夠的證據去證明哪一個理論是正確的。

壽命可以延長多久？　有些人可活到 100 歲以上。今日超過 100 歲的人口快速增加。生命有其限制嗎？專家們有不同的看法（Papalia & Martorell, 2015）。有人認為人類可以活多久沒有一定的限制，而其他人則相信遺傳至少在人類中有著部分作用，因此人類壽命增加的想法是不現實的。

一項可期待延長壽命的研究是飲食限制。劇烈的熱量減少（同時仍包括所有必需的營養素）已經發現可以顯著延長壽命（Papalia & Martorell, 2015）。

老年人常見疾病與死亡主因　LO 4

老年人的疾病與導致死亡的原因

大多數老年人至少有一種慢性病，有些人則會有多項疾病。最常發生的慢性病是關節炎、高血壓、聽力障礙、心臟病、肢體障礙、白內障、糖尿病、視力障礙和鼻竇炎（Papalia & Martorell, 2015）。老年人就診比例更加頻繁，將更高比例的收入用於處方藥物。一旦進入醫院，住院時間更長，可以預見老年人的健康狀況（75 歲和 75 歲以上）比年輕人更糟糕。

老年人的醫療費用平均是年輕人的四倍（Papalia & Martorell, 2015）。高醫療費用的原因之一是老年人遭受更多痛苦的長期疾病——如癌症、心臟病和糖尿病。

影響老化過程的因素

老化是一個複雜的過程，似乎有許多的因素加速或減低老化的過程。一個人若有嚴重且慢性的疾病，或有重度身心障礙，通常會比健康的人老得比較快而且比較早（Santrock, 2013b）。

導致老化加速的主因無從得知，可能因為運動量減少，或是不知名生物化學上的改變，或是壓力過大，使某些人老得更快。

許多的「生物損傷」會加速老化過程。這些損傷包括意外、骨折、嚴重燒傷、嚴重心理壓力和重度酒癮與藥物濫用；不良的飲食習慣也會加速老化（Santrock, 2016）。

環境因素會影響老化過程。身體與心智活躍會讓老化過程速度減慢，反之則會加快。樂觀的態度會減慢老化的過程；不安全感、缺少可以講話的對象、悲觀的想法、處在一個陌生的環境當中會加速老化過程（Santrock, 2016）。長期暴露在過熱或過冷的環境中也會加速老化過程（Santrock, 2016）。

Chapter 13
老年期的生理層面

遺傳基因也是因素之一。父母親長壽的人，比父母親壽命短的人有更長的平均餘命（假設他們是自然死亡的）。我們的身體有基因時鐘，有些人就是會活得比其他人久。在家族成員當中，基因的因素與老化速率呈現高度的正相關。似乎某些計時裝置會讓組織與器官系統在特定時間損壞。許多因素會讓這些計時裝置速度加快或是減慢。**重點提示 13.2** 列出延長壽命的十項養生方式。

◆ 重點提示 13.2

養身與長壽

以下的十種養身方法可幫助維持良好的健康與延長壽命：

1. 吃早餐。
2. 規律的飲食習慣，不吃零食。
3. 適量的飲食攝取以維持正常的體重。
4. 適度的運動。
5. 不吸菸。
6. 適量的飲酒或是滴酒不沾。
7. 晚上有七至八小時的規律睡眠時間。
8. 避免使用非法藥物。
9. 學習適應壓力。
10. 健康的性生活。

資料來源：John W. Santrock, 2016, *Life-Span Development* (15th ed.) New York: McGraw-Hill.

老年人有較多健康問題的原因之一是因為本身的老化生理過程。

然而，研究顯示個人與社會壓力對疾病的產生也是關鍵之一。老年人會面對許多的壓力情境：家人與朋友的去世、退休、覺得寂寞、居住環境的改變、收入減少、社會地位喪失以及體能與體力下降。不適當的運動、不良飲食、抽菸、過度飲酒也可能造成健康問題。

對老年人而言，有一個特別問題是當他們生病時，疾病通常會加重他們原本所罹患的慢性病，疾病也使得器官無法像以前一樣運作得那麼好（因為他們的備用能力消失）。因此，老年病人的健康狀況變得更脆弱，甚至於一點點的小毛病像是感冒，都有可能致命。**重點提示 13.3** 列出了導致老年人死亡的原因。

探討老年人健康的問題時需要先釐清以下的脈絡。老年人比年輕人有更高比例會罹患疾病，但是絕大部分的老年人是健康的。65 歲以上的老年人比年輕人擁有一些健康的優勢，他們比較少得到流行感冒或傷風以及急性腸胃的狀況。理由還不清楚，或許因為老年人對病菌有較多的免疫力，或者他們比較少外出，所以接觸到較少的病菌（**重點提示 13.4** 說明了影響許多老年人的阿茲海默症）。

平均壽命

在古羅馬與中世紀時代，人類的平均壽命（life expectancy）介於 20 歲到 30 歲

重點提示　13.3

導致老年人死亡的原因

致死的原因	老年人死亡中所占的比例
1. 心臟病	25.6
2. 惡性腫瘤（癌症）	21.4
3. 心臟血管疾病（中風）	6.7
4. 慢性阻塞性肺病	5.8
5. 阿茲海默症	4.4
6. 糖尿病	2.8
7. 肺炎與流行性感冒	2.5
8. 其他	30.8
總比例	100

資料來源：Centers for Disease Control and Prevention, 2016.

重點提示　13.4

阿茲海默症

Tony Wiggleworth 今年 68 歲。兩年前他的記憶力開始衰退。幾個月之後，甚至於忘記跟老婆結婚當天的情形，也忘了他的孫子在這兩三天才來看過他。

他對周圍的事物也越來越覺得陌生，甚至覺得連朋友的家也未曾去過。在家附近走動時會經常迷路。

現在的他，頭腦已經有點混亂，講話出現困難，連一些簡單事情都無法處理，照顧他的老婆 Rose，不知道老公是否還認得她。在三年前，還沒退休的時候，身為會計師的他有很好的記憶力。

Tony 得了阿茲海默症（Alzheimer's disease），雖然這個疾病有時會發生在中年期，大部分會發生在 65 歲以上的人身上。大約 500 的美國人罹患阿茲海默症，65 歲以上的老年人有 5% 到 10% 罹患此疾病，而超過 85 歲以上的老年人當中有 47% 的人深受此疾病之苦（Papalia & Martorell, 2015）。

阿茲海默症是以 Alois Alzheimer 博士的名字命名。在 1906 年，阿茲海默博士注意到因腦組織變化死亡的婦女患有不尋常的疾病：她的症狀包括記憶力減退、行為不可預測，和語言問題。她去世後，他檢查了她大腦，發現了許多異常團塊（現稱為澱粉樣蛋白斑塊）和纏結的纖維束（現稱為纏結）。大腦中的斑塊和纏結是此疾病的兩個主要特徵。

阿茲海默症是腦部退化的一種疾病，智力、記憶力、意識和控制身體的功能會逐漸惡化。阿茲海默症的末期階段會導致癱瘓和呼吸困難，而呼吸系統的問題經常會引發肺炎，是阿茲海默症

患者最常見的死亡原因。其他的症狀包括易怒、心神不定、躁動、喪失判斷能力。雖然阿茲海默症好發於 65 歲以上的老年人,但是中年人也可能罹患此疾病。

要確切診斷阿茲海默症是有困難的,其混亂的症狀跟其他失智症的症狀相似。目前若要確認診斷的話,唯有死後進行腦部深處細胞解剖。醫師在診斷時,通常會先排除其他與此疾病相關的症狀。

阿茲海默症早期的症狀是記憶力喪失,尤其是短期記憶喪失。其他早期的症狀(常常容易被忽略)像是玩撲克牌的能力降低、在運動方面的表現變差,以及突然變得愛亂花錢。更多的症狀也會跟著出現:易怒、易激動、混亂、坐立不安、無法集中精神、講話有困難、喪失方向感。患者的症狀會越來越嚴重,最後照顧者 24 小時都得陪在他們身邊,對照顧者而言,將是極大的負擔。

到了疾病末期,患者通常已經不認得家人,無法了解別人說的話,也無法說話,進食也需要他人的協助,因此需要被安置到養護中心。除此之外,阿茲海默症患者無法回應照顧者的關心,親密關係也隨之被剝奪。

早期診斷與治療可以延緩病情的發展與改善生活品質。膽鹼酯酵素抑制劑可以讓三分之一到一半的患者病情穩定或是延緩病情發作 6 個月到 1 年的時間(Papalia & Martorell, 2015)。行為治療可以改善溝通方式、減緩其能力退化、減少其混亂的行為。某些藥物可以減輕患者的沮喪、減緩其躁動、幫助患者入睡。適當的營養與運動、物理治療、社交活動可能減緩病情繼續惡化。在發病初期,記憶力的訓練與輔助可以協助其改善認知功能。此外,情緒支持性團體和專業諮商對患者及其家屬而言,是相當有助益的。

之間。有些人會活到 70、80 歲,但是新生兒的死亡率是非常高的,饑荒、疾病與戰爭奪走了更多人類的生命。美國人的壽命逐漸地增加,這都歸功於更佳的衛生環境、營養與疾病控制。十九世紀中期,美國人平均可以活到 40 歲。到了二十世紀,平均年齡是 49 歲。2015 年的平均壽命為 79 歲(Mooney, Konx, & Schacht, 2015)。這些進展都因新生兒存活率、醫療照顧、飲食及衛生條件的改善而來。兩個達成這些成果的顯著因素是發展了對抗致命疾病的疫苗(如百日咳、小兒麻痺症、白喉),與降低了一些嚴重疾病如鏈球菌性喉炎、支氣管炎與肺炎的抗生素。

兩起生活重要事件可以預測老年人的死亡:配偶的去世與搬到安養中心(Santrock, 2016)。對於失去配偶或是搬到安養中心的生活事件,其部分原因是那些老年人可能不想再活下去了,因而加速其死亡。除此之外,那些搬到安養中心的老年人可能是因為健康狀況不佳,所以容易死亡,因此顯示較高的死亡率。

壽命在男女性別上有明顯的差異。在 2015 年時,美國女性的平均壽命是 81 歲,而男性的平均壽命只有 76 歲(Santrock, 2016)。對男性而言,環境與生理的因素影響其死亡率。以環境因素來說,男性易因自殺、意外事件、兇殺案件而死亡

（Santrock, 2016）。

男性也容易死於肺癌、心臟病、肺氣腫和氣喘，這些皆與環境因素有關，吸菸與酗酒也在其中（Santrock, 2016）。兩性在死亡率呈現的差異，部分的解釋可能是在於性別角色的刻板印象，女性較男性更能表達自己的感覺。被壓抑下來的感覺可能會導致憤怒、挫折還有其他隱藏的負面情緒，這些都會讓壓力增加，使男性產生與壓力相關的疾病，而縮短其壽命。

生理因素也可能導致男性的高死亡率。男性在胎兒階段與嬰幼兒時期的高死亡率，可以支持先天性抵抗力是有差異的見解。

超過65歲的女性比男性多，表示會有較多的女性喪偶。在2015年時，65歲及65歲以上的男女性別比為136位女性比100位男性（Santrock, 2016）。我們的社會，慣例上男性會與較年輕的女性結婚，丈夫通常比太太早死，因此女性比男性更容易會在晚年時獨自生活。

以下的幾個因素會增加平均壽命（Santrock, 2016）：

1. 父母親與祖父母親活到80歲或者更長壽。
2. 大部分的成人時期處於婚姻狀態。
3. 體重不過重。
4. 規律的運動（如一星期慢跑或快步走3次）。
5. 輕度的飲酒（一天1到2杯）。
6. 不吸菸。
7. 生活愉快滿足。
8. 大學畢業。
9. 居住在郊外。
10. 定期健康檢查與牙齒護理。
11. 習慣使用壓力管理技巧。

平均壽命縮短的因素：

1. 父母與祖父母年輕時死於疾病，像是50歲以前死於心臟病或是中風。
2. 父母與祖父母曾經罹患糖尿病、甲狀腺機能異常、乳癌、消化系統方面的癌症、氣喘或慢性支氣管炎。
3. 大部分的成年時期為未婚狀態。
4. 體重超重。
5. 缺少規律的運動。

6. 從事需要久坐的工作。
7. 飲酒過度（一天超過 4 杯）。
8. 吸菸：香菸、菸絲或雪茄。
9. 個性衝動、易緊張、易與人爭高下。
10. 經常覺得不快樂或憂慮，或是覺得有罪惡感。
11. 未完成高中學歷。
12. 居住在有中度程度以上空氣汙染的都市。
13. 經常生病。
14. 壓力過大但未使用壓力管理技巧。
15. 涉及與愛滋病毒有關的高危險性的活動（Santrock, 2016）。

自我照顧為優先考量的重要性　　LO 5

健康：優勢觀點

回應之前的內容、一再重複的中心議題：如果老年人有營養的飲食、會處理壓力、保持其身心活動，就可能較少經歷身體與心理上的退化（直到死亡之前）。老年期能夠擁有良好的身心健康，真正的關鍵在於生活方式需要遵從維持健康的原則。健康的確是我們最重要的資產。

傳統上我們（美國）重視疾病治療大過於預防。而中醫方式傾向幫助病患維持良好的健康狀態。在美國，全人治療的概念已經開始盛行，現在也重視預防、健康概念，且治療病人的心理和社會與身體是同等重要。

每個人（年輕人、中年人和老年人）都應該高度重視自我照顧（self-care）。自我照顧包含了個人使用驗證干預策略來促進：個人幸福、身體健康、積極態度、與他人有品質的關係、滿意的事業、敏銳的智能、精神健康和情緒平衡。

運動

對難以維持健康的人來說，改變永不嫌遲。許多研究發現老年人可以從運動中得到許多的助益，包括走路、游泳以及舉重。有些證據也顯示隨著年齡的增長，持續地運動可以降低老年人身心緩慢的程度。然而，中年人與老年人想要從事這些運動之前（如果這幾年他們的活動量少），應該先做身體檢查以確定其心臟狀況，以及運動是否會加重其他的症狀。

心智活動

就像運動可以維持身體狀況，心智活動可以幫助維持良好的認知功能。如前文所

述與老年相關的認知功能退化，如果人們可以保持其心智活動，認知功能退化會出現得較晚且較不嚴重。

我們應多重視老年人可以處在有智能刺激的環境中。一些安養護中心和退休老年人社區每天會舉辦活動以提供刺激，像是討論國家與地方事務或是舉辦不同議題的演講。

旅遊也是讓老年人維持心智活動的一種方式。一些組織團體，像是美國退休人員協會（American Association of Retired Persons, AARP）與 Road Scholar 提供美國境內旅遊與國外旅遊行程。

目前大多數專精於老化的權威人士認為老年期會智能退化是一個很大的迷思，因此我們已經浪費寶貴的資產：老年人擁有廣泛的經驗、訓練以及智能。我們的社會需要發展更多的教育性方案來幫助老年人維持他們的智能，也需要發現更多的方式讓老年人可以有生產力，貢獻社會。

睡眠模式

許多老年人會經歷一種或多種的睡眠障礙，像是失眠、難以入睡、翻來覆去、當身旁有人時打瞌睡、半夜醒來數次，以及時睡時醒而感到筋疲力盡。

對老年人而言，何謂健康的睡眠模式呢？老年人需要比較多的睡眠的說法是一種錯誤的刻板印象。似乎健康的老年人不需要比中年人有更多的睡眠時間（Santrock, 2016）。

老年人所經歷的睡眠障礙多是因焦慮、憂鬱、憂慮或是疾病所造成的。而睡覺時翻來覆去、睡不安穩的老年人，常見的情況是他們在生活上比較怠惰、小睡的次數太多，以及身體不舒服所造成（像是關節疼痛）。

老年人的睡眠模式會有一些常態的改變，熟睡狀態差不多已不復存在了，老年人通常需要較長的時間入睡，也會醒來數次。更重要的是干擾老年人睡眠的狀況不盡相同，他們經常會在白天小睡幾次，每次約 15 到 60 分鐘，小睡是正常的，要注意的是當老人已在白天小睡片刻，只需較短的睡眠，為讓老人在晚上睡足 8 小時，試著使用安眠藥時。人們會根據其身體所需及責任與活動來發展自己的睡眠模式。

營養與飲食

大部分老年人的飲食習慣是不佳的（Newman & Newman, 2015）。飲食與心血管問題有密切的關係，醫師會建議老年人攝取低脂與高蛋白食物。

在社會各族群體當中，老年人的營養狀況通常是最糟的（Papalia & Martorell, 2015）。導致老年人慢性營養不良的因素，像是獨居長者缺少為自己準備營養豐富餐食的動機、烹煮與保存食物的方法不適當、口味改變或是沒有食慾、牙齒不好或是沒

有一副好的假牙,以及缺乏有關何謂適當的營養知識。

一些老年人可能會吃太多。老年人空閒時間很多,可能用吃來打發時間。老年期對卡路里的需求減少,卡路里一旦過多,會轉化成脂肪,將提高罹患心臟病以及其他疾病的機會。

為了改善老年人的營養健康,一些方案已經開始實施。許多接受聯邦政府經費的社區,目前在團體聚餐地點提供餐食給老年人,一星期當中提供 4 到 5 次的餐食,通常以午餐為主。這些方案不僅改善了老年人的營養狀況,也讓老年人也有社交互動的機會。老人送餐服務則是提供冷熱食給那些可以自己進食但是無法準備食物的老年人。

壓力與壓力管理

對任何年齡層的身心健康,學習如何處理壓力是很重要的。壓力是造成情緒與行為問題的成因之一,壓力包括了焦慮、兒童虐待、配偶的虐待、脾氣暴躁、不舒服的感覺、身體被侵害、憤怒、敵意、性情急躁、有口難言、試圖自殺以及憂鬱症(Seaward, 2014)。

壓力會導致身體的病痛(Seaward, 2014),包括高血壓、心臟病、偏頭痛、緊張性頭痛、結腸炎、潰瘍、腹瀉、便秘、心律不整、心絞痛、糖尿病、花粉症、背痛、關節炎、癌症、感冒、流行性感冒、失眠、甲狀腺機能亢進、皮膚炎、肺氣腫、雷諾氏症、酗酒、支氣管炎、感染、過敏以及遺尿。與壓力相關的症狀已被認定是頭號的健康問題(Seaward, 2014)。

在治療與促進情緒障礙與身體疾病的恢復上,學習如何放鬆是很重要的。此壓力管理已經被 Simonton 與 Mattews-Simonton(1978)戲劇化地證明其治療價值,透過教導癌末病人如何管理與降低壓力獲得成效。

越來越多人採用壓力管理來治療身心不適,這改變了傳統醫生與病人之間的關係。代替過去被動式的參與治療過程,病人被教導(由社工人員與其他醫療專業人員)如何預防疾病,以及學習壓力管理技巧以加快其復原的速度(Seaward, 2014)。

能夠成功地管理壓力的人,會比那些一直處於高度壓力狀況下的人多出幾年的平均壽命(Seaward, 2014);有效的壓力管理令人覺得活得有意義、生活滿足、健康與豐富。

實務運用 社會工作員是助人團隊的成員之一,與心理學家、精神科醫師及諮商人員一同發展並提供壓力管理的方案。社工人員在當中亦扮演許多角色,他們可以是**教育者**,提供壓力管理教育方案給個人與團體。有些醫師會轉介經歷高度壓力或是患有與壓力相關疾病的病人到這類的方案。社工人員也可利用諮商(counseling),

結合放鬆訓練與生物回饋訓練，特別是對那些有高度壓力的個案。如果這些個案可以學習到放鬆，則可以較有效率地解決其問題。社工人員可以是一個**仲介者**的角色，協助處於高度壓力的個人轉介到壓力管理方案。他們也可以是**團體的催化者**（group facilitators），帶領以壓力管理為主軸的治療團體。社工人員也可以成為**主動者與諮商員**（consultants），於學校、企業、工廠與醫療單位發展壓力管理方案。

CHAPTER 14

老年期的心理層面

Mary Kate Denny/Alamy Stock Photo

基本概念

各個年齡層的人都會為了彰顯生命的意義與完整,而需要有心理上的調適。老年期也不例外。

學習目標

在本章,我們將會協助學生:
LO 1 描述老年期的發展任務
LO 2 了解老年期發展任務的理論概念
LO 3 簡述成功老化的理論

LO 4 了解影響老年人的重要生活事件
LO 5 了解老年期正向心理準備的指導方針
LO 6 簡述悲傷管理與死亡教育

老年期的發展任務　　LO 1

老年期的發展任務

老年人所面臨的發展任務，在本質上多是屬於心理層面。以下將以 Douglas 與 Norma Polzer 這一對夫妻為例來討論數個發展任務。

1. 退休與較低的收入。在 2002 年，Douglas Polzer 從修路領班退休，兩年前 Norma 則從郵局退休，退休帶給他們許多生活上的改變。Douglas 在退休後的幾個月，不知道該做些什麼，工作曾是他生命的重心，他很少跟以前的同事碰面，也沒有任何的嗜好與興趣，當他有工作的時候，可以跟別人分享工作中發生的事，現在的他變得乏善可陳。對這對夫妻來說，另外一個問題是他們的生活狀況變得較差，主要的收入來自於津貼與 Norma 的退休金。

2. 退休後與配偶一起生活。Norma 與 Douglas 在退休以前很少有相處的機會。他們一星期工作 5 天，Norma 星期六晚上也要工作。兩個人喜歡與各自的同事聚在一起，如果在一起太久，很容易惹惱對方。

   自從 Douglas 退休後，兩個人常常待在家。大部分的家事都由 Norma 負責，依然讓她忙進忙出，找到事情做對她而言不是太難。

   在 Douglas 退休後的前幾個月，他常會跟在 Norma 身旁，告訴她應如何做家事。他們的互動很差，常惹惱對方，而且有一些爭吵。過了一段時間，Douglas 開始對釣魚、散步以及與其他退休朋友聚會有較多興趣。漸漸地，Douglas 不在家的時間變多了，兩個人的爭吵則越來越少。

3. 投入與自己相似年齡的老人群或是為老人設立的組織。這對夫妻加入了老人休閒俱樂部，Norma 參加活動的次數比 Douglas 多。俱樂部舉辦許多不同的活動：午餐聚會、演講、旅遊、繪畫與工藝課、保齡球與高爾夫球活動。俱樂部也有小型的圖書館。

4. 維持朋友與家人之間的聯繫。Norma 與 Douglas 在俱樂部結交了許多新的朋友，透過交談，他們對生活適應上有一些新看法。

Chapter **14**
老年期的心理層面

這對夫妻退休之前的朋友都是同事，退休後，與他們碰面的機會越來越少，彼此的興趣也不一樣，這些朋友仍然會談論工作上發生的事，但是他們已經覺得這類的話題很無趣。

他們經常在星期天跟兒子 Kirk 一家相聚，女兒 Devi 17 歲時就已經結婚，不住在家裡了，在生了三個小孩之後離婚，到她再婚之前，有四年的時間領取政府的救濟金。現在她搬到加州，又多了兩個小孩。Norma 跟 Douglas 很少見到女兒，但是彼此的關係已經改善了不少，他們希望可以更常見到女兒跟孫子。

5. 持續社會與公民的責任。Douglas 為當地的市集擔任夜間守門的志工。自從 Norma 與 Douglas 退休之後，他們較常參加禮拜與教會的活動，Douglas 成了教會的長老，Norma 也更常去參加婦女扶助會社的活動。

6. 因應配偶與朋友的生病和死亡。這對夫妻在退休後的四年當中，生活過得相當順遂。然而在 2006 年，Douglas 中風，導致他部分癱瘓，他們的生活有了極大的轉變，Douglas 幾乎是足不出戶，變得易怒、無法控制脾氣，需要時時注意他。居家護士、兒子跟媳婦都會一起幫忙，但大部分的負擔都落在 Norma 的身上。她被迫減少參加教會與老人俱樂部的次數。接下來的兩年，她幾乎都在照顧 Douglas，而 Douglas 從來不說謝謝，而且還口出穢言，她有時希望他死了。不久之後，Douglas 即過世了。

Norma 的世界再度起了變化，這麼多年以來第一次獨居，Douglas 的死亡對她而言非常地痛苦，她覺得很有罪惡感，因為曾經那麼希望他會死去。起初她覺得寂寞，但是過了幾個月之後，重拾過去的生活。開始積極地參與教會與老人俱樂部的活動，也跟其他成員訴說她的悲哀，幫助她度過這段日子。接下來的幾年，Norma 的朋友相繼過世，參加的葬禮越來越多。

7. 在老年期的不同階段中尋求滿意的生活安排。Douglas 死後，Norma 變得有些沮喪而且沒什麼精神。她的兒子 Kirk 會給她一些協助，但是他有自己的家庭與事業。Norma 也發現身體狀況已不如從前。過了兩年之後，Kirk 鼓勵她賣掉房子，搬到老人公寓，但是她不願意。2008 年，Norma 從樓梯上滑倒，摔斷了腿，她爬到電話旁求助，Kirk 送她到急診室治療。出院之後，Kirk 帶她回他的家，賣掉 Norma 的房子。

離開家就如同失去 Douglas 一般，Norma 有強烈的失落感。她住在 Kirk 家 2 個月，可是跟 Kirk 的老婆處得不好，對很多的事情彼此作法不同，養育孩子的觀念也不同。關係變得很緊張，所以 Norma 搬到老人公寓居住。這次搬家意味著必須丟棄許多珍貴的東西，也想到未來她的精神或身體狀況可能會退化，下一次的搬家就是到安養院了，如果是這樣的話，她寧可選擇死亡，而不

願意搬到安養院。搬家也意味著 Norma 要建立新的人際關係。很幸運的是搬家比 Norma 想像中還要順利，老人公寓的工作人員跟住民很歡迎她的進住。

8. 適應逐漸失能的身體狀況與改變。Norma 在這幾年來一直努力去適應她的白頭髮、皺紋還有因老化而有的身體變化。老毛病關節炎常常導致她的關節腫脹與疼痛，體力與精力已不如從前。

9. 根據生活中新的事件重新回顧自我價值與自我概念。老人最主要的發展任務是重新檢視自己的生活。在回顧過程中，老人會深思自己的失敗與完成的任務、失望與滿足，希望將這些轉為對自我生命價值的正向想法。當無法轉為正向思考時則會出現明顯精神錯亂。

Norma 搬到公寓之後，有許多閒暇時間，現在她已經 76 歲了，身體狀況越來越差，常會聊到過去的事情，她很喜歡剛退休時的生活，但得承認只有喜歡前五年的時間，因為當 Douglas 中風後，日子就沒那麼好過了。

10. 接受死亡的情景。到了 2017 年，Norma 已住在老人公寓六年了，她的關節炎更加惡化，也罹患了白內障。然而她最後的六年是非常平靜的。Kirk 一家人幾乎每個星期天都會來探望她，她在老人公寓裡也交了不少朋友，參加了許多葬禮，仍然會哀悼 Douglas 的去世，尤其是在過年過節與結婚紀念日的時候。Norma 覺得她的生活是很充足而且很有意義的，這些想法也讓她思考死亡。她害怕可能會經歷的痛苦，也害怕緩慢老化的過程。為了避免自己在精神狀態嚴重退化後仍然還活著的情況，她簽了生前契約，聲明未來如果會昏迷很長的一段時間，即放棄做任何的急救措施。她知道自己離死亡已經不遠了且已經準備好面對死亡，因為她的生命是如此豐富與真實。她的宗教信仰堅信來世，雖然不確定來世是否存在，但是如果有來世的話，她希望可以與 Douglas 重聚，並且見到那些已經過世的朋友。

老年期發展任務的理論概念　　LO 2

老年期發展任務的理論概念

在此章節我們將分析有關於老年期發展任務的幾個不同理論概念。

統整 vs. 絕望

根據 Erikson（1963）的心理社會發展理論，生命的最後階段涵蓋統整或絕望的心理危機，只有在深思熟慮其生命意義之後，才能獲得統整。**統整**（integrity）意味著一種接受個人生命任務以及面對死亡無懼的能力。老人欣賞過去的生活時，則能達

到統整。他們覺得這一生中已經達到了某一個至高的地位以及達成自我實現。他們接受過去發生的事情、一些不愉快的事實或是太在意的他人。統整包含了整合自己的過去與現在，並對此結果感到心滿意足。為了經驗統整，老人必須將畢生的失敗、衝突與失望納入他們的自我形象。當我們的社會貶低老年人的價值時，這過程會顯得更困難。社會上存在著許多對老年人的負面形象，大多數認為他們是無能的、依賴的、跟不上時代腳步。近親與朋友的死亡以及身體機能的逐漸退化使得老年人更難達到統整。

相對於統整的是絕望。**絕望**（despair）是個人對過去感到悔恨，也包含個人持續渴望想做些不一樣的事情。當個人絕望地看待自己的生命不完整與感到不滿足時，即無法安然地接受死亡，尋死以結束悲慘的生命，或者相當害怕死亡，因為再也沒有機會去彌補過去的失敗，有些絕望的老人會試圖自殺。

男性比女性更易試圖自殺，特別是老年男性（Papalia & Martorell, 2015）。高自殺率並非在青少年或是男性成人的年齡族群中，而是出現在老年男性（Papalia & Martorell, 2015）。造成老年男性高自殺率的其中一個理由是男性比女性傾向於將所選擇的事業當作是生命意義的重要來源，當這樣的男性一旦退休之後，容易產生絕望而選擇以自殺一途來結束悲慘的想法。

三種關鍵的心理調適

Peck（1968）建議可運用三種基本的心理調適方法來經營具有意義與滿足的老年生活。第一種調適方法是將工作角色的熱衷（work-role preoccupation）轉換到**自我分化**（self-differentiation）。退休是生命當中一個很重要的變動，新的角色亦隨之而來。老年人必須適應自己已不用工作，需要的是尋找新的認同與興趣。正在適應這些過程的人必須花費較多的時間衡量自我的價值（女性的工作若是以妻子與母親為主，當子女離家或是丈夫死亡時，將會面對此調適過程）。在這點要解決的關鍵問題是：「我是不是個有價值的人，完全在於我是否可以全職工作或是可以在其他地方展現我的價值？」（Peck, 1968, p. 90）人們也必須了解到他們所擁有的比起工作任務要來得豐富與多元。

第二種調適方法是將**對身體的熱衷**（body preoccupation）轉移到身體的超然（body transcendence）。老年人的健康問題會越來越多，體力也每況愈下。一個人的外表也會顯現出老化，像是白髮、頭髮稀疏與皺紋。許多老年人變得在意自己的健康狀況與外表，然而有些老年人可以超脫這些關注，儘管健康狀況衰退仍可以享受生活，也漸漸學習到滿意的社交生活與啟發性的心智活動等同於舒適與快樂。

第三種調適方法是從對自我的熱衷（self-preoccupation）轉移到**自我超越**（self-transcendence）。需要去面對無法避免的死亡；死亡令人沮喪，但 Peck（1968）指出坦

然地接受死亡可以將一個人的關注從「自憐」轉移到「我能做些什麼，可以讓生活更有意義、更無憂無慮，或是比其他人更快樂？」

生命回顧

大部分的老年人會回顧過去的生活，將不可避免的死亡當作是未來。Frenkel-Brunswick（1970）指出生命可視為「擬定生活的資產負債表」。生命回顧包括了兩個要素：(1) 總結過去的生活是有意義的；(2) 學習接受死亡的事實。對老年生活心滿意足的人容易達成生命回顧，認為生活空虛與無法接受死亡的老年人則容易感到絕望。

生命回顧涉及了重新考量過往的經驗及其意義，且經常包含了修正或延伸解釋（Haight, 1991）。這種對於過去的重組可提供個人更真實的圖像，以及一個全新的、更有意義的生活。

自尊

自尊（看待自己的方式）是攸關於生命快樂與適應的關鍵因素。根據 Cooley（1902）的鏡中之我（looking-glass self）概念，人們發展自我取決於他們與周遭的關係。如果老年人被認為是守舊的、衰老的、依賴的、無能的，他們也會以同樣的方式看待自己。親友的死亡、失去原有工作賦予的角色、外表衰老與體力衰退，都會讓老年人的自尊降低。

對自己持有正向態度的老人，需要得到他人回饋，被認定是有價值的、有能力與值得尊敬。如同其他年齡層的人，老年人努力展現能力。當人們可以掌控生活時，勝任的感覺油然而生。而有越多的選擇時，也會越有掌控感，自尊也相對提升許多。

隱私也是增進勝任感與自尊的因素之一。當人們有隱密的地方可去時，可以決定跟誰在一起或是獨處。在安養中心裡，遇到令人討厭的事或是覺得吵雜或是想要休息的時，住在單人房的人可以得到清靜，也能有更多的掌控感以及更高的自尊。

生活滿意

生活滿意（life satisfaction）是指對身心健康的感覺或是對整體生活感到滿意。生活滿意常運用在老年人的身心健康指標。擁有健康的身體與有足夠收入的老人，比那些健康狀況不佳與收入有限的老人更易於滿意其生活（Santrock, 2016b）。社交圈較廣的老人比孤僻的老人滿意其生活（Santrock, 2016b）。活躍的生活方式也與老年人的身心健康息息相關。會去打高爾夫球、外出用餐、看戲、旅行、規律運動、上教堂、參加聚會與積極參與社區活動的老人，比那些待在家裡、不想動的老人更能滿意其生活（Santrock, 2016）。

Chapter 14
老年期的心理層面

地位低落與老年歧視

老年人在心理上會感到屈辱因為我們的社會經常無法重視或是滿足老年人，且老年人不能決定在社會上的地位，而是由年輕族群來認定的。年輕及中年族群不僅替老年人決定未來，也決定了自己的未來，因為有一天他們也即將老去。

多數早期社會中，老年人是備受尊崇的。工業化與現代化的社會已經剝奪了老年人崇高的社會地位。工業化之前，老年人擁有自己的財產，土地是重要的資產，讓他們可以控制經濟與政治力量。如今，人們以職場維生，大多數的老年人擁有稀少的土地，而且被認定為不事生產者。早期的社會裡，老年人是很有價值的，因為他們具有豐富的知識，足以監督耕種與收割，傳承狩獵、造屋與手工藝的技能給下一代。老年人在保存與傳承文化上也占了一個很重要的角色。然而，科技快速的進展卻限制了老年人在技術上的價值，書籍與其他記憶體設備讓老年人不再如同文化與紀錄的寶庫般那樣地有價值。

老年人的地位低落與老年歧視密切相關。**老年歧視**（ageism）一詞指的是對老年人的負面印象與態度。現今社會當中，許多人對老年人的感覺都是負面的。老年歧視就像是性別歧視與種族歧視一樣，是針對社會上特別的一群人所產生的歧視與偏見。兒童讀物中少有老年人的角色，如果有的話，通常是不利於老年人的描述。對老年人的偏見出現在日常用語，像是「老頑固」。

倫理議題 14.1

你對老年人是否存有負面的印象與態度？

老年歧視對老年人而言是一項額外的負擔。一些老年人，特別是年輕的老人還可以藉著展現生產力與身心活動力來駁斥老年歧視的刻板印象，但是對其他的老年人來說，這些刻板印象會成為自我實現預言，老年人被視為無能、依賴、衰老，這樣的態度降低了他們的自尊，老年人也會表現出那些被期待的行為。老年歧視對老年人會有不利的影響，且限制了他們的角色及可能性。

憂鬱

老年人通常是孤單的，大部分 70 歲以上的老年人寡居、離婚或是單身。在結婚多年以後，配偶死亡所造成強烈的孤寂感是難以避免的，前幾年通常會覺得空虛。憂鬱為老年人最常出現的情緒問題是不足為怪的，被稱為老年人精神異常的「傷風感冒」。症狀包括自覺一無是處、認為自己是個負擔、不被需要、孤單、絕望。憂鬱引起的生理症狀包括體重減輕、食慾下降、感到疲倦、失眠以及便秘，通常很難去判斷

這些症狀是因憂鬱而引起的,還是器官異常所造成的。

憂鬱會改變老年人的人格,憂鬱使人變得冷淡、退縮、動作遲緩,老年人可能會因憂鬱而不願回答問題,而不是因為年老的關係(Papalia & Martorell, 2015)。

那些年輕時未解決的情緒問題,年老時也會繼續存在,這些問題會因老化帶來的壓力而變得更嚴重。

影響老年人心理健康的兩個主要障礙為:無法從失落中復原(像是所愛的人死亡),以及缺乏有意義的生活目標。老年期的許多變化會造成老年人情緒上的問題:失去配偶、親友因死亡或是搬家而離去、較差的健康狀況、沒有收入,以及與子女、孫子女的關係改變。

重度的憂鬱症不僅會導致悲傷,也會引起自殺意圖。憂鬱症的治療適用於年輕人、中年人和老年人。大約五分之四有憂鬱症的老年人可透過心理治療和藥物組合治療得到明顯的改善(Santrock, 2016b)。不幸的是,有近80%患有憂鬱症的老年人未接受任何治療(Santrock, 2016b)。

靈性與宗教

靈性與宗教在老年人的生活中占有一席之地,同時也存在於每個年齡層當中。近幾年,社會工作專業又開始對靈性與宗教的重要性產生興趣。

宗教已被認定為增進老年人情感健康的重要因素。Koenig、George與Siegler(1988)訪問了100位曾經受過良好教育、年齡介於58至80歲的男性與女性,請他們描述生命當中最悲慘的事件及其處理方式。發現因應這些事件所用的策略多是與宗教相關的行為,包括禱告、抱持著對上帝的信任與信仰、由上帝得到協助與鼓勵、結交教會的朋友、參與教會活動、閱讀聖經與接受神職人員協助。

Koenig、Kvale與Ferrel(1988)在一個樣本數為836位老年人的研究中發現,有信仰的人會有較高道德觀,對老化持較佳態度,比那些與宗教疏離的老年人更能滿意他們的生活,也比較不會覺得孤獨。在此研究中,女性與75歲以上的老年人的宗教信仰與其生活素質有顯著的正相關。

成功老化的理論　　LO 3

成功老化的理論:優勢觀點

三個有關如何成功老化的理論分別是:活動理論(activity theory)、脫離理論(disengagement theory)以及社會再建構理論(social reconstruction syndrome theory)。

活動理論

活動理論主張在生理與心理上更活躍的人將能夠成功地面對老化。本書第十三章裡已討論此理論的部分內容。理論中提及老年期若有性行為，依然可以保持其性反應（sexual response）。許多證據顯示生理與心理上的活躍讓老年人維持其身體、心理及智能上的功能。

一些研究人員認為生產活動（有償或無償）是達到成功老化的關鍵（Papalia & Martorell, 2015）。覺得對他人有用的老年人較有可能保持健康與活力。覺得對他人無用處的 70 多歲的人比那些覺得有用的人更有可能經驗到身心障礙以及較短的預期壽命（Papalia & Martorell, 2015）。Menec（2003）發現生產與社會活動（例如，家事、兼職工作、園藝、訪友）與更佳的身體功能、自我評價的幸福感及長壽有關。

脫離理論

Cummings 與 Henry（1961）創造了**脫離**（disengagement）這個字，意指人們逐漸從中年期的多種角色與社會關係中脫離的過程。當老年人認為漸漸地失去維持年輕時的角色與社會關係動力時，則會產生所謂的脫離。

社區脫離理論 脫離理論不僅提出老年人從社區中脫離，也提及社區從老年人脫離，或是**社區脫離**（community disengagement）（Atchley, 1983）。這個理論說明我們的社會（是競爭的、講求效率的、個人功利取向的社會）從年老力衰以及高死亡率的老年人之中脫離。社區脫離可能有幾種方式：雇主逼迫老年人退休；老年人可能不會在組織中爭取領導地位；老年人的子女可能不讓他們主導家庭決策；政府可能不像回應年輕族群的需求那樣地對待老年人。社區脫離經常是無意的，也不會被雇主、輩分低的親友或是社會中的年輕族群所察覺。脫離理論也主張老年人支持如此的脫離，因此促成了脫離。

脫離理論的評估 多年的脫離理論研究已經產生重大的影響。是否脫離對老年人和社會造成的影響，是存有爭議的。研究發現有些人年老時，會自願脫離原有的角色（Papalia & Martorell, 2015）。然而，評論者認為脫離跟老年本身的關聯性較低，脫離的因素多是跟老化有關，像是退休、不佳的健康狀況、配偶或是朋友死亡及貧困等。舉例來說，當老年人被迫退休，他們也會與同事疏離，脫離公司的活動、專業關係或讀書會。一旦退休，老年人也沒有太多的錢花在娛樂上，所以他們也被迫於脫離這些活動。

脫離並非具有共通性亦非不能避免。與此理論相對之，多數老年人會維持與朋友的關係，也會積極地參與慈善組織（如教會團體與親善組織）。退休之後，一些老年人也會發展新的興趣，拓展其交友圈，參與社團及志願服務工作。有些老年人會設法

擺脫社會對他們的刻板印象，不認為自己對社會的貢獻不足。許多老年人會聯合政治資源，促使社會去適應他們的需要與技能。

脫離理論與活動理論在某些部分持相反的論述。活動理論主張老年人會因維持身心活動而受惠，然而脫離理論認為退出不同的活動會對老年人有助益。

社會再建構理論

社會再建構理論源自於 Zusman（1966）提出的**社會衰退症狀**（social breakdown syndrome）。根據 Zusman 的論述，社會衰退發生在老年人身上是因為標籤（labeling）的影響。社會存有不切實際的期待，認定成年人必須工作並具有生產力，年輕人視老年人是無能的，老年人也接受了這樣的標籤，認為自己亦是如此，所展現出來的行為也符合這樣的標籤期待，貶低了之前擁有的技能。最後老年人變得更依賴、無能、覺得力不從心。

Kuypers 與 Benston（1973）主張老年人的周遭環境與其自我概念之間的負面互動可以解釋許多社會上因老化所產生的問題。為了打破這種標籤過程的惡性循環，他們建議**社會再建構理論**（social reconstruction syndrome）應該包含以下三項。第一，我們的社會應該讓老人從不切實際的標準與期待中解放。依據個人生產力來評價自我價值，對退休的那些人來說是不利的。Kuypers 與 Benston 建議社會需要再教育以改變這些不切實際的標準。Fisher（1977）指出再教育的方向可以是：

> 我們社會的價值仰賴於職業倫理──一種「做」（doing）的倫理──在人們有主要的生產力期間給予最高的價值。取而代之，我們應該鼓勵多元價值，不僅只是「做」的倫理，還有感覺的倫理、分享的倫理、認識的倫理、持久的倫理，甚至於是生存的倫理。（p. 33）

Kuypers 與 Benston（1973）提出第二項的建議是提供老年人所需的服務，如交通服務、醫療照顧、住宅、家事服務以及心智活動方案。

第三項建議是發覺使老年人更能控制自我生活的創意方法。例如，提供居家健康服務及其他的服務，可以協助老年人獨立生活並且讓他們對生活有掌控的感覺。

影響老年人的重要生活事件　　LO 4

影響老年人的生活事件

我們將討論一些影響老年人的生活事件。這些事件會直接影響到老年人的行為，而且通常會限制了他們的選擇。

婚姻

人們活得越久,許多的婚姻也會維持得更久。現今,五十年的婚姻比以前更常見,但是離婚也更為平常。

老夫老妻會比年輕夫妻較少覺得他們的婚姻充斥著問題(Papalia & Martorell, 2015)。這可能是因為以下幾種理由:他們可能已經處理了主要衝突。現今離婚變得較為容易,那些仍然可以維持多年的婚姻,可能顯得更為愉快以及沒有衝突。另一個可能是人們已學會因應危機與衝突的較佳方式。

在老年時期,愛情對成功的婚姻仍然是很重要的(Papalia & Martorell, 2015)。配偶在這樣的年齡也會珍惜坦承分享的感覺、伴侶的關係、相互尊重以及擁有共同的興趣。

Gilford(1986)發現 70 歲的人比 63 歲到 69 歲的人更覺得婚姻不快樂,這有可能是因為身體健康的退化造成婚姻關係的惡化。Gilford 也發現老年女性比老年男性對婚姻感到較不滿意,部分是因為女性通常比男性更期待婚姻可以帶來溫暖與親密感。

已婚的老年人比未婚的老年人顯得快樂些,也會比鰥寡、離婚的老年人更加快樂。對老年人而言,特別是滿意其婚姻的女性老年人,婚姻會影響到她們對整體身心健康的意識。健康與對個人生活的滿意度也與整體身心健康呈現正相關。慢性疾病則會帶給夫妻負面影響,即使只有一人生病。

健康的一方可能會感到憂鬱、生氣,或是對照顧生病另一半與維持家計的責任感到挫折。另一個身體較不健康的配偶則可能減少參加有趣活動的機會,可能會耗盡經濟資源,也可能會降低性慾。其他危機與生活事件(如退休)也會造成婚姻混亂與衝突。

健康不佳也會造成老年夫妻在角色上的改變。先罹患嚴重危及生命疾病的配偶通常是丈夫——女性比配偶年輕而且活得較久。如果配偶生病(如阿茲海默症),伴隨著嚴重心智與身體功能退化,會增加另一半承擔做決定與照顧的責任。Gilford(1986)發現,配偶(特別是妻子)若是必須照顧失能的另一半,則會出現憤怒、孤單以及感到挫折。她們也比較容易罹患慢性疾病。

配偶死亡

配偶死亡發生在任何時期都會是重大創傷,老年期更容易發生配偶死亡狀況,因為死亡率在這個年齡層相當高。喪偶者會面對許多情緒與生活適應問題,他們失去情人、伴侶、好友以及知己,當彼此關係越緊密時,失落感會越深。大部分婚姻都有區分家事責任,喪偶者會發現有更多的事情要做,有些還是她／他從來沒有學過的事情。

喪偶者的社交生活也會改變。起初親友與鄰居通常會同情這些配偶，並予以情緒支持。但是，漸漸地他們會回到自己的生活，留下喪偶者獨自重建新的生活。親友會對喪偶者談論其失落與悲痛感到厭煩，也會抽離情緒與實質上的協助。喪偶者可能需要做些決定，如搬到較小的住處以方便整理住處、獨自參加社交活動等。有些喪偶者會變得退縮，尤其當他們跟其他夫妻在一起時，會覺得自己是多餘的。

寡居

因為女性比男性長壽，通常也比配偶年輕，因此女性守寡的比例較高。一位 75 歲喪偶婦女描述喪偶重大的影響：「老公還在時，不會變老，一旦老公不在了，會老得很快」（Papalia & Olds, 1992, p. 514）。

喪偶者比已婚者有較高罹患憂鬱症與精神疾病的比例。男性較容易會在妻子去世後的 6 個月內死亡，女性在丈夫去世後，較易罹患慢性病（Papalia & Martorell, 2015）。

最能適應喪偶生活，多是那些讓自己忙碌的人，也許開始新的工作、從事志願服務、積極參與其他活動（像是找朋友、參加社區方案）。參與喪偶者的支持性團體也會得到協助（Papalia & Martorell, 2015）。

從未結婚

只有 5% 的老年女性與男性未曾結過婚。Papalia 與 Martorell（2015）的研究曾指出那些未曾結婚的人顯得較為獨立、社會關係網絡較為薄弱，也比已婚的老年人較少關注到自己的年齡。

再婚

我們的社會通常反對老年人約會與再婚。我們對年輕人的擁抱與親吻習以為常，但是如果這些行為發生在老年人身上，則會遭致異樣眼光以及冷言冷語。老年人的子女有時會反對母親或父親再婚（他們可能會考慮到遺產，或者認為新的關係是對死去父母親不忠）。然而，老年期的再婚比率不斷地提高（Papalia & Martorell, 2015）。

有許多理由足以讓我們的社會改變對老年期再婚的負面態度。已婚老年人比獨居者還要快樂。他們擁有伴侶，可以分享彼此的興趣、提供情緒支持、互相幫忙做家事。對社會來說也是具有成本效益的，再婚老年人較不需要經濟協助與社會福利服務，也較少被安置在安養院（Papalia & Martorell, 2015）。

男女同性戀關係

對於老年期男女同性關係的研究較少，因為現在的老年人大多成長於罕於公開同性戀的年代。2004 年麻塞諸塞州成為提供男女同性戀伴侶結婚證明的第一個州。

2004 年之後，在美國有越來越多的州將同性婚姻合法化。2015 年 6 月美國最高法院的一項具有里程碑意義的裁決中表示，同性伴侶擁有憲法規定的結婚權。5-4 美國最高法院的裁決意味著所有 50 州必須履行和承認同性婚姻。在國際上，以下國家現在允許同性婚姻，除了美國：荷蘭、比利時、加拿大、西班牙、南非、挪威、瑞典、阿根廷、冰島、葡萄牙、丹麥、烏拉圭、紐西蘭、巴西和法國。同性婚姻在某些司法管轄區也是合法的：墨西哥、英格蘭、蘇格蘭和威爾斯。隨著同性婚姻的接受度增加，更多同性戀伴侶感覺更能自由地將他們的經歷貢獻於研究之中。

老年期同性戀的關係傾向於多樣化，但通常是強大與具支持性的。有些人在先前的婚姻關係已有小孩，一些是領養的孩子。與同性戀社群維持緊密關係的人，較能適應老年生活。

一些老年同志會遭到某些人的歧視、與原生家庭的緊張關係，以及一些社會機構不顧他人感受的政策。如果伴侶生病或死亡，將面臨擔任照顧者、處理遺產，與缺乏處理伴侶社會保險福利管道的議題（Papalia & Martorell, 2015）。

家庭系統關係

老年人大多被認為在某種程度上會脫離其成年子女與孫子女。也有一種說法是老年人跟年輕的家庭成員之間有代溝（價值觀衝突）。這讓人聯想到老年人可能會使家人關係變得緊繃以及令人感到不快。

然而，由 Kail 與 Cavanaugh（2007）的研究建議大多數老年人與家人的關係通常是相當正向的。這些發現認為老年人的家庭關係實質上比一般所認定的要來得好。

基於許多不同理由，大部分老年人未與成年子女同住。許多的年輕人住宅空間狹小，不方便入住；老年人並不願意同住，也怕自己沒有隱私。他們可能害怕被他人支配，或是不能有自己喜歡的訪客。他們或許不喜歡跟子女交代如何分配自己的時間。或許害怕子女希望他們改變生活方式所帶來壓力，像是戒菸、改變飲食習慣，或減少含有酒精飲料的攝取。他們可能害怕帶給子女不便或是成為子女的負擔，以及不願離開讓他們感到舒適與帶來美好回憶的家。

雖然大多數的老年人未與子女同住，但希望能住在子女附近，而且彼此可以常常碰面。大部分的老年人不願意與子女同住，少數與子女同住的多是老年女性或是喪偶者（Santrock, 2016）。

大部分的老年人經常與子女碰面——大約一星期 1 到 2 次，相較於中年時期，多數老年人在情感上覺得與子女較為親密。他們傾向住在至少一位成年子女的附近並且提供不同方式的協助。當他們需要協助時，子女經常是第一個被要求提供協助的人（Papalia & Martorell, 2015）。一般認為，健康老年人與家人關係緊密，而且常與他

們互動（Field, Minkler, Falk, & Leino, 1993）。

協助成年子女　當成年子女患有精神疾病、中度認知障礙或是有其他身心障礙，父母親通常是他們的主要照顧者。父母親在子女離婚後，更常與他們碰面，而且經常讓他們回到父母親的家中。這些父母親會以幾種方式協助子女——邀請離婚的女兒與他們同住、照顧孫子女、協助處理家務、負擔治療藥癮的費用、借錢或給子女金錢（Greenberg & Becker, 1998）。

Suitor 與 Pillemer（1988）發現當成年子女與老年父母親同住時，父母親會認為彼此相處融洽。這樣的和諧氣氛可以用兩個理由來解釋，人們通常會選擇跟自己相處得來的人同住，此外，老年父母或許會誇大這樣的和諧氣氛，讓現實狀況與他們的期望相符。當父母與子女相處不佳時，有時會影響到父母親的婚姻狀況。那些照顧孫子女或是成年子女的祖父母，則會破解社會上對老年人不需負起養育與壓力的迷思。

身為祖父母　Neugarten 與 Weinstein（1964）定義美國社會身為祖父母的五種角色型態。**尋找樂趣**（fun seeker）的祖父母是孫子女的玩伴，彼此都從雙方互動中得到樂趣。**疏離形象**（distant figure）的祖父母，通常是在生日與假日時，定期與孫子女碰面，但不會介入他們的生活。**代理父母**（surrogate parent）的祖父母認為通常因為子女需工作或是女兒身為單親母親並需要工作，故照顧孫子女成為他們的責任。**正規形象**（formal figure）的祖父母將照顧孫子女的責任留給子女，會限制自己不去介入孫子女的生活，只給予特定協助，或是偶爾幫忙照顧。身為**家庭智庫者**（reservoir of family wisdom）的祖父母則擁有權威角色，給予特別的資源與技巧。

祖父母不干涉的默契會因為子女與孫子女面臨困境而消失。祖父母傾向扮演家中看門狗（watchdog）的角色，處於子女與孫子女生活的邊緣位置，以不同程度介入其生活。在危機時期（如生重病、金錢問題或是離婚），祖父母會比較積極地介入。狀況好的時候，較少介入，但是仍然會監視著他們。

性別差異會影響祖父母介入的程度。Cherlin 與 Furstenberg（1986）發現祖母傾向與孫子女保持較親密與友善的關係，也比祖父更容易成為替代照顧者。類似的研究也發現：在危機時期，比起祖父母，外祖父母顯得介入較多。Thomas（1986）發現祖母對身為祖父母的角色比祖父要來得滿意多了。

身為曾祖父母　當孫子女成為父母，祖父母轉變成新的角色：曾祖父母。因其年齡，健康狀況衰退、家庭解組，曾祖父母比祖父母較少介入孩子的生活。那些與曾孫子女有較多緊密連結的曾祖父母，通常是住在附近。曾祖父母經常協助孫子女，也會買禮物、借錢、照顧其曾孫子女。現今老年人活得較久，四或五世代的家庭越來越普遍。

老年期正向心理準備的指導方針

LO 5

老年期正向心理準備之指導方針：優勢觀點

　　成長是一生的過程。到了 65 歲不會破壞個人的過去、目前與未來的連續性。認清這樣的過程將會減少老化的恐懼。對那些經濟、健康狀況良好以及準備好的人而言，若不是太過奢侈，老年期可以是一個很愉悅與舒適的階段。

　　有些老年人可能會依其興趣經營家庭式小生意，或是參與教堂或其他有意義的活動。有些老年人可能從釣魚或旅行中得到休息，有些老年人仍然繼續從事園藝、木工、閱讀、裁縫、油漆、編織、攝影活動。許多老年人參與社會的程度與年輕時差不多。

　　我們的生命大多數取決於目標，以及為了完成那些目標所付出的努力。退休前的生活將決定老年期生活是場夢魘或是令人感到滿意的。在第十三章我們已經討論過身體與心智活動。在此我們將重點放在使老年期生活感到滿意的議題：

1. **保持健康**。與患有慢性疾病的老年人相比，擁有良好健康的老年人對老年期感到較為滿意。維持良好的健康有利於旅行、參與娛樂活動與社交生活。生活中實踐良好的健康習慣，將可顯著地改變老年期的健康狀況。
2. **親密關係**。一生中與他人維持親密關係是很重要的。擁有較多好友的老年人比較滿意他們的生活。事實上每個人都需要一個可以吐露心事的知己密友。有這樣朋友的老年人對老化過程與所經歷的痛苦會適應較佳。透過分享內心感受，人們可以公開討論他們的感覺與問題，而且比較有可能找到解決問題的技巧。已婚者比喪偶者有較多知己好友，而喪偶者又比未婚者有較多知己密友。對於已婚者，尤其對男人而言，配偶通常為他們的密友。
3. **財務狀況**。健康和收入是兩項在老年期與生活滿意度密切相關的因素。當人們覺得身體狀況良好及擁有金錢時，生活較為積極。那些有活力的人──到外面用餐、參加聚會或是到博物館、上教堂、去郊遊或是旅行──比那些留在家中的人還要快樂。積蓄對老年生活是很重要的，學習明智地運用金錢也很重要。
4. **興趣與嗜好**。因退休而心理受創最深的是那些以工作維持其自我形象與生活重心的人。擁有有意義的興趣與嗜好的人們會期待退休的來臨，因為有足夠的時間來從事這些活動。
5. **自我認同**。對於自己是誰以及明瞭自己需求而感到自在與實際的人，對於處理即將而來的壓力與危機會有更好的準備。
6. **期待未來**。停滯在過去或是停留在過去成就的人，容易對老年生活感到憂慮。反之，展望未來的人通常會培養興趣，因此能夠在老年期發現新的挑戰與

樂趣。展望未來包括計畫退休生活、決定住在哪裡、居住的房子與社區，以及空閒時間要做哪些事情。
7. **因應危機**。如果一個人在年輕時學會有效率地處理危機事件，當他年老時，仍然會保有這些有用的技巧。有效地應對技巧可以更確切、有建設性地解決問題。

悲傷管理與死亡教育　　　　　　　　　　　　　　　　　LO 6

悲傷管理與死亡教育

本章的後續將討論我們的社會如何看待死亡，包括悲傷管理中社會工作者的角色，以及面對瀕臨死亡及喪親者的指導方針。

在我們社會裡的死亡：社會力的影響

早期社會的人們比我們更能面對死亡。他們視死亡是自然的事件，部分原因是他們的預期壽命較短，也常會見到親友死亡。由於他們認為死亡是自然的，面對所愛的人死亡時，也能有較佳準備。

我們的社會避免想到死亡。末期病症的人通常都會在機構裡死亡（醫院與安養中心），而不在自己家中死亡。因此，我們很少經歷到死亡。許多人會避免想到死亡，通常他們避開葬禮、避免提及死亡的話題。許多人認為自己是長生不死的。

我們必須對自己最終的死亡感到自在。如果可以如此，會較能準備好去面對至親好友的死亡，也較能去面對臨終病人，去幫助經歷至親好友死亡的喪親者。

對喪親者來說，葬禮是必要的。葬禮會啟動悲傷過程，因此人們也可以經歷悲傷（延遲悲傷過程可能會加劇往後的悲傷）。對某些人而言，葬禮也有宣告某人已經死亡的功能。如果喪親者未見到遺體，有些人可能會認為死者依然健在。舉例來說，約翰甘乃迪於1963年被暗殺，葬禮上棺材是蓋上的，因為沒有見到遺體，他依然活著的傳聞持續了好幾年。

面對年輕人猝逝是更為困難的三個理由如下：第一，我們沒有時間去準備面臨這樣的死亡。第二，我們覺得這樣的損失是很嚴重的，因為我們認為年輕人錯過了生命中許多美好的事物。第三，我們沒有機會終止彼此關係，或許會覺得沒有機會告訴過世的年輕人我們對他的感覺，或是沒有機會解決彼此之間的衝突（當終止關係未曾發生，悲傷過程會顯得激烈，所以明智的作法是積極地處理與他人關係的結束）。

兒童不應該逃避死亡議題。他們應該被帶到親友的葬禮，而且誠實地回答他們所提的問題。「祖母旅行去了，不會再回來」，這是個錯誤的說辭。小孩會以為如果其他身旁親近的人去旅行，也不會再回來了；或許小孩會覺得困惑，為何祖母不會回來。最佳方式是向兒童解釋死亡是一個自然過程，應該說明死亡不一定發生在老年人

身上,也會有例外情況,像是車禍。帶小孩參加葬禮的父母會發現小孩比預期中更能面對葬禮。葬禮會幫助兒童學習死亡是一個自然的過程。

親朋好友過世之後,遺族要表現堅強與情緒平穩是錯誤的。通常這些人們想要避免去處理失落,且危險的是,當他們開始悲傷時會經歷到更強烈的傷痛,一部分是因為他們會對否認自己的創傷而感到罪惡,另一部分是因為他們對不重視親友(藉由隱藏其痛苦與感覺)的過世感到罪惡。

許多醫療專業人員(如醫師)很難面對死亡。醫療專業人員的職責是救治世人。當有人得到不治之症,他們會經歷失敗挫折。有些時候他們會覺得有罪惡感,因為已經無計可施,或者覺得投注在臨終病人的努力是一項錯誤。因此,當我們發現有些醫療專業人員面對臨終病人不知所措,無須太過驚訝。

悲傷過程

大多數人會因失去所擁有而悲傷,可能是結束一段戀情、搬家離開親友、寵物死亡、沒有得到期望的成績,或是朋友、同事或家人的死亡。

認為經過一段時間之後悲傷就會結束,是個錯誤的觀念。正常的悲傷過程通常意味著悲傷者的生命歷程。當我們開始察覺到失去重要他人時,會有強烈的悲傷反應——哭泣或是憂鬱。漸漸地,時間使我們忘記這樣的失落,而不再悲傷。然而,總是會有某些事情勾起這些失落的記憶(如週年紀念日),使我們再次感到悲傷。強烈悲傷時期會漸漸縮短,次數也會減少,悲傷程度也會降低。

Kübler-Ross(1969)提出悲傷過程模式,協助我們了解人們因失落而感到的悲傷。

Kübler-Ross 模式

1. 第一階段:否認(denial)。在此階段我們會告訴自己「不可能會這樣,一定是哪裡有錯,不可能會發生。」否認通常有助於緩衝失落所造成的影響。

2. 第二階段:憤怒(rage and anger)。在此階段我們會告訴自己「為什麼是我?一點也不公平!」。像有些臨終病人怨恨自己即將死亡,而其他人依舊健在。在這個時期,有時上帝會是遷怒的對象,臨終病人會責備上帝,覺得上帝不公平,強制判決他死刑。

3. 第三階段:討價還價(bargaining)。在此階段失落者嘗試以討價還價獲取失去的一部分或是全部。例如,臨終病人跟上帝討價還價,祈求有多一點的時間。他們會承諾做一些有意義的事情來換取一個月或一年的生命。Kübler-Ross 指出即使是不可知論者(agnostics)亦是無神論者(atheists),在此階段有時也會嘗試著與上帝討價還價。

4. 第四階段：沮喪（depression）。在這個階段，那些失落者會告訴自己：「這個失落是真實的，而且令人非常傷心。心情糟透了，該怎樣繼續活下去呢？」
5. 第五階段：接納（acceptance）。在這個階段，人們完全接納失落。遺族接受失落，開始想其他的方法來應對失落感並減輕其影響。

悲傷過程模式的評估　Kübler-Ross 注意到有些人會持續地感到悲傷，而且不會達到最後階段，也注意到執意地相信人們會經歷圖表上的過程是錯誤的。通常人們的感覺會在這些階段來回地變動。例如，在 Kübler-Ross 的模式中，一個人可能會從否認和沮喪到憤怒階段，接著回到否認階段；之後討價還價，然後再次感到沮喪，又回到憤怒等等。

如何因應悲傷

以下幾點建議可協助處於悲傷狀態的人們：

- 哭泣是一種可被接受而且有價值的表達悲傷方式。當你覺得需要哭泣時就哭泣。哭泣可以釋放壓力，這是悲傷的一部分。
- 談論你的失落與相關的計畫是很有建設性的。與你的朋友、家人、牧師、臨終關懷的志工或是專業諮商者分享感覺是明智舉動。與好友談話會帶給你安全感，也會讓你跟你所愛的人更親近。你將會看到你不是唯一有問題的人，當你協助其他人處理失落時，會覺得自己很好。
- 死亡通常會讓我們檢視與懷疑自己的信仰與生活哲學。如果你開始懷疑你的信仰，不要覺得不安。對許多人來說，宗教信仰幫助他們接受失落。
- 對於你的失落，寫出理性的自我分析，將會協助你釐清導致悲傷的不合理想法（見第七章）。一旦認清任何不合理想法，透過理性地挑戰不合理思考，將會從悲傷中釋放出來。
- 勿深陷自憐的情緒當中，參與生活周遭的人事物，不要浪費時間與精力在自憐當中。
- 試著接受不可避免的死亡：你自己與其他人的死亡。
- 如果死者是你所愛的人，節日與其生日和忌日會帶來壓力。試著和支持你的親友共度這些日子。
- 你可能覺得不知為何而活，或許有自殺念頭。要了解許多人遭遇強烈失落時會有同樣的感覺。試著找到自信，回復擁有目標與意義的感覺。
- 強烈悲傷也是非常有壓力的。壓力會導致不同疾病的產生，像是頭痛、腸炎、潰瘍、風寒與流行性感冒。如果生病，尋求醫師的協助，並告訴他，你的疾病可能與你所經歷的悲傷有關。

- 強烈悲傷也可能造成難以入睡、性功能障礙、沒有食慾或是暴食。如果所愛的人死亡，你還夢到他還活著的話，無須驚訝。你可能發覺自己沒有什麼體力、也很難專心。這些反應都是正常的。不要擔心會發瘋或是喪失心智，試著往好處想。飲食均衡、得到充足休息、適度運動。每個人的悲傷都是獨特的——如果你經歷不尋常的生理反應（如做惡夢），試著不要過度恐慌。
- 必須謹慎地服藥，而且需遵從醫囑。試著避免以酒精或其他藥物來紓解悲傷。許多藥物會讓人上癮，可能會讓必要的悲傷過程停止或延遲。
- 理解真實或想像的罪惡感是悲傷的一部分。喪親者經常會對他們所說的或所做的感到罪惡感，或是對他們應該要說的、要做的感到罪惡。如果你經歷強烈的罪惡感，把這些感覺告訴朋友或是專業諮商師，這對你會有幫助。寫下對罪惡感的理性自我分析也會有幫助。學習原諒自己。所有的人類皆會犯錯。
- 你也許會發現親友們在迴避你，他們在你身旁會顯得不自在，不知道要跟你說什麼，不知該做些什麼。你可以採取主動，談及你的失落。告訴他們如何給予支持。
- 如果可能的話，在情緒放鬆以前，勿做重大決定（換工作、搬家）。當你情緒高漲時，會容易做出一些不妥的決定。

運用悲傷管理理論於案主情境

大多數的人會經歷一種或是多種失落的悲傷——戀情結束、寵物死亡，或是所愛的人死亡。社工人員在悲傷管理與死亡教育上可以扮演多重角色：他們可在學校、教堂或一般民眾的場合成為教育方案的**主動者**（initiators）。他們可以在不同場所擔任**諮商者**（counselors）（包括安寧病房、護理之家、醫院），以一對一的方式協助臨終病患與喪親者。他們可以擔任團體催化者（facilitators），像是在醫院、安寧病房、精神科與學校，帶領悲傷管理團體（包括喪親者的悲傷團體）。他們也可以成為**仲介者**（brokers），將正處於悲傷的個人或是對死亡和臨終有不切實際想法的人與適當的社區資源連接起來。

社工人員為了要能有效地擔任這些角色，他們必須要坦然面對自身最終的死亡，也需要學習處理臨終者與喪親者的技巧。以下將說明社工人員在這方面的指導方針。這些資料不僅對社工人員有所助益，也對與臨終或是喪親者接觸的任何人有所幫助。

如何接觸臨終者

首先，你必須接受自身最終的死亡，並且視死亡為正常過程。如果你不能接受自身的死亡，可能與臨終病人交談時會感到不自在，也不能以理解與正向的方式，與臨終者討論他們所關心的事情。重點提示 14.1 中的問題，將協助你評估對於死亡的態度。

重點提示 14.1

關於悲傷、死亡與臨終的問題

回答以下的問題,將會使你對自身最終的死亡感到更自在。

1. 下列敘述哪一項符合你對死亡的概念?
   a. 所有心智與身體活動的停止
   b. 死亡就像是睡著了
   c. 上天堂與下地獄
   d. 愉悅的來世
   e. 死亡是神秘與不可知的
   f. 對你而言是所有生命的死亡
   g. 一種新開始的轉變
   h. 與不明宇宙力量的精神連結
   i. 精神上存活、肉體生命終結
   j. 其他

2. 對於你的死亡,以下哪一點是令你討厭的?
   a. 死亡之後,你的身體可能會發生變化
   b. 死後可能會有來生
   c. 家人可能會發生事情
   d. 親友會悲傷
   e. 你死亡時,可能會經歷的痛苦
   f. 死亡之前身體狀況的惡化
   g. 所有你的計畫都會結束
   h. 其他

3. 如果可以選擇的話,你想幾歲時死亡?

4. 當你想到自身的死亡時,你的感覺如何?
   a. 憂鬱
   b. 害怕
   c. 沮喪
   d. 毫無目的感
   e. 生氣
   f. 覺得活著是快樂的一件事
   g. 認定你所了解的,死亡是生命的自然過程
   h. 其他(請說明)

5. 你願意為了什麼或是哪個人犧牲你的生命?
   a. 一個理想或是道德原則
   b. 所愛的人
   c. 戰役中
   d. 緊急狀態之下,解救另一個可能生存的人
   e. 沒有任何理由

6. 如果可以選擇,你想以什麼方式死亡?
   a. 瞬間、激烈地死亡
   b. 瞬間但非暴力的死亡
   c. 平靜且有尊嚴地死亡
   d. 受敬重地死亡
   e. 自殺
   f. 被謀殺
   g. 達到你人生的目標後死亡
   h. 其他(請說明)

7. 如果可能的話,你想要知道你確切的死亡時間嗎?

8. 如果你得了絕症,你會想知道嗎?

9. 如果你只剩下 6 個月的生命,你會如何運用這些時間?
   a. 滿足享樂慾望,像是性慾
   b. 退縮
   c. 沉思或禱告
   d. 試著讓你所愛的人為你的死亡做準備
   e. 完成計畫與未了的事情
   f. 考慮自殺
   g. 其他(請說明)

10. 你曾經試圖自殺嗎?你對自殺的觀感

為何？在哪些情況會考慮自殺？
11. 如果你得了重病，毫無生活品質，何種方法讓你相信會延續你的生命？
　　a. 任何可能神奇的藥物
　　b. 當沒有任何希望可以回復生活品質時，停止藥物使用
　　c. 其他（請說明）
12. 如果你已婚，你希望比你的配偶長壽嗎？為什麼？
13. 你認為葬禮與悲傷宗教儀式對喪親者的重要性為何？
14. 如果由你來決定，你希望死後如何處理你的遺體呢？
　　a. 火葬
　　b. 土葬
　　c. 捐贈遺體給醫學院或做科學研究
　　d. 其他（請說明）
15. 你喜歡怎樣的葬禮？
　　a. 教會禮拜
　　b. 盡可能的大型葬禮
　　c. 只有近親好友參加的小型葬禮
　　d. 奢侈的葬禮
　　e. 簡單的葬禮
　　f. 依照你的親友所希望的葬禮
　　g. 其他（請說明）
16. 你曾寫過遺囑嗎？為什麼而寫？為什麼不寫？
17. 你可以回答大部分的問題嗎？如果你覺得不自在，你的感覺是什麼？什麼因素讓你覺得不自在？那些沒有答案的問題，你如何回答呢？

　　其次，告知臨終者你願意談論任何他所想的。讓他了解你在情緒上已經準備好了，會支持他、關心他、是可以聯絡到的。記住，他有權利選擇不與你談話。碰觸或是擁抱臨終者也是非常有幫助的。

　　第三，誠實地回答臨終者的問題。如果你不知道答案，找一個可以提供訊息的人。逃避問題或是含糊曖昧的回答只會增加臨終者的擔心。如果有機會可以痊癒，應該要提及。即使僅存一絲的希望，也可以是個安慰。然而，最好不要誇大會痊癒的機會。

　　第四，允許臨終者接受目前的真實狀況。臨終病人有權利知道所有相關的訊息。一個可以幫助臨終者的問話是：「你想要談談嗎？」

　　第五，臨終者周圍的人如果可以接受死亡，會幫助臨終者去接受死亡。因此，協助近親好友接受死亡對臨終者是有療效的。記得他們可能會有一些擔心的問題需要提出來討論，也需要協助他們提出這些擔心。

　　第六，如果你對特定死亡議題有困難時，告知臨終者有關你的限制。這樣可以消除對彼此的猜測。

　　第七，臨終者的宗教與哲學觀需要被尊重，不應強化你個人的觀感。

如何接觸喪親者

　　關於對喪親者的建議與對臨終者的建議類似。接納你自身的死亡是非常有幫助的。如果你對自身的死亡感到自在的話，將會冷靜地傾聽喪親者所表達的不安。

第一次與喪親者見面時,像是對他說:「我感到很難過」,然後碰觸或是擁抱他,對他是有所幫助的。然後,如果他需要找人談談或是需要協助,表達你會在他的身邊。帶領喪親者表達想法,設法表達你所關心的、分擔他的失落,且如果他／她想要談論時你是有空的。

使用積極傾聽,對喪親者與臨終病人是有幫助的。運用積極傾聽當中,訊息接收者回饋只在他覺得接收到傳送者的意思時。當使用這個方法時,接收者不會傳送自己的訊息——像是一個問題、給予建議、表達個人情感或是提供意見。

一同與喪親者分享和已故者的愉快與正面回憶經常是有幫助的。傳達你是真誠地關心與思念已故者,而且這意味生命的消失具有正面意義。將你的回憶與喪親者對自己感到快樂與正面的回憶連結起來。

持續拜訪喪親者,如果他們表達可以接受如此的訪視。透過卡片,小禮物或是他喜歡的食物來表達你的關懷和支持也很有幫助。如果喪親者無法恢復正常生活的功能,或仍然深陷沮喪,建議尋求專業幫助。加入喪親者自助團體是另一個可能的建議。喪親者的宗教與哲學觀點應該要被尊重。不應該強迫他們接受你的觀點。

如何坦然面對自身的死亡:優勢觀點

或許讓人們對死亡感到不自在的主要原因是我們的文化將「避免看待死亡為自然的過程」社會化。如果我們能開放地談論死亡、積極地尋求問題與所關切的答案,將會對自身的死亡更自在。對於自身死亡感到自在讓我們更支持與了解即將面臨死亡的人。如果你對死亡感到不安,包括你自己最終的死亡,以下有許多建議可以讓你覺得更自在。

倫理議題 14.2

你對自己終將死亡的事實感到自在嗎?大多數人會感到不安。如果你感到不安,會做哪些事情讓你自己變得更自在一些?

確認自己所關注的是什麼並尋求答案。有許多描述關於死亡與臨終相關主題的優良書籍。許多社區大學、大學或是機構提供死亡與臨終的研討會與課程。如果你對死亡與臨終懷有強烈恐懼,可以考慮與此領域的專家談談,像是專業諮商師,或是受過悲傷諮商訓練與擁有實務經驗的牧師。

禁止談論死亡與臨終的禁忌應該要被破除,也許你會發現有技巧地與親友主動談論死亡與臨終,對你以及周遭的人都會有幫助。

我們無法完全接受自身的死亡,也許是正確的,但是我們可以學習相關的議題、

獲得問題的答案,以及關心我們所擁有的。當提及死亡,避免使用婉轉的說法,像是去世（passed on）、上天堂（gone to heaven）、被上帝接走（taken by the Lord）。更正確的說法是「某人已經死亡」。使用婉轉的說法,會使人對死亡產生不切實際的想像,也是一種避免面對死亡的方式。幸運的是,一個關於死亡的開放溝通方法正出現在我們的社會。

尚有其他方式可以更加了解有關死亡與臨終：參加葬禮、觀看描述臨終方面的電影或電視節目、給予臨終親友支持、支持喪親者、向悲傷諮商者學習其技巧、記錄你的想法、關心有關死亡與臨終議題、詳細計畫自己的葬禮。藉由閱讀瀕死經驗的研究,有些人對於自身的死亡會感到自在一些。

Mwalimu 與 Imara（1975）視死亡可能成為成長的最後階段。學習接受死亡類似於學習接受其他失落——例如,親密關係的破裂或者離開我們珍惜的工作。如果我們學習接受並從我們所遭遇的失落中成長,這樣的經歷將有助於我們面對親人的死亡和自己最終的死亡。

擁有發展良好的認知（我們是誰、在生活中要的是什麼）,對學習自在地面對自身死亡是很重要的一步。如果我們擁有賦予生命意義與方向的藍圖,也會有更好的心理準備來面對最終的死亡。

倫理兩難

是否要置放鼻胃管？

新科技可能使腦部受傷的病人多活幾十年。一個維持生命的方法是鼻胃管的置入。一旦插管,就很難得到法院的允許將鼻胃管移除。一些慢性植物人需賴此維生,插管之後,可維持 10 到 15 年的生命。

假設你的母親嚴重車禍,腦部缺氧 15 分鐘,已經昏迷了 30 天,醫療上認定她的腦部受損已無法再復原,除非奇蹟出現,你的母親才有可能恢復意識。她並未簽署生前預立醫囑,一份可以允許她死亡,而非以人工方式維持不可能再復原的生命狀態之文件。醫師詢問你是否願意讓她插管。如果不願意,你的母親將會挨餓致死；但是因為她昏迷了,可能會經歷到一點點或完全沒有的痛苦。如果插管,她可能會呈現植物人狀態許多年。

你將會怎麼做呢？

這樣的兩難困境是很令人傷心,但是會幫助你思考將來有一天可能會做的決定。

CHAPTER 15

老年期的社會層面

Allison Shelley/Getty Images News/Getty Images

基本概念

　　本章重點為老年人所遭遇的社會問題。老年人的困境已被認定為社會的主要問題。老年人面臨許多的個人問題：高比率的疾病與情緒困擾、貧窮、營養不良、缺乏交通工具、低社經地位、在社會上位於無意義的角色、老人虐待，以及不當的居住環境。更廣義地來說，老年人可以算是弱勢族群，就像是其他的弱勢族群，老年人也是就業歧視的受害者，也因為錯誤的刻板印象而成為被歧視對象。

> **學習目標**
>
> 在本章,我們將會協助學生:
> LO 1 歸納老年人所遭遇的特殊問題以及引起這些問題的原因
> LO 2 描述針對這些問題之現有服務
> LO 3 描述在社會中為老年人提供一個具有意義、有所作為的社會角色

老年人面臨的問題和原因　　　　LO 1

老年人:處於危機的族群

人類社會中,因不同的風俗習慣對待傷殘無力老年人的方式會不盡相同。在過去,有些社會丟棄衰弱無力的老年人,比如 Crow、Creek 與 Hopi 印地安族群在其部落的遠處,建造特別的小屋,老年人死在小屋裡。愛斯基摩人將傷殘無力的老年人留置在雪堆或是小船上。玻利維亞的 Siriono 族群趁老人去尋找木材時,將他們留在森林中(Moss & Moss, 1975)。即使在今天的社會裡,烏干達的伊克(Ik)族群會讓老人與身障者挨餓至死(Kornblum & Julian, 2012)。這些社會丟棄老年人的理由,通常因資料太貧乏而無法考證。

雖然我們覺得這些風俗野蠻很嚇人,難道我們就沒有丟棄老年人嗎?當許多老年人還有生產力時,我們卻強迫他們退休。更常見的是,一旦退休之後,老年人的地位、權力、自尊也都跟著喪失。我們也很少給予老年人一些空間。社區設施——公園、捷運、圖書館——都是提供兒童與年輕人。大部分的住宅與房價是針對有一個或兩個小孩的年輕夫婦與年收入超過 60,000 美元的人所設計的。如果老年人無法照顧自己,他們的家人也無法或不願意照顧,而將他們安置在安養中心。大約 10 位老年人中有一位處於生活貧困(Mooney, Knox, & Schacht, 2015)(老年人貧窮的發生率低於所有人口貧窮的發生率)。

老年人面臨許多的歧視,例如,就業歧視。老年人被誤認為生產力較差。50 至 60 歲的失業者很難找到新工作,待業時間也會比年輕人更長。社會為年輕人所主導,厭惡老化並賦予老年人一些無意義的角色(Santrock, 2016)。社會推崇身體形象的吸引力,並貶低老年人。老年人被視為脫離現實狀況,他們所擁有的知識與想法不受到重視。智能有時會因年齡增長而退化,研究發現除了器質性問題,直到生命末期,智能在本質上依然不會改變(Santrock, 2016)。

老年人會被誤認為是衰弱、拒絕改變、固執、無能的工作者、年輕人的負擔。其

實若能賦予老年人機會，他們通常可以證明這些偏見是錯誤的。他們面對歧視的反應就如同弱勢種族或族群遭到歧視一樣：表現出對自己的厭惡、對自我的察覺，以及對自身社會文化地位較敏感與防衛（Santrock, 2016）。如同本章所言，個人時常從他人接收負面回應，最後也會否定自己。

老年人所面臨的問題

個人深受與其他微視、中間和鉅視系統之間互動的影響。以下我們將討論老年人與鉅視系統互動中所遭遇的問題。這牽涉到兩個層面。第一個層面是老年人在鉅視環境下，個人微視系統所遭遇的問題，包括貧窮、營養不良、健康問題、老人虐待、缺少交通資源。影響老人問題的另一個層面是鉅視層面所提供的支持與服務。通常，經費是主要的考量。舉例來說，一般民眾可能經歷到稅收逐漸高漲以因應老年福利的支出，包括醫療照顧的支出。

有一點是值得注意的，老年人不像其他族群，我們最終都會經歷到老年人所遭遇到的問題（在我們不會提早死亡的前提之下）。到時候，現今大部分的大學生已經進入中年期（大約是他們賺錢的高峰時期），多數的成年人將會退休，老年人將會是社會上人口成長率最快的一群。這些退休人口群將會依賴社會安全制度、醫療保險，以及會協助他們財務與醫療需求的政府方案。如果我們不正視並解決老年人目前的財務問題，未來將會陷於困境。

重視年輕人：社會與經濟力的影響

美國社會比起其他的社會更害怕老化。可從害怕頭髮變白、皺紋增加、變成禿頭，以及當別人覺得你比實際年齡看起來更年輕而高興來，來顯示我們重視年輕人。我們看重年輕人的活力與行動，但是我們的社會為何要如此重視年輕人呢？

工業化需要精力充沛、機敏、強壯的勞工，科技與科學的精進淘汰過去的知識與特殊工作技能。開拓者的生活與美國西進的開展都需要蠻力、精力與耐力。達爾文的進化論強調競爭、適者生存。雖然達爾文認為那些人是適合其環境者，而非年輕與健康者。美國文化過度重視年輕人，導致老年人被貶低。

老年人口增加

現今 65 歲以上的老年人口比 1900 年時多了十倍。很多原因造成老年人口成長的現象。孕婦得到較好的照顧、新生兒死亡率下降、新的藥物、更好的衛生環境，以及其他醫療進步使得預期壽命增加（Santrock, 2016）。

另一個老年人口增加的原因是出生率下降：較少嬰兒出生，而更多成年人進入老年期。二次世界大戰之後，1946 年至 1964 年之間出現嬰兒潮，到了 1950 與 1960 年代，這些小孩大量湧進學校，然後投入勞動市場。很快地，這個世代將退休了。1964

年之後,嬰兒出生率驟減。每位婦女所生下的嬰兒數由 1957 年的 3.8 個降到現今的 2 個。

老老年人的快速增加

由於我們能更成功地治療與預防心臟病、癌症、中風與其他致命的因素,更多的老年人可以活到 80 歲以上。在美國,85 歲以上是成長最快速的人口群(Mooney, Knox, & Schacht, 2015)。活得更久的老年美國人部分是因更佳的醫療照顧、環境衛生與營養狀況。隨著嬰兒潮世代年齡達到 75 歲或更高,老老年的人口數在未來幾十年將持續增加。85 歲或更老的人口數量占總人口數的 15%,是美國成長最快的人口群(Mooney, Knox, & Schacht, 2015)。

這些 75 歲或超過 75 歲以上的人,造成許多社會問題與難以做決定的狀況。許多老老年人罹患多種慢性疾病。老年人一般的醫療問題包括:關節炎、心臟問題、高血壓、骨質疏鬆症、阿茲海默症、大小便失禁、聽力與視力問題,以及憂鬱症。老年人的健康問題會加重家庭負擔。老年人需要更多的社區協助,像是老人送餐(Meals on Wheels)、居家健康照護、特別的巴士及家務服務等。老年人安置在安養中心的比例會隨著年齡的增長而增加。除了家人將年老父母安置在安養中心的普遍狀況之外,大部分的老年人仍居住在機構之外,由配偶、子女、親人照顧。有些中年人現今要同時面對照料子女以及撫養在安養中心的年老父母。

對醫師、生物倫理學家與其他專業而言,一個很熱門的研討主題是:「我們可以負擔得起老年人的花費嗎?」醫療照顧支出與超級長壽者的增加,激起是否要限制對老年人的醫療照顧的爭論。舉例來說,超過 75 歲的人是否不能接受肝臟移植或是腹膜透析?討論安樂死議題也隨之增多。1984 年,科羅拉多州州長 Richard Lamm 曾經提出一個引人爭議的說法,他認為臨終病人有死亡的義務。Eisdor Fer 醫師(引用 Otten, 1984)宣稱:問題在於高齡與跨文化。當社會所能提供的經濟資源極為有限,首當其衝的就是老年族群,老人受到的影響最顯著。老愛斯基摩人不會被放在浮冰上面;他只會自願離開且永遠不再回來(p. 10)。

提早退休:社會與經濟力的影響

提早退休對社會的好處如降低勞動供給、促使年輕員工進步腳步的加快。但也有不利於社會之處。在美國,退休年金已經相當龐大而且持續地增加,對退休者而言,意味著他們必須面對沒有太多準備與協助的新生活與社會地位。雖然我們的社會為了年輕人準備投入工作世界建造教育與其他機構,卻很少為了老年人準備類似機構以因應退休。

社會依舊認為人類的價值來自於工作。人們經常以職業建構其自我形象。因為老

年期不會有新的角色來取代因退休而喪失的職業角色，退休者不能驕傲地說：「我是一個……」，他們必須換成：「我以前是……」。之前的生活重心越圍繞著工作，退休生活會越顯得困難。退休通常也會讓社交活動與社會地位消失，將他們置於**無角色之角色**（roleless role）。曾經身為售貨員、老師、會計師、美髮師、祕書而感到有價值的人，現在會覺得自己處於社會的邊緣，是一個無角色的角色之非貢獻者。

　　雇主與一般民眾普遍地相信一些老年人在工作方面的迷思。老年人被看成健康狀況不佳、笨手笨腳的、常常請假、比較會發生意外、健忘、動作緩慢（Papalia & Martorell, 2015）。研究證實這些都是錯誤印象。老年工作者的流動率較低、生產力也較為穩定、所犯的錯誤較少、缺席率較低、工作態度也較佳、健康上也勝過年輕員工、職業傷害率也較低。但當老年人生病時，他們經常需要比較長的時間復原（Papalia & Martorell, 2015）。

　　有關於提早退休的問題是人們想要在幾歲時退休。老年學家已經研究過這個問題。對年輕的工作者來說，喜歡在 65 歲的時候退休；而老年的工作者希望是在慣例上 65 歲的退休年齡之後退休（Newman & Newman, 2015）。如此的不同，部分上可用經濟因素來解釋。因為社會安全制度的補助與年金通常不足以讓人們維持像工作時擁有的生活水準，老年人以經濟需求為由，而希望 65 歲以後繼續工作。另外一個是社會心理層面的解釋。退休在社會上無一席之地，老年工作者可能更加認同他們的工作，並希望退休期間也能工作。

　　每個人的退休適應不盡相同。不需要擔心金錢與身體健康的退休者比那些懷念收入與無法享受休閒生活的人要來得快樂。許多剛退休的人享受了從童年之後的第一個長假，過了一段時間，他們可能開始覺得煩躁、無聊、毫無意義。大部分滿意退休的人是那些身體健康、運用他們的技能從事志工或是兼職工作者（Papalia & Martorell, 2015）。

　　之前被迫提早退休的人可能會感到氣憤與怨恨，且與年輕人格格不入。另外，喜愛工作且盡可能延遲退休的人，當被迫退休時，不再工作會有嚴重的失落感。另一方面，某些人透過工作與退休生活，能維持穩定的精神狀態與生活滿意度。

　　退休適應較佳的老年人擁有適當的收入與健康，且有活力及有較佳的教育程度；他們會拓展社會網絡包括家庭與朋友，並且通常滿意退休前的生活。那些適應退休最困難的人是健康較差的、收入不佳、需要適應其他壓力（如配偶的死亡）（Santrock, 2016）。

　　兩項常見與退休相關的問題是適應收入的減少與懷念從前的工作。那些難以適應的老年人較易固著於或過度認同其工作，認為工作是滿足主要需求與自我形象。最快樂的是那些以重視自我發展價值、人際關係、休閒活動來取代工作榮譽感與金錢地位

的老年人。

老年人的經濟問題

十分之一的老年人生活在貧窮當中。有相當多的老年人缺少適當的食物、衣服與藥物，甚至是在緊急狀況之下所需要的家用電話。只有少數的老人擁有大量的儲蓄與投資。

老年人的貧窮程度因種族、性別、婚姻狀況、族群與年齡而有所差異。女性、老老人、有色人口、鰥寡或單親最有可能落入貧窮（Mooney, Knox, & Schacht, 2015）。

更多其他的因素使得老年人的經濟問題惡化。一個因素是健康照顧的花費高；第二個因素是通貨膨脹。通貨膨脹特別對那些領有固定收入的人是具有毀滅性的。退休之後，許多私人的年金給付是不會增加。

Sullivan 與他的研究員（Sullivan, Thompson, Wright, Gross, & Spady, 1980）強調經濟安全對老年人的重要性：

> 經濟安全影響一個人的生活型態。它可以決定一個人的飲食、尋求良好醫療照顧的能力、拜訪親朋好友、維持適當穿著、找到或維持適當的住宅環境。缺乏經濟資源也會影響一個人的休閒生活（看電影、欣賞表演、玩橋牌或是賓果等等），以及維持精神狀況、獨立自主與自尊的感覺。換言之，如果老年人有經濟資源以維持其獨立自主（擁有自己的房子、有交通工具與醫療服務可使用）、與親友保持聯絡、持續他所喜歡的娛樂活動，即使失去過去的生活方式，對於自己與對他人都會覺得更好。（pp. 357-358）

死亡

老年人會關注死亡，特別是當他們的周圍充斥著死亡，其一是他們看到親友死亡，另一個是他們了解活著的年歲比剩下的還要長。

老年人關心的死亡，大多是在殘疾、疼痛或是死亡前長期所受的苦。人們通常喜歡死得有尊嚴。希望死在自己家中，少一點痛苦，心智機能保持完整，親朋好友在側。老年人也會關心疾病所產生的費用，關心他們的死亡是否會帶給其他人麻煩、是否擁有的資源可以辦一個有尊嚴的葬禮。

現今，美國有許多人死在身旁圍繞著醫護人員的安養院或是醫院裡（Papalia & Martorell, 2015）。這樣的死亡經常是毫無尊嚴的。幸運的是，近幾年發展了安寧照護（hospice），試著推動有尊嚴的死亡。安寧照護的設計是為了讓臨終病人得以死得有尊嚴：在生命最後幾週過他們想要的生活。安寧照護起源於中世紀的歐洲宗教團體，接納那些生病、疲倦、飢餓的旅客（Sullivan et al., 1980）。

安寧照護的病人會出現在許多場域——醫院、護理之家、居住輔助住宅、安寧之

家。醫療與社會服務提供安寧照護，盡最大的努力讓臨終病人能如其所願度過最後的日子。有時安寧照護提供教育與娛樂方案，歡迎探訪者參與。並廣泛使用止痛藥，讓病人在最後的日子覺得比較舒服。

安寧照護視疾病為末期，而非病人為末期，重點擺在協助人們利用剩下的時間，而非試著延續生命。許多安寧照護方案協助人們在剩下的日子裡居住在家中。除了提供醫療與居家護理服務之外，安寧志工協助病人及其家屬，提供如諮商、交通、代填保險表格、文書工作以及喘息照顧（respite care，即陪伴病人，為其家人提供暫時的照顧）。

老人虐待

老年人悲慘的晚年是成為**老人虐待**（elder abuse）的受害者——疏忽、身體虐待，或是對依賴老人的心理虐待。施虐者可能是老年人的子女、配偶、照顧者或是其他人。雖然老人虐待會發生在安養中心或是其他機構，遭受到虐待的老人經常是與配偶或同住子女。定義老人虐待是個問題，就如同通報受虐人數低於實際受虐人數一樣，也是個問題。受虐人數可能約占老年人口的6%（Santrock, 2016）。

成年子女為何會虐待父母有以下幾個理由，可能因為個人問題的壓力，或是為照顧另一個人所帶來的時間、體力與經濟上的壓力。也可能因為年幼時期曾經遭受過父母親的虐待。他們可能對父母的情緒反應、身體殘缺、生活方式、嗜好感到心煩意亂。他們可能故意虐待父母，逼迫父母搬家。當老年人與施虐者同住，替老年人找到另一個住處是必要的措施。

典型的受害者是與他人同住的、健康狀況不佳的老年人。Papalia 與 Martorell（2015）留意到施虐者多為其配偶的狀況大過於其子女，部分是因為與配偶同住的老年人多過於與子女同住。當照顧者心情沮喪時，老年虐待也相對地增加（Papalia & Martorell, 2015）。

老人虐待通常分為以下幾種型態：

- **身體虐待**：造成身體疼痛或受傷的行為，包括瘀傷、毆打、監禁。
- **精神虐待**：造成心理痛苦的行為，如脅迫、羞辱、恐嚇。
- **經濟上的虐待**：以非法或不適當的方式剝削受害者的所有物或財產。
- **疏忽**：包括有意或無意未善盡照顧的責任，如未提供飲食或是醫療照顧，或是遺棄受害者。
- **性虐待**：非經同意與老年人的性接觸。
- **自我疏忽**：老年人表現出脆弱、憂鬱、心智無能的行為以威脅其自身的安全或健康，如飲食不當、酗酒或自行亂服藥。

- 遺棄：有義務照顧者或監護人遺棄弱勢老年人。
- 侵害個人權利：侵害老年人的權利，包括侵害其隱私權、為其個人和健康做決定（Papalia & Martorell, 2015）。

居住狀況

很少人知道有 95% 的老年人並不居住在安養中心或是其他機構中。超過 70% 的老年男性已婚並與其配偶同住。女性比配偶長壽，所以超過 40% 的 65 歲以上婦女獨居。將近有 80% 的老年夫婦擁有自己的房子——公寓、拖車型的活動房屋、大廈、獨棟住宅。此外，將近一半的單身老年人（喪偶、離婚、從未結婚）居住在自己的房子（Papalia & Martorell, 2015）。當老年人無法擁有自己的房子時，大部分會居住在親友的房子，多以其子女的房子為主。

交通

許多老年人不開車。有些老年人無法負擔車子的開銷，有些老年人因為身體上的限制而不能開車以及擁有一部車子。缺乏便利、廉價的交通工具是大多數老年人所面臨的問題。

犯罪受害者

老年人的體力與靈活度降低，容易成為犯罪的受害者，特別是搶劫、重傷害、竊盜、夜間侵入住宅竊盜、破壞公物、詐騙。雖然老年受害者的通報人數比年輕人少，但是許多老年人生活在成為受害者的恐懼之下。老年受害者的實際人數可能比官方的統計還高，因為許多老年人對涉入司法系統感到很不自在。因此，他們可能選擇不報警。如果報警，有些老年人害怕被犯人的報復。如果提起告訴，有些老年人不喜歡司法程序。有些老年人不願離開自己的家，害怕被搶劫，或是怕當他們不在家時，家中遭竊。

營養失調

老年人最常有營養不良的狀況（Papalia & Martorell, 2015）。老年人長期營養失調的原因為：缺少到達雜貨店的交通工具；缺乏適當營養的知識；沒有錢購買營養均衡的食物；牙齒狀況不佳及少了好的假牙，會大大地限制飲食；獨居者缺少準備食物的動機；不適當的烹煮方式與儲存食物的設備。

社會工作與老年人　　　　　　　　　　　　　　　　　　LO 2

社會工作教育是確認老人問題與發展老年學專業的先驅。社工人員在多數機構裡為服務老年人的重要工作人員。舉例來說，美國的某些州規定護理之家必須聘用社工

人員。以下是具有專業知識的社工人員提供老年人的服務：

- **仲介服務**。多數社區提供一系列的服務，但很少有人了解這一連串的服務或是申請標準。老年人特別需要仲介協助，因為有些老年人在使用交通工具與溝通上是有困難的，而有些符合申請標準的老年人則不願尋求協助。
- **個案管理或是照顧管理服務**。社工人員被訓練評估個案及其家屬的社會服務需求。在適當時機，社工員運用個案管理來安排、合作、監督、評估與倡導多樣性的包裹式服務，以符合老年案主複雜的需求。大多數老年人個案管理的一般功能包括發現個案、先前篩選、接案、評估、目標設定、照顧計畫、能力建構、照顧計畫實施、再評估與結案。
- **倡導**。因為老年人服務的缺失，社工人員需要適時地倡導老年人所需的服務。
- **個別與家庭諮商**。諮商處遇的重點放在檢視老年人的需求與優勢、家人的需求與優勢，以及符合所確認之需求的可用資源。
- **悲傷諮商**。老年人因角色失落而需要諮商（如退休或是自信喪失）、失去有意義的重要他人（如配偶、子女、手足），而產生長期的身體與心智健康狀況而需要諮商。
- **成人日間照顧**。社工人員提供個別與家庭諮商、外展與仲介服務、支持性服務、團體工作服務、接受成人日間照顧的老年人照顧計畫服務。
- **危機處遇服務**。社工人員提供危機處遇，穩定危機情境，連結老年人及其家屬所需的支持性服務。
- **成人寄養照顧服務**。成人寄養照顧（adult foster care）與團體家屋（group home）的設計是為了協助老年人繼續留在社區當中。社工人員為老年人提供合適的寄養家庭，並監督在寄養家庭的生活品質。
- **成人保護服務**。在成人保護服務中，社工人員評估老年人是否處於被傷害的情境或是因他人的行為而受傷。處於危機的狀況包括：身體虐待、疏忽（照顧者拒絕予以提供藥物或是食物，或是缺乏基本的照顧）。如果虐待或疏忽被確認，執行成人保護服務的工作人員則需啟動、執行、監督計畫以阻止虐待的發生。
- **自助與治療團體**。在一些機構裡，社工人員會推動老年人或家屬（有些為照顧者）的自助團體和治療團體的組成。自助與治療團體對某些問題是有幫助的，如退休適應，因應疾病如阿茲海默症，處理酒癮或藥癮，面對疾病末期、憂鬱與其他情緒的困擾。
- **喘息照顧**。社工人員負責招募與訓練喘息照顧者，也確認需要這些服務的家

庭。當老年人需要 24 小時的居家照顧，喘息服務可使照顧者（如配偶或其他家人）解除照顧責任，並減輕其一天 24 小時的照顧壓力。

- 交通與住宅協助。社工人員如同仲介者，於社區中找尋適當的住所與安排安全的交通服務。
- 醫院與安養中心的社會服務。社工人員在這些機構裡提供社會需求評估、老年人與其家屬的健康教育、對老年人及其家屬與重要他人的直接服務（像是諮商）、出院服務計畫、社區連結、方案計畫的參與、機構中發展治療環境的諮詢，以及參與擴大老年人的潛力以達到自主獨立的照顧計畫。

因為老年人口是成長最快速的年齡族群，可預期的是，老年人的服務在未來的幾十年內將會明顯地擴展。這些擴展也為社工人員增加新的工作機會。

鉅視系統的改變：為老年人尋找社會角色　　LO 3

如先前討論，老年人面臨許多問題。老年人在社會尚無一席之地且為歧視的受害者。這些問題該如何解決呢？

概括而論，為老年人找尋有意義且具有生產力的角色是必要的。目前提早退休方案與對老人的刻板印象經常會導致老年人成為不具生產力、被動、依賴、不滿足的一群人。為了使老年人發展具有意義的角色，應鼓勵有生產力的老年人繼續工作，老年人的期待也會隨之改變。

願意工作與在工作上仍表現良好的老年人，應鼓勵繼續工作到 65 或 70 歲。也鼓勵願意兼職的老年人。舉例來說，兩個兼職的老年人，可以填補一份全職的工作。可以為老年人在工作領域上創造新角色，其所擁有的專業知識與技術可以成為諮詢者。對那些已退休的老年人，可以提供教育與訓練課程，協助發展興趣與嗜好，成為新的收入來源。

較長的工作時間對老年人與社會皆有益處。老年人仍是有生產力、有貢獻的國民，也背負著一個有意義的角色。他們可以持續地保持身體與心智活耀，也有較高自尊。老年人不事生產與造成社會經濟負擔的刻板印象也會因此瓦解。

在唯物主義社會中，或許唯一使老年人占有一席之地是讓其具備生產力，無論是從事有薪資給付的工作或是志願服務工作。老年人所面臨選擇的是（年輕人也是）：透過有生產力的工作以取得適當的經濟資源，或是不工作以不恰當方式取得經濟資源。

對這樣的制度提出反對意見的人會認為老年人不再具有生產力。這有可能是真的，但一些年輕人也沒有生產力。使此制度能夠運作，工作表現是可由實際的、客觀

的、行為上的程度來衡量。無法達到表現的任何年齡層的人,需被告知其缺失並對此接受訓練。如果工作表現一直未能達到,開除是最後的手段。

所建議的具有生產力的制度,老年人可占重要的角色。他們可以在其能力之內被期待持續保有生產力。透過提高生產力,可作為反轉對老人刻板印象的例子。

我們已經看到老年人邁向更高生產力的方向。許多機構組織已開始協助老年人提升其生產力。以下有三個實例:退休老人志工方案、退休管理者服務組織與寄養祖父母方案。

退休老人志工方案(Retired Senior Volunteer Program, RSVP)提供60歲以上老年人從事志願服務工作機會,以滿足社區需求。RSVP將志工安排至醫院、學校、圖書館、日間照顧中心、法院、安養中心及其他機構。

退休管理者服務組織(Service Corps of Retired Executives, SCORE)安排退休的商業人士,協助面臨管理問題的小型企業雇主與社區組織的管理者。志工是無給職,但可核銷現金方式支付(out-of-pocket expenses)。

寄養祖父母方案(Foster Grandparent Program)僱用低收入的老年人,為機構的兒童提供照顧服務。這些兒童包括發展遲緩與情緒或行為問題兒童。寄養祖父母在照顧兒童上,被賦予一些任務,像是語言治療、物理治療或教師助理。此方案有益兒童與寄養祖父母雙方(Atchley, 1988)。接受服務的兒童變得更外向,與同儕及工作人員關係也改善許多,他們自信心增加、語言能力進步、懼怕與不安全感降低。寄養祖父母有少許額外收入、增加活力與朝氣、自我價值提升、具生產力、重新感受到自我成長與發展。對社會而言,寄養父母親提供了價格較低、符合社區需求的勞力。

這些成功方案顯示了不論有給職或志願服務工作,老年人都具生產力。Atchley(1988)提出運用老年志工的一些建議:

> 首先,機構在媒合志工背景與任務上應有彈性,如果機構能擴大視野,可為每個人找到有其助益的工作。其次,志工需要訓練。機構常將未受過訓練的志工安排在不熟悉的地方,所以很難期待會有好的表現。第三,給予志工選擇多樣工作地點的機會。一些志工偏好熟悉事物;而有些志工什麼都可以,但是就是不做熟悉事物。第四,不要讓他們覺得志工訓練是在測試他們,藍領階層的志工對此特別敏感。第五,志工應得到機構關注,機構需派人(或許是志工)了解志工的出席狀況,傾聽志工的讚美、抱怨與經驗。得到公眾認同,對志願服務是一個很重要的獎賞。最後,需提供往返機構的交通。(p. 216)

倫理議題 15.1

如果你已70歲且身心健康,會想要繼續工作嗎?

索引

| Premack 原則 Premack Principle | 121 |
| Rh 不相容 Rh incompatibility | 37 |

一劃

| 一致性 concordance | 237 |
| 一般性管理者 general managers | 96 |

二劃

人工生殖技術 assisted reproductive technology (ART)	60
人工受孕 artificial insemination (AI)	59
人工受精 intrauterine insemination (IUI)	59
人在情境中 person-in-environment	15
人格 personality	64, 84
人格特質 personal characteristics	166
人造雌激素 estrogen	178
人際智能 interpersonal intelligence	334
人類乳突病毒 human papillomavirus (HPV)	177
人類的多樣性 human diversity	7
人類發展 human development	42

三劃

上癮 addiction	363
下疳 chancre	175
口語 oral language	98
大眾演說者 pubic speaker	26
女扮男裝／男扮女裝 drag king/drag queen	423
女扮男裝的女性 drag kings	270
女性化 femininity	272
女性保險套 female condom	183

子宮內避孕器 intrauterine device (IUD)	184
子宮外孕 ectopic pregnancy	36, 56, 179
子宮帽 diaphragm	183
子宮頸 cervix	175
子宮頸帽 cervical cap	183
子宮頸黏液推測法 cervical mucus method	185
子癇前症 preeclampsia	37
子癇症 eclampsia	37
工作倫理 work ethic	67
工作記憶 working memory	80

四劃

不可逆 irreversibility	76
不孕 infertility	56
不專心 inattention	101
中年危機 midlife crisis	313
中毒性休克症候群 toxic shock syndrome (TSS)	183
中間系統 mezzo system	23
互動理論 interactionist approach	383
互動理論 interactionist theory	364
互動模式 interactional model	235, 237
互賴 interdependence	22
仇恨犯罪 hate crimes	437
介面 interface	18, 21
內部控制法 internal control psychology	346
公平正義 justice perspective	201
公共區 public zone	340
分化 differentiation	19
分布式功能取向 distributed functions approach	259

中文	英文	頁碼
分析心理學	analytic psychology	69
分離期	separation	255
分類	classification	76
化學物質濫用	chemical substance abuse	351
反向	reaction formation	66
反串藝人	female impersonators	270
反穿著者	crossdresser	423
反應制約	respondent conditioning	113
反轉錄病毒	retroviruses	320
巴夫洛夫制約	Pavlovian conditioning	113
巴比妥酸鹽	barbiturates	355
巴氏反射	Babinski reflex	42
心理社會延期償付	psychosocial moratorium	194
心理發展	psychological development	5
支持性團體	support groups	11
文化落差	cultural lag	381
月經	menstruation	162
父母因素	parental factors	166

五劃

中文	英文	頁碼
主要增強物	primary reinforcers	120
主動者	initiator	26, 96
代表團體	representative group	251
代理父母	surrogate parent	478
代幣	tokens	122
出櫃	coming out	198
功能主義	functionalism	380
功能異常	dysfunctional	380
加害者介入方案	batterer's intervention programs	299
去機構化	deinstitutionalization	95
古典制約	classical conditioning	113
右腦	right brain	349
外部控制法	external control psychology	348

中文	英文	頁碼
失敗認同者	failure identity	196
孕期	gestation	29
左腦	left brain	349
平等主義	egalitarianism	71
本我	id	65
正向的回饋	positive feedback	18
正常	typical	6
正常化	normalization	95
正規形象	formal figure	478
正增強	positive reinforcement	116
母體血液檢查	maternal blood tests	34, 35
民主型領導	democratic	259
犯罪型幫派	criminal gangs	246
生命架構	life structure	327
生物理論	biological theory	364
生活滿意	life satisfaction	470
生理—心理—社會發展	bio-psycho-social development	5
生理疏忽	physical neglect	146
生理發展	biological development	5
生殖器以外	extragenital	453
生態系統理論	ecosystems theory	15
生態圖	ecomap	406
由近至遠的發展	proximodistal development	43
目前趨勢	secular trend	161
目標導向行為	goal-directed behavior	75

六劃

中文	英文	頁碼
交換	transactions	20
交換伴侶	mate swapping	318
仲介者		25, 95
任務小組	task force	220, 250
企圖強暴	attempted rape	282
先天缺陷	birth defects	40

索 引

先天畸形 teratogens 99
先天與後天的爭論 nature-nurture controversy 44
先前事件 antecedents 115
再建構期 restructure 156
危機專線電話 crisis telephone lines 221
合理化 rationalization 66
合理化 rationalize 364
同化 assimilation 75
同居 cohabitation 375
同性戀恐懼 homophobia 198
同儕協助方案 peer-helping program 221
同儕團體 peer group 136
同儕壓力 peer pressure 166
回饋 feedback 18, 109
因應 coping 21
地盤 territoriality 340
多重失能 concurrent disabilities 97
存活能力 viability 31
安全期計算法 fertility awareness methods 185
年輕老人 young-old 446
成分 componential 90
成功認同者 success identity 196
成年晚期 later adulthood 4
成果 outcome 18
收入 income 385
早產 preterm or premature 41
有限的支持 limited support 94
次系統 subsystem 17, 109
次級增強物 secondary reinforcers 120
死前智力大退化 terminal drop in intelligence 449
羊膜穿刺 amniocentesis 34, 35
老人虐待 elder abuse 495

老化 senescence 447
老年性耳聾 presbycusis 309
老年歧視 ageism 471
老年醫學專科醫師 gerontologist 446
老老人 old-old 446
老花眼 presbyopia 308
自在型的兒童 easy children 86
自助團體 self-help groups 251
自我 ego 65
自我中心 egocentrism 76
自我分化 self-differentiation 469
自我主導 self-directed 225
自我肯定 assertiveness 208, 209
自我肯定訓練 assertiveness training 208
自我教導 self-instruction 100
自我統整 ego integrity 192
自我超越 self-transcendence 469
自我實現 self-actualization 332
自我實現預言 self-fulfilling prophecy 141
自殺任務小組 suicide prevention task force 220
自閉症 autistic spectrum disorders (ASDs) 97
自尊 self-esteem 89
自然的支持網絡 natural support network 11
自然環境 natural environment 20
自發性流產 spontaneous abortion 37
行為 behavior 115
行為的 A-B-C 理論 ABCs of behavior 115
行為理論 behavioral theory 70, 364
行為矯治 behavior modification 112
行動者 activist 25

七劃

低出生體重 low birth weight 41

中文	English	頁碼
低自尊	low self-esteem	99
助人者治療原則	helper therapy principle	252
否認	denial	66
吸吮反射	sucking reflex	42
困難型兒童	difficult children	86
形式運思期	period of formal operations	77
快克古柯鹼	crack	358
批判性思考	critical thinking	14, 68
抓握反射	grasping reflex	42
投入	input	17
投射	projection	66, 364
攻擊性	aggressive	209
更年期	climacteric	311
男扮女裝的男性	drag queens	270
男性化	masculinity	272
男性更年期	male climacteric	313
系列化	seriation	77
系統	system	15, 108
系統減敏感法	systematic desensitization	113
肝硬化	cirrhosis	354
良性	benign	179
角色	role	17
角色扮演	role playing	114
角色混淆	role confusion	191
身分違犯行為	status offense	243
身心侏儒症	psychosocial dwarfism (PSD)	148
身體虐待	physical abuse	143
防衛機制	defense mechanism	66

八劃

中文	English	頁碼
使能者	enabler	24, 56, 95
依附	attachment	86
依賴	dependence	363
兒童保護服務	child protective services (CPS)	150
兒童虐待	child maltreatment	143
兒童疏忽	child neglect	146
具體化智力	crystallized intelligence	90
具體運思期	period of concrete operations	77
初級團體	primary group	105
初潮	menarche	162
刮除	curettage	54
制約刺激	conditioned stimulus	113
刺激	stimulus	112
刻板印象	stereotype	8
協同作用	synergistic interaction	354
協助網絡	helping network	11
協商者	mediator	25
協調者	coordinator	26, 95
取消贖回權	foreclosure	195
受孕	conception	28
受精卵	zygote	29
受暴婦女	battered women	292
受暴婦女症狀	battered woman syndrome	292
咖啡因	caffeine	356
固著	fixated	66
夜間遺精	nocturnal emissions	163
宗教	religion	204
延期償付	moratorium	195
性	sex	265
性交期	sexual interaction	153
性別	gender	264
性別光譜	gender spectrum	270
性別角色	gender role	71, 265
性別角色社會化	gender-role socialization	265
性別歧視	sexism	71, 263
性別的社會建構	social construction of gender	265
性別的強化	gender intensification	272
性別表現	gender expression	264

中文	英文	頁碼
性別流動	gender fluid	423
性別認同	gender identity	264, 418
性別酷兒	genderqueer	423
性取向	sexual orientation	418
性侵害	sexual abuse	152
性侵害	sexual assault	282
性格特質取向	trait approach	257
性病	sexually transmitted diseases (STDs)	174
性傳染病	sexually transmitted infections (STIs)	174
放任式領導	laissez-faire	259
昇華	sublimation	66
明確化	specificity	127
明顯的	manifest	381
歧視	discrimination	7, 263
法定監護權	legal custody	397
注射劑	Depo-Provera	180
注意力	attention	79
注意力缺損過動症	attention deficit hyperactivity disorder (ADHD)	101
物質不滅	conservation	74
物質增強物	material reinforcers	120
物體不滅	object permanence	75
直接教導	direct instruction	101
知識的反思	rethinking knowledge	71
知覺	perception	98
知覺記憶	sensory memory	80
社交能力	social competence	100
社交區	social zone	339
社區	community	23
社區住宅設施	community residential facilities (CRFs)	95
社區的優勢	community strengths	11
社區理論	community theory	24
社區脫離	community disengagement	473
社會化	socialization	71, 104
社會再建構理論	social reconstruction syndrome	474
社會行為理論	social behavioral theory	70
社會性遊戲	social play	134
社會的	social	93
社會建構	social constructionist	265
社會衰退症狀	social breakdown syndrome	474
社會情緒獨特性	social emotional characteristics	99
社會智能	social intelligence (SI)	334
社會測量	sociometry	136
社會發展	social development	5
社會階層	social stratification	385
社會解組	social disorganization	381
社會增強物	social reinforcers	121
社會學習	social learning	70
社會環境	social environment	20
社會關係圖	sociogram	137
社會變遷	social change	381
近側發展區	zone of proximal development	82
長期的重整與復原期	long-term reorganization and recovery phase	290
長期記憶	long-term memory	80
阻隔膜	dental dam	178
附睪炎	epididymitis	175
青少年期	adolescence	4, 160
青年期和中年期	young and middle adulthood	4
青春期	puberty	160
非制約刺激	unconditioned stimulus	113
非特異性尿道炎	nonspecific urethritis (NSU)	174
非淋菌性尿道炎	nongonococcal urethritis (NGU)	174

中文	英文	頁碼
非語文	nonverbal	91
非器質性生長遲緩	nonorganic failure-to-thrive syndrome (NFTT)	148

九劃

中文	英文	頁碼
保密原則	confidentiality	14
保險套	condom	182
保護	protection	13
前意識	preconscious	64
前運思期	preoperational thought period	76
後天免疫不全症	acquired immunodeficiency syndrome (AIDS)	177
思覺失調症	schizophrenic	73
急性階段	acute phase	289
持續增強	continuous reinforcement	123
毒血症	toxemia	37
活動	activities	120
界線	boundary	15, 109
研究者	researcher	26
約會期	engagement	153
美服培酮	mifepristone	53
耐受性	tolerance	363
胎兒	fetus	29
胎兒核磁共振攝影	fetal MRI	34, 35
胎兒酒精效應	fetal alcohol effects (FAE)	33
胎兒酒精症候群	fetal alcohol syndrome (FAS)	32, 354
胎盤	placenta	30
胚胎	embryo	29
胚胎輸卵管植入術	zygote intrafallopian transfer (ZIFT)	60
胞漿內精子注入	intracytoplasmic sperm injection (ICSD)	60
負面的回饋	negative feedback	18
負增強	negative reinforcement	116
負熵作用	negative entropy	19, 110
重複背誦	repetition	81

十劃

中文	英文	頁碼
個人即政治	the personal is political	71
個人的優勢	individual strengths	10
個人區	personal zone	339
倡導者	advocate	25, 56, 96
倫理	ethics	14
倫理守則	code of ethics	14
倫理兩難	ethical dilemmas	14
剖腹產	cesarean section (C-section)	39
剖腹產後自然產	vaginal birth after cesarean (VBAC)	39
唐氏症	Down syndrome	40
家系圖	genogram	409
家庭	family	105
家庭功能	family functions	106
家庭的優勢	family strengths	10
家庭智庫者	reservoir of family wisdom	478
家庭暴力	domestic violence/family violence	292
家族治療	family therapy	108
家族排列	family constellation	105
射精	ejaculation	29
差別接觸理論	differential association theory	247
差異化	differentiation	110
差距法則	gag rule	51
弱點	vulnerability	13
恐同症	homophobia	419
恐懼症	phobia	113
書寫	written language	99
殊途同歸	equifinality	19, 110
消退期	resolution	452, 453

中文	英文	頁碼
消除	extinction	118
消除爆發	extinction burst	118
特別委員會	ad hoc committee	250
特權	privilege	8
真空吸引術	vacuum aspiration	54
真空刮除	vacuum curettage	54
神秘團體	cult/occult gangs	246
神經性厭食症	anorexia nervosa	227
秘密期	secrecy	153
缺乏父愛	paternal deprivation	403
缺乏母愛	maternal deprivation	403
缺乏自我肯定	nonassertive	210
能量	energy	20
脈絡	contextual	91
脊柱裂	spina bifida	41
記憶	memory	80
財富	wealth	385
退化	regression	66
逃避型幫派	retreatist gangs	246
配偶施暴	spouse abuse	292
馬基雅維利主義	Machiavellianism	257
骨盆腔發炎	pelvic inflammatory disease (PID)	57, 174
高風險人口	population-at-risk	7
高原期	plateau	452
高潮期	orgasm	452

十一劃

中文	英文	頁碼
假設演繹	hypothetical-deductive	78
偉人領導理論	great person theory	257
偏見	prejudgments	8
偏見	prejudice	263
偏差次文化理論	deviant subcultures theory	247
偽陰陽人	pseudohermaphrodite	269
副語言	paralanguage	341
動態恆定	homeostasis	17, 108
區辨期	differentiation	254
基準點	baseline	128
基礎體溫法	basal body temperature method	185
堆積理論	accumulation theory	455
專注	centration	76
專業價值	professional values	8
康復中	recovering	368
強迫症	obsession	68
強暴	rape	282
強暴創傷症候群	rape trauma syndrome	289
從頭到腳的發展	cephalocaudal development	43
情緒	emotion	84
情緒智能	emotional intelligence (EI)	333
排卵	ovulation	28
排除錯誤的二分法	elimination of false dichotomies	70
控制理論	control theory	248
教育者	educator	26, 56, 95
教導不足	inadequate supervision	146
欲力	libido	66
混合家庭	blended family	106
現代性別刻板印象	modern gender stereotype	410
理論	theory	15
異性裝扮者	transvestite	270, 423
疏離形象	distant figure	478
第一性徵	primary sex characteristics	162
第二性徵	secondary sex characteristics	162
組織	organization	23, 81, 98
組織的優勢	organizational strengths	10

中文	英文	頁碼
組織理論	organizational theory	24
統整	integrity	468
習得無助感	learned helplessness reaction	99
習慣衝突關係	conflict-habituated relationship	393
脫離	disengagement	473
荷爾蒙	hormones	161
處遇取向	treatment orientation	243
被他人主導	other-directed	225
被指派的領導者	designated leader	259
被動—協調關係	passive-congenial relationship	393
規範	norms	405
陰陽人	hermaphrodite	269
陰蒂	clitoris	162
陰道環	NuvaRing	180

十二劃

中文	英文	頁碼
備用能力	reserve capacity	451
創傷後壓力症候群	posttraumatic stress disorder (PTSD)	155, 289
單親家庭	single-parent family	105
尋找樂趣	fun seeker	478
尋乳反射	rooting reflex	42
復元力	resiliency	13
提倡女性利益的正向改變	advocating for positive change on women's behalf	72
揭發期	disclosure	153
揭露—恐慌期	disclosure-panic	155
普世的自我價值	global self-worth	89
普遍化	generalization	98
普遍性的支持	pervasive support	94
智力	intelligence	90
智力失能	intellectual disability	92, 93
智能障礙	mental retardation	92
殘酷型強暴犯	sadistic rapist	288
游泳反射	swimming reflex	42
無角色之角色	roleless role	493
無性別	agender	423
無活力關係	devitalized	392
無規範理論	anomie theory	247
無節制飲食障礙	binge eating disorder	231
焦點團體	focus group	251
痛苦的哭泣	cry of pain	84
短期記憶	short-term memory	80
程式耗盡理論	running-out-of-program theory	455
結果	consequence	116
結紮	sterilization	186
絕望	despair	469
絨毛採樣	chorionic villus sampling	34, 35
視力損傷	vision impairment	97
視網膜老化性黃斑病變	macular degeneration	448
評估—察覺期	assessment-awareness	155
超我	superego	65
超音波	ultrasound sonography	34
間歇性增強	intermittent reinforcement	123
間歇的支持	intermittent support	94
順性別	cisgender	423

十三劃

中文	英文	頁碼
亂倫	incest	152
傳統性別刻板印象	traditional gender stereotype	410
微視系統	micro system	23
想像性遊戲	fantasy play	134
意識	conscious	64
感覺運動期	sensorimotor period	75

中文	英文	頁碼
新生兒戒斷症候群	neonatal abstinence syndrome (NAS)	33
概化的他人	generalized other	383
概念的	conceptual	93
溝通	communication	106
照片	pictures	345
當代生活事件觀點	contemporary life events approach	315
畸胎因素	teratogens	32
經期推算法	calendar method	185
群聚取向	herd drive	226
腦性麻痺	cerebral palsy (CP)	97
董事會	board of directors	250
補償	compensation	66
試管受孕	in vitro fertilization (IVF)	60
詳細闡述	elaboration	81
跨性別	transgender	423
跨性別	transgenderism	270
跨性別的人	transgender people	270
跨性別青少年	transyouth	270
路徑分析	path analysis	428
過動	hyperactivity	102
過程與結果同等重要	valuing process equally with product	71
道德	morality	200
鉅視系統	macro system	23

十四劃

中文	英文	頁碼
僕人領導者	servant leader	260
厭食─暴食	anorexia bulimia	232
圖像	representation	75
團體	group	250
團體初期	preaffiliation	254
團體的優勢	group strengths	10
團體催化者	group facilitator	26
實際問題解決能力	practical problem-solving capacities	310
實踐的	practical	93
實驗性	experiential	90
對抗作用	antagonistic response	354
對身體的熱衷	body preoccupation	469
種族認同	ethnic identity	199
精子殺劑	spermicides	181
精神虐待	psychological abuse	149
精神病	psychotic	73
精神疏忽	psychological neglect	149
精神錯亂	insane	73
緊急電話	crisis phone lines	299
緊急避孕藥	emergency contraception (EC)	181
認同	identification	66
認同迷思	identity diffusion	195
認同混淆	identity confusion	192
認同達成	identity achievement	195
認知	cognition	84
認知訓練	cognitive training	100
領養	adoption	58
領導風格取向	leadership style approach	258
領導能力	leadership	259

十五劃

中文	英文	頁碼
僵直性頸反射	tonic neck reflex	42
價值	values	14
增強	reinforcement	116
增強的時間表	schedules of reinforcement	124
增權	empowerment	8, 71
增權者	empowerer	25
墮胎	abortion	50
寬容拒絕忽視	permissive rejecting-neglecting	131

寬容放任 permissive-indulgent	131
寬容型 permissive	131
廣泛性的支持 extensive support	94
徵候體溫法 symptothermal method	185
憂鬱症 depressive disorder	215
憤怒型強暴犯 anger rapist	288
憤怒哭泣 angry cry	84
暫停 time-out	129
暫停增強 time-out from reinforcement	129
暴力虐待 battering	292
暴食症 bulimia	229
模仿 modeling	114
潛意識 unconscious	64
熵作用 entropy	19, 110
衝突型幫派 conflict gangs	246
衝突理論 conflict theory	382
衝動 impulsivity	102
談判者	25, 96
踏步反射 stepping reflex	42
調適 accommodation	75
適應 adaptation	21, 74
適應功能 adaptive functioning	93
適應緩慢的兒童 slow-to-warm-up children	86

十六劃

學習理論 learning theory	70, 112
學習障礙 learning disability	96
操作制約 operant conditioning	115
整體與多元 unity and diversity	72
機構委員會 committee	250
橫位生產 transverse presentation	39
獨裁型 authoritarian	131
積極傾聽 active listening	129
興奮期 excitement	452

親密 intimacy	324
親密區 intimate zone	339
親密期 intimacy	254
輸入 input	109
輸出 output	18, 109
輸卵管妊娠 tubal pregnancy	36
輸卵管結紮 tubal ligation	186
輸精管 vas deferens	186
輸精管結紮 vasectomy	186
選擇理論 choice theory	344
閹割焦慮 castration anxiety	67
頭位生產 vertex presentation	38

十七劃

優勢觀點 strengths perspective	9
壓力理論 stress theory	455
壓抑 repress	67
壓抑 repression	66
壓抑期 suppression	153
嬰兒期和兒童期 infancy and childhood	4
環境 environmental	166
環境正義 environmental justice	20
聲望 prestige	8
臀位生產 breech presentation	39
蕾絲邊 lesbian	420
避孕小藥丸 minipill	178
避孕海綿 contraceptive sponge	184
避孕貼片 Ortho Evra	180
隱性的 latent	381

十八劃

禮物嬰兒 gamete intrafallopian transfer (GIFT)	60
醫學模式 medical model	72, 235

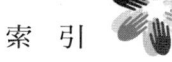

雙性人 intersex	269
雙性別 bigender	423
雙性性格 androgyne	423
雙性戀 bisexual	420
雙極性精神疾病（俗稱躁鬱症）bipolar	73

十九劃

懲罰 punishment	117
藥物 drug	350
藥物墮胎 medication abortion	53
藥物濫用 drug abuse	351
鏡中之我 looking-glass self	194
關係 relationship	17
關懷立場 care perspective	202

二十劃

繼親家庭 stepfamilies	105

二十二劃

權力 power	7
權力型強暴犯 power rapist	288
權力控制階段 power and control	254
囊胚 blastocyst	29
權威型 authoritative	131
權威型領導者 authoritarian leaders	258
聽覺問題 hearing problems	97

二十三劃

戀父情結 Electra complex	67
戀母情結 Oedipus complex	67
戀童癖 pedophile	153
纖毛 cilia	29
變女性 transwoman	270
變男性 transman	270
變性者 transsexual	270, 423
變動智力 fluid intelligence	90
驚嚇反射 Moro reflex (startle response)	42
體外射精 withdrawal	185

二十四劃

癲癇 epilepsy	97
靈性 spirituality	204
鷹架 scaffolding	82

二十五劃

觀察學習法 observational learning	114
顱相學 phrenology	90

二十六劃

讚譽 acclaim	8

Notes

Notes

Notes